本书受到云南省哲学社会科学学术著作出版专项经费资助

牟成刚◎著

西南官话音韵研究

SOUTHWEST MANDARIN PHONOLOGY RESEARCH

中国社会科学出版社

图书在版编目(CIP)数据

西南官话音韵研究／牟成刚著.—北京：中国社会科学出版社，2016.8

ISBN 978-7-5161-9051-7

Ⅰ.①西… Ⅱ.①牟… Ⅲ.①西南官话－音韵学－方言研究 Ⅳ.①H172.3

中国版本图书馆CIP数据核字(2016)第237595号

出 版 人	赵剑英	
责任编辑	任	明
特约编辑	李晓丽	
责任校对	季	静
责任印制	何	艳

出 版	中国社会科学出版社	
社 址	北京鼓楼西大街甲158号	
邮 编	100720	
网 址	http://www.csspw.cn	
发 行 部	010-84083685	
门 市 部	010-84029450	
经 销	新华书店及其他书店	
印刷装订	北京市兴怀印刷厂	
版 次	2016年8月第1版	
印 次	2016年8月第1次印刷	
开 本	710×1000 1/16	
印 张	23.5	
插 页	2	
字 数	373千字	
定 价	78.00元	

凡购买中国社会科学出版社图书，如有质量问题请与本社营销中心联系调换
电话：010-84083683
版权所有　侵权必究

序

《西南官话音韵研究》是牟成刚 2012 年在中山大学中文系博士研究生毕业的学位论文，不久将在中国社会科学出版社出版。作者嘱我作序，我作为其导师，也是第一个通读该论著的读者，自然十分欣慰。但是，就我目前这种不大不小的年龄，而且并非名家之流，为人的著作作序实在勉为其难。

西南官话主要分布在云贵川等长江中上游地区，是汉语中使用人口最多的一种官话次方言。早期西南官话的研究基础很好，19 世纪下半叶在西南官话区传教的天主教巴黎外方传教会和属于基督新教的中国内地会、加拿大卫斯理会、美国圣公会等差会，已经编写和出版了一批使用罗马字拼音的西南官话文献，现在能看到的还有不下 10 种，大部分质量非常精良；《湖北方言调查报告》（1948）、《云南方言调查报告》（1969）、《湖南方言调查报告》（1974）、《四川方言调查报告》（1984）等鸿篇巨制，整体上所记录的方言点绝大部分都属于西南官话，它们是现代汉语方言学的代表性成果。改革开放以来，汉语方言的调查研究偏重东南地区，所以久而久之一说到汉语方言问题，人们都自然联想到东南方言。十几年来，北方官话以及晋语的调查研究也获得了长足的进步，大家逐渐认识到广大的官话也是别有一番天地。但是，就整体而言，南方官话特别是西南官话的调查研究显得比较落寞，成果较少。我今年 6 月在锦州参加第八届官话方言学术研讨会，就发现提交会议的论文中有关西南官话的极少，这跟西南官话作为使用人口最多的一种官话次方言的地位很不相称。迄今为止，《西南官话音韵研究》应该是正式出版的第一部专门针对西南官话的语音进行综合比较研究的著作，在当前的形势下无疑具有重要的学术价值和现实意义。

作者在写作过程中参阅了当时所能看到的几乎所有关于西南官话的调查报告、著作和论文，全书所涉及的方言点多达307个。这样，作者所归纳的各种历史音类的今读类型就显得比较全面，避免了过往研究中挂一漏万的不足。比如声母方面关于古精知庄章组的今读类型，作者认为总体上可以划分为三种：第一种是知庄章组与精组二分，第二种是庄组三等（除止摄合口和宕摄）、精组与庄组二等、知组（除梗摄）、章组二分，第三种是精知庄章组合流（包括合流为 ts 组和合流为 tʂ 组两种次类型）。再比如声调方面关于古入声的今读类型，作者根据已有的材料统计出西南官话保留入声调的方言点共111个，其他大部分方言点古入声今读阳平，少数方言点今读阴平或去声。由此看来，李荣先生（1985）认为"西南官话的特性是古入声今全读阳平"的观点不尽合理。今读类型的归纳是共时比较研究的结果，作者显然不满足于此，而是在此基础上尽量利用西南官话的历史文献资料以及其他相关方言的材料进行历时比较研究，探讨各种历史音类在西南官话中的演变层次和发展过程。比如声母方面关于古精知庄章组的历史演变，作者认为上述第一种类型所代表的读音层次最为古老，其他类型均与之有渊源关系；第二种类型是"西南官话两分型中最为普遍和典型的表现类型，它以昆明话为典型代表，遍布整个西南官话区域"，这种类型"主要是受如赣语、吴语等知二庄、精组与知三章组两分型的方言影响而成"；第三种类型"代表中古精知庄章组声母在西南官话中未来的发展趋势，是最为晚近的层次类型"。

该书在较为全面、深入地对西南官话的声母、韵母、声调的若干个重要问题进行纵横比较的基础上，对西南官话的立区标准重新进行审视，提出了"入声合为一类，不带塞音韵尾，去声不分阴阳"的新标准，并据此对西南官话重新进行分片；结合移民等史料讨论了西南官话与江淮官话的现实联系和历史关系，旗帜鲜明地提出了一些观点，如"西南官话在演变速度上呈东快西慢的格局""西南官话与江淮官话具有同源关系，西南官话是江淮官话'移民'西南地区后继续演变的结果"。这些观点不论正确与否，都是作者广泛比较和深入思考的结果，至少目前都是值得我们重视的。

该书也存在一些明显的不足。首先是一些重要的西南官话文献没能利用，如法国巴黎外方传教会于1893年出版的《华西官话汉法词典》（*Dictionnaire Chinois-Français de La Langue Mandarine Parle Dans L'Ouest de La*

Chine：Avec Un Vocabulaire Français-Chinois），加拿大卫斯理会传教士启尔德（Omar L. Kilborn）于 1917 年出版的《华西初级汉语课程》（*Chinese Lessons for First Year Students in West China*）、文焕章（James Endicott）于 1908 年出版的《华英联珠分类集成》（*A Course of Lessons in Spoken Mandarin：Based on the Gouin Method*），挪威来华的传教士阿蒙森（Edward Amundsen）于 1910 年出版的《华英捷径》[*Short Cut to Western Mandarin：First Hundred Steps（Romanized）*] 等；其次是一些具有历史深度的重要音韵特征没有涉及，如古咸摄、山摄开口知二、庄组字与知三、章组字韵母有别，在今天的荔浦话和合肥话中都有表现，19 世纪初英国传教士马礼逊（Robert Morrison）等人的官话文献中也有记载，可能是西南官话与江淮官话历史联系的另一个重要证据；最后是对于边区一些方言点的性质及系属的认识不够重视，如陕西汉中话、湖北郧县话是西南官话还是中原官话？湘西凤凰话等是西南官话还是赣语？保靖话等是西南官话还是湘语？信蚌片中原官话为什么出现了一些南方官话的特征？这些都是需要以语言接触和历史演变的眼光来分别讨论的重要问题。

"读万卷书，行万里路"是方言学者的一个真实写照。作者还年轻，这本著作只是其学术生涯的一个起点。希望他不耽于俗务，常读书、多调查、勤思考，为西南官话的调查研究做出力所能及的贡献。谨此与作者共勉，也就正于方家。是为序。

庄初升

2016 年 8 月 12 日于广州寓所

前　言

西南官话横跨9个省（市）、涉及552个县市，使用人口多达27000万人，是官话方言里分布范围最广、使用人口最多的方言。西南官话形成于明代中期，属于较晚层次的官话次方言，其形成与明清的移民有着直接的联系。西南地区自古便一直是少数民族聚居区，因汉语受少数民族语音的影响，使得西南官话的音系在其形成过程中总体趋于简单，而西南官话正是以自己简单易学的音系一直强势地影响、同化着周边毗邻地区的方言，因此，西南官话音韵研究可以为语言演变及影响提供一种特殊的样本。但是，因为西南官话形成时间晚、历史短，被人们误认为是内部一致性较强的方言，故国内外学者针对西南官话的综合性语音研究并不多，以致西南官话的特征和面貌至今尚未为学界所全面熟悉，甚至存在误解。

本书以西南官话307个方言点的材料为依据，参照中古、近代有关西南官话的历史音韵文献，从历时发展与共时特征的二维平面上对西南官话语音分化、组合的规律进行了探讨。结构上共分八章论述，研究内容涉及全浊声母的清化、古精庄知章的分合、古泥来母的分混、古日母字的分化和演变、影疑母读音的演变、阳声韵尾脱落与演变、入声韵尾消失后入声韵（调）的混同和调类的古今变化等。同时，总结分析了西南官话的语音特点和共时差异，并对西南官话的立区标准和内部分区提出了自己的看法。最后，从移民和语音对应的角度，讨论了西南官话和江淮官话的关系并提出自己的观点。本书在对西南官话语音客观分析的基础上，提出了一些新的观点，并都进行了较为详细的论证，例如：西南官话区分于其他官话次方言的标准是"入声合为一类，不带塞音韵尾，去声不分阴阳"，精知庄章组今读"南京型"，是原"济南型"受"知二庄精、知三章"组二分型的方言（如赣语、吴语等）影响而成，影疑母开口细音呈现二分格局，西南官话入声调的消失是明清及其以后较为晚起的音变（明清的韵书中一直存在入声），通过移民和语音对应情况的分析，证明西南官话和江淮官话具有同源关系，等等。

本书的价值主要体现在以下几个方面：

第一，第一次从宏观上对西南官话音韵做了全方位的研究。西南官话是官话区内使用人口最多的方言，但至今尚无对该方言语音进行系统全面考察研究的论著，因此，本书对全面深刻认识西南官话的音韵特征具有重要的学术参考价值。

第二，本书在全面分析研究的基础上，提出了西南官话新的立区标准，即"入声合为一类，不带塞音韵尾，去声不分阴阳"，这一标准较此前"入声读阳平"的立区标准更为全面合理，用于分区也更加客观实用；同时，按新的依据对西南官话内部重新进行分片，新的立片标准具有单一性特点，故分片的方案更加合理科学。

第三，根据历史韵书资料，结合现实调查的语音素材，梳理出了从明代到今西南官话的语音发展线索，辨明了今西南官话在形成过程中的语音变化及其影响因素，构拟了西南官话的古今语音发展历程，进一步丰富了汉语语音史的研究。

第四，西南官话所处地域多为少数民族聚居区域，西南官话在形成过程中其音系势必受少数民族语音的影响而趋于简单，且演变有较强的规律性，以至于西南官话具有强大的生命力和扩张力，这在语音接触演变研究中具有类型学的意义。

第五，西南官话和江淮官话的关系学界一向在讨论，观点众说纷纭，莫衷一是，本书根据移民史实和语音对应规律，提出了自己的观点。即认为西南官话与江淮官话具有同源关系，西南官话是江淮官话"移民"西南地区后继续演变的结果，并从多个角度对这一观点进行了论证，进一步厘清了西南官话的语源问题。同时，也为论证西南官话和江淮官话同为"南系官话"的理论提供了更坚实的基础。

第六，本书还对西南官话中多种语音变化和差异现象作出了解释，总结了演变的规律，如探讨了西南官话多数方言点入声读阳平的原因，论证了西南官话在演变速度上呈东快西慢的格局等，这些理论为汉语语音史的研究提供了借鉴。

通过研究，一般认为西南官话主要成形于明代，但其扩张并整合成为区域性的语言集团则在清代①。根据西南地区民族的构成、汉族人口的比例和来源来看，宋元之前，西南一带尚不具备形成一种地域性特征明显且通行的汉语方言的条件。至明代，伴随汉族的大量迁入，汉语方随移民在西南较大区域内得以使用，后在移民方言之间以及与少数民族语言之间的接触影响中，逐渐形成特点鲜明的地域性方言；根据西南官话"入声合为一类，不带塞音韵尾，去声不分阴阳"的语音特点来看，至迟在明代末年西南官话便已成形。清代因交通网络的完善和四川、湖广等地人口的膨胀，西南地区的移民在有清一代，主要体现为区域内部的扩散式移民，这为明末业已形成的西南官话的扩张和整合，提供了极为有利的条件，最终在西南地区形成内聚力较强的区域性语言集团，至今仍以其简洁的音系优势随人口的外移而不断向外扩张。为进一步深入了解西南官话的语源问题，在研究过程中，笔者有意识地把西南官话与江淮官话等相关方言的语音进行了一定的对比分析。根据历史记载，明代迁入西南的移民，主要源自湖广江南一带，依据韵书记载，当时西南方言中的入声是合为一类的，这与当时的江淮官话基本相同，但与其他官话相斥。再结合现代西南官话和江淮官话诸多相似的语音特点来看，二者在历史上应系属同源，现今的西南官话和江淮官话，应是江淮官话方言于明代以后，随移民而在长江东、西两边，因地理隔离而形成的两种地域性方言变体。

　　西南官话形成的时间相对较短，但涉及的方言点面范围较广，且内部还呈现出一定的差异性（并不似想象中的那么单纯），故语料的调查、收集和整理都显得较为困难。西南官话可以说是汉语中最大的官话方言区，但因传统韵书的编写总是力求"存正求雅"，故历史上并没有一部专门记录西南官话标准语音的传统韵书。现在要探寻西南官话的形成过程，只能从当地"存正求雅"的韵书中去寻找可资利用的材料。其实，历史上较长的时间内并没有绝对的正音系统②，故地方编写的所谓"正韵"文籍，自然免不了存在或多或少反映地域方言的语音材料，同时西南地区有着较为丰富的历史方志，这些地域性方志中也部分存在反映方音的语料，这些零碎而珍贵的方音线索为探寻西南官话的形成及演变提供了历时性的材料

---

① 具体可参阅牟成刚《西南官话的形成及其语源探析》（《学术探索》2016 年第 7 期）。

② 麦耘（1991：24）指出："汉语从很早开始就有了共同语音（或'准共同语音'）性质的'通语'音系，但由于种种原因，在长期内似乎并没有严格意义上的、完全统一的共同语音。"

支撑。至于共时的语料方面，除笔者自己调查的方言点外，主要是依托已有的调查材料，虽然目前已有三百余个方言的调查材料，但内容详略不一，且尚余五分之二的方言点没有较为完整的调查材料，这是一个缺憾；值得注意的是，目前已调查的材料多为县城话，相对来说，乡村的调查材料非常有限，其实在西南官话中，城乡语音大多是具有差别的，因地域的关系，西南地区乡村的语言演变较为缓慢，往往保留较多传统的语音成分（这一点在云南显得较为突出。此外，因山地分割隔离，云南不同区域的语音差异也是较为明显的），对之展开调查研究，对深入了解西南官话的语音演变乃至语源探究，都具有重要的参考价值。

目　录

第一章　绪论 ………………………………………………………（1）
　第一节　西南官话的地理分布特征与分区层级的变化 …………（1）
　　一　西南官话的地理分布特征 …………………………………（1）
　　二　"西南官话"名称的提出及其在方言大区中的层级 ………（2）
　第二节　西南官话语音研究的历史和现状 ………………………（3）
　　一　近代涉及西南官话的语音记录和研究 ……………………（3）
　　二　现当代涉及西南官话的语音记录和研究 …………………（5）
　第三节　西南官话音韵研究的对象、意义、价值和方法 ………（9）
　　一　本书研究的对象、内容和思路 ……………………………（9）
　　二　本书研究的意义、价值和重点要解决的问题 ……………（9）
　　三　研究方法 ……………………………………………………（14）
　第四节　西南官话音韵研究的材料来源 …………………………（15）
　　一　公开发表的书面材料 ………………………………………（15）
　　二　笔者调查核对的材料 ………………………………………（18）
　　三　历史主要韵书材料 …………………………………………（18）
第二章　西南官话声母的今读类型与历史层次 ……………………（20）
　第一节　泥来母今读的分混类型与演变层次 ……………………（20）
　　一　西南官话泥来母的今读分混类型 …………………………（20）
　　二　西南官话泥来母今读类型的演变层次 ……………………（23）
　第二节　精知庄章组的分合与演变 ………………………………（26）
　　一　西南官话中古精知庄章组的今读类型 ……………………（26）
　　二　西南官话中古精知庄章组今读类型的演变层次 …………（30）
　第三节　日母字的今读类型和历史层次 …………………………（40）

一 日母在西南官话中的今读类型 …………………… （40）
                二 西南官话中古日母今读类型的演变层次 …………… （43）
        第四节 见晓组、非组的今读类型与演变 …………………… （52）
                一 中古见晓组在西南官话中的今读基本类型 ………… （52）
                二 见晓组腭化与尖团音的分混 ………………………… （54）
                三 尖团音的分混类型与方言分布 ……………………… （59）
                四 晓组合口一二等与非组的今读分混类型与演变 …… （62）
        第五节 疑影母字的今读分合类型与演变 …………………… （70）
                一 疑影母在西南官话中的今读类型 …………………… （70）
                二 疑影母在西南官话中的历时演变 …………………… （74）
                三 中古开口三等疑影母在西南官话中的对立体现 …… （77）
        第六节 全浊声母的今读类型与演变 ………………………… （81）
                一 西南官话全浊声母塞音、塞擦音的今读类型 ……… （82）
                二 西南官话浊音声母今读类型的层次分析 …………… （85）
第三章 西南官话阴声韵的今读类型与历史层次 ……………… （89）
        第一节 果摄的今读类型与演变层次 ………………………… （89）
                一 果摄一等韵的今读类型 ……………………………… （89）
                二 果摄一等韵的演变层次与推链 ……………………… （90）
                三 果摄三等韵的今读类型 ……………………………… （97）
                四 果摄三等韵的演变层次 ……………………………… （99）
        第二节 假摄的今读类型与演变 …………………………… （100）
                一 假摄的今读类型 …………………………………… （101）
                二 假摄今读类型的演变 ……………………………… （103）
                三 洱源假摄等阴声韵的鼻化演变及相关问题 ……… （107）
        第三节 遇摄的今读类型及演变 …………………………… （110）
                一 模韵的今读类型与演变 …………………………… （110）
                二 鱼虞韵的今读类型与演变 ………………………… （117）
        第四节 蟹止摄的今读类型与演变层次 …………………… （127）
                一 蟹开一等、蟹摄二等、止合三庄组的今读类型与
                   演变层次 …………………………………………… （128）
                二 蟹止摄合口韵的今读类型与演变 ………………… （136）
                三 蟹止摄开口三四等的今读类型与演变 …………… （141）

  第五节　效摄的今读类型与演变层次 …………………………(144)
   一　效摄的今读类型 ……………………………………………(144)
   二　效摄今读类型的演变层次 …………………………………(146)
  第六节　流摄的今读类型与演变层次 …………………………(148)
  第七节　西南官话阴声韵的今读特点 …………………………(154)

第四章　西南官话阳声韵的今读类型与历史层次 ………………(160)
  第一节　咸山摄舒声韵的今读类型与演变 ……………………(160)
   一　咸山摄一二等的今读类型 …………………………………(160)
   二　山摄合口一等端系读如开口的方言分布类型 ……………(163)
   三　咸山摄三四等的今读类型 …………………………………(164)
   四　咸山摄鼻音韵尾的演变层次 ………………………………(166)
   五　咸山摄主元音的演变 ………………………………………(170)
   六　咸山摄介音的演变 …………………………………………(173)
  第二节　深臻曾梗摄舒声韵的今读类型与演变 ………………(173)
   一　深臻曾梗摄开口舒声韵的今读分合类型 …………………(173)
   二　臻曾梗摄合口舒声韵今读分化类型 ………………………(176)
   三　中古深臻曾梗摄舒声韵今读韵尾类型 ……………………(180)
   四　臻摄合口韵的开合对立情况 ………………………………(182)
  第三节　宕江摄舒声韵的今读类型与演变 ……………………(184)
   一　宕江摄的今读类型 …………………………………………(185)
   二　宕江摄与其他韵摄的混合类型 ……………………………(191)
  第四节　通摄舒声韵的今读与演变 ……………………………(193)
   一　通摄舒声韵的主元音类型与演变 …………………………(194)
   二　通摄舒声韵的韵尾类型 ……………………………………(197)
   三　通摄舒声韵的介音类型 ……………………………………(198)
  第五节　阳声韵尾在西南官话中的类型分布及演变特点 ………(199)
   一　中古阳声韵尾在西南官话中的今读类型与特点 …………(200)
   二　阳声韵尾在西南官话中的今读类型演变分析 ……………(205)
  第六节　西南官话合口介音消失的类型分布与演变层次 ………(207)
   一　中古合口韵在西南官话中的今读基本类型 ………………(207)
   二　合口介音在西南官话中消失的声韵条件、方言分布
    与层次 ………………………………………………………(207)

第五章　西南官话入声韵的今读类型与历史层次 ……（213）

第一节　咸山摄入声韵的今读类型与演变 ……（213）
一　咸山入一二等、合口三等唇音、山合三知组的今读
类型与演变层次 ……（214）
二　咸山入三四等韵的今读类型与演变 ……（221）

第二节　深臻曾₃梗₃₄开口入声韵的今读类型与演变 ……（233）
一　深臻曾₃梗₃₄开口入声韵的今读类型 ……（233）
二　深臻曾₃梗₃₄开口入声韵的演变层次 ……（236）

第三节　德职开庄组陌₂麦韵的今读类型与演变 ……（240）
一　德职开庄组陌₂麦韵的今读类型 ……（240）
二　德职开庄组陌₂麦韵的今读类型与阴声韵的分混 ……（243）
三　德职开庄组陌₂麦韵在西南官话中的演变层次 ……（249）

第四节　中古宕江摄入声韵在西南官话中的演变 ……（251）
一　宕江摄入声韵在西南官话中的今读类型 ……（251）
二　宕江摄入声韵在西南官话中的演变层次 ……（253）

第五节　臻通摄合口入声韵的今读类型与演变 ……（256）
一　臻通摄合口入声韵的今读类型 ……（256）
二　臻通摄合口入声韵的演变层次 ……（259）

第六节　西南官话入声韵的今读特点及入声消失的
层次问题 ……（271）
一　西南官话中古入声韵尾的今读类型 ……（271）
二　入声韵摄舒化后与阴声韵摄的分混情况 ……（272）
三　西南官话入声韵舒化归并的历史层次 ……（277）

第六章　西南官话声调的今读类型与历史层次 ……（279）

第一节　西南官话的调类特点及演变 ……（279）
一　西南官话的调类与分布 ……（279）
二　清上、次浊上派归平声的演变缘由分析 ……（283）

第二节　中古入声调在西南官话中的演变 ……（285）
一　有入声调方言点的今读调值与分布 ……（286）
二　无入声调的方言分布类型与演变 ……（289）

第七章　西南官话的语音特点及内部分区 ……（311）

第一节　西南官话内部语音的一致性 ……（311）

一　官话方言语音内部的一致特征 …………………………（311）
　　二　西南官话内部语音的一致特征 …………………………（312）
　第二节　西南官话语音的共时差异 ……………………………（317）
　第三节　西南官话的语音性质及内部分区讨论 ………………（322）
　　一　西南官话语音性质的重新审视 …………………………（322）
　　二　西南官话的内部分片 ……………………………………（324）
第八章　西南官话与江淮官话的关系 ………………………………（332）
　第一节　西南官话区的移民概况及特点 ………………………（332）
　　一　西南官话区的移民概况 …………………………………（332）
　　二　西南官话区的移民特点 …………………………………（337）
　第二节　西南官话和江淮官话的语音对应情况及原因阐释 …（337）
　第三节　结论 ……………………………………………………（341）
参考文献 ………………………………………………………………（346）
后记 ……………………………………………………………………（358）

第一章

绪　论

第一节　西南官话的地理分布特征与分区层级的变化

一　西南官话的地理分布特征

西南官话是汉语方言中分布范围最广，使用人口最多的方言。地理上主要分布于云南、四川、重庆、贵州、广西、湖南、湖北、陕西、江西、甘肃等10个省（市）区[1]，涉及县市区（镇）553个，使用人口约27000万人。

地理上沿长江中上游依次分布，这是西南官话在地理分布上的突出特征。湖北、湖南、四川、贵州、云南等西南官话主要分布于长江中上游区域，它们完全可以看成"一衣带水"（长江）的官话方言。其他西南官话方言片区也基本上与长江所经过的区域有直接或间接的联系。如湘北、湘西有沅江、澧水上连贵州，下通长江；桂北则与贵州、湘南相连为一片，湘江沟通南北，故古代由湘北的长江下湘南、桂北，走水路最为方便；陕南西南面与四川接壤，汉水向东南面沟通湖北直注长江；甘肃碧口镇直接与四川北部相连；等等。西南官话的方言分布具体请参见本书"西南官话的语音特点及内部分区"一章，此不赘述。

---

[1] 据庄初升（2004：20—21）调查，粤北的"乐昌、连州两市的北部地区，说土话的居民一般还会说西南官话（当地称为'湖南话'或'湖南正字'），形成对内使用土话、对外使用西南官话的双方言交际格局。另外，也有个别的村落基本上对内、对外都使用西南官话，如乐昌市三溪镇的杨司塘村"。但因它们均在乡村使用，范围较小，影响有限，故本书讨论西南官话时暂不涉及。

二 "西南官话"名称的提出及其在方言大区中的层级

"西南官话"作为一个单独的名称提出来始于1948的《中国分省地图》（第五版）。上海申报馆发行的《中国分省新图》（第五版）之《语言区域图》中，把"汉语"分为"北方官话、西南官话、下江官话、吴语、湘语、赣语、客家话、粤语、闽南语、闽北语、徽州方言"等11个片区。在此之前，今西南官话一直与其他方言合划为一类，如1939年上海申报馆发行的《中国分省新图》（第四版）中把今西南官话和湘语划一起为上江官话，与今江淮官话和赣语组成的下江官话相对。再往前，1934年上海申报馆发行的《中华民国新地图》中把后来的上江官话和下江官话合为华南官话区，与华北官话区相对。如图1-1所示。

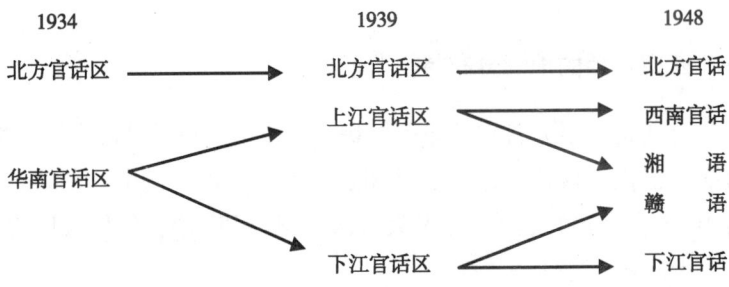

图1-1 1934年、1939年、1948年三个版本的官话划分

据图1-1可知，西南官话和今江淮官话在这三个版本中的划分都是与北方官话相对的，它们基本上被当作汉语方言的第一层级来划分，属于较高层级的独立方言区。1955年，丁声树、李荣把方言划分为八大类：北方话、吴、湘、客、赣、粤、闽南、闽北，西南官话和江淮官话合二为一置于北方话之下。此后，西南官话便一直被当作北方（官）话的次方言来看待。如袁家骅（2001）将汉语方言划分为"七大方言区"：北方言、吴方言、湘方言、赣方言、客家方言、粤方言、闽方言，西南官话为北方方言的次方言；丁邦新（1998）将官话次方言分为北方官话、晋语、下江官话、西南官话和楚语五支；李荣（1985）、侯精一（2002）把官话划分为八大方言：北方官话、北京官话、东北官话、胶辽官话、中原官话、兰银官话、下江官话、西南官话，等等。西南官话在这些方言分区中基本上都作为官话（或称北方话）的一个次方言来看待。

通过上述分区概述可知，西南官话和江淮官话在方言分区的层次上前后存在差异，这里涉及词汇和语音等差异因素。因此，吕叔湘（1985）、刘勋宁（1995）等或从词汇或从语音（入声的类别）的角度提出应把官话方言划分为南方系官话和北方系官话的概念。但这涉及问题的另一些方面，故于此不论。

第二节 西南官话语音研究的历史和现状

西南官话是明初以后随移民的迁入而逐渐成形的方言①，因其形成时间较晚，故可资利用的韵书资料相当有限。且一般认为西南官话的内部一致性较强，故一直不被研究者们所重视，故"至今对这个方言的综合研究成果还不多"（侯精一，2002：9）。继20世纪前后刊行了"四大方言报告"② 之后，有关西南官话的研究方陆续出现，但大多为区域性、小范围的专题式研究。现按研究的内容和侧重点的不同，把近现代以来学者们对西南官话语音研究的概况分别总结介绍如下。

一 近代涉及西南官话的语音记录和研究

西南官话的形成历史较短，故涉及西南官话的近代语音理论研究较少。学者们对明代云南人兰茂《韵略易通》的研究可算为一种，但人们关于该书的音系性质看法则分歧较大，如有云南方言（官话）说（赵诚，1980；陈振寰，1986；何九盈，1995 等）、普通官话说（赵荫棠，1936；邵荣芬，1979 等）等，张玉来《韵略易通研究》（1999）则认为该书是"存雅求正的官话"。但无论持何种观点，人们都没有否认云南方言成分在《韵略易通》中的存在，彼此的区别只在量上，而"云南的汉语方言形成时间比较早，演变历史比较长"（李蓝，2009：74），故《韵略易通》

---

① 李如龙（2005：53）指出："西南官话是江淮官话的延伸，是移民所致，史载明代将领沐英平定大西南后，江淮湖广一带汉人大量移居云、贵、川，于是形成了西南官话。"

② "四大方言报告"指《云南方言调查报告》（杨时逢，1969）、《四川方言调查报告》（杨时逢，1984）、《湖北方言调查报告》（赵元任，1948）、《湖南方言调查报告》（杨时逢，1974），后同。

目前仍旧是研究西南官话早期语音的重要参考资料①。其实，兰茂《韵略易通》的"求正"的观点可以从其稍早的《声律发蒙》中得以证实，因为后者反映了云南时音的一些方言现象，如支思与齐微的合韵、阳声韵尾的鼻化、入声混入阴声等（张玉来，1999：42）。稍后，有了刊行明万历丙戌年的本悟《韵略易通》（1586），对该韵书里的"重韵"现象，学界大多认为是云南时音的反映，这是我们研究明代中期西南官话语音不可多得的宝贵资料。明末万历戊午年（1618）云南通海人葛中选的《泰律篇》已经反映了深臻曾梗摄韵尾（in/ən、iŋ/əŋ）有了合流的趋势、入声韵尾已混同为ʔ、浊音也已经清化（陈长祚，1999：217；李新魁，1983b：359）等现象，这些都说明当时的西南官话已经成熟。明末清初四川遂宁人李实《蜀语》也反映了相同的语音现象（甄尚灵，1996）。清康熙十二年（1673）马自援《等音》及其姊妹篇林本裕《声位》反映tʂ组声母已经产生，v、ŋ母继续存留，tɕ组声母仍未取得正式资格，平声已分阴阳，入声保留独立声调但已失去塞音ʔ尾等。

19世纪末20世纪初，有了一些较为精准的记音材料。如基督教内地会（China Inland Mission）传教士、英国人钟秀芝（Adam Grainger）编著的《西蜀方言》（Western Mandarin or the Spoken Language of West China）（1900），甄尚灵（1988）研究该书的音系后认为，它代表了19世纪后期的成都语音，中古精知庄章的分合属南京型②；美国人英格尔（J. A. Ingle）于光绪二十五年（1899）在汉口编录、由"公兴"（Kun Hing）刊印的《汉音集字》，是一本反映100年前汉口方言的同音字汇，书中记录当时的汉口音也是有入声的，但现在汉口的入声已归阳平（朱

---

① 黎新第（2003：55）："明清官话读书音并不单一，至少可以下分两个层次、三个类别。一个层次是拟古音（如《洪武正韵》）与趋时音，另一个层次是趋时音南音（如《韵略易通》）与趋时音北音（如《韵略汇通》）。"

② 彭金祥（2008：71）指出："时至今日，我们知道，成都附近的很多县市区都有入声，如崇州市、邛崃市、蒲江县、新津县、大邑县以及温江区、双流县的河西、河南地区都有入声，成都市以南的眉山市、乐山市的很多地方也有入声。成都市区在一百多年前可能是有入声的，后来随着人口的增加和经济的发展，尤其是解放以后大量北方人（成都当时有大量南下干部）、川北和川东人涌入，使其入声逐渐消失了。我们知道，四川中部、北部和东部在很早以前就没有入声，经济的发展与人口的混居，加上重庆等地方言的影响，成都方言入声的消失完全是有可能的。"

建颂，1999)①；其实，江西的赣州和信丰早期说的也是南京话②，即有入声，而现在均演变为西南官话。据这些早期的西南官话语音文献，它们的声调均与《韵略易通》一致，即都有入声，这些材料为研究西南官话语音史提供了极为重要的佐证资料。此外，据黄宗谷（1983）的研究，云南洱海地区的土著汉语存在入声③。西南官话和江淮官话的区别主要在于入声的有无，这也是很多学者怀疑西南官话源于江淮官话的根据。但从上面的语音资料来看，明清时期的西南官话是一直存在入声的（成都处于西南官话的核心区，据1900年出版的《西蜀方言》来看，成都当时尚有入声），这种特点一直延续至近现代的西南官话中，如四川的岷江一带等。据此看来，西南官话和江淮官话的关系确实值得高度重视和深入研究。

二 现当代涉及西南官话的语音记录和研究

（一）描写研究

第一，区域性的描写研究。主要包括各省方言报告、各省志中的方言志，以及各相关专著中的多个方言点记录和描写。

杨时逢《云南方言调查报告》（1969）、《湖南方言调查报告》（1974）、《四川方言调查报告》（1984）、赵元任等《湖北方言调查报告》（1948），以下简称"四大报告"。四大报告的特点是记音较为准确、覆盖

---

① 《汉音集字》引言："本书的缘起。多年前，帕特里奇（S. C. Partridge）牧师编了《武昌话音节表》，在每个音之下列出五个声调。……同样也应记住，下平声和入声之间有很多相混的。"朱建颂（1999：289）据此说"这是入声作为一个调类开始消失的表现，或者当时就已消失了。……而此后30多年的资料告诉我们，汉口（还有武昌、汉阳）的入声已经消失，原属入声的字，基本读阳平（即下平）。"

② 据瓦罗《华语官话语法》（1703）中译本（姚小平、马又清译，2003：181）："南京话是官话，也是中国所有其他方言的始祖。然而，我们应该记住，会说南京话的并不一定就是读书人，而只是因为他们是南京人、赣州人或信丰人。而北京和山东的方言略有不同。我们的词表完全是根据南京话来编的。"鲁国尧（2007：138）据此认为"南京人当然说南京话，但是非南京人如赣州人、信丰人也会说南京话，可见南京话的流播区域不限于地理上的南京地区"。由此可见，赣州和信丰早期属于江淮官话中的南京话。

③ 黄宗谷（1983：59—60）指出："洱海地区的土著汉语主要流行于下关、大理、剑川、鹤庆、洱源、云龙等县的白族聚居区，它的调类有五……洱海地区巍山、南涧、漾濞、永平等县的彝族村寨也流行着土著汉语。这种彝族土著汉语话，它的特点也像白族土著汉语话一样：保留了中古汉语的入声。"

面较广（记音材料基本涵盖了西南官话在当时这四个地区的所有县市方言点），对各个点的声韵调有较为详细的描写说明，同时附有同音字表和古今音的比较，是今天研究西南官话方音的重要参考资料。但四大报告的材料来源并非完全处于同一平面上，如湖北"六十四个调查点中，二十个在城镇，四十二个在乡村"（李蓝，1997：250），其余三个报告也都存在这种现象，故使用这些材料时需引起注意。四川方言调查工作指导组编著的《四川方言音系》（1960），记录了四川150个县市方言点的声韵调，同时列出"25个代表点的方音字表"（400多个常用单字）。贵州省地方志编委会的《贵州省志·汉语方言志》（1998）"语音篇"对贵州的汉语方音及其片区特点作了描述，并附有贵阳、镇远、都匀3个方言点的同音字汇。黔东南地方志办公室编的《黔东南方言志》（2007）详细描写分析了黔东南的方言特点，语音描写分析上有"语音篇"和"正音篇"两个部分，正音篇列有凯里、黄平、丹寨、镇远、黎平共5个代表点的同音字汇，并对各点所代表区域的语音特点做了描写分析，正音篇说明当地人学习普通话应该注意的问题，间接说明了黔东南方音和普通话语音的异同。云南省地方志编委会《云南省志·汉语方言志》（1989）描写分析了云南的语音特征和分片情况，并附有与普通话不同的字音比较，但没有一个点有完整的同音字汇，这很遗憾。此外，各专著中涉及多个方言点的语音材料，在这里也暂时归入区域性的描写研究类，如湖南省公安厅编著的《湖南汉语方音字汇》（1993）中，记录有常德、洪江、会同、永州、宁远、郴州、吉首、大庸共8个方言点的西南官话方音字汇（2962字），参照《汉语方音字汇》排版，记音翔实可靠。陈章太、李行健（1966）的《普通话基础方言基本词汇集·语音卷》中记录有云、贵、川、湘、鄂、桂等地的共23个西南官话方言点的语音系统和同音字汇。《广西通志·汉语方言志》（1998）记录有桂林和柳州两个西南官话方言代表点的同音字汇。北大中文系《汉语方音字汇》（2003）中列有武汉、成都两个点的字音对照表等。以上这些区域性描写研究中的语音材料，主要为相关专业的学者负责编著，故总体上较为可靠，有较高的参考利用价值，它们是本书研究的基础性材料。

第二，单点语音描写研究。主要是方言志（记、研究）和发表的单篇论文。

方言志（记、研究）：此类型中，以赵元任《钟祥方言记》（1939）为最早，其语音记录较准确，体例规范，对后来各地方言志的编写有较大影响。20世纪八九十年代随着全国方言的普查，各地陆续编写出版很多方言志，特别以云南为盛，如卢开碟《昆明方言志》（1990）、张苇《玉溪地区汉语方言志》（1990）、张苇《澄江方言志》（1996）、张宁《建水方言志》（1986）、安宁县志编《安宁方言志》（1993）、云南省语言学会《西畴方言志》（1993）等。其他地方的有李永明《常德方言志》（1989）、贵州公安厅《贵阳方言》（1986）等，这些方言志或是有组织的调查研究者编写的，或是较熟悉方言的学者所著，故其材料大多数较为可靠。20世纪90年代后期至今，单点的方言研究类著作居多，如牟成刚《广南方言研究》（2014）、郑庆君《常德方言研究》（1999）、李启群《吉首方言研究》（2002）、明生荣《毕节方言研究》（2007）、杨绍林《彭州方言研究》（2005）等，这些著作绝大多数是学者成熟的方言著作，故材料大多也是可靠的。此外，一些大学的硕士论文中也有涉及西南官话的单个方言点研究，如上海师大王玉霞《郧县方言语音研究》（2009）、四川师大杨容《巴中方言研究》（2009）、吴立友《重庆开县话语音纪略》（2001）、苏州大学杨彧《桂柳官话音韵层次研究》（2009）[①]等，这些硕士学位论文大都以自己母语为研究对象，其同音字汇的可靠性还是较高的。

发表的单篇论文中，以单点语音系统介绍为主，如李蓝《贵州丹寨方言音系》（1994）、李启群《湖南吉首方言同音字汇》（1996）、钟维克《江津方言同音字汇》（2002）等发表于《方言》等权威刊物，是值得信赖的方音材料。另外，还有一些发表在各地学报、期刊上的语音材料以及单点的方言著作，但因调查人员庞杂，层次参差不一，很多材料需要甄别。

（二）理论研究

到目前为止，专门针对西南官话作理论深层次研究的专著和论文并不多见。学位论文有李蓝的博士论文《西南官话内部声调与声母的异同》（1995）、李霞的硕士论文《西南官话语音研究》（2004），但分析研究均过于浅显且不全面[②]。单篇专论仅有黄雪贞《西南官话的分区稿》（1986）、李蓝《六十年来西南官话的调查研究综述》（1997）、李蓝《西

[①] 杨彧（2009）包括荔浦方言同音字汇和白石方言同音字汇。

[②] 李蓝（1995）和李霞（2004）各自的学位论文，均多横向的语音材料比较，而较少纵向的音韵理论分析，而且前者也没有涉及西南官话的韵母部分。

南官话的分区稿》(2009) 等少数文章，其他的一般散见于官话方言分区等相关论文和其他著作中，问题也主要集中在西南官话的分区标准及来源上。如李荣（1985）在分区研究中认为"西南官话的特性是古入声今全读阳平"①，这对西南官话的分区研究具有高屋建瓴的指导作用，此后的分区研究均是在此基础上的增益（黄雪贞，1986；李蓝，2009）。至于西南官话的来源，问题主要纠缠于与江淮官话（陕南与中原官话）等源方言的关系，以及是否属南系官话等方面。除此之外，其他更多领域和更深层次的音韵理论分析研究就较少涉及了。

（三）区域方言的专门研究

西南官话区域性的专门研究，主要集中在一批博士毕业论文上，如胡萍《湘西南汉语方言语音研究》（2007）、郭丽《湖北西南官话音韵研究》（2009）、刘晓英《近代湘南官话语音研究》（2008）、张进军《中古入声字在湖南方言中的演变研究》（2008）、胡斯可《湖南郴州地区的汉语方言接触研究》（2009）、曾献飞《湘南官话语音研究》（2004）、孙越川《四川西南官话语音研究》（2011），等等。这些博士学位论文，一般既有材料支撑，又有理论阐释，表现出较高的学术水平，但它们共同的不足是局限于西南官话中的某一片，没能联系西南官话整体特点，因此有些结论不具有普遍性。

综上所述，可以看出目前西南官话语音研究的基本情况是：

第一，涉及西南官话的语音描写虽然较多，但不平衡。如涉及滇、川、湘、鄂的方言描写和研究较多，但对黔、桂北一带的方言调查和研究就比较少等。

第二，理论研究较少，目前尚未见到对西南官话整体作全面深刻研究的正式出版的音韵研究著作。

由于西南官话的来源和演变的特殊性，注定了研究西南官话绝不能局限于西南官话内部，否则既不能"正本"，也谈不上"清源"，我们必须要把诸如江淮官话等与之在历史上有关联的方言作比较研究。西南官话作为官话方言之一种，同时又地处南方（有的学者把西南官话和江淮官话合称南系官话），故我们既需借鉴官话方言、中古音、近代音的研究材料，也需要参照南方方言研究的成果。

---

① 李荣：《官话方言的分区》，《方言》1985 第 1 期，第 3 页。

第三节 西南官话音韵研究的对象、意义、价值和方法

一 本书研究的对象、内容和思路

（一）本书研究的对象

本书以西南官话的音韵作为研究对象，主要从共时的角度对西南官话内部各区片作横向比较，重点从类型的角度厘清各区片之间的异同关系，同时也涉及江淮官话等与之关系密切的方言；从历时的角度探讨中古以来汉语音韵在西南官话中的发展演变。研究主要以方言材料和韵书文献为基础和起点，但并不止于静态的描写和分析，侧重于对方言的归纳和解释、对演变过程和规律的探讨。因此，本书属于汉语言文字学领域的方言音韵研究。

（二）本书研究的内容和研究思路

针对目前西南官话语音基础材料较丰富而理论研究相对不足的现状，本书将以当今西南官话调查研究而积累的语音材料为基础，重点归纳西南官话语音的特点和类型，分析西南官话语音产生差异的原因和背景，总结语音分化和组合的客观规律，阐释规律的意义和发生的条件等。同时，鉴于西南官话是较短历史时期内，因移民整合而形成的语言特点，研究时需参照江淮官话等相关方言来进行对比分析，厘清西南官话和江淮官话等相关方言的源流关系。

本书将以中古、近代相关西南官话的韵书材料为历史参照，以今天西南官话方言材料为依托进行语音的分化、组合研究，在历时发展和共时平面上找到语言演变的契合点，在语言事实的基础上得出结论，用理论解释语言事实。

二 本书研究的意义、价值和重点要解决的问题

（一）理论意义

本书的理论意义主要表现在以下三点：

第一，有助于厘清西南官话语音的源流及演变，为建立完善的汉语史体系提供一方方言音韵的证据。

"西南官话"这一名称最早出现于 1948 年，早期与下江官话（今江

淮官话）相对，称为上江官话。西南官话是官话方言里分布范围最广，使用人口最多的方言，一般认为是官话方言中内部一致性很强的方言，即属单纯型方言①。实际上，情况并没有这么简单。在当代汉语方言学界中，因早期移民的关系，学者们对西南官话的来源及演变的看法并不一致，如刘晓梅、李如龙（2002：16）认为"西南官话是江淮官话的延伸，是移民所致，史载明代将领沐英平定大西南后，江淮湖广一带汉人大量移居云、贵、川，于是形成了西南官话"，刘勋宁（1995）从入声的分配以及地理区域特点把西南官话和江淮官话一并划归南方官话②，但他认为"西南官话江淮官话之间的关系大概不是同源关系。这里把它们归为一类，是就它们今天呈现出的语言特征和它们与中原官话的关系而言"③。黎新第（1995：117）认为"西南地区的官话方言可暂不划归南方系官话方言。这是由于这一地区官话方言形成的原因比较复杂"。黎氏认为西南官话除了具有长江中下游官话的特征外，从入声的消失等看它又与黄河流域的官话相似④。我们一般认为西南官话和江淮官话的区别主要在入声的有无，和其他官话的区别主要在入声的归派上，但据黄雪贞（1986：262），西南官话中心区域四川、云南、贵州仍"有七十五个县市的古入声字今自成调类，八个县市的古入声字今读阴平，13个县市的古入声字今读去声"。我们发现，"南京型"作为中古精知庄章组的今读类型普遍分布于江淮官话和西南官话之中，且一致性较强。由此可见，西南官话和

---

① 李如龙（2005：53）指出："任何方言都是历史上多来源、多层次形成的，在形成过程中，有的整合力强，因而内部结构规律就比较严整，这种方言可称为单纯型方言。……西南官话和东北官话是明清之后定型的，历史短，变化不大，都是单纯型的方言。"

② 刘勋宁（1995：448—449）认为："根据入声分化类的多寡，官话方言十分清楚地分为三类：即西南官话和江淮官话为一类，古入声或保留为入声，或归入阳平……我们把西南官话和江淮官话并为一大类，称之为南方官话。"又说"旧时的名称'北方话'有一个很大的毛病，这就是地理概念上的极不确切。学术名词当然可以跟普通概念有差别，但也不能距离过远。比如把远在西南边陲的四川话、云南话、贵州话以及非粤语的广西话也称作北方话，实在叫人别扭得可以"（第453页）。

③ 刘勋宁（1995：452）。

④ 黎新第（1995：117）认为："从来源上表明，西南地区的官话方言中，既有很多长江中下游的官话方言成分，又有不少黄河流域的官话方言成分。例如古知庄章组声母今读在部分西南官话方言中的表现以及声母n、l不分，韵母大都-en、-in与-eng、-ing不分等等情形看，固然与前者一致，但从入声大都消失和古山摄一二等唇音和牙喉音合口字没有区别等情形看，又显得然和后者相似。"

江淮官话的关系并不简单，鉴于今西南官话区的汉族居民在明清时主要从江淮湖广迁移而来的基本事实，借助江淮官话等早期移民源地的方言来研究西南官话是一种较为有效而又科学的方法。我们认为通过本书的研究，将能够从源头上厘清西南官话的来源及其语音演变史，有助于全面了解西南官话和江淮官话等相关方言的关系，进而有利于加深对近代南系官话的认识，为建立完善的汉语史体系提供一方方言音韵的证据。

第二，有助于语言接触研究，丰富语言接触的理论。

西南官话区以云贵川为其中心区域，历史上这些地域多居少数民族，自有明一代随大量江淮湖广等地汉族人民的迁入[1]，官话方言逐渐成为通用之语，历经演变，它们形成了一些独具区域方言的语音特征，终成今之西南官话。据葛剑雄等（1993：614），云南在元初被重新统治之前，这里没有汉语的地位，云南和贵州的汉语均是自明代初年以来随汉族的移民而形成[2]。四川虽因地理条件较为优越，早在三国时期便为蜀汉所据，但"经过宋金、宋元时期的战争，四川人口锐减"，明代初年的"这次移民对四川影响很大，至今四川所称的'土著'或'老户'都是这些移民的后裔。明以前土著后裔已很难发现"。湖南官话片于五代之前属少数民族五溪蛮（汉代称"武陵蛮"）的居地，此后随移民的迁入，官话格局形成于宋代，其地位在明代移民中得到加强[3]。首先，西南官话区历史上多为少数民族居住，汉语的形成发展演变过程中，不可避免会受到少数民

---

[1] 张卫东（2007：206—207）指出："近代汉语史上，长期存在南北两大系官话区：北方以北京为代表，南方以南京为代表。在这一格局下，北京音长期处于劣势，而清中叶前，南京音的正音地位亦未曾动摇过。西南官话区，由明清两代（主要是清初）的军事、经济移民造成。进入西南官话的移民，虽说全国各省都有，但以长江中下游的近江官话区为主。所以尽管云贵川这一广大区域内交通出名地难、'难于上青天'，其方言的内部一致性却出奇的高。西南官话区的出现，并未削弱反倒增强了南方（南京）官话的优势，因为二者更相近些。"

[2] 葛剑雄等（1993：614）："自唐中叶南诏独立以后，在长达六百年的时间内，云南处于中原王朝的版图之外。到元代初年重新统治云南之前，这里已经没有汉语的地位。明代初年，中央政府通过调拨军队戍守屯垦实施了对云南和贵州二地的移民，驻守云贵的军士以苏、皖二省籍为主……清代云、贵地区接受的移民主要来自四川、湖南和江西。"

[3] 周振鹤、游汝杰（1985：269—270）："湖南官话片的范围恰好是沅、澧二水流域……这一地区是少数民族五溪蛮（汉代称"武陵蛮"）的居地，五代混乱之时脱离了中央政权的控制，在战国秦汉时代，整个湖南地区也通行一种内部存在差异的古湘语。南宋以后几乎没有湖北移民进入湖南，官话片至此格局已定。至明代北方移民对广西、贵州的开发，进一步加强了官话在这一带的地位。"

族语言的影响。其次,西南官话的移民源地多为江淮、湖广、江西等地,早期这些地区的方言必然会直接影响西南官话的形成和演变[①]。遗憾的是,此前研究西南官话者更多关注其内部研究,而少有把西南官话与早期移民源地的江淮官话、赣语、湘语、吴语以及本地少数民族语言进行接触和影响方面的比较研究。现实是西南官话对本地及周边的非官话语言的影响和蚕食仍在继续扩大,我们如果对它们之间的接触和演变模式进行比较研究,相信得出的结果对语言接触和语言类型学的研究都会有很大的参考价值。

第三,西南官话语音演变类型,是研究官话音韵演变史的一种特殊样本。

西南官话形成于明代,属于近代汉语体系,但它一经形成便作为强势官话方言辐射影响着周边的弱势方言,这一情况至今仍在延续,突出体现在西南地区的少数民族区域以及临西南官话区的非官话方言地带,如湘西南、陕南、桂中南、鄂东等。但随着普通话的推广,西南官话自身也在受普通话的影响。此外,研究西南官话的语音能够深入了解官话方言入声的消失过程以及浊音清化的一些特殊规律。官话方言中,除江淮官话外,一般认为入声已消失,但因西南官话与江淮官话有着密切的渊源关系,故其在有些地区中大量存在入声,特别是属西南官话的四川省有近三分之一的地区有入声等现象,与刘勋宁(1995)据西南官话入声消失而认为与中原官话类似的结论是矛盾的,甚至有些无入声和有入声的方言点相距很近,如云南的昆明和曲靖等。浊音在官话方言中也基本都是清化了的,但在以湘西南为主的西南官话区域却存在着浊音,只是这里的浊音有些已经区分不明显,有些则存在文白异读,甚至其清化后送气与否也存在差异,但总体上均有向"平送仄不送"的官话清化类型大方向演变等。如果我们对西南官话的这些语音特征及演变现象进行研究,必将给研究官话方言入声的消失及浊音的清化带来一定的启示,具有样本性的作用。

---

① 葛剑雄等(1993:614):"今日四川方言是明初湖北的西南官话混合江西方言以后向西传播的结果。明代初年……驻守云、贵的军士以苏、皖二省籍人为主,因此使得昆明地区的方言与江淮官话有不少相似的成分。清代云、贵地区接受移民主要来自四川、湖南和江西,可以想象,云、贵方言中的江西方言对四川的影响也很深刻。纵观明清移民史,我们可以说,江西方言通过移民作为媒介深刻地影响了西南官话。"

（二）现实意义和使用价值

第一，全面深刻认识西南官话的音韵特征。

西南官话是全国使用范围最广、使用人口最多的官话方言，但国内外学者对其关注研究者并不多，西南官话的面貌和特征尚未为人们所熟知。原因是人们认为西南官话形成历史短、内部一致性强，研究的价值和空间不大。其实，西南官话因来源及演变的复杂，其内部的差异及其与外方言的关系都不简单，特别是核心区域与边缘区域同中有异、异中有同，差别较大，区别明显。因此，在方言学蓬勃发展的今天，全面深入地分析西南官话有着重大而又迫切的现实意义。

第二，为官话方言的比较和西南官话的内部分区提供参考。

官话方言研究近年来取得了很大成就，但西南官话语音的研究成果却有限而且很不平衡，至今仍没有一部全面深刻分析西南官话语音的学术专著，这不能不说是今天方言学研究中的遗憾。西南官话语音的研究，在材料上可以丰富官话研究的内容，为官话方言比较分析提供基础条件。就本书来看，由于西南官话涉及的地区面积大、人口多，内部分区（特别是边缘地区）也有很多不完善的地方[1]，语音共时和历时的比较研究能为西南官话内部分区提供有益参考。

（三）重点要解决的问题

第一，归纳材料、解释差异。

西南官话一般认为是内部一致性很强的方言，但由于移民和语言接触的关系，各地方言特别是内部和边缘地带的方言差异还是比较大的[2]，如日母字就分化有 ŋ、n、ȵ、l、0 等不同的组别，入声的有无等。

---

[1] 李蓝（2009）把《中国语言地图集》（1987）里属中原官话的汉中、平利、白河、略阳、勉县、宁强、城固、西乡、南郑和属江淮官话的竹溪、竹山等地划入西南官话区。但周政（2002）等认为平利话、白河话属江淮官话。据陈章太、李行建（1996）所载汉中话的音系特征，它仍当属中原官话。

[2] 李荣（1985：5）："平常说西南官话内部很一致，有的人不以为然。好几个省，人口两亿左右，方言的情况当然是一言难尽，不能用一句话概括。略多说几句也许能周到一点。就大部分地区而言，就县城而言，西南官话内部很一致。就少数地点说，就边远地区说，就每个县的四乡说，方言的差别比较大。据说贵州省各县城之间，比起县城和四乡之间来，方言差别要小得多。上文说西南官话古入声今读阳平，可是大家都知道，四川、云南、贵州，三个省或多或少都有些县市有入声。除西南官话和吉林、黑龙江方言之外，别的省区方言内部差别较大，所以很少听说某省区方言内部一致。"

材料纷杂,如何归纳、解释西南话内部的语音差异,既牵涉到语音的古今演变,又涉及能否找出各片之间的联系以及与源方言(如江淮官话等)的关系问题。因此,归纳材料、解释差异无疑是我们首先应该解决的问题。

第二,理出西南官话从中古至今的语音发展线索。

西南官话形成历史短,但因移民的关系,对其源方言的认定仍然存在分歧,我们的研究将从西南官话的方言事实出发,参照《韵略易通》《西蜀方言》等相关音韵材料,参照对比江淮官话等相关源方言的早期韵书及语言实际,向上拟测西南官话的语音情况,纵横对比印证,最终目的是整理出一条较为清晰的西南官话语音发展线索。这种建立在方言材料、文献材料两块基石上的结论,我们认为要比单纯从韵书出发而得出的结论更可靠。

第三,解释西南官话与江淮官话等源方言的关系。

这其实是对"理出西南官话从中古至今的语音发展线索"这一问题的延伸。在西南官话的来源上,虽然多数学者认为是源自江淮官话,但此说多从移民上取证,此外还有其他学者提出不同的看法。故本书将从语音上对比分析西南官话和江淮官话等源方言的关系,期盼能够从音韵渊源上来厘清西南官话的来源问题。

第四,找出影响西南官话语音变异的原因。

影响语音变化的因素很多,特别是与西南官话接触的方言和少数民族语言众多,故在本书中,最重要的是要分清语音变异是内部语音规律使然,还是外部因素即语言接触造成的异源成分渗透、叠置使然,如入声的有无和演变、全浊声母的清化、中古精知庄章的演变、鼻音的变化情况等。

三 研究方法

本书属传统的方言学语音研究,基本方法是描写与比较分析相结合、历史比较法和历史层次分析法相结合、语言事实的分析与历史文献的考证相结合,手段上主要是借助于文献资料进行统计分析等。具体使用的研究方法包括:

第一,描写和比较分析相结合。

本书以比较法为主要研究手段,通过横向共时比较找出方言的差异和特点，通过历时纵向比较发现语音发展变化规律。同时，鉴于西南官话来源演变的特殊性，还需要与江淮官话等相关源方言进行对比分析，以探明西南官话语音史及其与江淮官话等源方言的关系。本书虽不以描写为主，但对有特色、有争议的方言语音材料还是要进行详细、准确的描写分析，以确保材料的真实性。

第二，历史比较法和历史层次分析法相结合。

西南官话内部及其与江淮官话等其他方言之间的比较，找出它们之间的语音对应关系，这需要历史比较法。历史层次分析法，可用来分析方言演变过程中两种形式的叠加：一种是方言自身按照语言演变规律而形成的不同历史层次的叠加，另一种是外来影响造成的方言不同层次的叠加。历史比较法及历史层次分析法的目的就是辨别语音差异的根源，找出语音演变的原因。

第三，方言事实的分析与历史文献的考证相结合。

方言事实的客观分析在方言研究中无疑是异常重要的，但方言历史文献考证也绝不可忽视。考察历史文献，可揭示方言更早时期的面貌，为我们的历史比较提供确凿的证据。如西南官话与江淮官话的区别一般认为主要是入声的有无，但参考早期文献资料，可证实明清时期的西南官话确有入声调（韵）等。

第四节 西南官话音韵研究的材料来源

西南官话涉及9省（市）500余个县市，总体上具有方言点众多，分布区域范围广的特点。因此，材料来源上，主要以已公开发表的书面材料为主，以笔者调查的语音材料为辅，重在对比核查，尽力追求材料的客观可靠。

一 公开发表的书面材料

已经公开发表的书面材料主要指具有权威性的调查报告、专著、各种刊物以及硕博论文材料的音系等。这里又分重点材料和辅助材料两种。

（一）重点材料

第一，滇、川、湘、鄂的材料主要依据"四大方言调查报告"。"四大方言调查报告"指《云南方言调查报告》（杨时逢，1969）、《四川方言调查报告》（杨时逢，1984）、《湖北方言调查报告》（赵元任，1948）、《湖南方言调查报告》（杨时逢，1974）。书中除成都、武汉两个方言点取自《汉语方音字汇》（北大中文系，2003）外，如果没有做特别说明，凡涉及滇川（包括重庆市）鄂湘的材料基本上均取材自"四大方言调查报告"。

值得注意的是，《四川方言调查报告》共列出方言点134个，但有音系和同音字表的只有97个，其37个方言点仅标明与某音系同，此外还缺川西的方言材料，故下面补述如后。邛崃方言依据《四川邛崃油榨方言记》（崔荣昌，2010），彭州话依据《彭州方言研究》（杨绍林，2005），泸州话依据《四川泸州方言研究》（李国正，1997），汉源、西昌、自贡、重庆依据《普通话基础方言基本词汇集·语音卷》（陈章太、李行健，1998）等。

《云南方言调查报告》方言点101个，《四川方言调查报告》方言点104个（包括标明与某音系同的方言点，以及补述的邛崃油榨、彭州、泸州、汉源、西昌、自贡、重庆等），《湖北方言调查报告》方言点38个，《湖南方言调查报告》方言点38个。"四大方言调查报告"涉及滇、川（包括重庆市）、鄂、湘的方言点共计284个。

第二，贵州的材料主要依靠《贵州省志·汉语方言志》（贵州省地方志编委会，1998）和《黔东南方言志》（黔东南地方志办公室，2007）中的音系材料。其中，贵阳、都匀音系取自《贵州省志·汉语方言志》，凯里、黄平、丹寨、镇远、黎平取自《黔东南方言志》。此外，遵义、毕节依据《普通话基础方言基本词汇集·语音卷》（陈章太、李行健，1998）、绥阳依据《绥阳方言同音字汇》（姚丽娟，2002）、金沙依据《贵州金沙方言音系》（明茂修、谭本龙，2010），仁怀取自《仁怀县志》（仁怀地方志编委会，1991）等。贵州共计方言点12个。

第三，陕南材料主要有《紫阳城关方言音系研究》（张德新，2008）、《宁陕城关方言音系研究》（张德新，2008）、《石泉城关方言同音字汇研究》（张德新，2009）、《镇坪钟宝方言同音字汇》（周政、周厚民，2007）等，共计方言点4个。

第四，广西桂林、柳州的材料取自《普通话基础方言基本词汇集·语音卷》（陈章太、李行健，1998）。此外，还有《黄冕话同音字汇》（杨彧，2009）、《荔浦话同音字汇》（杨彧，2008）、《象州白石话同音字汇》(张艺兵、白云，2009)、《南宁市下郭街官话同音字汇》(周本良，2006) 等，共计方言点 6 个。

第五，江西赣州的材料取自《赣州市志》(赣州市地方志编委会，1999)，共 1 个方言点。

重点材料所涉及的方言点共计 307 个，基本涵盖了西南官话的各大区域。

(二) 辅助材料

第一，综合类。

①《普通话基础方言基本词汇集·语音卷》(陈章太、李行健，1998) 涉及方言点 23 个。四川 7 个：成都、南充、达县、汉源、西昌、自贡、重庆；云南 4 个：昆明、蒙自、大理、昭通；贵州 4 个：遵义、毕节、贵阳、黎平；广西 2 个：桂林、柳州；湖南 2 个：常德、吉首；湖北 4 个：宜昌、襄樊、天门、武汉。

②《湖南汉语方音字汇》(湖南省公安厅，1993) 涉及湖南方言点 7 个：宁远、吉首、常德、洪江、永州、郴州、大庸。

③《云南省志·汉语方言志》(云南省地方志编委会，1989)、《四川方言音系》(四川方言调查指导组，1960)，分别记录了云南和四川绝大部分县市的声韵调。

第二，专题类：方言志 (研究)、硕博论文、单篇论文等。

①云南：卢开磉《昆明方言志》(1990)，张宁《建水方言志》(1986)、安宁县志编委会《安宁方言志》(1993)，云南省语言学会《西畴方言志》(1993)，文薇、尹可华《保山方言志》(1993)，牟成刚《广南方言研究》(2014)，陈丽萍《临沧地区汉语方言志》(2001)[①]，张弗等《玉溪地区汉语方言志》(1990)[②] 等。

②四川：陈绍龄、郝锡炯《峨眉音系》(1959)、钟维克《江津方言同音字汇》(2002)、钟维克等《巴县方言同音字汇》(1999)、左福光等《四川攀枝花市区本地方言音系》(2010)、孙越川《都江堰方言语音研究》(2009) 等。

---

① 《临沧地区汉语方言志》(2001) 涉及临沧、凤庆、云县、双江、永德、镇康、耿马、沧源共 8 个方言点。

② 《玉溪地区汉语方言志》(1990) 涉及玉溪、新平、峨山、澄江、易门、江川、通海、华宁、元江共 9 个方言点。

③贵州：明生荣《毕节方言研究》（2007）、李蓝《贵州丹寨方言音系》（1994）、徐凤云《贵州都匀老派方言音系》（1988）等。

④湖北：赵元任《钟祥方言记》（1939）、王玉霞《郧县方言语音研究》（2009）等。

⑤湖南：李启群《吉首方言研究》（2002）、李启群《凤凰方言同音字汇》（2011）、李启明《常德方言志》（1989）、郑庆君《常德方言研究》（1999）、《湖南安乡方言》（1994）。

除此之外，因西南官话涉及面广、方言点众多，故各县县志中的方言音系也是西南官话音韵研究中的辅助性参考材料之一。特别是如贵州、广西等公开发表语音材料较少的方言片区中，地方县志类中的方音记录材料，文中将斟酌参考，供辅助讨论利用。

二 笔者调查核对的材料

笔者调查核对的材料有 36 个方言点，具体为：云南 20 个，有昆明、威信、盐津、绥江、鲁甸、陆良、曲靖、文山、丘北、马关、富宁、麻栗坡、西畴、广南、砚山、巍山、华宁、丽江、蒙自、富源；四川 6 个，有雅安、石棉、富顺、成都、南江、宜宾；贵州 3 个，有贵阳、惠水、黎平；重庆 2 个，有铜梁、潼南；广西 2 个，有桂林、柳州；湖南 1 个，有慈利；湖北 4 个，有武汉、十堰、竹溪、天门。

三 历史主要韵书材料

第一，明代时期（6 部）。

兰茂《韵略易通》（1442），见《续修四库全书》（上海古籍出版社，2002）。

兰茂《声律发蒙》（1442），朱笔句读，清曲靖启贤堂刻本（1644）。

本悟《韵略易通》（1586），中国社会科学院图书馆清藏抄书见本。

葛中选《泰律篇》（1618），见《云南汉语方音学史》（云南大学出版社，2007）。

金尼阁《西儒耳目资》（1626），《续修四库全书》（上海古籍出版社，2002）。

李实《蜀语》（明末清初），见《蜀语校注》（巴蜀书社，1990）。

第二，清代时期（2 部）。

马自援《等音》(1673)，云南丛书本。

林本裕《声位》(1673)，云南丛书本。

第三，19世纪末（2部）。

英格尔《汉音集字》(1899)，"公兴"（Kung Hing）刊印本；又，朱建颂《〈汉音集字〉疏证》，见《湖北文献方言疏证》（湖北教育出版社，1999）。

钟秀芝《西蜀方言》(1900)，上海美华书局。

第二章

西南官话声母的今读类型与历史层次

第一节 泥来母今读的分混类型与演变层次

汉语方言中普遍存在中古泥（n）、来（l）母相混的现象，根据二者在汉语中的今读来看，分混类型主要有三种：不混型、半混型和全混型。三种分混类型在西南官话中都有体现。下面我们主要讨论两个问题：一是泥来母分混类型在西南官话中的体现和分布，二是探讨泥来母分混的历史演变。

一 西南官话泥来母的今读分混类型

根据中古泥来母的今读音值来看，它们在西南官话今读中的分混主要有三种类型，即不混型、半混型和全混型（各类型方言分布点如表2-1、表2-2、表2-3所示）：

第一，不混型。即不论今韵母洪细，泥母都读 n（部分方言点细音前读 ȵ），来母都读 l。方言分布点主要集中在云南（滇南、滇西、滇中）和湘南区域。同时散见于黔东南的都匀、黎平、从江、榕江、天柱、锦屏，陕南的宁陕，广西柳州，江西赣州等地。泥母字在有些方言中洪细互补，即洪音前读 n，细音前读 ȵ，如云南巍山、盐丰、镇康、兰坪，湖南桂阳、东安、零陵、永明、江华、晃县、麻阳、乾城[①]等，但这些方言点的来母字不论韵母洪细都读 l，故不影响泥来母二分（不混型）的总体格局。下面是例字表（表2-1）：

[①] 乾城即今吉首，但今吉首已变为 l、ȵ 互分的半混型（李启群，2002）。

表 2-1　　　　　　　　中古泥来母今读"不混型"例字

例字	怒遇	路遇	内蟹	累蟹	脑效	老效	男咸	蓝咸	嫩臻	论臻
昆明	nu²¹²	lu²¹²	nuei²¹²	luei²¹²	nɔ⁵³	lɔ⁵³	nÃ³¹	lÃ³¹	nuə̃ĩ²¹²	luə̃ĩ²¹²
蒙化	nu²⁴	lu²⁴	nuei²⁴	luei²⁴	nao⁴²	lao⁴²	nã³¹	lã³¹	nuẽ²⁴	luẽ²⁴

例字	女遇	吕遇	娘宕	良宕	年山	连山	泥蟹	犁蟹	尿效	料效
昆明	ni⁵³	luei⁵³	niÃ³¹	liÃ³¹	niæ̃³¹	liæ̃³¹	ni³¹	li³¹	niɔ²¹²	liɔ²¹²
蒙化	ȵyi⁴²	lyi⁴²	ȵia³¹	lia³¹	ȵie³¹	lie³¹	ȵi³¹	li³¹	ȵiao²⁴	liao²⁴

第二，半混型。泥母在一等洪音韵母前读音与来母同，或都读 l，或都读 n，n、l 在音位上大多属于自由变体；但泥母在细音韵母前一般腭化为 ȵ（宁陕为 n，四川潼南、丰都、忠县、邻水等泥组细音读零声母①；陕南石泉等泥来母鱼韵读 ȵ，泥组其他韵细音读零声母），有别于来母。方言点主要集中在四川中部及陕南一带。参见例字表 2-2。

表 2-2　　　　　　　　中古泥来母今读"半混型"例字

例字	怒遇	路遇	内蟹	累蟹	脑效	老效	男咸	蓝咸	嫩臻	论臻
成都	nu¹³	nu¹³	nuei¹³	nuei¹³	nau⁵³	nau⁵³	nan²¹	nan²¹	nən¹³	nən¹³
吉首	lu³⁵	lu³⁵	luei³⁵	luei³⁵	lau⁴²	lau⁴²	lan¹¹	lan¹¹	luən³⁵	luən³⁵
潼南	nu²⁴	nu²⁴	nuəi²⁴	nuəi²⁴	nao⁴²	nao⁴²	nan³¹	nan³¹	nən²⁴	nən²⁴
邻水	nu²⁴	nu²⁴	nuei²⁴	nuei²⁴	nau²⁴	nau²⁴	nan³¹	nan³¹	nən²⁴	nən²⁴
宁陕	ləu²¹³	ləu²¹³	lei²¹³	lei²¹³	lau⁵³	lau⁵³	lan²¹	lan²¹	lən²¹³	lən²¹³
石泉	ləu²¹⁴	ləu²¹⁴	lei²¹⁴	lei²¹⁴	lau⁵³	lau⁵³	lan²¹	lan²¹	lən²¹⁴	lən²¹⁴

例字	女遇	吕遇	娘宕	良宕	年山	连山	泥蟹	犁蟹	尿效	料效
成都	ȵy⁵³	ny⁵³	ȵiaŋ²¹	niaŋ²¹	ȵiɛn²¹	niɛn²¹	ȵi²¹	ni²¹	ȵiau¹³	niau¹³
吉首	ȵy⁴²	luei⁴²	ȵiaŋ¹¹	liaŋ¹¹	ȵiɛn¹¹	liɛn¹¹	ȵi¹¹	li¹¹	ȵiau³⁵	liau³⁵
潼南	y⁴²	ny⁴²	iaŋ³¹	niaŋ³¹	ien³¹	nien³¹	i³¹	ni³¹	iau²⁴	niau²⁴
邻水	ȵy⁴²	ny⁴²	iaŋ³¹	niaŋ³¹	ien³¹	nien³¹	i³¹	ni³¹	iao²⁴	niao²⁴
宁陕	ȵʮ⁵³	ly⁵³	nian²¹	lian²¹	nian²¹	lian²¹	ni²¹	li²¹	niau²¹³	liau²¹³
石泉	ȵʮ⁵³	ȵʮ⁵³	ȵiaŋ²¹	liaŋ²¹	ȵian²¹	lian²¹	ȵi²¹	li²¹	ȵiau²¹⁴	liau²¹⁴

---

① 邻水"泥来洪音全混，如'南'='蓝'nan；细音泥母声母失落，来母仍读 n，如'年'ien≠'连'nien，'娘'iaŋ≠'良'niaŋ"（杨时逢，1984：304），但"同音字表"中显示"女 ȵy⁴²"例外。

第三，全混型。即不论今韵母洪细，泥来母或混同读 n，或混同读 l，n、l 在音位上大多属于自由变体（湖北汉川、天门等泥来母鱼韵读零声母）。方言点主要集中在湖北、川东、川西、川南、滇东北、湘北、湘西、贵州中东部一带。此外，滇西与川西相连的丽江及其附近方言点（丽江、兰坪、泸水、宁蒗、永胜等）、广西桂林等都属此类型。例字如表 2-3 所示。

表 2-3　　　　　中古泥来母今读"全混型"例字

例字	怒遇	路遇	内蟹	累蟹	脑效	老效	男咸	蓝咸	嫩臻	论臻
武汉	nou³⁵	nou³⁵	nuei³⁵	nuei³⁵	nau⁴²	nau⁴²	nan²¹³	nan²¹³	nən³⁵	nən³⁵
贵阳	lu¹³	lu¹³	nuei¹³	nuei¹³	lau⁴²	lau⁴²	lan²¹	lan²¹	lən¹³	lən¹³
天门	nəu³³	nəu³³	nei³³	nei³³	nau²²	nau²²	nan³¹³	nan³¹³	nən³³	nən³³
例字	女遇	吕遇	娘宕	良宕	年山	连山	泥蟹	犁蟹	尿效	料效
武汉	ny⁴²	ny⁴²	niaŋ²¹³	niaŋ²¹³	niɛn²¹³	niɛn²¹³	ni²¹³	ni²¹³	niau³⁵	niau³⁵
贵阳	li⁴²	luei³²	liaŋ²¹	liaŋ²¹	lian²¹	lian²¹	li²¹	li²¹	liau¹³	liau¹³
天门	y²²	y²²	niaŋ³¹³	niaŋ³¹³	nien³¹³	nien³¹³	ni³¹³	ni³¹³	niau³³	niau³³

值得注意的是，上述半混型、全混型中混同部分的泥来母，在有些方言里面一般既可以读 n，也可以读 l，二者在音位上大多属于自由变体。据《汉语方音字汇》（北大中文系，2003），成都、武汉方言泥来母混同都记录为 n（成都泥母细音为 ȵ），但在"附注"均注明"声母 n 有自由变体 l 或ĩ"。桂林话泥来母也是混同的，《广西省志·汉语方言志》（广西省地方志编委会，1998）桂林话音系中处理为 n（l），同音字汇中则用 n，而《普通话基础方言基本词汇集·语音卷》（陈章太、李行健，1996：1597）桂林话音系中则记为 l，但强调"声母 n、l 自由变读，多数人读作 l"。据《普通话基础方言基本词汇集·语音卷》（陈章太、李行健，1996），贵阳"当地人不能分辨 n 和 l，本材料统一处理作 l"，襄樊"声母 n 包括 n、l 两个自由变体"，毕节话"声母 l 包含三个不同的音值：在开口呼和合口呼韵母前为 n 或 l，在齐齿呼和撮口呼韵母前为 ȵ。它们不区别意义，所以本材料统一处理作 l"。《云南方言调查报告》（杨时逢，1969：817），平彝"n 是一个变值音位，大都读鼻音 n，但另一发音人是乡间黄泥河，离平彝城 90 公里，那里分 n、l"，宣威"l 是变值音位，在宣威不分 n、l，大多全读成 l"。泥来母混读造成的这种 n、l 自由变体在

西南官话中甚多，此不赘述。

其实，泥来母混读后音位上自由变读为 n 或 l 的现象，在汉语方言中是具有一定的普遍性的，如官话（曾献飞，2004；张燕来，2003；吴波，2007 等）、湘语（杨时逢，1974 等）、赣语（万波，2009；李冬香，2005 等）、粤北中南部土话（庄初升，2004）等方言，均存在 n、l 混读的自由变体现象。

二 西南官话泥来母今读类型的演变层次

泥（n）、来（l）母二分属于较早时期的存古形式，半混型和全混型都是后起的层次，庄初升（2004：136）就指出"泥来母在方言中从有别到不分，应该是比较晚近才发生的"。根据韵书反映以及近现代 n、l 在西南官话中由分到合的演变轨迹来看，它们二者的合流的确是较为晚近才发生的事情，但就某一方言点来说，它们一旦产生由分到合的迹象和趋势，则二者混同的速度就会显得非常快，基本上四五十年就能完成由分到合的转型。

四川遂宁话中古泥来母今混同读 n/ȵ（半混型）。明末清初四川遂宁人李实（1598—1676）《蜀语》一般认为是反映明末时期的四川遂宁方音的，而"《蜀语》l-声母与 n-声母，两类所注的同音字，基本不混，表明 l- 与 n- 为两类不同的声母"（甄尚灵、张一舟，1996：76），但《蜀语》中也出现两组泥来母互注的音读，如"攮音朗/赢，朗佐切，音螺去声，读若糯"，这可看作遂宁话泥来母后来相混的滥觞。由此可见，西南官话泥来母至迟在明中晚期就已显示出混同合并的迹象了。明代中期兰茂《韵略易通》（1442）和明晚期本悟《韵略易通》中泥来母均是清晰的不混型，与当时的四川方言并不相同。兰茂《韵略易通》音系一般认为具有"求正"嫌疑，但本悟《韵略易通》"重韵"中泥来母仍不相混的情况则说明当时的云南方音的确如此，因为我们一般认为本悟《韵略易通》的"重韵"是反映云南时音的（张玉来，1999）。明代川滇两地韵书关于泥来母分混的不同格局，说明泥来母的分混具有方言地域上的差异，如今四川方言基本全部混同，以至于云南与四川交界的滇东（如昭通市等）一带泥来母今读也都变为混同型（泥来母分混类型方言分布可参见表 2-4）。

如果就某一方言点来说，泥来母一旦产生由分到合的迹象和趋势，则二者混同的速度就会显得非常快，如湖南吉首方言很能说明这一问题。据《湖南方言调查报告》，赵元任于1934年11月6日记录的吉首话（按：吉首当时称"乾城"）"泥来皆分（n、l不混），如'南'nã≠'蓝'lã，'年'ȵiẽ≠'连'liẽ"（杨时逢，1974：1323），但后来湖南省公安厅编纂出版于1993年的《湖南汉语方音字汇》中吉首话呈现出"声母n、l不分，（泥母）细音分（按：ȵ声母）"的半混型格局，再后来李启群《吉首方言研究》（2002）中的吉首话也属于半混型（洪音读l，泥母细音为ȵ）。据《云南方言调查报》（杨时逢，1969），记音于1940年的大理、洱源、剑川、鹤庆音系中都是n、l二分的，但至出版于1989的《云南省志·汉语方言志》中则全部合流为n了。从上面几个方言点由分到合的时间来看，基本上就是50年左右，中古泥来母就可以在某一方言点中完成由不混型到相混型的演变。

泥来母具有由分到合的演变趋势，音理上缘于n、l具有相似的语音特征，即二者同属舌尖前的浊音（区别仅n为鼻音，l为边音）。那么，全混型是否经历了由不混型，再到半混型，最后到全混型的演变顺序呢？万波（2009：143）研究了赣语泥来母的今读类型和历史层次后，认为全混型未必就一定非得经历半混型，因为一些处于全混型过渡的方言并不是半混型，反而是不混型。同时，半混型方言细音前泥来母的分别较为稳定，并无混淆的迹象，这得益于泥母细音前腭化为ȵ母后，与tɕ组搭配形成了较为稳定的音系格局。此看法很有见地，我们完全赞同。如云南大理、洱源、剑川、鹤庆等就是由n、l不混型直接演变为全混型的；吉首由20世纪40年代的n/ȵ、l不混型演变为90年代的n/ȵ半混型，说明泥母细音前腭化的ȵ母是相当稳定的，它并不与来母、洪音泥母相混；再如，四川成都等半混型方言中的ȵ母就较为稳定，一般均不会与n、l相混。所有这些情况都说明，泥母细音前腭化的ȵ母是相当稳定的，这就主要得益于ȵ母与tɕ组构成了较为稳定的音系格局。同时也从侧面说明，全混型最容易从泥母细音未腭化的n、l不混型演变而成，反之，泥母细音腭化后的n/ȵ、l不混型和半混型最不容易演变为全混型。

西南官话泥来母由分到合的演变见图2-1。

附：西南官话泥来母今读分混类型的方言分布情况参见表2-4。

```
      n/ȵ              n/∅
   半混型                              ɿ（鱼韵）
         ↗  ↘   ↘   ↘
              l/ȵ（n）  ⋯⋯▶  l/ȵ（n）
      ↗   ↗              ↗
   n、l              ↗
不混型         ↗
      ↘       ↗
       n/ȵ、l                        全混型：n 或 l
```

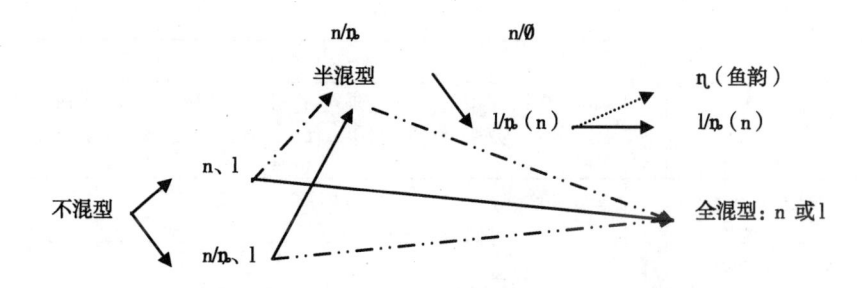

图 2−1 中古泥来母在西南官话中的分合演变

注：虚线表示演变的可能，但未必就一定发生，实线表示演变的主流类型。

表 2−4 西南官话泥来母今读分混类型的方言分布情况

分类	泥	来	方言分布点
两分型	n	l	云南：昆明、臣贡、晋宁、安宁、富民、禄劝、嵩明、宜良、路南、东川、曲靖、马龙、罗平、师宗、寻甸、楚雄、双柏、牟定、南华、大姚、永仁、元谋、武定、禄丰、玉溪、江川、澄江、通海、易门、新平、元江、峨山、个旧、蒙自、建水、石屏、弥勒、泸西、开远、红河、绿春、屏边、元阳、河口、文山、砚山、西畴、邱北、马关、广南、富宁、麻栗坡、思茅、普洱、景东、景谷、镇沅、墨江、孟连、澜沧、西盟、江城、勐海、勐腊、漾濞、祥云、宾川、弥渡、永平、南涧、巍山、保山、施甸、腾冲、龙陵、昌宁、潞西、梁河、盈江、陇川、瑞丽、丽江、福贡、贡山、中甸、德钦、维西、临沧、凤庆、永德、双江、耿马、镇康、云县、沧源、沾益、凤仪、宾川、盐兴、寻甸、镇雄、陆良、大理、洱源、剑川、鹤庆；湖南：通道、新田、临武、宜章、道县、辰溪、永州、宁远；贵州：都匀黎平、威宁、清镇、织金、思南、罗甸、龙里、榕江；广西：柳州、贺州、永福、鹿寨、钟山、富川、平乐、阳朔、马山、宾阳、上林、凤山、宜州、武宣、来宾、象州、田东、靖西、天峨；江西：赣州等
	n/ȵ 细音	l	云南：邓川、蒙化、罗平、盐丰、镇康、兰坪；湖南：桂阳、东安、零陵、永明、江华、晃县、麻阳、乾城；广西：田林
半混型	n/ȵ 细音	n	四川：成都、华阳、资阳、资中、安岳、大足、蓬溪、南充、武胜、合川、江北、南川、涪陵、长寿、垫江、彭水、城口、通江、达县、巴中、南、阆中、昭化、剑阁、梓潼、绵阳、江油、安县、绵竹、广汉、金堂、靖化、南部、南充、盐亭、射洪、松潘、茂县、彭县、新繁、新都、郫县、崇宁、灌县、汶川、崇庆、温江、双流、新津、彭山、大邑、蒲江、邛崃、丹棱、洪雅、眉山、屏山、长宁、兴文、珙县、古蔺、南溪、江安、纳谿、泸县、合江、江津、綦江、简阳、仁寿、井研、荣县、隆昌、威远、荣昌、内江、富顺、筠连、蓬安、三台、遂宁、罗江、德阳、中江、乐至、万县、石硅、汉源 自贡、泸州；云南：华坪 永仁；湖南：澧县、永顺、古丈、凤凰、泸溪、靖县、蓝山；陕南：紫阳等。贵州：赤水
	n/∅ 细音	n	四川：潼南、丰都、忠县
	n/∅ 细音除鱼韵/ȵ 鱼韵	n	邻水
	n/∅ 鱼韵	n	湖北：汉川、天门

续表

	泥	来	方言分布点
半混型	l/ȵ细音	l	湖南：黔阳、永绥、吉首、郴州；湖北：竹溪、竹山、郧西、郧县、光化；陕南：镇坪、汉阴；贵州：毕节[①]、正安、沿河、锦屏、玉屏
	l/ȵ细音除鱼韵，ȵ鱼韵	l	陕南：石泉等
	l/n细音除鱼韵，ȵ鱼韵	l	陕南：宁陕等
全混型	n		四川：永川、璧山、铜梁、岳池、巴县、广安、大竹、酉阳、秀山、梁山、开江、万源、宣汉、苍溪、广元、名山、懋功、理县、峨眉、峨边、青神、犍为、乐山、马边、雷波、宜宾、庆符、高县、古宋、叙永、仪陇、黔江、云阳、巫溪、奉节、巫山、西昌、重庆；湖北：武昌、汉口、汉阳、沔阳、荆门、京山、当阳、江陵、枝江、宜都、宜昌、长阳、兴山、秭归、巴东、恩施、宣恩、来凤、利川、房县、保康、南漳、襄阳、钟祥、枣阳、随县、石首、公安、松慈、鹤峰、襄樊；云南：昭通、鲁甸、巧家、盐津、大关、永善、绥江、镇雄、彝良、威信、水富、富源、金平、云龙、畹町、永胜、宁蒗、泸水、平彝、会泽；湖南：桃源、慈利、临澧、汉寿、会同、宁远、常德、龙山、石门、桑植、大庸、保靖、沅陵、芷江；贵州：镇远、绥阳等
	l		云南：宣威；湖南：嘉禾、洪江；贵州：贵阳、遵义、仁怀、安顺、普定、盘县、安龙、关岭、晴隆、大方、息烽、开阳、凤岗、习水、务川、余庆、福泉、剑河；广西：桂林、东兰

第二节　精知庄章组的分合与演变

一　西南官话中古精知庄章组的今读类型

西南官话中古精知庄章组声母今读一般为塞擦音、擦音，根据其音类今读的分合类型来看，总体上可归纳为两大类型：二分型和合流型。其中，二分型可划分为"知庄章组与精组二分"和"庄组三等（止摄合口和宕摄除外）、精组与庄组二等、知组（梗摄除外）、章组二分"两种类

[①] 明生荣（2007：45）在毕节音系"说明"中强调"[l] 在今洪音前一般是 [l]，有时也发为 [n]，细音前一般是 [n]"，但音系中并未分出 ȵ 母。又，《普化基础方言基本词汇集·语音卷》（陈章太、李行健，1998），李蓝也说在细音前为 ȵ，但同样处理为 l。我们认为这种处理方式是不够严谨的，故把它排在半混型。

型；合流型则主要可划分出合流为 ts 组和合流为 tʂ 组两种类型①。各类型会因逢细音是否读 tɕ 组及其在数量分配上的不同而呈现出不同的内部差异。

（一）二分型

第一，精组读 ts 组与知庄章组读 tʂ 组二分的类型。这种类型在西南官话中主要存在于郧县等极少数的县市方言点中，分布极为有限。现举郧县话（赵元任，1948）为例（见表 2-5）。

表 2-5　　中古精知庄章组声母今读"二分型"例字（一）

例字	茶澄二	站知二	择澄二	炒初二	刷生二	窗初二	责庄二	初初三	帅生三
郧县	tʂʰa⁴²	tʂan³¹³	tʂʰiɛ⁴²	tʂʰau⁵³	ʂua⁴²	tʂʰuaŋ⁵⁵	tʂɿɛ⁴²	tʂʰəu⁵⁵	ʂuai³¹³

例字	愁崇三	庄庄三	崇崇三	猪知三	展知三	篆澄三	张知三	赵澄三	中知三
郧县	tʂʰəu⁴²	tʂuaŋ⁵⁵	tʂʰʌŋ⁴²	tʂɿ⁵⁵	tʂan⁵³	tʂuan³¹³	tʂaŋ⁵⁵	tʂau³¹³	tʂuʌŋ⁵⁵

例字	诸章	船船	照章	商书	冲昌	草清一	做精一	消心三	娶清三
郧县	tʂɿ⁵⁵	tʂʰuan⁴²	tʂau³¹³	ʂaŋ⁵⁵	tʂʰuʌŋ⁵⁵	tsʰau⁵³	tsəu³¹³	ɕiau⁵⁵	tɕʰy³¹³

据表 2-5 中例字所示，郧县话精组逢细音仍读 tɕ 组，但它与精组逢洪音读 ts 组彼此属于互补，可是庄组通摄字读 ts 组（崇 tsʰʌŋ⁴²/缩 suo⁴²）则似乎与此类型矛盾，其实，这可以用汉字的影响来解释。《方言调查字表》中通摄庄组字就只收有"崇锄弓切/缩所六切"二字，郧县话把这两字读同精组，显然与"宗作东切/宿息逐切"二字的读音影响有关，故它们读如精组的情况并不能从本质上影响精组与知庄章组二分的格局。

第二，庄组三等（除止摄合口和宕摄）、精组读 ts 组与庄组二等、知组（除梗摄）、章组读 tʂ 组二分的类型。类型是西南官话二分型中的典型类型，其分布范围极广，且内部一致性很强，昆明话（卢开磏，1990）是此类型的代表。如表 2-6 所示。

---

① 湖北枝江话也是合流型，《湖北方言调查报告》（1948）记音为 ts 组，但强调其部位很偏后，实际音质是介乎 ts 组 tʂ 组之间。而《枝江县志》（1990）记音为 tʃ 组，但又强调 tʃ 组属舌尖前音。其实，西南官话中，ts 组发音部位往往稍后，而 tʂ 组则普遍靠前。枝江话的两种记音，可能与应音位处理问题有关。

表 2-6　　中古精知庄章组声母今读"二分型"例字（二）

例字	茶澄二	站知二	择澄二	炒初二	刷生二	窗初二	责庄二	初初三	帅生三
昆明	tʂʰA³¹	tʂÃ²¹²	tʂʰə³¹	tʂʰɔ⁵³	ʂuA³¹	tʂʰuÃ⁴⁴	tsə³¹	tʂʰu⁴⁴	ʂuæ²¹²
保山	tʂʰA³¹	tʂÃŋ²¹³	tʂʰə³¹	tʂʰɑo⁵³	ʂuA³¹	tʂʰuÃŋ⁴²	tsə³¹	tʂʰo⁴²	ʂuAI²¹³
宣恩	tʂʰa¹¹	tʂan²⁴	tʂʰe¹¹	tʂʰau⁵²	ʂua¹¹	tʂʰuaŋ⁵⁵	tse¹¹	tʂʰou⁵⁵	ʂuai²⁴

例字	愁崇三	庄庄三	崇崇三	猪知三	展知三	篆澄三	张知三	赵澄三	中知三
昆明	tʂʰəu³¹	tʂuÃ⁴⁴	tʂʰoŋ³¹	tʂu⁴⁴	tʂʰÃ³¹	tʂuÃ²¹²	tʂÃ⁴⁴	tʂɔ²¹²	tʂoŋ⁴⁴
保山	tʂʰəu³¹	tʂuÃŋ⁴²	tʂʰoŋ³¹	tʂu⁴²	tʂÃn⁵³	tʂuan²¹³	tʂÃŋ⁴²	tʂɑo²¹³	tʂoŋ⁴²
宣恩	tʂʰou¹¹	tʂuaŋ⁵⁵	tʂʰuŋ¹¹	tʂu⁵⁵	tʂʰan⁵²	tɕʰyen²⁴	tʂaŋ⁵⁵	tʂau²⁴	tʂuŋ⁵⁵

例字	诸章	船船	照章	商书	冲昌	草清一	做精一	消心三	娶清三
昆明	tʂu⁴⁴	tʂʰuÃ³¹	tʂɔ²¹²	ʂÃ⁴⁴	tʂʰoŋ⁴⁴	tsʰɔ⁵³	tso²¹²	ɕiɔ⁴⁴	tɕʰi⁵³
保山	tʂu⁴²	tʂʰuan³¹	tʂɑo²¹³	ʂÃn⁴²	tʂʰoŋ⁴⁴	tsʰɑo⁵³	tso²¹³	siao⁴²	tsʰy⁵³
宣恩	tʂu⁵⁵	tɕʰyen¹¹	tʂau²⁴	ʂaŋ⁵⁵	tʂʰuŋ⁵⁵	tsʰau⁵²	tsəu²⁴	ɕiau⁵⁵	tɕʰy²⁴

据表 2-6 中例字，昆明话与保山话的内部差异主要体现在精组：保山话精组不论洪细一律读 ts 组，昆明话则精组逢细音读 tɕ 组。宣恩话则不但精组分洪细，且知庄章组中也有极个别字读 tɕ 组的情况。其中，以保山话为代表的二分小类型主要分布于滇西地区，以宣恩话为代表的二分小类型主要呈点状分布于湖广地区，二者的分布都极为有限。精组分洪细是大势所趋，昆明话是此二分型的典型代表，遍布西南官话各区域。

（二）合流型

第一，中古精知庄章四组声母今合流读 ts 组，这是它们在西南官话今读中的主流类型，如柳州话（陈章太、李行建，1996）、成都话（北大中文系，2003）、常德话（湖南公安厅，1993）。参见表 2-7 例字。

表 2-7　　中古精知庄章组声母今读合流为 ts 组的例字

例字	茶澄二	站知二	摘知二	吵初二	山生二	刷生二	窗初二	责庄二	装庄三
柳州	tsʰa³¹	tsã²⁴	tsɤ³¹	tsʰɔ⁵³	sã⁴⁴	sua	tsʰuaŋ⁴⁴	tsɤ³¹	tsuaŋ⁴⁴
成都	tsʰa²¹	tsan¹³	tse²¹	tsʰau⁵³	san⁴⁴	sua²¹	tsʰuaŋ⁴⁴	tse²¹	tsuaŋ⁴⁴
常德	tsʰa¹³	tsan³⁵	tse¹³	tsʰau³¹	san⁵⁵	ɕya³⁵	tɕʰyaŋ⁵⁵	tse³⁵	tɕyaŋ⁵⁵
武汉	tsʰa²¹³	tsan³⁵	tsɤ²¹³	tsʰau⁴²	san⁵⁵	sua²¹³	tsʰuaŋ⁵⁵	tsɤ²¹³	tsuaŋ⁵⁵
丹寨	tsʰa⁵³	tɕia¹³	tɕia⁴²	tsʰao⁵⁵	ɕia³³	sua⁴²	tsʰuaŋ³³	tɕia⁴²	tsuan³³

续表

例字	初初三	帅生三	猪知三	缠澄三	椿彻三	张知三	赵澄三	朱章	春昌
柳州	tsʰu⁴⁴	suæ²⁴	tsy⁴⁴	tsʰã³¹	tsʰuəŋ⁴⁴	tsaŋ⁴⁴	tso²⁴	tsy⁴⁴	tsʰuəŋ⁴⁴
成都	tsʰu⁴⁴	suai¹³	tsu⁴⁴	tsʰan²¹	tsʰuən⁴⁴	tsaŋ⁴⁴	tsau¹³	tsu⁴⁴	tsʰuən⁴⁴
常德	tsʰou⁵⁵	ɕyai³⁵	tɕy⁵⁵	tsʰan¹³	tɕʰyn⁵⁵	tsaŋ⁵⁵	tsau³⁵	tɕy⁵⁵	tɕʰyn⁵⁵
武汉	tsʰou⁵⁵	suai³⁵	tɕy⁵⁵	tsʰan²¹³	tɕʰyn⁵⁵	tsaŋ⁵⁵	tsau³⁵	tɕy⁵⁵	tɕʰyn⁵⁵
丹寨	tsʰu³³	suai¹³	tsu³³	tɕʰye⁵³	tsʰuən³³	tsaŋ³³	tsao¹³	tsu³³	tsʰuən³³

例字	照章	章禅	战章	早精一	租精一	子精三	浆精三	蛆精三	箫心四
柳州	tso²⁴	tsaŋ⁴⁴	tsã²⁴	tso⁵³	tsu⁴⁴	tsɿ⁵³	tsiaŋ⁴⁴	tsʰy⁴⁴	sio⁴⁴
成都	tsau¹³	tsaŋ⁴⁴	tsan¹³	tsau⁵³	tsu⁴⁴	tsɿ⁵³	tɕiaŋ⁴⁴	tɕʰy⁴⁴	ɕiau⁴⁴
常德	tsau³⁵	tsaŋ⁵⁵	tsan³⁵	tsau³¹	tsou⁵⁵	tsɿ³¹	tɕiaŋ⁴⁴	tɕʰy⁴⁴	ɕiau⁵⁵
武汉	tsau³⁵	tsaŋ⁵⁵	tsan³⁵	tsau⁴²	tsou⁵⁵	tsɿ⁴²	tɕiaŋ⁴⁴	tɕʰy⁵⁵	ɕiau⁵⁵
丹寨	tsao¹³	tsaŋ³³	tɕia¹³	tsao⁵⁵	tsəu³³	tsɿ⁵⁵	tɕiaŋ⁵⁵	tɕʰy³³	ɕiao³³

注：成都"窗"字有白读音 tsʰaŋ⁴⁴；柳州"椿、春"两字老派读 tsʰyən⁴⁴；丹寨话"椿、春"两字有白读音 tɕʰyn³³；武汉话"蛆"字又读 tɕʰi²⁴。

据表 2-7 中例字，合流为 ts 组的类型可分为三种情况：第一，中古精知庄章组全部合流读 ts 组，这主要集中在桂北以柳州为中心的附近县市地区，柳州话是此类型的代表。第二，精组逢细音读 tɕ 组，精组逢洪音、知庄章组读 ts 组，这是西南官话中最为普遍的类型，合流型即以此为主，成都话是此类型的代表。第三，精知庄章组逢细音读 tɕ 组，逢洪音读 ts 组，常德话可代表此类型[①]。属于第三种情况的方言点主要分布在环湘语区的西南官话边缘地带，如黔东南、湖南、湖北等地，多数呈点状分布，知庄章组读 tɕ 组的韵摄因方言点的不同而有所差异：常德话是古合口读 tɕ 组（除通摄），古开口读 ts 组（除庄组江、宕摄）；武汉话除知三章组合口遇摄、臻摄读 tɕ 组外，其他一律读 ts 组。丹寨话则显得甚为混乱，但据"椿春 tsʰuən³³/tɕʰyn³³"等字的文白异读来看，其 tɕ 组向 ts 组演进的趋势还是非常明显的。值得注意的是，精组分洪细是大势所趋，如同属桂柳官话的桂林话就已趋同于成都话。

第二，中古精知庄章组今合流读 tʂ 组，如钟祥县城话（赵元任，1939），见表 2-8。

[①] 据杨时逢（1974：730—731），湖南嘉禾话属于此类型，但有五字声母读 t 组：知母"竹 tu³¹/桌 to³¹"，章母"烛 tu³¹"，庄母"阻 tu⁵³"，初母"楚 tu⁵³"。

表 2-8　　　　　　中古精知庄章组声母今读合流 tʂ 组的例字

例字	茶澄二	站知二	摘知二	吵初二	山生二	刷生二	窗初二	责庄二	装庄三
钟祥	tʂʰa³¹	tʂan²¹⁴	tʂə³¹	tʂʰau⁵³	ʂan²⁴	ʂua²⁴	tʂʰuaŋ²⁴	tʂə³¹	tʂuaŋ²⁴
例字	初初三	帅生三	猪知三	缠澄三	椿彻三	张知三	赵澄三	朱章	春昌
钟祥	tʂʰu²⁴	ʂuai²¹⁴	tʂu²⁴	tʂʰən³¹	tʂʰuən²⁴	tʂan²⁴	tʂau³¹	tʂu²⁴	tʂuən²⁴
例字	照章	章禅	战章	早精一	租精一	子精三	浆精三	咀精三	箫心四
钟祥	tʂau²¹⁴	tʂaŋ²⁴	tʂan²¹⁴	tsau⁵³	tsu²⁴	tsɿ⁵³	tɕiaŋ²⁴	tɕʰy²⁴	ɕiau²⁴

如表 2-8 例字所示，此类型中的精组逢细音一般都读 tɕ 组。西南官话中，此类型主要集中分布在湖北钟祥地区（西北乡除外）（赵元任，1939）。此外，竹山（竹山县地方志编委员会，2002）、荆门、当阳（赵元任，1948）等地也属于此类型。

综合上面列举来看，各类型中有的虽有读 tɕ 组的情况，但其均是与 ts 组或 tʂ 组形成互补，故 tɕ 组的存在并不影响类型的划分，后文我们对之也将不作重点讨论。这样，中古精知庄章组在西南官话中的今读类型就可以划分为三种：第一种，知庄章组与精组二分；第二种，庄组三等（除止摄合口和宕摄）、精组与庄组二等、知组（除梗摄）、章组二分；第三种，精知庄章组合流（包括合流为 tʂ 组和合流为 ts 两种情况）。熊正辉（1990）把中古精知庄章组在今官话中区分 ts、tʂ 的情况概括为三种类型：济南型、南京型与昌徐型。其中，本书以郧县话为代表的第一种类型属于济南型，本书以昆明话为代表的第二种类型属于南京型。

二　西南官话中古精知庄章组今读类型的演变层次

语言不是固定的，方言是不同历史时期的语言在不同地域上的投影，赵元任（2002：106）就曾说过："时代的不同，往往映出在地域上的不同。有的地方保存多一点儿原来语言的状态，有的保存少点儿。所以你现在从地理上横断面一看，就看出有好些相当于历史上纵断面的变化出来。"综观上述中古精知庄章四组声母在西南官话中的今读类型，我们认为它们在语音发展史上是先后继承的，今读类型之间的关系大致反映了它们在西南官话中的古今演变层次和趋势。

据绍荣芬《切韵研究》（2002），精知庄章四组声母在《切韵》音系里已经存在，但王力（1985）认为知组是在唐天宝年间方由端透定泥分化出来，故至迟在中唐时期，中古的精知庄章四组声母便已俱全。各家对其音值的拟定，比较一致的意见是精组拟 ts 组，知组拟 ʈ 组，庄组拟 tʃ 组，章组拟 tɕ 组。但中古以后，精知庄章四组声母便有了合流的趋势，只是这种合流可能会因地域、方言的不同而导致其过程和结果有异：有些方言是精庄知二组与知三章组二分，如赣语中的二分型（万波，2009）、官话方言中的昌徐型等；有些方言则是精组与知庄章组二分，如官话方言中的济南型（西南官话以郧县话为代表）等。西南官话中，以昆明话为代表的南京型则似乎与以上两种演变类型都有关系。下面我们从音韵学、移民和语言接触等方面，分析中古精知庄章组声母在西南官话中三种今读类型的历史层次及演变趋势。

（一）精组与知庄章组二分格局在西南官话中的演变层次

中古知庄章三组声母合流而与精组二分的格局，是其在西南官话中的基本类型。此类型中，知庄章的合流方式应该是庄组与章组先合，然后再与知组合流。

晚唐时期《守温韵学残卷》所列三十字母中，明确列出"知彻澄日是舌上音，精清从是齿头音，审穿禅照是正齿音"。从正齿音只有一组的这一情况出发，一般认为这是庄章合流的反映。黄易清（2007：66）通过分析该书"两字同一韵平切定端的例"十二个字的反切后，就得出"照二照三已经合流，庄、禅部分合流"的结论，并认为这反映了当时（晚唐）西北方音的一些实际。周祖谟（1993：320）认为"正齿音在《切韵》里二、三等有别，但在唐代北方有的方言相混，读同一类，即读为 ts、tsʰ、dz、s"。由此可见，唐代从守温三十字母系统开始，已反映出庄组、章组合流而与知组二分的情形。

北宋时期，邵雍（1011—1077）《皇极经世》之"天声地音"韵图认为反映了当时的汴洛语音。韵图中，音十为审禅日三母，其第一位"山手"二字为审母，山为二等字，手为三等字；其第二位为"士石"二字，石为禅母字，士则为床母二等字。周祖谟（1993：595）据此认为："考审母古音二三等有别，今归为一类，是读音无异也"，"今床母二等仄声开口字与禅母同列，是二者音为一类矣"。音十一为照穿床三母，韵图中庄组与章组各母依次排列在同一竖行，知组则列在音十二，排在照组后面，和其他韵图以知附端的情形不同，周氏据此认为"照穿二母两等同列，当读同一音。此自唐五代已然，今拟为齿上音 ts、tsʰ"，同时认为

"考本组（按：指知组）与照穿床相次，而不与端透定相次，其读音或已与照母混同"。方孝岳（1979：144）则据此进一步认为，该书表明"照组二三等已混同一音。大概那个时候知、照两组已都是舌尖后音（tʂ）"。陆志韦（1988：43）也研究过"天声地音"图，他说"图里'山庄'两行的'发'类代表 ʂ、tʂ，'收'类代表 ɕ、tɕ。正像《西儒耳目资》《五方元音》《韵略易通》跟《国语罗马字》，邵氏也以为 tɕ 组跟 tʂ 组可以合为一母"。陆氏认为其声母系统中知、章两组无别，但似乎没有肯定知、照两组已经相混。庄初升（2004：155）就认为"邵雍把知组列于照组之后而不列于端组之后，说明此时知组的读音与端组相去较远，但与照组的读音则比较接近。至于是否像周氏所说的知、照已经合一，则还有待研究"。万波（2009：232）也认为"当时的汴洛语音中庄章组已合流的看法是可信的，但知组与照组并未排在同列，只是先后相随，所以二者应是音近，而不是相混"。因此，我们倾向于认为《皇极经世》之"天音地声"韵图所反映当时的汴洛语音，当属于知组与照组二分的类型。

此后，鲁国尧（1994）系统研究了成书于南宋淳熙丙午年至邵熙五年（1186—1194）间的《卢宗迈切韵法》，发现卢书（八）中有"知照合一、非敷合一、彻穿合一"图，图里"照"字下有"甾征庄专邹周臻争阻主煮质侧札簪斩"诸字与知母同图，其中"征专主煮质"为照三即章母字，其余为照二即庄母字，从而得出庄、章组合流后再并入知组的结论。鲁国尧（1994：121）说："据卢图，当是庄章先合，再与知合；初昌先合，再与彻合。仁宗嘉祐元年黄河决口，《宋史》卷九一《河渠志》：'宦官刘恢奏：……河口乃赵征村，于国姓、御名有嫌'则是仁宗之名'祯'（知盈切）与'征'（诸盈切）同音，可见宋时知照已合一。"稍后，李新魁（1994：35）研究了成书于南宋淳祐元年（1241）祝泌所著的《皇极经世解起数诀》后认为："知组字与照组字已经合而为一；床、禅两纽混而不分；照二与照三合流"，并认为此反映了宋代的实际语音。这与稍早的《卢宗迈切韵法》所记录的情况基本相同。

据上文献资料所述可以说明，南宋时期某些方言中，知庄章三组声母已经合流而与精组有别了。西南官话中，今以郧县话等为代表的精组读 ts 组与知庄章组读 tʂ 组的二分格局是此类型的继承和体现。西南官话中，此类型属于最为早期的历史层次，它是中古精知庄章四组声母在西南官话今读中的基本类型，即其他类型均与之有渊源关系。

(二) 庄组三等（除止摄合口和宕摄）、精组与庄二知（除梗摄）、章组二分类型（即南京型）的演变层次

庄组三等（除止摄合口和宕摄）、精组与庄二知（除梗摄）、章组二分的格局，是西南官话二分型中最为普遍和典型的表现类型，它以昆明话为典型代表，遍布整个西南官话区域。据上文对比分析，此类型与熊正辉（1990）所划分的南京型属于同类型。

一般认为，西南官话和江淮官话总有着某种历史的渊源。刘晓梅、李如龙（2002：16）就说"西南官话是江淮官话的延伸，是移民所致，史载明代将领沐英平定大西南后，江淮湖广一带汉人大量移居云、贵、川，于是形成了西南官话"。曹树基（1997：116）也认为："明代初年，中央政府通过调拨军队屯垦实施了对云南和贵州二地的移民，驻守云、贵的军士以今苏、皖为主，因此使得昆明地区的方言与江淮官话有不少相似之处。"现中古精知庄章组今读如南京型，普遍分布于西南官话和江淮官话的现实，则进一步证明了二者在历史上的同源关系。南京型在今西南官话中的普遍存在，应该是明、清时期以南京为中心的江淮官话区多次移民西南，同时附随着语言间的接触和影响所致。对此，我们不妨参证一下《西儒耳目资》的音系情况。

金尼阁（Nicolas Trigault）所著成书于明代天启六年（1626）的《西儒耳目资》，曾晓渝（1991）、杨福绵（1995）等均认为该书的音系基础即为明代官话的基础方言——南京话。曾晓渝（1995：4）在全面考察了该书的音韵系统后认为："中古知、庄、章三组声母在金氏音系中已经混同，其中知、庄、章三母合为 ch，彻、初、昌三母合为 'ch（按：澄、从母按平送仄不送的规律清化为相应的清声母读 ch 和 'ch，生、书和全清声母船、禅母基本合为 x）……由此可见，《西儒耳目资》所反映的明末官话音系进一步发展了，知、庄、章三组声母合而为一（按：曾氏拟音为 tʂ 组）。"此外，精组在《西儒耳目资》中读 ç、'ç、s，曾氏据此认为金氏音系还保持着尖音，并拟精组音为 ts 组。由此可见，南京话直到明末基本还是精与知、庄、章二分的格局。但是，《西儒耳目资》中，也已经存在有少数知庄组字混入精组读 ts 组的例外了，吴波（2007：76）就说"代表江淮官话成熟期音系的《西儒耳目资》ts、tʂ 组互分，前者基本对应中古的精组，后者对应中古知系；也存在少数相混的现象，但几乎只见于庄组字当中"。参看表 2-9 中的例字对照。

表2-9　中古庄组字在《西儒耳目资》、南京话和昆明话中的读音例字

韵摄	梗摄	遇摄	流摄
西儒耳目资	择责窄 tsɛ/册策 tsʰɛ/生 səŋ	阻 tsu/楚 tsʰu	愁 tsʰəu/漱 səu
南京话	择责窄 tsɛʔ⁵/册策 tsʰɛʔ⁵/生 səŋ²²	阻 tsu²²/楚 tsʰu²²	愁 tsʰəɯ¹³/漱 su¹⁴
昆明话	择责窄 tsə³¹/册策 tsʰə³¹/生 sə̃ĩ⁴⁴	阻 tsu⁵³/楚 tsʰu⁵³/	愁 tsʰəu³¹/漱 su²¹²

韵摄	深摄	曾摄	臻摄
西儒耳目资	涩 sɛ/森 sən	侧 tsɛ/测 tsʰɛ/色 sɛ	衬 tsʰən/虱 sɛ
南京话	涩 sɛʔ⁵/森 səŋ³¹	侧测 tsʰɛʔ⁵/色 sɛʔ⁵	衬 tsʰuan¹⁴/虱 sɛʔ⁵
昆明话	涩 sə³¹/森 sə̃ĩ⁴⁴	侧测 tsʰə³¹/色 sə³¹	衬 tsʰə̃ĩ²¹²/虱 sə³¹

据表2-9中例字：梗摄字"择"属知二组字，"责窄册策省"属于庄组二等字；遇、流、深、曾、臻摄例字全属于庄组三组等字。南京型今读 ts 组条件是：庄二知组梗摄字，庄三组遇摄、止摄开口、流摄、深摄、臻摄、曾摄和通摄。可见，除了庄三组止摄开口和通摄字外，《西儒耳目资》均有例外字读同南京型的 ts 组了。由此可知，南京型今读 ts 组的情况在明末《西儒耳目资》成书之前就已有表现，只是字数较少，整体上不影响《西儒耳目资》精组与知庄章组二分的格局。

据中古精知庄章组在《西儒耳目资》中所反映的这种读音情况来看，至少可以说明两个问题：第一，南京型的早期类型肯定属于精组与知庄章组二分的基本类型；第二，南京型的初步演化在明末前已开始，至明末《西儒耳目资》初现雏形。明代移民西南主要是在明初的洪武年间，这与西南官话的形成时间一致①，而《西儒耳目资》代表了明末的官话音系，故当时随江淮移民而形成的西南官话，其精知庄章组的读音应该也不会例外。据此，相对于其早期形式精组与知庄章组二分格局的情况来看，南京型今读 ts 组的情况显然是受外方言影响的结果。

那么，南京型又是受何种外方言的影响所致呢？从移民和方言接触来看，本书认为主要是受如赣语、吴语等知二庄、精组与知三章组二分型的方言影响而成。江淮官话与赣语、吴语，无论从移民上还是从地域上都有着密切的关系，刘晓梅、李如龙（2002：16）就认为"从发生学的角度看，江淮官话所通行的地域原来大多通行过吴语"，顾黔（2001：510）

---

①　葛剑雄（1997：117）："滇、黔、川三地的官话方言形成于明代初年。"王庆（2007：118）："现代的西南官话大体形成于明代。"

也说"似可认为，通泰方言与赣、客方言同出一源，是公元4世纪北方汉语的后裔"。类型上看，精庄知二组与知三章组二分是赣语和吴语等方言今读的基本类型（孙宜志，2006；万波，2010；钱乃荣，1992；潘悟云，1986），该类型知三章组或有多种音值，但庄知二组一般与精组合流读 ts 组[①]。西南官话和江淮官话的南京型中，读 ts 组的情况就正好分布于精组和知二庄组。相对吴语来说，西南官话受赣语的影响要大些。明代西南移民虽以江淮湖广为主，以至今天的西南官话与江淮官话有着诸多相似之处，但我们绝不能忽视江西移民对早期西南官话的影响。蓝勇（1996：81）说"明清时期云贵地区以江南籍、江西籍移民为主体移民"，葛剑雄（1997：117）就认为"实际上四川的移民来自湖北、江西两地。今日四川方言是明初湖北的西南官话混合江西方言以后向西传播的结果……江西方言通过移民作为媒介深刻地影响了西南官话"。李蓝（1991）也强调贵州的人口来源主要是江西、湖广和四川，故贵阳、毕节、大方等地的白读音往往反映湘赣语的特点。但"由于江西移民在总人口的比重不及半数，他们的方言很可能在迁入后逐渐为（西南）官话所吞没"（曹树基，1997：518）。由此可见，赣语等方言对西南官话的影响并不彻底，这也可能与明代及其后很长历史时期以南京话为基础方言的官话强势本位密切相关。故赣语、吴语等知二庄组读 ts 组的情况对江淮官话和西南官话的影响，仅局限于主元音较高的几组韵摄字，因为从音理上看，高元音显然更容易与 ts 组相拼，以至最终形成如今的南京型。因此，我们认为，南京型是在精组与知庄章组二分型（济南型）的基础上受精庄知二组与知三章组二分型（昌徐型）影响、渗透的结果。

　　据上分析可知，明初以南京为中心的江南地区移民西南时，南京型尚未完全形成，从明末《西儒耳目资》音系所反映的情况来看，西南官话和江淮官话在明代总体上仍为精组与知庄章组二分的格局。如今，南京型在西南官话和江淮官话中的普遍存在，应该是明清时期以南京为中心的江淮地区多次移民西南的结果，移民的渊源以及受大致相同类型的方言影响等因素，均保证了西南官话和江淮官话之间总是能以大体相同的模式进行

[①] 钱乃荣（1992：7）："在吴语各地，知组声母二等韵和庄组声母一起，一般都读舌尖前音，并入精组。"孙宜志（2002：21）："（赣语）精庄知二组在今洪音前读 ts、tsʰ、s，在今细音前读 tɕ、tɕʰ、ɕ，这种类型在汉语各大方言中十分常见，在赣方言中分布面也最广。"

演化并相互影响。

(三) 精知庄章四组声母合流型在西南官话中的演变层次

第一，中古精知庄章组声母合流为 ts 组，是其在西南官话今读中的主流，代表中古精知庄章组声母在西南官话中未来的发展趋势，是最为晚近的层次类型。

成都话中古精知庄章组今已合流读 ts 组，但据早期材料记载，成都话的早期形式是南京型。1900 年由英国传教士钟秀芝（Adam Grainger）编著出版的《西蜀方言》一般认为反映的是以成都话为代表的四川语音，甄尚灵（1988：217）指出："《西蜀方言》有对立的 ts 组和 tʂ 组，其分类跟今天有 ts 组和 tʂ 组对立的西南官话是一致的（按：此当指如昆明话等 ts、tʂ 组二分的南京型）……《西蜀方言》所记舌尖前后的两套擦音塞擦音，看来是 19 世纪后期成都语音的实际，舌尖后音混同与舌尖前音是后来的发展变化"①。肖娅曼（1999：103）调查了成都话老派的读音，结果显示成都市区 91 岁以上的老年人尚保留着完整的舌尖后音读音，且其分 ts、tʂ 的类型属于南京型②，但这一比例随着年龄的年轻化而降低，61 岁以下的便几乎没有读舌尖后音的了，她据此认为"本世纪初叶（按：指 20 世纪），成都话的擦音、塞擦音还分别舌尖前后音"，这与《西蜀方言》的记录情况吻合。其实，据《四川方言报告》（杨时逢，1984），早在 1931 年所记的成都话音系中，中古精知庄章四组声母在成都话中便已合流为 ts 组了。此外，据《云南方言调查报告》（杨时逢，1969），记音于 1940 年的大理话和昭通话，当时其中古精知庄章四组声母的读音类型尚为典型的南京型；文山话在当时虽也是 ts、tʂ 组二分，但 tʂ 组只拼 ɿ 韵母，熊正辉（1990：9）说："文山话可能以前有一个时期是像南京话那样分 ts、tʂ，后来 tʂ、tʂʰ、ʂ 并入了 ts、tsʰ、s，只是在 ɿ 韵母前还没有变"。出版于 1989 年的《云南省志·汉语方言志》（云南地方志编委会，1989）中，大理话、昭通话和文山话中古精知庄章四组声母的读音类型便已合流为 ts 组。据《四川方言调查报告》（杨时逢，1984），周法高记音于 1946 年的城口话和杨时逢记音于 1941 年的安县话，二者的精知庄章

---

① 据甄尚灵（1988：217）声韵配合表有例字泽 tsʰeɔ/ɕtsʰen 等。

② 肖娅曼（1999：105）："成都话（按：此指 91 岁以上老派话读音）分 ts、tʂ 的类型与济南型和昌徐型相去甚远，与南京型却很接近。……把成都话定位南京型是合理的。"

组属合流读 tṣ 组的类型；但据《四川方言音系》（四川方言调查工作指导组，1960）记录的城口话和《安县志》（安县志编委会，1991）记录的安县话，二者的精知庄章组均已变读为 ts 组，与今天的成都话属同类型。

综上所述，古精知庄章四组声母合流为 ts 组是其在西南官话中最为晚近的历史层次类型。且上述所举例证中，由 ts、tṣ 组二分的南京型到合流为 ts 组的类型一般都在 30 年至 50 年之间完成，这也进一步证明了庄初升（2004：156）所说"一种类型演变为另一种类型，完全可以在两、三代人之间的几十年内实现"的结论。

第二，中古精组与知庄章组合流为 tṣ 组，这在西南官话中显得较为特别。本书认为此类型的早期形式应该是精组与知庄章组二分的格局，现在精组读 tṣ 组的情况应该是晚近受知庄章组读 tṣ 组的类化所致。

中古精组与知庄章组合流一般读如精组，因为这更符合发音省力的原则，但从音理上看它们合流读如知庄章组中的任何一组也都具有可能，如今天广州话和香港新界客家（老派）话的情况。现今广州话（北大中文系，2003）古精知庄章四组组声母合流读 tʃ 组，但据彭小川（2004），清初粤语韵书《分韵撮要》显示当时的粤语是精组与知庄章组二分的格局。万波、甄沃奇（2009）在穷尽式分析了代表两百年前粤语语音的《广东省土话字汇》（Robert Morrision，1828）音系后，就认为两百年前粤语精组字主要读 ts 组，而知庄章组字主要读成 tʃ 组，也是呈二分的格局。张双庆、庄初升（2003）在考察了《马太福音书》（Rudolph Lechler，1860）和《圣经书节择要》（1884）的音系后认为："客家话圣经有两套塞擦音、擦音声母，精组、庄组与知组二等合流，标为 ts、tsh、s（按：代表 ts 组）；知组三等与章组合流，标为 tš、tšh、š（按：代表 tʃ 组）。……但是，今天的新界话精、知、庄、章组已合流，老派读舌叶音，新派读舌尖前音，还有一些中、老年人塞擦音读舌叶音，擦音读舌尖前音。"[①] 上述例证显示，精组与知庄章组合流读 tʃ 组的情况是较为晚近的事情。但西南官话中，精组与知庄章组合流读 tṣ 组的类型是否也是晚近时期的演变层次呢？对此，我们暂时无法从文献资料上得以证实，但有一旁证可供参考，即湖北钟祥（县城）话、竹山话、荆门话、当阳话和四川城口

[①] 参见庄初升《韶华集——汉语方言学论稿》，香港吴多泰中国语文研究中心、香港中文大学中国文化研究所 2004 年版，第 244 页。

话、安县话等精组字逢细音均读 tɕ 组，这就说明精组与知庄章组合流读 tʂ 组的时间应该是在精组逢细音分出 tɕ 组以后的事情①，否则 tɕ 组的出现便很难解释。因此，西南官话精组与知庄章组合流读 tʂ 组的情况当为晚近后起的层次，其早期形式应该是精组与知庄章组二分的格局，精组读 tʂ 组应该是晚近受知庄章组读 tʂ 组的类化所致。

据现有的调查材料来看，中古精知庄章四组声母在西南官话中的今读类型，大致都可以归入上面的三种基本类型中。值得注意的是，三大类型中均有某些方言点存在着细音读 tɕ 组的情况。其中精组读 tɕ 组是晚近才分化出来的（王力，1987）；知庄章组有读 tɕ 组的方言点，如黔东南、湖南、湖北等均是靠近环湘语区的西南官话边缘地带，故其产生 tɕ 组可能是受湘语等影响。但在西南官话中古精知庄章组的今读类型中，如有 tɕ 组都只是与 ts 组或 tʂ 组形成互补关系，并没有对其今读类型的格局造成本质影响，故本书不做赘述。

综上所述，西南官话中古精知庄章四组声母的主要演变层次可见图 2-2。

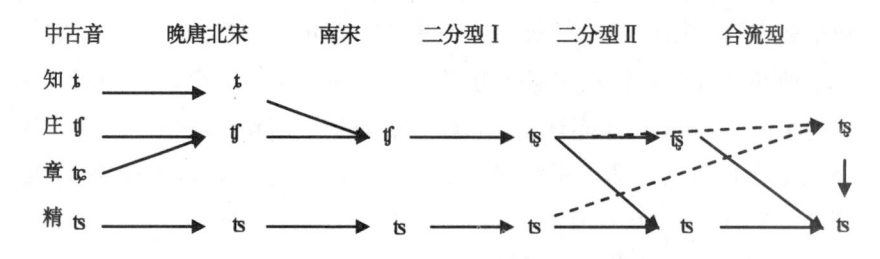

图 2-2　中古精知庄章组声母在西南官话中的演变层次

注：二分型 I 表示如郧县话等"精组与知庄章组二分"的类型；二分型 II 表示如以昆明话为代表的南京型；合流型中，实线表示如成都话等的 ts 组合流型，虚线表示如钟祥（县城）话等的 tʂ 组合流型。

西南官话中古精知庄章组今读的三大类型中，精组与知庄章组二分是基本类型，它是最早的层次类型；庄组三等（除止摄合口和宕摄）、精组与庄组二等、知组（除梗摄）、章组二分是典型类型，属于次早的层次类型；精知庄章组合流是最晚的层次类型：合流为 ts 组是主流类型，合流

---

① 据王力（1987），精组直到明清时期尚不分洪细全读 ts 组，其逢细音分读 tɕ 组的时间为现代。

为 tʂ 组是特殊类型。其他类型都有向主流类型（合流为 ts 组）演变靠拢的趋势。

值得注意的是，二分型中除了 ts、tʂ 二分外，过往方言论著中的个别方言点也出现过一些特殊的记录。如张甶在 1985 年编制的《玉溪方言志》中记录玉溪方言为 ts、tʃ 二分（按：格局是南京型），但张氏在 1990 年发表的《玉溪地区汉语方言志》中却改记 tʃ 组为 tʂ 组，与《云南省志·汉语方言志》同，本书认为这是音位处理上的问题①。因为西南官话中，tʂ 组发音部位一般普遍靠前，舌位不是很卷，而 ts 组的发音部位又普遍靠后，此情况在云南、四川、湖南、湖北四大方言报告的"声韵调描写"中多有描述记载。云南邱北话今为 ts、tʂ 二分，但在《云南方言调查报告》（杨时逢，1969）中的邱北音系却是 ts、tʂ、tʃ 三分（按：董同龢 1940 年记音），但 tʃ 组只限于 i 韵字（按：属字绝大多数为精见组字细音，极少数为庄组，如"事士"等），其发音部位略偏前，口腔很松，它的出现很可能是受早期撮口韵 y 的影响所致。除此之外，李蓝《西南官话的分区（稿）》（2009）中，把陕南的汉中等地划归西南官话区②。但据现有的材料来看，汉中话（陈章太、李行健，1996）中古精知庄章组的今读是典型的昌徐型，声调只有平上去三类，清入、次浊入归上声（它们早期很有可能先归入清平，然后再随清平一道演变归上声），全浊入归平声（实为阳平）；平利（洛河）话（周政，2009）、白河话（陈章太、李行健，1996）中古精知庄章组的今读虽属南京型，但清入、次浊入归阴平，全浊入归阳平。我们从中古精知庄章组的今读类型及入声的归并来看，汉中话与西南官话相去甚远，平利（洛河）话、白河话的入声归派类型则属于典型的中原官话（《中国语言地图集》（1987）就把陕南的汉中和平利等划归中原官话区），李蓝（2009）则把它们（特别是汉中话）都划归西南官话区，我们认为需要

---

① 罗常培（1949：198）说 tʂ 组在"国语为卷舌与上颚相接所发之音，而玉溪则为腭面与舌音相接所发"，张甶（1985：13）据此认为"根据我们的实地考察，证实了罗先生这个意见完全符合玉溪话的实际，所以我们把这组音记为［tʃ］、［tʃʰ］、［ʃ］、［ʒ］，以区别于卷舌程度较高的普通话的［tʂ］、［tʂʰ］、［ʂ］、[ʐ]"。

② 李蓝（2009）把原属（按："原属"指 1987 版《中国语言地图集》所分区属，下同）中原官话的略阳、勉县、宁强、城固、西乡、南郑和原属江淮官话的湖北竹溪、竹山划归西南官话。

进一步商榷。

第三节　日母字的今读类型和历史层次

中古止摄开口日母字在西南官话中绝大多数读零声母，只有黔东南的黎平、锦屏、榕江、从江和湖南江华等极少数方言点读 ȵ/z 声母（如江华"儿 ȵi³¹"/黎平"zɛ³¹"等①）。除止摄开口字外，其余韵摄的日母字今读类型显得较为复杂，音值上有 ȵ、ŋ、z、n、l、s、∅ 等类型，下面重点讨论这部分的今读类型和演变。

一　日母在西南官话中的今读类型

第一，ʐ 类型：日母读 ʐ 类型的方言点主要集中分布在云南中西部一带。此外，四川中东部一带的部分方言点（城口、通江、达县、南江、剑阁、安县、懋功、靖化、松潘、茂县、新繁、大邑、简阳、仁寿、井研、荣县、隆昌、德阳），湖北京山、钟祥、均县和湖南通道、大庸、石门、桑植等也属于此类型。如表 2 – 10 所示。

表 2 – 10　　　　　　中古日母今读 ʐ 声母例字

例字	惹假开	儿止开	饶效开	柔流开	染咸开	燃山开	任深开	人臻开	让宕开	仍曾开
昆明	ʐə⁵³	ʐ̩³¹	ʐɔ³¹	ʐou³¹	ʐã⁵³	ʐã³¹	ʐə̃²²	ʐə̃³¹	ʐã²²	ʐə̃³¹

例字	如遇合	蕊止合	软山合	闰臻合	绒通合	热山开	入深开	日臻开	弱宕开	肉通合
昆明	ʐu³¹	ʐue⁵³	ʐuã⁵³	ʐuə̃²²	ʐoŋ³¹	ʐə³¹	ʐu³¹	ʐʅ³¹	ʐo³¹	ʐu³¹

第二，z 类型：日母读 z 类型是其在西南官话今读中的主流类型，成都话是此类型的典型代表。方言点包括滇东、滇南、四川大部，湖南永顺、保靖、永绥、古丈、沅陵、凤凰、吉首、辰溪、麻阳，湖北恩施、利川、光化、保康等。如表 2 – 11 所示。

---

① 杨时逢（1974：1053）："（江华）日母在止开读 ȵ，如'尔二 ȵi'；在其他开口读 i，如'柔 iau''任人 ī'，但'日'读 ȵie；在河口读 y、ȵ、i 不定，如'闰 yī''软 ȵyē''茸 ioŋ'等。"

表 2-11　　　　　　　　中古日母今读 z 声母例字

例字	惹假开	儿止开	饶效开	柔流开	染咸开	燃山开	任深开	人臻开	让宕开	仍曾开
成都	ze⁵³	ɚ²¹	zau²¹	zəu²¹	zan⁵³	zan²¹	zən¹³	zən²¹	zaŋ²¹	zən²¹
例字	如遇合	蕊止合	软山合	闰臻合	绒通合	热山开	入深开	日臻开	弱宕开	肉通合
成都	zu²¹	zuei⁵³	zuan²¹	zuən¹³	zoŋ²¹	ze²¹	zu²¹	zɿ²¹	zo²¹	zu¹³

第三，零声母类型：日母读零声母的类型可以天门话为代表，方言点包括湖北天门、沔阳（仙桃）、长阳，湖南桂阳、临武、道县、永明、芷江、晃县、宁远、江华，广西柳州、桂林，云南富宁等。见例字表 2-12。

表 2-12　　　　　　　中古日母今读零声母例字

例字	惹假开	儿止开	饶效开	柔流开	染咸开	燃山开	任深开	人臻开	让宕开	仍曾开
天门	ɣ²²	ɣ³¹³	au³¹³	əu³¹³	an²²	an³¹³	ən³³	ən³¹³	aŋ³³	ən³¹³
荆门	ɣ⁴²	ɯ¹³	au¹³	ou¹³	an⁴²	an¹³	ən³⁵	ən¹³	aŋ³⁵	ən¹³
柳州	iɛ⁵³	ɣ³¹	io³¹	iɐu³¹	iɛ⁵³	iɛ³¹	iən²⁴	iən³¹	iaŋ²⁴	iən³¹
桂林	iɛ⁵⁴	ə²¹	iau²¹	iou²¹	iɛ⁵⁴	iɛ²¹	in³⁵	in²¹	iaŋ³⁵	in²¹
富宁	ie⁵⁵	ɚ⁴²	iau⁴²	iou⁴²	ien⁵⁵	ien⁴²	in¹¹	in⁴²	iaŋ¹¹	in⁴²
例字	如遇合	蕊止合	软山合	闰臻合	绒通合	热山开	入深开	日臻开	弱宕开	肉通合
天门	y³¹³	yei²²	yen²²	yin³³	ioŋ³¹³	ɣ³¹³	ɣ³¹³	ɣ¹³	io¹³	əu¹³
荆门	u¹³	uei⁴²	uan⁴²	yin³⁵	oŋ¹³	ɣ¹³	u¹³	ɯ¹³	o¹³	ou³⁵
柳州	y³¹	yɛi⁵³	ŋyẽ⁵³	yən²⁴	ioŋ³¹	iɛ³¹	y³¹	i³¹	io³¹/ŋio³¹	iu³¹
桂林	iu²¹		yẽ⁵⁴	yn³⁵	ioŋ²¹	iɛ²¹	iu²¹	i²¹	io²¹/lio²¹	iu²¹
富宁	i⁴²	iei⁵⁵	ien⁵⁵	ien¹¹	ioŋ²¹	ie⁴²	i⁴²	i⁴²	io⁴²	iou⁴²

第四，s 类型：目前仅见云南剑川一处。例字如表 2-13 所示。

表 2-13　　　　　　　中古日母今读 s 声母例字

例字	惹假开	儿止开	饶效开	柔流开	染咸开	燃山开	任深开	人臻开	让宕开	仍曾开
剑川	sa³¹	a⁴²	sao⁴²	səu⁴²	sã³¹	sã⁴²	sən⁵⁵	sən³¹	saŋ⁵⁵	sən³¹
例字	如遇合	蕊止合	软山合	闰臻合	绒通合	热山开	入深开	日臻开	弱宕开	肉通合
剑川	sʮ⁴²	suei³¹	sã³¹	suəŋ⁵⁵	soŋ⁴²	sa¹³	su¹³	sɿ¹³	so¹³	so¹³

第五，n (l) /ø 类型：基本分配格局是逢今洪音读 n (l) 声母、逢今细音读 ø 声母，武汉、洪江是此类型的代表。日母逢今洪音读 n 的方言

点有武汉、武昌、汉口、汉阳、江陵等，日母逢今洪音读 l 的方言点如湖南洪江、郴州等，见例字表 2-14。

表 2-14　　　　　　　中古日母今读 n (l) /Ø 声母例字

例字	惹假开	儿止开	饶效开	柔流开	染咸开	燃山开	任深开	人臻开	让宕开	仍曾开
武汉	nɤ⁴²	ɚ²¹³	nau²¹³	nou²¹³	nan⁴²	nan²¹³	nən³⁵	nən²¹³	naŋ²¹³	nən²¹³
洪江	lɛ³³/lia³³	ɛ²¹³	lau²¹³	lou²¹³	lan33	lan²¹³	lən³⁵	lən²¹³	laŋ³⁵	lən²¹³
郴州	lɛ⁵³	ɤ²¹	iau²¹	iɤɯ²¹	lən⁵³	laŋ²¹³	lən²¹³	lən²¹³	iaŋ²¹³	lən²¹

例字	如遇合	蕊止合	软山合	闰臻合	绒通合	热山开	入深开	日臻开	弱宕开	肉通合
武汉	y²¹³	y⁴²	yɛn⁴²	yn³⁵	ioŋ²¹³	nɤ²¹³	y²¹³	ɯ²¹³	io²¹³	nou³⁵
洪江	y²¹³	lei³³	yɛn³³	yn³⁵	yŋ²¹³	lɛ²¹³	zɿ²¹³	zɿ²¹³	io²¹³	lou²¹³
郴州	lu²¹	luei⁵³	lyən⁵³	in²¹³	yŋ²¹	lɛ²¹	lu²¹	zɿ²¹	io²¹	lu²¹

第六，ʐ 类型：永州和泸溪是此类型的代表。特别说明的是，这里把永州和泸溪归为 ʐ 类，是就其主要音值而言的，因为永州假、效摄读零声母 (Ø)、通摄读 z 母，合口止、山摄读 ɕ 母，泸溪遇合三读 ʐ 母等。见例字表 2-15。

表 2-15　　　　　　　中古日母今读 ʐ 声母例字

例字	惹假开	儿止开	饶效开	柔流开	染咸开	燃山开	任深开	人臻开	让宕开	仍曾开
永州	ie⁵³	e³³	iau³³	ziəu³³	ɕie⁵³	ʐie33	ʐyn³²⁴	ʐin³³	ʐia324	ʐin³³
泸溪	ʐie⁵³	ɚ¹³	ʐiɤɯ¹³	ʐiɯ²⁴	ʐia⁵³	ʐia¹³	ʐĩ²⁴	ʐĩ¹³	ʐia²⁴	ʐĩ¹³

例字	如遇合	蕊止合	软山合	闰臻合	绒通合	热山开	入深开	日臻开	弱宕开	肉通合
永州	zy³³	ɕy³³	ɕyɛ³³	zyn³²⁴	yŋ³³	ʐie³³	ʐy³³	ʐi³³	ʐio³³	zu³³
泸溪	ʐu¹³	ʐyi⁵³	ʐya⁵³	ʐy ĩ²⁴	ʐiuŋ¹³	ʐie¹³	ʐu¹³	ʐʅ¹³	ʐio¹³	ʐiɯ²⁴

第七，ŋ/Ø 类：逢今读洪音读 ŋ 母，逢今读细音读零声母 (Ø)。如常德话，如表 2-16 所示。

表 2-16　　　　　　　西中古日母今读 ŋ/Ø 声母例字

例字	惹假开	儿止开	饶效开	柔流开	染咸开	燃山开	任深开	人臻开	让宕开	仍曾开
常德	ŋe³¹	ɚ¹³	ŋau¹³	ŋou¹³	ŋan³¹	ŋan¹³	ŋən³⁵	ŋən¹³	ŋaŋ¹³	ŋən¹³

例字	如遇合	蕊止合	软山合	闰臻合	绒通合	热山开	入深开	日臻开	弱宕开	肉通合
常德	y¹³	ɕin⁵⁵	ŋan³¹	yn³⁵	ŋoŋ¹³/oŋ¹³	ŋe³⁵	y³⁵	ɚ³⁵	o³⁵	ŋou³⁵

根据日母今读音值来看，云南、四川、贵州、广西的类型比较单一，基本上止开三为一类（一般读零声母），非止开三等为一类（云贵川为ʐ/z，广西为ø）。但两湖官话区的日母今读类型则较为复杂，同一方言点大多会因不同韵摄而体现出相应不同的音值（大多数是根据韵母的洪细），特别是大多数方言点的臻开三质韵和止开三等同读零声母（如武汉：儿=日 ɯ²¹³），这在云贵川是极为罕见的类型。

二 西南官话中古日母今读类型的演变层次

探讨现代声韵系统的演变，一般总会涉及古代相应时期声韵调的音值构拟问题，因为只有这样才能更好地理出今读声韵系统较为合理的演变层次和规律。但"拟测古代汉语的声母系统，日母是最危险的暗礁之一"（高本汉，2003：338），所以对于中古日母音值的构拟学者们多持不同的意见，但总结起来，大体主要有两种观点：或构拟为ȵʑ，或构拟为ȵ。

高本汉（2003：340）把中古日母拟为ȵʑ，依据就是日母现代汉语方言中音值的复杂性（或读鼻音，或读浊塞擦音，或读浊擦音），目的是便于解释汉语方言中日母今读的复杂性，陆志韦（1988：19）、李方桂（1980：7）、邵荣芬（2008：115）等学者接受高本汉的观点。董同龢（1989：154）、李荣（1956：125）、黄典诚（1993：97）、潘悟云（2000：52）等则持反对意见，他们认为日母当拟作ȵ。李荣（1956：126）提到"如果切韵日母是[ńʑ]，娘是[nj]或[ń]，何以善无畏（724年）以前全用日母字对梵文 ña，到不空（771年）才用'娘'字。依照我们的说法，日母一直是[ń]，所以善无畏以前都用来对梵文'ña'，到不空那时候，日母的音变了，才用[niaŋ]去对梵文'ña'"。潘悟云（2000：52）指出"在《切韵》音系中，只有日母拟做复辅音，这在音系结构上是很不规则的。方言中的文白异读属于不同的历史层次，（ȵʑ）把不同历史层次的内容放在一起做历史比较，也是不妥当的"。这里值得一提的是王力，他在完稿于1958年的《汉语史稿》（2004）中赞同高本汉对日母ȵʑ-的拟音，但后来他在《汉语史稿》"语音史"基础上修订而成的《汉语语音史》（1987）中却转而采用了ȵ的方案。其实，中古日母音值的不同构拟并没有音位上的差异。如果从音位的对应规则和日母的发音描述性质上看①，我们更倾向于认同后者，即把《切韵》的日母暂拟为 ȵ 母。

黄典诚（1993：97）指出日母自中古［ȵ］以后产生了变值和变类双方面的发展：日母自变值方面体现在非止摄开口三等诸韵，它们演变发展过程为 ȵ > nʑ > ʑ > ʒ > z；日母自变类方面体现于日母止摄开口三等诸韵，演变过程中因韵母的卷舌化而变为零声母，即发生了 ȵi > ȵʑi > ʑi > ʒi > ʒ > ʐɿ > ɿ > ɚ 的演变过程。

（一）日母读 ŋ 的演变层次

西南官话中，能完整保留中古日母 ȵ 读音的方言点极为少见，一般只零星残存于一些较保守的方言点中，如湖北蓝山方言中"染软"读 ȵiaŋ⁵⁵ 等，这应该是中古日母 ȵ 读音的残留。但在西南官话中，日母有读 ŋ 声母的情况，如常德话，我们认为常德话的 ŋ 是 ȵ 的后化演变而得。高本汉（1994：343）在讨论日母读 ŋ 的情况时就说："更奇怪的事情就是我们有时遇见 ŋ，我们不得不承认这是发音部位不管后面的 i 而向后移动。例如：耳，福州、客家 ŋi。但是汉口不用 i，而拿一个跟 ŋ 性质一致的元音来替代 ŋï。（日母）这种 ȵ > ŋi 的变化不是不可能的。"但项梦冰（2006：87）认为常德话日母读 ŋ，当是以 ɤ、ə、a 等元音起始的零声母发生了增生 ŋ 声母的音变，他把同属西南官话的常德、沔阳、松滋三地方言影、日母字作对比，如"肉/安"二字，沔阳话读 əu⁷/an¹，松滋话读 ou⁵/an¹，常德话读 ŋou⁵/ŋan¹，从而得出常德型是从沔阳、松滋演变而来的结论。我们认为这一推论有待商榷，根据有二：其一，项先生所举例字里没有细音例字，单就常德话来看，此结论似乎合理，但只要参照一下柳州话日母尚残留有读 ŋ 的情况，即可看出端倪。据上面日母今读零声母类型例字表中可看出，柳州话日母字今读一般都为零声母，但"软 ŋyɛ⁵³/弱 ŋio³¹"二字却例外读 ŋ 声母，而且与其相拼的都是细音韵母，说明这两个字在柳州话中应当是早期层次的语音残留。因为从音理上看，零声母的细音韵母一般很难衍生出 ŋ 母来，但如果说 ŋ 是由早期 ȵ 演变而来则显得较为合理，依据是二者都具有鼻音特征。据此看来，常德话早期与三等的

---

① 王力（2004：91）："（中古日母）nʑ 并不是两个辅音，而是一个整体，和一般破裂摩擦音（塞擦音）的道理一样"；董同龢（1989：154）："日母字的声调变化也与明、泥、来等次浊声母字同，上声字在现在多数发言中与全清、次清同属一个声调，所以他在中古不可能是浊塞擦音，因为浊塞擦音是'全浊'。"

日母字 ŋ 相拼的韵母应该也是细音韵。但正如高本汉所说，汉口早期日母由 ȵ 后化为 ŋ 后，如"耳"等字的介音即由 i 转变为一个与 ŋ 性质一致的元音 ï 来代替一样，常德话三等字在与日母 ŋ 相拼时，其细音介音也是为了迁就声母，而在后来的演化中逐渐弱化以至最后脱落而变为开口韵。其二，常德话中，"辱 iou³⁵/ŋou³⁵"等字有文白两读，其中，文读为零声母的情况非常能说明问题，它进一步证明了常德话日母读 ŋ 声母并不是零声母鼻音增生的结果，而应该是西南官话日母字的早期语音层次。据胡萍（2007：97），湘西芷江麻缨塘话就有日母读 ŋ 声母的类型，胡萍参照湘西中方县牌楼镇话日母字的今读情况（按：牌楼话日母有文白异读，如"日 ȵie⊃/⊆e"），把日母读 ŋ 声母与中古的 ȵ 划为同一语音历史层次。对此，我们的观点认为，日母读 ŋ 应该是中古 ȵ 声母后化以后的演变层次，它与零声母 [∅] 或为同一层次的语音演变，即日母读 ŋ 声母和零声母 [∅] 或代表着日母中古以后两种平行的对立演变格局。

（二）日母读零声母 [∅] 的演变层次

中古日母止摄开口三等在西南官话中，除黔东南的黎平和湖南江华等极少数方言点有声母外（如江华"儿 ȵi³¹"／黎平"zɛ³¹"等），其他方言点基本上都读零声母。但止开三日母字读零声母方言点的韵母基本都属于洪音一类，这说明它们与非止摄字读零声母的情况不属于同一个语音层次。刘泽民（2004：87）就指出："（日母）读 [∅] 的非止摄字和止摄字不在同一层次上，止摄字是现代层次，非止摄字是近代以前的层次"。其实，在《中原音韵》里，"儿、耳、二"等止摄字还放在"支、思"韵中，黄典诚（1993：97）说："可以推想，元代'儿、耳、二'等大概读 [ʒï]。到了 ə 的出现，本来应该在它前头出现的 z̩，即因性质相近而归于省并消亡"，他根据明末利玛窦金尼阁《西儒耳目资》（1626）注"儿、耳、二"等的音值为 [h、u] 和方以智《通雅·切韵声原》中"儿在支韵，独字无偶"的情况，判定止摄开口日母字声母的消亡时期应该大约在明末。西南官话和江淮官话二者被大多数学者（刘晓梅、李如龙，2002，葛剑雄、曹树基，1997 等）判定为有同源的关系，西南官话主要是江淮官话区于明清两代移民西南而得。《西儒耳目资》（1626）代表了明代成熟的南京官话音系（曾晓渝，1995；吴波，2007）。明中期兰茂《韵略易通》中，止开三日母字仍与其他日母字一样都具有声母，张玉来（1999：109）拟为 z̩（如"儿耳 zï"等）。又，明末清初四川遂宁人李实《蜀语》中有一条："两手揉物曰捫。捫，而宣切，音頓"。此条"而"与"頓"声类相同，预示着"而"尚未演变为零声母，亦即 ɚ 等零声韵尚未产生。清人马自援《等音》（1673）中把"'而、耳'仍归'日'母下，现代汉语的 ɚ 还没有产生"（陈长祚，2007：244）。据此看来，西南官话日母止摄开口读零声母的类型，最早也当属明末清初较为晚近时期的演变层次类型。

湖南江华止开三日母读 ȵ 母（如"儿 ȵi³¹"等）显然属于中古音的承留。黔东南黎平、榕江、锦屏、从江等止开三读 z 母（如黎平话"儿 zɿ³¹"等），从声母的有无上来看，它显然是存古；但从音值上来看，这里的 z 与非止摄日母字读 z 是一样的，均属于现代最为晚期的演变层次（参后日母读"z 类的演变层次"），随周边汉语方言和今普通话的影响，它们的演变归宿应该是镇远话等零声母类型。如表 2-17 所示。

表 2-17　　中古日母字在江华、黎平、榕江、镇远的今读例字

江华				黎平			
儿	而	耳	二	儿	而	耳	二
ȵi³¹	ȵi³¹	ȵi⁵⁵	ȵi³⁵	zɿ¹³	ze¹³	ze³¹	ze⁵³
榕江				镇远			
儿	而	耳	二	儿	而	耳	二
e³⁴	ze³⁴	ze²¹³	ze⁴¹	e¹¹	e¹¹	e⁴²	e⁵³

中古日母在湖南江华、黔东南黎平（榕江等）、镇远的今读情况，恰好显示了日母由中古的 ȵ 到如今零声母的演变脉络，即产生了 ȵi - > zɿ > ze > ∅ 的演变（省略了中间的一些过渡演变类型）。我们把例字表 2-17 中黎平、榕江、镇远三个方言点进行对比可以看出，黎平和榕江话等方言韵母读 e 显然是受镇远等方言的影响而成，它们的早期形式应是 ɿ（如黎平的"儿 ȵi³¹"等）。《贵州省志·汉语方言志》（贵州省地方志编委会，1998：72）认为"黎平'儿子'的'儿'读 zɿ 是个例外"，他们认为这里的"儿 zɿ"的韵母 ɿ 应该与锦屏、榕江、从江等保持一致读 e 方才属于"例内"。其实不然，我们认为黎平的"儿"读 zɿ 属于较早语音层次的残留。因为"儿"字相对"而耳"等字来说较为常用，虽然"二"也是个常用词，但它相对于"儿"来说更多体现为外向型的交际词，故"二"受外来语音的影响就显然比"儿"大；最有意思的是，当

韵母ʅ大多跟着 e 跑，它们中间经历了 ze 阶段的演变而最终化为零声母后，途中没跟上演变步伐的"儿 zʅ"字最终被孤立了，因距离太远，看不到 ze 这座演变桥梁，故其发挥"后来居上"的优势，直接一步就演变为零声母 e 了，如榕江话。通过对比，我们可以看出，黎平、榕江等止摄开口日母读 z 的情况，最终还是要向零声母方向演变的，其原因大概主要是受普通话及周边汉语的影响所致。止开三日母在江华、黎平、镇远话中趋于零声母的演变趋势，也进一步显示了止开三日母读零声母的类型属于近现代较为晚近的演变层次类型。

但与止开三日母读零声母属于晚近演变的层次类型不同，西南官话日母非止摄字读零声母的情况则属于较早时期层次的语音类型。项梦冰（2006：85）说："我们认为北方汉语日母的演变遵循的是鼻音声母弱化为零声母的音变，即'ȵ→Ø'音变"，西南官话日母非止摄字读零声母的演变类型，所遵循的也应该是这一演变规律，即鼻音声母弱化最后脱落为零声母：ȵ→Ø。湖北蓝山方言中，日母字除了咸摄开口如"染 ȵian⁵⁵"、山摄合口如"软 ȵian⁵⁵"等字读 ȵ 外，其他基本都读零声母，如"如_遇_ i³¹/ 耳_止开_ e⁵⁵/任_深开_ iŋ³¹/ 然_山开_ ian³¹/ 人_臻开_ iŋ³¹/让_宕开_ iaŋ³⁵/仍_曾开_ iŋ³¹"，江华也是这种 Ø/ȵ 的类型。蓝山、江华日母读零声母的韵摄字，它们应该都是鼻音声母 ȵ 弱化最后脱落为零声母的结果。因为 ȵ 是一个舌面前辅音，而三等介音 i 同样是一个舌面前元音，故鼻音声母 ȵ 弱化脱落而与三等 i 介音合流为零声母，符合语音追求经济、简省的原则。常德话日母今读类型中，ŋ 是舌面后（舌根）音，而介音 i 是舌面前高元音，就现在的语音特点来看，二者虽可相拼，但毕竟不太协和，声韵的矛盾关系势必引起语音的变化。王福堂（2005：1）指出："汉语方言语音的变化，究其原因，主要是人们出于发音上省力和方便的要求，引起发音动作的改变。"常德话的日母字今读 ŋ 是韵母后来在演变中抛弃 i 介音而迁就声母的结果，而柳州话和桂林话恰好相反，它们是鼻音声母弱化脱落以迁就韵母而致最终演变为零声母的结局。两种调整方式所造成的两种迥然不同的音变结果，就今音来看，显然都符合了发音上省力和方便的要求。但相对而言，韵母同化声母为零声母的力量和影响，显然要比抛弃 i 介音而迁就声母的情况更强，故常德话日母合口尚有读为零声母的情况，特别是通摄"辱<u>iou</u>³⁵/ ŋou³⁵"，文读为零声母的情况特别能说明这一情况。

其实，鼻音声母弱化脱落为零声母的情况，在方言中的例证很多。如日母在粤语广府片中的弱化（如广州话：耳 ji²¹/乳 jy²¹/肉 jok²）、疑母在北京等大多数北方方言中的失落（如北京话：我 uo²¹⁴/咬 iau²¹⁴/仰 iaŋ²¹⁴）、泥母在徽语遂安方言中的失落（如女 y⁴/年 iɛ²/泥 iei²/娘 ia²）等，这些情况都说明，在某些方言中鼻音声母弱化脱落为零声母是很正常的现象。

（三）日母读 ʐ/ʒ 类、z̞ 类的历史层次

西南官话中，日母读 ʐ 的演变过程应该是：ȵ（ŋ）弱化脱落为零声母（ø）以后，再经历由 i 介音的擦音化所致。项梦冰（2006：85）指出现代方言日母由 ȵ 到 ʐ/ʒ 的演化经历了零声母的擦化过程，其音变历程是：ȵ→øj→ʐ/ʒ。其实，从音变原理上看，由 i 介音擦音化后演变为 ʐ/ʒ 是很自然的事情，而 z̞ 一般认为是 ʐ 继续擦化演变为 ʒ 后进一步演变的类型。

据现有的调查材料来看，日母今读 ʐ 音值在今西南官话中的方言点并不太多，主要分布在湖南，如永州话、泸溪话、宜章话、保靖话等；日母读 z̞ 的方言点主要集中在云南中西部地区及四川中东部的部分方言点（如昆明话、城口话等），但与日母 z̞ 相拼的韵母都失去了三等 i 介音韵头，而读为开口呼和合口呼。项梦冰（2006：88）指出"日母字 i 介音的擦化导致两个结果：（1）声母和介音归一化，即 ji- 变为 j，后来再变为 z̞ 或 z。（2）韵母转为开口"。从杨耐思（1981）对《中原音韵》音系的研究情况看，与日母相拼的韵母还保留着 i 介音，但其中古宕摄开口三等日母字已失去 i 韵头读开口，如"瓤 ₌ʒaŋ/壤 ᶜʒaŋ/让 ʒaŋᵓ"等，这说明 i 介音擦化脱落的现象早在元代就已经开始。曾晓渝（2004）在考察了明末《西儒耳目资》音系后说："我们发现属于中古三等、在《中原音韵》中仍保留着 -i- 介音的字，到金氏时已有相当一部分失去了 -i- 介音……失去 -i- 介音的有 92% 为中古知、庄、章、日系字……而且那几个仅存的、能与 ch、'ch、x、j 相拼的韵母 im、ieu、ien、in，其中已显露出 -i- 脱落的迹象"，可见，在明代中晚期，与日母相拼的三等 -i- 介音擦化脱落的演变现象已十分普遍，也正基于此，曾氏把《西儒耳目资》的日母（j）拟为 z̞ 音值。

值得注意的是，日母读 z̞ 音值之前可能经历过 ʒ 的阶段，即发生过 ȵ > ø > ʐ > ʒ > z̞ 的演变。张弗《玉溪方言志》（1985）中的玉溪话日母就记录为 ʒ 母，但在之前的《云南方言调查报告》（1969）和之后的《云南省志·汉语方言志》（1989）中都记为 z̞ 母，这或可说明日母处于

由ʒ到ʐ̩演变过程之中。张玉来（1999：23）把兰茂《韵略易通》中的日母拟为ʐ̩音也仅为权宜之计，实际音值很难确定①。其实，西南官话日母字今读ʐ̩的实际音值普遍偏前，这可能是由ʐ到ʐ̩的一种过渡音，实际音值多靠近ʒ。如云南元谋话"tʂ组tʂ、tʂʰ、ʂ、ʐ̩的发音部位比国音要略偏前一点，没有像北平那样的卷舌"（杨时逢，1969：120），笔者的母语（杨柳树方言）也是这种类型。如果ʒ的擦化进一步减弱，自然也就演变为ʐ̩的类型了。

（四）日母读l/n的历史层次

西南官话中，日母读l/n严格意义上讲，应该与ʐ̩属于相同的历史层次，即属于相当晚近的历史层次。根据有二：第一，西南官话凡日母读l/n的，与之相拼的韵母均没有i介音；第二，高本汉把普通话日母字的音值拟为ʐ̩，后赵元任视之为普通话日母的国际音标并加以肯定；但陆志伟、王力、傅懋勣、金有景等持反对意见。金有景（1984：349）在讨论北京日母的音值时指出："北京日母由于是一种以边音特点为主的'舌尖后准边擦音'，是边音［l］和擦音［ʐ̩］的有机的融合体，所以北京日母和边音［l］在语音上具有一定的相似性。"鉴于原有的国际音标没有一个符号能准确表示北京音日母的发音特点，故金氏还专为北京日母创制了一个新符号［lʐ̩］来表示。照这样看来，日母字今读l和ʐ̩都是［lʐ̩］的自由变体，如北京话里古日母字，国际音标现在虽然一般都仍然标读为ʐ̩音值（即汉语拼音中的r），但其方言里的个别字也可读边音［l］，如"扔ləŋ⁵⁵"等。但是，西南官话中日母读l/n的方言点为何不选择读ʐ̩（即汉语拼音中的r）呢？刘泽民（2005：90）强调："文读对应的规则是音值的相似，一般地说，文读叠置不破坏原有的音位系统，不增加音位，只是在原有的音位中选择一个音值相对近似的来对应"，西南官话日母今读边音l的方言中，其语音系统中没有与北京话相应匹配的舌尖后部位的音，与［lʐ̩］最相近的就只有边音l了，它们都具有"舌尖前、浊音和边音"等共通性。一般来说，方言中只要有读舌尖后音tʂ组的，日母就基本都读ʐ̩（即汉语拼音中的r）而很不会出现读l的情况，原因就在于ʐ̩

---

① 张玉来（1999：23）指出："兰茂《韵略易通》ʂ是擦音，清；ʐ̩是擦音，浊，它可能不是与ʂ相配的浊擦音，现代汉语里读法很多，北京话里这类字的声母，也不是ʐ̩，王力先生拟为ɾ，作为闪音，后来也作了修正。具体用哪个音标不能确定，这里仍用ʐ̩表示。"

可以与 ʂ 形成配对。弄清了西南官话日母读边音 l 的层次后，其读 n 的情况也就比较好解释了，因为日母读 l 或 n 的西南官话方言点，其语音系统中的泥（娘）来母一般都是混同的，或读 l，或读 n，l、n 在这些方言中属于自由变体（详情可参见本书"泥来母的今读类型与演变"一节）。中古泥（娘）来母混同读 l 方言，其日母字就读边音 l，如洪江话、郴州话等；反之，则读 n，如武汉话、江陵话等。值得注意的是，相对于 n/l 而言，现在西南官话日母字读 ʐ 音值明显占优，且日母读 n/l 的类型都有向 ʐ 演变靠拢（如江陵话等）的现象，其原因大概与普通话的强势影响有关。

（五）日母读 s 的历史层次

中古日母今读 s 母的类型在汉语方言中非常罕见，西南官话仅见于云南的剑川。剑川话中古日母读 s 相对来说是比较稳固的，董同龢于 1940 年记录的剑川话（杨时逢，1969：1116）和出版于 1989 年《云南省志·汉语方言志》中的剑川话，都把中古日母记为 s 母。剑川日母今读 s 这种孤立而稳定的情况，说明当地应该具有一个较为特殊而稳定的使用群体。

如果语音发生某种不合常理的变异，我们认为除了需要考虑语音发展演变的不平衡性因素外，还得分析同一地域的不同语言之间是否存在接触演变的可能性。董同龢于 1940 年记录剑川话时特别指出，剑川"城内汉语，也有民家，城外有麽些族，本人说汉语，也能说民家语"（杨时逢，1969：1116），"民家"即今白族[1]，"麽些族"即今纳西族[2]。据《剑川县志》（1999：113），剑川境内有白、汉、回、彝、傈僳、纳西等民族，其中白族占 90.54%，白族所占人口比例之高，居全国首位，是典型的白族聚居县。剑川白语是白语的三大方言（剑川、大理、碧江）之一，而剑川白语、大理白语辅音系统中都没有 tʂ、tʂʰ、ʂ、ʐ 这组声母，也没有 z 这个声母，但有 ts、tsʰ、s 这三个声母（徐琳、赵衍，1984：4）。所以当汉语传入剑川后，剑川当地白族很容易从自己的语音系统里的 ts、tsʰ、s 来对译汉语的 tʂ、tʂʰ、ʂ，但 ʐ 母却受到了孤

---

[1] 徐琳、赵衍（1984：1）指出："（白族）明以后，又被称为'民家'。现在跟白族临近汉族称大理白族自治州的白族为'民家'外，还称兰坪、碧江、维西等地的白族为'拉马'la↓ma↓。"

[2] 和即仁、姜竹仪（1985：1）指出："纳西族是个有悠久历史的民族。自晋以来，史籍上多称纳西族为'摩沙''磨些''麽些'等。"

立,于是根据语音相近归并的原则,剑川当地白族便很容易地用自己母语的 s 去对译早期汉语的 ʐ 母了①。

值得注意的是,日母读 ʂ 的现象在地方汉语韵书中并不是没有体现。明万历戊午年(1618),云南通海河西人葛中选《泰律篇》中就存在这种日母混入禅母读 ʂ 的记录,《泰律篇》"擦音'审'母,无齐、撮,当然更容易由 [ʃ] 变成 [ʂ] 了。图中归'审母'的有'忍、刃、染',实际是'日'母字"(陈长祚,2007:121)。从语音系统上看,日母总是与知章组字混同演变,因为它们大体上可以算为一个相对稳定的音系。但如果从严格意义上看,日母并非与知章组完全同步演变,因为日母的实际音值并不与知章组的音值完全等同,如北京话的 ʐ 只是一个权宜的音值,并不是日母在北京话中的实际音值(金有景,1984;林焘,2001),这说明中古日母在北京话等方言中并不见得就与 tʂ 组的 ʂ 母形成配对格局。既然这样的话,日母就成了汉语音系中一个相对孤立的声母,所以它在汉语方言中的演变就显得相对自由,金有景(1984)就列出二十多种类型。因此,中古日母在汉语方言今读中,无论变为 n(l)、还是 s,或是其他与之实际音值近似的声母,都属可以理解的类型。

(六)日母读 z 类的演变层次

日母读 z 是其西南官话中最为晚起的演变层次(如成都话等),从演化过程上看,它是 ʐ 舌尖化的结果。与音系中 tʂ 组演化为 ts 组一样,此演化结果,既符合发音省力和方便的原则,也符合音系经济化的原则。西南官话日母读 z,其作为后起之秀,总是会吸附和同化着西南官话日母的其他读法向其趋同,它既是西南官话日母字的今读主流类型,也代表着西南官话日母字未来演变方向的总体趋势。

语音是系统而规律的,一般来说音系中有 ʐ 的存在,就有 tʂ 组的存在,因为 tʂ、tʂʰ、ʂ 恰好可以和 ʐ 形成对位,但如果 tʂ 组舌尖化为 ts 组,ʐ 一般也就会随之演化为 z 音值。孙宜志(2006:34)在讨论安徽的江淮官话时就说:"日母是否读 ʐ 声母,与知章组的音读有关。知章组如果今读 tʂ 组,日母字就一定今读 ʐ 声母,知章组如果今读 ts 组,日母一般今读 z,或者读 l 声母。"但值得我们注意的是,日母毕竟是一个独立的声母,故其由 ʐ 舌尖

---

① 当然,我们不能排除汉语传入剑川之前 tʂ 组就已演变为 ts 组,但如果这样的话,剑川白族更容易用自己母语的 s 去对译汉语的 z,因为 s、z 的发音部位相同。

化为 z 的演变并非一定与音系中由 tṣ 组到 ts 组的演化同步。如湖北宜昌、宜都、襄阳、京山、兴山和云南文山等方言中就只有 ts 组无 tṣ 组，但其日母确仍保留读 ʐ 母。知三章组与日母的这种不同步演变现象在江淮官话中依然多有体现，如安徽芜湖（孙宜志，2006），江苏通泰方言中的如东、如皋、泰兴、海安、姜堰等地（顾黔，2001）。针对音系中无 tṣ 组，但日母却读 ʐ 的这种现象，顾黔（2001：42）认为"从理论上讲，这里应该有 tṣ-组声母，因为语言是一个结构系统，是同质的，而'对称性'是语音演变中一种近乎普遍特征的条件"，她把江苏通泰方言城乡语音作对比后，发现 tṣ 组在县城已经消失，但在乡村有大量存在，从而得出"早期通泰方言亦应有 tṣ、tṣʰ、ṣ、ʐ 一套声母"。这种解释很有道理，孙宜志（2006）就说日母读 ʐ 而音系无 tṣ 组的现象是日母变化未尽的体现。我们可以推断，"孤独"的 ʐ 最终仍旧会演变"同流"为 z，因为不管语音演变如何复杂多样，但其终究是会演变成一个稳定而对称的系统。

值得注意的是，日母读 ʐ 具有向 z 母演变的可能和趋势，原因更多的是 tṣ、tṣʰ、ṣ 具有向 ts、tsʰ、s 演变的大趋势，因为官话方言中一般存在 ts、tsʰ、s 与 ʐ 并存的方言点，但并不存在 z 与 tṣ、tṣʰ、ṣ 并存的方言类型。既然这样，那么官话方言中日母今读零声母 [∅]、n/l 等声母的类型是否也会趋向读 z 母呢？我们认为这倒不一定，因为它们均有与自己对应的语音系列，如 n/l 有 t、tʰ 等。如果它们最后变读为 z 或 ʐ，一般都是与普通话或周边官话方言的影响有关。

根据上面的论述，中古日母在西南官话中的演变过程如图 2-3 所示。

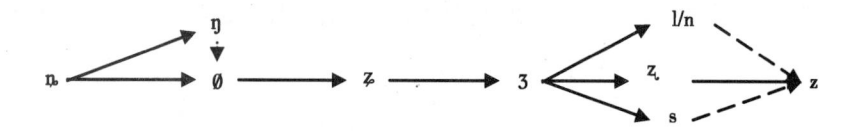

图 2-3　中古日母在西南官话中的演变过程

第四节　见晓组、非组的今读类型与演变

一　中古见晓组在西南官话中的今读基本类型

中古见组声母在这里主要讨论的是见、溪、群三母，疑母与影母另文

第二章　西南官话声母的今读类型与历史层次　　53

讨论。中古见晓组在西南官话中，除柳州、富宁不分洪细仍保留读中古音 k 组外，其他绝大多数方言点的洪音主要读 k 组，细音读 tɕ 组。但也有极少数的方言点读音特殊，玉溪见组今读洪音声母为 ʔ 组（深摄、臻摄、曾摄、梗摄三等的见晓组母字与精组合流读 ts 组①）；慈利见晓组今读细音声母为 tʃ 组，宜章见晓组今读细音声母为 c 组；黔阳、宁远等晓组今读合口声母与非组合流读 ɸ 母②；湖南永顺、东安、零陵、保靖、永绥、古丈、沅陵、泸溪、麻阳、乾城、辰溪和四川遂宁等方言点群母仍保留浊声母（群母今读洪音为 g，今读细音为 dʑ）。如表 2 - 18 所示。

表 2 - 18　　　　中古见晓组在西南官话中的今读例字

例字	哥 果开见	胡 遇合匣	红 通合匣	看 山开溪	奇 止开群	举 遇合见	见 山开见	幸 梗开匣
武汉	ko55	xu213	xuŋ213	kʰan35	tɕʰi213	tɕy42	tɕiɛn35	ɕin35
成都	ko44	xu21	xoŋ21	kʰan13	tɕʰi21	tɕy53	tɕiɛn13	ɕin13
玉溪	ʔo44	xu42	xoŋ42	ʔan313	tɕʰi42	tɕi53	tɕiɛ̃313	sĩ313
慈利	ko35	fu13	foŋ13	kʰan11	tʃʰi13	tʃy13	tʃian11	ʃin11
宜章	ko33	hu13	hoŋ13	kʰã35	cʰi13	cy53	cian35	çiŋ13
永顺	ko44	fu22	xoŋ22	kʰã35	dʑi22	tɕy53	tɕiɛ̃13	çĩ13
黔阳	ko44	ɸu13	ɸoŋ13	kʰan24	tɕi13	tɕy42	tɕiɛn55	ɕin24
宁远	ko33	ɸu31	hoŋ13	kʰan35	tɕi31	tɕy53	tɕiɛ̃35	ɕiŋ35
富宁	ko44	hu42	hoŋ42	kʰan11	kʰi42	ki55	kiɛn11	hin11
柳州	ko44	fu31	xoŋ31	kʰã24	kʰi31	ky53	kiɛ24	xiən24

　　玉溪话中古见晓组逢今洪音读 ʔ 母与绝大多数方言读 k 组并不构成对立，它们都属发音部位靠后的清塞音，玉溪话中二者属于同一音位的自由变体。因为玉溪方言中并没有 k、kʰ 母，但丁声树在"声韵调描写"中就指出"（玉溪）ʔ、ʔʰ 是喉塞音，送气很强，发音人受其他方言的影响，有时读成 k、kʰ"（杨时逢，1969：394）。宜章见晓组今读细音声母为 c 组，是由富宁型的 k 组发展演变而得，即 ki > ci > tɕi，赵元任指出"（宜章）c 组部位是舌面音，（但）有时很近似舌根 k 组"（杨时逢，1974：959）。据笔者调查，慈利的 tʃ 组现在已读 tɕ 组，当时丁声树特别

---

①　玉溪除深摄、臻摄、曾摄、梗摄三等的见晓组母字与精组合流读 ts 组外，其他韵摄三等仍读 tɕ 组。
②　黔阳、宁远等晓组今读合口声母与非组合流读 ɸ 母，但宁远通摄仍读 h 母。

指出慈利话的ʧ组在齐撮前很近似舌面的tɕ组，但读音带有卷舌倾向，所以把它们写作ʧ组（杨时逢，1974：131）。其实，ʧ组（舌尖及面）和tɕ组（舌面）的发音区别本就不大，发tɕ组时只要口腔放松就很容易变读为ʧ组，它们的演变或为tɕi > tɕʲi > ʧi，只是后来受普通话的影响又都变为tɕ组①。

二　见晓组腭化与尖团音的分混

（一）见晓组三四等的腭化及演变

中古见晓组声母逢细音腭化为tɕ组是近代官话语音史上的重要音变现象。西南官话中古见晓组在绝大部分方言中逢细音都出现了腭化现象，读tɕ，tɕʰ，ɕ（疑母读ȵ/n，将另行讨论）。当然，也有少数例外音。例字如表2-19所示。

表2-19　　　　中古见晓组三四等在西南官话中的今读例字

例字	茄果开群	举遇合见	鸡蟹开见	奇止开群	叫效开见	晓效开晓	九流开见	休流开晓
武汉	tɕʰie²¹	tɕy⁴²	tɕi⁵⁵	tɕʰi²¹³	tɕiau³⁵	ɕiau⁵³	tɕiou⁵³	ɕiou⁵⁵
成都	tɕʰie²¹	tɕy⁵³	tɕi⁴⁴	tɕʰi²¹	tɕiau¹³	ɕiau⁴²	tɕiəu⁴²	ɕiəu⁴⁴
慈利	ʧʰie¹³	ʧy⁵³	ʧi³⁵	ʧʰi¹³	ʧiau¹¹	ʃiau⁵³	ʧiəu⁵³	ʃiəu³⁵
宜章	cʰie¹³	cy⁵³	ci³³	cʰi¹³	ciao³⁵	çiao⁵³	ciou⁵³	çiou¹³
永顺	tɕʰie²²	tɕy⁵³	tɕi⁴⁴	dʑi²²	tɕiʌ¹³	ɕiʌ⁵³	tɕiɤ⁵³	ɕiɤ⁴⁴
墨江	tɕʰi³¹	tsi⁵³	tsi⁵⁵	tsʰi³¹	tɕiau²⁴	ɕiao⁵³	tɕieɯ⁵³	ɕieɯ⁴⁴
师宗	tɕʰi³¹	tsʅ⁵³	tsʅ⁴⁴	tsʰʅ³¹	tɕiao¹³	ɕiao⁵³	tɕiəu⁵³	ɕiəu⁴⁴
江川	tɕʰi³¹	tsʅ⁴²	tsʅ⁵⁵	tsʰʅ³¹	tɕioc²⁴	ɕioɔ⁵³	tɕiu⁵³	ɕiəu⁵⁵
邱北	tɕʰi³¹	ʧi⁵³	ʧi⁴⁴	ʧʰi³¹	tɕiao¹³	ɕiao⁵³	tɕiu⁵³	ɕiu⁴⁴
富宁	kʰie⁴²	ki⁵⁵	ki⁴⁴	kʰi⁴²	kiau¹¹	hiau⁵⁵	kiou⁵⁵	hiou⁴⁴
柳州	kʰiɛ⁴²	ky⁵³	ki⁴⁴	kʰi³¹	kiɔ²⁴	xiɔ⁵³	kiʌu⁵³	xiʌu⁴⁴

---

① 云南邱北话20世纪40年代也有ʧ组声母，但限韵母为i，董同龢指出邱北ʧ组的发音略偏前，口腔很松，但发tɕ组时舌面接触较紧，有j介音（杨时逢，1969：866）。但邱北读i韵为ʧ组声母与推链有关，即撮口y韵演变并入i韵后，受假开三等演变为i韵的推挤，从韵母上区别而致，如"举子几ʧi⁵³≠姐tɕi⁵³"。

续表

例字	见山开见	现山开匣	缺山合溪	斤臻开见	群臻合群	姜宕开见	京梗开见	兄梗合晓
武汉	tɕiɛn³⁵	ɕiɛn³⁵	tɕʰye²¹³	tɕin⁵⁵	tɕʰyn²¹³	tɕiaŋ⁵⁵	tɕin⁵⁵	ɕioŋ⁵⁵
成都	tɕiɛn¹³	ɕiɛn¹³	tɕʰye²¹	tɕin⁴⁴	tɕʰyn²¹	tɕiaŋ⁴⁴	tɕin⁴⁴	ɕyoŋ⁴⁴
慈利	tʃian¹¹	ʃian³³	tʃʰye³⁵	tʃin³⁵	tʃʰyn¹³	tʃiaŋ³⁵	tʃin³⁵	ʃioŋ³⁵
宜章	cian³⁵	çian³⁵	cʰye¹³	cin³³	cʰyɪŋ¹³	ciaŋ³³	cin³³	çioŋ³³
永顺	tɕiẽ¹³	ɕiẽ¹³	tɕʰye⁴⁴	tɕĩ⁴⁴	dʑyĩ²²	tɕiã⁴⁴	tɕĩ⁴⁴	ɕioŋ⁴⁴
墨江	tɕien²⁴	ɕien²⁴	tɕʰie³¹	tsiŋ⁵⁵	tsʰiŋ³¹	tɕiaŋ⁴⁴	tsiŋ⁵⁵	ɕioŋ⁵⁵
师宗	tɕiẽ¹³	ɕiẽ¹³	tɕʰi³¹	tɕĩ⁴⁴	tɕʰĩ³¹	tɕiaŋ⁴⁴	tɕĩ⁴⁴	ɕioŋ⁴⁴
江川	tɕiẽ²⁴	ɕiẽ²⁴	tɕʰi³¹	tɕĩ⁵⁵	tɕʰĩ³¹	tɕiaŋ⁵⁵	tɕĩ⁵⁵	ɕioŋ⁵⁵
邱北	tɕiẽ¹³	ɕiẽ¹³	tɕʰi³¹	tɕi⁴⁴	tɕʰi³¹	tɕiaŋ⁴⁴	tɕin⁴⁴	ɕioŋ⁴⁴
富宁	kien¹¹	hien¹¹	kʰie⁴²	kin⁴⁴	kʰin⁴²	kiaŋ⁴⁴	kin⁴⁴	çioŋ⁴⁴
柳州	kiẽ²⁴	xiẽ²⁴	kʰyɛ⁴²	kiən⁴⁴	kʰyən³¹	kiaŋ⁴⁴	kiən⁴⁴	xioŋ⁴⁴

湖南永顺、东安、零陵、保靖、永绥、古丈、沅陵、泸溪、麻阳、乾城、辰溪，四川遂宁等群母细音仍保留 dʑ 母。柳州读 k 组是存古，富宁也属于此类。但富宁梗合三庚韵晓母"兄 çioŋ⁴⁴"、通合三东韵匣母"穷 tɕʰioŋ⁴²"读 tɕ 组，而通合三屋韵见母"菊 ki⁴²"、烛韵溪母"曲 kʰi⁴²"、钟韵晓母"胸 hioŋ⁴⁴"仍读 k 组，说明它们正在朝舌面音 tɕ 组演变。慈利读 tʃ 组、宜章读 c 组与总体上如武汉等读 tɕ 组的类型只有音值上的不同，并没有音位上的差异，但 c 组显然源于 k 组，而 tʃ 组则源于 tɕ 组。墨江今逢韵母 i、iŋ 韵读 ts 组（相应的影组和部分疑母读 z 母，如"银 = 云 = 盈 ziŋ³¹"），邱北中古遇摄、止摄开口三等晓匣母字读 tʃi 组（相应的影组和部分疑母读 ʒ 母，如"雨 = 椅 ʒi⁵³"），江川、师宗中古遇摄、止摄开口三等晓匣母字读 tsʅ 组（相应的影组和部分疑母读 z 母，如师宗"雨 = 椅 zʅ⁵³"）。

墨江、江川、师宗等读 ts 组，它们可能经历过 tɕi > tʃi > tsʅ 组的演变。因为发 tɕi 组音时如果口腔放松一些就很容易发出 tʃi 组的音，如邱北就属于此类型。如果 tʃi 组的声母继续前化就会出现 tsi 组，iŋ 的发音只是在 i 韵后增加一个后滑的 ŋ 尾，口腔唇形等并没有产生根本性的区别变化，故见晓组三四等逢今 i、iŋ 韵在墨江话中都读 ts 组。邱北的 tʃi 组如果韵母继续前高化则会出位为 ʅ 母，如果这样的话，声母自然也就演变为 ts 母了，但其他仍读 tɕ 组，如江川、师宗就是这种类型。但这里值得注意的是，邱北中古遇摄、止摄开口三等晓匣母字读 tʃi 组和江川、师宗读 tsʅ 组还与推链有关，即果开三、假开三及咸山摄三等入声字演变读 tɕi 组，从而推动了这些方言中古遇摄、止摄开口三等晓匣母字或以声母相区别读 tʃi 组（如邱北等），或声韵皆变读 tsʅ 组以相区别（如师宗、江川等）。但慈利、墨江等读 tʃ 组从音系上看并未出现推链的情况，故从根本上看，这种演变还是属于语音的内源层次性的演变。

西南官话中古见晓组三四等的腭化主流演变类型可见图 2-4。

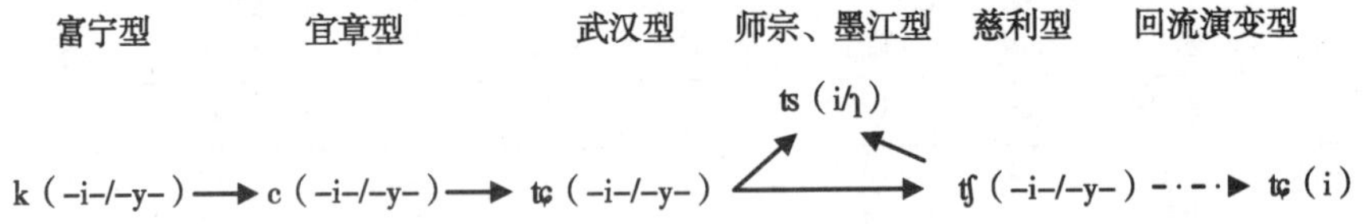

富宁型　　　宜章型　　　武汉型　　　师宗、墨江型　慈利型　　回流演变型

　　　　　　　　　　　　　　　ts（iʅ）

k（-i-/-y-）⟶ c（-i-/-y-）⟶ tɕ（-i-/-y-）　⟶　tʃ（-i-/-y-）-·-▶ tɕ（i）

图 2-4　中古见晓组三四等在西南官话中的腭化主流演变类型
注：永顺等群母细音读 dʑ 母，但因方言点不多，属非主流型，故图中暂不列。

庄初升（2004）认为汉语见晓组声母腭化是一种比较晚期的历史音变现象，直到明代，官话中见系字还没有腭化。兰茂《韵略易通》音系中并未显示出中古见晓组腭化的现象（张玉来，1999）。王力（1987：483）就指出"清代后期有二十三个声母，是增加了［tɕ、tɕʰ、ɕ］。这三个新声母并不是原来表示照系的［tɕ、tɕʰ、ɕ］，而是从见系［k、kʰ、x］分化出来的。见系开合口字仍读［k、kʰ、x］，齐撮口字则变为［tɕ、tɕʰ、ɕ］"。清康熙癸丑十二年（1673）马自援《等音》及其姊妹篇林本裕《声位》，均反映出中古见晓组在云南方音中并未腭化，仍读 k 组[①]。据柳州、富宁等见晓组三四等字至今仍读 k 组来看，西南官话中见晓组三四等腭化为主流音读 tɕ 组，当属清代中晚期之后极为晚近才产生的音变类型。

（二）见晓组开口二等的腭化及特点

见晓组开口二等字的腭化现象在西南官话今读中显得较为特殊，即它们不似北方区域官话除梗摄开口二等外全部腭化为 tɕ 组，如柳州等见晓组二等字就和一三四等同读 k 组。同时，蟹摄开口二等字见晓组在西南官话中基本不腭化，其他韵摄二等字见晓组腭化程度也不平衡。见表 2-20。

[①] 陈长祚（2007：246）："从本悟《韵略易通》中'江、将'，'腔、枪'重韵开始到清康熙时期的马自援《等音》，一个世纪快过去了，书中的'歌、迦'仍然同时收在'见'母下，可见 j、q、x（按：即 tɕ、tɕʰ、ɕ，作者使用的是汉语拼音）仍然没有取得正式资格。"

表 2–20　　中古见晓组开口二等字在西南官话中的今读例字

例字	家_{假见}	霞_{假见}	街_{蟹见}	鞋_{蟹匣}	巧_{效溪}	校_{效匣}	减_{咸见}	咸_{咸匣}
柳州	kia⁴⁴	xia³¹	kæ⁴⁴	xæ³¹	kʰiɔ⁵³	xiɔ²⁴	kã⁵³	xã³¹
富宁	tɕia⁴⁴/ka⁴⁴	hia⁴²	kai⁴⁴	hai⁴⁴	kʰiau⁵⁵	hiau¹¹	tɕien⁵⁵/kien⁵⁵	han⁴²
江华	ka²⁴	ha³¹	kai²⁴	xai³¹	tɕiao⁵⁵	ɕiao³⁵	kã⁵⁵	xã³¹
宜章	cia³³	ɕia¹³	kai³³	hai¹³	cʰiao⁵³	ɕiao³⁵	kan⁵³	hã¹³
慈利	tʃia³⁵	ʃia¹³	kai³⁵	xai³¹	tɕʰiau⁵³	ʃiau¹¹	kan⁵³	xan¹³
紫阳	tɕia³⁴/ka³⁴	ɕia²¹	kai³⁴	xai²¹	tɕʰiau⁵³	ɕiau²¹³	tɕian⁵³	xan²¹
武汉	tɕia⁵⁵/ka⁵⁵	ɕia²¹³	kai⁵⁵	xai²¹³	tɕʰiau⁴²	ɕiau³⁵	tɕiɛn⁴²	ɕiɛn²¹³xan²¹³
成都	tɕia⁴⁴	ɕia²¹	tɕiei⁴⁴/kai⁴⁴	xai²¹³	tɕʰiau⁵³	ɕiau¹³	tɕiɛn⁵³	xan²¹
玉溪	tɕia⁴⁴	ɕia⁴²	ʔai⁴⁴	xai²¹	tɕiao⁵³	ɕiao³¹³	tɕiẽ⁵³	ɕiẽ⁴²
临澧	tɕia³⁵/ka³⁵	ɕia¹³	kai³⁵	xai¹³	tɕʰiau²²	ɕiau²⁴	kan²²	xan¹³

例字	间_{山见}	瞎_{山晓}	限_{山匣}	江_{江见}	腔_{江溪}	学_{江匣}	耕_{梗见}	杏_{梗匣}
柳州	kiɛ⁴⁴	xia³¹	xan²⁴	kiaŋ⁴⁴	kʰiaŋ⁴⁴	xio³¹	kən⁴⁴	xiən²
富宁	tɕien⁴²/kien⁴²		han¹¹	kiaŋ⁴⁴	tɕʰiaŋ⁴⁴kʰiaŋ⁴⁴	ɕio⁴²	kən⁴⁴	hin¹¹
江华	kã²⁴	ha³¹	hã³⁵	tɕioŋ²⁴	tɕʰioŋ²⁴	ho³¹	ke ĩ²⁴	xe ĩ³⁵
宜章	tɕien³⁵/kan³⁵	xã³⁵	xaŋ³³	cian³³	tɕʰian³⁵	ɕio¹³	kan³⁵	ɕɪŋ³⁵
慈利	kan³⁵	xa¹³	xan³³	tʃian³⁵	tʃʰian³⁵	ʃio³³	kən³⁵	xən³³
紫阳	kan³⁴	ɕia²¹/xa²¹	ɕian²¹³/xan²¹³	tɕian³⁴	tɕʰian³⁴	ɕyo²¹³	kən³⁴	xən²¹³
武汉	tɕiɛn⁵⁵/kan⁵⁵	ɕia²¹³	ɕiɛn²¹³	tɕiaŋ⁵⁵	tɕʰiaŋ⁵⁵	xaŋ³⁵	kən⁴⁴	ɕin³⁵
成都	ɕiɛn⁴⁴	ɕia²¹	ɕiɛn²¹/xan²¹	tɕian⁴⁴	tɕʰian⁴⁴	xaŋ¹³	kən⁴⁴	ɕin¹³/xən¹³
玉溪	tɕiẽ⁴⁴	ɕia⁴²	ɕiẽ³¹³	tɕiaŋ⁴⁴	tɕʰiaŋ⁴⁴	ɕio⁴²	ʔən⁴⁴	s ĩ³¹³
临澧	tɕian³⁵/kan³⁵	ɕia²⁴/xa²⁴	xan³³	tɕian³⁵	tɕʰian³⁵	ɕio³³	kən³⁵	ɕin³³/xən³³

西南官话见晓组开口二等字的今读基本可以分为两种类型。一种是基本不腭化的存古类型，方言点较少，如柳州、富宁等就属于这种类型；另一种是除蟹摄、梗摄外，文读腭化，白读不腭化，这种类型的方言点较多，从分布区域上看，湖南、黔东南最多，湖北、陕南次之，云、贵、川较少。从韵摄分布的总体情况来看，相对来说，见晓组开口二等效摄、江摄、假摄文白异读少些[①]，咸山摄较多，梗摄、蟹摄总体上看可算为基本不腭化的类型。

蟹摄二等开口见晓组不腭化可看成西南官话等南方官话区别于北方区

---

① 效摄"敲"、江摄"巷""项"等字在西南官话中都基本不腭化。

域官话的一个共同特点①。王力（2004：146）就指出"湖北、湖南、广西、四川、云南、贵州等处的官话区有一个共同的特点，就是蟹摄开口二等见系字仍念 k、k^h、x，例如'街'kai、'鞋'xai"。梗摄字二等见晓组在北方官话中一般都不腭化②。蟹摄、梗摄二等见晓组不腭化应该与整个语音系统的音节结构有关。据表 2-20 中的文白异读对比来看，假摄、效摄、咸摄、山摄、江摄的文读腭化音基本上都是在白读洪音的基础上增加一个 i 介音：a/ia，au/iau，an/ian，aŋ/iaŋ，这些韵摄中的齐齿呼与开口呼在各自方言音系中是对应的，发音上也不存在特别困难的不协调问题。但蟹摄和梗摄则不一样，万波（2009：157）指出"（蟹摄）白读韵母一般为 ai，如果增加 i 介音就成了 iai，多数方言的语音系统里没有这个韵母，因此文读音很难进入这些方言"。这是很有道理的，西南官话等南方方言蟹摄开口二等见系声母不腭化大概就是这个原因③。同理，西南官话中也没有与其开口呼 ən/əŋ 韵相对应的齐齿呼 iən/iəŋ 韵，故梗摄开口二等晓匣母也基本不腭化，仍保留读传统的 k 组声母④。

  见晓组二等声母的腭化显然要比三四等晚很多，如今西南官话很多文白异读就很能说明这一点。方言点补充举例（不完全举例）⑤：假开二"家 tɕia/ka"有陕南紫阳、宁陕、石泉、镇坪，贵州黎平、镇远，湖北武汉、汉口、宜昌、钟祥等；咸开二"减 kan"有黔阳、嘉禾、保靖、永绥、古丈、沅陵、凤凰、芷江、靖县、晃县、麻阳、乾城、辰溪、蓝山、常德、新田、临武、道县、永明、石门、桑植，湖北来凤、宣恩、利川，

---

  ① 张光宇（1993：30）："见系二等文白异读在汉语方言有华南、华北分野的倾向，华南包括长江沿岸及其以南地区，白读都是洪音，文读则除了福建厦门型大体为洪音之外，其余华南方言均为细音。"华北总体呈现洪音格局。

  ② 万波（2009：156）："梗摄开口二等这一韵类很有意思，从它在各地方言中的表现来看，似乎大都与曾摄开口一等相同。在北方话里它一般都不腭化，赣方言则相反。"西南官话中"茎、幸"等读 tɕ 组，但这些字并不是常用字，属于外借的读书音。

  ③ 西南官话如四川有很多个方言点蟹摄开口二等少数字有读 tɕiai 组音的现象，我们认为这是其早期语音 kiai 组音的残留，即早期语音 kiai 组音有两个演变方向：kiai > tɕiai 或 kiai > kai，但最终靠向 kai。关于蟹摄开口二等 iai 韵的分布与演变，可参看"蟹止摄的今读类型与演变层次"一节的讨论。

  ④ 西南官话"茎、幸"等匣母字基本都读 tɕ 组，但它们并不是西南官话的常用字，属外借的文读词。如"茎"在西南官话中一般说"杆杆"或"根根"或"果果"，"幸运"主要说成"运气好"等。

  ⑤ 方言点仅涉及湖南、湖北、陕南、广西，未包括四川、云南、贵州等。

广西柳州、桂林等；山开二"间 tɕiɛn/kan"有武汉、汉阳、汉川、沔阳（仙桃）、当阳、荆门、江陵、枝江、宜都、兴山、秭归、巴东、宣恩、来凤、竹溪、竹山、钟祥，四川镇远、黎平；"减 kan"有桃源、慈利、宁远、永顺、保靖、新田、道县、石门、桑植，湖北京山、长阳，陕南紫阳等；山开二"限 ɕiɛn/xan"有四川成都，湖北宣恩、秭归、长阳、京山、钟祥、江陵等；"限 xan"有湖南汉寿、安乡、黔阳、宁远、大庸、保靖、永绥、古丈、沅陵、凤凰、芷江、靖县、晃县、麻阳、乾城、蓝山、常德、龙山、临武、新田、零陵、道县、石门、桑植、宜章、江华，湖北宣恩、来凤、恩施、兴山、利川等；梗开二"杏 xən"有湖南黔阳，湖北京山、枝江、宜昌、长阳、秭归、巴东、恩施、宣恩、利川、竹溪、均县、郧县、郧西、光化、房县、保康、襄阳、陕南紫阳、宁陕、石泉；"杏 ɕin/xən"有四川成都，湖北荆门、当阳、宜都、来凤、竹山、南漳，陕南镇坪等。咸摄开口二等匣母"咸衔"在整个西南官话区基本读 xan，很少产生腭化。此外，江摄"讲 kaŋ"有湖南桃源、慈利、汉寿、黔阳、宁远、永顺、东安、零陵、江华、桑植，"讲 tɕiaŋ/kaŋ"有湖南临澧、沅陵、泸溪、靖县、麻阳、乾城、龙山、道县等，江开二"巷 xaŋ"遍布整个西南官话区，基本没有文读腭化音。效开二"敲 kʰau"也是遍布西南官话全区域，腭化方言点非常有限，充其量仅出现文白异读。从地域分布来看，见晓组开口二等腭化得较多的是云南、贵州中东部、四川，陕南、湖北次之，湖南保留古音即不腭化的现象最多，腭化现象自东（如湖南）向西（如云南）呈递增的趋势发展演变。

三　尖团音的分混类型与方言分布

音韵术语上的"尖音"指中古精 ts、清 tsʰ、从 dz、心 s、邪 z 五母与细音（三四等韵）相拼的音节，"团音"指中古见 k、溪 kʰ、群 g、晓 h、匣 ɣ 五母与细音（三四等韵及部分腭化的开口二等韵）相拼的音节。"尖音"和"团音"的得名源于清代分别用满文尖头字母和满文圆头字母来对译之而致，"团"即"圆"的意思，满文圆头字母对译的即称为"团音"①。

西南官话方言中绝大多数方言的尖团音是混而不分的，但也存在一些

---

① 清无名氏作《圆音正考》，在序里说："试取三十六字母审之，隶见溪群晓匣五母者属团，隶精清从心邪五母者属尖。"《圆音正考》成书于乾隆八年（1743）。

方言点呈现出尖团二分的情况，西南官话尖团二分的方言点在具体音值上还体现出一定的音韵演变层次性。见表 2 - 21 中的尖团分混类型及音值情况。

表 2 - 21　　西南官话尖团音的今读分混类型例字

韵摄	蟹开四齐	流开三尤	深开三缉	宕开三阳	梗开三清
例字	西心—奚匣	酒精—九见	集清—急见	将精—姜见	清清—轻溪
武汉	ɕi⁵⁵	tɕiou⁵⁵	tɕi²¹³	tɕiaŋ⁵⁵	tɕʰin⁵⁵
成都	ɕi⁴⁴	tɕiəu⁴⁴	tɕi²¹/tɕie²¹	tɕiaŋ⁵⁵	tɕʰin⁴⁴
墨江	si⁵⁵	tɕieɯ⁵³	tsi³¹	tɕiaŋ⁵⁵	tsʰĩŋ⁵⁵
师宗	sʅ⁴⁴	tɕiəu⁵³	tsʅ³¹	tɕiaŋ⁴⁴	tɕʰĩ⁴⁴
江川	sʅ⁵⁵	tɕiu⁴²	tsʅ³¹	tɕiʌŋ⁵⁵	tɕʰĩ⁵⁵
保山	si³¹—ɕi³¹	tsiəu⁵³—tɕiəu⁵³	tsi⁴⁴—tɕi⁴⁴	tsiaŋ³¹—tɕiaŋ³¹	tsʰin³¹—tɕʰin³¹
宜昌	ɕi³³—ɕi³³	tɕiou⁵³—ciou⁵³	tɕie¹³—cie¹³	tɕiaŋ³³—ciaŋ³³	tɕʰɪŋ³³—cʰɪŋ³³
柳州	si⁴⁴—xi⁴⁴	tsiʌu⁴⁴—kiʌu⁴⁴	tsi³¹—ki³¹	tsiaŋ⁴⁴—kiaŋ⁴⁴	tsʰiən⁴⁴—kʰiən⁴⁴
富宁	ɬi⁴⁴—kʰi⁴⁴	tɕiou⁵⁵—kiou⁵⁵	tɕi⁴²—ki⁴²	tɕiaŋ⁴⁴—kiaŋ⁴⁴	tɕʰin⁴⁴—kʰin⁴⁴

西南官话中的尖团音可分为合流型和二分型两大类。合流型以合流读 tɕ 组为主，但墨江逢今读 i、iŋ 韵的声母合流读 ts 组，江川、师宗逢今普通话读 i 韵的字读 ts 组（韵母为 ʅ），邱北逢今读 i 韵的声母读 tʃ 组。至于墨江、江川、师宗、邱北产生音变的原因，请参阅前面"见晓组三四等的腭化与演变"一节的论述，此不赘述。

二分型是指尖音精组为一组，团音见组为一组，具体音值上体现如下：

第一，保山型：ts、tɕ 二分型。即精组读 ts 组，见晓组读 tɕ 组，这是西南官话尖团音有别的主流类型。如云南保山、牟定、昌宁、顺宁、云县、景东、镇沅、景谷、双江、镇康、龙陵、潞西、陇川、腾冲、兰坪、丽江，湖南永明、泸溪，四川大邑、蒲江、荣县、仁寿、内江、通江、达县、巴中、南江、茂县等。

第二，柳州型：ts、k 二分型。即精组读 ts 组，见晓组读 k 组，如柳州、富宁等。值得注意的是富宁话中尖音精组还有些字读声母 ɬ，主要来自中古的心母和邪母今读擦音的字[①]，但晓组字一律读 h，故不影响尖团

[①] 富宁话 ɬ 母还有一部分来自生母、船、书、禅母，但与此论无关，是注。

音的二分类型。

第三，宜昌型：tɕ、c两分型。即精组读tɕ组，见晓组读c组，此类型在西南官话中的方言分布有限，目前仅湖北宜昌等极为少数方言点属此类型①。

柳州型是最早的类型，中古精组仍读ts组、见晓组仍读k组。保山型次之，因为团音见组读tɕ是后起的层次。宜昌型精组读tɕ组最晚，但见晓组读c组则早于保山型。因为我们一般认为精组读tɕ组甚至要比见组的腭化更晚②（后面论及），但见晓组读c组主要源自早期的k组（可参"见晓组三四等的腭化及演变"）。

汉语尖音精组三四等声母腭化而与团音见晓组细音声母合流，当属较晚的事情。据传统韵书来看，清代中无名氏《圆音正考》（成书于1743年）系统反映了尖团音合流，该书序里提到"试取三十六字母审之，隶见、溪、群、晓、匣五母者属团，隶精、清、从、心、邪五母者属尖"，王力（2004：146）就据此认为当时已不能分尖团音。此后，李汝珍《李氏音鉴》（成书于1805年）凡例"北人不分香厢、姜将、羌枪六母"卷一"问字母音异论"说"如香厢、姜将、羌枪六母，以南音辨之，亦缺一不可，而北音有数郡，或香与厢同、姜与将同、羌与枪同，亦以三为六矣，此南北互异"。耿振生（1992：46）认为，李汝珍说的北音主要指北京音，南音主要指江淮方言和吴方言。因为韵书材料的残缺，西南官话尖团音的合流时间很难确定，但可以肯定是较晚的事情。据中华内地会英籍传教士钟秀芝（Adam Grainger）编纂的《西蜀方言》（1900）记载来看，尖团音在当时的成都音中属二分型③（甄尚灵，1988：217），但《四川方言调查报告》中董同龢记音于1941年的成都话却已经混而不分了。由此可见，西南官话尖团音的合流是相当晚近的事情。同时，也反映出尖团音一旦有了合流的趋势，其合流的速度就会非常快，如成都话就只用了40年左右就完成了尖团音由分到合的演变。

据大多数官话分尖团的情况看，一般认为尖音精组声母的腭化要比团

---

① 据刘雪霞（2006：71）对河南方言的研究，晋南阳城方言也属此类型。
② 刘雪霞（2006：75）指出："在尖团音发展过程中，总是见系字先腭化，精组字后腭化。"王力（2004：146）就说："普通话里舌根音的舌面化，可能比舌尖音的舌面化早些，也可能是同时。"
③ 甄尚灵（1988）、梁德曼（1993）认为《西蜀方言》反映的基础音系是成都话音系。

音见组声母的腭化时间晚,"在尖团音发展过程中,总是见系字先腭化,精组字后腭化"(刘雪霞,2006:75),王力(2004:146)就指出:"普通话里舌根音的舌面化,可能比舌尖音的舌面化早些,也可能是同时。在18世纪以前(按:据清代成书于1743年的《圆音正考》),不但齐撮呼的见溪群晓匣已经变了 tɕ、tɕʰ、ɕ,连精清从心邪也变为 tɕ、tɕʰ、ɕ 了。"

四 晓组合口一二等与非组的今读分混类型与演变

中古晓(x)、匣(ɣ)母在西南官话今读洪音中主要读 x/h 母,中古晚期的非(f)、敷(pf)、奉(v)母在西南官话中基本读 f 组(这里不包括微母,微母在西南官话中主要读零声母与云、以母合流,但云南和湖北有部分方言点读 v 声母,与云、以母二分①,因其演变规律简单,故本书暂不讨论"微母"),但晓组一二等和非组在西南官话今读中会以韵母开合为条件呈现出两种逆向演变,即:x > f 和 f > x(x 或为 h,f 或为 ɸ,音位上它们并不构成对立,故为叙述的简洁,均以 x、f 相代,如果需要则另列讨论)。何大安(2004)针对云南、四川、湖南、湖北方言点中存在这种演变现象有过专门的论述,其材料也是取自"四大方言报告",我们这里主要谈它们在西南官话区的分布类型及演变层次。

(一)晓组合流于非组即 x > f 的演变类型与方言分布

中古晓组合流于非组的类型在西南官话中以韵母为条件有以下四种情况:

第一,x > f 的演变仅限今读 u 韵母②(韵摄上主要是中古遇合一等及少数如臻合一"忽核_{桃核}"等入声字,故中古韵条件可以"遇合一等"代替),即 x > f/-u,其他晓组声母仍读 x,这是晓组唇音化演变的主流类型。如云南昆明、富民、罗次、禄丰、元谋、双柏、易门、路南、江

---

① 微母读 v 而与云、以母读零声母两分类型,方言点有广通、牟定、镇南、弥渡、楚雄、双柏、马关、西畴、广南、富宁、永胜、华坪、姚安、大姚、永仁、缅宁、屏边、泸西、陆良、马龙、曲靖、沾益、会泽、巧家、宣威、平彝、罗平、师宗、文山、景东、镇沅、景谷、龙陵、潞西、陇川、腾冲、昭通、大关、永善、绥江、盐津、镇雄、湖北恩施、宣恩、随县、湖南零陵等。

② "fu/xu"中的 u 介音或为 u(兰坪等),或为 o(剑川等),或为 ʮ(武定、景东、富民、罗次、呈贡、安宁、禄丰、元谋、通海、河西、峨山、新平、墨江、宁洱、思茅、建水、开远、陆良、广南、永胜、丽江、彭山、江川等),具体可参看"遇摄的今读类型与演变"一节,我们这里均以 u 代表。

川、河西、峨山、屏边、泸西、会泽、巧家、邱北、广南、永胜、华坪、永仁、武定、禄劝、寻甸、云县、景东、镇沅、景谷、大关、永善、绥江、盐津、镇雄等（共32个，占云南101个方言点的32%），四川大部（四川方言调查报告有音系的方言点97个，除义隆、蓬安、三台、罗江、德阳、云阳、巫山、丹棱、夹江、峨眉、广元、昭化、松潘、新繁等14个方言点外，基本都属此类型，占86%），湖北恩施、宣恩、来凤、利川，湖南新田、桑植、大庸、保靖、凤凰、麻阳、乾城等，贵州川黔方言片全部（如贵阳等）[①]，黔东南如凯里、黄平、丹寨、都匀以及广西柳州、桂林等均属此类型。

第二，x > f 的演变限除逢今读 o/oŋ/oan 韵及其变体（晓组 o/oŋ 韵主要涉及中古果、通摄一等及少数如德韵"或惑"、铎韵"霍藿"、末韵"活豁"等入声字，oan 主要涉及山合一二等，故中古韵条件可以"果、通一等及山合一二等"代替），即晓组逢今读 o/oŋ/oan 韵及其变体仍读 x 母，其他合口韵全部与非组合流 f 母。方言点有贵州黔南黎平、榕江以及四川巫溪等。永州晓匣母分清浊，但从清声母晓组今读情况来看，也可归入此类型。

第三，x > f 的演变限除逢今读 o/oŋ 韵及其变体（晓组 o/oŋ 韵主要涉及中古果、通摄一等及少数如德韵"或惑"、铎韵"霍藿"、末韵"活豁"等入声字，故中古韵条件可以"果、通一等"代替），即晓组逢今读 o/oŋ 韵及其变体仍读 x 母，其他合口韵全部与非组合流 f 母。方言点有四川遂宁、中江、乐至、永川、武胜，湖北来凤，湖南郴州、龙山、永明、江华、永顺、永绥、芷江、靖县、晃县、永州、洪江等，贵州黔东南的镇远、岑巩、玉屏、三穗、台江、剑河、天柱、锦屏、从江等[②]均属此类型。

第四，x > f 的演变限除逢今读 o 韵及其变体（晓组 o 韵主要涉及中古果摄一等及少数如德韵"或惑"、铎韵"霍藿"、末韵"活豁"等入声字，故中古韵条件可以"果摄一等"代替），即晓组逢今读 o 韵及其变体

[①] 贵州省地方志编委会（1998：5）："贵州（川黔方言）古晓匣两母逢合口韵除遇摄字读 f 外，其他字读 x。而黔东南方言全部读 f。"

[②] 贵州省地方志编委会（1998：20）："（黔东南）古晓、匣两母逢合口韵读为唇齿清擦音 f，韵母为开口呼（果、通两摄合口字例外）。山摄合口一等'欢换唤缓'以及合口二等字'患宦'，南部黎平、榕江等片区的韵母为 oan，声母读 x，不读 f。"

仍读 x 母，其他合口韵全部与非组合流 f 母。方言点主要有湖南西部的蓝山、永绥、古丈、宁远（ɸ）等。参见表 2-22。

表 2-22　　声母 x（非组）＞ f（晓组）的演变类型例字

韵摄	果合一		遇合一	遇合一	假合二		蟹合一	
例字	火晓	祸匣	呼晓	胡匣	花晓	华匣	灰晓	回匣
武汉	xo^{42}	xo^{35}	xu^{55}	xu^{213}	xua^{55}	xua^{213}	xuei^{55}	xuei^{213}
成都	xo^{53}	xo^{13}	fu^{21}	fu^{21}	xua^{44}	xua^{21}	xuei^{44}	xuei^{21}
郴州	xo^{53}	xo^{213}	fu^{33}	fu^{21}	fa^{21}	fa^{21}	fei^{33}	fei^{33}
巫溪①	xo^{53}	xo^{24}	fu^{55}	fu^{31}	fa^{55}	fa^{31}	fei^{55}	fei^{31}
黎平	xo^{31}	xo^{53}	fu^{33}	fu^{13}	fa^{33}		fei^{33}	fei^{13}
镇远	xo^{42}	xo^{35}	fu^{13}	fu^{11}	fa^{13}	fa^{11}	fəi^{13}	fəi^{11}
宁远②	ho^{53}	ho^{35}	ɸu^{33}	ɸu^{31}	ɸa^{33}	ɸa^{35}	ɸəi^{33}	ɸəi^{31}
遂宁	xo^{4}2	ɣo^{24}	fu^{55}	fu^{31}	fa^{55}	fa^{31}	fəi^{55}	fəi^{31}
蓝山	xo^{55}	xo^{35}	fu^{33}	fu^{31}	fa^{33}	fa^{31}	fei^{33}	fəi^{31}
黔阳③	ho^{42}	ho^{24}	ɸu^{44}	ɸu^{13}	ɸa^{44}	ɸa^{24}	ɸei^{44}	ɸei^{13}
永州	xo^{53}	ɣo^{324}	fu^{13}	fu^{33}	fa^{13}	ɣua^{33}	fei^{13}	ɣuei^{33}

韵摄	臻合一		山合一		宕合一		通合一	
例字	昏晓	魂匣	唤晓	换匣	慌晓	黄匣	哄晓	红匣
武汉	xuən^{55}	xuən^{213}	xuan^{35}	xuan^{35}	xuaŋ^{55}	xuaŋ^{213}	xoŋ^{42}	xoŋ^{213}
成都	xuən^{44}	xuən^{21}	xuan^{13}	xuan^{13}	xuaŋ^{44}	xuaŋ^{21}	xoŋ^{53}	xoŋ^{21}
郴州	fən^{33}	fən^{213}	faŋ^{213}	faŋ^{213}	faŋ^{33}	faŋ^{33}	xuŋ^{53}	xuŋ^{21}
巫溪	fən^{55}	fən^{31}	xuan^{24}	xuan^{24}	faŋ^{55}	faŋ^{31}	foŋ^{53}	foŋ^{31}
黎平	fən^{33}	fən^{13}	xon^{53}	xon^{53}	faŋ^{55}	faŋ^{33}	xoŋ^{31}	xoŋ^{21}
镇远	fən^{13}	fən^{11}	fan^{35}	fan^{35}	faŋ^{13}	faŋ^{11}	xoŋ^{42}	xoŋ^{11}
宁远	ɸəŋ^{33}	ɸəŋ^{31}	ɸã^{35}	ɸã^{35}	ɸã^{33}	ɸã^{35}	hoŋ^{53}	hoŋ^{35}
遂宁	fən^{5}5	fən^{31}	fan^{24}	fan^{24}	faŋ^{55}	faŋ^{31}	xoŋ^{42}	ɣoŋ^{31}
蓝山	fʌŋ^{33}	fʌŋ^{321}	faŋ^{24}	faŋ^{35}	faŋ^{33}	faŋ^{31}	fʌŋ^{55}	fʌŋ^{35}
黔阳	ɸən^{44}	ɸən^{13}	ɸan^{24}	ɸan^{24}	ɸaŋ^{44}	ɸaŋ^{13}	ɸoŋ^{42}	ɸoŋ^{13}
永州	fen^{13}	ɣuen^{33}	xuẽ^{324}	ɣuẽ^{324}	fã^{13}	ɣuã^{33}	xuŋ^{53}	ɣuŋ^{33}

---

① 杨时逢（1984：1619）："（巫溪）f 近似双唇 ɸ，有时发音似 ɸu - 的倾向。"
② 宁远"ɸ 摩擦较弱，是一个变值音位，读双唇音 ɸ 或作 hu 不定"（杨时逢，1974：707）。
③ 黔阳"ɸ 读音摩擦很弱"（杨时逢，1974：393）。

(二) 非组合流于晓组即 f > x 的演变类型与方言分布

中古非组合流于晓组的类型在西南官话中以韵母为条件有以下四种情况：

第一，f > x 的演变限除今读 u/oŋ 韵母（非组读 u/oŋ 韵的主要是中古遇合三等及通合三等字，故中古韵条件可以"遇、通合三等"代替），即非组今逢 u/oŋ 韵母仍读 f，但逢其他韵母合流于晓组读 x。方言点有湖南保靖等。

第二，f > x 的演变限今读介音为 u 或开口呼的韵母，即非组今逢介音为 u 或开口呼的韵母读 x，但逢其他韵母仍读 f，如四川资阳等。资阳非组今读 u 介音的 x 母主要是蟹止摄，非组开口呼读 x 的主要是通摄三等韵。

第三，f > x 的演变限除今读 u 韵母（非组读 u 韵的主要是中古遇合三等及通合三屋韵如"福服"等入声字，故中古韵条件可以"遇合三等"代替），即非组今逢 u 韵母仍读 f，但逢其他韵母合流于晓组读 x。方言点有湖南桑植、大庸，湖北恩施、宣恩、鹤峰以及四川资中等①。

第四，f > x，即非组完全由 f 演变为 x，与晓组彻底合流（音位无 f 母）。方言点有湖北沔阳，湖南道县，四川三台等。如表 2 - 23 所示。

表 2 - 23　　声母 f（晓组）> x（非组）的演变类型例字

韵摄	遇合三		通合三		止合三		宕合三	
例字	夫非	符奉	福非	服奉	飞非	肥奉	方非	房奉
武汉	fu⁵⁵	fu²¹³	fu²¹³	fu²¹³	fei⁵⁵	fei²¹³	faŋ⁵⁵	faŋ²¹³
资阳	fu⁵⁵	fu³¹	fu³¹	fu³¹	fəi⁵⁵/xuəi⁵⁵	fəi³¹/xuəi³¹	faŋ⁵⁵	faŋ³¹
保靖	fu⁴⁴	fu¹¹	fu¹¹	fu¹¹	xuei⁴⁴	xuei¹¹	xuaŋ⁴⁴	xuaŋ¹¹
镇远	fu¹³	fu¹¹	fu¹¹	fu¹¹	xuei¹³	xuei¹¹	xuaŋ¹³	xuaŋ¹¹
桑植	fu⁴⁴	fu¹³	fu¹³	fu¹³	xuəi⁴⁴	xuəi¹³	xuã⁴⁴	xuã¹³
三台	xu⁵⁵	xu³¹	xu³¹	xu³¹	xuəi⁵⁵	xuəi³¹	xuaŋ⁵⁵	xuaŋ³¹
沔阳	hu⁵⁵	hu¹³	xu²⁴	xu²⁴	huei⁵⁵	huei¹³	huaŋ⁵⁵	huaŋ¹³
宁远	ɸu³³	ɸu³¹	ɸu³¹	ɸu³¹	ɸəi³³	ɸəi³¹	ɸã³³	ɸã³¹

---

① 何大安（2004：131）提到此类型还有四川资阳，但据笔者查看，资阳仅止摄、通摄存在 f/x 两读，还不能归入此类，音系上看也不能证明它的早期就属此类型，故此类型暂不包括资阳。

续表

韵摄	遇合三		通合三		止合三		宕合三	
例字	夫_非	符_奉	福_非	服_奉	飞_非	肥_奉	方_非	房_奉
武汉	fu⁵⁵	fu²¹³	fu²¹³	fu²¹³	fei⁵⁵	fei²¹³	faŋ⁵⁵	faŋ²¹³
黔阳	ɸu⁴⁴	ɸu¹³	ɸu²²	ɸu²²	ɸei⁴⁴	ɸei¹³	ɸaŋ⁴⁴	ɸaŋ¹³
道县	hu³³	hu³¹	hu³¹	hu³¹	huei³³	huei³¹	huã³³	huã³¹

韵摄	咸合三		山合三				通合三	
例字	法_非	范_奉	反_非	饭_奉	发_非	罚_奉	风_非	冯_奉
武汉	fa²¹³	fan³⁵	fan⁴²	fan³⁵	fa²¹³*	fa²¹³	foŋ⁵⁵	foŋ²¹³
资阳	fa³¹	fan²⁴	fan⁴²	fan²⁴	fa³¹	fa³¹	foŋ⁵⁵/xoŋ⁵⁵	foŋ³¹/xoŋ³¹
保靖	xuã¹¹	xuã²⁴	xuã⁵³	xuã²⁴	xua¹¹	xua¹¹	foŋ⁴⁴	foŋ¹¹
镇远	fa¹¹/xua¹¹	xuan³⁵	xuan⁴²	xuan³⁵	fa¹¹/xua¹¹	xua¹¹	xoŋ¹³	xoŋ¹¹
桑植	xua²⁴	xua²⁴	xuã⁵³	xuã²⁴	xua²⁴	xua²⁴	xoŋ⁴⁴	xoŋ¹³
三台	hua³¹	xuã³⁵	huã⁴²	huã³⁵	hua³¹	hua³¹	hoŋ⁵⁵	hoŋ¹³
沔阳	hua²⁴	huan³³	xuan³¹	xuan³³	xua²⁴	xua²⁴	xoŋ⁵⁵	xoŋ¹³
宁远	ɸa³¹	ɸã³⁵	ɸã⁵³	ɸã³⁵	ɸa³¹	ɸa³¹	ɸoŋ³³	ɸoŋ³³
黔阳	ɸa²²	ɸan²⁴	ɸan⁴²	ɸan²⁴	ɸa²²	ɸa²²	ɸoŋ⁴⁴	ɸoŋ¹³
道县	hua³¹	huã³⁵	huã⁵⁵	huã³⁵	hua³¹	hua³¹	hoŋ³³	hoŋ³¹

（三）非组与晓组混读妥协与转化的演变类型与方言分布

西南官话中古非组和晓组除一方融入另一方外，还有一些方言点中古非晓组在两种相互逆向的演变过程中形成一种妥协，即二者在演变过程中的某一个点上融合为一个折中的音位。如中古非晓组在湖南的黔阳和宁远合流演变为 ɸ 声母，就是彼此妥协的代表类型。更有甚者，彼此互不妥协，"跑"过了头，以至最终相互"占领"，体现为音位上的彼此相互转化，即非组读 x 母，晓组则读 f 母，贵州镇远话就是相互转化"占领"的类型。例字类型如表 2-24 所示。

表 2-24　声母 x（非组）和 f（晓组）相互"妥协"的演变类型例字

韵摄	果合一		遇合一		假合二		蟹合一	
例字	火_晓	祸_匣	呼_晓	胡_匣	花_晓	华_匣	灰_晓	回_匣
黔阳①	ho⁴²	ho²⁴	ɸu⁴⁴	ɸu¹³	ɸa⁴⁴	ɸa²⁴	ɸei⁴⁴	ɸei¹³

---

① 黔阳"ɸ 读音摩擦很弱"（杨时逢 1974：393）。

第二章 西南官话声母的今读类型与历史层次

续表

韵摄	果合一		遇合一		假合二		蟹合一	
例字	火晓	祸匣	呼晓	胡匣	花晓	华匣	灰晓	回匣
宁远①	ho⁵³	ho³⁵	ɸu³³	ɸu³¹	ɸa³³	ɸa³⁵	ɸəi³³	ɸəi³¹
镇远	xo⁴²	xo³⁵	fu¹³	fu¹¹	fa¹³	fa¹¹	fei¹³	fəi¹¹

韵摄	臻合一		山合一		宕合一		通合一	
例字	昏晓	魂匣	唤晓	换匣	慌晓	黄匣	哄晓	红匣
黔阳	ɸən⁴⁴	ɸən¹³	ɸan²⁴	ɸan²⁴	ɸaŋ²⁴	ɸaŋ¹³	ɸoŋ⁴²	ɸoŋ¹³
宁远	ɸəŋ³³	ɸəŋ³¹	ɸã³⁵	ɸã³⁵	ɸã³³	ɸã³¹	hoŋ⁵³	hoŋ³¹
镇远	fən¹³	fən¹¹	fan³⁵	fan³⁵	faŋ¹³	faŋ¹¹	xoŋ⁴²	xoŋ¹¹

韵摄	遇合三		蟹合三		止合三		宕合三		臻合三
例字	夫非	符奉	废非	飞非	肥奉	方非	房奉	分非	
黔阳	ɸu⁴⁴	ɸu¹³	ɸei⁵⁵	ɸei⁴⁴	ɸei¹³	ɸaŋ⁴⁴	ɸaŋ¹³	ɸən⁴⁴	
宁远	ɸu³³	ɸu³¹	ɸəi³⁵	ɸəi³³	ɸəi³¹	ɸã³³	ɸã³¹	ɸəŋ³³	
镇远	fu¹³	fu¹¹	xuei³⁵	xuei¹³	xuei¹¹	xuaŋ¹³	xuaŋ¹¹	xuən¹³	

韵摄	咸合三		山合三				通合三	
例字	法非	范奉	反非	饭奉	发非	罚奉	风非	冯奉
黔阳	ɸa²²	ɸan²⁴	ɸan⁴²	ɸan²⁴	ɸa²²	ɸa²²	ɸoŋ⁴⁴	ɸoŋ¹³
宁远	ɸa³¹	ɸã³⁵	ɸã⁵³	ɸã³⁵	ɸa³¹	ɸa³¹	ɸoŋ³³	ɸoŋ³¹
镇远	fa̱¹¹/xua¹¹	xuan³⁵	xuan⁴²	xuan³⁵	fa̱¹¹/xua¹¹	xua¹¹	xoŋ¹³	xoŋ¹¹

(四) 晓组合口一二等与非组分混类型的演变层次与原因

据现有材料来看,果摄合口晓组在西南官话中是没有读入非组的,这说明晓组演变读 f 母应该在果摄失去合口介音之后。通摄上同样如此,何大安(2004:143)指出"通摄阳声韵由 uŋ 演变 oŋ 或进而演变成 əŋ、ən、ʌŋ、ʌn 是湖南、湖北地区很普遍的一种发展,x/f 混读是后起的变化,在时间上要比 uŋ > oŋ 晚"。可见,晓组与非组相混读 f/x 的情况应该是较为晚起的层次。通摄一等因演变为开口呼的时间较早,故其晓组(x)读为非组(f)的情况也较少,但同样的道理则致使通摄三等非组(f)读为晓组(x)的类型变得容易得多,何大安(2004:143)认为非

---

① 宁远 "ɸ 摩擦较弱,是一个变值音位,读双唇音 ɸ 或作 hu 不定"(杨时逢1974:707)。

组读为晓组便始于通摄三等韵。永州、巫溪、黎平等山摄合口一等晓组仍读 x 母的原因应该与通摄相同，即早期可能都发生过韵母开口化或合口不清晰的演变类型，这可能与韵腹 a、韵尾 n 的相互影响有关，如黎平话等。

何大安（2004：143）在研究了"四大方言报告"（包括西南官话、赣语和湘语等）中非组（f）、晓组（x）混读类型后，总结出以下几种类型（R 表规律，A、B、C、D 表类型，A-1，B-1 分别属于 A、B 的补充类型）演变，如图 2-5 所示。

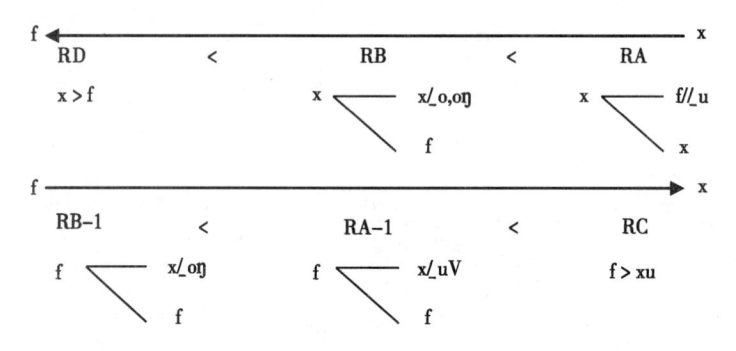

```
f ←————————————————————————————→ x
  RD           <      RB          <       RA
  x > f              x ⌐ x/_o,oŋ           x ⌐ f//_u
                       └ f                   └ x

f ←————————————————————————————→ x
  RB-1         <      RA-1        <       RC
  f ⌐ x/_oŋ          f ⌐ x/_uV            f > xu
    └ f                └ f
```

图 2-5 中古非组、晓组在汉语方言中的分混演变类型

我们赞同这种演变层次类型。但需要说明的是，西南官话没有 RD，即晓组（x）在合口一等韵上并没有完全演变为 f，关键就在于果摄合口字在西南官话中仍读 x 母。如黎平话，西南官话山摄合口一等晓组也仍保留读 x 母，条件与通摄的演变一样，即都基本演变为开口韵。因此，西南官话晓组一等与非组的分混类型层次可见图 2-6。

西南官话中古晓组（x）与非组（f）的这两种逆向演变本质上属同一种演变类型的两种表现形式。因为从音理上看，晓组（x）一等合口韵和非组（f）的声母相互转化演变具有相同的演变缘由，庄初升（2004：163）指出"晓组 h 声母在合口字之前，由于 -u- 介音的影响，上齿和下唇得以接近而摩擦，便产生 f 声母，这个过程就是唇化。h（-u-）在变为 f 之前，可能经历了 ɸ（-u-）的阶段"。万波（2009：191）进一步强调"发 x（u）或 h（u）时，由于 u 介音的圆唇作用，摩擦部位从舌根或喉前移到双唇，即变成 ɸ（u）。而 ɸ（u）的发音特点是双唇关闭，只留有细小的缝隙供气流摩擦而过，这样就很容易造成上齿和下唇轻微接触，当唇齿作用越来越明显，摩擦成音，f 也就产生了"。这是非常有道

第二章　西南官话声母的今读类型与历史层次　　69

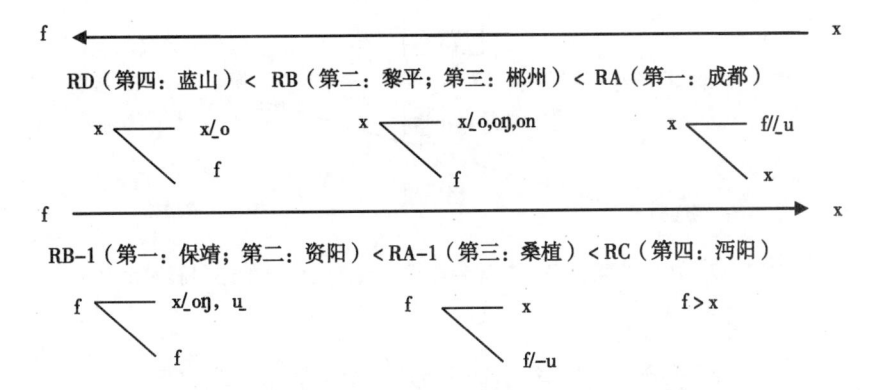

```
f ←────────────────────────────────────→ x
   RD（第四：蓝山） < RB（第二：黎平；第三：郴州） < RA（第一：成都）
   x ╲  x/_o           x ╲  x/_o,oŋ,on         x ╲  f/_u
       ╲ f                ╲ f                      ╲ x

f ←────────────────────────────────────→ x
   RB-1（第一：保靖；第二：资阳） < RA-1（第三：桑植） < RC（第四：沅阳）
   f ╲  x/_oŋ, u̥         f ╲  x                 f > x
       ╲ f                   ╲ f/-u
```

图 2-6　中古晓组一等与非组在西南官话中的分混演变层次

注：何大安举的 RD 是一个变量，既可以指晓组完全演变为 f 的类型，也可以指果合一保留读 x 的类型，故这里仍用 RD 代替果摄合口一等晓组读 x 的类型。"第一：成都"等为笔者所分类型的方言代表点。

理的，因为当 x/h 后接 u 或 u 介音，发音时下唇会后缩，而上唇则前突，如果这种唇形趋势再小些，则为 ɸ（u），摩擦继续加强就演变为 f 母了。当然了，反之亦然。

就目前的西南官话材料来看，我们很难确定非组（f）和晓组（x）演变的先后层次，即到底是 x 先变为 f，还是 f 先变为 x，如果从音理上来看，探讨这样的问题是没有意义的。因为一方面，二者既可以一个变一个不变，从而形成或非组合流于晓组读 x 母（如沅阳型），或晓组合流于非组读 f 母（如蓝山型）；另一方面，二者也完全可以同时向对方演变，如果彼此演变遇到一起形成妥协的话，二者便会合流为同一个音位，湖南宁远、黔阳等读 ɸ 即为这种妥协的体现。如果遇到一起而互不妥协，彼此继续向对方演变，则会出现贵州镇远话的类型，即非组读 x 母而晓组读 f 母。它们之间的这种演变具有音理的影响规律性，至于这种影响规律发生与否则具有很大的随机性，因此，探讨它们的演变层次并不容易，况且这种探讨没有太大意义，原因就在其演变具有很强的随机性。

晓组合口一二等和非组相互逆向演变的情况，从大类型上看可见图 2-7。

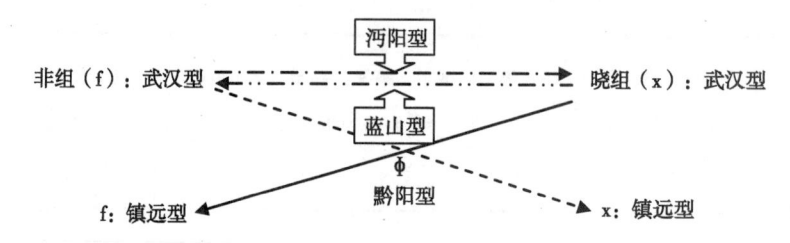

图 2-7　中古晓组合口一二等和非组在西南官话中的逆向演变示意

第五节　疑影母字的今读分合类型与演变

中古疑影母在西南官话里，逢今读开口呼、合口呼、撮口呼是合流的，齐齿呼则呈现出基本对立的格局。下面首先分析中古疑影母在西南官话中的今读类型，其次讨论它们的演变层次，重点讨论疑影母逢今读开口呼声母为 ŋ 的层次类型和开口三等疑母读 n/nʲ 与影母读零声母相互对立的类型与历史层次。

一　疑影母在西南官话中的今读类型

根据韵母的今读四呼来看，疑影母在西南官话中的今读类型较为一致，即开口呼、合口呼、撮口呼疑影母分别合流为一类，但中古开口三等字（今读齐齿呼）仍处于基本对立的格局。请参见表 2-25。

表 2-25　　　　中古疑影母在西南官话中的今读例字

例字	艾蟹开一疑	爱蟹开一影	岸山开一疑	安山开一影	昂宕开一疑	恶宕开一影	玩山合一疑	碗山合一影
汉口	ŋai³⁵	ŋai³⁵	ŋan³⁵	ŋan⁵⁵	ŋaŋ³¹³	ŋo³¹³	uan³¹³	uan⁴²
武汉	ŋai³⁵	ŋai³⁵	ŋan³⁵	ŋan⁵⁵	ŋaŋ⁵⁵	ŋo²¹³/o²¹³	uan²¹³	uan⁴²
成都	ŋai²⁴	ŋai²⁴	ŋan²⁴	ŋan⁵⁵	ŋaŋ³¹	ŋo³¹	uan³¹	uan⁴²
常德	ŋai³⁵	ŋai³⁵	ŋan³⁵	ŋan⁵⁵	ŋaŋ¹³	o³⁵	uan¹³	uan³¹
洪江	ŋai³⁵	ŋai³⁵	ŋan³⁵	ŋan⁵⁵	ŋaŋ²¹³	o²¹³	uaŋ²¹³	uan³³
郴州	ŋai²¹³	ŋai²¹³	ŋan²¹³	ŋan³³	ŋaŋ²¹	ŋo²¹	uan²¹	uaŋ⁵³
大庸	ŋai²⁴	ŋai²⁴	ŋan²⁴	ŋan⁵⁵	ŋaŋ²¹	o¹¹	uan²¹	uan⁴¹
昆明	ɛ²²	ɛ²²	ã²²	ã⁴⁴	ã³¹	o³¹	uã³¹	uã⁵³
紫阳	ŋai²¹³	ŋai²¹³	ŋan²¹³	ŋan³⁴	ŋaŋ²¹	ŋo²¹	uan²¹	uan⁵³
柳州	ŋai²⁴	ŋai²⁴	ŋan²⁴	ŋan⁴⁴	ŋaŋ³¹	ŋo³¹	uã³¹	uã⁵³

第二章 西南官话声母的今读类型与历史层次

续表

例字	艾蟹开一疑	爱蟹开一影	岸山开一疑	安山开一影	昂宕开一疑	恶宕开一影	玩山合一疑	碗山合一影
大理	ai³¹³	ai³¹³	aŋ³¹³	aŋ⁴⁴	aŋ⁴²	o⁴²	uaŋ⁴²	uaŋ⁵³
丹寨	ŋai¹³	ŋai¹³	ŋan¹³	ŋan³³	ŋaŋ⁵³	ŋo⁵³	ɣya⁵³	ɣya⁵⁵
镇远	ŋai³⁵	ŋai³⁵	ŋan³⁵	ŋan³³	ŋaŋ²¹	o²¹	van²¹	van⁴²
忠县	ŋai²⁴	ŋai²⁴	ŋan²⁴	ŋan³³	ŋaŋ³¹	ŋo³¹	uan³¹	uan⁴²

例字	牙假开二疑	鸭假开二影	矮蟹开二影	眼山开二疑	硬梗开二疑	樱梗开二影	瓦假合二疑	蛙假合二影
汉口	ia³¹³	ia³¹³	ŋai⁴²	iən⁴²	ŋən³⁵		ua⁴²	ua⁵⁵
武汉	ia²¹³	ia²¹³		iɛn⁴²	ŋən³⁵	in⁵⁵	ua⁵⁵	ua⁵⁵
成都	ia³¹	ia³¹	ŋai⁴²	ien⁴²	ŋən²⁴	in⁵⁵/ŋən⁵⁵	ua⁵³	ua⁴⁴
常德	ia¹³	ia³⁵	ŋai³¹	ian³¹/ŋan³¹	ŋən³⁵	in⁵⁵	ua³¹	ua⁵⁵
洪江	ia²¹³	ia²¹³/ŋa²¹³	ŋai³³	ien³³/ŋan³³	in³⁵/ŋən³⁵	in⁵⁵	ua³³	ua⁵⁵
郴州	ia²¹/ŋa²¹	ŋa²¹	ŋai⁵³	ien⁵³/ŋən⁵³	ŋɐŋ²¹³	in³³	ua⁵³	ua³³
大庸	ia²¹/ŋa²¹	ia¹¹	ŋai⁴¹	ian⁴¹/ŋan⁴¹	ŋən²⁴	in⁵⁵	ua⁴¹	ua⁵⁵
昆明	ia³¹	ia³¹	ɛ⁵³	iẽ⁵³	ə̃²²	ĩ⁴⁴	ua⁵³	ua⁴⁴
紫阳	ia²¹/ŋa²¹	ia²¹/ŋa²¹	ŋai⁵³	ian⁵³	ŋən²¹³	in³⁴	ua³⁴	ua⁵³
柳州	ia³¹	ia³¹	ŋai⁵³	iẽ⁵³	ŋən²⁴	iən⁴⁴	ua⁵³	ua⁴⁴
大理	ia⁴²	ia⁴²	ai⁵³	ien⁵³	ən³¹³	in⁴⁴	ua⁵³	ua⁴⁴
丹寨	ia⁵³	ia⁴²	ŋai⁵⁵	iẽ⁵⁵	ŋən¹³	in³³	ua⁵⁵	ua³³
镇远	ia²¹	ia²¹	ŋai⁴²	iɛn⁴²	ŋən³⁵	in³³/ŋən⁵⁵	va⁴²	va³³
忠县	ia³¹	ia³¹	ŋai⁵³	ien⁴²	ŋən²⁴	in⁵⁵/ŋən⁵⁵	ua⁴²	ua⁵⁵

例字	义止开三疑	衣止开三影	验咸开三疑	厌咸开三影	仰宕开三疑	央宕开三影	原山合三疑	渊山合四影
汉口	i³⁵	i⁵⁵	nien³⁵	ien³⁵	iaŋ⁴²	iaŋ⁵⁵	yen²¹³	yen⁵⁵
武汉	i³⁵	i⁵⁵	niɛn³⁵	iɛn³⁵	iaŋ⁴²	iaŋ⁵⁵	yɛn²¹³	yɛn⁵⁵
成都	ȵi²⁴	i⁵⁵	ȵien²⁴	iɛn²⁴	ȵiaŋ⁴²	iaŋ⁵⁵	yen³¹	yen⁵⁵
常德	i³⁵	i⁵⁵	lian³⁵	ian³⁵	liaŋ³¹	iaŋ⁵⁵	yan³¹	yan⁵⁵
洪江	li³⁵	i⁵⁵	liɛn³⁵	iɛn³⁵	liaŋ³³	iaŋ⁵⁵	yɛn²¹³	yɛn⁵⁵
郴州	ni²¹³	i³³	nien²¹³	ien²¹³	liaŋ⁵³	iaŋ³³	yən²¹	yən³³/ien³³
大庸	i²⁴	i⁵⁵	lian²⁴	ian²⁴	iaŋ³¹	iaŋ⁵⁵	yən²¹	yan⁵⁵
昆明	i²²	i⁴⁴	iẽ²²	iẽ²²	nia⁵³	ia⁴⁴	iẽ³¹	iẽ⁴⁴
紫阳	ȵi²¹³	i³⁴	nian²¹³	ian²¹³	niaŋ⁵³	iaŋ³⁴	yan²¹	yan³⁴
柳州	i²⁴	i⁴⁴	liẽ²⁴	iẽ²⁴	ŋiaŋ²⁴	iaŋ⁴⁴	yẽ³¹	yẽ⁴⁴
大理	i³¹³	i⁴⁴	ien³¹³	ien³¹³	iaŋ⁵³	iaŋ⁴⁴	yen⁴²	yen⁴⁴
丹寨	i¹³	i³³	nie¹³	ie¹³	niaŋ⁵⁵	iaŋ³³	vie⁵³	vie⁵³
镇远	i³⁵	i³³	niɛn³⁵	iɛn³⁵	niaŋ⁴²	iaŋ³³	yɛn²¹	yɛn³³
忠县	i²⁴	i⁵⁵	ien²⁴	ien²⁴	iaŋ⁴²	iaŋ⁵⁵	yen³¹	yen⁵⁵

综合表2-25例字来看,可以把它们的今读类型简化归类为如下五种,见表2-26。

表2-26　　　　　　　中古疑影母在西南官话中的今读类型

今读类型		开口呼		合口呼		齐齿呼		撮口呼	
声母		疑	影	疑	影	疑	影	疑	影
Ⅰ成都型	成都	ŋ	ŋ	∅	∅	ȵ	∅	∅	∅
Ⅱ丹寨型	丹寨	ŋ	ŋ	∅	∅	n/∅	∅	v	v
Ⅲ镇远型	镇远	ŋ	ŋ	v	v	n/∅	∅	∅	∅
Ⅳ忠县型	忠县	ŋ	∅	∅	∅	∅	∅	∅	∅
Ⅴ昆明型	昆明	∅	∅	∅	∅	n/∅	∅	∅	∅

结合表2-25、表2-26来看,中古疑影母开口一等在西南官话中合流,读ŋ声母或零声母,但以读ŋ声母为主体层次。疑影母开口二等今读零声母是开口二等字增生i介音后较为晚起的层次,即ŋ＞∅,如今湖南郴州等地疑影母开口二等仍读ŋ声母,韵母仍保留读洪音。因此,从类型发展演变来看,我们可以把中古疑影母开口一二等都算为读洪音一类。西南官话中古疑影母今读开口呼为ŋ声母的方言点包括四川、贵州、湖南、桂北、陕南的全部方言点,此外,云南的马关、西畴、广南、富宁、华坪、永仁、巧家、文山、兰坪、丽江、大关、永善、绥江、盐津、镇雄,湖北的武汉、汉口、汉阳、汉川、恩施、宣恩、来凤、利川、竹溪、竹山、郧西、随县等中古疑影母今开口呼也读ŋ声母,其余如昆明等方言点读零声母。疑影母今读合口呼(中古合口一二等)的除贵州镇远、岑共、三穗、剑河、台江、天柱、普安等读v声母,其余方言点基本都读零声母。疑影母今读撮口呼(中古合口三四等)除贵州都匀、丹寨、三都、独山、黎平等读v声母,其余方言点基本都读零声母。疑影母今读齐齿呼里的中古开口三等字在西南官话中仍处于基本对立的格局,即疑母开口三等读n/ȵ声母,影母开口三等字则读零声母,仅四川忠县、潼南、丰都、邻水等少数方言点疑影母开口三等字合流读零声母(如忠县:牛＝由 iəu³¹)。

此外,云南澄江(代村)、宜良、峨山、石屏等方言点中古深、臻、曾、梗摄的开口三等疑影母字读z声母(曾摄、梗摄疑母如"凝/逆"等字仍读n),但它们与精组、见组属于同一个系列的声母,即这些方言点的精组、见组声母在深摄、臻摄、曾摄、梗摄的开口三等疑影母中不分尖团合流读尖音 ts 组（仅限今读 ĩ/iŋ 韵，其他仍合流读团音 tɕ 组），而见组三等读 ts 组而与精组混同属于较为晚起的层次类型，深摄、臻摄、曾摄、梗摄的开口三等疑影母字读 z 声母显然受见组读 ts 组类化而得，它们属于同一个层级，即原 tɕ、tɕʰ、ɕ、Ø 组声母演变为今 ts、tsʰ、s、z 组声母①。值得注意的是，曾摄、梗摄疑母如"凝/逆"等字今仍读 n 声母，这是早期疑母、影母对立的残留，因其不是零声母，故没有随同零声母一起演变为 z，仍保留其原本的 n 声母。见例字表 2–27。

表 2–27　　　　　　中古疑影母细音今读 z 声母的例字（一）

韵摄	深开三		臻开三		曾开三		梗开三		
例字	吟疑	音影	银疑	因影	凝疑	应影	迎疑	逆疑	英影
澄江	z ĩ³¹	z ĩ⁴⁴	z ĩ³¹	z ĩ⁴⁴	n ĩ³¹	z ĩ¹³	z ĩ³¹	ni³¹	z ĩ⁴⁴
宜良	z ĩ⁴²	z ĩ⁴⁴	z ĩ⁴²	z ĩ⁴⁴	n ĩ⁴²	z ĩ¹¹	z ĩ⁴²	ni⁴²	z ĩ⁴⁴
峨山	z ĩ³¹	z ĩ⁴⁴	z ĩ³¹	z ĩ⁴⁴	n ĩ³¹	z ĩ¹³	z ĩ³¹	ni³¹	z ĩ⁴⁴
石屏	ziŋ⁴²	ziŋ⁵⁵	ziŋ⁴²	ziŋ⁵⁵	niŋ⁴²	ziŋ¹³	ziŋ⁴²	niŋ⁴²	ziŋ⁴⁴
弥勒	z ĩ³¹	z ĩ⁵⁵	z ĩ³¹	z ĩ⁵⁵	n ĩ³¹	z ĩ³⁵	z ĩ³¹	ni³¹	z ĩ⁵⁵

　　云南江川、师宗的蟹、止摄开口三等的疑影母字读 z 母（其实主要是影母，疑母仍有"宜疑谊"等字读 n 母）。遇摄三等疑影母也与蟹、止摄合口三等的疑影母字合流读 z 母。它们演变为 z 母的缘由与澄江（代村）深摄、臻摄、曾摄、梗摄的开口三等疑影母字读 z 声母的演变缘由是相同的，即都是由精组、见组三等字合流读 ts 组后类化而得（仅限今读 ɿ 韵，其他仍合流读团音 tɕ 组）。演变的动力与推链有关，主要是受假开三精组、见组字演变读 i 韵的推动而出位为 ɿ，声母便自然演变为 z 了（可参看"蟹止摄的今读与演变"一节的论述）。但止摄开口三等疑母仍有"宜疑谊"等字今读 n 母而与影母保留着对立格局。如邱北的蟹止摄开口三等的疑影母字读 ʒ 母与江川、师宗读 z 母属于同一类型，其演变的缘由也是相同的，但属于不同的层次。邱北读 ʒ 显然是江川、师宗读 z 的过渡，即先是零声母 i 韵发生摩擦而产生 ʒ 声母，i 韵摩擦加剧出位演变为 ɿ 韵母，声母自然演变为 z。

---

①　澄江"ts 组 ts、tsʰ、s、z。洪音前部位跟国音 ts 组大致相同，但与 ĩ 配合时舌尖部位似乎较前，不是赦舌面的，所以没有把它当作 tɕ 组字……（韵母）i 很紧，无辅音声母时，带摩擦，简直近似 j。ĩ, i 较开，是 ɿ"（杨时逢，1969：291）。

它们的演变道路为：i > ʒi > zɿ。见例字表 2-28。

表 2-28　　　　中古疑影母细音今读 z 声母的例字（二）

韵摄	蟹开三		止开三						遇合三	
例字	艺疑	缢影	宜疑	疑疑	义疑	椅影	衣影		鱼疑	於影
江川	zɿ²⁴	zɿ³¹	ni³¹	ni³¹	zɿ²⁴	zɿ⁴²	i⁵⁵		zɿ³¹	zɿ³¹
师宗	zɿ¹³	zɿ³¹	ni³¹	ni³¹	zɿ¹³	zɿ⁵³	zɿ⁴⁴		zɿ³¹	zɿ³¹
弥勒	zi³⁵	zi³¹	ni³¹	ni³¹	zi³⁵	zi⁵³	zi⁵⁵		zi³¹	zi³¹
邱北	ʒi¹³	ʒi³¹	ni³¹	ni³¹	ʒi¹³	ʒi⁵³	ʒi⁴⁴		ʒi³¹	ʒi³¹

二　疑影母在西南官话中的历时演变

《切韵》时期疑影母字对立，据绍荣芬（2008）等拟音①，牙音疑母为 ŋ，喉音影母为 ʔ，但"到了宋代，影母就和喻母合并了，读零声母"（赵学玲 2007：72）。据杨耐思（1981）的研究，《中原音韵》疑母仅有小部分字读 ŋ 母而与影组对立②，其余绝大部分字已经与影组合流为零声母。王力（2004：153）："云余合流的时期很早，至少在 10 世纪就已经完成了（按：据唐末守温三十六字母）。疑母则在 14 世纪（中原音韵时代）的普通话里已经消失，和喻母（云余）也完全相混了。同时（14 世纪）影母和喻母在北方话里也只在平声一类有声调上的差别，上去两声就完全相混了"。《韵略易通》显示疑影母已完全合流，读为零声母（张玉来，1999）。据此看来，疑影母在北方官话里至迟于 14 世纪便已合流了。

但值得注意的是，我们说北方官话里疑影母在 14 世纪已经合流，但并不意味着所有官话都有着相同的演变，西南官话和江淮官话等南方官话的演变相对来说是滞后的，江淮官话更甚。③ 我们知道，汉语方言自古便分南北，南北朝颜之推《颜氏家训音辞篇》："南方水土和柔，其音清举而切诣，失在浮浅，其辞多鄙俗。北方山川深厚，其音沉浊而鋗钝，得其

---

① 董同龢、李荣、绍荣芬、蒲立本、郑张尚芳、潘悟云等均拟牙音疑为 ŋ，喉音影母为 ʔ。

② 据杨耐思（1981）"中原音韵同音字表"，其读 ŋ 的字有"昂卬仰熬敖鳌傲哦鹅我业额"等字。

③ 据刘勋宁（1995：449），西南官话和江淮官话合并为一大类，称之为南方官话；中原官话和兰银官话为一大类，称之为中原官话；其他四个官话合并称为北方官话。

质直，其辞多古语。"我们通过总结狄耿生、叶宝奎、张树铮等的研究成果，就发现北方方言的韵书疑影二母多合并；反映南方方言的韵书疑影二母基本上还是各自独立的。赵学玲（2007：72）研究了疑影在汉语方言中的今读类型也支持这一观点，即影疑母北方方言多合流，南方方言则基本对立。一般认为，南方官话与历史早期移民有很大关系（葛剑雄，1997：116），江淮之间古属吴地，其语亦当属吴语，永嘉之乱及其以后的北方居民大批南迁，语言上与吴语等相互融合而演变为今之江淮官话。而西南官话一般认为主要是明清以来随江淮一带的移民而得，刘晓梅、李如龙（2002：16）指出："从发生学的角度讲，江淮官话所通行的地域原来通行过吴语；西南官话是江淮官话在西南地区的延伸，是移民所致"。史载明代将领沐英率兵平定大西南后，江淮一带汉人大量移居云贵川，于是形成了西南官话。

  疑母在西南官话大部和江淮官话部分方言点，至今开口仍存在读 ŋ 声母，我们认为这是存古现象（南方方言如吴语、客家、粤语、闽语等中古疑影母今读对立，疑母读 ŋ，影母读 ∅，同为南方地区方言的西南官话和江淮官话等受彼此的影响疑母保留读 ŋ 母并不例外），但问题的关键是这个 ŋ 声母同时包括影母开口字，这种格局读法同时存在于湘语（如长沙、双峰）、赣语（如南昌）等（赵学玲，2007：73）。其实，疑影母今读开口韵为 ŋ 声母的现象在明末便已有反映，如明天启六年（1626）西方传教士金尼阁（Nicolas Trigault）《西儒耳目资》（1626）等就已反映了疑影母开口字读 ŋ 母的现象。据曾晓渝（2004）的研究，《西儒耳目资》"音韵经纬图"中有"g 额"声母，共收字 34 个，其中疑母 15 个（占 44%），影母 17 个（占 50%），共占 94%。《西儒耳目资》中"金氏'g 额'声母字与'自鸣之字'都基本源于影、疑、喻三个字母，所不同的是，'g 额'声母字的韵母主要是开口呼（占 94%，另有三个合呼字），'自鸣之字'则主要是齐齿呼与合口呼（占 98%）。特别是在开口呼 o 与合口呼 uo 两韵字中，'g 额'与零声母严格对立（按：如疑母'我 ŋo'≠影母'阿 o'等）"（曾晓渝，2004：19）。陆志韦、曾晓渝等均把《西儒耳目资》"音韵经纬图"中的"g 额"拟为 ŋ。从分配格局上看，疑影母在《西儒耳目资》中的声母读音分配格局，与其在西南官话和江淮官话等有 ŋ 声母的方言点分配格局中是基本一致的。影母今读开口声母为 ŋ 属后起的层次，这是肯定的，但具体到在影母演变的方向层次上则存在争议,即到底是 ʔ > ŋ 的演变结果,还是 ∅ > ŋ 的演变类型。

曾晓渝(2004)认为,《西儒耳目资》影母读 ŋ 当经历了零声母的演变过程,如图 2-8 所示。

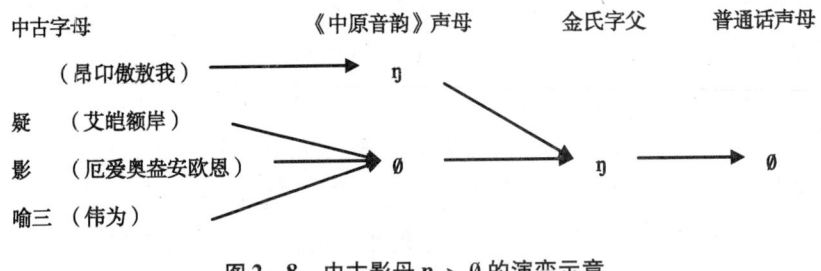

```
中古字母              《中原音韵》声母        金氏字父        普通话声母
     (昂卬傲敖我)  ──────→   ŋ
疑   (艾皑额岸)          ↘
影   (厄爱奥益安欧恩) ──→    ∅    ─────→    ŋ    ─────→    ∅
喻三 (伟为)              ↗
```

图 2-8 中古影母 ŋ > ∅ 的演变示意

赵学玲(2007:74)也持此观点,她认为"北方方言影疑二母在开口呼字前的读音完全一致,很明显,这应该是影疑二母合并以后,又共同演变的结果。因为如果不是共同演变的话,二者的读音不会那么整齐。而且,前面我们还大体回顾了疑影母的音韵发展史,结论是影疑二母在明清时代的北方方言中就已经合流,那么现在除零声母以外的 ŋ、n、ɣ、z 四种读音应该是影疑二母合流以后又产生出来的"。他们持影母 ∅ > ŋ 演变的观点,主要基于一个前提,即据大多数官话韵书反映,疑影母在北方方言中,明清时期已经合流读零声母,因此影母读 ŋ 应该是疑影母合流以后的演变,即影母(甚至包括疑母)发生了 ∅ > ŋ 的演变。但我们认为这个前提有待商榷,影母完全存在 ʔ > ŋ 演变的可能性。

我们不能忽视的一个事实是,南方方言至今大多数仍是疑影母对立的(如吴语、客家话、粤语等),据赵学玲(2007:73)的研究,疑影母今读开口声母为 ŋ 声母的方言点有北方方言的武汉、成都、济南、西安,湘语的长沙、双峰,赣语的南昌等,其实这些方言点除西安和济南外,其余几个方言点基本上都是处于南方的,"江淮官话所通行的地域原来通行过吴语"(刘晓梅、李如龙,2002:16),吴语至今疑影母仍对立,中原移民江淮早在西晋永嘉之乱时便已开始,元代江淮官话可能已具雏形而与中原及偏北的官话有别,因为它肯定会受吴语等的影响,自然,疑影母不能排除于这种影响之外,故早期江淮官话疑影母不排除两别的可能。西南官话是明清以来江淮官话的延伸,故西南官话和江淮官话有诸多相似之处,疑影母也不例外,江淮官话的黄孝片疑影母今读开口呼的绝大多数为 ŋ 声母。所以,介于方言接触与影响,我们不能把《中原音韵》等反映中原

（抑或北方区域）官话的音系与偏南方的西南官话、江淮官话音系相提并论，即不能简单地用中原官话来推论江淮官话或西南官话的演变，因为它们存在地域方言的彼此接触并因此而具备自身的一些演变规律，疑影母在《西儒耳目资》和如今的西南官话等中开口读 ŋ 声母就体现了这种区域方言自身内在的演变规律。再从韵书记载上看，北方方言在明清时期疑影母已合流读零声母，但据明万历戊午年（1618）云南通海河西人葛中选《泰律篇》记载，疑影母在该书中的音韵地位是对立的，即疑母的声母不同于影母的声母，如声母"艾≠爱，吟≠音，元≠渊，咢≠恶，愿≠怨，鱼≠於，傲≠奥"等（前一个为疑母，后一个为影母）。陈长祚（2007：210）指出"（《泰律篇》疑影母）两组既然对立，我们就不得不尊重作者的看法。在明代云南，某地某些人口语中确乎有'疑'母存在。今天如'山崖'的'崖'，'软硬'的'硬'，写毛笔要'研墨'的'研'，在老一代人当中仍会隐隐约约读出带鼻音声母的 [ŋ] 来"。《泰律篇》等韵书中疑影母对立的情况说明，疑影母的合流与否会因方言的不同而有异。《西儒耳目资》（1626）比《泰律篇》（1618）出书晚了 8 年，它们可视为相同时期不同地域的韵书，《西儒耳目资》中疑影母洪音开口已读 ŋ 母，说明以南京音为标准的江淮官话发展演变得较快，而其延伸演变的西南官话则演变较慢，这是符合演变逻辑的，因为江淮移民至西南的区域较为封闭落后，故语言演变就要慢些，这是很正常的。基于上述原因，我们认为尽管明清时期北方区域方言疑影母已经合流，但不能用它们来推导西南官话等疑影母今读开口为 ŋ 声母就是由零声母演变而得。

西南官话疑影母今读开口为 ŋ 声母的类型中，我们认为包含着存古与创新两个内容，即疑母读 ŋ 属于存古，后来影母发生了 ʔ > ŋ 的演变属于创新，影母演变为 ŋ 声母后与存古的疑母合流。从发音原理上看，中古影母的音值为 ʔ，ŋ 和 ʔ 的音值较为接近，ŋ 属舌根音，ʔ 属喉音，二者存在着由 ʔ > ŋ 演变的可能性。吴波（2007：62）在分析江淮官话的疑影母时也持此观点。但我们提出这种看法也有一个前提，那就是这类方言的早期应该是疑影母二分的格局，《泰律篇》疑影母二分的格局证明了这个前提是存在的。值得注意的是，西南官话疑影母三等开口字（即今读齐齿呼）今读声母依然处于基本对立的格局。

三 中古开口三等疑影母在西南官话中的对立体现

据统计对比来看，疑影母三等开口字（即今读齐齿呼）在西南官话中至今仍然是基本对立的，即疑母读 n/ȵ 声母，影母读 ∅（零声母）。参见表 2-29、表 2-30。

表 2-29　　　中古疑影母开口三等字今读对立格局例字

例字	宜止疑	义止疑	衣止影	牛流疑	验咸疑	厌咸影	仰宕疑	央宕影
成都	ȵi²¹³/i¹³	ȵi¹³/i¹³	i⁴⁴	ȵiou²¹	ȵiɛn¹³	iɛn¹³	iaŋ⁵³	iaŋ⁴⁴
武汉	ni²¹³/i²¹³	i³⁵	i⁵⁵	niou²¹³	niɛn³⁵	iɛn³⁵	iaŋ⁴²	iaŋ⁵⁵
常德	ȵi³¹	i³⁵	i⁵⁵	liou¹³	lian³⁵	ian³⁵	liaŋ³¹	iaŋ⁵⁵
洪江	i²¹³/li²¹³	li³⁵	i⁵⁵	liou²¹³	liɛn³⁵	iɛn³⁵	liaŋ³³	iaŋ⁵⁵
郴州	ni²¹	ni²¹³	i³³	liɯ²¹	nien²¹³	ien²¹³	liaŋ⁵³	iaŋ³³
昆明	ni²²	i²²	i⁴⁴	niəu³¹	iẽ²²	iẽ²²	niã⁵³	iã⁴⁴
紫阳	ȵi²¹	ȵi²¹³	i³⁴	niəu²¹	nian²¹³	ian²¹³	niaŋ⁵³	iaŋ³⁴
柳州	ni³¹	i²⁴	i⁴⁴	niʌu³¹/ɡiʌu³¹	niẽ²⁴	iẽ²⁴	ɡiaŋ⁵³	iaŋ⁴⁴
大理	ni⁴²	i³¹³	i⁴⁴	niəu⁴²	ien³¹³	ien³¹³	iaŋ⁵³	iaŋ⁴⁴
大庸	i²¹	i²⁴	i⁵⁵	iou²¹	lian²⁴	ian²⁴	iaŋ³¹	iaŋ⁵⁵

表 2-30　　　中古疑母开口三等字今读声母类型的方言分布

例字	声母	方言点
宜疑义验仰	n	华坪、永仁、永善、绥江、盐津；成都、华阳、资阳、资中、安岳、大足、永川、蓬溪、南充、武胜、江北、巴县、南川、涪陵、长寿、大竹、鄪都、酉阳、秀山、梁山、开县、城口、通江、宣汉、达县、南江、梓潼、绵阳、安县、宣汉、金堂、名山、懋功、靖化、南部、西充、盐亭、射洪、什邡、新繁、郫县、里番、灌县、崇庆、温江、彭山、大邑、丹棱、夹江、峨眉、峨边、眉山、青神、犍为、剑阁、马边、雷波、屏山、长宁、兴文、叙永、古蔺、南溪、合江、江津、綦江、简阳、仁寿、井研、荣县、隆昌、荣昌、仪陇、蓬安、三台、遂宁、罗江、德阳、中江、乐至、万县、黔江、云阳、巫溪、巫山、来凤、利川、郧西、汉寿、沅江、黔阳、通道、宁远、蓝山、龙山、桂阳、新田、宜章、东安、零陵、道县、永明、江华、永顺、保靖、永绥、古丈、沅陵、凤凰、泸溪、芷江、晃县、麻阳、乾城、辰溪
	∅	潼南、邻水、忠县；澧县、嘉禾、江华、沔阳、天门、京山、荆门、当阳、江陵、枝江、宜都、长阳、兴山、秭归、巴东、郧县、均绿、均县、房县、保康、南漳、襄阳
宜疑验仰	n	兰坪、大关、镇雄；常德；苍溪、广元、昭化、绵竹、松潘、茂县、高县；柳州、桂林

续表

例字	声母	方言点
宜疑仰	n	昆明、富民、罗次、呈贡、安宁、禄丰、元谋、广通、牟定、镇南、弥渡、楚雄、双柏、易门、昆阳、晋宁、澄江、嵩明、宜良、路南、华宁、江川、玉溪、通海、河西、峨山、新平、元江、墨江、宁洱、思茅、澜沧、缅宁、建水、个旧、屏边、蒙自、开远、弥勒、泸西、陆良、马龙、曲靖、沾益、会泽、巧家、宣威、平彝、罗平、师宗、丘北、文山、马关、西畴、广南、永胜、凤仪、漾濞、永平、云龙、洱源、鹤庆、邓川、宾川、盐丰、姚安、盐兴、武定、禄劝、寻甸、石屏、维西、保山、昌宁、顺宁、云县、景东、镇源、景谷、双江、镇康、龙陵、潞西、陇川、腾冲、丽江、昭通
宜疑验	n	汉阳、枣阳、随县；富宁；岳池
疑仰	n	安乡
宜疑	n	大理、蒙化、剑川、大姚
宜验	ȵ	武汉
仰	n	慈利、临武
验	n	桃源、临澧、桑植、大庸、靖县；汉口、汉川、宜昌、恩施、宣恩、钟祥

西南官话疑母开口三等完全读零声母的方言点相对来说很少（它们的方言点主要集中在鄂北一带，这可能与中原官话等北方系官话的影响有关），西南官话绝大多数方言点的疑母开口三等字都读 n（ȵ/l）声母。值得注意的是，赵学玲（2007：73）在分析疑影母在武汉话和成都话的类型中，并没有注意到它们开口三等相对立的情况，而这恰好是证明疑影母早期二分格局的重要证据。

疑母开口三等的"疑宜艺仰义业"等字在现代普通话中读零声母，但在西南官话中普遍读 n/ȵ 母。其实，明代利玛窦《西字奇迹》中这些字全都读 nh [*ȵ] 声母，金尼阁《西儒耳目资》中它们则多有零声母和 n 声母两读音。但同时代早期的《中原音韵》中仅有"啮蘖"等少数几个字可确定读 n 母，其他细音主要读零声母。《韵略易通》开口细音全读零声母（张玉来，1999）。《洪武正韵》疑母也只有"仰""酿"一例同音读 n 母。参见例字表 2-31。

表 2-31　　中古疑母开口三等字在历史韵书中的读音例字

例字	疑	宜	艺	毅	仰	义	仪	拟	逆	业
利玛窦	nhî	nhî	nhî		nhỹ	nhàm	nhí			nhieš
金尼阁	nî/î	nî/î	nî/î	nî/î	gâm	nî/î	nî/î	nî/î	nieš	nieš/ieš

例字	疑	宜	艺	毅	仰	义	仪	拟	逆	业
周德清	i	i	i	i		i	i	i		
兰茂	i	i	i	i	iaŋ	i	i	i	i	

例字	严	研	砚	言	谚	孽	虐	牛	凝	迎
利玛窦				yên						
金尼阁	niešn/iešn	niešn/iešn	nién/ién	iešn/nišn	ién/nién	nieš	niǒ/iǒ	nieu/ieu	im̂	im̂
周德清	iɛn	iɛn	iɛn	iɛn	iɛn		ŋio	iəu	ŋəŋ	iəŋ
兰茂	iɛn	iɛn	iɛn	iɛn	iɛn	at			iŋ	iŋ

  Coblin（2002）认为"（疑母细音）在某个时期，舌根鼻音声母 ŋ 发生了变化，在不同的方言、次方言中或变为 ȵ，或变为 n，或变为零声母。利玛窦的记录反映了第一种变化模式，第二种变化模式在金尼阁的记录中有反映，朝鲜人记录的正音系统则代表了第三种变化模式。在《葡汉字典》中疑母 ȵ 便与零声母并存，并相互竞争，这显然反映了方言之间的某种接触融合。金尼阁的记录反映了 n 与零声母的竞争。这可能是南京话与正在形成的北方通语或以北京语音为基础的通语融合的结果"，同时指出"第二种变化模式疑母只读 n，没有又读，这种官话变体可能是以南京音为基础的官话的祖先。后来零声母的读法占了优势，这可能是因为这种官话与一种新的以北京音为基础的国家标准语混合的结果，这种国家标准语在 18 世纪到 19 世纪获得了权威地位"[①]，他据此推测疑母细音在近代官话方言中有两种地方演变方式，其一全部变为 n 声母，其二完全变为零声母。金尼阁零声母和 n 声母两读的现象是两种演变接触竞争的结果。董建交（2007：46）赞同 Coblin 的观点，他指出"传教士记录的材料中，疑母细音读 nh 或 n 是早期南方型官话的反映，读零声母则是北方型官话的反映"。从利玛窦和金尼阁的注音来看，受北方型官话的影响，南京话在明末已逐渐演变为以读零声母为主，但西南官话区的大部分居民属于明代中早期来自以南京为中心的江淮地区的移民，而且西南官话区的地域相对来说要比江淮官话区的地域显得封闭落后，故西南官话疑母开口三等字至今仍保留读 n/ȵ 声母的早期传统南方型官话类型。

---

① Coblin, W. South. Reflection on the study of post-Medieval Chinese Historical Phonology. 载何大安《南北是非：汉语方言的差异与变化》，"中研院"语言学研究所 2002 年版，第 23—50 页。

疑影母在西南官话中的今读演变如图 2-9 所示。

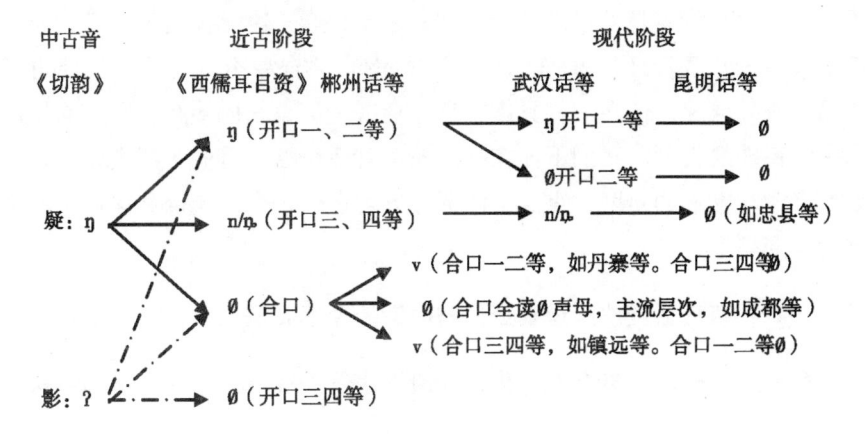

```
中古音        近古阶段                      现代阶段
《切韵》      《西儒耳目资》郴州话等         武汉话等          昆明话等

             ŋ（开口一、二等）  ────→     ŋ 开口一等  ───→  ø
                                   ↘    ø 开口二等  ───→  ø
疑：ŋ        n/ȵ（开口三、四等） ───→      n/ȵ       ───→  ø（如忠县等）
                                    ↗ v（合口一二等，如丹寨等。合口三四等ø）
             ø（合口）        ───→    ø（合口全读ø声母，主流层次，如成都等）
                                    ↘ v（合口三四等，如镇远等。合口一二等ø）

影：ʔ  ───→  ø（开口三四等）
```

图 2-9　中古疑影母在西南官话中的演变类型

第六节　全浊声母的今读类型与演变

《切韵》音系有全浊声母 10 个，即"並 b、定 d、澄 ɖ、从 dz、邪 z、崇 dʒ、船 ʐ、禅 ʒ、群 g、匣 ɣ"，晚唐五代时期，轻重唇音分化（王力 1987：283），于是多出一个"奉 bv"母，故一般认为中古有 11 个全浊声母。全浊声母在汉语方言中大多已经清化，但吴语、湘语等部分南方方言至今仍系统存留全浊声母[①]。全浊声母清化后今读塞音、塞擦音的类型主要有如下几种（庄初升，2004：108）：①平声送气，仄声不送气，如官话方言；②阳平、阳上送气，阳去阳入不送气，如粤方言；③平仄一般皆读送气，如客赣方言、部分豫西南、晋南和关中方言、部分徽州方言和江淮地区的通泰方言；④不论平仄，多数字不送气，少数字送气，如闽方言；⑤平仄一般皆读不送气，如新湘语和平话。除此之外，其他浊音清化的类型还有不少，如粤北土话、湘南土话、桂北平话等（庄初升，2010）。据庄初升（2004）对粤北土话的研究，粤北土话浊声母就有以声纽为条件（平不送仄送，如南雄西部的百顺方言）和同时以声纽和声调为条件（如犁市、梅村等）等进行清化的复杂类型。

[①] "我们一向认为湘语同吴语有一个共同特征：一套完整的浊塞音、塞擦音和擦音。走遍吴语区，这个特征几乎没有例外。可湘语区内部就很不一致。……全浊声母在湘语区逐渐放弃了中心城市，但仍然盘踞在广大山乡和农村。"（袁家骅，2001：101）

全浊声母在今官话方言中一般认为已经清化，其清化为今读塞音、塞擦音的规律和特点是：以声调为条件，表现为逢平声字读送气清音，逢仄声字读不送气清音（袁家骅，2001）。西南官话全浊声母的清化规律也基本属于这种情况，但在一些具体方言点会因为语言间的接触和影响而呈现出一些特殊的类型。我们下面在列出西南官话全浊声母的今读类型后，从语言接触与影响的角度，重点关注部分方言点今仍全部或部分保留全浊声母的演变类型。

一 西南官话全浊声母塞音、塞擦音的今读类型

类型一：全浊声母全部清化，一般平声读送气清声母，仄声读不送气清声母。

中古全浊声母清化后，逢今读塞音、塞擦音时体现为"平送仄不送"规律是其在西南官话中的清化主体类型，与官话方言的全浊声母清化特征相同。西南官话绝大多数方言点均属于此类型。现以武汉、成都、柳州为例，参见表2-32。

表2-32　　　　中古全浊声母清化为"平送仄不送"例字

例字	爬果平并	桃效平定	财蟹平从	陈臻平澄	葵止平群	凡咸平奉	时止平禅	侯流平匣
武汉	pʰa²¹³	tʰau²¹³	tsʰai²¹³	tsʰən²¹³	kuei²¹³	fan²¹³	sɿ²¹³	xou²¹³
成都	pʰa²¹	tʰau²¹	tsʰai²¹	tsʰən²¹	kuei²¹	fan²¹	sɿ²¹	xəu²¹
柳州	pʰa³¹	tʰɔ³¹	tsʰæ³¹	tsʰən³¹	kuɛi³¹	fan³¹	sɿ³¹	xʌu³¹

例字	部蟹上并	弟蟹上定	在蟹上从	赵效上澄	跪止上群	范咸上奉	是止上禅	后流上匣
武汉	pu³⁵	ti³⁵	tsai³⁵	tsau³⁵	kuei³⁵	fan³⁵	sɿ³⁵	xou³⁵
成都	pu¹³	ti¹³	tsai¹³	tsau¹³	kuei¹³	fan¹³	sɿ¹³	xəu¹³
柳州	pu²⁴	ti²⁴	tsæ²⁴	tsɔ²⁴	kuɛi²⁴	fan²⁴	sɿ²⁴	xʌu²⁴

例字	地止去并	字止去从	郑梗去澄	助遇去崇	饭山去奉	袖流去邪	树遇去禅	候流去匣
武汉	ti³⁵	tsɿ³⁵	tsən³⁵	tsu³⁵	fan³⁵	ɕiou³⁵	su³⁵	xou³⁵
成都	ti¹³	tsɿ¹³	tsən¹³	tsu¹³	fan¹³	ɕiəu¹³	su¹³	xəu¹³
柳州	ti²⁴	tsɿ²⁴	tsən²⁴	tsu²⁴	fan²⁴	siʌu²⁴	su²⁴	xʌu²⁴

例字	达山入定	杂山入从	直曾入澄	局通入群	铡山入崇炸闸	服通入奉	习臻入邪	合咸入匣
武汉	ta²¹³	tsa²¹³	tsɿ²¹³	tɕy²¹³	tsa²¹³	fu²¹³	ɕi²¹³	xo²¹³
成都	ta²¹	tsa²¹	tsɿ²¹	tɕy²¹	tsa²¹	fu²¹	ɕi²¹	xo²¹
柳州	ta³¹	tsa³¹	tsɿ³¹	ky³¹	tsa³¹	fu³¹	si³¹	xo³¹

第二章 西南官话声母的今读类型与历史层次

类型二：全浊声母一般逢平声读不送气浊声母，逢仄声读不送气清声母。

西南官话全浊平声保留不送气浊音、仄声读不送气清音的类型主要集中在湘西小片（李蓝，2009），如保靖、吉首、永顺、永绥、古丈、泸溪、沅陵等①。如表2－33所示。

表2－33　中古全浊声母今读"平声为不送气浊声母，仄声为不送气清声母"例字

例字	爬果平并	桃效平定	财蟹平从	陈臻平澄	葵止平群	房宕平奉	时止平禅	侯流平匣
保靖	ba¹¹	daɤ¹¹	dzai¹¹	dzə̃¹¹	guei¹¹	xuaŋ¹¹	sɿ¹¹	xɤ¹¹
吉首	ba¹¹	dau¹¹	dzai¹¹	dzən¹¹	guei¹¹	faŋ¹¹	sɿ¹¹	xəu¹¹
永顺	ba²²	dʌ²²	tsʰai²²	dzə̃²²	guei²²	faŋ²²	sɿ²²	xɤ²²
永绥	ba²²	dau²²	dzai²²	dzə̃²²	guəi²²	fã²²	sɿ²²	hɤu²²

例字	部遇上并	道效上定	丈宕上澄	跪止上群	妇流上奉	序遇上邪	是止上禅	后流上匣
保靖	pu²⁴	taɤ²⁴	tsaŋ²⁴	kuei²⁴	fu²⁴	ɕy²⁴	sɿ²⁴	xɤ²⁴
吉首	pu³⁵	tau³⁵	tsaŋ³⁵	kuei³⁵	fu³⁵	ɕy³⁵	sɿ³⁵	xəu³⁵
永顺	pu¹³	tʌ¹³	tsaŋ¹³	kuei¹³	fu¹³	ɕy¹³	sɿ¹³	xɤ¹³
永绥	pu³⁵	tau³⁵	tsã³⁵	kuəi³⁵	fu³⁵	ɕy³⁵	sɿ³⁵	hɤu³⁵

例字	大果去并	字止去从	郑梗去澄	柜止去群	助遇去崇	袖流去邪	树遇去禅	候流去匣
保靖	ta²⁴	tsɿ²⁴	tsə̃²⁴	kuei²⁴	tsu²⁴	ɕiu²⁴	su²⁴	xɤ²⁴
吉首	ta³⁵/tʰai³⁵	tsɿ²⁴	tsən³⁵	kuei³⁵	tsu³⁵	ɕiəu³⁵	su³⁵	xəu³⁵
永顺	ta¹³	tsɿ¹³	tsə̃¹³	kuei¹³	tsu¹³	ɕiɤ¹³	su¹³	xɤ¹³
永绥	ta³⁵	tsɿ³⁵	tsə̃³⁵	kuəi³⁵	tsʁu³⁵	ɕiʁu³⁵	su³⁵	hɤu³⁵

例字	达山入定	杂山入从	直曾入澄	局通入群	铡山入崇炸闸	服通入奉	习臻入邪	合咸入匣
保靖	ta¹¹	tsa¹¹	tsɿ¹¹	tɕy¹¹	tsa¹¹	fu¹¹	ɕi¹¹	xo¹¹
吉首	ta¹¹	tsa¹¹	tsɿ¹¹	tɕy¹¹	tsa¹¹	fu¹¹	ɕi¹¹	xo¹¹
永顺	ta²²	tsa²²	tsɿ²²	tɕy²²	tsa²²	fu²²	ɕi²²	xo²²
永绥	ta²²	tsa²²	tsɿ²²	tɕy²²	tsa²²	fu²²	ɕi²²	ho²²

类型三：全浊声母不论平仄均一般读不送气浊声母。

西南官话全浊声母不论平仄均一般读不送气浊声母主要存在于湘西和湘南少数地区，如湘西的麻阳和湘南的东安、零陵等。如表2－34所示。

---

① 据李蓝（2009：80），花垣也属于此类型。

表 2-34　中古全浊声母"不论平仄今一般读不送气浊声母"例字

例字	爬果平並	桃效平定	财蟹平从	陈臻平澄	群臻平群	凡咸平奉	时止平禅	侯流平匣
麻阳	ba¹³	daɣ¹³	dze¹³	dʐə̃¹³	dʑyĩ¹³	fã¹³	ʂʅ¹³	houɯ¹³
东安	ba¹¹	dau¹¹	dzai¹¹	dʑiŋ¹¹	dʑyiŋ¹¹	baŋ¹¹	ʐʅ¹¹	əuɯ¹¹
零陵	ba³³	dao³³	zai³³	ʑin³³	ʑyin³³	fã³³	sʅ³³	houɯ³³

例字	部蟹上並	弟蟹上定	在蟹上从	赵效上澄	近臻上群	范咸上奉	是止上禅	后流上匣
麻阳		di²⁴	dze²⁴	dzaɣ²⁴	dʑĩ²⁴	fã²⁴	ʂʅ²⁴	houɯ²⁴
东安	bu³⁵	di³⁵	dzai³⁵	dʑiau³⁵	dʑiŋ³⁵	faŋ³⁵	ʐʅ³⁵	əuɯ³⁵
零陵		di²⁴	zai²⁴	ʑiao²⁴	ʑin²⁴	fã²⁴	sʅ²⁴	houɯ²⁴

例字	大果去並	地止去定	字止去从	健山去群	助遇去崇	饭山去奉	树遇去禅	候流去匣
麻阳	da²⁴	di²⁴	dzʅ²⁴	tɕia²⁴	tsəu²⁴	fã²⁴	ɕyi²⁴	houɯ²⁴
东安	ta³⁵	di³⁵	dzʅ³⁵		dzu³⁵		dʑy³⁵	əuɯ³⁵
零陵	ta²⁴	di²⁴	zʅ²⁴	tɕiẽ²⁴	zu²⁴	fã²⁴		houɯ²⁴

例字	白梗入並	达山入定	杂山入从	直曾入澄	服通入奉	习臻入邪	十深入禅	合咸入匣
麻阳	pe¹³	da¹³		dzʅ¹³	fu¹³	ɕi¹³	ʂʅ¹³	ho¹³
东安	be¹¹	da⁵³	dza¹¹			zi¹¹		o¹¹
零陵	be³³	da³³	za³³		fu¹¹		sʅ³³	ho³³

类型四：全浊声母不论平仄均一般读送气浊声母。

西南官话全浊声母不论平仄均一般读送气浊声母的方言点极为有限，目前材料仅见丁声树调查于 1940 年的遂宁拦江镇话（杨时逢，1984：1487）。如表 2-35 所示。

表 2-35　中古全浊声母"不论平仄一般今读送气浊声母"例字

例字	爬果平並	桃效平定	财蟹平从	陈臻平澄	群臻平群	房宕平奉	时止平禅	侯流平匣
拦江	bʰa³¹	dʰau³¹	dzʰai³¹	dʐʰən³¹	dʑyin³¹	vaŋ³¹	ʐʅ³¹	ɣəu³¹

例字	部遇上並	道效上定	丈宕上澄	跪止上群	妇流上奉	序遇上邪	是止上禅	后流上匣
拦江	bʰu²⁴	dʰau²⁴	dʐʰaŋ²⁴	gʰuəi²⁴	vu²⁴	zy²⁴	ʐʅ²⁴	ɣəu²⁴

例字	大果去並	盗效去定	郑梗去澄	健山去群	助遇去崇	饭山去奉	树遇去禅	候流去匣
拦江	dʰa²⁴	dʰau²⁴	dʐʰən²⁴	tɕien²⁴	dʐʰu²⁴	van²⁴	zu²⁴	ɣəu²⁴

例字	白梗入並	达山入定	杂山入从	直曾入澄	服通入奉	习臻入邪	十深入禅	合咸入匣
拦江	bʰe³¹	dʰa³¹	dzʰa³¹	dʐʰʅ³¹	fu³¹	zi³¹	ʐʅ³¹	ɣo³¹

二 西南官话浊音声母今读类型的层次分析

《切韵》音系中的全浊声母并没有体现出送气与否对立的格局，但在相关的韵书、传统方音材料以及如今的汉语方言中都呈现出清化（或保留浊声母）或送气或不送气等多种类型，以至关于中古的全浊声母是否送气这一问题成了人们长期争议的焦点问题。如高本汉、罗常培、王力、董同龢等认为是送气声母，陆志韦、李方桂、李荣等则认为是不送气声母。面对送气与否截然相反的两种观点，无论倾向于哪一种都无法完美地解释如今汉语方言中浊音清化的不同类型。于是，因应汉语方言浊声母清化类型的复杂性，全浊声母在早期可能会因方言差异而存在送气和不送气两种源头的想法便具有了一定的合理性。

陆志韦（1985：8）指出"陆法言的音包含'南北是非，古今通塞'。《切韵》的浊音也许在某些方言念成气音，在别的方言不作气音，那是可能的"。周长楫（1991：287）通过分析汉语方言里浊音清化的不同类型以及《广韵》中521个形义俱同但读音上清浊对立的字后强调，"音韵学界长期争论的古全浊声母中塞音、塞擦音声母是不送气还是送气的问题，还可以继续深入研究。但从上述事实，不妨可以做这样一种假设，即古汉语方言里，有的方言全浊塞音塞擦音声母可能是不送气的，或以不送气音占主导地位，而有的方言则可能相反"。徐通锵（1993：115）分析了山西方言浊音清化的三种类型（平送仄不送；文读平送仄不送，白读不管平仄一律送；文读平送仄不送，白读不管平仄一律不送）后指出："要是在三种类型的语音表现中确定某一类型为'正宗'，其他两种类型都是从它'变'出来的，那么在音理解释上就会碰到无法克服的矛盾和困难。……相反，如果承认山西方言的早期即浊音还没有清化的时候有三种并存的方言差异，这样的假设倒是比较合理，而且在语言结构上也可以得到符合音理的解释。"李如龙、辛世彪（1999：201）强调"唐五代时西北地区既有全浊声母读为送气清音的方言，也有全浊声母读为不送气清音的方言。关中、晋南一带的方言属于前者，河西走廊一带的方言属于后者"。庄初升（2004：118—119）认为"在保留浊音声母的现代吴方言和湘方言中，浊音的浊度在各地并不完全相同"，并据此指出"现代汉语有方言差异，古代汉语也应该会存在方言差异。……就全浊塞音、塞擦音而言，古代不同地域的方言完全可能存在浊音本身发音的不同类型"。

据此，可以假设上述第四种类型，即遂宁拦江镇话中古全浊声母不论平仄均一般读送气浊声母，其今读浊音声母送气类型在早期本身就是送气的全浊声母。如果这种类型在没有其他方言的影响下继续演化，势必演变成次清声母类别，类似今客赣方言、部分豫西南、晋南和关中方言、部分徽州方言和江淮地区的通泰方言类型。但在周边官话方言"平送仄不送"的强势影响下，其实际演变情况却是与官话趋同。遂宁拦江镇方言保留全浊声母的类型很可能是早期"老湖广话"的残留，根据崔荣昌、李锡梅（1986）对四川"老湖广话"的分布调查，"老湖广话"在遂宁周边农村地区是有存在的①，"老湖广话"的特点之一就是存在着全浊声母，或不送气（如竹蒿话）或大体平送仄不送（如永兴话）等。崔荣昌、李锡梅（1986：197）认为"老湖广话"在"历史上属湘方言，现在已经向四川官话靠拢了"，而"历来对湘语的确认，是以声母的发音方法作为标准，即古浊音声母今逢塞音和塞擦音时，无论保留浊音或是浊音清化，不管平仄，一般都念不送气音"（侯精一，2002：123）②。但湖南祁阳方言就存在整套的送气浊音（李维琦，1998），陈晖（2006：53）指出"在湘语的主要分布地——湖南境内也同样存在着送气浊声母，而且巧的是，据崔文，四川盐兴一带的居民很多是从零陵（现永州）移民过去的。祁阳与零陵相邻，现行政上隶属零陵（现永州），因而我们认为，永兴方言的送气浊声母未必就是受西南官话影响所致，它很可能是移民四川前自身特点的一种保留"。这就意味着这些四川"老湖广话"在移民四川之前是存在送气的浊音声母的，我们认为这种观点是有其合理性的，据"文献（按：据清代相关县志）反映（湘方言）入声字清化多送气"（周赛红，2005：54）。但就四川永兴、遂宁拦江镇等"老湖广话"存在送气浊声母的现象，还有一些值得注意和进一步从移民方面来探究的问题，据崔荣昌、李锡梅（1986），这些湘南移民四川之前祖籍大多为江西吉安等。同时，今江淮官话区的通泰方言也存在浊音清化读次清声母的类型，而西南官话一

---

① 崔荣昌、李锡梅（1986：188）："据笔者调查，'老湖广话'通行于远离县城的乡间，分布在沱江上游，集中在中江、金堂、简阳和乐至四县相连的丘陵地带，此外，广汉、简阳、资中、内江、德阳、绵阳、遂宁、蓬溪、蓬安和宜宾等县的农村也有说这种土话的。"

② 陈晖（2006）研究了湘方言浊音入声的清化现象，认为湘方言浊音清化后大多读送气音，且分布范围很广，故她认为"'湘方言中全浊声母清化后无论平仄都读不送气'这一观点有失偏颇"（第39—40页）。

般认为是江淮官话的延伸。既然这样，那么，江西赣方言或江淮官话通泰方言等与四川"老湖广话"之间是否存在移民之间的联系，尚有待进一步从历史移民或语言接触方面来进行深入研究。

　　类型二和类型三全浊声母今读不送气的方言分布点主要集中在湘西和湘南，它们基本符合湘语的特征，即全浊声母清化与否，不论平仄均读不送气音。类型二和类型三属于湘语被官话化以后全浊声母演变的不同阶段，类型二仄声已经清化为不送气的次清声母，这与官话"仄不送"的特征一致①。传统上认为湘语的特征是全浊声母清化后不论平仄一律不送气，但陈晖（2006：47）对湘语浊声母的今读类型进行研究后指出："湘方言中，古全浊声母舒声字强化后一般读不送气音，这一点湘方言各地一致性很高，只有极少数地方例外；入声字清化后送气与否主要有三种情况：一是绝大多数字读送气音，这种情况地域最广，主要分布在娄邵片、辰溆片及衡州片的衡山一带；一是部分字送气部分字不送气，主要分布在长益片；一是不送气占绝对优势，主要分布在衡州片的衡阳一带，另外，永州片一些点也属于这一情况。"由此可见，与西南官话接壤的湘语辰溆片、娄邵片等浊入清化后大多是读送气的，而湘西官话、湘南官话中浊声母仄声不论清化与否均读不送气，这当与早期西南官话"仄不送"的影响有关。因为今湘西官话、湘南官话的早期语言一般认为属于湘语，今划归西南官话是此区域早期湘语受西南官话影响而趋同西南官话以后的事情。故类型二和类型三属于湘西官话、湘南官话早期湘语特征的残留。中古全浊声母在西南官话今读类型二、类型三（包括类型四）的残留，在随后的清化演变中是与官话"平送仄不送"总体特征趋同的，即清化后基本为"平送仄不送"，这一点在类型三中体现得最为清晰（浊声母清化后仄声均读不送气，而平声如永顺话"才财柴 ts^{h}ai^{22}"等字已清化读送气音）。

　　类型一是中古浊全声母在官话方言中清化的共同特点。袁家骅（2001：23）指出"而且（北方方言）的规律是：古全浊塞音塞擦音声母平声变为送气清声母，如'旁糖狂穷茶'；仄声变为不送气清声母，如'被柱''备住''白直'。"侯精一主编《现代汉语方言概论》（2002：

---

①　新湘语中浊入清化后读送气音的类型是比较多的（陈晖，2006），这与官话不一致，故我们认为至少湘西、湘南官话的湘语中浊入清化读不送气应该是官话影响的结果。

11) 总结官话方言的特点之一就是"古全浊声母今读清音，塞音和塞擦音平声送气、仄声不送气"。关于类型一的来源问题也存在着一些不同的说法。针对北京话全浊平声送气的特点，俞敏（1987）认为"（中古）当时平声字储存里次清音极少。全浊变清，把声带颤动改成送气，造成新同音字引起误解的机会少得多。要是全浊变为不送气清音，那引起误解的机会就会多到六倍了。所以人们把声带颤动的肌肉能量挪作送气用了"。即浊平清化送气是音系为了避免同音字太多引起误解而作的自我分化调节，但此说在遇到新湘语等全浊声母清化后平仄皆不送气的方言则难以解释（黎新弟，2008：106）。周长楫（1994：314）指出"北方方言承继的古方言（可能是浊气不送气的方言）在浊音清化的过程中，由于声调的条件，例如平声（假定古平声读高平调）的读法使清化过程中的浊气流比较容易畅流，因而也就比较容易保持那股较强的浊气流，遂使其清化后读为送气清音。而仄声由于声调的读法比较曲折（古人解释仄声的仄是不平的意思），便使得清化过程中的浊气流不容易畅流，在阻碍和摩擦中进一步减弱其气流呼出的强度，便使清化后读为不送气的清音"。我们倾向于接受此说。本书前文提到，今四川"老湖广话"便存在这种全浊声母平声读送气而仄声读不送气的类型（如永兴话等），这似可说明全浊声母平声字读送气并不一定非得在清化以后才这样。因此，官话方言全浊声母清化后平送仄不送的格局，可能在浊音清化之前就以某种两别的形式存在于官话方言平仄不同的声调中了，如或浊音在平声中的气流较强，而在仄声中的浊音气流较弱等，全浊声母清化后只是以"平送仄不送"的形式强化并固定这种区别格局罢了。

第三章

西南官话阴声韵的今读类型与历史层次

第一节 果摄的今读类型与演变层次

中古果摄有开口一等歌韵、合口一等戈韵以及分开合口的三等戈韵。果摄三等至迟在元代便已与假三混同。本节对果摄的今读类型与演变分别论述。

一 果摄一等韵的今读类型

中古果摄一等韵在西南官话绝大多数方言点中的今读都体现得较为规则，即无论开合，主体音值以读单元音 o 韵为主。虽然也有极少数今读 u、uo 韵，但它们的分布极为有限，总体上不影响果摄一等读单元音 o 韵的主体层次。如表 3-1 所示。

表 3-1　　　　　　中古果摄一等今读类型例字

韵摄		果开一歌				果合一戈			
例字		多端	左精	我疑	河匣	波帮	坐从	科溪	火晓
o 类	昆明	to⁴⁴	tso⁵³	o⁵³	xo³¹	po⁴⁴	tso²¹²	kʰo⁴⁴	xo⁵³
	紫阳	tuo³⁴	tsuo⁵³	ŋuo⁵³	xuo²¹	puo³⁴	tsuo²¹³	kʰuo³⁴	xuo⁵³
	郧县	tuo⁵⁵	tsuo⁵³	uo⁵³	xɤ⁴²	puo⁵⁵	tsuo³¹³	kʰɤ⁵⁵	xuo⁵³
u 类	眉山	tu⁵⁵	tsu⁴²	ŋu⁴²	xu³¹	pu⁵⁵	tsu¹³	kʰu⁵⁵	xu⁴²
	江川	to⁵⁵	tsu⁴²	ŋu⁴²	xo³¹	pu⁵⁵	tsu²⁴	kʰu⁵⁵	xu⁴²
	崇庆	to⁵⁵	tsu⁴²	ŋo⁴²	xo³¹	pu⁴⁴	tsu¹³	kʰo⁵⁵	xo⁴²
	兰坪	to⁴⁴	tsu⁵³	u⁵³	xʊ³¹	Pau⁴⁴	tsu²⁴	kʰʊ⁴⁴	xʊ⁵³
	石屏	tou⁵⁵	tsou³³	ou³³	xou⁴²	pou⁵⁵	tsou¹³	kʰou⁵⁵	xou⁵⁵

从主元音来看，西南官话果摄一等韵的今读大致可以分 o 类、u 类两种类型：

类型一：o 类。音值上主要包括 o 韵、uo 韵两种小类。

①o 韵：中古果摄一等韵今读 o 韵是其在西南官话今读的主体类型，遍布整个西南官话区。昆明、武汉、成都、贵阳、桂林等地的方言是此类型的代表。

②uo 韵：西南官话果摄一等读 uo 韵主要分布于鄂北、陕南与中原官话相邻的汉水流域一带。方言点较少，如鄂北的郧县、襄樊、襄阳等，陕南的紫阳、宁陕、石泉、镇平等（受普通话的影响，部分方言点会有少数见系字读 ɤ 韵）。①

类型二：u 类。音值上主要体现为单元音 u 韵，兰坪等少数方言点读 ʉ 韵。果摄一等读 u 类韵的方言点非常有限，目前仅见四川眉山、崇庆和云南江川、兰坪等极少数方言点，眉山话是此类型的典型代表。眉山话果摄一等，遇摄一等、三等知系，入声臻合一没韵、三等术物韵知系和非组，通合一屋沃韵、三等非见系混同读 u 韵。值得注意的是，梗合二入声麦韵（获 xo²⁴）、宕摄一等入声铎韵（霍鹤 xo²⁴）等并没有随同演变成 u 韵，仍保留独立的入声调及入声韵 o。

二　果摄一等韵的演变层次与推链

（一）主体层次 o 韵的演变

果摄字在《切韵》音系里大家都较为一致地构拟为 ɑ。现今西南官话中，除了极少数的"他大哪那"等字今仍较为统一地读 a（极少数方言点读 ɑ 韵）外，果摄其他字绝大多数方言都后高化读为单元音 o 韵了，果摄一等读 o 韵是其在西南官话中的主体层次。

中古果摄元音由 ɑ > o 演变，是从宋代汉语西北方音开始的（张维佳，2002：243），至迟在元代就已演变完结。《中原音韵》里歌戈韵的字一般拟音为 o、io、uo 三类（杨耐思，1981；李新魁，1983a）（其中的 io 韵对应的主要是中古的入声字，此暂不论），由此我们可以看出，当时有开合的对立，但与中古果摄的开合不同，据《中原音韵》同音字表（杨

---

① 襄阳、石泉、镇平等读 uo 韵主要限合口一等戈韵见组字。参"鄂北、陕南 uo 韵的演变层次"。

耐思，1981），中古果开一等歌韵的端组、精组与果合一等戈韵同读合口呼（uo），读开口的仅有果开一歌韵牙喉音（o）。明代《洪武正韵》（1375）歌部相当于《中原音韵》歌戈部，开合的区别也仅存于喉牙音。稍后的《韵略易通》（1442）戈何韵显示中古果合一等戈韵帮组与果开一等喉牙音读开口，其他读合口。相对前面的韵书，中古戈韵一等的合口介音 u 在《韵略易通》的唇音帮组里已经失去。再到明末的《西儒耳目资》（1626）音系，中古果摄一等除合口戈韵喉牙音有 o、uo 两读外①，其他无论开合一律读 o 韵。由此也可以看出，中古果摄一等字在南方系官话中的演变可能与北方系官话不太一样，南方系官话以单元音 o 韵演变为主流，北方系官话则大多选择以保留 u 介音（唇音字例外）的 uo 韵为特点。现今西南官话中，果摄一等开合都读 o 韵的主体层次，与《西儒耳目资》所反映的读音在本质上应该属于同类型②。陈雪竹（2010：17）指出"明清时期江淮地区的语音中，歌戈韵字都没有开合的对立，读为开口呼"，而今江淮官话的果摄一等字读音也较为规则，即基本上是 o 类音（吴波，2007：82）。可见，在果摄一等字没有开合对立，都读开口呼这一点上，西南官话与江淮官话的今读主体层次具有一致性③。

（二）鄂北、陕南 uo 韵的演变层次

鄂北的郧县、襄樊、襄阳，陕南的紫阳、宁陕、石泉、镇平钟宝等读 uo 韵（有些点有极少数字读 ɤ 韵），应该与方言接触与影响有关。西南官话果摄读 uo 韵的以上方言点，基本上都处于鄂北、陕南等地，它们都与中原官话地带相邻，果摄一等字读 uo 韵应该是中原官话的底层残留④。但西南官话这些果摄一等字读 uo 韵的类型也是有层次的，见表 3-2。

---

① 中古合口戈韵一等喉牙音在《西儒耳目资》韵母中有 o、uo 两读，如"果 kò、kuò/戈 kō、kuō"等。

② 中古合口戈韵一等喉牙音在《西儒耳目资》韵母中有 o、uo 两读。我们认为由 uo > o 演变的可能性较大，因为其音韵地位是合口韵，今南京话果摄一等就没有 uo 韵的，全部读 o 韵。

③ 果摄一等开合口不对立，全读开口呼，属于西南官话和江淮官话的主体层次。但江淮官话和西南官话的相关韵书有些仍然开合各列，如叶秉敬《韵表》（1605）、胡垣《古今中外音韵通例》（1886）、马自援《等音》（1708）、林本裕《声位》（1708）、龙为霖《本韵一得》（1750），但这些韵书并不是以反映时音为主，而是主张反映"正音"，故我们一般认为这不排除是守旧的结果。

④ 陈雪竹（2010：198）指出，河南大部分地区除歌韵一等喉牙音读开口呼外，其他与戈韵一等全部读为合口呼。

表 3-2　　　　　西南官话果摄一等字读 uo 韵的例字

韵摄	果开一歌				果合一戈			
例字	多端	左精	我溪	河匣	波帮	坐从	科溪	火匣
郧县	tuo⁵⁵	tsuo⁵³	uo⁵³	xɤ⁴²	puo⁵⁵	tsuo³¹³	kʰuo⁵⁵	xuo⁵³
紫阳	tuo³⁴	tsuo⁵³	ŋuo⁵³	xuo²¹	puo³⁴	tsuo²¹³	kʰuo³⁴	xuo⁵³
宁陕	tuo³⁴	tsuo⁵³	ŋuo⁵³	xuo²¹	po³⁴	tsuo²¹³	kʰuo³⁴	xuo⁵³
襄樊	tuo³⁴	tsuo⁵⁵	uo⁵⁵	xɤ⁵²	po³⁴	tsuo³¹	kʰɤ³⁴/kʰuo³⁴	xuo⁵⁵
襄阳	to²⁴	tso⁵⁵	uo⁵⁵	xo⁵³	po²⁴	tso³¹³	kʰo²⁴	xuo⁵⁵

　　果摄一等在紫阳话中不分开合口全部读 uo 韵,郧县除一等歌韵的喉牙音"歌何可个鹅"等少数字读 ɤ 外(从西南官话的整体情况来看,我们认为读 ɤ 韵应该是受普通话的影响所致,因为它们不具规律性和普遍性,它的早期或是 o/uo,故在此不做专门讨论),其余的一律读 uo 韵;宁陕、襄樊帮组已失去 u 介音,其余同样读 uo 韵;襄阳、石泉读 uo 韵的字就仅限于一等戈韵的"锅果火过课祸"和一等歌韵的"我"。从西南官话果摄一等的今读类型看,郧县的开合类型与《中原音韵》基本一致,杨时逢(1948:574)就特别指出郧县"歌戈两韵见系字不相混,歌韵见系读 ɤ,戈韵见系读 uo。端系字歌戈韵不分,都读作 uo",体现出较典型的北音韵系特点。紫阳、宁陕歌韵一等见系读 uo 可能是词汇扩散的结果。宁陕、襄樊的果摄合口戈韵一等帮组读 o 韵相对 uo 韵来说应该是晚起的层次①,因为合口介音 u 在唇音声母后面是一个过渡音②,由于后代唇音声母的圆展性,这个过渡音不稳定容易丢失(杨剑桥,1996),果摄合口一等帮组字在明代《韵略易通》及《西儒耳目资》中就已明确体现出了这一特点。果摄一等在襄樊话中的分化与《韵略易通》一致。但在西南官话整体方言的强势影响下,鄂北、陕南等果摄一等保留 uo 韵的方言点,

---

①　杨剑桥(1996:225)指出:"'波'字,直到现代北京话,其实际音值仍然是 po⁵⁵"。

②　赵荣芬(2008:130—135)指出:"我们可以确信唇音不分开合是中古汉语各方言的共同特点。"这就说明戈韵唇音字帮组的韵母介音 u 应该是近古主元音由 ɑ 演变为 o 后增生的。潘悟云(1982)指出:"中古唇音后面的合口成分实际上是一种过渡音,如果主元音的舌位是非前的(即央后元音),同时韵尾的舌位是前的,那么唇音后面就会产生一个合口成分",杨剑桥(1996:223)赞成此观点。近古果摄一等戈韵的主元音恰好是央后元音 o,故产生 o > uo 的演变就很合理。张维佳(2002:244)就强调商州话果摄帮组韵母经历了 o > uo > o 的演变。

仍在向西南官话的主体层次 o 韵演化，如鄂北襄阳、陕南石泉等就主要只剩下果合一戈韵喉牙音的极少数字读 uo 韵，其他都读 o 韵了①，这与《西儒耳目资》果摄一等除合口戈韵有 uo、o 两读外，其他一律读 o 韵的情况在本质上是一致的（今南京话果摄一等就没有 uo 韵，全部读 o 韵）。如今果摄一等在西南官话和江淮官话中读 o 韵的主体层次类型，充分显示果摄一等在这两个官话中具有由 uo > o 的共同演变趋势。

（三）眉山等方言点 u 类韵的演变与推链

1. 眉山 u 韵的演变及推链

果摄一等读 u 韵，主要有川西沿岷江流域的眉山、崇庆和滇中偏南的江川，眉山话最为典型。请看表 3-3（为便于比较，现把 u 类韵的方言点同时排出）。

表 3-3　　　　　　　西南官话果摄一等读 u 类韵的例字

韵摄	果开一歌				果合一戈			
例字	多端	左精	我疑	河匣	波帮	坐从	科溪	火匣
眉山	tu⁵⁵	tsu⁴²	ŋu⁴²	xu³¹	pu⁵⁵	tsu¹³	kʰu⁵⁵	xu⁴²
崇庆	tu⁵⁵	tsu⁴²	ŋo⁴²	xo³¹	pu⁴⁴	tsu¹³	kʰo⁵5	xo⁴²
江川	to⁵⁵	tsu⁴²	ŋu⁴²	xo³¹	pu⁵⁵	tsu²⁴	kʰu⁵⁵	xu⁴²
兰坪	tu⁴⁴	tsu⁵³	ʊ⁵³	xʊ³¹	Pau⁴⁴	tsu²⁴	kʰʊ⁴⁴	xʊ⁵³
石屏	tou⁵⁵	tsou³³	ou³³	xou⁴²	pou⁵⁵	tsou¹³	kʰou⁵⁵	xou⁵⁵

眉山话果摄一等读 u 韵的演变脉络很清晰，即宕江入铎、药、觉韵舒化失去塞音韵尾后发生了 oʔ（ioʔ）> o（io）的演变。宕江入洪音 o 韵推动了原果摄一等的 o 韵高化演变为 u 韵，从而导致果摄一等与遇摄一等、三等非组和知系、臻通合入声韵（除三等见系字）混同。可参见例字表 3-4。

---

① 襄阳读 uo 韵的字有果合一戈韵的"锅果火过课祸"、果开一歌韵的"我"、山合一人末韵的"阔活"等（杨时逢，1948：693）。石泉读 uo 韵有果合一戈韵的"窝倭萝蹉卧涡"、果开一歌韵的"阿"等（张德新，2009：12）。

表 3-4　　　　　眉山话等读 u 类韵的韵部混同例字

韵摄	果一		遇一	遇三	臻通一	臻通三	宕一	宕三	江二
韵母	歌	歌/戈	模	鱼/虞	没/沃	物/屋	铎	药	觉
例字	多	罗/骡	炉	书/殊	哭/酷	戌/肃	各郭	着	桌
眉山	tu⁵⁵	nu³¹	nu³¹	su⁵⁵	kʰu²⁴	su²⁴	ko²⁴	tso²⁴	tso²⁴
崇庆	tu⁵⁵	lu³¹	lu³¹	su⁵⁵	kʰo³³	so³³	ko³³	tso³³	tso³³
江川	to⁵⁵	lu³¹	ləu³¹	ʂəu⁵⁵	kʰəu³¹	ʂəu³¹	ku³¹	tʂu³¹	ʂu³¹
兰坪	tu⁴⁴	lu³¹	lu³¹	ʂʅ³¹	kʰu³¹	su³¹	ku³¹	tʂu³¹	ʂu³¹
石屏	tou⁵⁵	lou⁴¹	liu⁴²	siu⁵⁵	kʰu⁴²	vu⁴²	kou⁴²	tsou⁴²	tsou⁴²

宕江入在眉山话中舒化失去塞音韵尾后读 o (io) 韵是独韵，没有与其他任何阴声韵相混，这是最强有力的证据，因为宕江入舒化后，在西南官话中一般都与果摄相混同。但有意思的是，眉山话的高化演变并没有在 u 韵停下，原读 u 韵（遇摄一等、三等非组和知系、臻通合入声韵_{除三等见系字}）的零声母字在果摄一等高化为 u 韵的推动下，继续高化为 ɣ，如"乌 ɣ⁵⁵ = 物屋 ɣ²⁴ ≠ 窝 u⁵⁵"等；同时带动与之发音部位相近似的唇齿音（今音节读"fu"）也高化为 ɣ 韵①，如"扶 ɣ³¹ 佛服 ɣ²⁴"等。眉山话果摄一等的高化及其推链演变层次如图 3-1 所示。

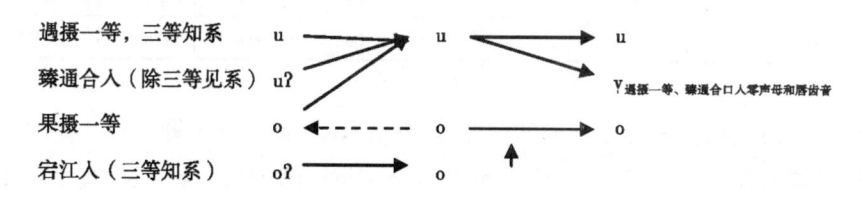

图 3-1　眉山话果摄一等的高化及其推链演变层次

2. 崇庆 u 韵的演变及推链

果摄一等高化为 u 韵在西南官话中同样也是有层次的，四川崇庆话果摄一等由 o 韵高化为 u 的声组并不包括见系字，果摄一等见系字与宕江入、臻通入的见系字仍主要读同 o 韵，并不与遇摄一等 u 韵相混，如"河

---

① 果摄没有非组字，按道理它不能推动原非组字的高化，但音系是一个整体，往往"牵一发而动全身"，引起整体演变。故这里应该是果摄一等零声母高化为 u 韵后，推动原遇摄等零声母 u 韵高化为 ɣ，然后唇齿化的 ɣ 韵再带动发音部位和方法相近似的 fu（非组）组字一同高化 ɣ 韵。

和_和气 xo³¹ = 鹤忽斛 xo³³ ≠ 孤胡 fu³¹/窝 o⁵⁵ = 握屋 o³³ ≠ 乌 u⁵⁵"等；但非见系字则整体表现出推链高化的 u（阴声韵果、假摄一等）、o（宕江入、臻通入）韵二分的类型，如"罗骡奴 nu³¹ ≠ 落鹿六 no³³"。由此可推知，宕江入与臻通入合并后同时舒化为 o 韵，但喉牙音在入声韵的舒化要晚于其他声组，没赶上推动果摄一等 o 高化为 u 的时间，故只好与果摄一等的喉牙音（见系字）混同读 o 韵①，见图 3 – 2。

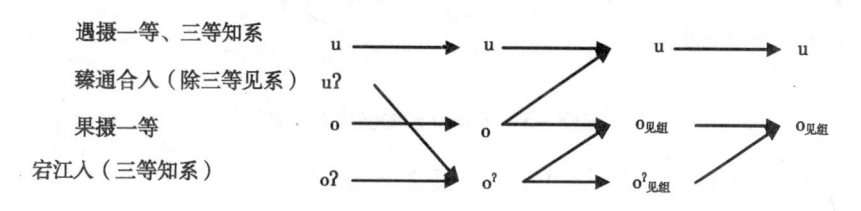

```
遇摄一等、三等知系           u  →  u  →  u  →  u
臻通合入（除三等见系）      uʔ ↗
果摄一等                    o  →  o  →  o见组 → o见组
宕江入（三等知系）          oʔ ↗    oʔ      oʔ见组
```

图 3 – 2　崇庆 u 韵的演变及推链

3. 江川 u 韵的演变及推链

江川果摄一等高化读 u 韵的动因与眉山话是相同的，即早期都是受宕江入声舒化为 o 韵的推动，但眉山话的入声韵推动果摄一等高化为 u 韵后保留自己的 o 韵与之区别，但江川话入声韵则随着阴声韵一同高化为 u 韵②，这说明宕江入在眉山话中的整体舒化速度要慢于江川话。江川话 v 韵的属字和来源与眉山话同。但值得注意的是，遇摄一等、三等非组和知系、臻通合入声韵除了零声母和唇齿音被果摄一等 u 韵推动高化为 v 韵外，其他声组全部被果摄一等 u 韵推动出位裂化为 əu 韵，如"卢鹿六绿 ləu³¹/浦勃扑 pəu³¹"等；随后 əu 韵又推动流开一等、三等知系字高化而与蟹止摄合一、三等唇音字合并读 ei 韵，如"绸雠 tʂei³¹ 愁 tsei³¹ 柔 ʐei³¹/某_流开一_每_蟹合一_ mei⁴²/浮_流开三_肥_止合三_ fei³¹ 废_蟹合三_ fei²⁴"等。演变如图 3 – 3 所示。

4. 兰坪 ʊ 韵的链变类型

中古果摄一等兰坪话读 ʊ 韵应该是原 o 韵的高化所得，但仍有其具体的高化路线。果摄一等在兰坪话中的早期类型应该是眉山型，即先是宕江入舒化失去塞音韵尾（o/io）后推动了果摄一等高化而与模韵、臻通入合

---

① 崇庆戈韵见系仅"锅果过"3 字高化为 u 韵，与遇摄一等混同，如"锅 = 孤 ku⁵⁵/果 = 古 ku³¹/过 = 故 ku¹³"。

② 江川话有"夺脱弱若谷/多舵朵歌何河可个贺鹅我"等少数字读 o 韵，应受周边方言的影响所致。

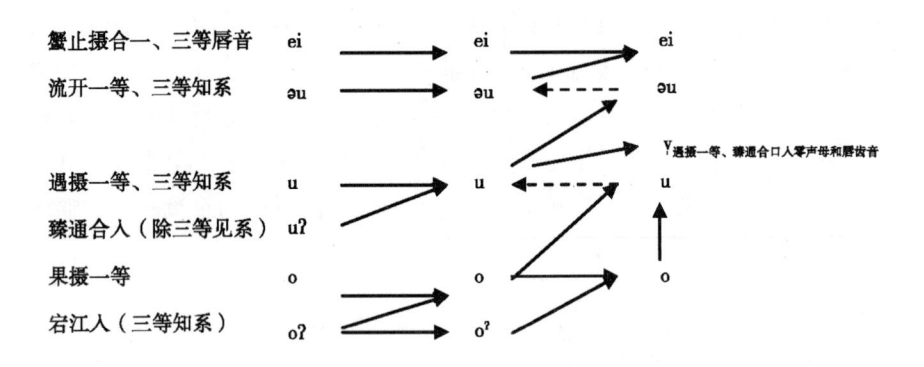

```
蟹止摄合一、三等唇音      ei  →   ei        ei
流开一等、三等知系       əu  →   əu  ←---  əu
                                              ↗  ▽遇摄一等、臻通合口入零声母和唇齿音
遇摄一等、三等知系        u   →    u   ←---  u
臻通合入（除三等见系）    uʔ  ↗            ↑
果摄一等              o   →    o   ↗    o
宕江入（三等知系）       oʔ  →   oʔ
```

图 3-3　江川 u 韵的演变及推链

流，后来宕江入也高化合并进来，最终全部合流为 ʊ（这个 ʊ 韵其实宽式也可记为 u，因为兰坪音系中并没有 ʊ 和 u 的差别①）。但在果摄一等受推动高化为 ʊ/u 的过程中，帮组字为了不与模韵等字合流，从而高位出顶裂化 əu 而与流摄今读洪音合流，后来随流摄洪音字又低化 au 韵而与效摄今读洪音合流，əu > au 演变符合拉波夫链变三通则中的"前响复元音的韵核低化"原则（朱晓农 2006：117）。如图 3-4 所示。

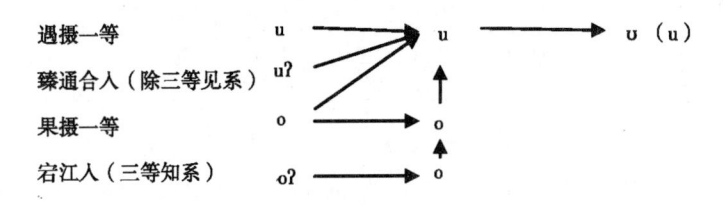

```
遇摄一等              u   →    u   →   ʊ（u）
臻通合入（除三等见系）    uʔ  ↗         ↑
果摄一等              o   →    o
宕江入（三等知系）       oʔ  →    o
```

图 3-4　中古果摄等在兰坪话中的演变

5. 石屏 ou 韵的演变及相关推链

果摄一等、宕江入在石屏话中读 ou 韵，我们认为它们是由 o 高化为 u 以后的裂化所致，即发生了 o > u > ou 的演变。石屏话果摄一等、宕江入读 ou 韵的演变及相关推链，具体可参看"遇摄的今读类型与演变"之"模韵的裂变演变"一节，故在此不做赘述。

综上所述，我们可把西南官话果摄一等韵的今读历史层次用图 3-5 表示。

---

① 兰坪话"ʊ、iʊ 中的 ʊ 近标准的 ʊ，单独读音时在 k、kʰ、t、tʰ 后读得近似偏央的 ʉ 音；au、iau 的 a 比平均的央元音 ᴀ 略后，u 为较松，近似 ʊ"（杨时逢 1969：1604）。

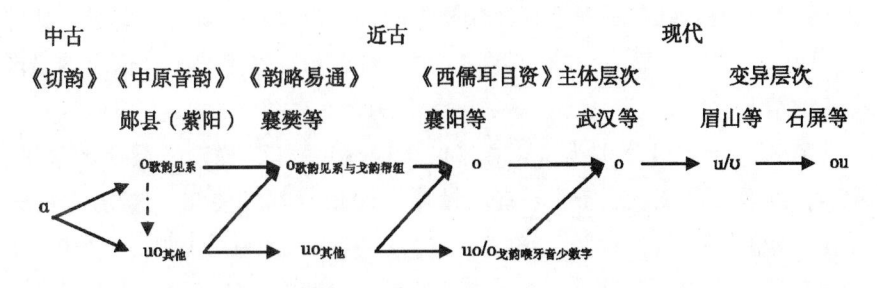

中古		近古	现代	
《切韵》《中原音韵》《韵略易通》		《西儒耳目资》主体层次	变异层次	
郧县（紫阳） 襄樊等		襄阳等 武汉等	眉山等	石屏等

a → o歌韵见系 → o歌韵见系与戈韵帮组 → o → o → u/ʊ → ou

→ uo其他 → uo其他 → uo/o戈韵喉牙音少数字

图 3-5　果摄一等韵在西南官话今读中的历史层次

三　果摄三等韵的今读类型

果摄三等只有戈韵，《字表》中只收录有开口的"茄"和合口的"瘸靴"等少数字，其中西南官话常用的有"茄靴"二字。果摄三等字至迟在元代便已与假摄三等字混同，果开三有读合口（iue > ye）的情况在明代便现端倪，《西儒耳目资》中戈韵开口字便已是 ie/iue 两读。果摄三等字在西南官话中基本上是与假三合流并共同演变。

西南官话中，戈韵三等字的今读类型也较为规则，今读类型例字如表 3-5 所示。

表 3-5　　　　　　果摄三等戈韵的今读类型①

果摄	武汉	武昌	洪江	桂林	大庸	成都	郧县
茄	tɕʰie²¹³/tɕʰye²¹³	tɕʰye²¹³	tɕʰia²¹³	tɕʰie²¹	tɕʰye¹¹	tɕʰie²¹	tɕʰye⁴²
靴	ɕye⁵⁵	ɕye⁵⁵/ɕya⁵⁵	ɕye⁵⁵	ɕye³³	ɕye⁵⁵	ɕye⁴⁴	ɕye⁵⁵

果摄	竹山	贵阳	盐兴①	马关②	江川	崇庆	峨山③
茄	tɕʰie⁵³	tɕʰie²¹	tɕʰyɪ⁵⁵	tɕʰir⁴²	tɕʰi³¹	tɕʰi⁴²	tɕʰiɤ³¹
靴	ʂue	ɕie⁵⁵	ɕyɪ⁵³	ɕiɪ¹¹	ɕi⁵⁵	ɕy⁵⁵	ɕiɤ⁴⁴

果摄三等字在西南官话中的今读类型从主元音上来看，主要有 ɛ 类、e 类、ɪ 类、i 类、ɤ 类等共五种类型，其中以读 e 类型为主流。

类型一：e 类。果摄三等主元音读 e 类是果摄三等字在西南官话今读

---

① 洪江、大庸取自《湖南方音字汇》（湖南省公安厅，1993）。
② 盐兴"iɪ, yɪ。ɪ 是标准 ɪ，但跟 ie, ye 并不相混"（杨时逢，1969：1269）。
③ 马关"ɪ 接近标准元音 ɪ，但在 tɕ 组字有时略开，近似 e"（杨时逢，1969：900）。
④ 峨山"ɤ, iɤ, uɤ。iɤ 的 ɤ 有时读得很前"（杨时逢，1969：445）。

中的主流类型，凡是不属于其他今读类的方言点基本上都属于此类，如郧县、昭通、武汉等就属于这一类型。但从开合口介音上看，音值上的表现有三种情况：

第一，开合口分别为 ie、ye 韵。如云南丽江、禄劝、漾濞、永平、邓川、维西、昌宁、顺宁、双江、镇康、四川成都、夹江、仁寿、井研、荣县、隆昌、荣昌、仪陇、蓬安、三台、遂宁、罗江、德阳、中江、乐至、万县、石砫、云阳、巫溪、南溪、巫山，湖南常德、永州、宁远、吉首、桃源、慈利、慈利、澧县、安乡、汉寿等。果摄三等 ie、ye 韵开合口二分是最主要的今读类型。湖北竹溪、竹山是 ie、ɥe 韵二分型。

第二，开合口混为 ye 韵。如湖北郧县、武汉、武昌、汉川、沔阳、天门、京山、荆门、当阳、江陵、宜昌、长阳、兴山、秭归、恩施、宣恩、来凤、利川、郧西、均县、光化、房县、保康、南漳、钟祥、枣阳、随县，云南永善、大关、盐丰、姚安、大姚、永仁、保山、云县、盐津、杨柳树等。

第三，开合口混同读 ie 韵，如贵州贵阳、云南安宁、禄丰、元谋、广通、泸西、景东、潞西、陇川、腾冲、昭通、新平，湖北宜都、枝江等。果摄三等混同读 ie 韵是 e 类韵未来演变的趋势。

类型二：ɛ 类。桂林、大庸等属于此类型。但从开合口介音上看，音值上的表现有两种情况：

第一，开合口分别为 iɛ、yɛ 韵，如桂林、柳州等。

第二，开合口混同为 yɛ 韵，如大庸等。

类型三：ɿ 类。此类型的方言点较为有限，云南盐兴、马关等是它的代表。韵母音值据介音分两类：

第一，开合口混同读 yɿ 韵，如盐兴等。

第二，开合口混同读 iɿ 韵，如马关等。

类型四：i 类。i 类韵的方言点较多，据开合口介音同样可以分为两种情况：

第一，开合口分别为 i、y 韵，如四川兴文、古蔺、南溪、合江、江津、灌县、温江、彭山、邛崃、峨眉、峨边、眉山、青神、犍为、马边、雷波、屏山、高县、叙永等。

第二，开合口混同读 i 韵，如云南江川、剑川、呈贡、嵩明、罗次、寻甸等。

类型五：ɣ类。峨山话是ɣ类韵目前仅见的方言点，无论开合口都读iɣ韵。

大庸、桂林、柳州等主元音ɛ应该与主流类型的e属于同一个音位，因为在这些方言音系中并没有主元音为e的韵，这就意味着ɛ、e在这些方言中并不构成对立。如大庸话在《湖南方言调查报告》（1974）中就记音为e韵，但说明"e比标准元音略开，是ᴇ"（杨时逢，1974：1095）。据《普通话基础方言基本词汇集·语音卷》（李行健、陈章太，1996：1538），贵阳话记录为ɛ，但说明其实际音值为ᴇ，《贵州省志·方言志》（1998）记录为e，但说明"e是ɛ，ie、ue里的e也是ɛ，贵阳话e、ɛ不对立"（贵州地方志编委会，1996：7）。由此可见，在这些方言中，e、ɛ是同一音位，e并不是由ɛ高化而得。

四 果摄三等韵的演变层次

果摄三等开合口介音在西南官话中一般是i、y二分型（竹溪、竹山的戈三合口介音ɥ是y的前身，即发生iu > ɥ > y演变），但从发展演变的趋势上看，均有向开合口不分的i介音靠拢的趋势，最后随着主元音的高化演变，果摄三等便发展演变为今天最晚的层次类型江川型，即无论开合口同读i韵。但值得注意的是，果摄三等字有很大一部分方言点的开口字带y韵头，与合口字读同韵，果摄三等ɛ类、e类、ɿ类均有这种情况。从方言点看，音值开合口混同的方言点主要在湖北和云南。我们认为这应该是开口韵受合口韵的影响所致，因为果开三戈韵的字相对合口字来说较少，常用的就只有"茄"字，故元明时期受到合口字"瘸靴"等字韵母的影响而类化为合口韵，即介音产生了 i > y 的演变，这在《西儒耳目资》等韵书记载中有体现，它们应该是近现代较为晚起的演变层次。

果摄三等戈韵在《切韵》中主元音一般拟为ɑ，洪江"茄 tɕia[213]"、郴州"茄 tɕia[21]"、武昌"靴ɕya[55]/ɕye[55]"等便属于滞古一层。《中原音韵》归"车遮 ie/iue"韵，《洪武正韵》归"遮 ie/iue"韵，《韵略易通》不论开合读iɛ韵，《西儒耳目资》戈韵三等开口读 ie/iue 韵、合口读 iue 韵。这样来看，戈韵三等开口字在西南官话中有很大一部分介音今为y韵，应该源自明代戈韵开口三等的iue韵，可见西南官话的早期戈韵三等的读音类型与《西儒耳目资》所述是一致的，武汉话便是最好的例证。明末以后戈韵三等开口便分化，沿着 ie、iue 两条线演变，大多数读开口的 ie 韵（如成都等），也有很大一部分追寻 iue 韵而与戈韵三等合口字合流演变读 ye 韵。果摄三等近古主元音 e 由中古的 ɑ 高化而得，主流层次元音 e 在有些方言点继续高化，从而出现 ɿ（如马关等）韵类、i（如江川等）韵类，究其原因乃是因为入声韵舒化后的推移。如崇庆咸山入三四等、深臻曾三梗三四开口入声韵舒化合流读 ie 韵，从而推动果三、假三发生 ie > i 韵的演变，高化后与止开三合流，如崇庆（切七 tɕie³³ ≠ 茄 tɕi³¹ 姐几 tɕie⁴²）等。马关、江川、剑川等的高化均属同理，只是在有些方言点，入声韵在推动果假三等高化的同时也一起类化为同韵，如江川（切 = 茄 tɕi³¹）等，这说明入声韵在这些方言点的舒化速度较快（崇庆尚保留独立的入声调，江川入声调已与阳平混同）。峨山话主元音读 ɤ 应该是 e 央化以后的再后化，朱晓农（2006：109）强调元音央化其实也是一种高化，峨山话"iɤ 的 ɤ 有时读得很前"（杨时逢，1969：444），这说明 ɤ 的早期音值是 ə 或 e，只是后来受主体层次的影响又重新还原读 ie 韵罢了（云南省地方志编委会，1989）。

果摄三等在西南官话中的主流演变如图 3-6 所示。

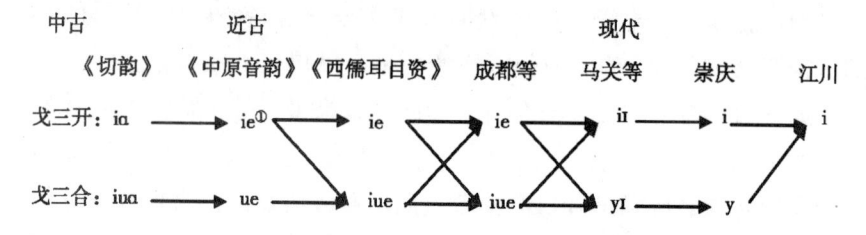

中古	近古			现代		
《切韵》	《中原音韵》	《西儒耳目资》	成都等	马关等	崇庆	江川
戈三开：iɑ	→ ie①	ie	ie	iɿ	i	i
戈三合：iuɑ	→ ue	iue	iue	yɿ	y	

图 3-6 果摄三等在西南官话今读中的主流演变①

第二节 假摄的今读类型与演变

假摄包括开合口的二等麻韵及开口三等麻韵，它们会因韵等的不同而呈现出不同的读音类型，因此，我们把二等韵和三等韵分开介绍论述。

---

① 《中原音韵》（杨耐思，1981）"同音字表"中未查到"茄"字的归韵，董建交（2007：124）也空此韵，为完整显示演变，本书暂拟 ie 韵以示对称。

一　假摄的今读类型

（一）假摄二等韵的今读类型

假摄麻韵二等在西南官话的今读类型中，从主元音来看，以读 a 为主，如武汉、成都、贵阳、桂林等。同时，有少数点读 ɑ，如云南剑川、呈贡、新平等；昆明读 ᴀ（卢开磏，1990）[①]；湖北随县读 ɔ；洱源读鼻化音 ã。音值分配上，开口除见系字外为单元音，见系字一般有 i 介音，合口带 u 介音[②]。见例字表 3-6。

表 3-6　假开二麻韵在西南官话中的今读类型例字

例字	马明	沙生	家见	牙疑	瓜见	花晓
武汉	ma^{42}	sa^{55}	tɕia^{55}/ka^{55}	ia^{55}	kua^{55}	xua^{55}
昆明	mᴀ^{53}	ʂᴀ^{44}	tɕiᴀ^{44}	iᴀ^{31}	kuᴀ^{44}	xuᴀ^{44}
剑川	mɑ^{31}	ʂɑ^{44}	tɕiɑ^{44}	iɑ^{31}	kuɑ^{44}	xuɑ^{44}
随县	mɔ^{53}	ʂɔ^{44}	tɕiɔ^{44}	iɔ^{44}	kuɔ^{44}	xuɔ^{44}
洱源	mã^{42}	sã^{44}	tsiã^{44}	iã^{53}	kuã^{44}	xuã^{44}

1. 假摄三等韵的今读类型

麻韵三等主要包括精组、章组和影组字[③]，从主元音上看，它们在西南官话中基本上可分两种类型：章组与精组、影组混同型，章组与精组、影组二分型。总体上看，精组、影组以读 ie 韵为主，章组读音较为复杂，但以读 e/ɤ/ə 为主流。

（1）章组与精组、影组混同型

混同型据介音的有无，可以分为两种情况：等同型、互补型。

[①] 昆明话在《云南方言调查报告》（1969）中麻韵二等主元音记音为 a，而在《云南省志·汉语方言志》（1989）、《昆明方言志》（卢开磏，1990）、《现代汉语方言音库》中主元音均记音为 ᴀ，但它们在各自记音的版本中 a、ᴀ 并不构成对立，故它们当属同一音位。

[②] 麻韵开口二等见系个别字在个别方言点白读也是不带 i 介音的，如武汉"家 tɕia^{55}/ka^{55}"、大庸"牙 ia^{21}/ŋa^{21}"（郴州）等；麻韵合口二等韵也有个别方言点的晓匣母字是读单元音的，但条件是声母读 f，如洪江"花 fa^{55}"（相同的如贵州黎平、镇远，湖南靖县、晃县等）、桂林"花 xua^{33}/fa^{33}"等。

[③] 麻韵三等知系《字表》中仅收有知母的"爹"一字，西南官话一般读 tie/ti，本书不对之作细论。

①等同型，指章组与精组、影组在音值上相同，一般情况是全部都带 i 介音，音值一般读 ie 韵。如四川夹江、泸溪、峨眉，湖南新田、临武、宜章、东安、永明，贵州凯里、丹寨等。例字如表 3-7 所示。

表 3-7　　　　　麻韵三等章组与精、影组等同型例字

例字	姐精	蛇船	夜以	例字	姐精	蛇船	夜以
夹江	tɕie42	ɕie31	ie24	宜章	tɕie53	ɕie13	ie35
凯里	tɕie55	sɛ21/ɕie21	ie13	丹寨	tɕie55	ɕye53	ie13

②互补型，指章组与精组、影组在音值上互补。即章组一般无介音，但精组、影组带有 i 介音，成都型是此类型音值的主要代表。请见例字表 3-8。

表 3-8　　　　　麻韵三等章组与精、影组互补型例字

例字	姐精	蛇船	夜以	例字	姐精	蛇船	夜以
大庸	tɕie41	sɛ21	iɛ21	成都	tɕie53	se21	ie13
声母	精	船	以	声母	精	船	以
例字	姐	蛇	夜	例字	姐	蛇	夜
峨山	tɕiɤ53	sɤ31	iɤ13	洱源	tɕie42	se53	iẽ24

(2) 章组与精组、影组二分型

麻韵三等二分型在西南官话中的方言点较多，音值差异主要体现在章组字上，章组既有前高化演变（a > ɛ > e）也有后高化演变（a > ɔ (ʌ) > ɤ > ɯ），同时也有央化（ə）。例字如表 3-9 所示。

表 3-9　　　　　麻韵三等章组与精组、影组二分型例字

例字	姐精	蛇船	夜以	例字	姐精	蛇船	夜以	例字	姐精	蛇船	夜以
随县	tɕie53	sa42	ie313	富民	tɕie53	sɔ42	ie11	镇沅	tɕie53	sʌ31	ie24
昆明	tɕiæ53	sə31	iæ212	武汉	tɕie42	sɤ213	ie35	盐兴	tɕir42	sæ53	iɿ313
马关	tɕir33	ɯ42	iɿ11	建水	tɕi53	se42	i13	宜良	tɕie53	sɛ42	ie11

整体来看，麻韵三等精见组的读音类型有 ie、iæ、iɛ、iɿ、iɤ、i、iẽ 等类型，章组从主元音上看主要有 a、ɛ、e、ɔ (ʌ)、ɤ、ɯ、ə 等类型。例字如表 3-10、表 3-11 所示。

表 3-10　　　麻三精见组字在西南官话中的今读类型例字

例字	姐精	夜以	例字	姐精	夜以	例字	姐精	夜以
成都	tɕie53	ie13	大庸	tɕie41	ie21	建水	tɕi53	i13
昆明	tɕiæ53	iæ212	马关	tɕiɿ33	iɿ11	峨山	tɕiɤ53	iɤ13

表 3-11　　　麻三章组字在西南官话中的今读类型例字

例字	蛇船	例字	蛇船	例字	蛇船	例字	蛇船	例字	蛇船
随县	ʂa42	盐兴	ʂæ53	成都	se21	镇沅	ʂʌ31	昆明	ʂə31
大庸	sɛ21	夹江	ɕie31	富民	ʂɔ42	武汉	sɤ213	马关	ɯ42

二　假摄今读类型的演变

假摄麻韵在《切韵》中主元音一般拟音读 a，二、三等的差别主要在 i 介音的有无上，即三等带 i 介音，二等不带。但到《中原音韵》时期，假摄麻韵则一分为二，二等立为家麻（a/ia/ua）韵，三等归为车遮（ie）韵（包括果摄戈韵三等字，详情参"果摄三等韵的演变层次"），《洪武正韵》分归麻（a/ia/ua）韵和遮韵，《韵略易通》分归家麻（a/ua）和遮蛇（iɛ）韵，它们性质上与《中原音韵》同型[①]。西南官话中，麻韵三等章组与精组、影组的今读类型基本上仍与《中原音韵》等保持一致，特点上主要体现为三等章组仍保留 i 介音，方言点如四川夹江、峨眉，湖南新田、临武、宜章、东安、永明，贵州凯里、丹寨等属于此类。如表 3-12 所示。

表 3-12　　　　　　假开二、三等今读例字

例字	马假开二明	沙假开二生	家假开二见	牙假开二疑	瓜假合二见	花假合二晓	姐假开三精	蛇假开三船	夜假开三以
夹江	ma42	sa44	tɕia44	ia44	kua44	xua44	tɕie42	ɕie31	ie24
宜章	ma53	sa33	tɕia33	ia33	kua33	xua33	tɕie53	ɕie13	ie35
凯里	ma55	sa33	tɕia33	ia33	kua33	xua33	tɕie55	sɛ21/ɕie21	ie13
丹寨	ma55	sa33	tɕia33	ia33	kua33	xua33	tɕie55	ɕye53	ie13

[①] 据张玉来（1999）对《韵略易通》的研究，麻韵二等见系字并没有产生 i 介音（见"内容提要"和"同音字表"），我们认为这是仿古的结果。因为"喉牙二等字除家麻韵外，全部产生介音 -i-"。

（一）麻韵二等的演变

麻韵二等字根据 i 介音的有无，大体上分为两类，即二等见系字带 i 介音，绝大多数读 ia 韵；非见系字以读单元音为常，主要读 a 韵。

西南官话二等见系字普遍带 i 介音。我们一般认为二等见组 i 介音的普遍产生主要就在元代，李新魁（1983a：87—89）就指出"元代以前，二等字的韵母一般并不存在［i］介音，但是到了元代，二等字中的见组声母字普遍长生了［i］介音……这个二等字［i］介音之普遍存在，构成了元代汉语韵母系统中的一大特色"。西南官话现在仍有少数方言点的麻韵二等见系少数字的文白异读反映着这一演变痕迹，如武汉"家 tɕia⁵⁵/ka⁵⁵、架 tɕia²¹³/ka³⁵、下 ɕia³⁵/xa³⁵"等，成都"下 ɕia¹³/xa¹³"，洪江、吉首、大庸"虾 ɕia⁵⁵/xa⁵⁵"，郴州"虾 ɕia³³/xa³³、下 ɕia²¹³/xa²¹³、牙芽 ia²¹/ŋa²¹"，大庸"牙芽 ia²¹/ŋa²¹"等。这里有一个值得注意的现象，即咸山入二等字舒化后主要与麻韵二等字混同，但舒化后的咸山入二等见系除与麻韵二等见系一样有文白异读外①，现今仍有一些方言点少数字单独保留读 a 韵，如永州"夹 ka¹³"、常德"掐 kʰa³⁵"，会同"掐 kʰa¹¹"，永州"掐 kʰa¹³、瞎 xa¹³"，郴州"掐 kʰa³³、瞎 xa²¹"，吉首"掐 kʰa⁴¹、瞎 xa²²"，杨柳树"掐掐 kʰa³¹、陷 xã²¹"等，说明二等见系字在阴声韵中的腭化要早于入声韵②。

麻韵二等主元音以读 a 韵为主，但也有少数点读 ᴀ、ɑ、ɔ 等类型，总体上属于后高化演变，高化的缘由主要是入声韵舒化后的推动。如湖北随县，曾开一德韵、三等职韵庄组、梗开二陌、麦韵等舒化读 a 韵，从而推动了假开二以及舒化了的咸山入开口一二等主元音整体高化读 ɔ（但并未与果摄一等 o 韵，宕开三药韵见系、江开二觉韵见系 io 韵合流），如"北德百陌 pa⁴²侧职责麦 tsa⁴² ≠ 巴 pɔ⁴⁴八山 pɔ⁴² 答咸 tɔ⁴² ≠ 波 po⁴⁴ 剥博 po⁴²；瞎 ɕiɔ⁴² ≠ 学 ɕio⁴²"等。随县是麻韵二等字的主元音受推动而整体高化为 ɔ，湖南泸溪麻韵二等见系主元音则没有随之高化为 ɔ，而是保留着读 ia、ua 韵，这应该是受介音 i、u 的影响而保留；麻韵二等非见系字则与果摄一

---

① 武汉"夹甲 tɕia²¹³/ka²¹³、掐恰 tɕʰia²¹³/kʰa²¹³"，郴州"夹 tɕia²¹/ka²¹"，吉首"夹 tɕia²²/ka²²"，大庸"夹 tɕia¹¹/ka¹¹"，常德"卡 tɕʰia³¹/kʰa³¹、瞎 ɕia³⁵/xa³⁵"，洪江"瞎 ɕia²¹³/xa²¹³"、大庸"瞎 ɕia⁵⁵/xa¹¹"等。

② 但未必是入声韵舒化为阴声韵后的演化，如太原"瞎 ɕiaʔ²/xaʔ²、辖 ɕia²"等。

第三章 西南官话阴声韵的今读类型与历史层次　　105

等、咸山入一二等合流读 ɔ 韵（泸溪话因为麻韵二等非见系字高化为 ɔ 韵，故没有单元音 a 韵）。剑川等麻韵二等主元音读 ɑ 属于后化，原因同样是受入声韵的推链所致，即曾开一德韵、三等职韵庄组、梗开二陌、麦韵等舒化读 a 韵，从而推动麻韵二等主元音后化为 ɑ。昆明单元音 a、ʌ 属于同音位。如表 3–13 所示。

表 3–13　湖北随县、湖南泸溪、云南剑川假摄高化（ɔ/ɑ）演变例字

例字	马假开二明	家假开二见	瓜假合二见	答咸开一端	刻曾开一溪	歌果开一见
随县	mɔ⁵³	tɕiɔ⁴⁴	kuɔ⁴⁴	tɔ⁴²	kʰa⁴²	ko⁴⁴
泸溪	mɔ⁵³	tɕia⁴⁴	kua⁴⁴	tɔ¹³	kʰe¹³	kɔ⁴⁴
剑川	mɑ³¹	tɕiɑ⁴⁴	kuɑ⁴⁴	tɑ⁴²	kʰa⁴²	ko⁴⁴

西南官话假摄二等主要的演变层次见图 3–7。

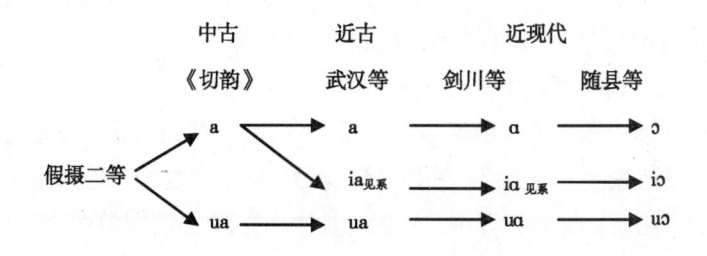

```
              中古        近古         近现代
             《切韵》     武汉等      剑川等      随县等

                a  ─────▶ a  ─────▶ ɑ  ─────▶ ɔ
                  ╲
  假摄二等 ─────    ╲───▶ ia见系 ─▶ iɑ见系 ─▶ iɔ
                  ╱
                ua ─────▶ ua ─────▶ uɑ ─────▶ uɔ
```

图 3–7　西南官话假摄二等演变层次

注：武汉型是假摄二等在西南官话中的主体层次，与《中原音韵》《西儒耳目资》同。

（二）麻韵三等字的演变

麻韵三等字基本上沿着高化的方向演变，但由于章组失去 i 介音较早（至迟明代便已失去），故它与精见组在高化演变中的音值体现并不相同。为明晰二者的差异，下面对精见组与章组分别论述。

麻韵三等精见组字的今读类型主要有 iæ、ie、iɛ、ii、iɤ、i、iẽ 等类型，它们的演变层次也很清晰，方向主要是高化，即 ia > iæ > ie/ iɛ/ iɤ > ii > i（洱源鼻化音 iẽ 于本书后面讨论），但高化的原因则有所不同，如 ia > iæ > ie/ iɛ 主要属于自变，而 ie/ iɛ > ii > i 的演变则有推链的外因，动因主要是入声舒化后的占位推移。如云南剑川、元江、禄劝，四川兴文、灌县、绥江、古蔺、南溪、合江、江津、彭山、邛崃、大邑、峨边、眉山、温江、青神、雷波、屏山、高县、长宁、綦江、简阳、犍为、马边、叙永等方言点，麻韵三等精见组一般高化读 i 韵，咸山入开口三四等一般舒化读 ie 韵，即：邪 ɕi ≠ 歇胁 ɕie。峨眉正处于这种推化链变中，故麻韵三等精见组字一般有 i、ie 两读（姐 tɕi⁴²/tɕie⁴²、野 i⁴²/ie⁴²），但咸山入开口三四等只有读 ie 韵①。高化后麻韵三等一般与止开三、蟹开三四、深臻曾三梗三四开口入声韵合流（姐己 tɕi = 及积疾极 tɕi ≠ 接节 tɕie）②。此外，云南的罗次、寻甸、嵩明、广南、石屏、建水、个旧、蒙自、屏边、邱北、华宁、师宗、呈贡等则是麻韵三等与咸山入开口三四等同时高化读 i 韵，这说明入声韵在这些方言点的舒化速度较快，峨山话读 iɤ 韵和马关、盐兴读 iɿ 韵的高化原因与此同理（华宁、师宗麻韵三等、咸山入开口三四等高化为 i 后，推动了早已合流的止开三、遇合三、蟹开三四、深臻曾三梗三四开口入声韵今声母读 ts 组的字高化为 ɿ 韵，如居鸡肌 tsɿ⁴⁴ 及积疾极 tsɿ³¹ ≠ 姐 tɕi⁵³ 接节 tɕi³¹）。麻韵三等也存在古音残留的现象，如大庸"爹 tie⁵⁵/tia⁵⁵"，洪江"姐 tɕie³³/tɕia³⁵、借 tɕie³⁵/tɕia³⁵"，常德"斜邪 ɕie¹³/ɕia¹³"，永州"斜 zie³³/zia³³"，宁远"斜 tɕʰia³³"，洪江"野夜 ie³³/ia³³"，会同"野 ia²⁴、夜 ie³³/ia³³"等。

至明末《西儒耳目资》中，麻韵三等章组失去了 i 介音（三等精见组以及二等的读音类型与《中原音韵》基本一致），从而与带 i 介音的精见组相区别。章组失去 i 介音后，其语音演变的走向较为复杂，但西南官话中仍以读 e 韵为主流，麻韵三等主元音读 e 是西南官话的主体层次，而章组以失去 i 介音读 e 韵为主的情况，反映了西南官话与《西儒耳目资》在麻韵字的今读上具有一致性。麻韵三等章组失去 i 介音读单元音韵的动力，主要源于章组字声母由早期 tɕ 组演变为后来的 tʂ 组声母，而章组的这种演变我们认为在南宋时期就已完成（请参"精知庄章组的分合与演变"），所以章组失去 i 介音的情况应该发生得较早，但不同方言间可能存在演变速度快慢的差异。西南官话麻韵三等章组失去 i 介音的情况至迟在明末就已发生，因为我们一般认为西南官话与《西儒耳目资》反映的江淮官话属于同源。

麻韵三等章组读主流层次 e 韵，但它显然还不是最早的层次，因为云南剑川、贵州黄平、湖南郴州、湖北随县等尚读 a 韵，洪江"蛇 sɛ²¹³/sa²¹³"的文白异读反映了这种演变（e、ɛ 在西南官话中属于同一个音位，

---

① 峨眉话应是咸山入阳声韵与入声韵合流为 ie 韵（面 = 灭），然后推动原麻韵三等精见组高化为 i 韵。

② 此侧面说明入声的舒化并不同步，深臻曾三梗三四开口入声韵的舒化显然要比咸山入三四等早些。

第三章　西南官话阴声韵的今读类型与历史层次　　107

请参"果摄三等的今读类型与演变")。麻韵三等章组的主元音演变主要是高化,体现为三个方向:前高化(a > æ > e/ɛ)、后高化(a > ɔ/ʌ > ɤ > ɯ)、央化(ə)。参见表 3 – 14。

表 3 – 14　麻韵三等章组字在西南官话中的今读类型及其方言分布

e	ə		ɤ
四川、湖南、贵州全部;云南大部:建水、个旧、蒙自、元江、禄劝、华宁、广通、镇南、弥渡、路南、河西、马龙、沾益、巧家、宜威、平彝、永胜、大理、凤仪、漾濞、云龙、洱源、鹤庆、邓川、祥云、姚安、大姚、永仁、维西、龙陵、潞西、腾冲、兰坪、大关、永善、盐津、镇雄;湖北:巴东、恩施、宜恩、来凤、利川、竹溪、竹山、郧西、郧县、房县、保康、南漳、襄阳、枣阳	云南:昆明、桂林、双柏、华宁、屏边、曲靖、会泽、罗平、师宗、文山、广南、宾川、武定、石屏、昌宁、顺宁等;湖北:钟祥等;广西:桂林等		云南:安宁、楚雄、易门、嵩明、峨山、思茅、澜沧、缅宁、永平、景谷、邱北、西畴、富宁、保山、云县、景东、双江、镇康、陇川、罗次、寻甸、峨山、墨江、昭通、新平、师宗、宁洱等;湖北:武汉、均县、汉阳、汉口、武昌、沔阳、天门、京山、荆门、江陵、枝江、宜都、宜昌、长阳、兴山、秭归;广西:柳州
	a	随县、郴州、黄平、剑川	
	æ	陆良、桂阳、盐兴	
	ɛ	陕南大部:紫阳、宁陕、石泉、镇坪钟宝;云南:宜良、大庸等	
	ie	四川夹江、峨眉;湖南:新田、临武、宜章、东安、永明等;贵州:凯里、丹寨等	
	ʌ	镇沅	
	ɔ	富民、呈贡、禄丰、玉溪、开远、晋宁	
	ɯ	马关、当阳	

西南官话假摄三等主要的演变层次可示如图 3 – 8 所示。

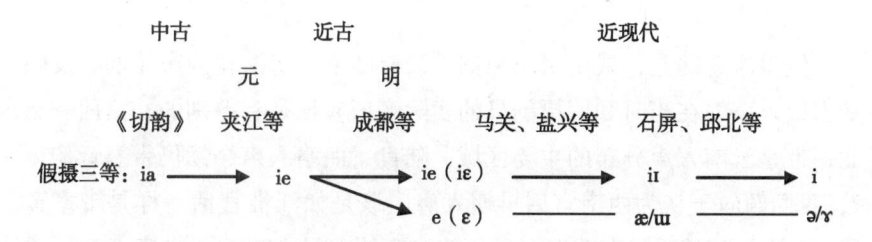

```
         中古           近古                   近现代
                   元          明
       《切韵》    夹江等    成都等    马关、盐兴等    石屏、邱北等
假摄三等: ia  →  ie  →  ie(iɛ)    →    iɯ    →    i
                       ↘ e(ɛ)    ————    ɯ/æ    ————    ɤ/ɯ
```

图 3 – 8　西南官话假摄三等演变层次

　　注:章组在失去介音 i 后,它与精见组的主元音并不是平行的发展演变,故图中用非箭头的直线表示。中古元代以《中原音韵》为代表、明代以《西儒耳目资》为代表。

三　洱源假摄等阴声韵的鼻化演变及相关问题

(一)假摄的鼻化演变与混同

假摄在洱源话中除三等知系字(e)外,其他的主元音一律与阳声韵咸山摄开口非组、端系、见系(知系和二等帮组如"板 pã⁴²/衫山 sã⁴⁴/展

tsã⁴²"等与咸山摄合口一二等和三等知系、蟹摄除开口三等、止摄合口韵合流。参本节后叙)、宕江摄混同变读为鼻化韵（ã/iã/uã/iẽ）。洱源话假摄今读鼻化韵，我们认为主要是受阳声韵咸山摄、宕江摄演变为鼻化韵后的影响所致，即假摄因与之主元音相同、读音近似而类化为鼻化韵。参见表3–15、表3–16。

表3–15　　　　　洱源话中古假摄的今读例字

韵摄	假开二麻				假合二		假开三		
例字	马明	沙生	家见	牙疑	瓜见	花晓	姐精	蛇船	夜以
洱源	mã⁴²	sã⁴⁴	tsiã⁴⁴	iã⁵³	kuã⁴⁴	xuã⁴⁴	tɕiẽ⁴²	sẽ⁵³	iẽ²⁴

表3–16　　　　　洱源话中古咸山宕江摄的今读例字

韵摄	山开一寒		山开二山删		山开三薛月		山开四屑	宕合一唐	宕合三阳	
声母										
例字	单端	餐清	寒匣	闲匣	变帮	言疑	天透	光见	房奉	王云
洱源	tã⁴⁴	tshã⁴⁴	xã⁵³	ɕiẽ⁵³	piẽ²⁴	iẽ⁵³	thiẽ⁴⁴	kuã⁴⁴	fã⁴⁴	uã⁵³

韵摄	宕开一唐	宕开三阳			江开二江		山开二山删	山开三薛	
例字	唐定	将精	庄庄	姜见	窗初	江见	板帮	山生	善禅	然日
洱源	thã⁵³	tɕiã⁴⁴	tsuã⁴⁴	tɕiã⁴⁴	tshuã⁴⁴	tɕiã⁴⁴	pã⁴²	sã⁴⁴	sã²⁴	zã⁵³

值得注意的是，咸山摄入声韵并没有随之一起演化为鼻化韵，反映了咸山摄入声韵在当时和假摄韵母的实际音值应该是有差别的。滇西和滇东北一带是云南入声分布的主要区域，陆良、曲靖入声今读仍带塞音韵尾-ʔ，我们倾向于认为西南官话早期入声应该是如江淮官话一样是带塞音韵尾-ʔ的，洱源话阴声韵在向鼻化韵演变的时候入声韵或带塞音韵尾或读得较为紧短，从而避免了与阴声韵一道演变为鼻化韵。见咸山入在洱源话中的今读例字表3–17。

表3–17　　　　　咸山摄入声在洱源话中的今读例字

韵摄	山开一曷	山开二黠鎋		咸开三薛月		山开四屑	山合二黠鎋	山合三月
例字	达定	八帮	瞎晓	灭明	歇晓	铁透	刷生	发非
洱源	tɑ³¹	pɑ³¹	ɕiɑ³¹	mie³¹	ɕie³¹	thie³¹	sɑ³¹	fɑ³¹

（二）蟹止摄的鼻化演变与混同

洱源话阴声韵读鼻化韵的还有蟹摄字和止摄合口字：蟹摄开一（除唇音：贝 pei^{24}）二等与阳声韵咸山摄开口知系和二等帮组合流读鼻化的 ã 韵，蟹合二与阳声韵山合一二等、山合三等知系合流读 uã 韵，蟹合一（除唇音：梅 mei^{53}／废 fei^{24}）三四等、止合三（除唇音：飞 fei^{44}）与阳声韵臻合一（除唇音：本 pə ĩ^{42}）、臻合三来母、知系合流读 uə ĩ 韵。如表 3－18 所示。

表 3－18　蟹止摄与阳声韵咸山臻摄在洱源话中的今读类型例字

韵摄	蟹开一	蟹开二	蟹合二	蟹合一	蟹合三	止合三	山开二	
例字	开溪	派滂	怪见	灰晓	岁心	嘴精	板帮	山生
洱源	kʰã^{44}	pʰã^{24}	kuã^{24}	xuə ĩ^{44}	suə ĩ^{24}	tsuə ĩ^{24}	pã^{42}	sã^{44}

韵摄	山开三薛		山合一	山合二	山合三	臻合一	臻合三	
例字	善禅	然日	端端	关见	船船	寸清	伦来	春昌
洱源	sã^{24}	zã^{53}	tuã^{44}	kuã^{44}	tsʰuã^{44}	tsʰuə ĩ^{24}	luə ĩ^{53}	tsʰuə ĩ^{44}

洱源话中古假摄一二等今读鼻化 ã／iã／uã 韵的主元音 a 应该是受蟹摄一二等原基音（ai）演变为单元音 a 后推动所致，即蟹摄一二等基音演变为单元音 a 后推动了原假摄的 a 后化为 ɑ（假摄在洱源周边方言点如云龙、鹤庆等主元音今读仍为 a），假摄一二等在今剑川话主元音读 ɑ 体现了此阶段的读音类型（蟹摄一二等读 æ）。洱源话阴声韵的鼻化演变应该是在阳声韵咸山摄、宕江摄演变为鼻化韵以后，因它们之间主元音相同、读音近似而类化演变为鼻化韵，从而使得有些阴声韵在类化为鼻化韵的过程中进行得并不是很彻底，如洱源话"ã，iã、uã 及入声的 ɑ、iɑ、uɑ 的 ɑ 近标准元音 ɑ，舒声鼻化尾不太稳固"（杨时逢，1969：1102）。但就洱源话主元音 ɑ、a 两别来看，它们类化为鼻化韵有一个基本格局，即假摄主要与宕江摄合流，而蟹摄（除开口三等）主要与咸山摄合流。至于咸山摄开口非组、端系、见系基音为 ã 而与假摄等合流，可能与推链有关，即蟹摄在鼻化为 ã 韵的演变中，咸山摄一二等的非组、端系、见系字被推向后而演变为 ã 韵，而其他声组的字和其他韵组则主要是接受混同，而没有被推移演变为别的类型。

洱源话中古假摄、蟹摄（开口三等除外）、止摄合口与阳声韵咸山摄、宕江摄、臻摄合口混同为鼻化韵后，如果不考虑外来语音的影响，它们最终会失去鼻化韵而变为阴声韵，即演变类型如图 3－9 中的宾川型。

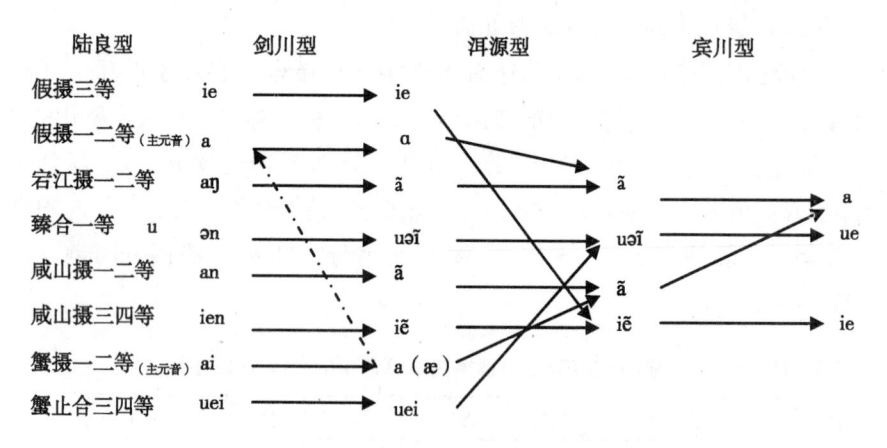

陆良型		剑川型	洱源型	宾川型
假摄三等	ie	→ ie		
假摄一二等（主元音）	a	→ ɑ		
宕江摄一二等	aŋ	→ ã	→ ã	→ a
臻合一等	un	→ uɛ̃	→ uɛ̃	→ ue
咸山摄一二等	an	→ ã	→ ã	
咸山摄三四等	ien	→ iɛ̃	→ iɛ̃	→ ie
蟹摄一二等（主元音）	ai	→ a（æ）		
蟹止合三四等	uei	→ uei		

图 3-9 洱源话等方言点阴声韵与阳声韵的混同演变类型

第三节 遇摄的今读类型及演变

一 模韵的今读类型与演变

（一）模韵的今读类型与演变

模韵在西南官话的今读中，主体层次读 u 韵，如成都型，但也存在一些其他读法，如读 o 韵的剑川型（包括四川彭山等）、读 ʊ 韵的兰坪型、读 əu 韵的江川型等。此外，今读类型还会因声母而分化为两种类型：

第一，帮系、见系与端系（端组、泥组、精组）二分型，音值上表现如下：

①武汉型：u、ou 二分型。

②紫阳型：u、əu 二分型（方言点有湖南桃源、凤凰、临澧、芷江、晃县，湖北襄阳、随县、江陵，陕南紫阳、宁陕、石泉等）。此外，u、əɤ 二分的龙山型和 u/ɯ、əɯ 二分的麻阳型也属紫阳型，它们韵尾的差异主要缘于音位的不同归纳。

第二，丽江型，模韵除精组外读 v 韵、模韵精组和鱼虞韵知系读 ʯ 韵。如表 3-19 所示。

表 3-19　　　　　　　　西南官话模韵今读例字

例字	布帮	土透	路来	祖精	古见	例字	布帮	土透	路来	祖精	古见
成都	pu13	tʰu53	nu13	tsu53	ku53	剑川	po55	tʰo31	lo55	tso31	ko31
兰坪①	pʊ24	tʰʊ53	lʊ24	tsʊ53	kʊ53	龙山②	pu24	tʰɤ53	nɤ24	tsɤ53	ku24
江川③	pəu24	tʰəu42	ləu24	tsəu42	kəu42	武汉	pu35	tʰou42	nou35	tsou42	ku42
紫阳	pu213	tʰəu53	nəu213	tsəu53	ku53	石屏④	pu13	tʰiu33	liu13	tsiu33	ku33
麻阳⑤	pu24	tɯ44	lɯ24	tsɯ44	ku44	丽江	pɣ55	tʰɣ42	lu55	tsʅ42	kɣ42

（二）模韵今读类型的演变层次

对中古模韵的拟音音值各家观点稍有不同，王力拟 u，高本汉、董同龢、黄典诚拟为 uo，李荣、邵荣芬拟为 o，陆志韦拟为 wo，但对模韵的不同拟音都具有后高元音 u 或 o 的特点，我们在此采纳拟为 o 韵的观点，彭建国（2006：96）就认为"对照诸家对《切韵》模韵的拟音，中古模韵为 o"。中古的模韵发展至近古《中原音韵》时，与鱼虞韵三等庄组、非组声母混同为"鱼模 [u]"韵（杨耐思，1981：103），这种情况在《洪武正韵》《韵略易通》中得以继承，《西儒耳目资》把它们标音"u 甚"，各家均拟音为 u 韵。西南官话鱼虞韵三等庄组、非组即与模韵混同，特别是鱼虞韵三等庄组与模韵混同后，因声母与模韵精组相同，故鱼虞韵三等庄组与模韵精组的韵母在西南官话中总是同时演变，很少例外。

1. 模韵的单元音高化演变

（1）o（剑川型）→ʊ（兰坪型）；o（剑川型）→ɣ（彭山型）

模韵在剑川、彭山读 o 韵属于中古音的残留层次，理由可参看"臻、

---

① 兰坪"ʊ，iʊ。ʊ 近标准 ʊ，单独读音时在 k、kʰ、t、tʰ 后读得近似偏央的 ʉ 音"（杨时逢，1969：1064）。

② 龙山"ɤɣ 韵的 ə 比央元音 ə 偏后而开，近似 ʌ，ɣ 尾很平均"（杨时逢，1974：841）。

③ 江川"əu 韵的 ə 近央元音 ə，但读得很短，u 尾很松，严式可作 əʊ"（杨时逢，1969：377）。另，墨江"u 是偏前的央元音 ʉ，在读 u 时有时前面带个极短的 ə，严式可作 əʊ"（杨时逢，1969：495），又，思茅"u 是圆唇的央元音 ʉ，有时读的好像前面有一个很短的 ə"（杨时逢，1969：530）。

④ 石屏"u、iu 韵的 u 比标准元音 u 偏央，是圆唇的 ʉ，i 介音，有时有圆唇的倾向"（杨时逢，1969：1338）。

⑤ 麻阳"əɯ 韵的 ə 比标准央元音 ə 关而偏后，近乎 ʌ 的程度，ɯ 尾是标准的 ɯ"（杨时逢，1974：1292）。

通摄合口入声韵的今读与演变"一节,此不赘述。彭山、剑川均是模韵与果摄、臻通摄合口入声韵合流为 o 韵,虞韵非组字我们知道至迟元代既已与鱼虞韵庄组一起进入模韵,但彭山的虞韵非组、模韵疑母、影母均读 ɣ 韵,今读声母条件是 f、Ø 声母。相同的条件下,果摄的疑母、影母字并没有读 ɣ 韵的情况。如表 3-20 所示。

表 3-20　　　　　模韵高化为 o、ʊ、ɣ 类型的例字

韵摄	模		模/虞	虞	果			臻入			通入		
声母	见	影	微/疑	非	见		影	见	敷	微	见	影	非
例字	孤	乌	武五	夫	歌	锅	窝	骨	佛	物	谷	屋	福
彭山	ko⁵⁵	ɣ⁵⁵	ɣ⁴²	fɣ⁵⁵	ko⁵⁵	ko⁵⁵	o⁵⁵	ko²⁴	fo²⁴	o²⁴	ko²⁴	o²⁴	fo²⁴
剑川	ko⁴⁴	o⁴⁴	o³¹	fo⁴⁴	ko⁴⁴	ko⁴⁴	o⁴⁴	ko¹³	fo¹³	o¹³	ko¹³	o¹³	fo¹³
兰坪	kʊ⁴⁴	ʊ⁴⁴	ʊ⁵³	fʊ⁴⁴	kʊ⁴⁴	kʊ⁴⁴	ʊ⁴⁴	kʊ³¹	fʊ³¹	vʊ³¹	kʊ³¹	ʊ³¹	fʊ³¹
彭州	kʊ⁵⁵	ʊ⁵⁵	ʊ⁵³	fʊ⁵⁵	ko⁵⁵	ko⁵⁵	o⁵⁵	ko³³	fo³³	o³³	ko³³	o³³	fo³³

我们把彭山、剑川和彭州例字情况对比看,就很容易推断,果摄字由中古时期的 ɑ 韵受推动高化后可能与中古时期的模韵相近,但二者的具体韵母音值并不等同,这可以从例字表 3-20 中彭山话的分韵情况得到证实。因为如果二者的韵母音值等同的话,则意味着二者影母等字应该同步演变,即如剑川型(乌 o⁴⁴ = 窝 o⁴⁴)。但事实是,彭州的影组在果摄和模韵中的演变并不同步,即"乌 ɣ⁵⁵ ≠ 窝 o⁵⁵"等。故彭山方言模韵、果摄早期的具体音值应该是不相同的,二者早期或为主元音 o(模韵)、ɔ(果摄)的区别,因为彭山"o,io 韵的 o 近标准元音 o,有时读得较开,但在入声中的 o,是较开的 o,近似 ɔ"(杨时逢,1984:967)。我们把彭山、彭州和剑川三地方言作对比后很容易得出结论:模韵疑母、影母和虞韵非组摩擦高化读 ɣ 韵显然不是受入声韵舒化后的推动所致,而应该是臻、通合口入声韵舒化后与果摄混同读 ɔ 韵(格局如"彭州型"),然后高化为 o 韵而与模韵混同(剑川型),进而推动模韵疑母、影母和虞韵非组摩擦高化读 ɣ 韵。剑川型(o 韵)的整体高化便得 ʊ 韵的兰坪型。

(2) u(成都型)→ʮ 模韵精组、鱼虞韵知系/ʊ(丽江型)

丽江遇摄读 ɣ 韵的原因与彭山一样,即都属于推动所致,但所受推动的对象则有所不同。彭山型受推动的动力是果摄等的高化而与模韵合流为 o 韵,亦即彭山的模韵原本就保留着中古时期 o 韵,模韵疑母、影母和虞

韵非组受推动而发生了 o > ɤ 的演变。但丽江不一样，丽江是中古果摄 ɑ 韵高化为 o 韵后，推动了模韵由原 o 韵高化为 u 韵，即在 ɤ 韵形成之前模韵与果摄属于 u、o 韵二分的类型，即如表 3 – 21 中的成都型。

表 3 – 21　　　　　　　模韵高化为 ʮ、ʋ、ɤ 类型的例字

韵摄	模	模/虞	虞	臻入			通入	模	鱼虞	通	果	宕入
声母	见	微/疑	非	见	敷	微	非	精	知系	见	端	见	见
例字	孤	武五	夫	骨	佛	物	福	祖	阻/主	公	东	歌	各
成都	ku⁴⁴	u⁴²	fu³¹	ku²¹	fu⁴⁴	u⁵³	fu²¹	tsu⁴²	tsu⁴²	koŋ⁴⁴	koŋ⁵⁵	ko⁴⁴	ko²¹
丽江	kɤ⁴²	ɤ⁵⁵	fɤ⁴²	kɤ²⁴	fɤ²⁴	ɤ²⁴	fɤ²⁴	tsʮ⁴²	tsʮ⁴²	ku⁴²	to²⁴	ko⁴²	ko²⁴

丽江话只有阴声韵，完全没有阳声韵，原阳声韵通摄字（三等晓、影组除外）失去阳声韵为 ŋ 后分化进入阴声 o 韵（帮系、端系、庄组）和 u 韵（知章组、见系），因通摄阳声韵知章组、见系等读 u 韵的缘故，便推动了模韵（精组除外）由原 u 韵摩擦高化为 ɤ 韵、精组和鱼虞韵知系字推动高化出位为 ʮ 韵，但通摄阳声韵帮系、端系、庄组读 o 韵则只与果摄合流。其实，模韵由 u > ɤ、ʮ 演变进行得并不彻底，如来母、晓组等仍读 u 韵，故记音人丁声树就特别说明丽江 "u 近标准元音 u；ɤ 是 v 的延长成音节，在这方言中，很难分辨 u、ɤ 两韵的字，所以较为复杂，看起来也很不一致"（杨时逢，1969：1620）。如图 3 – 10 所示。

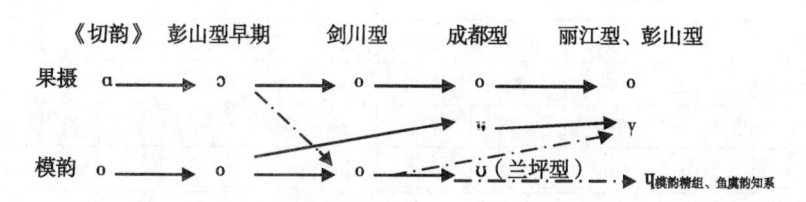

图 3 – 10　西南官话模韵单元音的高化演变层次

2. 模韵的裂变演变

裂化表现为复元音化。西南官话模韵今读为复元音的有如下五种：ou、əu、əɤ、ɯɯ、iu（泸溪模韵精组、鱼虞韵庄组读 ɯ 韵较为特别，我们将另作讨论）。

（1）武汉型：u→ou

模韵与流摄相混，主要有湖北武汉、沔阳、京山、宣恩、房县、枣阳、竹溪、竹山、郧西、湖南石门、常德、洪江、大庸、陕南镇坪等。但

如今随着普通话等语言大环境的影响，有些裂化了的韵也在逐渐回归读 u 韵，如在《湖南汉语方音字汇》（1993）中，大庸裂化读 ou 韵的就剩下模韵精组、鱼虞韵庄组，模韵端组、泥组已回归读 u 韵。大庸模韵的这种回归甚至带动了侯韵的帮组、端组、泥组和日母一起变读为 u 韵，这是很有意思的现象。参见例字表 3 – 22。

表 3 – 22　　　　　　　模韵裂变为 ou 类型的例字

韵摄	模	模	模	模/鱼	鱼/虞	模	虞/模	虞	通入	侯	
声母	帮	透	来	精	知/章	见	微/疑	非	来	定	精
例字	布	土	路	祖/阻	猪/朱	孤	武/五	夫	绿	头	走
武汉	pu³⁵	tʰou⁵³	nou³⁵	tsou⁵³	tɕy⁵⁵	ku⁵⁵	u⁵³	fu⁵⁵	nou²¹³	tʰou²¹³	tsou⁵³
京山①	pu⁴⁴	tʰou³¹/tʰu³¹	nou⁴⁴/nu⁴⁴	tsou³¹/tsu³¹	tsu⁵⁵	ku⁵⁵	u³¹	fu⁵⁵	nou¹³/nu¹³	tʰou¹³	tsou³¹
镇坪	pu²¹³	tʰou⁵³	nou²¹³	tsou⁵³	tʂu⁴⁵	ku⁴⁵	u⁵³	fu⁴⁵	nou²¹	tʰou²¹	tsou⁵³
竹溪	pu³¹³	tʰou³⁵	lou³¹³	tsou³⁵	tʂʮ²⁴	ku²⁴	u²⁴	fu	lou²⁴	tʰou⁴²	tsou³⁵
大庸	pu³⁵	tʰou⁴²	nou³⁵	tsou⁴²	tʂʮ⁴⁴	ku⁴⁴	u⁴²	fu⁴⁴	lou	tʰou²¹	tsou⁴¹

（2）江川型和紫阳型：u→əu（əɯ/əɤ）

第一，江川型。江川模韵、鱼虞韵知系全部裂化，动力是源于果摄的推动，并引起果摄、模韵、侯韵、灰韵等的推链演变。参见例字表 3 – 23。

表 3 – 23　　模韵裂变为 əu（əɯ/əɤ）及其推链演变的例字（一）

韵摄	模	模	模	模/鱼	鱼/虞	模	虞/模	虞	臻入	侯
声母	帮	透	来	精	知/章	见	微/疑	非	见	微	定
例字	布	土	路	祖/阻	猪/朱	孤	武/五	夫	骨	物	头
江川	pəu²⁴	tʰəu⁴²	ləu²⁴	tsʰəu⁴²	tʂəu⁵⁵	kəu⁵⁵	ɣ⁴²	fy⁵⁵	kəu³¹	ɣ³¹	tʰəi³¹

韵摄	灰	果				宕	果			
声母	明	帮合	来开合	精开	精合	影	见	见合	见开	端开	端合
例字	梅	波	罗骡	左	坐	窝	各	锅	歌	多	朵
江川	mei³¹	pu⁵⁵	lu³¹	tsu⁴²	tsu²⁴	u⁵⁵	ku⁵⁵	ku⁵⁵	ko⁵⁵	to⁵⁵	to⁴²

江川模韵、鱼虞韵知系的裂化源于果摄的高化，即果摄由 o > u 演变

---

① "模韵端系与鱼虞两韵庄组字文言读 ou，白话读 u，如：奴 nou¹³/nu¹³，锄 tsʰou¹³/tsʰu¹³"（杨时逢，1969：200），据同音字表来看，入声没屋沃烛韵的端知两系与之相同。

后（主要是帮组、泥组、精组以及合口见系读高化读 u 韵，端组、开口见系基本都读 o 韵，这可看出早期江川的果摄应该分开合韵），推动了模韵（疑母、影组除外）、鱼虞韵知系裂化为 əu 韵，模韵疑母、影组（∅）、虞韵非组摩擦高化为 v 韵，模韵高化为 əu 韵后本来是与侯韵相合流的，但侯韵字为了与模韵区别而前高化 ei 韵，侯韵便与蟹摄灰韵帮组、废韵、止合三微韵非组等合韵，该系列推链演变至此结束。它们的推链演变见图 3–11（括号内为原应读的韵）。

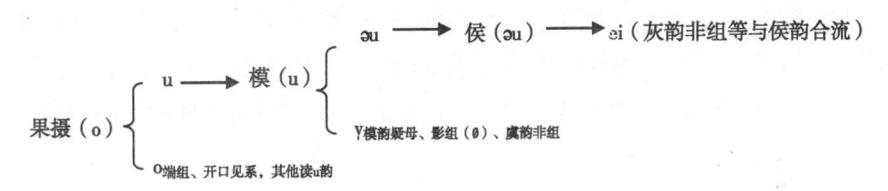

$$\text{果摄（o）} \begin{cases} \text{u} \longrightarrow \text{模（u）} \begin{cases} \text{əu} \longrightarrow \text{侯（əu）} \longrightarrow \text{ei（灰韵非组等与侯韵合流）} \\ \text{v 模韵疑母、影组（∅）、虞韵非组} \end{cases} \\ \text{o 端组、开口见系，其他读 u 韵} \end{cases}$$

图 3–11　江川模韵、鱼虞韵的推链演变

注：可参看"果摄的今读类型与演变层次及推链"之"江川 u 韵的演变及推链"。

第二，紫阳型：由 u→əu（əɯ/əɤ）演变，仅模韵端系（端组、泥组、精组）、鱼虞韵庄组裂化为 əu（əɯ/əɤ）韵，并与侯韵相混。紫阳型（əu）是此类型的代表，同属紫阳型的还有湖南桃源、凤凰、临澧、芷江、晃县、湖北襄阳、随县、江陵、陕南紫阳、宁陕、石泉等。参见例字表 3–24。

表 3–24　模韵裂变为 əu（əɤ/məɯ）及其推链演变的例字（二）

韵摄	模	模	模	模/鱼	鱼/虞	模	虞/模	虞	通入	侯	侯
声母	帮	透	来	精	知/章	见	微/疑	非	来	定	精
例字	布	土	路	祖/阻	猪/朱	孤	武/五	夫	绿	头	走
紫阳	pu²¹³	tʰəu⁵³	nəu²¹³	tsəu⁵³	tʂu³⁴	ku³⁴	u⁵³	fu³⁴	nəu²¹	tʰəu²¹	tsəu⁵³
麻阳	pu²⁴	tʰmɯ⁴⁴	nəɯ²⁴	tsəɯ⁴⁴	tɕy⁵⁵	ku⁵⁵	u⁴⁴	fu⁵⁵	nmɯ¹³	dəɯ¹³	tsəɯ⁴⁴
龙山	pu²⁴	tʰəɤ⁴⁴	nəɤ²⁴	tsəɤ⁵³	tɕy⁵⁵	ku⁵⁵	u⁵³	fu⁵⁵	nəɤ³¹	tʰəɤ³¹	tsəɤ⁵³

根据类化的分化类型来看，紫阳型与武汉型当属于同一类型，但属于不同层次，紫阳型主元音 ə 是从武汉型 o 低化而得，即它们发生了 ou（武汉型）→əu（紫阳型）的演变。湖北江陵尽管"遇摄模韵端系鱼虞韵庄组读 u，不跟流摄的 əu 混"（杨时逢，1948：263），但仍有"锄 tsəu³¹³ 楚 tsou⁴² 努 nəu⁴²"等字读入侯韵，特别是"都 tu̠⁵⁵/təu⁵⁵"字的文白异读说

明，早期的江陵话仍然属于紫阳型。

麻阳读əɯ韵、龙山读əɤ韵与紫阳读əu韵的区别仅在韵尾，我们认为这是记音时不同的音位归纳造成的①。如吉首在《湖南方言调查报告》（1974）（时称"乾城"）和《湖南汉语方音字汇》中的中古侯韵字都记录为əɤ韵，但李启群《吉首方言研究》、陈章太等《普通话基础方言基本词汇集·语音卷》中都记为əu韵，模韵记为u韵，但都特别说明作韵尾的u唇很不圆，音值接近ɯ（李启群，2002；陈章太等，1998）；云南弥渡侯韵在《云南方言调查报告》（1969）中记为əɯ韵，但在《云南省志·汉语方言志》（1989）中就记为əu韵。湘语中也存在类似情况，彭建国（2006：97）就指出这缘于不同记音人对音位归纳处理的不同所致。

（3）石屏型：u→iu

表3-25　　　　　　石屏中古模韵裂变为iu类型的例字

韵摄	模	模	模	模/鱼	鱼/虞	模	虞/模	虞	通入	侯	果
声母	帮	透	来	精	知/章	见	微/疑	非	来	定	帮
例字	布	土	路	祖/阻	猪/朱	孤	武/五	夫	绿	头	波
石屏	pu¹³	tʰiu²²	liu¹³	tsiu²²	tsiu⁵⁵	ku⁵⁵	vu²²	fu⁵⁵	liu⁴²	tʰəɯ²¹	pou⁵⁵

石屏型涉及模韵端系、鱼虞韵知系。它的演变稍复杂些，从u的具体音值上看，它涉及推链音变。这里边有一个问题需引起注意，那就是果摄字读ou韵的情况，我们认为这是果摄的主元音高化为u以后的裂变所致，即果摄发生了o→u→ou的演变。但这样的话，在果摄高化到u的阶段势必与模韵读u相冲突，故引起了果摄和模韵的同时演变：模韵往前央化（ʉ）的方向演变，果摄则裂化为ou韵（例字可参看本章"果摄的今读与演变"之"眉山等地u韵的演变"）。丁声树在石屏话"声韵调描写"部分特别指出"u、iu韵中，u比标准元音u的部位偏央，是圆唇的ʉ"（杨时逢，1969：1238），而石屏的u、iu就只涉及模韵及鱼虞韵知系字，这就说明模韵在果摄的推动下其实际音值已前央化为ʉ韵了，石屏话最终处理为u韵当是出于音位上的考虑，因为果摄已经裂化为ou韵，那么把模韵的实际音值ʉ处理为u更便于理解，且也不会引起音位的混乱。同理，侯韵字读əɯ韵，其实也都可以处理为əu韵，因为"ɯu、iəu韵的

---

① 麻阳、龙山未裂化的模韵仍读u韵，且它们单元音韵母也没有ɯ（麻阳）、ɤ（龙山）。

ə 近央元音 ɘ，ɯ 尾有时偏央而圆唇，近乎 ʉ"（杨时逢，1969：1238）见例字表 3 – 24。

石屏型裂变涉及模韵端系、鱼虞韵知系，这说明它们在裂化以前，鱼虞韵知庄章三组韵母就已演变进入了模韵同读 u 韵（甚至要求声母舌尖化为 ts 组），即今成都型。那么，石屏模韵端系、鱼虞韵知系何以会裂化演变为 iu 韵，这是因为在模韵端系、鱼虞韵知系裂化前，果摄已提前裂化为 ou 韵，从而促使侯韵发生了 əu（ou）＞ ɯɯ（ɘʉ）的演变韵，故模韵端系、鱼虞韵知系作为"前（高）显裂化"演变的后来者，为了体现与其他韵母的最大区别值，于是石屏话模韵端系、鱼虞韵知系就选择 u→iu 的"前（高）显裂化"演变道路。

综上所述，我们可把石屏型的裂化与推链过程示如图 3 – 12。

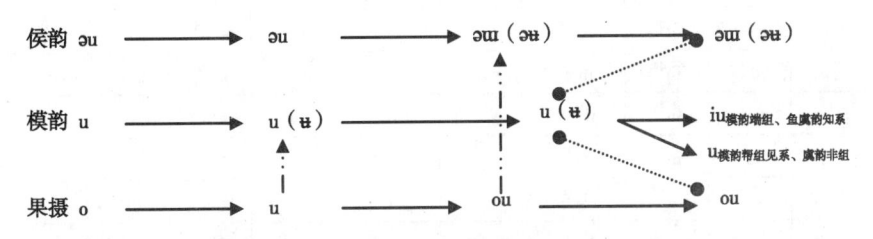

图 3 – 12 石坪型的裂化与推链过程示意

注："→"表示受其影响而变为箭头所指音；"●⋯⋯●"表示 u 韵裂化不能演变的方向。

二 鱼虞韵的今读类型与演变

西南官话中的鱼虞韵今读已经混同，这与绝大多数北方官话一致，江淮官话也具有这个特点（吴波，2007：86）。音值上主要体现为非组、知系读 u 韵，端系[1]、见系读 y 韵（无撮口呼的绝大多数读 i 韵），类型上主要表现是非组、知系读洪音，端系、见系读细音，成都、昆明、贵阳等是典型代表。但具体类型和音值体现仍有多种情况。参见表 3 – 26。

---

[1] 据《方言调查字表》（2005），鱼虞韵端系仅有泥组、精组，这里用端系是为了便于表述，后同。

表3-26　　　　　西南官话中古鱼虞韵的今读类型例字

例字	祖精	夫非	女泥	徐邪	须心	猪知诸章	初初	居见	雨云
成都	tsu⁵³	fu⁴⁴	ȵy⁵³	ɕy²¹	ɕy⁴⁴	tsu⁴⁴	tsʰu⁴⁴	tɕy⁴⁴	y⁵³
丽江	tsʅ⁴²	fɤ⁴²	ny⁴²	ɕy³¹	ɕy⁴²	tsʅ⁴²	tsʰʅ⁴²	tɕy⁴²	y⁴²
武汉	tsou⁴²	fu⁵⁵	ny⁴²/y⁴²	ɕy⁵⁵	ɕy⁵⁵/ɕi⁴⁴	tɕy⁵⁵	tsʰou⁵⁵	tɕy⁵⁵	y⁴²
宁远	tsu⁴⁵	fu³³	ny⁴⁵/ly⁴⁵	tɕʰy³¹	ɕy³³	tɕy³³	tsʰu³³	tɕy³³	y⁴⁵
郧西	tsou⁵⁵	fu²⁴	ȵy⁵⁵	ɕi⁵³	ɕi²⁴	tʂʅ²⁴	tsʰou²⁴	tʂʅ²⁴	y⁵³
郧县	tsəu⁵³	fu⁵⁵	ȵy⁵³	ɕy⁴²	ɕy⁵⁵	tʂʅ⁵⁵	tsʰəu⁵⁵	tʂʅ⁵⁵	y⁴²
紫阳	tsəu⁵³	fu³⁴	ȵy⁵³	ɕy²¹	ɕy³⁴	tʂʅ³⁴	tsʰəu³⁴	tɕy³⁴	y⁵³
兰坪	tsu⁵³	fu⁴⁴	nyi⁵³	ɕyi³¹	ɕyi⁴⁴	tʂʅ⁴⁴	tsʰʅ⁴⁴	tɕyi⁴⁴	yi⁵³
石泉	tsəu⁵³	fu⁴⁵	ȵʅ⁵³	ʂʅ²¹	ʂʅ⁴⁵	tʂʅ⁴⁵	tsʰəu⁴⁵	tʂʅ⁴⁵	ʐʅ⁵³
石屏	tsiu³³	fu³³	nyi³³	ɕyi⁴¹	ɕyi⁵⁵	tsiu⁵⁵	tsʰiu⁵⁵	tɕyi⁵⁵	yi³³
大足	tsu⁴²	fu⁵⁵	ȵyi⁴²	ɕyi⁴²	ɕyi⁵⁵	tsu⁵⁵	tsʰu⁵⁵	tɕyi⁵⁵	yi³¹
剑川	tso³¹	fo⁴⁴	nyi³¹	ɕyi⁴²	ɕyi⁴⁴	tsy⁴⁴	tsʰo⁴⁴	tɕyi⁴⁴	yi⁴²
盐兴	tsu⁴²	fu⁵⁵	nye⁴²	ɕye⁵³	ɕye⁵⁵	tsu⁵⁵	tsʰu⁵⁵	tɕye⁵⁵	ye⁴²
师宗	tsu⁵³	fu⁴⁴	ni⁵³	sɿ³¹	sɿ⁴⁴	tʂu⁴⁴	tsʰu⁴⁴	tsɿ⁴⁴	zɿ⁵³
贵阳	tsu⁴²	fu⁵⁵	li⁴²	ɕi²¹	ɕi⁵⁵	tsu⁵⁵	tsʰu⁵⁵	tɕi⁵⁵	i⁴²
大庸	tsʰou⁴¹	fu⁵⁵	lyʏ⁴¹	ɕyʏ²¹	ɕyʏ⁵⁵	tsu⁵⁵	tsʰou⁵⁵	tɕyʏ⁵⁵	yʏ⁴¹
柳州	tsu⁵³	fu⁴⁴	ny⁵³	sy³¹	sy⁴⁴	tsy⁴⁴	tsʰu⁴⁴	ky⁴⁴	y⁵³

据王力（1987：287），晚唐—五代音系第一韵部合口鱼模韵，一等读u，包括《切韵》模韵、侯韵（重唇）；三等读iu，包括《切韵》鱼虞韵、尤韵（轻唇）。因此，我们这里以iu为早期形式来讨论西南官话鱼虞韵后来的演变。

（一）鱼虞韵今读洪音韵的类型与演变①

鱼虞韵非组、知系在西南官话中主要读洪音，音值上以读u韵为主，如成都等。但也存在其他读音类型，这些读音类型的具体音值会因声母的不同而显示出差异，主要体现为非组、庄组与知章组二分的类型。如表3-27所示（为便于比较，附模韵精组）。

---

① 鱼虞韵在西南官话今读洪音主要指非组和知系。

表 3-27　　　　　　　　鱼虞韵今读洪音类型的例字

例字	祖精	夫非	猪知	初初	雨云	例字	祖精	夫非	猪知	初初	雨云
保山	tsu⁵³	fɣ³²	tsu³²	tsʰu³²	y⁵³	武汉	tsou⁴²	fu⁵⁵	tɕy⁵⁵	tsʰou⁵⁵	y⁴²
丽江	tsʅ⁴²	fɣ⁴²	tsʅ⁴²	tsʰʅ⁴²	y⁴²	芷江	tsəu⁴²	fu⁴²	tɕy⁴⁴	tsʰəu⁴⁴	y⁴²
彭山	tso⁴²	fɣ⁵⁵	tso⁵⁵	tsʰo⁵⁵	y⁴²	麻阳	tsɯ⁴⁴	fu⁵⁵	tɕy⁵⁵	tsʰɯ⁵⁵	y⁴⁴
江川	tsəu⁴²	fɣ⁵⁵	tsəu⁵⁵	tsʰəu⁵⁵	zɿ⁴²	龙山	tsəɣ⁵³	fu⁴⁴	tɕy⁴⁴	tsəɣ⁴⁴	y³¹
石屏	tsiu³³	fu³³	tsiu⁵⁵	tsʰiu⁵⁵	yi³³	郧县	tsəu⁵³	fu⁵⁵	tʂʅ⁵⁵	tsʰəu⁵⁵	y⁴²
柳州	tsu⁵³	fu⁴⁴	tsy⁴⁴	tsʰu⁴⁴	y⁵³	石泉	tsəu⁵³	fu⁴⁵	tʂʅ⁴⁵	tsʰəu⁴⁵	zʅ⁵³
剑川	tso³¹	fo⁴⁴	tsɣ⁴⁴	tsʰo⁴⁴	yi⁴²	紫阳	tsəu⁵³	fu³⁴	tʂʅ³⁴	tsʰəu³⁴	y⁵³
兰坪	tsu⁵³	fʊ⁴⁴	tsʅ⁴⁴	tsʰu⁴⁴	yi⁵³	成都	tsu⁵³	fu⁴⁴	tsu⁴⁴	tsʰu⁴⁴	y⁵³

据表 3-27 例字显示的类型可知，除了鱼虞韵非组、知系今读 u 韵的成都型这种主流类型外，其他的今读类型都会因声母而异。具体可以归纳为以下四类：

第一类，非组、庄组与知章组二分型，如柳州 u/y（永州、宁远、嘉禾、桂阳、新田、临武、宜章、东安、零陵、永明）、剑川 o/ɣ、兰坪 ʊ/ʅ 等。

第二类，非组与知系二分型，如保山 ɣ/u（武定、景东、富民、罗次①、呈贡②、安宁③、禄丰、元谋、通海、河西、峨山、新平、墨江、宁洱、思茅，建水、开远、陆良、广南、永胜）、丽江 ɣ/ʅ、彭山 ɣ/o、江川 ɣ/əu、石屏 u/iu 等。

第三类，非组、知章组与庄组二分型，如紫阳 u/əu（桃源、凤凰、襄阳、随县、临澧）、镇坪 u/ou（钟宝、石门、大庸、沔阳、京山、宣恩、房县、枣阳、当阳）等。

第四类，非组、知章组、庄组三分型，如武汉 u/y/ou（武昌、汉口、汉阳、汉川、天门，常德、汉寿、通道、来凤、洪江）、芷江 u/y/əu（芷江、晃县）、麻阳 u/y/ɯ、龙山 u/y/əɣ、石泉 u/ʅ/əu（宁陕、郧县）、竹溪 u/ʅ/ou（竹山、郧西）等。

---

① 罗次"ɣ 是摩擦浊音 v 的延长音节"（杨时逢，1969：53）。
② 呈贡"ɣ 是辅音（v）的延长成音节，因为较半元音 u 有摩擦成分"（杨时逢，1969：70）。
③ 安宁"ɣ 摩擦不太重"（杨时逢，1969：86）。

鱼虞韵非组、庄组至迟于元代《中原音韵》时就已与模韵混同读洪音（u），但当时的知章组字与其他组一起仍读细音（iu），明代的《洪武正韵》（1357）①、《韵略易通》（1442）等仍保持着这一格局。明末的《西儒耳目资》（1626）鱼虞知章组字始变为洪音（ʮ），形成模韵、鱼虞韵非组、庄组为"u甚"（u），鱼虞韵知章组为"u中"（ʮ），鱼虞其他声组为"iu中"（y）的三分格局。

　　鱼虞韵非组、庄组的韵母在上面谈模韵时便已讨论过，即庄组在西南官话中毫无例外均与模韵端系（确切说是"精组"）同时演变，只是我们看到在云南的很多地方均呈现出非组读ɣ韵，这显得较为特别。我们分析了丽江、江川等ɣ韵属于推链影响而产生了高化摩擦的演变（参见"模韵的今读类型与演变"），但在更多的地方这种因素并不是主要的，即其他方言点并不存在推动高化的因素。我们认为，鱼虞韵非组读ɣ韵，主要是与声母、韵母的相互影响有关，我们知道，云南绝大多数方言点都是有v声母的（明代《韵略易通》便存在v声母），声母f、v与韵母u相拼，只要延长读音就可以很容易拼出ɣ韵来，呈贡话的"声韵调描写"中就说明"ɣ是辅音（v）的延长成音节，因为较半元音u有摩擦成分"（杨时逢，1969：70）。其实，云南这些方言点中，ɣ完全可以处理为u，因为它们同属一个音位，后来的《云南省志·汉语方言志》（1989）及相关方言研究文献（如《建水方言志》《安宁方言志》《广南方言研究》等）等都把《云南方言调查报告》曾有ɣ韵全部记为了u韵。剑川知章组读ɣ韵与其他方言点非组读ɣ韵的原因有些不同，因为剑川方言的音系中并无u韵（模韵读o韵），但有声母v，这样当鱼虞韵知章组韵母（iu）失去细音介音后，洪音部分（u）就很容易因受原有声母v的相似影响读为v韵，而v增强摩擦再延长即为ɣ韵。

　　明末（《西儒耳目资》）时期，鱼虞韵知章组字虽然已读得洪音化（ʮ），但在西南官话的不少方言点中至今仍与端系、见系同读细音（y），如武汉、柳州等，这一类应该是西南官话中最早的类型。石屏读iu韵看起来很像存古类型，但其实是与əu韵同属一个层次，即都是裂化所致，

---

① 据叶宝奎《明清官话音系》（2001：111）"《中原》庄组三等韵已普遍转为洪音。《正韵》庄组三等由洪辨析尚不普遍，尤侵两部庄组三等韵仍保持细音……《正韵》韵母变化正好比《中原》慢一步。"

因为它不与其他端系、见系（yi）字同韵，反而与模韵精组、鱼虞韵的庄组同型。鱼虞读洪音（ʅ/u/ɿ/o/əu/ɣ/）则是较为晚起的层次。相对来说，鱼虞韵知章组读ʅ属于较早层次，它直接承自y，即发生了iu→y→ʅ的演变。演变的原因应该是声韵矛盾的冲突所致，即tʂ组声母的舌头要后卷，而y则是一个舌位前高的圆唇元音，最终为了迁就声母，韵母只好演变为ʅ。丽江读ɿ韵的层次是相当晚的，鱼虞韵知庄章组同模韵精组一起高化读ɿ韵，根据方言对比来看，知章组肯定经历了声母为tʂ组、韵母为u韵的阶段，后来声母tʂ组舌尖前化为ts组（这类演变很普遍）而与模韵精组、鱼虞庄组同（即今"成都型"），于是在推动高化的过程中便同时高化为ɿ韵。彭山话鱼虞韵知章组读o韵应该是较为晚起的事情，因为它与庄组同读o韵，而我们知道鱼虞韵非组、庄组字早在元代既已与模韵的韵母同读洪音，而当时鱼虞韵知章组、端系、见系字尚读细音，故鱼虞韵知章组字读o韵应该是较为晚起的事情（这与模韵读o韵的中古层次不同，参见"模韵的今读类型与演变"），它很有可能与u韵属于同一个层次，因为彭山方言并没有u韵，鱼虞韵知章组可能是受模韵精组（鱼虞韵庄组）等的吸附式影响而发生了iu→o的演变。

（二）鱼虞韵今读细音韵的类型与演变①

鱼虞韵端系、见系在西南官话中基本上以读细音为主，只有石泉、宁陕等少数方言点是读洪音ʅ韵，参见例字表3–28（为方便比较，附知章组例字）。

表3–28　　　　　鱼虞韵今读细音类型的例字

例字	女泥	徐邪	须心	猪知诸章	居见	雨云
武汉	ny⁴²/y⁴²	ɕy⁵⁵	ɕy⁵⁵/ɕi⁴⁴	tɕy⁵⁵	tɕy⁵⁵	y⁴²
成都	ȵy⁵³	ɕy²¹	ɕy⁴⁴	tsu⁴⁴	tɕy⁴⁴	y⁵³
盐兴②	nye⁴²	ɕye⁵³	ɕye⁵⁵	tʂu⁵⁵	tɕye⁵⁵	ye⁴²
剑川③	nyi³¹	ɕyi⁴²	ɕyi⁴⁴	tsɣ⁴⁴	tɕyi⁴⁴	yi⁴²

---

① 鱼虞韵在西南官话今读洪音主要指端系、见系，包括读今读为y韵的知章组。

② 盐兴"e比标准e开，是ɛ；ye无声母时摩擦很强，有读成vye的倾向"（杨时逢，1969：1269）。

③ 剑川"yi在平上去中的y近标准，音略短，i尾长而松；入声韵中读ye"（杨时逢，1969：1118）。

续表

例字	女泥	徐邪	须心	猪知诸章	居见	雨云
大庸	lyɣ⁴¹	ɕyɣ²¹	ɕyɣ⁵⁵	tsu⁵⁵	tɕyɣ⁵⁵	yɣ⁴¹
江川	ni⁴²	sʅ³¹	sʅ⁵⁵	tʂəu⁵⁵	tsʅ⁵⁵	zʅ⁴²
石泉	nʅʵ⁵³	ʂʅʵ²¹	ʂʅʵ⁴⁵	tʂʅʵ⁴⁵	tʂʅʵ⁴⁵	zʅʵ⁵³
竹溪①	lʅʵ³⁵	ɕi⁴²	ɕi²⁴	tʂʅʵ²⁴	tʂʅʵ²⁴	ʅʵ⁴²
郧西	nʑy⁵⁵	ɕi⁵³	ɕi²⁴	tʂʅʵ²⁴	tɕy²⁴	y⁵³
郧县	nʑy⁵³	ɕy⁴²	ɕy⁵⁵	tʂʅʵ⁵⁵	tɕy⁵⁵	y⁴²
贵阳	li⁴²	ɕi²¹	ɕi⁵⁵	tsu⁵⁵	tɕi⁵⁵	i⁴²

1. y 韵的演变

鱼虞韵端系、见系读 y 韵是西南官话的主流类型，我们认为这是原 iu 韵中的 u 前化最后与 i 融合而得，即发生了 iu > y 的融合式音变（u 的前化当与 i 的影响有关）。西南官话在云南区域内的 u 音值一般都比较靠前，如富民、罗次、呈贡、安宁、昆阳、宜良、澄江等的实际音值是 ʉ（杨时逢，1969），杨耐思把《中原音韵》中的鱼模韵拟音为 u、iu 韵，但强调"这类 iu 类的 u 元音可能比较靠前，所以能跟尤侯韵部不混，也不能通押"（杨耐思 1981：39）。《洪武正韵》中鱼韵（iɯ）和模韵（u）分离，叶宝奎（2001：36）指出这说明两部的主元音应该区别，鱼部接近 iɯ（iɯ > iʉ > y），《韵略易通》居鱼韵与呼模韵分别拟音为 iʉ、u 韵（叶宝奎，2001：53），这样拟音的理由是既然不属于同一韵部，则其主元音应该有异②，从中也能看出南方官话的发展要稍缓于北方官话（《中原音韵》鱼模同韵）。

综上所述，鱼虞韵端系、见系 iu > y 演变的轨迹就很清晰，即其具体演变轨迹为："iu（晚唐——五代）> iɯ（《洪武正韵》）> iʉ《韵略易通》> y（现代）"，《洪武正韵》的 iɯ 和《韵略易通》的 iʉ 正好处于中间过渡阶段。

2. ye/yɣ/yi 韵后显裂化的演变

西南官话鱼虞韵端系、见系读今读 ye/yɣ/yi 韵，我们认为这是高元

---

① 竹溪"i 近标准元音 i。在 tɕ 组声母后，读得更紧一点，声韵母之间就有个过渡音 j 长生出来……ʅʵ 相当于 ʅ 的圆唇，不过卷舌的程度较小"（杨时逢，1948：498）。与江竹溪同类的还有竹山等。

② "两个韵类如果分置不同韵母，要么是主元音不同，要么是韵尾不同"（潘悟云，2000：62）。

音的后显裂化所致。因为一个高元音的后面很容易出现一个舌位稍低的后滑音，故后显裂化常常是"低化"，"是一种回复到混元音这个调音初始状态的回归变化"（朱晓农，2006：113）。盐兴等的发展是 y > y^e > ye；同理，大庸的演变是 y > y^ɣ > yɣ。

端系、见系读今读 yi 韵的主要集中在云南的滇西一带，如剑川、大理①、凤仪、蒙化、漾濞、云龙、洱源、鹤庆、邓川②、宾川、祥云、盐丰、姚安、大姚、永仁、维西、昌宁、顺宁、云县、双江、镇康、镇雄、禄劝、寻甸、兰坪、石屏、永平、武定、景东等。后显裂化一般是低化，但 yi 的尾巴 i 则是一个高元音，这可能是 y > i 演变的一个过渡，因为剑川"yi 在平上去中的 y 接近标准元音 y，而读音略短，i 尾长而松"，云南方言绝大多数都已失去撮口呼而变读为齐齿呼，通过云南剑川等读 yi 韵，且绝大多数是 y 短 i 长的例子③，我们可以推测撮口变为齐齿的演变路径可能是：y > y^i > yi > ^y i > i。

3. i/ɿ 的演变

鱼虞韵端系、见系读在西南官话中今读 ʅ/i/ɿ 韵，应该是源于 y 的后起演变。周法高《切韵鱼虞韵之音读及其流变》（1975：79）提到"在大多数方言里，鱼虞两韵的读法没有分别，光是随着声纽的不同，韵母也有差异，在许多官话方言里，在喉牙音、齿头音、来、娘等纽后读 y，其他声母后读 u；又有些方言，y 再变为 i，如江苏六合、云南昆明和客家"。李实《蜀语》中的鱼虞韵可互注，甄尚灵（1996：57）等拟其音位 y，《韵略易通》把《中原音韵》之"鱼模"韵中读 iu 的韵分离出来另立"居鱼"韵，"说明那时的这些字的韵母已经不读 iu 而读 y 了"（邵荣芬 1979：118），张玉来（1999：34）也拟其音为 y，而今以昆明为代表的云南话已大多读 i 韵。从发音原理上来看，y > i 演变符合发音省力的原则，属于一种高圆唇元音的前化演变。云南滇西的大理、剑川等读 yi 的情况显然是 y > i 演变的一个过渡（参看前面"ye/yɣ/yi 韵后显裂化的演变"），因为滇西相对滇中和滇南来说，其地理位置稍微封闭些，故其处于 y > i 演变的一个过渡阶段是很正常的。

---

① 大理 "yi 的 y 近标准元音 y，唇很圆，i 尾松而短"（杨时逢，1969：1002）。
② 邓川 "yi 的 y 近标准元音 y，i 尾很紧，但 y 短 i 长"（杨时逢，1969：1151）。
③ 宾川 "yi 的 y 端，唇形不太圆，i 松而长"（杨时逢，1969：1151），这说明 y 开始过渡为 i。

鱼虞韵端系（泥组读 i 除外）、见系在江川、师宗等今读读 ʅ 韵（与止开三精组同），当属于前元音 i 的舌尖化高顶出位演变，即 i > ʅ。今北部吴语鱼虞读 ʅ，朱晓农（2006：103）认为是由 ɿ > ʅ 演变，但西南官话中的演变不见得与吴语相同。首先，西南官话鱼虞韵端系（泥组读 i 除外）、见系读 ʅ 韵方言点极少，目前仅见云南的江川、嵩明、丘北树皮乡①等极少数地方。其次，云南的江川、嵩明、丘北树皮乡等周围县乡的方言点鱼虞韵端系（泥组读 i 除外）、见系都读 i 韵，但这些 i 韵都有明显的紧擦化特征，如与江川相邻的华宁"i 近标准元音 i，在 tɕ 组后较紧，但在 p、t 组后较松"（杨时逢，1969：361），与邱北树皮乡相邻的邱北县城话"i 韵比标准元音 i 较开，而带摩擦，在 p、t 组后读的较松，在 tɕ 组后较紧"（杨时逢，1969：867），笔者的母语（广南杨柳树方言）也具有这个特点。这也说明江川、嵩明、邱北树皮乡等在舌尖化为 ʅ 前尖团音很可能已经合并为 tɕ 组（方言事实也是这样）。朱晓农（2006：103）提到"前元音舌尖化可以直接从 i > ʅ，但更可能是通过擦化的 i_z 这个阶段。擦化的舌面元音 i_z、y_z，如果继续高化而不堵塞声道的话，就会变成舌尖元音 ʅ，ɥ"。云南的江川、嵩明、丘北树皮乡等鱼虞韵端系（泥组读 i 除外）、见系读 ʅ 韵的演变过程应该是：i > i_z > ʅ。

云南江川、嵩明、丘北树皮乡等鱼虞韵精组、见系发生了 i > ʅ 演变，但泥母、来母字仍读 i 韵，再结合止开三、蟹开三、四等韵的今读类型来看，前高元音 i > ʅ 的舌尖化演变过程会因声母的差异而呈现出一定的次序。如表 3-29 所示。

表 3-29　　西南官话单元音发生 i > ʅ 演变的今读类型例字（一）

韵摄	蟹开三四	蟹开三	蟹开四				止开三
例字	敝並/闭帮	祭精	弟定	洗心	世章	鸡见	皮並
江川	pi²⁴	tsʅ²⁴	ti²⁴	sʅ⁴²	ʂʅ²⁴	tsʅ⁵⁵	pi³¹
师宗	pʅ¹³	tsʅ¹³	ti¹³	sʅ⁵³	ʂʅ¹³	tsʅ⁴⁴	pʅ³¹

韵摄	止开三						
例字	地定	李来	死心	知知/支章	奇群	医影	移云
江川	ti²⁴	li⁴²	sʅ⁴²	tsʅ⁵⁵	tsʰʅ³¹	i⁵⁵	ʐʅ³¹/i³¹
师宗	ti¹³	li⁵³	sʅ⁵³	tsʅ⁴⁴	tsʰʅ⁴⁴	ʐʅ⁴⁴	ʐʅ⁴⁴

---

① 邱北树皮乡是笔者于 2010 年冬季调查所发现的。

蟹开三四等、止开三等，江川帮组、端组、泥来组仍读 i 韵，精组、见系读 ɿ 韵，止开三云母"移夷"有 zɿ³¹/i³¹ 两读①；师宗仅端组、泥来组读 i 韵，帮组则与精组、见系合流读 ɿ 韵。徐通锵（1991：300）认为"大概是 tɕ- 组之后的 -i 先变成 -ɿ，t- 之后的次之，p- 之后又次之，最后扩及到零声母"。朱晓农（2006：104）则认为是精系先变，见晓细音以及零声母次之，端系又次之，最后是帮系②。徐、朱并没有提到这种是属于自变还是与外因推移有关。但云南江川、师宗的演变是与推移有关的。首先是咸山开三四等入、山合三入、假开三（非知系）合并为 i（对比其他周边方言，i 可能演变自 ie 韵，即 ie > i），然后推动了鱼虞韵精组、见组（已经由 y > i）、止开三、蟹开三、四等韵的原 i 韵舌尖化为 ɿ 韵。如表 3-30 所示。

表 3-30　西南官话单元音发生 i > ɿ 演变的今读类型例字（二）

韵摄	梗开三四入					臻开三入				
例字	碧帮	历来	戚清	惜心	激见	译以	笔帮	栗来	七清	吉见	一影
江川	pi³¹	li³¹	tsʰɿ³¹	sɿ³¹	tsɿ³¹	zɿ³¹	pi³¹	li³¹	tsʰɿ³¹	tsɿ³¹	zɿ³¹
师宗	pɿ³¹	li³¹	tsʰɿ³¹	sɿ³¹	tsɿ³¹	zɿ³¹	pɿ³¹	li³¹	tsʰɿ³¹	tsɿ³¹	zɿ³¹

韵摄	曾开三入				深开三入			咸开三四		
例字	逼帮	力来	息心	极群	立来	集从	急见	跌端	聂泥	接精	叶以
江川	pi³¹	li³¹	sɿ³¹	tsɿ³¹	li³¹	tsɿ³¹	tsɿ³¹	ti³¹	ni³¹	tɕi³¹	i³¹
师宗	pɿ³¹	li³¹	sɿ³¹	tsɿ³¹	li³¹	tsɿ³¹	tsɿ³¹	ti³¹	ni³¹	tɕi³¹	i³¹

韵摄	山开三四入					山合三入		假开三		
声母										
例字	别帮	铁透	捏泥	节精	结见	劣来	雪心	月疑	姐精	写心	夜以
江川	pi³¹	tʰi³¹	ni³¹	tɕi³¹	tɕi³¹	li³¹	ɕi³¹	i³¹	tɕi⁵³	ɕi⁵³	i¹³
师宗	pi³¹	tʰi³¹	ni³¹	tɕi³¹	tɕi³¹	li³¹	ɕi³¹	i³¹	tɕi⁵³	ɕi⁵³	i¹³

根据江川、师宗的舌尖化进程对比来看，我们赞成朱晓农的说法，即最后的舌尖化演变（i > ɿ）应该是帮组（p 组）③，江川零声母读 i 韵应该是受周边方言的影响，因为现在的老派及偏农村地区仍读 ɿ 韵。鉴于 y

---

① 止合三脂韵以母"遗"、通合三烛韵疑母"玉"也有 zɿ³¹/i³¹ 两读。
② 知照系 tʂⁱi > tʂɿ 演变也发生得较早，可能仅次于齿音（朱晓农，2006：104）。
③ 泥来母之 n/l 与 ɿ 不能相拼。

> i > ʅ 演变，所以舌尖化 ʅ 应该是较晚近的演变层次。

综上所述，江川、师宗鱼虞韵今读 ʅ 韵的演变层次见图 3-13。

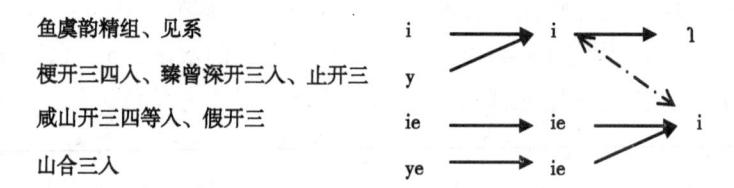

鱼虞韵精组、见系	i → i → ʅ
梗开三四入、臻曾深开三入、止开三	y ↗
咸山开三四等入、假开三	ie → ie → i
山合三入	ye → ie

图 3-13　江川、师宗鱼虞韵今读 ʅ 韵的演变层次

4. ʯ 的演变

鱼虞韵读 ʯ 韵在西南官话中主要存在于陕南的宁陕、石泉，以及鄂西北的竹溪、竹山等地，我们认为它们应该经历了 tɕy > tʂʯ 演变，因为围绕这些方言点的周边方言基本上仍读 y 韵（如紫阳、宁强、镇坪、汉阴、安康等），结合鄂西北郧西、郧县的情况来看，中古知章组的演变可能要比端系、见系的早。今江淮官话也大量存在这种音变（郭丽，2009：54）。徐通锵（1994：5）认为"i 是一个舌面高元音，在元音系统的变动中（如高化之类）会受其他元音的推和拉而发生变化。它的发音点如果由舌面移至舌尖，就会转化为舌尖前元音 ʅ；如果舌尖略为翘起，它就会转化为舌尖后元音 ʅ；和此相应，圆唇的 y 转化为 ʮ 和 ʯ。i 的这种变化又会进一步引起声母的变化"。因此，我们认为西南官话中古鱼虞韵今读 ʯ 韵是元音高顶出位的结果。

但值得注意的是，竹溪、竹山、郧西的精组字今读韵母与见系并不相同，即精组读 i，泥来母和见系读 y/ʯ，这反映了它们早期音值的不同，即中古见系声母早期主要读 k 组，精组声母早期读 ts 组，如今柳州话等。参见表 3-31。

表 3-31　鱼虞韵今读 ʯ 韵的例字

例字	女泥	徐邪	须心	猪知	居见	雨云
武汉	ny⁴²/y⁴²	ɕy⁵⁵	ɕy⁵⁵/ɕi⁴⁴	tɕy⁵⁵	tɕy⁵⁵	y⁴²
石泉、宁陕	nʯ⁵³	ʂʯ²¹	ʂʯ⁴⁵	tʂʯ⁴⁵	tʂʯ⁴⁵	ʐʯ⁵³
竹溪[①]、竹山	lʯ³⁵	ɕi⁴²	ɕi²⁴	tʂʯ²⁴	tʂʯ²⁴	ʯ⁴²

---

① 竹溪"i 近标准元音 i。在 tɕ 组声母后，读得更紧一点，声韵母之间就有个过渡音 j 长生出来……ʯ 相当于 ʅ 的圆唇，不过卷舌的程度较小"（杨时逢，1948：498）。

续表

例字	女泥	徐邪	须心	猪知	居见	雨云
郧西	ȵy⁵⁵	ɕi⁵³	ɕi²⁴	tʂʅ²⁴	tɕy²⁴	y⁵³
郧县	ȵy⁵³	ɕy⁴²	ɕy⁵⁵	tʂʅ⁵⁵	tɕy⁵⁵	y⁴²
柳州	ny⁵³	sy³¹	sy⁴⁴	tsy⁴⁴	ky⁴⁴	y⁵³

见组比精组的发音部位偏后，故见系比精组更容易保留中古合口三等的合口特征（郭丽，2009b：224），后来当见系字与精组字同时发生腭化而变得声母相同（tɕ组）后，它们的区别就通过韵母反映出来，从而形成精组读 i 韵，而见系读 y 韵的局面（后来见系 y > ʮ），郧县的精组读 y 可能是很晚的层次，竹溪 "i 近标准元音 i。在 tɕ 组声母后，读得更紧一点，声韵母之间就有个过渡音 j 长生出来"（杨时逢，1948：498），这说明在 tɕi > tɕy 的演变过程中，中间可能存在一个 tɕʲi 的过渡，即发生了 tɕi > tɕʲi > tɕy 的演变。石泉、宁陕的前面一个层次即是郧县型。其实武汉鱼虞韵等精组的文白异读也反映了这种现象，如 "锯 tɕy³⁵/kɤ³⁵、蛆 tɕʰy⁴⁴/tɕʰi⁵⁵、取 tɕʰy⁴²/tɕʰi⁴²" 等，但见系基本上只读 y 韵。

中古鱼虞韵在陕南宁陕、石泉和鄂西北竹溪、竹山等地读 ʮ 类韵的演变见图 3-14。

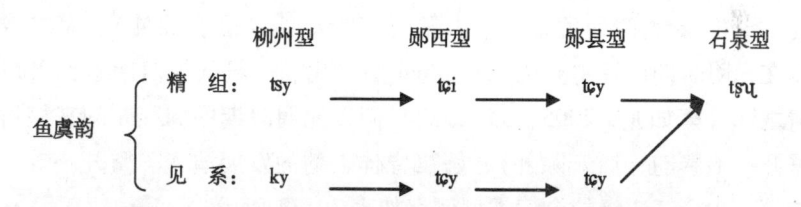

```
         柳州型    郧西型    郧县型    石泉型
鱼虞韵 ┌ 精 组： tsy  →  tɕi  →  tɕy  ↗
       │                                   tʂʮ
       └ 见 系： ky   →  tɕy  →  tɕy
```

图 3-14 中古鱼虞韵西南官话中读 ʮ 类韵的演变层次

第四节 蟹止摄的今读类型与演变层次

蟹、止两摄及其内部各韵在《切韵》时代是分离的，但至迟北宋时期，蟹摄三四等字与止摄已经合流。邵雍《皇极经世·声音唱和图》把蟹摄三四等和止摄同置于 "五声" 中，周祖谟（1966：602）据此认为它们已经混同。《切韵指掌图》把齐祭废同止摄诸韵系合并，而把灰泰合排在止摄合口的一等位置上，麦耘（2009：80）认为这 "就完全是遵照实际语音的",麦耘还指出蟹止摄合流的方向:"三四等韵齐祭废与止摄日已接近,其发展方向,开口肯定是 *jei→*i,合口则可能是反过来为 *jwi→*jwei;一等韵合口灰泰_合同止摄关系密切,大约是 *ui→*jwei(这两个音本来也没有对立)"。《中原音韵》时期,除中古止摄合口庄组与蟹摄一二等(唇音归齐微韵)归"皆来"韵(ai/iai/uai)①、止摄开口精组照组归"支思"韵(ɿ/ʅ)外,其他都归入"齐微"韵。但《中原音韵》的"齐微"韵有开合口的分别,一般把开口拟为 i 韵,合口拟为 uei 韵。中古蟹止摄在《韵略易通》中的分配格局与《中原音韵》的分配情况基本同型。

根据主元音的不同,蟹止摄在西南官话中的基本分配类型是:蟹开一等、蟹摄二等、止合三等庄组为一类;蟹开三四等、止开三等为一类;蟹合一三等、止合三等(庄组除外)为一类。下面我们按其不同的分配类型分别进行论述。

一 蟹开一等②、蟹摄二等、止合三庄组的今读类型与演变层次

(一) 蟹开一等、蟹摄二等、止合三庄组的今读类型

中古蟹开一咍泰韵(除唇音外)、二皆佳夬韵和绝大部分止合三支脂韵庄组字,在西南官话中的今读主元音基本是一致的,主要体现为 a 类、æ 类、ɛ 类、e 类四种类型。中古蟹开一咍泰韵(唇音除外)、蟹二皆佳夬韵在元明时期读音主要为 ai/iai/uai 韵,我们一般认为西南官话形成于明清之际(李如龙,2005:35),故我们以元明时期的 ai/uai 韵来探讨中古蟹开一咍泰韵(唇音除外)、蟹二皆佳夬韵的发展演变。蟹开一等、蟹摄二等、止合三庄组的今读类型例字如表 3-32 所示。

表3-32 蟹开一等、蟹摄二等、止合三庄组的今读类型例字

韵摄	蟹开一咍泰	蟹开二皆佳	蟹合二皆	蟹合二佳	蟹合二夬	止合三支脂
例字	来_来	开_溪	排_並/牌_並	皆_见/街_见	怪_见	拐_见	快_溪	衰_生帅_生
武汉	nai²¹³	kʰai⁵⁵	pʰai²¹³	kai⁵⁵	kuai³⁵	kuai⁴²	kʰuai³⁵	suai³⁵

---

① 蟹摄一二等的唇音归齐微韵(uei),开口二等"佳涯罢"、合口二等"画话挂"等归家麻韵(ia/ua)。

② 蟹摄开口一等在这里并不包括唇音字,但唇音字很少,字表仅有"贝沛"二字。

第三章 西南官话阴声韵的今读类型与历史层次　129

续表

韵摄	蟹开 一咍泰	蟹开 二皆佳	蟹合 二皆	蟹合 二佳	蟹合 二夬	止合 三支脂
例字	来来 开溪	排並/牌並 皆见/街见	怪见	拐见	快溪	帅生
罗次	lae⁴² kʰae⁴⁴	pʰae⁴² kae⁴⁴	kuae¹³	kuae⁵³	kʰuae¹³	ʂuae¹³
华宁	lae³¹ kʰae⁴⁴	pʰaɛ³¹ kaɛ³¹	kuaɛ¹³	kuaɛ⁵³	kʰuaɛ¹³	suaɛ¹³
新平	la³¹ kʰa⁴⁴	pʰa³¹ ka⁴⁴	kua¹³	kua⁵³	kʰua¹³	ʂua¹³
洱源	lã⁵³ kʰã⁴⁴	pʰã⁵³ kã⁴⁴	kuã²⁴	kuã⁴²	kʰuã²⁴	ʂuã²⁴
邓川	læɛ⁵³ kʰæɛ⁴⁴	pʰæɛ⁵³ kæɛ⁴⁴	kuæɛ²⁴	kuæɛ³¹	kʰuæɛ²⁴	suæɛ²⁴
安宁	læ³¹ kʰæ⁴⁴	pʰæ³¹ kæ⁴⁴	kuæ²⁴	kuæ⁵³	kʰuæ²⁴	ʂuæ²⁴
富民	le⁴² kʰɛ⁴⁴	pʰɛ⁴² kɛ⁴⁴	kuɛ¹¹	kuɛ⁵³	kʰuɛ¹¹	ʂuɛ¹¹
松潘	lɛi¹¹ kʰɛi⁵⁵	pʰɛi¹¹ kɛi⁵⁵	kuɛi²⁴	kuɛi⁴²	kʰuɛi²⁴	ʂuɛi²⁴
凤仪	lei³¹ kʰei⁴⁴	pʰei³¹ kei⁴⁴	kuei²⁴	kuei⁵⁵	kʰuei²⁴	ʂuei²⁴
宾川	le⁴² kʰe³³	pʰe⁴² ke³³	kue¹³	kue⁵³	kʰue¹³	ʂue¹³

（二）蟹开一等、蟹摄二等、止合三庄组今读类型的演变

《中原音韵》把中古蟹开一咍泰韵（唇音除外）、蟹开二皆佳夬韵主要归皆来韵（ai/uai）①，《洪武正韵》归皆韵，《韵略易通》归皆来韵，后二者归字与《中原音韵》基本一致。例外字有中古佳韵开口"佳涯罢"及合口"画话挂洼娲蛙"等字，它们在《中原音韵》归家麻（a）韵，《洪武正韵》归在麻祃韵，《韵略易通》也基本如此。但"蛙"字在《韵略易通》中皆来（uai）韵与家麻（ua）韵两收（张玉来，1999：35），此字于《广韵》也是既归佳部又收于麻部，《韵略易通》作为当地的官话读本，把"蛙"等收入家麻韵反映了当时的官话读音，但在明代"蛙"字仍有归皆来（uai），当属存古的层次。

蟹摄见系（喉牙音）开口二等字在元代和明代早期官话中有 i 介音，韵母为 iai，反映这种现象的韵书有《中原音韵》《洪武正韵译训》《韵略易通》《西儒耳目资》等。今西南官话的部分方言点今读仍存在少数字残留有这一读法，但声母基本都腭化为 tɕ 组了。方言分布如表 3-33 所示

---

① 蟹开一泰韵帮组"贝沛"等少数字归齐微（uei）韵，佳韵开口"佳涯罢"及合口"画话挂洼娲蛙"等字归家麻（a）韵，归皆来韵的仅有"枴歪快"。

(方言点中蟹摄开口二等读 tɕiai 组的仅为少数字，多数常用的仍读 kai 组)①。

表 3-33　西南官话读蟹开二等读 tɕiai 组音节的方言分布与例字

	西南官话读 tɕiai 组音节的方言分布与例字②
湖北	汉川（偕谐懈<u>介</u>），沔阳（解界介械），天门（解介界），随县（偕谐界戒械<u>介</u>），枣阳（解界介戒械偕谐）
四川	成都、华阳、潼南、岳池、武胜、江北、巴县、南川、涪陵、长寿、大竹、丰都、西阳、秀山、忠县、梁山、城口、宣汉、广元、昭化、梓潼、绵阳、安县、绵竹、光化、金堂、名山、盐亭、射洪、什邡、理番、崇庆、温江、彭山、丹棱、眉山、古蔺、合江、江津、綦江、荣昌、仪陇、蓬安、三台、罗江、德阳、中江、乐至、万县、云阳、巫溪、巫山、达县、南江、简阳、仁寿、荣县、隆昌（解界介戒械偕谐<u>孩</u>）、安岳、蓬溪、大永、川足、邻水、通江、剑阁、懋功、新繁、大邑、高县、遂宁（解界介偕谐械），开县（解介偕谐<u>孩</u>）
云南	保山、平彝（偕谐），永平（谐），鹤庆（偕谐懈<u>戒械</u>）
陕南	紫阳（懈<u>阶解介界戒芥届</u>），宁陕（皆<u>阶解介界芥疥届戒械谐</u>），石泉（阶懈<u>解戒届界芥</u>）

注：表内括号中有下划线的例字为其白读音。代表点例字注音：汉川"谐偕 tɕiai⁵⁵ 懈 ɕiai⁴⁴ 介 kai⁴⁴/tɕiai⁴⁴"，鹤庆"戒械 kai¹³/tɕiai¹³"，保山"偕谐 ɕiai⁵⁵"，宜良"偕谐 ɕiɛ⁴²"，天门"解 tɕiai²²，界介 tɕiai³³"，成都"戒械界介 tɕiai²⁴ 解 tɕiai⁴² 偕谐 ɕiai³¹"③，秀山"戒械界介 tɕiae²⁴ 解 tɕiae⁴² 偕谐 ɕiae³¹"，大邑"戒械界介 tɕiæe²⁴ 解 tɕiæe⁴² 偕谐 ɕiæe³¹"，紫阳"阶 kai³⁴/tɕiai³⁴ 解 kai⁵³/tɕiai⁵³ 介界戒芥届 kai²¹³/tɕiai²¹³"等

　　蟹摄开口二等见系在今西南官话中主要读 ai 韵，声母为 k 组，但今普通话中有读 ie 韵的（如"皆街解鞋"等），且声母鄂化为 tɕ 组，那么，西南官话的 iai 是不是受普通话的影响而得呢？我们不这么认为，因为如果说是受普通话的影响而得，它们可直接读如 ie 韵（这些方言点基本都有 ie 韵，主要包括假开三等字和舒化了的咸山开三四等入声字），但它们没有，这说明 iai 韵早就存在，而不是发生 ai > iai 的演变，再说由一个二合元音复韵母发展演变为三合元音复韵母的现象也极为罕见。但据

---

① 蟹开二读 iai 韵的方言点在辽宁、山东、山西、河北、河南、江苏等均有存在（张光宇，1983）。

② 四川：德阳、秀山、眉山、剑阁、大邑 iae，西充 iaɛ；达县、南江、简阳、仁寿、荣县、隆昌"解"有 kai/tɕiai 两读。云南：宜良 iɛ，鹤庆"戒械"有 kai/tɕiai 两读。

③ 成都据《四川方言调查报告》(1984)。另，据陈章太、李行健（1998：1295），有"戒械界介芥疥 tɕiai²¹³，皆 tɕiai⁴⁴，偕谐 ɕiai²¹，蟹懈 ɕiai²¹³"；又据《汉语方音字汇》(2003)，这些字均有 iɕi/ai 两读，大庸与之同。

《汉语方音字汇》（2003），成都话的蟹开二见系字却存在如"iɛi/ai"的文白异读现象（皆阶tɕiɛi⁴⁴/kai⁴⁴ 解tɕiɛi⁵³/kai⁵³ 介界疥芥戒械 tɕiɛi¹³），这很容易给我们造成由 ai > iɛi 演变的假象，其实在《四川方言调查报告》（1984）和《普通话基础方言基本词汇集·语音卷》（1998）中，蟹开二见系的这些字仍都记为 iai 韵，它们应该属于同一个音位。只是普通话今读"皆"等字为 tɕie 类音，与 tɕiai 类音相比，仅是主元音的高低不同，如果受普通话的影响，这些方言点蟹开二见系字在现代由 iai > iɛi 演变甚至演变为 ie 都不奇怪（前后高元音 i 的类化也是原因之一）。如果抛开普通话的影响来看，tɕiai 类音在西南官话中还是以演变为 kai 类音为主，如汉川、鹤庆等。但 iai > ai 的演变应该是近现代很晚近的事情，因为西南官话方言区的韵书如《韵略易通》（1586）、《蜀语》（明末）、《泰律篇》（1618）、《等韵》、《声位》（1673）、《切韵正音经纬图》（1700）等均有蟹开二见系读 iai 韵的记录。《西蜀方言》（1900）蟹开二见系同样有 iai 韵（与成都音同），但几乎同时期的《汉音集字》（1899）却把蟹开二见系与其他蟹摄一（唇音除外）、二等字同时记为 ai 韵，结合现在在湖北、四川、云南等仍存 iai 韵的方言点来看，说明西南官话蟹开二见系韵母 iai > ai 演变是近现代非常晚才发生的演变，地域分布及演变方式呈现出从东（武汉等）至西（昆明）的渐变式演变。

中古蟹开一咍泰韵（唇音除外）、蟹二皆佳夬韵在今西南官话中主要以读 ai/uai 韵为主，蟹开一咍泰韵的唇音主要读 ei 韵（如"贝沛"等），这种格局与《中原音韵》《洪武正韵》《韵略易通》《吸入耳目资》等基本相同（蟹开二读 iai 除外）。但也存在一些另类的读法，具体有如下四种：

第一种：主元音为 a 类的韵。

①ae/uae 类，方言点有云南的罗次、澜沧、缅宁、屏边、弥勒、泸西、陆良、师宗、永胜、华坪、景东、镇沅、景谷、双江、元谋、广通、楚雄、易门、嵩明、路南、江川，四川峨边等。四川剑阁、眉山、秀山、德阳等也属于这一类，但它们的蟹开二见系字读 iai 韵。

②aɛ/uaɛ 类，方言点有云南华宁、开远、云龙等。四川大邑、西充等也属这一类，但它们的蟹开二见系字读 iaɛ 韵。

③a/ua 类，方言点有云南的新平、祥云、石屏等。

④ã/uã 类，方言点目前仅见云南洱源一处。

第二种：主元音为 æ 类的韵。

①æe/uæe 类，方言点目前仅见云南的邓川一处。

②æ/uæ 类，方言点有云南安宁、丽江、盐丰、牟定、弥渡、晋宁、通海、思茅、元江、墨江、宁洱、建水、个旧、马关、剑川、盐丰、禄劝、昭通等。

第三种：主元音为 ε 类的韵。

①εi/uεi 类，方言点目前仅见四川的松潘、沅陵两处。

②ε/uε 类，方言点有云南的富民、呈贡、兰坪、宜良、昆阳、文山等。

第四种：主元音为 e 类的韵。

①ei/uei 类，方言点目前仅见云南凤仪一处。

②e/ue 类，方言点有云南宾川、湖南凤凰、麻阳等。四川彭山也属于这一类，但该方言的蟹开二见系字读 ai 韵，由此可见，蟹开二见系字与蟹开一（唇音除外）、二等韵（不是见系字）的早期韵母确实不一样。

ai/uai（蟹开二见系读 iai 韵的演变在上面已做分析，于此不论）作为中古蟹开一哈泰韵（唇音除外）、蟹二皆佳夬韵在元明时期的读音类型，ai 韵很容易受韵母两个元音的相互影响而往三个不同的方向演变：第一个是韵尾 i 受韵腹低元音 a 的影响而出现低化演变，如罗次的 ae、华宁的 aε、新平的 a（包括洱源的 ā）等；第二个是韵腹低元音 a 受韵尾高元音 i 的影响而出现高化演变，如松潘的 εi、凤仪的 ei 等；第三个是在相互影响的演变过程中相互妥协，即 a 高化演变，i 低化演变，从而出现邓川的 æε 韵，如果这中高低化的相互影响演变过程在某一个点上达到某种平衡，便会形成一个处于高元音 i 和低元音 a 之间的某一个单元音，如安宁的 æ、富民的 ε、宾川的 e 等便是这种妥协平衡的结果。但这些元音高低化的演变过程，常常会涉及一些与别的韵合流以及推链演变等情况。

（三）蟹开一等（唇音除外）、蟹摄二等、止合三庄组与其他韵等的分混

1. 蟹摄内部的分混类型

呈贡演变为 ε 便与蟹合一、三等唇音、止合三等唇音合流，这说明古蟹开一哈泰韵（唇音除外）、蟹二皆佳夬韵经历了 ai > εi，从而与蟹摄一等唇音、蟹摄合口三、四等唇音以及止合三唇音字合流（唇音字以外的合口呼仍读 uei 韵，如"怪 kuε[11] ≠ 桂 kuei[11]"，这可能与其韵头 u 的影响

第三章 西南官话阴声韵的今读类型与历史层次 133

有关,也就是说,这些唇音字合口 u 介音的消失应该是很早的①),然后它们再共同演变为 ε,即发生了 ai > εi > ε 的演变,如"贝拜 pε¹¹/肥 fε³¹"等。兰坪的 ε/uε 韵则演变得较为彻底,即蟹摄除了开口三四等(i/ꞑ)外,其他与止合三合流读 ε/uε 韵(贝拜 pε²⁴/肥 fε³¹/该皆 kε⁴⁴/税衰 ʂuε²⁴/怪桂 kuε²⁴/龟 kuε⁴⁴)。如表 3-34 所示(附凤仪、宾川以便比较)。

表 3-34   蟹止摄的内部分混表

韵摄	蟹开一咍	蟹开二皆佳	蟹合二皆	蟹合一灰	蟹合三祭	蟹合三废	蟹合四霁	止合三支脂
例字	开溪	排并	街见	怪见	梅明	岁心	废非	桂见	帅生	规见
呈贡	kʰε⁴⁴	pʰε³¹	kε⁴⁴	kuε¹¹	mε³¹	suei¹¹	fε¹¹	kuei¹¹	ʂuε¹¹	kuei⁴⁴
兰坪	kʰε⁴⁴	pʰε³¹	kε⁴⁴	kuε²⁴	mε³¹	suε²⁴	fε²⁴	kuε²⁴	ʂuε²⁴	kuε⁴⁴
凤仪	kʰei⁴⁴	pʰei³¹	kei⁴⁴	kuei²⁴	mei³¹	suei²⁴	fei²⁴	kuei²⁴	suei²⁴	kuei⁴⁴
宾川	kʰe³³	pʰe⁴²	ke³³	kue¹³	me⁴²	sue¹³	fe¹³	kuè¹³	sue¹³	kue⁴⁴

中古假摄一二等字在呈贡读 ɑ/iɑ/uɑ,咸山摄一二等失去鼻韵尾读 a/ua(咸山开口二等主要读 ie)。那么,中古蟹开一等(唇音除外)、蟹摄二等、止合三庄组读 ε/uε 韵会不会是受咸山摄一二等读 a/ua 韵的推动而从如新平读 a 韵的类型演变而得呢?答案是否定的,因为相对兰坪来说,中古假摄一二等字在兰坪读 a/ia/ua,咸山一二等今读合口的为 uɛ̃(短 tuɛ̃⁵³)、今读开口读 aŋ 韵(板 paŋ⁵³ 盘 pʰaŋ³¹ 三 saŋ⁴⁴),这说明呈贡的中古假摄一二等字在呈贡读 ɑ/iɑ/uɑ 是受咸山摄一二等失去鼻韵尾今读 a/ua 的推动而得。呈贡、兰坪的中古蟹开一等(唇音除外),蟹摄二等,止合三庄组读 ε/uε 韵应该是同一音位的内部演变。

宜良蟹开一二等主元音读 ε/e 韵与梗开二陌麦韵、曾开三职韵庄组、假开三麻韵相混。蟹合一灰韵、蟹合三四等、止合三等(庄组除外)主元音读 e,如果它们进一步高化就会与蟹开一二等与梗开二陌麦韵、曾开三职韵庄组合流成兰坪型,但这个演变过程中间应该经过呈贡型(唇音字先高化)。如表 3-35 所示。

---

① 据甄尚灵、张一舟(1996)对《蜀语》的拟音来看,至迟明末西南官话的介音既已消失。又据王力(2003:620),əi 韵的出现当在明清时期。李新魁(1883:84)就指出元代尚未出现 ei 韵,uei 韵一直保存至明末的《西儒耳目资》音系中,但此时已有了 uei > ei 演变的迹象。

表 3-35　　　　　　　蟹止摄与曾梗摄、假摄的分混例字

韵摄	蟹开一哈泰	蟹开二皆佳	梗开二陌麦	曾开三职庄组	假开三麻庄组	蟹合二皆	止合三支脂	蟹合一灰	蟹合三祭	蟹合三废
例字	开溪	排並	格见	色生	蛇船	怪见	帅生	梅明	岁心	废非
宜良	kʰe⁴⁴	pʰe⁴²	kɛ⁴²	sɛ⁴²	ʂɛ⁴²	kuɛ¹¹	ʂuɛ¹¹	mə⁴²	sue¹¹	fə¹¹
凤凰	kʰe⁴⁴	pʰe¹¹	ke¹¹	se¹¹	ʂe¹¹	kue²⁴	sue²⁴	mi¹¹	sui²⁴	fi²⁴

综上来看，主元音为 ɛ 类韵的合流层次应该是：宜良型 > 呈贡型 > 兰坪型。

湖南凤凰、麻阳等方言点的类型与云南宜良类型从格局上看是一致的，区别主要在音位的处理上。吴宗济在凤凰"声韵调描写"中明确指出，凤凰"洪音的 ue 两韵的 e 比标准元音 e 较开，近似 ɛ、æ 之间音"（杨时逢，1974：1203）。但凤凰、麻阳蟹合一三等的主元音已高化为前高元音 i，这说明它们失去韵尾 i 读 e/ue 的时间要早于蟹摄一二等，当蟹摄一二等后来失去韵尾 i 而变为 e/ue 后，便推动了蟹合一三等的主元音高化为 i 而读 i/ui 韵。

2. 蟹摄（开口三四等除外）与阳声韵的分混类型

第一，蟹摄（开口三四等除外）与阳声韵深臻合口（唇音除外）合流，如凤仪。此外，宾川同时还与阳声韵山合三精组、见系（今读零声母除外）合流。

凤仪、宾川的共同特点是蟹摄除了开口三四等外，今读开口的为 ei/e 韵，今读合口韵的与阳声韵深臻摄合口（唇音除外）合流读 uei/ue 韵。凤仪、宾川不同的是宾川读 ue 韵的还包括阳声韵山合三精组、见系（今读零声母除外）字。通过类型对比很容易看出，凤仪、宾川的早期应该是兰坪型，阳声韵是后来失去阳声韵尾后才归并进来的。例字如表 3-36 所示。

表 3-36　　　　　　　蟹止摄与阳声韵的分混例字（一）

韵摄	蟹开一哈泰	蟹开二皆佳	蟹合二皆	蟹合一灰	蟹合三祭	蟹合三废	蟹合四霁	止合三支脂
例字	开溪	排並	街见	怪见	梅明	岁心	废非	桂见	帅生	规见
凤仪	kʰei²⁴	pʰei³¹	kei⁴⁴	kuei²⁴	mei⁵³	suei²⁴	fei²⁴	kuei²⁴	suei²⁴	kuei⁴⁴
宾川	kʰe³³	pʰe⁴²	ke³³	kue¹³	me⁴²	sue¹³	fe¹³	kue¹³	sue¹³	kue⁴⁴

续表

韵摄	山合三 先元（精见组）			山合四 先屑	臻开 一痕	深臻开 三知	深合一 魂			臻合三 谆知系
例字	全从	权群	元疑	玄匣	根见	深书	盆并	孙心	昏匣	春昌
凤仪	tɕye³¹	tɕʰye³¹	ye³¹	çye³¹	kɯ⁴⁴	sɯ⁴⁴		suei⁴⁴	xuei⁴⁴	tsʰuei⁴⁴
宾川	tɕue⁴²	tɕʰue⁴²	ye⁴²	çue⁴²	kə̃⁴⁴	sə̃⁴⁴	pʰə̃⁴⁴	sue⁴⁴	xue⁴⁴	tsʰue⁴⁴

宾川等阳声韵山合三精组、见系读 ue（uɛ）等在云南、贵州两省方言点中是很常见的，特别是云南近三分之二的方言点没有撮口呼，故撮口呼或变为齐齿呼（如单元音 y > i 等，昆明等），或变为合口呼（如宾川"全 tɕʰue⁴²"等）。

第二，蟹摄（开口三四等除外）与阳声韵咸山摄开口一等、二等（见系除外）、山合一二等、山合三非组知系、宕摄一等、宕开三知系、宕合三等、江开二（见系除外）合流，如丽江等。邓川、洱源等蟹摄（开口三四等除外）则只与阳声韵咸山摄开口一等、二等（见系除外）、山合一二等、山合三非组知系合流。如表 3-37 所示。

表 3-37　　　　蟹止摄与阳声韵的分混例字（二）

韵摄	蟹开一 咍泰	蟹开二 皆佳		蟹合二 皆	止合三 支脂	山合一 桓			山合二 山删	山合三 仙元
例字	开溪	排并	街见	怪见	帅生	盘并	酸心	官见	关见	翻敷
丽江	kʰæ⁴²	pʰæ³¹	kæ⁴²	kuæ⁵⁵	suæ⁵⁵	pʰæ³¹	suæ⁴²	kuæ⁴²	kuæ⁴²	fæ⁴²
邓川	kʰæɛ⁴⁴	pʰæɛ⁵³	kæɛ⁴⁴	kuæɛ³⁵	suæɛ³⁵	pʰæɛ⁵³	suæɛ⁴⁴	kuæɛ⁴⁴	kuæɛ⁴⁴	fæɛ⁴⁴
洱源	kʰã⁴⁴	pʰã⁵³	kã⁴⁴	kuã²⁴	suã²⁴	pʰã⁵³	suã⁴⁴	kuã⁴⁴	kuã⁴⁴	fã⁴⁴

韵摄	山合三 仙元	宕开一 唐		宕开三 阳		宕合一 唐	宕合三 阳		江开二 江	
例字	船船	忙明	昂疑	张知	庄庄	光见	方奉	狂群	棒并	窗初
丽江	tsʰuæ³¹	mæ³¹	æ³¹	tsæ⁴²	tsuæ⁴²	kuæ⁴²	fæ⁴²	kʰuæ³¹	pæ⁵⁵	tsʰuæ³¹
邓川	tsʰuæɛ⁵³	maŋ³¹	aŋ³¹	tsaŋ⁴⁴	tsuaŋ⁴⁴	kuaŋ⁴⁴	faŋ⁴⁴	kʰuaŋ⁵³	puaŋ³⁵	tsʰuaŋ⁴⁴
洱源	tsʰuã⁵³	mã⁵³	ã⁵³	tsã⁴⁴	tsuã⁴⁴	kuã⁴⁴	fã⁴⁴	kʰuã⁵³	puã⁴⁴	tsʰuã⁴⁴

阳声韵失去鼻韵尾而变为鼻化韵在云南方言中是常见的现象，但它们的鼻化现象是有次序的，一般是前鼻韵尾 -n 先弱化而最终变为鼻化，其次才是后鼻韵尾 -ŋ 的鼻化，这样一来，鼻化后的原前鼻韵的字就会与原后鼻韵的字形成不同的层次，如洱源等。蟹摄（开口三四等除外）的鼻

化音显然是受阳声韵鼻化的影响而得。如果阳声韵的这种鼻化韵继续发展就会变成阴声韵，从而出现丽江型。

二 蟹止摄合口韵的今读类型与演变①

《中原音韵》把中古蟹开一泰韵唇音，蟹合一灰、泰韵，蟹摄三四等祭、废、齐韵归在"齐微"韵②，止摄除开口精、庄章组归支思韵外，其他字也都基本归"齐微"韵③。"齐微"开合口在《中原音韵》中并不同音，据杨耐思（1981：96）构拟，齐微韵开口（蟹摄三四等祭、废、齐韵的开口全部和合口唇音，止摄开口（除精、庄章组）和合口唇音）读 i 韵，合口（包括蟹开一泰韵唇音，蟹合一灰、泰韵韵，止摄合口除庄组）均读 uei 韵。

《韵略易通》中蟹止摄合口唇音已读 ei 韵，相同的情况在《蜀语》中也有反映，这说明合口三等唇音字至迟在明代便已失去 u 介音了。喉牙音（见系）除有少数方言点今读声母为 f、v 而读开口韵外，其他一律读合口。唇音、喉牙音的韵腹和韵尾总是与舌齿音（知系、端组、精组）的韵腹和韵尾相同，它们的韵母可通过喉牙音的韵母而推知，故在此不对之作重点讨论。舌齿音在蟹摄合口一、三、四等，止摄合口三等的今读类型与开合口的分化演变是我们关注的重点。

（一）蟹止摄合口韵的今读基本类型

蟹摄合口一、三、四等，止摄合口三等舌齿音的今读类型见表 3 – 38（附蟹合一灰韵帮组见系、蟹合三废韵、蟹合四霁韵代表唇音、见系）。

表 3 – 38　　　　　　　蟹止摄合口韵的今读例字

韵摄	蟹合一灰	蟹合三祭	止合三支脂微			蟹合四霁	蟹合一灰	蟹合三废
例字	堆端	最精	岁心	泪来	嘴精	水书	桂见	灰晓	梅明	废非
成都	tuei⁴⁴	tsuei¹³	suei¹³	nuei¹³	tsuei⁵³	suei⁵³	kuei¹³	xuei⁴⁴	mei²¹	fei¹³
来凤	tuei⁵⁵	tɕyei³⁵	ɕyei³⁵	nuei³⁵	tɕyei⁵³	ɕyei⁵³	kuei³⁵	xuei⁵⁵	mei¹¹	fei³⁵

---

① 具体包括蟹摄合口一、三、四，蟹摄开口一等唇音，止摄合口三等，下同。
② 蟹合一泰韵"外"字归来韵属例外。
③ 止合三庄组归皆来韵，但字数较少，《方言调查字表》（2007）仅收"揣帅衰"等少数几个字。

第三章 西南官话阴声韵的今读类型与历史层次　　137

续表

韵摄	蟹合一灰		蟹合三祭	止合三支脂微			蟹合四霁	蟹合一灰		蟹合三废
例字	堆端	最精	岁心	泪来	嘴精	水书	桂见	灰晓	梅明	废非
凤凰	tui⁴⁴	tsui²⁴	sui²⁴	nui²⁴	tsui⁵³	sui⁵³	kui²⁴	xui⁴⁴	mi¹¹	fi²⁴
麻阳	tui⁵⁵	tɕyi²⁴	ɕyi²⁴	nui²⁴	tɕyi⁵³	sui⁵³	kui²⁴	xui⁴⁴	mi¹¹	fi²⁴
弥渡	tuẽĩ⁴⁴	tsuẽĩ¹³	suẽĩ¹³	luẽĩ¹³	tsuẽĩ⁵³	ʂuẽĩ⁵³	kuẽĩ¹³	xuẽĩ⁴⁴	mẽĩ³¹	fẽĩ¹³
富民	tue⁴⁴	tsue¹¹	sue¹¹	lue¹¹	tsue⁵³	ʂue⁵³	kue¹¹	xue⁴⁴	me⁴²	fe¹¹
兰坪	tuɛ⁴⁴	tsuɛ²⁴	suɛ²⁴	luɛ⁴⁴	tsuɛ⁵³	ʂuɛ⁵³	kuɛ²⁴	xuɛ⁴⁴	mɛ³¹	fɛ²⁴
呈贡	tuei⁴⁴	tsuei¹¹	suei¹¹	luei¹¹	tsuei⁵³	ʂuei⁵³	kuei¹¹	xuei⁴⁴	mɛ³¹	fɛ¹¹
元谋	tuəi⁴⁴	tsuəi²⁴	suəi²⁴	luei¹¹	tsuei⁵³	ʂuei⁵³	kuəi²⁴	xuəi⁴⁴	məi³¹	fɛ²⁴
洱源	tuẽĩ⁴⁴	tsuẽĩ²⁴	suẽĩ²⁴	luẽĩ²⁴	tsuẽĩ⁴²	suẽĩ⁴²	kuẽĩ²⁴	xuẽĩ⁴⁴	mei⁵³	fei²⁴
武汉	tei⁵⁵	tsei³⁵	sei³⁵	nei³⁵	tsei⁴²	suei⁴²	kuei³⁵	xuei⁵⁵	mei²¹³	fei³⁵
汉川	tei⁵⁵	tsei⁴⁴	sei⁴⁴	nei⁴⁴	tsei⁴²	ɕyei⁴²	kuei⁴⁴	xuei⁵⁵	mei¹³	fei⁴⁴
蓝山	təi³³	tsəi³⁵	səi³⁵	nəi³⁵	tsəi⁵⁵	səi⁵⁵	kuəi³⁵	fəi³³	məi³¹	fəi³⁵
陆良	te⁴⁴	tse³¹³	sue³¹³	le³¹³	tse⁴²	ʂue⁴⁴	kue³¹³	xue⁴⁴	me⁵³	fe³¹³
大庸	tɛi⁵⁵	tsuɛi²⁴	suɛi²⁴	lɛi²⁴	tsuɛi⁴¹	ʂuɛi⁴¹	kuɛi²⁴	xuɛi⁵⁵	mɛi²¹	xuɛi²⁴
秭归	tei⁵⁵	tsuei²⁴	suei³⁵	nei⁴⁴	tsuei³¹	suei³¹	kuei³⁵	xuei⁵⁵	mei¹¹	fei³⁵
常德	tei⁵⁵	tɕyei³⁵	ɕyei³⁵	lei³⁵	tɕyei³¹	ɕyei³⁵	kuei³⁵	fei⁵⁵	mei¹³	fei³⁵

中古蟹开一泰韵唇音，蟹合一灰、泰韵，蟹摄三四等祭、废、齐韵在西南官话今读中主要是 ei/uei 韵的成都型。韵腹 e 和韵尾 i 组成的 ei 韵很容易受彼此的影响而产生同化演变，因为同属前高元音，发音部位相同，只是发音方法有异。元音一般具有高化的倾向，故韵腹 e 具有向韵尾 i 趋同演变的趋势，如凤凰、麻阳、泸溪等。但这种演变往往是不彻底的，原因在于同系列的韵母中还有合口的 uei 韵，uei 韵中的 u 介音是一个后高元音，它在与韵尾 i 的竞争中需要 e 来稳定（否则它将消失，即会发生 uei > ui > y > i 的演变），这样则会导致 i 韵尾被韵腹 e 拉低。所以，西南官话中 ei/uei 韵尾的实际音值往往较松，近乎 ɪ。凤凰、麻阳、泸溪的 ui 韵尾近似 uɪ[1]，如麻阳话"ui 中的 u 近标准元音 u，i 尾很松，近似 ɪ；u 到 i 中间有一个极短过渡 e，严式可记做 uᵉɪ。……yi 的 y 圆唇的 y，i 尾很松"（杨时

---

[1] 凤凰"ui 的 i 读得较开，近似 ɪ 或 e 的部位"（杨时逢，1974：1203）；泸溪"ui 的 u 是标准元音 u，i 尾较松"（杨时逢，1974：219）。

逢，1974：1292）。富民、兰坪等均已失去韵尾，富民读 e/ue 韵（包括丽江、华宁、安宁、富民、弥勒、盐丰、镇雄、牟定、澄江、通海、建水、个旧、蒙自、石屏、嘉禾、宁洱、新平、宾川、宜良、思茅等）。兰坪读 ɛ/uɛ 韵显得很特别，因为主元音更低，这是推移演变的结果，因为中古咸山摄三等开口叶薛韵知系、曾摄一等德韵、梗开二陌麦韵舒化后与假开三知系字合流读 e/ue 韵，从而推动了原蟹开一泰韵唇音，蟹合一灰、泰韵韵，蟹摄三四等祭、废、齐韵，止合三低化读 ɛ/uɛ 韵，导致蟹摄（开口三等除外）与止合三支脂微韵合流[①]。见表 3-39。

表 3-39　兰坪蟹止摄合口韵的今读以及与其他韵摄的分混例字

韵摄	蟹合三	止合三	蟹合一	蟹合三	假开三	咸开三	曾开一	曾合一	梗开二
例字	岁心	嘴精	灰晓	废非	蛇船	涉禅	北帮	国见	格见
兰坪	suɛ^{24}	tsuɛ^{53}	xuɛ^{44}	fɛ^{24}	ʂe^{31}	ʂe^{31}	pe^{31}	kue^{31}	ke^{31}

常德、来凤、宜章、麻阳等精组、章组字读 yei/yi 韵应该是后起的演变，它们的声母都读 tɕ 组，而精组读 tɕ 组我们一般认为是在明清，它们可能发生了 uei/ui > yei/yi 的演变（请参"蟹合一灰、蟹合三祭废、止合三支脂韵的开合对立演变"当中的常德型）。弥渡、洱源等读 eĩ/ueĩ 韵，应该是阳声韵变为鼻化韵以后与阴声韵合流的结果，这种合流在弥渡方言中其实尚不彻底，如果从严式记音看，弥渡的阴声韵和阳声韵甚至是二分的，丁声树在记弥渡音时就说弥渡"eĩ、ueĩ 中的 e 比标准元音略开，i 尾很松，大都读带鼻化音，有时又失去半鼻音读成 ei、uei 的倾向，尤其是来自蟹止合口的字（今国音 ei、uei 韵字），但也可以全写作 ei、uei。现一律写作 eĩ、ueĩ 较好"（杨时逢，1969：190）。如果鼻化韵完全同化阴声韵，主元音 e 在绝大多数情况下均会受鼻化韵尾的影响而变读为 ə，从而演变合流成较为稳定的洱源型，如果音系中已有阳声鼻化韵 əĩ 韵，则相应的阴声韵不变，仍读 ei 韵，中古蟹开一咍韵、蟹合一灰韵、蟹合三废韵、止合三微韵的唇音字在洱源话今读 ei 韵就是这个原因（内嫩 nuəĩ^{24}/春吹 tsuəĩ^{44}/锐闰 zuəĩ^{24}/桂棍 kuəĩ^{24}；飞 fei^{44} ≠ 分 fəĩ^{44}/梅 mei^{53} ≠ 门

[①] 蟹开一等（唇音除外）、蟹摄二等、止合三庄组在西南官话中一般读 ai/uai 韵，韵腹 a 和韵尾 i 在相互影响的过程中，ai > ɛ 的演变是很正常的。兰坪蟹开一泰韵唇音，蟹合一灰、泰韵，蟹摄三四等祭、废、齐韵读 ɛ/uɛ 韵的前身应该是富民型的 e/ue 类。

mə ĩ⁵³）。它们的演变层次见图 3–15。

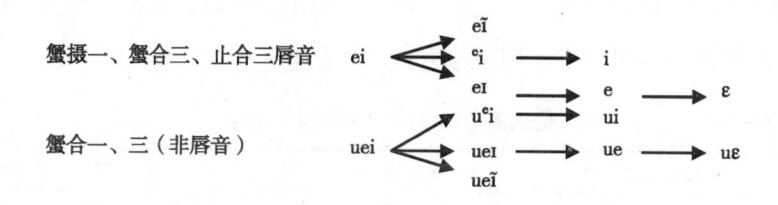

```
蟹摄一、蟹合三、止合三唇音   ei  →  eĩ
                                  ᵉi  →  i
                                  ɛĩ  →  e  →  ɛ
                                  uᵉi →  ui
蟹合一、三（非唇音）          uei →  ueĩ →  ue →  uɛ
                                  uĩ
```

图 3–15　中古蟹止摄合口韵在西南官话中的演变层次

（二）蟹合一灰、蟹合三祭废、止合三支脂韵的开合对立演变

根据传统音韵学声母的组系类别，中古蟹合一灰、蟹合三祭废、止合三支脂韵在西南官话中的分合对立有如下类型：

第一，成都型。唇音后的介音消失，其他保留介音。这是普遍的类型。如表 3–40 所示。

表 3–40　　　　　　蟹止摄合口今读"成都型"例字

韵摄	蟹一灰	蟹三祭	止三支脂微			蟹四霁	蟹一灰	蟹三废
例字	堆端	岁心	泪来	嘴精	水书	桂见	灰晓	梅明	废非
成都	tuei⁴⁴	suei¹³	nuei¹³	tsuei⁵³	suei⁵³	kuei¹³	xuei⁴⁴	mei²¹	fei¹³

第二，武汉型。帮系与端系（端组、泥组、精组）后面的介音消失，其他保留介音。如湖北武汉、汉川、竹溪、竹山、郧西、郧县、均县、南漳、枣阳、随县、光化、房县、保康、襄阳、十堰、丹江口、谷城、宜城、潜江、武昌、汉阳、当阳、京山、天门、沔阳、洪湖、临湘、宣恩，湖南临澧、安乡、汉寿、黔阳、慈利、桃源、通道、永顺、永绥、芷江、靖县、蓝山、石门、晃县、麻阳、陕南紫阳、宁陕、石泉、镇坪，云南陆良、马龙、曲靖、沾益、永胜等。如表 3–41 所示。

表 3–41　　　　　　蟹止摄合口今读"武汉型"例字

韵摄	蟹一灰	蟹三祭	止三支脂微			蟹四霁	蟹一灰	蟹三废
例字	堆端	岁心	泪来	嘴精	水书	桂见	灰晓	梅明	废非
武汉	tei⁵⁵	sei³⁵	nei³⁵	tsei⁴²	suei⁴²	kuei³⁵	xuei⁵⁵	mei²¹³	fei³⁵
汉川	tei⁵⁵	sei⁴⁴	nei⁴⁴	tsei⁴²	ɕyei⁴²	kuei⁴⁴	xuei⁵⁵	mei¹³	fei⁴⁴
蓝山	təi³³	səi³⁵	nəi³⁵	tsəi⁵⁵	səi⁵⁵	kuəi³⁵	fəi³³	məi³¹	fəi³⁵
陆良	te⁴⁴	se²⁴	le²⁴	tse⁴²	ʂue⁴⁴	kue³¹³	xue⁴⁴	me⁵³	fe³¹³

第三，大庸型。帮系与端组、泥组后面的介音消失，其他保留介音。如湖北武昌、秭归、钟祥、江陵、荆门、当阳、宜昌、宜都、兴山、巴东和湖南的大庸、桑植等。例字如表 3-42 所示。

表 3-42　　　　　　蟹止摄合口今读"大庸型"例字

韵摄	蟹一灰	蟹三祭	止三支脂微			蟹四霁	蟹一灰		蟹三废
例字	堆端	岁心	泪来	嘴精	水书	桂见	灰晓	梅明	废非
大庸	tei^{44}	suei^{35}	lei^{35}	tsuei^{42}	ʂuei^{42}	kuei^{35}	xuei^{44}	mei^{13}	xuei^{35}
秭归	tei^{55}	suei^{35}	nei^{44}	tsuei^{31}	suei^{31}	kuei^{35}	xuei^{55}	mei^{11}	fei^{35}

第四，常德型。帮系与泥、来母后面的介音消失，见系保留介音，精组、知系读撮口韵，该类型目前仅见常德等极少数方言点。见表 3-43。

表 3-43　　　　　　蟹止摄合口今读"常德型"例字

韵摄	蟹一灰	蟹三祭	止三支脂微			蟹四霁	蟹一灰	蟹三废
例字	堆端	岁心	泪来	嘴精	水书	桂见	灰晓	废非
常德	tei^{55}	ɕyei^{35}	lei^{35}	tsuei^{31}	ɕyei^{31}	kuei^{35}	xuei^{55}	fei^{35}
常德1	tei^{55}	ɕyei^{35}	lei^{35}	tɕyei^{31}	ɕyei^{31}	kuei^{35}	fei^{55}	fei^{35}
常德2	tei^{55}	ɕyei^{35}	lei^{35}	tɕyei^{31}	ɕyei^{31}	kuei^{35}	fei^{55}	fei^{35}
常德3	tei^{55}	sei^{35}/ɕyei^{35}	lei^{35}	tɕyei^{21}/tsei^{21}	ɕyei^{31}	kuei^{35}	xuei^{55}	fei^{35}

注："常德1"材料取自李永明《常德方言志》(1989)，"常德2"材料取自湖南省公安厅《湖南汉语方音字汇》(1993)，"常德3"材料取自郑庆君《常德方言研究》(1999)。

张光宇（2006：349）指出"合口韵（*uei）的开口化运动始于唇音，然后遵循 n＞l＞t、t^h＞ts、tʂ^h、s 的方向推展……舌根声母往往是合口呼的最后壁垒"，西南官话也大体遵循这一原则。中古蟹合一灰、蟹合三祭废、止合三支脂韵在西南官话中，其介音消失除了唇音外，就主要体现在端系字（如武汉型）。合口介音的消失主要与声韵母的发音省力、和谐有关。介音 u 是一个舌面后高元音，端系字则属于舌尖前音（端组 t/t^h，泥组 n/l，精组 ts/ts^h/s），韵腹 e 和韵尾 i 等也都是舌面前高元音，如果后高元音 u 夹在舌尖前声母与前高元音之间，则 u 往往容易被排斥而忽略，这符合人们发音上省力和方便的原则。

但对比后会发现，同属舌尖前的端系字，内部 u 介音的消失也是有层次的，如大庸型，精组字的演变就明显晚于端组、泥组，原因是在成阻部位之后，t 的舌位下垂，s 的舌体则稍扬，故含有 s 的 ts 组较 t 组更近于舌根音（张光宇，2006），而越是靠近舌根音、舌位隆起的幅度越大，u 介音就越是能够保留[①]。常德精组、知系读 yei 韵应该是后起的，即发生了 uei > yei 的演变（演变应该始于知系），如吴宗济在 1935 年所记的常德话"最嘴"等字尚读 uei 韵，但后来的记音材料中都已记为 yei 韵了。也就是说，常德型的早期应该是大庸型，常德"蟹摄一三等合口帮系及端泥组与止摄合口的泥组字全读 ei，如倍贝 pei³⁵ 兑 tei³⁵ 类 lei³⁵；精组合口读 uei/yei，如嘴 tsuei³¹ 罪最 tsuei³⁵ 粹 tsʰuei³⁵；虽 ɕyei⁵⁵ 随岁遂 ɕyei³⁵"（杨时逢，1974：831）。至于蓝山、当阳等知系字有读 ei 韵的现象，应该是知系字发生了 tʂ > ts 的演变，从而导致与精组合流，受精组的类化而读 ei 韵，故它属于后起的层次。

三 蟹止摄开口三四等的今读类型与演变

（一）蟹止摄开口三四等的今读类型

蟹开三四等、止开三等在西南官话今读中有以下几种类型：

第一，昆明型。蟹开三知系、止开口三精组知系[②]今读开口，其他读齐齿。开口读 ʅ/ɿ 韵，齐齿读 i 韵，这是西南官话的主流今读类型，成都、昆明、武汉等是其代表；盐兴开口读 ʅe/ɿe 韵，齐齿读 ie 韵，此类型目前仅见云南盐兴一处。

第二，永州型。止开三精组、庄组今读开口 ɿ 韵，其他今读齐齿 i 韵。

第三，师宗型。端组、泥组、微母今读齐齿 i 韵，其他今读开口 ʅ/ɿ 韵。江川也可归入此类型，但江川的帮系字今仍读 i 韵，而师宗除微母外已全部变读 ɿ 韵。例字如表 3-44 所示。

[①] 张光宇（2006：351）认为"决定合口介音去留的关键在声母发音时舌体后部是否隆起以及隆起的程度。隆起程度越高合口介音越是能够获得保存。就这一点而言，舌尖后音近乎舌根音，舌尖前稍逊"。

[②] 止开三知系日母字除外，如"儿尔二贰而耳饵"等。

表 3-44　　　　　　　　蟹止摄开口三四等的今读类型例字

韵摄	蟹开三					蟹开四			
例字	敝并	祭精	例来	艺疑	世书	闭帮	米明	底端	泥泥
昆明	pi²¹²	tɕi²¹²	li²¹²	i²¹²	ʂʅ²¹²	pi²¹²	mi⁵³	ti⁵³	ni³¹
成都	Pi¹³	tɕi¹³	ni¹³	ni¹³/i¹³	sʅ¹³	Pi¹³	mi⁵³	ti⁵³	ni²¹
武汉	Pi³⁵	tɕi³⁵	ni³⁵	i³⁵	sʅ³⁵	Pi³⁵	mi⁴²	ti⁴²	ni²¹³
盐兴	pie³¹³	tɕie³¹³	lie³¹³	ie³¹³	ʂʅə²¹²	pie³¹³	mie⁴²	tie⁴²	nie⁵³
永州	Pi³²⁴	tɕi³²⁴	li³²⁴	i³²⁴	ɕi³²⁴	pi³²⁴	mi⁵³	ti⁵³	ni³³
师宗	pʅ¹³	tsʅ¹³	li¹³	zʅ¹³	ʂʅ¹³	pʅ¹³	mi53	ti⁵³	ni³¹
江川	pi²⁴	tsʅ²⁴	li²⁴	zʅ²⁴	ʂʅ²⁴	pi²⁴	mi⁴²	ti⁴²	ni³¹

韵摄	蟹开四		止开三						
例字	洗心	鸡见	皮並	李来	子清	知知	师生	机见	衣影
昆明	ɕi⁵³	tɕi⁴⁴	pʰi³¹	li⁵²	tsʅ⁵²	tʂʅ⁴⁴	sʅ⁴⁴	tɕi⁴⁴	i⁴⁴
成都	ɕi⁵³	tɕi⁴⁴	pʰi²¹	li⁵³	tsʅ⁵³	tʂʅ⁴⁴	sʅ⁴⁴	tɕi⁴⁴	i⁴⁴
武汉	ɕi⁴²	tɕi⁵⁵	pʰi²¹³	li⁴²	tsʅ⁴²	tʂʅ⁵⁵	sʅ⁵⁵	tɕi⁵⁵	i⁵⁵
盐兴	ɕie⁴²	tɕie⁵⁵	pʰie⁵³	lie⁴²	tsʅə⁴²	tʂʅə⁵⁵	sʅə⁵⁵	tɕie⁴²	ie⁵³
永州	ɕi⁵³	tɕi¹³	bi³³	li⁵³	tsʅ⁵³	tɕi⁵³	sʅ¹³	tɕi¹³	i¹³
师宗	sʅ⁵³	tsʅ⁴⁴	pʰi³¹	li⁵³	tsʅ⁵³	tsʅ⁴⁴	sʅ⁴⁴	tsʅ⁴⁴	zʅ⁴⁴
江川①	sʅ⁴²	tsʅ⁵⁵	pʰi³¹	li⁴²	tsʅ⁴²	tsʅ⁵⁵	sʅ⁵⁵	tsʅ⁵⁵	i⁵⁵

（二）蟹止摄开口三四等今读的演变层次

舌尖音ʅ/ɿ韵母至迟在北宋时期便已产生，它们的出现是中古至近代的一项重要音变。北宋邵雍《皇极经世·声音唱和图》"声五四位兼括止摄支脂之微及蟹摄齐祭废诸韵字……图中止摄精组字皆列为一等，其韵母必有 i 变而为ɿ，同时知组字亦必变而为ʅ，故今拟为 i、ɿ、ʅ 三类"（周祖谟，1966：602）。南宋初年祝泌《起数诀》"支、脂、之等韵的精组字，传统韵书一般列于四等，本书将它们列入一等，这与《切韵指掌图》的做法相同，表明这些字的读音已从［i］变为［ɿ］"（李新魁，1994：41）。又，《切韵指掌图》也把"之、支韵的精照系字列于一等地位，这表明此时这些字已不再读为 i 韵，而是读为ɿ韵，这与

---

① 江川的推链当从入声归阳平开始，如同是零声母，阴平并没有高化。止摄"夷遗移"有 i、ɿ 两读。

《起数诀》①的做法相似"（李新魁，1983b：185）。可见，舌尖音韵母首先产生于止开三精组，之后发展至止开三庄章组。西南官话永州型应该属于此类较早的类型。

《中原音韵》把中古止摄开口支、脂、之、微韵的精组、庄章组归"支思"韵读ɿ/ʅ韵，止摄开口的其他声组、蟹摄开口三四等（祭、废、齐）和合口唇音字归"齐微"韵而读i韵。《韵略易通》（1442）的格局与《中原音韵》基本一致，《中原音韵》的"支思"韵在《韵略易通》中归"支辞"韵，《中原音韵》的"齐微"韵在《韵略易通》中归"西微"韵。两相对比可看出，元明时期的官话音系中，蟹开三四等的精组、章组（蟹开三四没有庄组字）并没有随止开精组、庄章组读ɿ/ʅ韵（蟹开三四的精组至今未变）。对此，麦耘（2009：81）指出"（蟹摄开口三四等）*jei→i 这一变化一定是在 *ï 元音（中古后期，中唐以后至宋）产生之后的，因为齐、祭的精组字没变 [ɿ]（一直到后代也没有变；废韵没有精组字）。止摄精组字先变 [ɿ]，齐、祭精组字才变 i，遂形成这类对立：sɿ 思 ≠ 西 si，等等"。

但明末清初本悟的《韵略易通》（1586）里，十一韵 tʂʅ 组跟十二韵 tɕi 组重韵，张玉来（1999：34）据此认为云南方言里 tɕi 组实已变为 tʂʅ 组，并举例字"支支章差支清,止初师脂生"（支辞韵：ɿ/ʅ）与"知支知痴支彻世祭书"（西微韵：i）为重韵。明末李实《蜀语》"迟脂澄字去声，音治；胵脂昌音痴之彻"等，甄尚灵、张一舟（1996：56）拟其音为 ʅ 韵。由此可见，至迟明末清初，蟹开三祭韵的知章组、止开三知组在滇、蜀、黔的方言里其实已读为 tʂʅ 组，如昆明型。

清康熙年间，云南沾益人马自援《等音》（1673）中用"宫、商、角、徵、羽"代表"五呼"：宫音合口呼、商音开口呼、角音闭口混呼、徵音齐齿启呼、羽音撮口呼。《等音》把"照川审"三母自成音节的"侈氏"等字还留在"徵"音中；相同时期，《等音》的姊妹篇林本裕《声位》（1673）也把"之痴诗"收归"徵音"，这很是费解，其实马自援对此有解释："援按五音下皆大有迥别。盖'呼'大有不同也，各音皆必不可以混归也。何独'照、穿、审'三母下字可以归乎？不知此非归也，以其'呼'

---

① 《起数诀》是宋人祝泌的作品，它是祝氏为解注宋初邵雍《皇极经世》卷四"观物篇"之三十七《声音唱和图》而作的。据自序新说，此书作于公元 1241 年（宋淳祐辛丑年）。

则实有不同，而字实系一字，第微有轻重之分，故不敢定位某音，实不得已而归之也。"由此可见，ʅ韵不仅利玛窦、金尼阁等外国传教士难辨，如果不用发展演变的眼光来看，就连马自援等学者也会对之茫然不知所顾，从而导致字仍是传统的三等字，但"'呼'则实有不同"的感觉。其实这些止开三等字早已发生了 i > ʅ 的演变，早该是 tʂʅ、tʂʰʅ 这样的音了（陈长祚，2007：243），至于《等韵》《声位》把之归入"微"音，我们认为这是马自援"不敢定位某音，实不得已而归之也"的仿古权宜之结果。

盐兴读 ie/ɿe/ɿe 韵属于典型的后显裂化演变，即发生了 i > ie/ɿ > ɿe/ɿ > ɿe 的演变。这类演变"在吴语西南部的处衢很常见"（朱晓农，2006：113），但在西南官话中仅见盐兴等极少数方言点。师宗、江川读 ɿ/ʅ 韵属于 i 韵的舌尖化演变，即发生了 i > ʅ 的演变，动力是咸山开三四等入、山合三入、假开三（非知系）合并为 i，进而推动开口三等蟹止摄由 i 演变为 ʅ（可参"遇摄的今读及其演变"之"鱼虞韵细音的今读与演变"的论述）。

综上所述，我们可把蟹止摄开口三等韵在西南官话中的形成演变示如图 3-16。

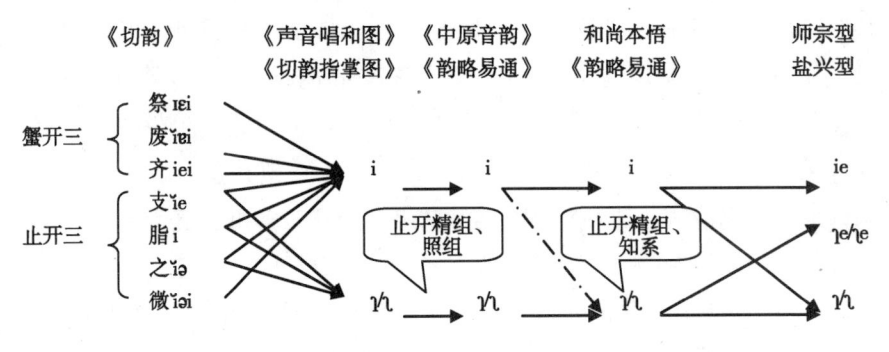

图 3-16 中古蟹止摄合口韵在西南官话中的演变层次

第五节 效摄的今读类型与演变层次

一 效摄的今读类型

中古效摄在西南官话各方言点的读音较为规则，同一个方言点内部效摄不同韵的现象非常少见（仅宾川帮组读 o，其他组读 ao），请参见例字表 3-45。

第三章　西南官话阴声韵的今读类型与历史层次

表 3-45　　　　　　　　　　效摄的今读类型例字

韵摄	效开一豪				效开二肴			
声母	並	端	精	见	帮	初	见	溪
例字	袍	刀	早	高	包	吵	交	敲
武汉	pʰau²¹³	tau⁵⁵	tsau⁴²	kau⁵⁵	pau⁵⁵	tsʰau⁴²	tɕiau⁵⁵	tɕʰiau⁵⁵
成都	pʰau²¹	tau⁴⁴	tsau⁵²	kau⁵²	pau⁴⁴	tsʰau⁵²	tɕiau⁴⁴	tɕʰiau⁴⁴
常德	pʰau¹³	tau⁵⁵	tsau³¹	kau⁵⁵	pau⁵⁵	tsʰau³¹	tɕiau⁵⁵	kʰau⁵⁵
永州	bau³³	tau¹³	tsau⁵³	kau¹³	pau¹³	tsʰau⁵³	tɕiau¹³	tɕʰiau¹³
广南	pʰao³¹	tao⁴⁴	tsao⁵³	kao⁴⁴	pao⁴⁴	tsʰao⁵³	tɕiao⁴⁴	tɕʰiao⁴⁴
宾川	pʰo⁴²	tao⁴⁴	tsao⁵³	kao⁴⁴	po⁴⁴	tsʰao⁵³	tɕiao⁴⁴	kʰao⁴⁴
吉首	baʌ²²	taʌ⁵⁵	tsaʌ⁴¹	kaʌ⁵⁵	paʌ⁵⁵	tsʰaʌ⁴¹	tɕiaʌ⁵⁵	tɕʰiaʌ⁵⁵
罗江	pʰaɤ³¹	taɤ⁵⁵	tsaɤ⁴²	kaɤ⁵⁵	paɤ⁵⁵	tsʰaɤ⁴²	tɕiaɤ⁴⁴	kʰaɤ⁵⁵
道县	pʰaɤ³¹	taɤ³³	tsaɤ⁵⁵	kaɤ⁵⁵	paɤ³³	tsʰaɤ⁵⁵	tɕiaɤ³³	kʰaɤ³³
泸溪	pʰɯ¹³	tɯ⁴⁴	tsɯ⁵³	kɯ⁴⁴	pɯ⁴⁴	tsʰɯ⁴⁴	tɕiɯ⁴⁴	kʰɯ⁴⁴
永顺	pʰʌ²²	tʌ⁴⁴	tsʌ⁵³	kʌ⁴⁴	pʌ⁴⁴	tsʰʌ⁵³	tɕiʌ⁴⁴	kʰʌ⁴⁴
昆明	pʰɔ³¹	tɔ⁴⁴	tsɔ⁵³	kɔ⁴⁴	pɔ⁴⁴	tsʰɔ⁵³	tɕiɔ⁴⁴	kʰɔ⁴⁴
江川	pʰɔo³¹	tɔo⁵⁵	tsɔo⁴²	kɔo⁴⁴	pɔo⁵⁵	tsʰɔo⁴²	tɕiɔo⁵⁵	kʰɔo⁵⁵

韵摄	效开三宵				效开四萧			
声母	明	心	彻	书	群	端	泥	见
例字	苗	小	超	烧	桥	鸟	尿	叫
武汉	miau²¹³	ɕiau⁴²	tsʰau⁵⁵	sau⁵⁵	tɕʰiau²¹³	niau⁴²	niau³⁵	tɕiau³⁵
成都	miau²¹	ɕiau⁵²	tsʰau⁴⁴	sau⁴⁴	tɕʰiau²¹	ȵiau⁵²	ȵiau¹³	tɕiau¹³
常德	miau¹³	ɕiau³⁵	tsʰau⁵⁵	sau⁵⁵	tɕʰiau¹³	liau³¹	liau³⁵	tɕiau³⁵
永州	miau³³	ɕiau³²⁴	tsʰau¹³	ɕiau¹³	tɕʰiau¹³	niau⁵³	niau³²⁴	tɕiau³²⁴
广南	miao³¹	ɕiao⁵³	tsʰao⁴⁴	sao⁴⁴	tɕʰiao³¹	niao⁵³	niao¹³	tɕiao¹³
宾川	miao⁴²	ɕiao⁵³	tsʰao⁴⁴	sao⁴⁴	tɕʰiao⁴²	niao⁵³	niao³¹	tɕiao³¹
吉首	miaʌ²²	ɕiaʌ²²⁴	tsʰaʌ⁵⁵	saʌ⁵⁵	dziaʌ²²	ȵiaʌ⁴¹	ȵiaʌ²²⁴	tɕiaʌ²²⁴
罗江	miaɤ³¹	ɕiaɤ⁴²	tsʰaɤ⁴⁴	saɤ⁴⁴	tɕʰiaɤ³¹	niaɤ⁴²	niaɤ⁴²	tɕiaɤ²⁴
道县	miaɤ³¹	ɕiaɤ⁵⁵	tsʰaɤ³³	saɤ³³	tɕʰiaɤ³¹	niaɤ⁵⁵	niaɤ⁵⁵	tɕiaɤ⁵⁵
泸溪	miɯ¹³	ɕiɯ⁵³	tsʰɯ⁴⁴	sɯ⁴⁴	tɕʰiɯ¹³	niɯ⁵³	niɯ²⁴	tɕiɯ²⁴
昆明	miɔ³¹	ɕiɔ⁵³	tsʰɔ⁴⁴	ʂɔ⁴⁴	tɕʰiɔ³¹	niɔ⁵³	niɔ²¹²	tɕiɔ²¹²
江川	miɔo³¹	ɕiɔo⁴²	tsʰɔo⁵⁵	ʂɔo⁵⁵	tɕʰiɔo³¹	niɔo⁴²	niɔo²⁴	tɕiɔo²⁴
永顺	miʌ²²	ɕiʌ⁵³	tsʰʌ⁴⁴	sʌ⁴⁴	tɕʰiʌ²²	niʌ⁵³	niʌ¹³	tɕiʌ¹³

注：武汉 "交" 有白读音 kau⁵⁵，"敲" 有白读音 kʰau⁵⁵；成都、广南的 "敲" 有白读音 kʰau⁴⁴；常德 "鸟" 又音 tifau⁵⁵。

根据韵母洪细情况，西南官话中古效摄今读类型的一般格局是：一等豪韵、二等肴韵（除见系）、三等宵韵知章组读洪音，二等肴韵见系、三等宵韵（除知章组）、四等萧韵读细音。西南官话中古效摄具体的今读音值有以下七种类型：

①成都型：au/iau。这种类型是效摄在西南官话今读方言点最多的，凡是不属于以下其他类型的方言点基本上都属此类型。

②广南型：ao/iao。这种类型是效摄在西南官话今读方言点次多的，方言点有云南罗次、弥渡、蒙自、蒙化、安宁、禄丰、元谋、广通、牟定、镇南、楚雄、华宁、晋宁、河西、峨山、元江、澜沧、缅宁、屏边、开远、泸西、陆良、马龙、平彝、华坪、永平、云龙、剑川、邓川、祥云、盐丰、姚安、大姚、武定、禄劝、维西、顺宁、云县、潞西、镇雄、通海、玉溪、澄江、嵩明、路南、新平、墨江、个旧、弥勒、沾益、师宗、邱北、马关、广南、富宁、永胜、大理、洱源、大姚、盐兴、寻甸、石屏、昌宁、景东、镇沅、双江、腾冲；四川华阳、资中、岳池、邻水、酉阳、广元、西充、盐亭、茂县、丹棱、峨眉、万县、云阳；湖南宁远、蓝山、桂阳、新田、临武、宜章、道县、江华、桑植、沅陵、靖县、吉首，等等。云南宾川总体上也属于这一类型，只是其帮组字与果摄等合流读 o 韵。

③道县型：aɤ/iaɤ。如湖南道县、保靖、古丈、凤凰、麻阳，四川罗江等。

④泸溪型：ɤɯ/iɤɯ。目前仅见泸溪一处。

⑤昆明型：ɔ/iɔ。昆明型的方言点有云南昆明、富民、昆阳、呈贡、文山、凤仪、丽江、昭通、宜良、建水、会泽，广西柳州，江西赣州等。

⑥江川型：ɔo/ɔo。目前仅见江川一处。

⑦永顺型：ʌ/iʌ。目前仅见永顺一处。

二　效摄今读类型的演变层次

《切韵》时代的一等豪、二等肴、三等宵、四等萧韵彼此分离，《中原音韵》时期全部归并为"萧豪"韵，原豪肴韵主要读 au（二等见系读 iau），原宵萧韵主要读 iɛu，但《中原音韵》里萧豪有一二等的对立，说明一二等还有区别。《韵略易通》里也有"萧豪"韵，但中古一等豪韵、二等肴韵（除见系）已合流为 au 韵，二等肴韵见系、三等宵韵、四等萧韵已合流为 iau 韵，它们的主元音也都不存在对立了（张玉来1999：35）。

效摄三等宵韵知章组在《中原音韵》及《韵略易通》里主要读为细音，但今西南官话除永州等少数方言点的个别字外，基本上已读洪音。知三章韵母的这种细音洪音化至迟明末时代就已发生，如代表南京音的《西儒耳目资》中就有很多知章组字读为洪音，云南马自援《等音》（1673）中知系开口字大多读为洪音，只是日母字读细音。林本裕根据《等音》改编而成的《声位》中古开口三等的日母已读为洪音，18世纪中期巴郡人龙为霖《本韵一得》（1750）中知系三等介音也基本都读为洪音①。根据韵书反映，陈雪竹（2010：168）认为明清时期北音内部各个地区都发生了知系字由细向洪的演变，华北转变得最快，西南中原次之，江淮地区最慢，但到18世纪末期，知系三等字在各地都已经基本完成了由细到洪的演变。

效摄在西南官话中以读 au/iau 韵为主流，这是承自元末明初时期读音类型。其他如 ao、aɣ、ɯ、ɔ、ɔo、ʌ 等均由 au 韵演变而得，这一系列的演变当与 au 韵两个元音之间的相互影响有关。复合元音 au 中，主元音 a 是一个舌面前低元音，韵尾 u 是一个表示发音动程的后高元音，在主元音和韵尾的相互影响中，一般是韵尾偏于劣势，故当韵尾受主元音的影响而弱化时，韵尾表示的动程一般很容易缩短，甚至脱落。这样的话，后高元音 u 受前低元音 a 的影响往往会表现出发展演变的两个方向，即或前化，或低化。但这种演变不是单向性的，a 也会受 u 的影响而向高、向后演变。如果二者在相互影响的演变过程中达到一种平衡，则势必形成单元音，如 ɔ、ʌ 等。中古效摄在西南官话中的演变情况，参见图 3-17。

富民、昆阳、呈贡的效摄今读开口 ɔ 韵（刀 tɔ⁴⁴），与麻韵三等章组（蛇 ʂɔ⁴²）、咸开三叶韵章组（涉 ʂɔ⁴²）、山开三薛韵知章组（舌 ʂɔ⁴²）、曾开一德韵（北 pɔ⁴²）、曾开三庄组（色 sɔ⁴²）、梗开二陌麦韵（策 tsʰɔ⁴²）等合流。根据周边方言的对比来看，麻韵三等章组等字早期应该读 ɣ/ə 韵，读 ɔ 应该属于后低化，即 ɣ/ə > ɔ（富民等现在"都、他、给、那、个、去"等白读 ɣ 韵应该是残留，具体可参看罗次的读音类

―――

① 陈雪竹（2010：168）认为《本韵一得》部分知系三等字读细音是四川方音的体现。

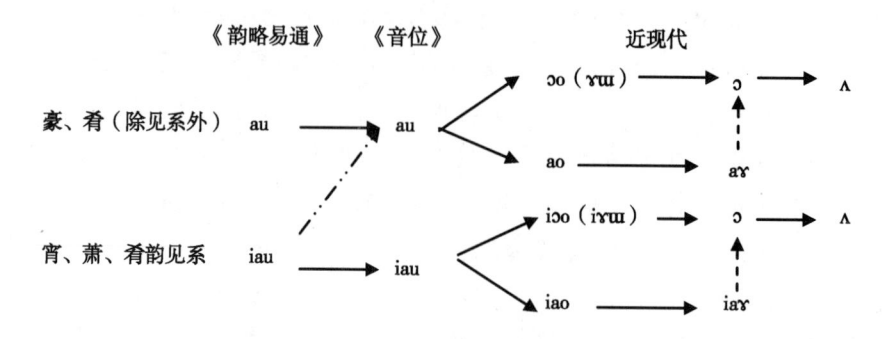

图 3-17　中古效摄在西南官话中的演变层次

型)①，它们低化的动力应该与入声韵失去韵尾后逐渐舒化进入阴声韵有关，因为入声失去韵舒化失去尾初期一般都会读得较短促，拉波夫（1994：116）的元音链移"通则"（general principles）之一就是"短元音低化"，故咸山开口三等知章组混同假开三麻韵字一起由 e/ɤ 低化演变为 ɔ，从而与效摄今读开口的 ɔ 韵混同。宾川效开一二等帮组与果摄混同读 o 韵，这应该与发音协调机制有关，因为唇音 p 组拼 o 韵从生理发音机制上是很协调的，故中间 a 很容易被忽略脱落，从而出现效摄一二等帮组读 o 韵、而其他声韵组仍读 ao/iao 韵的格局。

第六节　流摄的今读类型与演变层次

《切韵》流摄有一等侯（əu）韵、三等尤（iəu）、幽（ieu）韵，《广韵》三韵同用，说明至迟宋代它们已然合流（董建交2007：110）。《中原音韵》时期它们基本归并为"尤侯"韵，据杨耐思（1981：175），洪音一般读 əu 韵，细音一般读 iəu 韵。明代的《韵略易通》归之为"幽楼"韵，格局与《中原音韵》基本同型。但元明时期，中古尤韵三等字除庄组外，知章组字尚未转读洪音②。

明末《西儒耳目资》尤韵知章组字有 əu/iəu 两读，"可见此时本系

---

① 晋宁"北、客、色、蛇、射"等字有 e/o 两读的情况也证明了这种演变（杨时逢，1969：283）。

② 宋初《韵镜》把中古庄组字二等、三等字全部列入二等，这反映了宋初庄组三等介音已消失的事实，但此时知章组仍读细音，元明时期也基本如此，明末《西儒耳目资》显示了知章组字开始转读洪音。

声母字（按：知系）的韵母，由于介音［i］为前面的流音［ɿ］所同化而变为［ə u］。金书［iəu］、［əu］两读，说明这个变化尚未彻底完成"（李新魁，1983a：206）。据甄尚灵（1996：57），明末代表四川方音的《蜀语》尤韵知庄章组已读洪音，这说明了方音的地域差别，显示了西南官话比江淮官话的演变要快些。此外，清代反映云南方音的《等音》（1673）及其姊妹篇《声位》（1673）把流尤韵知庄章组字置于开口韵中，说明了云南方音至迟在当时也已读洪音类了。

我们下面从韵类上来探讨流摄的今读与演变。

第一，əu/iəu 类韵，主元音和韵尾为央后元音。

西南官话绝大部分地区中古流摄字主元音和韵尾读央后元音，成都、昆明等读 əu/iəu 韵是此类型的典型代表。此外，还有 ou/iou（武汉、武昌、汉口、汉阳、京山、宣恩、来凤、竹溪、竹山、郧西、房县、枣阳、荆门、当阳、枝江、长阳、兴山、秭归、巴东；凤仪、富宁；松潘、巫山；澧县、安乡、通道、宜章、石门、靖县）、əu/iu（邱北、景东、丽江）、ʌu/iʌu、ɤu/iɤu、nɤi/iuɤi、ɤʊɯ/iʊɯ、mei/mɐ、əo/oɐ、əo/ioʊ、əʏ/iʏ（思茅、个旧、罗次、呈贡、广通、牟定、楚雄、昆阳、晋宁、澄江、路南、玉溪、峨山、建水、大姚、昌宁；长寿、邻水、南江、南部、盐亭、茂县、罗江、丹棱、慈利、宁远、嘉禾、龙山、桂阳、道县）、ɤ/iɤ、ɯ/iɯ（古丈、泸溪）[①]。参见例字表 3–46。

表 3–46　　　　　　　中古流摄的今读类型例字

韵摄	流开一侯			流开三尤幽				
例字	头透	走精	狗见	流来	秋清	抽彻	愁崇	牛疑
武汉	tʰou²¹³	tsou⁴²	kou⁴²	niou²¹³	tɕʰiou⁵⁵	tʂʰou⁵⁵	tʂʰou²¹³	niou²¹³
大庸	tʰu²¹	tsou⁴¹	kou⁴¹	iou²¹	tɕʰiou⁵⁵	tʂʰou⁵⁵	tʂʰou²¹	iou²¹
成都	tʰəu²¹	tsəu⁵³	kəu⁵³	niəu²¹	tɕʰiəu⁴⁴	tsʰəu⁴⁴	tsʰəu²¹	niəu²¹
永州	tʰəu³³	tsəu⁵³	kəu⁵³	liəu³³	tɕʰiəu¹³	tɕʰiəu¹³	zəu³³	niəu³³
邱北	tʰəu³¹	tsəu⁵³	kəu⁵³	liu³¹	tsʰiu⁴⁴	tsʰəu⁴⁴	tsʰəu³¹	niu³¹

---

① 读音属于普遍主流类型除例表中的代表方言点外不再举其他方言点，凡是不属于其他类型读音的方言点均可推知归属主流类型；只有一个方言点的读音类型即表中所列，有两个或两个以上不属于主流类型的同一读音类型方言点全部列出，以备比较归纳。

续表

韵摄	流开一侯			流开三尤幽				
例字	头透	走精	狗见	流来	秋清	抽彻	愁崇	牛疑
柳州	tʰʌu³¹	tsʌu⁵³	kʌu⁵³	liʌu³¹	tsʰiʌu⁴⁴	tsʰʌu⁴⁴	tsʰʌu⁵³	niʌu³¹/ȵiʌu³¹
永绥	tʰɤu²²	tsɤu³¹	kɤu³¹	liɤu²²	tsʰiɤu⁴⁴	tsʰɤu⁴⁴	tsʰɤu²²	liɤu²²
郴州	tʰɤɯ²¹	tsɤɯ⁵³	kɤɯ⁵³	liɤɯ²¹	tɕʰiɤɯ³⁵	tsʰɤɯ³³	tsʰɤɯ²¹	liɤɯ²¹
弥渡	tʰəɯ³¹	tsəɯ⁵³	kəɯ⁵³	lieɯ³¹	tɕʰieɯ⁴⁴	tʂʰəɯ⁴⁴	tʂʰəɯ³¹	lieɯ³¹
宾川	tʰoũ⁴²	tsoũ⁵³	koũ⁵³	lioũ⁴²	tɕʰioũ⁴⁴	tsʰoũ⁴⁴	tsʰoũ⁴²	nioũ⁴²
盐丰	tʰəo³¹	tsəo⁵³	kəo⁵³	liəo³¹	tɕʰiəo⁴⁴	tʂʰəo⁴⁴	tʂʰəo³¹	niəo³¹
吉首	tʰəɤ²²	tsəɤ⁴¹	kəɤ⁴¹	ȵiəɤ²²	tɕʰiəɤ⁵⁵	tsʰəɤ⁵⁵	dzəp²²	ȵiəɤ²²
永顺	tʰɤ²²	tsɤ⁵³	kɤ⁵³	niɤ²²	tɕʰiɤ⁴⁴	tsʰɤ⁴⁴	tsʰɤ⁵³	niɤ²²
古丈	tʰɯ²²	tsɯ⁵³	kɯ⁵³	niɯ²²	tɕʰiɯ⁵³	tsʰɯ⁴⁴	tsʰɯ²²	niɯ¹³

  永州流摄三等仍保留着元明时期的读音格局，即尤韵除庄组读洪音 əu 韵外，知章组仍与其他三等韵一样仍读细音 iəu 韵。邱北流摄三等韵读 iu 韵，其实 i 和 u 之间实际原本有一个 ə，只是动程较短而被忽略了，再说对比周边方言如文山、广南、罗平等，也都仍读 iəu 韵。

  据表 3-46 所示，əu/iəu 类韵的实际音值有多种记录，但它们同属央后元音，我们认为大多数方言点音值的差异可能与记音的宽严不同有关，因为在这些方言点中，这些不同的音值所显示的均为同一音位。如湖南澧县为 ou/iou，但"ou、iou 的 o 略偏央，但不到 ə 的程度"（杨时逢，1974：167）。朱建颂（1992：43）认为武汉 ou/iou 韵的音值大致与北京音相同，而李新魁（1983a：204）指出"本韵（按：《中原》'尤侯'洪音 əu）至现代北京音仍读 əu（［əu］一般又可标记为［ou］）基本上没有变动……本韵（按：《中原》'尤侯'细音 iəu）在现代北京音中多读为［iəu］（即［iou］或［iu］），tʂ 系声母字变为［əu］"，可见，音值 əu、ou 在北京音和武汉话中均属于同一音位的自由变体。再有，柳州话在《普通话基础方言基本词汇集·语音卷》（陈章太、李行建，1996）里刘村汉处理为 ʌu/iʌu 韵，而《广西通志·汉语方言志》（1998）则记为 ou/iou 韵，但二者仅为音值的不同，并无音位的差异（即它们属同一音位）。西南官话中流摄主要读 əu（ou）/iəu（iou），受央后元音（ə、o、u）彼此之间的影响，它们在范围内或前或后，或高或低的演变都是可能的，但从音位上来看它们都属同一音位，故单纯从音值上来讨论它们的不同，并没有太大的价值和意义，故此略论。

永顺的 ɤ/iɤ、古丈和泸溪的 ɯ/iɯ 等音值则显得较为特别，因为除却三等介音 i 外，它们均仅有主元音，没有韵尾。其实，这是元音（ə、o、u）之间在相互影响的过程中呈现出的一种妥协状态。央元音 ə 与后高元音 o、u 之间在相互影响的过程中，一般会出现两种情况：其一，后高元音 u 受 ə（o）的影响而（前）低化为 ɤ、o、ɯ 等，从而演变为吉首的 əɤ/iəɤ、弥渡的 əɯ/iəɯ、盐丰的 əo/iəo 等韵尾音值低化的类型；其二，央元音 ə（后半高元音 o）受后高元音 u 的影响而呈现出后高化的演变。如果这两种演变方向同时聚于一点达到平衡状态，复元音 əu（ou）就会呈现出单元音的永顺的 ɤ/iɤ、古丈（泸溪）的 ɯ/iɯ 型。赵元任在泸溪"声韵调描写"中特别指出，"泸溪" ɯ、iɯ 中的 ɯ 近后高开唇元音 ɯ，有时读得较松，近似 əɤ 或 ɤ 的倾向（杨时逢，1974：1219）。

第二，eu/ieu 类韵，主元音为前元音、韵尾为后元音。如双柏、弥勒、平彝、景谷 eu/ieu、墨江 eɯ/ieɯ、寻甸 eɤ/ieɤ、兰坪 au/iau。参见表 3-47。

表 3-47　　　　　　　中古流摄今读 eu/ieu 类韵例字

韵摄	流开一 侯			流开三尤幽					
例字	头透	走精	狗见	流来	秋清	抽彻	周章	愁崇	牛疑
双柏	tʰeu⁴²	tseu³¹	keu³¹	lieu⁴²	tɕʰieu⁵⁵	tʂʰeu⁵⁵	tʂeu⁵⁵	tʂʰeu⁴²	nieu⁴²
墨江	tʰeɯ³¹	tseɯ⁵³	keɯ⁵³	lieɯ³¹	tɕʰieɯ⁵⁵	tʂʰeɯ⁵⁵	tʂeɯ⁵⁵	tʂʰeɯ³¹	lieɯ³¹
寻甸	tʰeɤ⁵³	tseɤ³¹	keɤ³¹	lieɤ³¹	tɕʰieɤ⁴⁴	tʂʰeɤ⁴⁴	tʂeɤ⁴⁴	tʂʰʰeɤ⁵³	nieɤ⁵³
兰坪	tʰau31	tsau⁵³	kau⁵³	liau³¹	tɕʰiau⁴⁴	tʂʰau⁴⁴	tʂau⁴⁴	tʂʰau⁴⁴	niau³¹

西南官话流摄 eu/ieu 类韵，是原主元音（ə、o）前化的结果，这符合拉波夫后元音前化的原则。双柏周边方言如楚雄、易门、景谷、禄丰等流摄主元音仍读 ə 音。弥勒"eu、ieu 的 e 比标准 e 偏央而略开，u 为也较开"（杨时逢，1974：663），说明弥勒等少数方言点流摄主元音正发生着 ə（o）＞ e 的演变。

第三，ei/iu 类韵，这类韵的特点是一等侯韵和三等尤韵知系字读洪音 ei，主元音和韵尾均为央前元音；三等尤幽韵除了知系字外一律读细音 iəu（iu），主元音和韵尾均为央后元音，从而与成都、昆明、武汉等主流类型同。见表 3-48。

表 3-48　　　　　　　中古流摄今读 ei/iu 类韵例字

韵摄	流开一 侯			流开三 尤幽				
例字	头透	走精	狗见	流来	秋清	抽彻	周章	愁崇	牛疑
河西	tʰəi³¹	tsəi⁵³	kəi⁵³	liəu³¹	tɕʰiəu⁵⁵	tʂʰəi⁵⁵	tʂəi⁵⁵	tʂʰəi³¹	niəu³¹
江川	tʰei³¹	tsei⁴²	kei⁴²	liu³¹	tɕʰiu⁵⁵	tʂʰei⁵⁵	tʂei⁵⁵	tʂʰei³¹	niu³¹

我们在前面对"eu/ieu 类韵"分析时认为，主元音为前元音当是原央后主元音前化的结果，但这种后元音前化的演变并不限于原主元音（ə、o）的单独演变，原后元音韵尾 u 也发生着这种前化演变。如果后高元音韵尾 u 前化演变得较快的话，就会出现河西等洪音读 əi 的类型。当原主元音（ə、o）和韵尾（u）都基本沿着平行线前化至前高元音时，就出现了江川、镇沅等今洪音读 ei 韵的类型。但江川洪音读 ei 除了与韵母元音间的影响有关外，更主要和直接的原因则是受推链影响所致，江川话中遇摄一等模韵、三等鱼虞韵知系、臻合三术知系、通摄屋沃烛韵裂化为 əu 韵（如"布 pəu²⁴ 图 tʰəu³¹ 出 tʂʰəu³¹ 读 təu³¹ 竹 tʂəu³¹ 绿 ləu³¹"等），从而直接推动了流摄洪音发生了 əu > ei 的前高化演变（具体可参看本书"遇摄的今读类型及演变"之"江川型"）。流摄三等（除知系外）在江川话今读中仍为 iu 韵，原因就在于细音组没有受到洪音组推链的影响，即细音并没有推链源，故保留原型读 iəu 韵。

流摄三等尤幽韵细音读 iəu（河西）、iu（江川、镇沅）韵的情况，说明这些方言点流摄原来应该属于 əu/iəu 类韵的典型类型，今读洪音前元音 ei 韵当是属后来的演变（即 əu > ei），江川洪音的推链演变就证明了其为后起的演变类型。至于三等尤幽韵细音读典型类型 iəu（iu）韵的原因，应该与 i 介音的控制有关，因为 i 韵尾的出现会与 i 介音重复，两头高、中间低的音节类型拼读费力，不符合发音省力的原则，故尤幽韵细音读 iəu（iu）韵的 u 尾并没有随着洪音类前化为 i，它们至今仍保留着中古三等尤幽韵细音读 iəu（iu）韵的传统典型读音类型。

第四，e/ie 类韵，韵母为前元音。西南官话流摄此类型韵母方言点较为有限，目前仅见云南的新平等极个别方言点。参见表 3-49。

第三章　西南官话阴声韵的今读类型与历史层次　　153

表 3-49　　　　　　　　中古流摄今读 e/ie 类韵例字

韵摄	流开一侯			流开三尤幽					
例字	头透	走精	狗见	流来	秋清	抽彻	周章	愁崇	牛疑
新平	tʰe³¹	tse⁵³	ke⁵³	lie³¹	tɕʰie⁴⁴	ʂʰe⁵⁵	tse⁵⁵	tsʰe³¹	nie³¹

新平读 e/ie 类型的语音演变道路应该是这样的：əu > eu（eɯ/eɤ）> e。当然，从理论上说，也存在 e > ei 演变的可能，但从新平（e/ie）、江川、镇沅（ei/iu）等方言音系来看，不太可能出现这种演变。对此，我们不妨举与新平临近的峨山话和与之稍远的江川话、镇沅话来进行对比分析，峨山话的 əɤ/iəɤ 韵很可能是新平 e/ie 型更早时期的原型。参见表 3-50 例字。

表 3-50　　　中古流摄今读 e/ie 类韵以及与其他韵摄分混的例字

韵摄	流开一侯		开三尤幽			蟹合一灰	止开三脂	止合三微	假开三麻	
例字	头透	狗见	周章	秋清	牛疑	梅明	悲帮	飞非	姐精	蛇船
新平	tʰe³¹	ke⁵³	tse⁵⁵	tɕʰie⁴⁴	nie³¹	me³¹	pe⁵⁵	fe⁵⁵	tɕie⁵³	ʂɤ³¹
峨山	tʰəɤ³¹	kəɤ³¹	tʂəɤ⁴⁴	tɕʰiəɤ⁴⁴	niəɤ³¹	mei³¹	pei⁴⁴	fei⁴⁴	tɕiɤ⁵³	ʂɤ³¹
江川	tʰei³¹	kei⁴²	tsei⁵⁵	tsʰiu⁵⁵	niu³¹	mei³¹	pei⁵⁵	fei⁵⁵	tɕi⁴²	ʂe³¹
镇沅	tʰei³¹	kei⁵³	tsei⁴⁴	tsʰiu⁵⁵	niu³¹	mei³¹	pei⁴⁴	fei⁴⁴	tɕie⁵³	ʂʌ³¹

韵摄	山咸开三入				山咸开四入			山合三四入		
例字	别帮	舌船	薛心	歇晓	铁透	节精	结见	劣来	月疑	血晓
新平	pe³¹	ʂɤ³¹	ɕie³¹	ɕie³¹	tʰe³¹	tɕie³¹	tɕie³¹	le³¹	ie³¹	ɕie³¹
峨山	pei³¹	ʂɤ³¹	ɕiɤ³¹	ɕiɤ³¹	tʰei³¹	tɕiɤ³¹	tɕiɤ³¹	lei³¹	iɤ³¹	ɕiɤ³¹
江川	pi³¹	ʂe³¹	ɕi³¹	ɕi³¹	tʰi	tɕi³¹	tɕi³¹	li³¹	i³¹	ɕi³¹
镇沅	pie³¹	ʂʌ³¹	ɕie³¹	ɕie³¹	tʰie	tɕie³¹	tɕie³¹	lie³¹	ie³¹	ɕie³¹

据表 3-50 中例字可以看出，峨山话蟹合一灰韵唇音、止开三脂唇音、止合三微唇音、咸山三四等入（精组、见系今读 tɕ 组和知系除外）读 ei 韵，假开三（除见系）、咸山三四等入精组、见系今读 tɕ 组读 iɤ 韵（或读 ie 韵①），流摄今读 əɤ/iəɤ 韵（或读 eɤ/ieɤ 韵②）。从韵摄的分合类

---

① 峨山 "iɤ 的 e 有时读得很前"（杨时逢，1969：444）。
② 峨山 "əu, iəu 的 ə 有时读得很前，近似 e, ɤ 尾有时较开而带圆唇趋势"（杨时逢，1969：444）。

型上看，我们很容易看出流摄在峨山话中的类型是新平类型的前身，因为流摄在新平话中与之合流的韵摄，同峨山话中未与之合流的韵摄相同，即都有阴声韵和舒化后的入声韵，但江川话、镇沅类型则只有阴声韵（入声韵属于另一音位）。另外，流摄在新平和峨山话中，洪细音除介音有别外，它们的主元音和韵尾是相同的（新平 e/ie；峨山 ɤ/iəɤ），而江川和镇沅话则是有别的（ei/iu），音系的演变绝大多数应该是平行演变的，更何况，细音 iəɤ（ieɤ）> ie 的演变要比 iu > ie 的演变更容易、更协调。因此，尽管中古流摄在江川、镇沅的今读洪音 ei 中失去韵尾变为 e（新平）的演变可以理解①，但从整个音位的平行演变来看，它们今读细音（iu）而演变为 ie 的可能性不是很大，因为它们基音本身就是不同的。综上，我们倾向于认为：峨山话的 əɤ/iəɤ 韵很可能是新平 e/ie 型更早时期的原型，峨山话实际音值的演变甚至预示着新平型是它演变的最终归宿②。

综上所述，我们可把流摄在西南官话中的演变层次示如图 3-18。

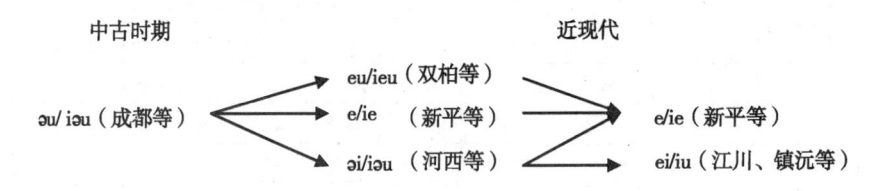

中古时期　　　　　　　　　　　　　　　近现代

　　　　　　　　eu/ieu（双柏等）
əu/iəu（成都等）→ e/ie　（新平等）　→ e/ie（新平等）
　　　　　　　　əi/iəu（河西等）　　　　ei/iu（江川、镇沅等）

图 3-18　中古流摄在西南官话中的演变层次

第七节　西南官话阴声韵的今读特点

阴声韵在西南官话中的今读音值及音类特点，绝大多数与官话方言（以普通话为代表）的总体特征相同。但在部分韵摄的开合、元音演变的动力等方面，西南官话还是具有自己的一些特点。下面把西南官话阴声韵的今读主要特点做一个小结，以便从总体上把握阴声韵在西南官话中的今读情况。

第一，中古果摄洪音一般不分开合口混读为同一个韵母（以读单元 o

---

① 镇沅"ei、uei 的 e 比标准元音 e 略开，近似 ɛ，i 尾很松，有时似像脱落"（杨时逢，1969：1463）。

② 峨山"iɤ 的 e 有时读得很前"（杨时逢，1969：444）；峨山"əu、iəɤ 的 ə 是个央元音 ə，有时读得很前，近似 e，ɤ 尾有时较开而带圆唇的趋势"（杨时逢，1969：444）。

韵为主)。

中古果摄一等字在北方系官话中,音值上呈现出唇音读一类,端系读一类,见系读一类的基本分配格局,而西南官话却是不分开合读为同一类。如表3-51所示。

表3-51   中古果摄一等在官话方言中的今读例字

声母	果合一		果开一		果合一		果开一	果合一	
例字	波帮	朵端	多端	罗来	騾来	坐从	左精	哥见	锅见	和匣
北京	po^{55}	tuo^{214}	tuo^{55}	luo^{35}	luo^{35}	tsuo^{51}	tsuo^{214}	kɤ^{55}	kuo^{55}	xɤ^{35}
济南	pɤ^{213}	tuɤ^{55}	tuɤ^{213}	luɤ^{42}	luɤ^{42}	tsuɤ^{21}	tsuɤ^{55}	kɤ^{213}	kuɤ^{213}	xɤ^{42}
西安	po^{21}	tuo^{53}	tuo^{21}	luo^{24}	luo^{24}	tsuo^{55}	tsuo^{53}	kɤ^{21}	kuo^{21}	xuo^{24}
太原	pɤ^{11}	tuɤ^{53}	tuɤ^{11}	luɤ^{11}	luɤ^{11}	tsuɤ^{45}	tsuɤ^{11}	kɤ^{11}	kuɤ^{11}	xuɤ^{11}
武汉	po^{55}	to^{42}	to^{55}	no^{213}	no^{213}	tso^{35}	tso^{42}	ko^{55}	ko^{55}	xo^{213}
成都	po^{44}	tʰo^{53}	to^{44}	no^{21}	no^{21}	tso^{13}	tso^{53}	ko^{44}	ko^{44}	xo^{21}
合肥	pʊ^{212}	tʊ^{24}	tʊ^{212}	lʊ^{55}	lʊ^{55}	tsʊ^{53}	tsʊ^{24}	kʊ^{212}	kʊ^{212}	xʊ^{55}
南京	po^{31}	to^{22}	to^{31}	lo^{13}	lo^{13}	tso^{44}	tso^{22}	ko^{31}	ko^{31}	xo^{13}

注:北京话"和和面"读xuo^{35},太原话"朵"白读音tɤ^{53}、"罗"白读音lɤ^{11}、"左"白读音tsɤ^{53}。

官话方言中古果摄一等字不分开合口读为一类情况,除西南官话外,江淮官话也是这种类型①,如表3-51中的合肥、南京等。吴波(2007:82)就指出:"江淮官话的果摄字读音较为规则,基本上是o类音"。据此看来,"中古果摄一等字不分开合读为一类"可视为南方系官话区别于北方系官话的语音标准之一。

值得注意的是,西南官话区北部与中原官话区毗邻,故西南官话在陕南(紫阳、宁陕等)、鄂北(襄阳、郧县等)等地的少数方言点中,果摄一等字有读uo/ɤ韵的现象。此外,西南官话还有一些方言点具有元音高化(出位)并产生推链的现象(如眉山读u、石屏读ou等),但具有这些读音类型的方言分布点极为有限(可参看"果摄的进度类型与演变层次"的论述),故它们在总体上并不影响西南官话中古果摄洪音字不分开合读为一类的基本格局。

第二,阴声韵元音的高化(出位)演变,主要源自入声韵的舒化推动所致。

从前面果假诸摄的今读类型与演变层次来看,西南官话部分方言点的

---

① 据周赛红(2005:110),湘语中古果摄一等也是不分开合口读为一类的。

元音存在高化甚至出位的演变情况。例如：果摄一等在四川眉山、崇庆和云南江川中读 u 韵，在云南兰坪话中读 ʊ 韵；在云南石屏话中读 ou 韵；假摄二等麻韵在湖北随县话中读 ɔ 韵；遇摄一等模韵在云南兰坪话中读 ʊ 韵，在云南江川话中读 əu 韵；蟹止摄开口三四等在云南师宗话中读 ʅ 韵；等等。有意思的是，西南官话这些方言点的元音在产生高化（出位）演变的同时，常常伴随着一系列的推链演变发生，如云南江川果摄一等读 u 韵，推动了遇摄一等读 əu 韵（零声母和唇齿音读 ɣ 韵），韵摄一等又推动了流摄一等读 ei 韵（与蟹止摄合口一等唇音字合流）等。现举云南江川话为例（其余请参看本章各节讨论，此不赘述），见表 3–52。

表 3–52　　　中古果、遇、流诸摄在江川话中的链变例字

韵摄	歌				戈				模			
例字	多端	左精	我疑	河匣	波帮	坐从	科溪	火晓	布帮	图定	路来	古见
江川	to⁵⁵	tsu⁴²	ŋu⁴²	xo³¹	pu⁵⁵	tsu²⁴	kʰu⁵⁵	xu⁴²	pu²⁴	tʰəu³¹	ləu²⁴	kəu⁴²

韵摄	模		侯		灰		废	脂	微	
例字	猪鱼	初初	头透	漏来	走精	口溪	配滂	妹明	废非	悲帮	飞非	尾微
江川	tsəu⁵⁵	tsʰəu⁵⁵	tʰei³¹	lei²⁴	tsei⁴²	kʰei⁴²	pʰei²⁴	mei²⁴	fei²⁴	pei⁵⁵	fei⁵⁵	vei⁴²

总体对比来看，元音的高化（出位）演变在西南官话中并不具备普遍性，即使在上述这些少数方言点产生的元音高化（出位）演变，它们的演变原因一般也都具有较强的一致性，即入声舒化后混进阴声韵，原阴声韵为了避免与之混同，便高化（出位）演变为别的更高的音位，部分方言点还因此而产生推链演变。如四川眉山话果摄一等字发生 o > u 的高化演变，是因为受宕江摄入声韵舒化为 o 韵后的推动所致。请参例字表 3–53（为便于比较，附江川话）。

表 3–53　　　中古果摄、遇摄和宕江摄入声韵在眉山话、江川话中的今读例字

韵摄	果一		遇一	遇三	宕一	宕开三	江二
例字	多歌	罗歌/骡戈	炉模	书鱼/殊虞	各铎	着药	桌觉
眉山	tu⁵⁵	nu³¹	nu³¹	su⁵⁵	ko²⁴	tso²⁴	tso²⁴
江川	to⁵⁵	lu³¹	ləu³¹	ʂəu⁵⁵	ku³¹	tʂu³¹	ʂu³¹

宕江摄入声韵在眉山话中的舒化时间要比江川话晚，故尚保留着阴声韵（u）和入声韵（o）二分的格局。相对来说，江川话的演变时间可能

第三章　西南官话阴声韵的今读类型与历史层次　　157

较早，而且演变的速度较快，故宕江摄入声韵已受阴声韵的牵连影响而混读为 u 韵，即宕江摄先舒化为 o 韵，于是推动果摄一等高化为 u 韵，后来舒化后的入声字 o 韵受果摄一等高化后的 u 韵影响也类化为 u 韵了，从而出现阴入混同的格局①。

元音高化在西南官话中不具有普遍性，而且元音高化演变的动力主要源自入声舒化，这说明部分方言点发生这种演变应属于较为晚起的层次，而这一结论也与西南官话入声消失属近现代非常晚近的演变事实相吻合。因为据地方韵书反映，明清两代的西南官话都是有入声的（关于入声的舒化归并层次，可参见本书"西南官话入声韵舒化归并的历史层次"的论述）。

第三，蟹摄开口二等见系字在西南官话中一般不腭化。

蟹摄开口二等见系字在西南官话中韵母一般读 ai（声母为 k 组），这可视为西南官话区别于其他官话次方言的标准之一。江淮官话口语音与西南官话同，但其声韵母在读书音中普遍读腭化音（与北方系官话相同）。江淮官话与西南官话一般认为具有同源关系，蟹摄开口二等见系字在江淮官话读书音中腭化，是因为相对西南官话来说，江淮官话与北方系官话接触面更广，人口流动更频繁，故其演变得较快罢了。但蟹摄开口二等见系字在江淮官话的口语读音中仍是不腭化的，即与西南官话的读音相同，都读不腭化音（声母一般为 ai，韵母为 k 组），这可视为南方系官话区别于北方系官话的特点之一，同时也是证明西南官话与江淮官话具有同源关系的证据之一。例字如表 3-54 所示。

表 3-54　　　　　　蟹开二见系字在官话方言中的今读例字

例字	街	解	械	鞋	例字	街	解	械	鞋
武汉	kai⁵⁵	kai⁴²	kai³⁵	xai²¹³	北京	tɕie⁵⁵	tɕie²¹⁴	ɕie⁵¹	ɕie³⁵
成都	kai⁴⁴	kai⁵³	tɕiɛi¹³/kai¹³	xai²¹	济南	tɕie²¹³	tɕie⁵⁵	ɕie²¹	ɕie⁴²
昆明	kæ⁴⁴	kæ⁵³	kæ²¹²	xæ³¹	西安	tɕie²¹³	tɕie⁵³	tɕie⁵⁵	xæ²⁴②

值得注意的是，蟹摄开口二等见系字在西南官话部分方言点的少数字

---

① 江川话当时仍有"多 to⁵⁵ 歌 ko⁵⁵ 朵 to⁴² 货 xo²⁴ 夺 to³¹ 脱 tʰo³¹"等部分字读 o 韵，这或与周边方言（或普通话）影响有关，据《云南省志·汉语方言志》（1989），今江川话果摄一等字已经大多读 o 韵了。

② 西安话蟹摄开口二等喉牙音读 k 的仅有两字，即"鞋 xæ²⁴ 蟹 ɕie⁵³/xæ⁵³"。

中有读 tɕiai 组音的情况（可参见本书"蟹止摄的今读类型与演变层次"一节的论述），我们认为这是承自元明以来的古音残留。因为蟹摄开口二等见系字在元明清的地方韵书音系中一般读 kiai 组音，如《中原音韵》（杨耐思，1981：117）、《韵略易通》（张玉来，1999：126）、《西儒耳目资》（曾晓渝，2004：40）、《泰律篇》（陈长祚，2007：182）、《等音》及其姊妹篇《声位》（陈长祚，2007：266）等莫不如此（除《中原音韵》和《西儒耳目资》外，均为明清事情反映西南官话的韵书）。其实，关于 iai 韵的来源，李新魁（1984：478）有详细的论述：

就 [iai] 来说，元代的 [iai] 是来自《广韵》系统的皆、佳、陌、麦诸二等韵，如"皆解戒鞋骇懈格客隔"等字，元时念 [iai]，直到十七世纪的《西儒耳目资》，这些字还是保持念 [iai]，金氏的标音就是 [iai]，在明末清初的《字母切韵要法》中，这些字也列为"开口副韵"，同样是一个 [iai]，一直到《五方元音》，[iai] 韵还没有任何消变，只是原来的入声字在十七世纪时便变为 [ɛ] 与哲、扯、舌、热等字合流了。大约在十八世纪初，这些二等字才变为 [iɛ]。不过，我们看劳乃宣的《等韵一得》，里面还是把"皆谐"等字列为"该孩"的齐齿呼字，似仍念为 [iai] 音。但作于十九世纪末王照的《官话字母读物》，本韵字已作 [iɛ]，故劳氏之列字恐据方音或前代音。十九世纪时，[iai] 已变为 [iɛ]。

蟹开二见系在西南官话中如果读 iai 韵，则其声母一般今读 tɕ 组，这是原 k 组声母受韵母 i 介音的影响腭化而成，即声母因应韵母而发生了 kiai > tɕiai 的腭化演变。蟹开二见系读 tɕiai 组音的情况，同样存在于中原官话的部分方言点中，如光山和新县的文读音、郑州的白读音、信阳、薛城、临汾、洪洞、河津、商县等，段亚广（2012：100）就认为："郑州、襄城、遂平、信阳、枣庄、临汾、洪洞等读'tɕiai、tɕʰiai、ɕiai'的则反映了元以后、19 世纪以前的层次"。

第四，蟹止摄合口韵①端系字合口介音的消存基本呈现东、西部二分

---

① 具体指"蟹合一灰韵、蟹合三祭废韵、止合三支脂韵"，照惯例和行文简洁，用"蟹止摄"代替。

的格局，即湖广、陕南区域的合口介音趋于消失，而云贵川及桂北一带则倾向于存留。

湖广、陕南一带蟹止摄合口韵端系字合口介音的消失还具有区域性，具体表现为湘北（如常德地区）系中的泥来母合口介音消失，湘西北（如大庸、桑植等）与鄂中偏南（如秭归、宜都等）一带端系中的端组、泥组后的合口介音消失，鄂（西）北靠近河南一带和陕西一带（如十堰、襄阳、随县等）端系字后的合口介音则全部消失。由此看来，湖广、陕南一带蟹止摄合口韵端系字合口介音的消失由南向北呈现递增的趋势。

蟹止摄合口韵端系字合口介音在西南官话中的消存见图3-19。

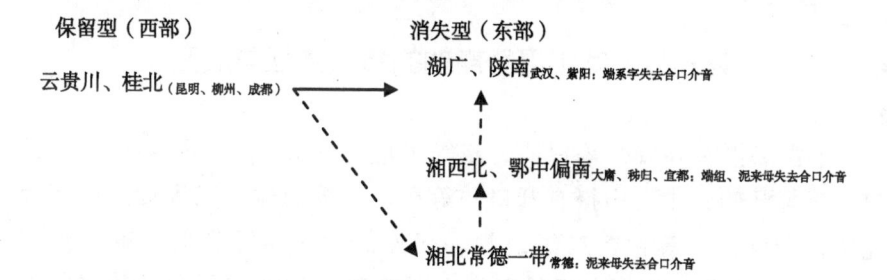

保留型（西部）　　　　　　消失型（东部）

云贵川、桂北（昆明、柳州、成都）　　湖广、陕南 武汉、紫阳：端系字失去合口介音

　　　　　　　　　　　　湘西北、鄂中偏南 大庸、秭归、宜都：端组、泥来母失去合口介音

　　　　　　　　　　　　湘北常德一带 常德：泥来母失去合口介音

图3-19　中古蟹止摄合口端系字合口介音在西南官话中的消存分布
注：实线表示东西部合口介音的存留格局，虚线表示合口介音失去的可能循序和层次。

第四章

西南官话阳声韵的今读类型与历史层次

第一节 咸山摄舒声韵的今读类型与演变

中古咸摄有开口一等覃谈、二等咸衔、三等盐严、四等添韵，合口有三等凡韵；中古山摄有开口一等寒、二等山删、三等仙元、四等先韵，合口有一等桓、二等山删、三等仙元、四等先韵。咸山摄在《切韵》中二分，它们之间的区别主要体现在韵等的开合及韵尾的不同上，咸摄收-m尾，山摄收-n尾。中古咸山摄在西南官话今读中已合为一类，但方言点之间的韵尾有多种体现，同时主元音的音值也会因方言点的不同而呈现出差异，开口二等韵见系字由洪音演变为细音的阶段特征明显。咸山摄在西南官话中的今读基本类型与其他官话基本一致，如果以洪细为标准划分类型：一二等（部分见系开口字除外），三等合口唇音和三等知系为一类，主要读洪音；三（除知系和合口唇音）四等、部分开口二等见系为一类，主要读细音。除基本类型外，也存在着其他多种类型，下面为方便比较，我们对一二等和三四等分别举例论述（因咸山摄在西南官话中已经合流，故本书中例字主要举山摄为代表）。

一 咸山摄一二等的今读类型

咸山摄开口二等见系在西南官话大部分方言点都读细音，音值上与开口三等同型，故下面的论述暂不包括咸山摄开口二等见系，对之将另作讨论。见表4-1。

表 4-1   咸山摄一二等舒声韵在西南官话中的今读类型例字

韵摄	山开一寒	山开二山		山合一桓			山合二山删	
例字	兰来	板帮	半并	短端	酸心	官见	拴生 闩生	关见
成都	nan²¹	pan⁵³	pan¹³	tuan⁵³	suan⁴⁴	kuan⁴⁴	suan⁴⁴	kuan⁴⁴
武汉	nan²¹³	pan⁴²	pan³⁵	tan⁴²	san⁵⁵	kuan⁵⁵	suan⁵⁵	kuan⁵⁵
天门	lan³¹³	pan²²	pan³³	tan²²	san⁵⁵	kuan⁵⁵	ɕyan⁵⁵	kuan⁵⁵
石泉	lan²¹	pan⁵³	pan²¹⁴	tan⁵³	san⁴⁵	kuan⁴⁵	ʂɥan⁴⁵	kuan⁴⁵
宣恩	nan¹¹	pan⁵³	pan²⁴	tan⁵³	san⁵⁵	kuan⁵⁵	ɕyen⁵⁵	kuan⁵⁵
临澧	nan¹³	pan²²	pan²⁴	tan²²	suan³⁵	kuan³⁵	ʂɥan³⁵	kuan³⁵
常德	lan¹³	pan³¹	pan³⁵	tan³¹	ɕyan⁵⁵	kuan⁵⁵	ɕyan⁵⁵	kuan⁵⁵
澄江	lã³¹	pã⁵³	pã⁴⁴	tuã⁴⁴	suã⁴⁴	kuã⁴⁴	suã⁴⁴	kuã⁴⁴
宜章	lã¹³	pã⁵³	pã³⁵	tuã⁵³	ɕyã³³	kuã³³	ɕyã³³	kuã³³
龙山	nã³¹	pã⁵³	pã²⁴	tuã⁵³	ɕyẽ⁴⁴	kuã⁴⁴	ɕyẽ⁴⁴	kuã⁴⁴
澧县	lã¹³	pã³¹	pã³³	tã³¹	sã⁵⁵	kuã⁵⁵	ʂuã⁵⁵	kuã⁵⁵
宁远	laŋ³¹	paŋ⁴⁵	paŋ²⁴	tuaŋ⁴⁵	suaŋ³³	kuaŋ³³	suaŋ³³	kuaŋ³³
嘉禾	laŋ³¹	paŋ⁵³	paŋ³⁵	taŋ⁵³	saŋ⁴²	kuaŋ⁴²	ɕyaŋ⁴²	kuaŋ⁴²
昆阳	læ⁴²	pæ⁵³	pæ¹¹	tuæ¹¹	suæ⁴⁴	kuæ⁴⁴	ʂuæ⁴⁴	kuæ⁴⁴
峨边	læ̃³¹	pæ̃⁴²	pæ̃¹³	tuæ̃⁴²	suæ̃⁵⁵	kuæ̃⁵⁵	suæ̃⁵⁵	kuæ̃⁵⁵
辰溪	lẽ¹³	pẽ⁵³	pẽ²⁴	tuẽ⁵³	suẽ⁴⁴	kuẽ⁴⁴	suẽ⁴⁴	kuẽ⁴⁴
呈贡	la³¹	pa⁴²	pa¹¹	tua⁵³	sua⁴⁴	kua⁴⁴	ʂua⁴⁴	kua⁴⁴
凯里	lɛ²¹	pɛ⁵⁵	pɛ¹³	tuɛ⁵⁵	suɛ³³	kuɛ⁵⁵	suɛ⁵⁵	kuɛ⁵⁵
丹寨	lia⁵³	pia⁵⁵	pia¹³	tye⁵⁵	ɕye³³	kuɤ⁵³	ɕye³³	kye³³
晃县	lan³¹³	pan⁴²	pan³⁵	tuon⁴²	suon⁴⁴	kuon⁴⁴	suon⁴⁴	kuon⁴⁴
保山	laŋ⁴⁴	paŋ⁵³	paŋ³⁵	tuɐŋ⁵³	suɐŋ³¹	kuɐŋ³¹	ʂuɐŋ³¹	kuɐŋ³¹
建水	laŋ⁴⁴	paŋ⁵³	paŋ¹³	tuə̃⁵³	suə̃⁴⁴	kuə̃⁴⁴	ʂuə̃⁴⁴	kuə̃⁴⁴
赣州	lã⁴²	pã⁵⁵	põ²¹³	tõ⁵⁵	sõ²²	kõ²²		kuã⁴⁴
景东	lã³¹	pã⁵³	pã¹³	tuɛ̃⁵³	suɛ̃⁴⁴	kuɛ̃⁴⁴	suɛ̃⁴⁴	kuɛ̃⁴⁴
蒙化	lã³¹	pã⁴²	pã²⁴	tue⁴²	sue⁴⁴	kue⁴⁴	ʂue⁴⁴	kue⁴⁴
兰坪	laŋ³¹	paŋ⁵³	paŋ²⁴	tuɛ̃⁵³	suɛ̃⁴⁴	kuɛ̃⁴⁴	ʂuɛ̃⁴⁴	kuɛ̃⁴⁴
邱北	lã³¹	pã⁵³	pã¹³	tuɛ⁵³	suɛ⁴⁴	kuɛ⁴⁴	ʂuɛ⁴⁴	kuɛ⁴⁴
易门	lã⁴²	pã⁵³	pã¹¹	tuaŋ⁵³	suaŋ³³	kuaŋ³³	ʂuaŋ³³	kuaŋ³³
云龙	laŋ⁵³	pã³¹	pã⁵⁵	tuã³¹	suã³³	kuã³³	suã³³	kuã³³
邓川	laŋ⁵³	pæɛ³¹	pæɛ²⁴	tuæɛ³¹	suæɛ⁴⁴	kuæɛ⁴⁴	suæɛ⁴⁴	kuæɛ⁴⁴
寻甸	laŋ⁵³	pan³¹	pan¹³	tuan³¹	suan⁴⁴	kuan⁴⁴	ʂuan⁴⁴	kuan⁴⁴

根据主元音的差别，西南官话咸山摄一二等的今读类型有以下两种：

第一类，咸山摄一二等主元音完全相同，这是它们在西南官话中的典型类型（合口唇音与开口今读为开口呼，合口除唇音外今读主要为合口）。根据方言点的不同，基音（韵腹和韵尾）的具体音值也会存在差异，具体主要有以下七种类型见表4-2。

表4-2　咸山摄一二等舒声韵在西南官话中的今读类型与方言分布（一）

	方言类型	韵腹和尾	方言分布点
1	成武型	an	咸山摄一二等在西南官话中的主流类型
2	澄澧型	ã	云南：缅宁、个旧、屏边、云县、永胜、永平、宁洱、思茅、景东、昭通、富民、新平、河西、开远、文山、邱北、广南、盐兴、昌宁、顺宁、双江、安宁、元谋、牟定、弥渡、华宁、峨山、巧家、宣威、祥云、会泽、武定、潞西、洱源、盐丰、景谷、澄江、陆良、路南、江川、元江、弥勒、泸西、师宗、华坪、姚安、石屏、大关、镇雄、罗次、双柏、通海等；四川：蓬溪、秀山、昭化、绵阳、名山、南部、灌县、井研、三台、罗江、德阳、马边、酉阳、松潘、峨眉、长宁、兴文、南江、盐亭、青神、犍为、叙永等；湖南：桑植、保靖、沅陵、零陵、道县、芷江、澧县、麻阳、宜章、永绥、泸溪、江华、吉首、永顺等
3	宁嘉型	aŋ	云南：墨江、保山、澜沧、兰坪、蒙自、镇康、广通、弥渡、大姚、玉溪、马关、晋宁、大理、漾濞等；湖南：宁远、嘉禾、蓝山、郴州、桂阳、新田、临武、东安、永明等；四川：合江等
4	辰溪型	ẽ	湖南：辰溪等
5	呈贡型	a	云南：呈贡、凤仪、宾川；贵州：凯里
6	昆阳型	æ	云南：昆阳、丽江
7	峨边型	æ̃	云南：峨边等；四川：眉山等

第二类，咸山摄一二等主元音因条件而产生差异。具体又分三种情况：

①因开合口而异：今读开口的为一类（包括开口一二等、合口唇音字），今读合口的为一类（合口除唇音字）。该类型方言点很有限，见表4-3（9种）。

②因声母而异：开口端系、见系读一类，其他声组读一类。该类型方

言点非常少，目前仅见云南云龙、剑川（aŋ/ã）①、邓川（aŋ/æɛ）、寻甸（aŋ/an）等。

表4-3　　咸山摄一二等舒声韵在西南官话中的今读类型与方言分布（二）

开/合	方言点	开/合	方言点	开/合	方言点
an/uon	晃县	ã/uẽ	景东	aŋ/uə̃	建水
ã/uẽ	镇沅、永州、邱北、元江、峨山	ã/ue	蒙化	aŋ/ɜŋ	兰坪
ã/ɷ̃	赣州	ã/aŋ	易门	aŋ/uɐn	保山

③合口因声母而异：山合一精组字与合口三等（唇音除外）合流读一类，山合一二等其他声组读一类。如湖南龙山（ɛ̃/ã）等。参见表4-4（附常德话作比较）。

表4-4　　龙山、常德话中古山摄舒声韵今读例字

韵摄	山开一寒	山开二山	山合一桓				山合二山删	
例字	兰来	板帮	半并	短端	酸心	官见	拴生囝生	关见
龙山	nã31	pã53	pã24	tuã53	ɕyẽ44	kuã44	ɕyẽ44	kuã44
常德	lan13	pan31	pan35	tan31	ɕyan55	kuan55	ɕyan55	kuan55

韵摄		山合三仙元			山合四先	山开三仙元	
例字	饭奉	全从	船船	穿昌	圆云	悬匣	钱从	展知
龙山	fã24	tɕʰyẽ31	tɕʰyẽ31	tɕʰyẽ44	yẽ31	ɕyẽ31	tɕʰi yẽ31	tsã53
常德	fan35	tɕʰyan13	tɕʰyan13	tɕʰyan55	yan13	ɕyan55	tɕʰyan13	tsan31

二　山摄合口一等端系读如开口的方言分布类型

咸摄合口仅有三等凡韵，没有合口一等韵。山摄一等韵读开口的主要发生在帮组和端系。山摄合口一等帮组读开口在官话方言中属于基本的共性，这里不做赘述。下面主要谈山合一等端系读开口的情况。见表4-5韵母类型与方言分布。

---

①　云龙、剑川咸山摄一二等的主元音是相同的，但它们的韵尾则因声母的不同而体现出差异。

表 4 – 5　山摄合口一等舒声韵端系读开口的今读类型与方言分布情况

中古声母条件	今韵母	方言分布点
端组、泥组、精组	an	湖北：武汉、汉川、竹溪、竹山、宣恩、天门、武汉、汉口、汉阳、沔阳、京山、巴东、郧西、郧县、均县、光化、房县、保康、南漳、襄阳、钟祥、枣阳、随县等；湖南：桃源、慈利、安乡、汉寿等；云南：陆良、马龙、曲靖、沾益等；陕南：石泉、宁陕、镇坪、紫阳等
	ã	澧县
	aŋ	嘉禾、蓝山
	on	通道
端组、泥组/精组	an/uan	武昌、荆门、当阳、宜昌、宜都、兴山、钟祥、临澧等
端组、泥组/精组	an/yan	常德（按：合一精组与合三精组、知见系声韵同读 tɕyan 组）

合口韵读为开口韵的相关成因问题，以及常德精组读为细音的情况，我们已在"蟹摄的今读与演变"之"蟹合一灰、蟹合三祭废、止合三支脂韵的开合对立演变"中有了论述，这里不再赘述。

三　咸山摄三四等的今读类型

根据主元音的不同，咸山摄三四等在西南官话今读中可分以下几种类型：

第一种，主元音完全相同。主元音值体现为 æ（昆阳、丽江等）、a（高县等）、ã（澧县、松潘、泸溪等）、ẽ（辰溪等）、ɑ（石泉、大庸、嘉禾、蓝田等）。见表 4 – 6。

表 4 – 6　中古咸山摄三四等舒声韵主元音完全相同的方言点例字

韵摄	山开三			山开四	山合三				山合四
例字	钱从	缠澄	谚疑	天透	饭奉	全从	船船	圆云	悬匣
昆阳	tɕʰiæ⁴²	tʂʰæ⁴²	iæ⁴²	tʰiæ⁴⁴	fæ¹¹	tɕʰyæ⁴²	tʂʰuæ⁴²	iæ⁴²	ɕiæ⁴²
丽江	tɕʰiæ³¹	tʂʰæ³¹	iæ³¹	tʰiæ⁴²	fæ⁵⁵	tɕʰyæ³¹	tʂʰuæ³¹	yæ³¹	ɕyæ³¹
高县	tɕʰiai³¹	tʂʰan³¹	iai³¹	tʰiai⁵⁵	fan¹³	tɕʰyai³¹	tʂʰuan³¹	yai³¹	ɕyai³¹
澧县	tɕʰiã¹³	tʂʰã¹³	iã¹³	tʰiã⁵⁵	fã³³	tɕʰyã¹³	tʂʰuã¹³	yã¹³	ɕyã¹³
松潘	tɕʰiã¹¹	tʂʰã¹¹	iã¹¹	tʰiã⁵⁵	fã²⁴	tɕʰyã¹¹	tʂʰuã¹¹	yã¹¹	ɕyã¹¹
泸溪	tɕʰiã¹³	tʂʰã¹³	iã¹³	tʰiã⁴⁴	fã²⁴	tɕʰyã¹³	dʐyã¹³	yã¹³	ɕyã¹³

韵摄	山开三			山开四	山合三				山合四
例字	钱从	缠澄	谚疑	天透	饭奉	全从	船船	圆云	悬匣
辰溪	tɕʰiẽ13	tʂʰẽ13	iẽ13	tʰiẽ44	fẽ24	tɕʰyẽ13	tʂʰuẽ13	yẽ13	ɕyẽ13
石泉	tɕʰian21	tʂʰan21	ian21	tʰian45	fan214	tɕʰian21	tʂʰuan21	uan21	ɕuan42
大庸	tɕʰian21	tʂʰan21	ian21	tʰian55	xuan24	tɕʰyan21	tʂʰuan21	yan21	ɕyan21
嘉禾	tɕʰiaŋ31	tʂʰaŋ31	iaŋ31	tʰiaŋ42	faŋ35	tɕʰiaŋ31	tɕʰyaŋ31	yaŋ31	ɕyaŋ31
新田	tɕʰiaŋ31	tʂʰaŋ31	iaŋ31	tʰiaŋ424	faŋ35	tɕʰyaŋ31	tɕʰyaŋ31	yaŋ31	ɕyaŋ31

注：石泉"谚"又音 ȵian21。

第二种，主元音因声母而异。具体又可分以下几种小类型。

①三等合口唇音为一组，其他声母为一组。如桂阳（a/æ）、永州（ẽ/ã）等。见表4-7。

表4-7　中古咸山摄三四等舒声韵主元音因声母而异的方言点例字（一）

韵摄	山开三			山开四	山合三				山合四
例字	钱从	缠澄	谚疑	天透	饭奉	全从	船船	圆云	悬匣
桂阳	tɕʰiæŋ31	tɕʰiæŋ31	iæŋ31	tʰiæŋ35	faŋ24	tɕʰyæŋ31	tɕʰyæŋ31	yæŋ31	ɕyæŋ31
永州	ʑiẽ33	ʑyẽ13	iẽ33	tʰiẽ13	ɣuã24	ʑyẽ33	ʑyẽ33	yẽ33	ʑyẽ33

②三等唇音和开口三等知系读一组，其他声母读一组。如来凤、宣恩、黔阳（a/e）等。例字如表4-8所示。

表4-8　中古咸山摄三四等舒声韵主元音因声母而异的方言点例字（二）

韵摄	山开三			山开四	山合三				山合四
例字	钱从	缠澄	谚疑	天透	饭奉	全从	船船	圆云	悬匣
来凤	tɕʰien11	tʂʰan11	ien11	tʰien55	fan35	tɕʰyen11	tɕʰyen11	yen11	ɕyen11
宣恩	tɕʰien11	tʂʰan11	ien11	tʰien55	fan24	tɕʰyen11	tʂʰyen11	yen11	ɕyen11
黔阳	tɕʰien13	tʂʰan13	ȵien13	tʰien44	fan55	tɕʰien13	tɕʰyen13	yen13	ɕyen13

③三等唇音和知系字读一组，其他声母读一组。该类型是咸山摄三四等在西南官话今读中分布范围最广、最典型的类型，也是官话方言中的普遍类型。见表4-9。

表 4-9　　　　咸山摄三四等舒声韵在西南官话中的
　　　　　　　　今读主流类型例字

韵摄	山开三			山开四		山合三			山合四
例字	钱从	缠澄	谚疑	天透	饭奉	全从	船船	圆云	悬匣
成都	tɕʰiɛn²¹	tʂʰan³¹	iɛn²¹	tʰiɛn⁴⁴	fan¹³	tɕʰyɛn²¹	tʂʰuan²¹	yɛn²¹	ɕyɛn²¹
嵩明	tɕʰiɛn⁴²	tʂʰan⁴²	iɛn⁴²	tʰiɛn⁴²	fan¹³	tɕʰiɛn⁴²	tʂʰuan⁴²	iɛn⁴²	ɕiɛn⁴²
武汉	tɕʰiɛn³¹³	tʂʰan³¹³	iɛn³¹³	tʰiɛn⁵⁵	fan²¹³	<u>tɕʰyɛn</u>²¹³	tʂʰuan²¹³	yɛn²¹³	suan²¹³
汉川	tɕʰien²¹³	tʂʰan²¹³	ien²¹³	tʰien²¹³	fan⁴⁴	tɕʰien²¹³	tʂʰyan¹³	yan¹³	ɕyan¹³
武昌	tɕʰien³¹³	tʂʰan³¹³	ien³¹³	tʰien⁵⁵	fan³⁵	tɕʰyen³¹³	tʂʰuan³¹³	yen³¹³	ɕyen³¹³
临澧	tɕʰien¹³	tʂʰan¹³	ien¹³	tʰien¹³	fan¹³	tɕʰyen¹³	tʂʰɥan¹³	yen¹³	ɕyen¹³
罗平	tɕʰien⁴²	tʂʰan³¹	ien⁴²	tʰien⁵⁵	fan¹³	tɕʰien⁴²	tʂʰuan³¹	ien³¹	ɕien³¹
屏山古蔺	tɕʰie³¹	tʂʰan³¹	ie³¹	tʰie⁵⁵	fan¹³	tɕʰye³¹	tʂʰuan³¹	ye³¹	ɕye³¹
呈贡	tɕʰie³¹	tʂʰa³¹	ie³¹	tʰie⁴⁴	fa¹¹	tɕʰie⁴²	tʂʰua³¹	ie³¹	ɕie³¹
长宁	tɕʰiẽ³¹	tʂʰã³¹	iẽ³¹	tʰiẽ⁵⁵	fã¹³	tɕʰyẽ³¹	tʂʰuã³¹	yẽ³¹	ɕyẽ³¹
富民	tɕʰie⁴²	tʂʰa⁴²	ie⁴²	tʰie⁴⁴	fa¹¹	tɕʰie⁴²	tʂʰua⁴²	ie⁴²	ɕie⁴²
荣县	tɕʰin³¹	tʂʰan³¹	in³¹	tʰin⁵⁵	fan²⁴	tɕʰyin²¹	tʂʰuan³¹	yin³¹	ɕyin³¹
双柏	tɕʰin⁴²	tʂʰã⁴²	in⁴²	tʰin⁵⁵	fã²⁴	tɕʰin⁴²	tʂʰuã⁴²	in⁴²	ɕin⁴²
云龙	tɕʰĩ⁵³	tʂʰã⁵³	ĩ⁵³	tʰĩ³³	faŋ⁵⁵	tʂʰy⁵³	tʂʰuã⁵³	y⁵³	ɕy⁵³
蒙自	tɕʰĩ⁴²	tʂʰaŋ⁴²	ĩ⁴²	tʰĩ⁵⁵	faŋ¹³	tɕʰĩ⁴²	tʂʰuaŋ⁴²	ĩ³¹	ɕĩ⁴²
剑川	tɕʰiĩ⁴²	tʂʰã⁴²	iĩ⁴²	tʰiĩ⁴⁴	faŋ⁵⁵	tʂʰy⁴²	tʂʰuã⁴²	y⁴²	ɕy⁴²
澜沧	tɕʰĩ³¹	tʂʰaŋ³¹	iĩ³¹	tʰĩ⁵⁵	faŋ²⁴	tɕʰĩ³¹	tʂʰuaŋ³¹	ĩ³¹	ɕĩ³¹
吉首	dzɛ̃²²	dzã²²	iɛ̃²²	tʰiɛ̃⁵⁵	fã²²⁴	dzyɛ̃²²	dzuã²²	yɛ̃²²	ɕyɛ̃²²
宁洱	tɕʰiɛ³¹	tʂã⁴²	iɛ³¹	tʰiɛ⁵⁵	fã³⁵	tɕʰiɛ³¹	tʂʰuã³¹	iɛ³¹	ɕiɛ³¹
镇康	tɕʰin⁴²	tʂʰaŋ⁴²	in⁴²	tʰin⁴⁴	faŋ³⁵	tɕʰyn⁴²	tʂʰuaŋ⁴²	yn⁴²	ɕyn⁴²
合江	tɕʰieŋ³¹	tʂʰaŋ³¹	ieŋ³¹	tʰieŋ⁵⁵	faŋ²⁴	tɕʰyeŋ³¹	tʂʰuaŋ³¹	yeŋ³¹	ɕyeŋ³¹
邓川	tɕʰiɛi⁵³	tʂʰæɛ⁵³	iɛi⁵³	tʰiɛi⁴⁴	fæɛ²⁴	tɕʰyɛi⁵³	tʂʰuæɛ⁵³	yɛi⁵³	ɕyɛi⁵³
宾川	tɕʰie⁴²	tʂʰa⁴²	ie⁴²	tʰie⁴²	fa¹³	tʂʰue⁴²	tʂʰua⁴²	ye⁴²	sue⁴²
凯里	tɕʰiɛ²¹	tʂʰɛ²¹	iɛ²¹	tʰiɛ³³	fɛ¹³	tɕʰyɛ²¹	tʂʰuɛ²¹	yɛ²¹	ɕyɛ²¹
丹寨	tɕʰie⁵³	tʂʰye⁵³	ie⁵³	tʰie⁵³	fia⁵³	tɕʰie⁵³	tʂʰye⁵³	ye⁵³	ɕye⁵³

注：武汉"全"字白读音为 tɕʰiɛn²¹³。

四　咸山摄鼻音韵尾的演变层次

中古咸山两摄主要因韵尾而区别，《切韵》时代咸摄收 -m 尾，山摄收 -n 尾，元周德清《中原音韵》(1324) 里咸摄唇音字已基本异化而与山摄合流收－n 尾①，王力（2004：244）指出这属于异化作用的结果，原因是唇音声母和唇音韵尾（－m）在同一个音节里发音不是很方便，故起了异化演变，这种异化"后来带动了全部，所有－m 尾字都变为了－n 尾了"。《韵略易通》（1442）的格局与《中原音韵》基本一致，即咸摄除了唇音字外基本上仍收－m 尾②，可见明初的共同语仍基本保留独立的－m 尾韵。《四声通解》"凡例二十四"提到"诸韵终声 n、ŋ、m 之呼初不相混，而直以侵、覃、盐合口终声，汉俗皆呼为 n，故真与侵、删与覃、先玉盐之音多相混矣"，由此可见 15 世纪中期北方官话咸山摄已开始全面混同为－n 尾。

西南官话中古－m 尾混同为－n 尾的时间大体与北方官话同步，明代前期兰茂《韵略易通》（1442）是唇音相混，但约一个世纪后他的同乡本悟《韵略易通》（1586）中却大量出现中古咸山摄、深臻梗摄重韵的情况（张玉来，1999：57），一般认为本悟版的重韵是当时云南时音的反映，明末李实《蜀语》里咸摄、深摄字的－m 尾已基本都与山摄、臻摄（包括梗摄）混同为－n 尾韵了（遂宁文化局，1996：61）③。西南官话中古咸山摄、深臻梗摄的今读韵尾就都是混同不分的，只是随语音的发展，韵尾会因方言点的差异而呈现出不同的韵尾类型。

西南官话的今读韵尾大体上可以分为两大类型：鼻音类型和零韵尾类型。鼻音类型包括前鼻韵尾、后鼻韵尾和鼻化韵尾，零韵尾主要体现为各种元音韵。见表 4－10。

---

① 《中原音韵》里，如"'凡' fam→fan，'品' pʰim→pʰin"等（王力，2004：244）。

② 麦耘（1991）指出"近代汉语共同语中，－m 韵尾的消变南北不同时……具有－m 尾的是流行于南方的共同语，可以成为'共同语南支'，没有－m 的是'共同语北支'"（按：《洪武正韵》仍有独立的－m 尾韵）。董建交（2007：76）据此认为"－m 韵尾的消变开始于北方，波及南方"。

③ 甄尚灵、张一舟（1996：61）指出："《蜀语》音注材料中，中古－m 尾字共出现 79 字次，与－n 韵尾（包括侵韵中与－ŋ 尾韵相混的）相混的共 26 字次，约占 33％。且一、二、三、四等，开口合口都有相混的。可见这不是偶然的。所以本文把－m 尾字分别合到－n 尾诸韵里了。"

表 4-10　西南官话中古咸山摄舒声韵尾今读类型与方言分布

韵尾类型	表现方式	今韵尾	方言分布点
鼻韵尾	前鼻韵尾	-n	咸山摄主流韵尾，不属于以下韵尾的基本属于此类
	鼻化韵尾	~	云南：罗次、澜沧、宁洱、永胜、永平、思茅、景东、昭通、广通、弥渡、大姚、剑川、兰坪、缅宁、个旧、屏边、蒙自、云龙、云县、富民、新平、河西、开远、文山、盐兴、昌宁、顺宁、双江、安宁、元谋、牟定、易门、华宁、峨山、巧家、宣威、祥云、洱源、盐丰、景谷、澄江、陆良、路南、江川、河西、元江、弥勒、泸西、师宗、邱北、广南、华坪、姚安、石屏、镇沅、大关、镇雄、玉溪、建水、马关等；四川：酉阳、蓬溪、马边、秀山、昭化、绵阳、名山、南部、灌县、井研、三台、罗江、德阳、长宁、兴文、南江、盐亭、青神、犍为、叙永、峨边、眉山、松潘；湖南：桑植、保靖、沅陵、吉首、辰溪、零陵、道县、芷江、永明、江华、澧县、麻阳、永绥、泸溪、宜章
	后鼻韵尾	-ŋ	湖南：嘉禾、蓝山、新田、临武、东安；四川：合江
零韵尾	元音	a/e 等	云南：呈贡、凤仪、宾川、昆阳、丽江、蒙化；四川：屏山、古蔺、峨眉；贵州：黄平、丹寨、都匀、独山、平塘、三都、凯里、麻江、雷山、荔波

汉语音节结构中的韵母，一般可分为介音、主元音和韵尾，主元音是发音的主要部分，韵尾表示主元音滑动的趋势，因其发音较为随意省力，故某方言或方言点的人们很容易把它作为一个韵类的发音特征确定下来。但如果语速较快或太过随意的话，韵尾经常会弱化甚至脱落（周赛红，2005：82），中古咸山摄在西南官话今读中就有不少方言点呈现出这种演变态势。

根据音理发展来看，鼻化韵之前应该有一个韵腹鼻化的过程，即鼻韵尾逐渐同化韵腹，使韵腹带有鼻化音特征，但此时仍保留鼻化韵尾，即 an > ãn（为了直观理解，以 a 泛代主元音，下同）。随后，鼻化了的韵腹与鼻音韵尾因同质矛盾而发生了异化，从而使得鼻音韵尾脱落，即 ãn > ã。主元音鼻化后将会沿两个方向演变，一个方向是继续弱化鼻音，最终变为纯元音，张琨（1983：4）指出"在鼻音韵尾消失的过程中，元音会发生种种变化。鼻化作用是第一步，失去鼻化作用是第二步，平常的假设是鼻化作用先发生，然后再丢掉鼻化作用，变成纯粹元音。当然，鼻音韵尾也可能直接消失掉了，不经过鼻化作用的阶段。根据汉语发展的历史，最早的鼻化作用发生的吴语区，最晚的鼻化作用发生在西南官话"。另一个方向是鼻化发音部位继续向后隆起，从而使之舌根化为 -ŋ 尾。

西南官话咸山摄韵尾的演变过程可以解释为图 4-1。

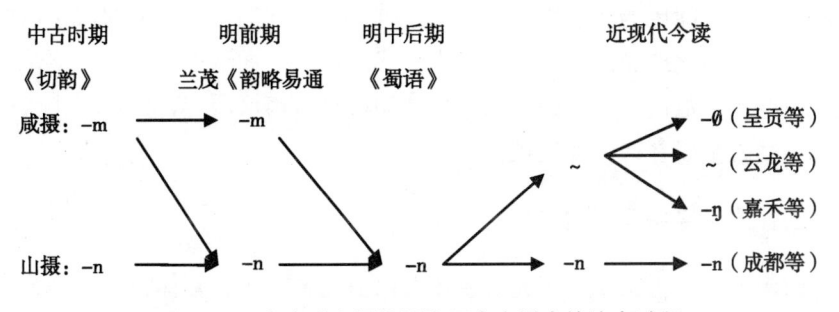

图 4-1　中古咸山摄韵尾在西南官话中的演变过程

据《云南方言调查报告》，云南全部101个调查点中就有60个读鼻化韵，读鼻化韵的方言点略近60%，是西南官话乃至整个官话区读鼻化韵最为集中的方言区域。四川也有近20%读鼻化韵，且这些读鼻化韵的方言点几乎都处于川西、川南区域。湖南官话38个方言点中读鼻化韵的也将近40%（15个方言点），主要在湘西接近四川、贵州一带。黔东南是带鼻音韵尾-n的，但黔南基本上都失去了鼻音韵尾而转读阴声韵，我们可以推测这些失去韵尾的方言点应该有一个鼻化的过程。西南官话阳声韵读鼻化韵（包括阴声韵）的区域主要在云南、贵州、四川、湖南等地，这几个地区都相互毗邻。薛才德（1992：66）曾指出"云南汉语方言阳声韵的剧烈演变正是彝、白、哈尼等缺乏鼻韵尾的少数民族语言猛烈撞击所造成的"，因为这些少数民族语言大多都是没有鼻音的，而云南、贵州、湘西区域本就是少数民族聚居的区域，川西大渡河流域也是彝族、白族等聚集的地区，故要说没有鼻音韵尾的少数民族语言对汉语的阳声韵弱化或脱落有促进影响是有一定道理的，但如果把它看成决定性的因素，则有待商榷。

阳声韵尾读鼻化韵乃至韵尾失落的现象在现代汉语方言中普遍存在，如粤北土话、中原官话、江淮官话、兰银官话、湘语、赣语等方言都有体现，这就说明汉语方言鼻韵尾的弱化和失落应该有其内在语音演变特点，庄初升（2004：207）就指出"阳声韵的鼻音韵尾有时并不是很稳定，由于种种原因而弱化之后，它们在音位上具有区别意义的作用就由音节中的主元音带上鼻音色彩来作为代偿"。西南官话形成的历史时间相对较短，但它鼻韵尾的弱化或脱落应该与其他方言一样具有语音本身内在的某种演变机制，西南区域多为少数民族聚居区，而少数民族语言又大多没有鼻韵尾，于是在语言接触影响的过程中，少数民族语言的这种无鼻音韵尾的情况对汉语鼻音韵尾弱化或脱落产生了一种催化剂式的作用，从而使得西南官话鼻韵尾弱化或脱落呈现出片区集中式的特点，而这些区域一般都是彝族、白族等少数民族聚居的区域，如鼻韵尾在云南汉语方言中被弱化或脱落的区域就主要在环洱海区域等。

五 咸山摄主元音的演变

西南官话中古咸山摄主元音总体上以前元音为主，具体为一二等为一组（二等见系有不同程度的鄂化现象），多为前中低元音组（如 a、æ、ɛ 等，辰溪为高元音 e）；三四等为一组（唇音字、知系字主元音多与一二等同，因失去 i 介音缘故），多为前中高元音（如 i、e、ɛ 等）。咸山摄主元音的总体呈现出一种高化的演变趋势，即一二等主要呈现 a > æ > ɛ > e 的演变趋势，三四等也主要发生 ɛ > e > i 的演变趋势。元音的高化演变是元音演变的一般规律，在此无须多论，我们重点关注的是一二等呈现出对立分韵的这种类型。

（一）山摄合口一等与咸山摄开口一二等韵的主元音对立类型

中古咸山摄在西南官话今读中，一二等的主元音在有些方言点中是对立的，方言分布区域集中在黔东南地区，如黎平、榕江、从江、锦屏、天柱、丹寨、都匀等，此外，江西的赣州也属于这种类型。请参看方言代表点的例字，见表 4-11。

表 4-11　西南官话中古咸山摄一二等舒声韵主元音二分类型例字

韵摄	山开一	山开二		山合一				山合二	
例字	兰来	板帮	间见	半並	短端	酸心	官见	拴生	关见
黎平	lan²¹³	pan³¹	tɕian³³	puɔn⁵³	tuɔn³¹	suɔn³³	kuɔn³³	suan³³	kuan³³
赣州	la⁴²	pã⁵⁵	tɕĩ ĩ²²	põ²¹³	tõ⁵⁵	sõ²²	kõ²²	tsʰõ²²	kuã⁴⁴
都匀	lia⁵³	pia⁴⁵	tɕie³³	pø¹²	tø⁴⁵	ɕyø³³	kø³³	ɕya³³	kuæ⁴⁵
丹寨	lia⁵³	pia⁵⁵	tɕie³³	pia¹³	tye⁵⁵	ɕye³³	kuɤ³³	ɕya³³	kye³³

注：黎平"间"有白读音 kan³³。

据表 4-11 所示，黎平、赣州等方言中古咸山摄一二等韵的主元音是不同的，基本上呈现出一等韵为一组、二等韵为一组的二分基本格局。这种现象暗示着这些方言点早期是区别一二等韵的，否则，这种区别就很难解释。

我们一般认为上古音二等韵是有介音 -r 的（李芳桂，1980：22），高本汉（2003）、王力（2004）等认为这个介音发展至中古《切韵》时期已经消失，一二等的区别主要体现在元音前后的不同上，这种情况一直延续到宋代，元初可能仍存在这种二分的格局，因为"宋元韵图的一、二、三、四等，是代表这样的语音状况：韵母中没有［i］介音而且主要元音发音的开口度最大（洪）和舌位较后的，属于一等韵；韵母中没有［i］介音而且主要元音发音的开口度次大和舌位较前的，是二等韵"（李新魁，1983b：25）。至迟，《中原音韵》时期的一二等韵已然合并，西南官话中古一二等韵今读也基本都属于合并的类型，但不排除在某些方言点仍排斥这种合并而保留二分的类型，如黔东南汉语方言就有不少方言点属于这种中古一二等韵二分类型，其中最典型的代表方言点就是黎平话等。我们认为，当二等韵失去介音－r后，一二等韵的对立就主要体现在ɑ、a元音的对立上，但音韵系统会继续演变，那么它们的演变方向主要有两个：一是缩小对立特征，使一二等韵合并；二是扩大对立特征，保持一二等韵区别。缩小对立特征而合并的内在驱动力是ɑ、a都是低元音，而且从元音舌位图上看，低元音区较窄，从经济的原则上讲，合并是它们的首选，现在的官话方言（包括西南官话）绝大多数就都选择了合并一二等韵。但如果某些方言区人们，传统上具有习惯性抵制更多同音字出现的情况，则会扩大一二等这种原本就不同的区别特征，从而保留一二等的对立，从方言事实来看，扩大对立特征的途径主要是一等继续高化。西南官话区黔东南的黎平、榕江、从江、锦屏、天柱、丹寨、都匀，江西赣州等就基本属于一二等韵对立演变的类型。

咸山摄一二等的这种主元音演变关系，如图4－2所示（以山摄合口为例）。

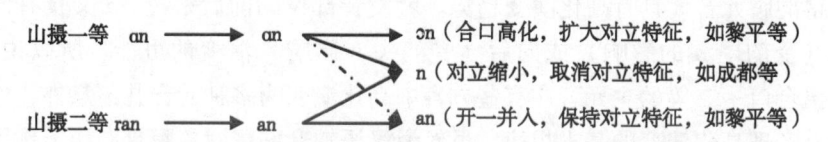

山摄一等 ɑn ⟶ an ⟶ ɔn（合口高化，扩大对立特征，如黎平等）
　　　　　　　　　　⟶ n（对立缩小，取消对立特征，如成都等）
山摄二等 ran ⟶ an ⟶ an（开一并入，保持对立特征，如黎平等）

图4－2　中古咸山摄韵尾在西南官话中的演变过程

西南官话中古咸山摄一等韵高化而与二等韵保持主元音对立的部分主要局限于一等合口字，而不是全部的一二等对立。原因可能与u介音的影响有关，因为合口一等韵的介音u是一个发音部位靠后的元音，它阻止了后低元音ɑ的前移，而咸山摄一等韵开口字没有这种限制，从而导致它与二等韵合流。

（二）咸山摄一二等今读因开合口不同而致主元音互补的类型

西南官话咸山摄一二等今读因开合口不同而致主元音互补的类型，主要分布在云南保山、建水、景东、蒙化、兰坪、邱北等，此外，还有湖南的晃县等。见表4-12。

表4-12　中古咸山摄舒声韵在西南官话今读中开合二分的例字

韵摄	山开一	山开二		山合一				山合二	
声母	来	帮	见	并	端	心	见	生	见
例字	兰来	板帮	间见	半并	短端	酸心	官见	拴生	关见
保山	laŋ⁴⁴	paŋ⁵³	tɕien³¹	paŋ³⁵	tuɐn⁵³	suɐn³¹	kuɐn³¹	ʂuɐn³¹	kuɐn³¹
建水	laŋ⁴⁴	paŋ⁵³	tɕiɛ⁴⁴	pãŋ¹³	tuə̃⁵³	suə̃⁴⁴	kuə̃⁴⁴	ʂuə̃⁴⁴	kuə̃⁴⁴
景东	lã³¹	pã⁵³	tɕiɛ⁴⁴	pã¹³	tuɛ⁵³	suɛ⁴⁴	kuɛ⁴⁴	ʂuɛ⁴⁴	kuɛ⁴⁴
蒙化	lã³¹	pã⁴²	tɕie⁴⁴	pã²⁴	tue⁴²	sue⁴⁴	kue⁴⁴	ʂue⁴⁴	kue⁴⁴
兰坪	laŋ³¹	paŋ⁵³	tɕĩ⁴⁴	paŋ²⁴	tuɛ̃⁵³	suɛ̃⁴⁴	kuɛ̃⁴⁴	ʂuɛ̃⁴⁴	kuɛ̃⁴⁴
邱北	lã³¹	pã⁵³	tɕiɛ⁴⁴	pã¹³	tuɛ⁵³	suɛ⁴⁴	kuɛ⁴⁴	ʂuɛ⁴⁴	kuɛ⁴⁴
晃县[①]	lan³¹³	pan⁴²	kan⁴⁴	pan³⁵	tuon⁴²	suon⁴⁴	kuon⁴⁴	ʂuon⁴⁴	kuon⁴⁴

咸山摄一二等在西南官话中因今读开合而主元音二分的方言点并不具有整体区域性，即它们都是各自分散的，而且山合一也都读为开口，这说明它们的演变应该是后起的层次[②]。现从开口韵的主元音推测来看，这些合口韵原来的主元音应该是 a，合口韵今读主元音为 ɐ、ə、e、ɛ 等显然是 a 高化演变的结果。韵母 uan 中，前面的合口介音 u 是后高元音，韵尾 -n 则是一个舌尖前的鼻音，韵头和韵尾都具有发音部位高的特点，从而使得韵腹元音 a 具有高化演变趋势。就发音部位的前后来说，a 又具有向前（受韵尾 n 的影响）或向后（受韵头 u 影响）演变的可能。所以说，山摄合口一二等的主元音在有些方言中高化演变为多种元音并不意外，也符合音理高化演变的基本规律。虽然说汉语辅音韵尾对韵腹具有稳定作用（胡安顺，2002），西南官话总体上也体现了这一点，但总会有些例外，如晃县和保山等，更何况这种韵尾会出现弱化和脱落的情况，这时它对韵

[①] 晃县"咸山两摄舒声的主要元音洪音开口读 a，合口变 o"（杨时逢，1974：1289）。

[②] 湘方言的长沙、宁乡、湘潭等方言点，咸山摄一二等韵中一合口韵与其他韵主元音相异，周赛红（2005：86）认为这体现了古一二等之间主元音存在区别的延续。

腹的稳定作用就更有限了，如蒙化、景东等。

六　咸山摄介音的演变

咸山摄介音在西南官话中的演变我们主要谈黔东南丹寨、都匀等个别方言点开口一二等韵产生 i 介音的情况。参见表 4 – 13。

表 4 – 13　　咸山摄一二等舒声韵在丹寨、都匀话今读中产生 i 介音的例字

韵摄	山开一	山开二		山合一				山合二	
例字	兰来	板帮	间见	半並	短端	酸心	官见	拴生	关见
丹寨	lia⁵³	pia⁵⁵	tɕie³³	pia¹³	tye⁵⁵	ɕye³³	kuɣ³³	ɕya³³	kye³³
都匀	lia⁵³	pia⁴⁵	tɕie³³	pø¹²	tø⁴⁵	ɕyø³³	Kø³³	ɕya³³	kuæ⁴⁵

黔南的丹寨、都匀咸山摄开口一二等韵都有 i 介音增生的情况，即发生了低元音 a > ia 的演变，朱晓农（2006：110）指出这种低单元音的复化不是裂化而是属于介音增生①。或许 i 介音的增生与见组字的鄂化有关。丹寨、都匀尽管尚留有入声，但它们的见组字却鄂化演变得很彻底，而见组字彻底鄂化在西南官话中并不是特别普遍的现象，尚存入声调的方言点一般都会有一些见系字仍读开口本韵。故我们推测咸山开一二等增生 i 介音可能是受见系鄂化的影响而类化所致，但具体事实是否如此仍有待进一步的考证。

第二节　深臻曾梗摄舒声韵的今读类型与演变

中古阳声韵深、臻、曾、梗四摄在西南官话中除曾梗合口一二等和三等庚韵外，其他韵摄都是合而不分的，即主元音和韵尾全部混同。

一　深臻曾梗摄开口舒声韵的今读分合类型

西南官话中古深、臻、曾、梗摄开口舒声韵已经合流，它们具有相同的语音特征（曾摄一等登韵和梗摄二等庚韵唇音读如通摄，如武汉话朋

---

① 朱晓农（2006：110）"裂化也就是复化，是单元音变为复元音的过程。不过，它一般指高元音的分裂，而像低元音 a > ia 的一类堪称是介音增生"。

pʰoŋ²¹³；猛 moŋ⁴²孟 moŋ⁴²）。下面讨论它们内部的今读分合类型。

第一，开口一二等和三等知系字读洪音，三等（除知系）、四等读细音，这是主流类型。例字如表4-14 所示。

表4-14　　深臻曾梗摄开口舒声韵的今读分合类型例字（一）①

韵摄	臻开一	曾开一	梗开二		深臻开三			梗开四	曾开三
例字	根_见	等_端	冷_来	硬_疑	身_书	心_心	今_见	瓶_並	剩_船
武汉	kən⁵⁵	tən⁴²	nən⁴²	ŋən³⁵	sən⁵⁵	ɕin⁵⁵	tɕin⁵⁵	pʰin²¹³	sən³⁵
元谋	kən⁴⁴	tən⁵³	lən⁵³	ən²⁴	ʂən³¹	ɕĩ⁴⁴	tɕĩ⁴⁴	pʰĩ³¹	ʂən²⁴
昭通	kən⁴⁴	tən⁵³	lən⁵³	ən³¹³	ʂən³¹	ɕiŋ⁴⁴	tɕiŋ⁴⁴	pʰiŋ⁴²	sən³¹³
宁陕	kən³⁴	tən⁵³	lən⁵³	ŋən²¹³	ʂən³⁴	ɕiən³⁴	tɕiən³⁴	pʰiən²¹	sən²¹³
思茅	ken⁵⁵	tən⁵³	lən⁵³	ən³⁵	ʂen⁵⁵	ɕin⁵⁵	tɕin⁵⁵	Pʰin³¹	sən³⁵
蒙自	ken⁵⁵	tən³³	lən³³	ən¹³	sen⁵⁵	ɕĩ⁵⁵	tɕĩ⁵⁵	pʰĩ⁴²	sən¹³
洱源	kə ĩ⁵³	tə ĩ⁵³	lə ĩ⁵³	ə ĩ²⁴	sə ĩ⁴⁴	ɕĩ⁴⁴	tɕĩ⁴⁴	pʰĩ³¹	sə ĩ²⁴
弥渡	ke ĩ⁴⁴	te ĩ⁵³	le ĩ⁵³	e ĩ¹³	se ĩ⁴⁴	ɕĩ⁴⁴	tɕĩ⁴⁴	pʰĩ³¹	ʂe ĩ¹³
景东	kɛ ĩ⁴⁴	tɛ ĩ⁵³	lɛ ĩ⁵³	ɛ ĩ¹³	sɛ ĩ⁴⁴	s ĩ⁴⁴	tɕĩ⁴⁴	pʰĩ³¹	ʂɛ ĩ¹³
禄丰	ke ĩ⁴⁴	te ĩ⁵³	le ĩ⁵³	e ĩ²⁴	ʂe ĩ⁴⁴	ɕiŋ⁴⁴	tɕiŋ⁴⁴	pʰiŋ³¹	ʂe ĩ²⁴
双柏	kə̃⁵⁵	tə̃³¹	lə̃³¹	ə̃²⁴	ʂə̃⁵⁵	ɕin⁵⁵	tɕin⁵⁵	pʰin⁴²	sə̃²⁴
澜沧②	kə̃⁵⁵	tə̃⁴²	lə̃⁴²	ə̃²⁴	ʂə̃⁵⁵	ɕi ĩ⁵⁵	tɕi ĩ⁵⁵	pʰi ĩ³¹	sə̃²⁴
昆明	kə̃⁴⁴	tə̃⁵³	lə̃⁵³	ə̃²¹²	ʂə̃⁴⁴	ɕĩ⁴⁴	tɕĩ⁴⁴	pʰĩ³¹	ʂə̃²¹²
墨江	kə̃⁵⁵	tə̃⁵³	lə̃⁵³	ə̃²⁴	ʂə̃⁵⁵	siŋ⁵⁵	tsiŋ⁵⁵	pʰiŋ³¹	ʂə̃²⁴
景谷	kẽ⁵⁵	tẽ⁵³	lẽ⁵³	ẽ³⁵	ʂẽ⁴⁴	siẽ⁴⁴	tɕiẽ⁴⁴	pʰiẽ³¹	ʂẽ³⁵
广通	kẽ⁵⁵	tẽ⁴²	lẽ⁵³	ẽ¹³	ʂẽ⁵⁵	ɕĩ⁵⁵	tɕĩ⁵⁵	pʰĩ³¹	ʂẽ¹³
祥云	kæ̃⁴⁴	tæ̃⁵³	læ̃⁵³	æ̃¹³	ʂæ̃⁴⁴	ɕĩ³³	tɕĩ³³	pʰĩ³¹	ʂæ̃¹³
武定	kẽ⁵⁵	tẽ⁵³	lẽ⁵³	ẽ³¹³	ʂẽ⁵⁵	ɕiŋ⁵⁵	tɕiŋ⁵⁵	pʰiŋ³¹	ʂẽ³¹³
云龙	kəŋ³³	təŋ³¹	ləŋ³¹	əŋ⁵⁵	səŋ³³	ɕiŋ³³	tɕiŋ³³	pʰiŋ⁵³	səŋ
剑川	kəŋ⁴⁴	təŋ³¹	ləŋ³¹	əŋ¹³	ʂəŋ⁴⁴	ɕiəŋ⁴⁴	tɕiəŋ⁴⁴	pʰiəŋ⁴²	səŋ¹³
蓝山	kʌŋ³³	tʌŋ⁵⁵	nʌŋ⁵⁵	ŋʌŋ³⁵	sʌŋ³³	ɕiŋ³³	tɕiŋ³³	pʰiŋ³¹	sʌŋ³⁵
蒙化	kei⁵⁵	tei⁴²	lei⁴²	ei²⁴	ʂei⁵⁵	ɕĩ⁵⁵	tɕĩ⁵⁵	p ĩ³¹	ʂei²⁴
凤仪③	kɯ⁴⁴	tɯ⁴²	lɯ⁴²	ɯ⁵⁵	ʂɯ⁴⁴	ɕiɯ⁵⁵	tɕiɯ⁴⁴	pʰiɯ³¹	ʂɯ⁵⁵
丽江	ke⁴²	te⁴²	le⁴²	ŋe⁵⁵	se⁴²	si⁴²	tɕi⁴²	pʰi³¹	se⁵⁵

---

①　符号"/"隔开的音值上为一类：弥渡、江华/禄丰、石屏/双柏、维西、保山/墨江、漾濞、禄劝/祥云、盐丰/云龙、永明、宁远、嘉禾。

②　澜沧"uə̃韵的更开更偏前，鼻化音不太清晰……I ĩ 的 i 比标准元音 i 稍开，鼻化尾不稳固，有时后面有舌根音倾向"（杨时逢，1969：428）。

③　凤仪"ɯ、iɯ、yɯ 的 ɯ 单读略开，近 ɤ；iɯ、yɯ 的 ɯ 略偏央，近似 ï"（杨时逢，1969：1018）。

第四章 西南官话阳声韵的今读类型与历史层次

第二，开口一二等读洪音，三四等读细音。此类型方言点有湖南永州、零陵、泸溪、桂阳等。例字见表4-15。

表4-15 深臻曾梗摄开口舒声韵的今读分合类型例字（二）

韵摄	臻开一	曾开一	梗开二		深臻开三			梗开四	曾开三
例字	根见	等端	冷来	硬疑	身书	心心	今见	瓶並	剩船
永州	ken¹³	ten⁵³	len⁵³	ŋen³²⁴	ɕin¹³	ɕin¹³	tɕin¹³	pʰin³²⁴	ʐyn³²⁴
零陵①	kən¹³	tən⁵⁵	lən⁵⁵	ŋə³²⁴	ɕin¹³	ɕin¹³	tɕin¹³	pʰin³³	ɕin²⁴
泸溪	kə ĩ⁴⁴	tə ĩ⁵³	nə ĩ⁵³	ŋə ĩ²⁴	ɕ ĩ⁴⁴	ɕ ĩ⁴⁴	tɕ ĩ⁴⁴	pʰ ĩ¹¹	ɕ ĩ²⁴
桂阳	kəŋ³⁵	təŋ⁴²	ləŋ⁴²	ŋəŋ⁰	ɕiŋ³⁵	ɕiŋ³⁵	tɕiŋ³⁵	pʰiŋ³¹	ɕiŋ²⁴

注：芦溪"冷"有白读音nə ĩ⁵³。

第三，全部读洪音，这类方言点较少，如元江、宜章等。例字见表4-16。

表4-16 深臻曾梗摄开口舒声韵的今读分合类型例字（三）

韵摄	臻开一	曾开一	梗开二		深臻开三			梗开四青	曾开三
例字	根见	等端	冷来	硬疑	身书	心心	今见	瓶並	剩船
元江	kẽ⁵⁵	tẽ²²	lẽ²²	ẽ¹¹	ʂẽ⁵⁵	ʂən⁵⁵	tʂən⁵⁵	pʰən³¹	ʂẽ¹¹
宜章	ciŋ³³	tiŋ⁵³	liŋ⁵³	ȵiŋ³⁵	ɕiŋ³³	ɕiŋ³³	tɕiŋ³³	pʰiŋ¹³	ɕiŋ³⁵

第四，开口三四等精见组读细音，其他读洪音，如辰溪等。例字见表4-17。

表4-17 深臻曾梗摄开口舒声韵的今读分合类型例字（四）

韵摄	臻开一	曾开一	梗开二		深臻开三			梗开四	曾开三
例字	根见	等端	冷来	硬疑	身书	心心	今见	瓶並	剩船
辰溪	ke ĩ⁴⁴	te ĩ⁵³	le ĩ⁵³	ŋe ĩ²⁴	se ĩ⁴⁴	ɕie ĩ⁴⁴	tɕie ĩ⁴⁴	pʰe ĩ¹³	ʂe ĩ²⁴

---

① 零陵"ən、uən中的ə近标准央元音ə，n尾不太稳固，有时读成壁画；in、yin中的i近标准元音i，有时读得较松，n尾音不很稳固；ã、iã、uã中的a比标准元音a略开一点，近似æ，壁画也还稳固；oŋ、ioŋ中的o是标准元音o，ŋ尾也不稳固，优势读成õ，但大都读舌根ŋ"（杨时逢，1974：993）。

二 臻曾梗摄合口舒声韵今读分化类型

西南官话中古臻曾梗摄合口舒声韵中，臻摄与曾梗摄有相混的方面，这主要突出表现在梗合二庚韵与臻合一混同（如成都话：昆 $k^huən^{44}$、横 $xuən^{21}$），梗合三与臻合三四混同（如成都话：营 yn^{21}、军 $tɕyn^{44}$）。但也存在有区别的方面，主要体现在曾摄合口一等登韵、梗合二耕韵和梗合三庚韵上，这些韵的主元音基本以读后元音为主，与通摄相混。而臻摄以及与之相混的梗合二庚韵、梗合三四等的主元音则以央前元音为主导。

（一）臻摄合口舒声韵的今读类型

1. 臻合三精组、见系读细音，其他合口一三（泥组、知系）等读洪音。这是主流类型，凡不属后面的类型基本上都属此类型，方言点较多。见表 4 – 18。

表 4 – 18　中古臻摄合口舒声韵在西南官话中的今读类型例字（一）

韵摄	臻合一魂				臻合三谆文			
例字	顿端	论来	孙心	昆见	轮来	迅心	春昌	均见军见
沅陵	tuən⁵⁵	luən²⁴	suən⁵⁵	kʰuən⁵⁵	luən³¹	ɕyin²⁴	tʂʰuən⁵⁵	tɕyin⁵⁵
元谋	tuən⁴⁴	luən²⁴	suən⁴⁴	kʰuən⁴⁴	luən³¹	ɕĩ²⁴	tʂʰuən⁴⁴	tɕĩ⁴⁴
昭通	tuən⁴⁴	luən³¹³	suən⁴⁴	kʰuən⁴⁴	luən³¹	ɕiŋ³¹³	tʂʰuən⁴⁴	tɕiŋ⁴⁴
会泽	tuən⁵⁵	luən²⁴	suən⁵⁵	kʰuən⁵⁵	luən³¹	ɕiŋ²⁴	tʂʰuən⁵⁵	tɕiŋ⁵⁵
思茅	tuen⁵⁵	luen³⁵	suen⁵⁵	kʰuen⁵⁵	luen³¹	ɕin³⁵	tʂʰuen⁵⁵	tɕin⁵⁵
陇川	tuən⁴⁴	nuən³⁵	suən⁴⁴	kʰuən⁴⁴	luən³¹	sien³⁵	tʂʰuən⁴⁴	tɕien⁴⁴
罗平	tuən⁴⁴	luən¹³	suən⁴⁴	kʰuən⁴⁴	luən³¹	ɕin¹³	tʂʰuən⁴⁴	tɕin⁴⁴
吉首	tuən²²	nuən³²⁴	suən²²	kʰuen⁵⁵	nuən²²	ɕyn²²⁴	tʂʰuən⁵⁵	tɕyn⁵⁵
资阳	tuən⁵⁵	nuən²⁴	suən⁵⁵	kʰuən⁵⁵	nuən³¹	ɕyin²⁴	tʂʰuən⁵⁵	tɕyin⁴⁴
巧家	tuən⁵⁵	nuən²⁴	sən⁵⁵	kʰuən⁵⁵	luən³¹	ɕin²⁴	tʂʰuən⁵⁵	tɕin⁵⁵
平彝	tuen³³	luen²⁴	sen³³	kʰuen³³	len³¹	ɕin²⁴	tʂʰuen³³	tɕin³³
乾城	ten⁴⁴	lən²⁴	sen⁴⁴	kʰuen⁴⁴	len¹¹	ɕyin²⁴	tʂʰuən⁴⁴	tɕyin⁴⁴
大庸	tən⁵⁵	lən²⁴	sən⁵⁵	kʰuən⁵⁵	lən²¹	ɕyən²⁴	tʂʰuən⁵⁵	tɕyən⁵⁵
成都	tən⁴⁴	nən¹³	sən⁴⁴	kʰuən⁴⁴	nən²¹	ɕyn¹³	tʂʰuən⁴⁴	tɕyn⁴⁴
枝江	tən⁵⁵	nən²⁴	sən⁵⁵	kʰuən⁵⁵	nən¹³	ɕin²⁴	tʂʰuən⁵⁵	tɕin⁵⁵
永善	tən⁵⁵	lən²⁴	sən⁵⁵	kʰuən⁵⁵	lən³¹	ɕyin²⁴	tʂʰuən⁵⁵	tɕyin⁵⁵
陆良	tən⁴⁴	lən²⁴	sən⁴⁴	kʰuən⁴⁴	lən⁵³	ɕin²⁴	tʂʰuən⁴⁴	tɕin⁴⁴

第四章　西南官话阳声韵的今读类型与历史层次　　177

续表

韵摄	臻合一魂				臻合三谆文			
例字	顿端	论来	孙心	昆见	轮来	迅心	春昌	均见军见
沔阳	tən⁵⁵	nən³³	sən⁵⁵	kʰuən⁵⁵	nən¹³	ɕyən³³	tsʰuən⁵⁵	tɕyən⁵⁵
竹溪	tən²⁴	lən³¹³	sən²⁴	kʰuən²⁴	lən⁴²	ɕɥən³¹³	tsʰuən²⁴	tɕɥən²⁴
宁陕	tən³⁴	lən²¹³	sən³⁴	kʰuən³⁴	lən²¹	ɕiən²¹³	tʂʰɥən³⁴	tʂɥən³⁴
洱源	tuə ĩ⁴⁴	luə ĩ²⁴	suə ĩ⁴⁴	kʰuə ĩ⁴⁴	luə ĩ⁵³	ɕy ĩ²⁴	tʂʰuə ĩ⁴⁴	tɕy ĩ⁴⁴
弥渡	tue ĩ⁴⁴	lue ĩ¹³	sue ĩ⁴⁴	kʰue ĩ⁴⁴	lue ĩ³¹	ɕ ĩ¹³	tʂʰue ĩ⁴⁴	tɕ ĩ⁴⁴
景东	tuɛ⁴⁴	luɛ¹³	suɛ⁴⁴	kʰuɛ⁴⁴	luɛ³¹	ɕ ĩ¹³	tʂʰuɛ⁴⁴	tɕ ĩ⁴⁴
禄丰	tue ĩ⁴⁴	lue ĩ²⁴	sue ĩ⁴⁴	kʰue ĩ⁴⁴	lue ĩ³¹	ɕiŋ²⁴	tʂʰue ĩ⁴⁴	tɕiŋ⁴⁴
辰溪	tue ĩ⁴⁴	lue ĩ²⁴	sue ĩ⁴⁴	kʰue ĩ⁴⁴	lue ĩ¹³	ɕye²⁴	tʂʰue ĩ⁴⁴	tɕye ĩ⁴⁴
江华	te ĩ²⁴	le ĩ³⁵	se ĩ²⁴	kʰue ĩ²⁴	le ĩ³¹	ɕy ĩ³⁵	tʂʰue ĩ²⁴	tɕy ĩ²⁴
双柏	tuə̃⁵⁵	luə̃²⁴	suə̃⁵⁵	kʰuə̃⁵⁵	luə̃⁴²	ɕin²⁴	tʂʰuə̃⁵⁵	tɕin⁵⁵
澜沧	tuə̃⁵⁵	luə̃²⁴	suə̃⁵⁵	kʰuə̃⁵⁵	luə̃³¹	ɕi²⁴	tʂʰuə̃⁵⁵	tɕi ĩ⁵⁵
昆明	tuə̃⁴⁴	luə̃²¹²	suə̃⁴⁴	kʰuə̃⁴⁴	luə̃³¹	ɕ ĩ²¹²	tʂʰuə̃⁴⁴	tɕ ĩ⁴⁴
墨江	tuə̃⁵⁵	luə̃²⁴	suə̃⁵⁵	kʰuə̃⁵⁵	luə̃⁴²	ɕiŋ²⁴	tʂʰuə̃⁵⁵	tɕiŋ⁵⁵
保靖	tuə̃⁴⁴	nuə̃²⁴	suə̃⁴⁴	kʰuə̃⁴⁴	nuə̃¹¹	ɕy²⁴	tʂʰuə̃⁴⁴	tɕy ĩ⁴⁴
景谷	tuẽ⁴⁴	luẽ³⁵	suẽ⁴⁴	kʰuẽ⁴⁴	luẽ⁵³	siẽ³⁵	tʂʰuẽ⁴⁴	tɕiẽ⁴⁴
广通	tuẽ⁵⁵	luẽ¹³	suẽ⁵⁵	kʰuẽ⁵⁵	luẽ³¹	ɕ ĩ¹³	tʂʰuẽ⁵⁵	tɕ ĩ⁵⁵
漾濞	tuə̃⁵⁵	luə̃²⁴	suə̃⁵⁵	kʰuə̃⁵⁵	luə̃⁴²	ɕyiŋ²⁴	tʂʰuə̃⁵⁵	tɕyiŋ⁵⁵
昌宁	tuẽ⁴⁴	luẽ³⁵	suẽ⁴⁴	kʰuẽ⁴⁴	luẽ³¹	ɕyin³⁵	tʂʰuẽ⁴⁴	tɕyin⁴⁴
永平	tuə̃⁵⁵	luə̃³⁵	suə̃⁵⁵	kʰuə̃⁵⁵	luə̃³¹	ɕy ĩ³⁵	tʂʰuə̃⁵⁵	tɕy ĩ⁵⁵
邓川	tuẽ⁴⁴	luẽ³⁵	suẽ⁴⁴	kʰuẽ⁴⁴	luẽ⁵³	ɕy ĩ³⁵	tsuẽ⁴⁴	tɕy ĩ⁴⁴
武定	tuẽ⁵⁵	luẽ³¹³	suẽ⁵⁵	kʰuẽ⁵⁵	luẽ³¹	ɕyin³¹³	tʂʰuẽ⁵⁵	tɕyin⁵⁵
镇雄	tə̃⁵⁵	nə̃²⁴	sə̃⁵⁵	kʰuə̃⁵⁵	nə̃⁴²	ɕy ĩ²⁴	tʂuə̃⁵⁵	tɕy ĩ⁵⁵
道县	tẽ³³	lẽ³⁵	sẽ³³	kʰuẽ³³	lẽ³¹	ɕy ĩ³⁵	tʂʰuẽ³³	tɕʰy ĩ³³
麻阳	tẽ⁵⁵	lẽ²⁴	sẽ⁵⁵	kʰuẽ⁵⁵	lẽ¹³	ɕy ĩ²⁴	tʂʰuẽ⁵⁵	tɕy ĩ⁵⁵
永胜	tə̃⁵⁵	lə̃³⁵	sə̃³³	kʰoŋ⁵⁵	lə̃³¹	ɕ ĩ³⁵	tʂʰoŋ⁵⁵	tɕ ĩ⁵⁵
元江	tən⁵⁵	lən¹¹	ʂən⁵⁵	kʰən⁵⁵	lən⁵⁵	ʂən¹¹	tʂʰən⁵⁵	tʂən⁵⁵
绥江	tən⁵⁵	nən³⁵	sən⁵⁵	kʰoŋ⁵⁵	nən³¹	ɕioŋ²⁴	tʂʰoŋ⁵⁵	tɕioŋ⁵⁵
盐丰	tuæ̃⁴⁴	luæ̃³¹³	suæ̃⁴⁴	kʰuæ̃⁴⁴	luæ̃³¹	ɕye³¹³	tʂʰuæ̃⁴⁴	tɕye⁴⁴
剑川	tuəŋ⁴⁴	luəŋ⁵⁵	suəŋ⁴⁴	kʰuəŋ⁴⁴	luəŋ⁴²	ɕy ĩ⁵⁵	tʂʰuəŋ⁴⁴	tɕy ĩ⁴⁴
宁远	tuəŋ³³	nuəŋ³⁵	suəŋ³³	kʰuəŋ³³	nuəŋ³¹	ɕyin³⁵	tʂʰuəŋ³³	tɕyin³³
蓝山	tʌŋ³³	nʌŋ³⁵	sʌŋ³³	kʰuʌŋ³¹	nʌŋ³¹	ɕiŋ³⁵	tʂʰʌŋ³¹	tɕiŋ³³

韵摄	臻合一魂				臻合三谆文			
例字	顿端	论来	孙心	昆见	轮来	迅心	春昌	均见军见
云龙	tuã³³	luã⁵⁵	suã³³	kʰuã³³	luã⁵³	ɕy ĩ¹³	tʂʰuã³³	tɕy ĩ³³
通海	tu ĩ⁴⁴	lu ĩ³¹³	su ĩ⁴⁴	kʰu ĩ⁴⁴	lu ĩ⁴²	ɕin¹³	tʂʰu ĩ⁴⁴	tɕin⁴⁴
宁洱	tu ĩ⁵⁵	lu ĩ³⁵	su ĩ⁵⁵	kʰu ĩ⁵⁵	lu ĩ³¹	ɕ ĩ³⁵	tʂʰu ĩ⁵⁵	tɕ ĩ⁵⁵
宜良	tuã⁴⁴	luã¹¹	suã⁴⁴	kʰuã⁴⁴	luã⁴²	ɕ ĩ¹¹	tʂʰuã⁴⁴	tɕ ĩ⁴⁴
玉溪	tuaŋ⁴⁴	luaŋ³¹³	suaŋ⁴⁴	kʰuaŋ⁴⁴	luaŋ⁴²	ɕ ĩ¹¹	tʂʰuã⁴⁴	tɕ ĩ⁴⁴
兰坪	tuẽ⁴⁴	luẽ²⁴	suẽ⁴⁴	kʰuẽ⁴⁴	luẽ³¹	ɕy ĩ²⁴	tʂʰuẽ⁴⁴	tɕy ĩ⁴⁴
宾川	tue³³	lue¹³	sue³³	kʰue³³	lue⁴²	sue¹³	tʂʰue³³	tsue³³
祥云	tu ĩ³³	lu ĩ¹³	su ĩ³³	kʰu ĩ³³	lu ĩ¹³	ɕy ĩ¹³	tʂʰu ĩ³³	tɕy ĩ³³
凤仪	tuei⁵⁵	luei⁵⁵	suei⁵⁵	kʰuei⁵⁵	luei³¹	ɕyɯ⁵⁵	tʂʰuei⁵⁵	tɕyɯ⁴⁴
丽江	tue⁴²	lue⁵⁵	sue⁴²	kʰue⁴²	lue³¹	ɕye⁵⁵	tʂʰue⁴²	tɕye⁴²
蒙化	tuẽ⁵⁵	luẽ²⁴	suẽ⁵⁵	kʰuẽ⁵⁵	luẽ³¹	ɕy ĩ²⁴	tʂʰuẽ⁵⁵	tɕy ĩ⁵⁵

注：资阳"孙"又读 sən⁵⁵。

2. 臻合三非组、泥组与臻合一读洪音，臻合三其他声组（非组、精组、知系、见系）读细音。方言点有湖南桃源、汉寿、黔阳、会同、通道、龙山、晃县、常德、洪江、会同、宁远、永州、泸溪、桂阳、永明、新田、临武，湖北武汉、汉口、汉阳、汉川、天门、来凤，云南的石屏等。见例字表4-19。

表4-19　中古臻摄合口舒声韵在西南官话中的今读类型例字（二）

韵摄	臻合一魂				臻合三谆文			
例字	顿端	论来	孙心	昆见	轮来	迅心	春昌	均见军见
武汉	tən⁵⁵	nən³⁵	sən⁵⁵	kʰuən⁵⁵	nən²¹³	ɕyn³⁵	tɕʰyn⁵⁵	tɕyn⁵⁵
桃源	tən²⁴	nən³³	sən²⁴	kʰuən²⁴	nən²²	ɕyən¹³	tɕʰyən²⁴	tɕyən⁵⁵
永州	ten¹³	lən³⁵	sen¹³	kʰuen¹³	len³³	ɕin³²⁴	tɕʰyn¹³	tɕyn¹³
泸溪	tuə ĩ⁴⁴	nuə ĩ²⁴	suə ĩ⁴⁴	kʰuə ĩ⁴⁴	nuə ĩ¹³	ɕy ĩ²⁴	tɕʰy ĩ⁴⁴	tɕy ĩ⁴⁴
石屏	tue⁵⁵	lue ĩ¹³	sue ĩ⁵⁵	kʰue ĩ⁵⁵	lue ĩ⁴²	ɕyiŋ¹³	tɕʰyiŋ⁴⁴	tɕyiŋ⁵⁵
桂阳	toŋ³³	loŋ²⁴	soŋ³³	kʰoŋ³³	loŋ³¹	ɕioŋ²⁴	tɕʰioŋ³³	tɕioŋ³³
永明	təŋ³³	ləŋ³⁵	səŋ³³	kʰuəŋ³³	ləŋ³¹	ɕyiŋ³⁵	tɕʰyiŋ³³	tɕyiŋ³³
新田	təŋ⁴²⁴	ləŋ³⁵	səŋ⁴²⁴	kʰuəŋ⁴²⁴	ləŋ³¹	ɕyəŋ³⁵	tɕʰyəŋ⁴²⁴	tɕyəŋ⁴²⁴
临武	tuəŋ³⁴	luəŋ³⁵	suəŋ³⁴	kʰuəŋ³³	luəŋ³¹	ɕyiŋ³⁵	tɕʰyiŋ³³	tɕyiŋ³³

注：武汉"迅"白读为ɕin³⁵。

3. 臻合一精组与臻合三（非组、泥组除外）读细音，其他读洪音。此类方言点有限，目前仅见湖南的东安、宜章、零陵，云南的蒙自等。见例字表4-20。

表4-20　中古臻摄合口舒声韵在西南官话中的今读类型例字（三）

韵摄	臻合一魂				臻合三谆文			
例字	顿端	论来	孙心	昆见	轮来	迅心	春昌	均见军见
东安	tuəŋ²⁴	luəŋ³⁵	ɕyiŋ²⁴	kʰuəŋ²⁴	luəŋ¹¹	ɕyiŋ³⁵	tɕʰyiŋ²⁴	tɕyiŋ²⁴
宜章	tuɪŋ³³	luɪŋ³⁵	ɕyɪŋ³³	kʰuɪŋ⁵⁵	luɪŋ¹³	ɕyɪŋ³⁵	tɕʰyɪŋ³³	ɕyɪŋ³³
蒙自	tuen⁵⁵	luen¹³	ɕyen⁵⁵	kʰuen⁵⁵	luen⁴²	ɕĩ⁵⁵	tɕʰyen⁵⁵	tɕĩ⁵⁵
零陵	tuən¹³	luən²⁴	ɕyin¹³	kʰuə¹³	luən³³	ɕyin²⁴	tɕʰyin¹³	tɕyin¹³

（二）曾梗摄合口舒声韵的今读类型

1. 梗合二庚韵、梗合三四等分别与臻合一、三等混同，曾合一、梗合二耕、梗合三庚韵与通摄混同。这是曾梗摄合口舒声韵的今读主流类型。见例字表4-21。

表4-21　西南官话中古曾梗摄合口舒声韵的今读类型例字（一）

韵摄	曾合一	通合一	梗合二	臻合一	梗合三	通合三	梗合四	臻合三
例字	弘匣	红匣	横匣	昆见	兄晓	胸晓	萤匣	云云
武汉	xoŋ²¹³	xoŋ²¹³	xuən²¹	kʰuən⁵⁵	ɕioŋ⁵⁵	ɕioŋ⁵⁵	ioŋ²¹³	yn²¹³
成都	xoŋ²¹	xoŋ²¹	xuən²¹	kʰuən⁴⁴	ɕyoŋ⁴⁴	ɕyoŋ⁴⁴	yn²¹	yn²¹
常德	xoŋ¹³	xoŋ¹³	fən¹³	kʰuən⁵⁵	ɕioŋ⁵⁵	ɕioŋ⁵⁵	yn¹³	yn¹³
洪江	xuŋ²¹³	xuŋ²¹³	xən²¹³	kʰuən⁵⁵	ɕyn⁵⁵	ɕyn⁵⁵	in²¹³	yn²¹³
永州	ɣuŋ³³	ɣuŋ³³	ɣuen³³	kʰuən¹³	ɕyn¹³	ɕyn¹³	in³³/ia³³	yn³³
宁远	xuŋ³¹	xuŋ³¹	fən³¹	kʰuən³³	ɕyn³³	ɕyn³³	yŋ³¹	yŋ³¹
郴州	xuŋ²¹	xuŋ²¹	fən³¹	kʰuən³³	ɕyn³³	ɕyn³³	in²¹	in²¹
吉首	xoŋ²²	xoŋ²²	xuən²²	kʰuən⁵⁵	ɕioŋ⁵⁵	ɕioŋ⁵⁵	yn²²	yn²²
大庸	xuŋ²¹	xuŋ²¹	xuən²¹	kʰuən⁵⁵	ɕyn⁵⁵	ɕyn⁵⁵	yən²¹	yən²¹
河西	xʌŋ³¹	xʌŋ³¹	xuə̃³¹	kʰuə̃⁵⁵	ɕiʌŋ⁵⁵	ɕiʌŋ⁵⁵	ĩ³¹	yĩ³¹
双江	xõ³¹	xõ³¹	xuə̃³¹	kʰuə̃⁴⁴	ɕiõ⁴⁴	ɕiõ⁴⁴	ĩ³¹	yĩ³¹
禄丰	xoŋ³¹	xoŋ³¹	xueĩ³¹	kʰueĩ⁴⁴	ɕioŋ⁴⁴	ɕioŋ⁴⁴	iŋ³¹	iŋ³¹
昆明	xoŋ³¹	xoŋ³¹	xuə̃³¹	kʰuə̃⁴⁴	ɕioŋ⁴⁴	ɕioŋ⁴⁴	ĩ³¹	ĩ³¹
元江	xoŋ³¹	xoŋ³¹	xən³¹	kʰən⁵⁵	ɕioŋ⁵⁵	ɕioŋ⁵⁵	ʐən³¹	ʐən³¹

韵摄	曾合一	通合一	梗合二	臻合一	梗合三	通合三	梗合四	臻合三
例字	弘匣	红匣	横匣	昆见	兄晓	胸晓	萤匣	云云
永胜	xoŋ³¹	xoŋ³¹	xoŋ³¹	kʰoŋ⁵⁵	ɕioŋ⁵⁵	ɕioŋ⁵⁵	ĩ³¹	ĩ³¹
嘉禾	xom³¹	xom³¹	xuəŋ³¹	kʰuəŋ⁴²	ɕiom⁴²	ɕiom⁴²	yiŋ³¹	yiŋ³¹
永绥	fõ²²	fõ²²	fə̃³¹	kʰuə̃⁴⁴	ɕiõ⁴⁴	ɕiõ⁴⁴	yĩ³¹	yĩ³¹
桃源	xoŋ²²	xoŋ²²	fən²²	kʰuən²⁴	ɕioŋ²⁴	ɕioŋ²⁴	in²²	yən²²
黔阳	ɸoŋ¹³	ɸoŋ¹³	fən¹³	kʰuən²⁴	ɕioŋ⁴⁴	ɕioŋ⁴⁴	yən¹³	yən¹³
酉阳	xoŋ³¹	xoŋ³¹	xoŋ³¹	kʰoŋ⁵⁵	ɕyoŋ⁵⁵	ɕyoŋ⁵⁵	yin³¹	yin³¹
永川	xoŋ³¹	xoŋ³¹	fən³¹	kʰuən⁵⁵	ɕioŋ⁵⁵	ɕioŋ⁵⁵	yin³¹	yin³¹
理番	xoŋ³¹	xoŋ³¹	xuən³¹	kʰuən⁵⁵	ɕyoŋ⁵⁵	ɕyoŋ⁵⁵	yin³¹	yin³¹
雷波	xoŋ³¹	xoŋ³¹	xuən³¹	kʰuən⁵⁵	ɕyoŋ⁵⁵	ɕyoŋ⁵⁵	yin³¹	yin³¹
屏山	xoŋ³¹	xoŋ³¹	xuən³¹	kʰuən⁵⁵	ɕioŋ⁵⁵	ɕioŋ⁵⁵	yin³¹	yin³¹
高县	xoŋ³¹	xoŋ³¹	xuən³¹	kʰuən⁵⁵	ɕioŋ⁵⁵	ɕioŋ⁵⁵	yin³¹	yin³¹
长宁	xoŋ³¹	xoŋ³¹	xuən³¹	kʰuən⁵⁵	ɕyoŋ⁵⁵	ɕyoŋ⁵⁵	yin³¹	yin³¹
遂宁	xoŋ³¹	xoŋ³¹	fən³¹	kʰuən⁵⁵	ɕioŋ⁵⁵	ɕioŋ⁵⁵	yin³¹	yin³¹
丹棱	xuŋ³¹	xuŋ³¹	xuən³¹	kʰuən⁵⁵	ɕiuŋ⁵⁵	ɕiuŋ⁵⁵	yin³¹	yin³¹

注：成都"横"白读音xuan²¹，洪江"横"白读音fən²¹，武汉"萤"又音in²¹³。

2. 深臻曾梗舒声韵与通摄舒声韵合流，这种混同类型在西南官话中较为少见，目前仅见于湖南的蓝山等少数方言点。见例字表4-22。

表4-22　西南官话中古曾梗摄合口舒声韵的今读类型例字（二）

韵摄	曾合一	通合一	梗合二	臻合一	梗合三	通合三	梗合四	臻合三
例字	弘匣	红匣	横匣	昆见	兄晓	胸晓	萤匣	云云
蓝山	fʌŋ³¹	fʌŋ³¹	fʌŋ³¹	kʰuʌŋ³³	ɕiŋ³³	ɕiŋ³³	iŋ³¹	iŋ³¹

韵摄	臻开一	曾开一	梗开二	深臻开三		曾开三	梗开四
例字	根见	等端	冷来	硬疑	心心/新心	今见/斤见	升书	瓶並
蓝山	kʌŋ³³	tʌŋ⁵⁵	nʌŋ⁵⁵	ŋʌŋ³⁵	ɕiŋ³³	tɕiŋ³³	sʌŋ³⁵	pʰiŋ³¹

三　中古深臻曾梗摄舒声韵今读韵尾类型

根据王力（2003）构拟，中古深、臻、曾、梗四摄的音值如表4-23所示。

表 4-23　　中古深、臻、曾、梗摄的构拟音值（王力 2003）

韵摄	深开三侵	臻开一痕	臻开三真	臻开三殷	臻合一魂	臻合三文	曾开一登	曾开三蒸	曾合一登	梗开二庚
韵尾	-m	-n					-ŋ			
音值	iěm	ən	iěn	iəˇn	uən	iuən	əŋ	iəŋ	uəŋ	ɐŋ

韵摄	梗开二耕	梗开三庚	梗开三清	梗开四青	梗合二庚	梗合二耕	梗合三庚	梗合三清	梗合四青
韵尾	-ŋ								
音值	æŋ	ɐŋ	iɛŋ	ieŋ	uɐŋ	uæŋ	iuɐŋ	iuɛŋ	iueŋ

中古深臻曾梗摄四摄舒声韵在西南官话今读韵尾中，除了湖南嘉禾话曾合一、梗合二耕、梗合三庚韵与通摄混同读 -m 外，其韵尾基本表现形式有四种：

第一，-n 类。这是主要形式，绝大多数方言点属于 -n 韵尾。

第二，-ŋ 类。曾合一、梗合二耕、梗合三庚韵与通摄混同绝大多数读 -ŋ 韵尾，其他韵摄读 -ŋ 尾主要体现在云南和湖南的部分少数方言点。

第三，~ 类（鼻化韵尾）。鼻化韵主要集中在云南和湘西南一带。

第四，-∅ 类（零韵尾）。零尾韵仅见云南的丽江、凤仪、宾川等。

值得注意的是，曾合一、梗合二耕、梗合三庚韵在绝大多数方言点都与通摄混同读 -ŋ 韵尾（湖南嘉禾例外，读 -m 尾），除此之外，其他的韵摄韵尾有多种体现方式（-n、-ŋ、-∅、~）。

现以今读四呼为条件，把中古深臻曾梗摄韵尾在西南官话中的表现形式及分布情况示如表 4-24（还可参见本书"阳声韵尾在西南官话中的类型分布及演变特点"的论述）。

表 4-24　　中古深臻曾梗四摄舒声韵在西南官话中的今读韵尾类型及分布情况

今读 韵摄	洪音 开口呼	洪音 合口呼	细音 齐齿呼	细音 撮口呼	方言类型	方言分布点
曾合一、梗合二耕、梗合三庚韵	-ŋ	无此呼	无齐齿	-ŋ	成都型	-ŋ 尾遍布西南官话各方言点，是典型的主流韵尾，此不尽举
	-ŋ	无此呼	-ŋ	无此呼	武汉型Ⅰ	
	无此呼	-ŋ	无此呼	无此呼	丹棱型	
	-m	无此呼	-m	无此呼	嘉禾型	嘉禾等
	~	无此呼	无此呼	无此呼	永绥型	永绥等

韵摄＼今读	洪音 开口呼	洪音 合口呼	细音 齐齿呼	细音 撮口呼	方言类型	方言分布点
曾开、梗开、梗合二庚韵、梗合三四清青韵、深臻	~	-ø	~	-ø	宾川型	宾川等
	-ŋ	~	-ŋ	~	云龙型	云龙等
	~、-n三等知系	~	-n		元江型	元江等
	-n	~	-n		通海型	通海等
	-ø	~	蒙化型		蒙化等	
	~、-ŋ限主元音o	~			永胜型	永胜等
	-n、-ŋ限主元音o	-n			绥江型	绥江等
	~、-ŋ限主元音a、o	~			玉溪型	玉溪等
	-n	-n			武汉型Ⅱ	武汉、成都等，主流典型类型，不做尽举
	-n	~			蒙自型	蒙自、元谋等
	-n	-ŋ			昭通型	昭通、会泽等
	~	~			昆明型	云南：昆明、洱源、弥渡、景东、澜沧、景谷、广通、祥云、永平、邓川、镇雄、盐丰、宁洱、宜良、兰坪、双江、姚安、大姚、盐兴、顺宁、云县等；湖南：泸溪、辰溪、江华、保靖、道县、麻阳、永顺等
	~	-n			双柏型	昌宁、维西、保山等
	~	-ŋ			禄丰型	禄丰、武定、墨江、漾濞、石屏、禄劝、武定
	-ŋ	-ŋ			宜章型	湖南：蓝山、桂阳、宜章、宁远、新田、临武、东安；云南：剑川等
	-ø	-ø			丽江型	丽江、凤仪等

四 臻摄合口韵的开合对立情况

臻摄合口舒声韵一等魂韵、三等谆文韵在西南官话中会因声组的不同而体现出不同的音值，主要体现在介音的开合上。具体表现为臻摄合口帮系、端系字在有些方言点读为开口①，帮系合口转读开口是官话方言的共同特征，但端系合口读开口的情况除江淮官话（吴波，2007）外，在其他官话方言中并不属于普遍现象。因此，我们这里谈臻摄合口舒声韵的开合对立主要指的是端系字，帮系字将不做重点讨论。参见例字表4-25。

表4-25　　　　　　中古臻摄合口舒声韵今读开口韵的例字

韵摄	臻合一魂				臻合三谆文				
声母	端	来	心	见	非	来	精	昌	见
例字	顿	论	孙	昆	分	轮	遵	春	均军
武汉	tən⁵⁵	nən³⁵	sən⁵⁵	kʰuən⁵⁵	fən⁵⁵	nən²¹³	tsən⁵⁵	tɕʰyn⁵⁵	tɕyn⁵⁵
乾城	ten⁴⁴	lən²⁴	sen⁴⁴	kʰuen⁴⁴	fen⁴⁴	len¹¹	tsen⁴⁴	tʂʰuən²⁴	tɕyin⁴⁴
大庸	tən⁵⁵	lən²⁴	sən⁵⁵	kʰuen⁵⁵	xuən⁵⁵	lən²¹	tsən⁵⁵	tʂʰuən⁵⁵	tɕyən⁵⁵
成都	tən⁴⁴	nən¹³	sən⁴⁴	kʰuən⁴⁴	fən⁴⁴	nən²¹	tsən⁴⁴	tʂʰuən⁴⁴	tɕyn⁴⁴
绥江	tən⁵⁵	nən³⁵	sən⁵⁵	kʰoŋ⁵⁵	foŋ⁵⁵	nən³¹	tsən⁵⁵	tʂʰoŋ⁵⁵	tɕioŋ⁵⁵
枝江	tən⁵⁵	nən²⁴	sən⁵⁵	kʰuən⁵⁵	fən⁵⁵	nən¹³	tsən⁵⁵	tʂʰuən⁵⁵	tɕin⁵⁵
永善	tən⁵⁵	lən²⁴	sən⁵⁵	kʰuən⁵⁵	fən⁵⁵	lən³¹	tsən⁵⁵	tʂʰuən⁵⁵	tɕyin⁵⁵
陆良	tən⁴⁴	lən²⁴	sən⁴⁴	kʰuən⁴⁴	fən⁴⁴	lən⁵³	tsən⁴⁴	tʂʰuən⁴⁴	tɕin⁴⁴
沔阳	tən⁵⁵	nən³³	sən⁵⁵	kʰuən⁵⁵	fən⁵⁵	lən³¹	tsən⁵⁵	tʂʰuən⁵⁵	tɕyən⁵⁵
竹溪	tən²⁴	lən³¹³	sən²⁴	kʰuən²⁴	fən²⁴	lən⁴²	tsən²⁴	tʂʰuən²⁴	tɕʉən²⁴
宁陕	tə̃n³⁴	lən²¹³	sən³⁴	kʰuən³⁴	fən³⁴	lən²¹	tsən³⁴	tʂʰʉən³⁴	tʂʉən³⁴
桃源	tən²⁴	nən³³	sən²⁴	kʰuən²⁴	fən²⁴	nən²²	tsən²⁴	tɕʰyən²⁴	tɕyən⁵⁵
永州	ten¹³	lən³⁵	sen¹³	kʰuen¹³	fen¹³	len³³	tsen¹³	tɕʰyn¹³	tɕyn¹³
永明	təŋ³³	ləŋ³⁵	səŋ³³	kʰuəŋ³³	fəŋ³³	ləŋ³¹	tsəŋ³³	tɕʰyiŋ³³	tɕyiŋ³³
新田	təŋ⁴²⁴	ləŋ³⁵	səŋ⁴²⁴	kʰuəŋ⁴²⁴	fəŋ³¹	ləŋ³¹	tsəŋ⁴²⁴	tɕʰyəŋ⁴²⁴	tɕyəŋ⁴²⁴
镇雄	tə̃⁵⁵	nə̃²⁴	sə̃⁵⁵	kʰuə̃⁵⁵	fə̃⁵⁵	nə̃⁴²	tsə̃⁵⁵	tʂʰuə̃⁵⁵	tɕyĩ⁵⁵
道县	tɐ³³	lɐ³⁵	sɐ³³	kʰuɐ³³	xuɐ³³	lɐ³¹	tsɐ³³	tʂʰuɐ³³	tɕyĩ³³
麻阳	tɐ⁵⁵	lɐ²⁴	sɐ³³	kʰuɐ⁵⁵	fɐ⁵⁵	lɐ¹³	tsɐ⁵⁵	tʂʰuɐ⁵⁵	tɕyĩ⁵⁵
江华	te ĩ²⁴	le ĩ³⁵	se ĩ²⁴	kʰue ĩ²⁴	fe ĩ³¹	le ĩ³¹	tse ĩ²⁴	tʂʰue ĩ²⁴	tɕy ĩ²⁴
资阳	tuən⁵⁵	nuən²⁴	suən⁵⁵	kʰuən⁵⁵	fən⁵⁵	nuən³¹	tsuən⁵⁵	tʂʰuən⁵⁵	tɕyin⁴⁴
广南	tuən⁵⁵	luən²⁴	sən⁵⁵	kʰuən⁵⁵	fən⁵⁵	luən³¹	tsən⁵⁵	tʂʰuən⁵⁵	tɕin⁵⁵
元江	tən⁵⁵	lən¹¹	ʂən⁵⁵	kʰən⁵⁵	fə⁵⁵	lən³¹	tʂən⁵⁵	tʂʰən⁵⁵	tʂən⁵⁵
蓝山	tʌŋ³³	nʌŋ³⁵	sʌŋ³³	kʰuʌŋ³¹	fʌŋ³³	nʌŋ³¹	tsʌŋ³³	tsʰʌŋ³¹	tɕiŋ³³
桂阳	toŋ³⁵	loŋ²⁴	soŋ³⁵	kʰoŋ³⁵	foŋ³⁵	loŋ³¹		tɕʰioŋ³⁵	tɕioŋ³⁵

注：资阳"孙"字又音 sən⁵⁵。

---

① 臻摄合口主要有一等、三等韵，这里开合对立的对象主要指一等帮组、端系，三等非组、泥组、（三等没有端组字）、精组字除"遵峻笋桦"外，仍以读细音为主。

据表4-25可知，臻摄合口端系今读开口的情况也会因声组而异，具体有如下类型：

第一，成都型。端系字全部读开口，这是西南官话的主流类型，川黔湘鄂桂及陕南例外，其读合口的方言点很少①。云南端系字读开口的方言点有盐津、永善、大关、马龙、曲靖、沾益、陆良、邱北②、富宁、永胜、大关、镇雄等。音值读上主要读ən。此外，音值读en韵方言点有湖南永州、乾城等；音值读ə̃韵的方言点有云南镇雄等；音值读ẽ韵的方言点有湖南道县、麻阳等；音值读eĩ韵的方言点有湖南江华等；音值读oŋ韵的方言点有湖南桂阳；音值读əŋ的有湖南新田、永明等。

第二，广南型。精组字读开口，其他读合口。如广南、巧家、马关等。

第三，蓝山型。端系和知系读开口，其他读合口。

第四，元江型。臻摄合口全部读开口韵。

合口韵读为开口韵的相关成因问题，可参"蟹止摄的今读类型与演变"之"蟹合一灰、蟹合三祭废、止合三支脂韵的开合对立演变"中的论述，这里就不做赘述。

第三节 宕江摄舒声韵的今读类型与演变

西南官话中古宕江两摄已经合流。《切韵》音系中的宕江摄彼此分而不混，麦耘（2009：78）指出"江摄直至朱翱反切仍不与宕摄相混，大约韵腹跟唐、阳还是有不同，但在北宋时期（960—1127）词的押韵中，宕、江是合一的"。《四声等子》《切韵指掌图》就把江摄附于宕摄，说明二者的读音已相当接近甚至已经合流。可见，宕、江摄在宋代某些方言中可能已经合流。至元代《中原音韵》和明代《韵略易通》里，中古宕、江两摄已然合并为江阳韵了。根据王力（1987）的构拟，中古宕江摄的音值如表4-26所示。

---

① 臻摄合口一等端系读合口呼的方言点有湖南临武、宜章、东安、零陵、保靖、凤凰、泸溪、四川简阳、仁寿、荣县、江西赣州等，云南除盐津、永善、大关、马龙、曲靖、沾益、陆良、邱北、富宁、大关、镇雄读开口呼外，大部分方言点仍读合口呼。

② 邱北"顿伦笋"三字读uən，是非常用字。

表4-26　　　　　中古宕江摄构拟音值（王力，1987）

《切韵》宕江摄	韵等	宕开一唐	宕开三阳	宕合一唐	宕合三阳	江开二江
	王力拟音	âŋ	ɣaŋ	uâŋ	ɣuaŋ	ɔŋ

据表4-26可知，中古宕摄主元音为 ɑ/a，江摄主元音为 ɔ，我们一般认为是为江摄混进宕摄，即江摄的主元音发生了 ɔ > ɑ/a 的演变而与宕摄混同①。

一　宕江摄的今读类型

（一）宕江摄今读的主元音类型

中古宕江摄在西南官话中的今读主元音类型以 a 为主流。此外，湖南永顺、永绥、泸溪、桑植、云南洱源等方言点主元音为 ɑ，云南丽江等主元音为 æ，云南江川等主元音为 ʌ。但有少数方言点的主元音会因声组的不同而呈现差异。云南元江、江川、通海等开口庄组字和合口字主元音为 o，其他开口字元江为 a（江川、通海为 ʌ）；宁远、江华宕摄开口三等（知系除外）、江摄二等见系主元音读一类（宁远 ɛ、江华 o），其他一类（a）；桂阳宕开三（庄组除外）、江摄二等见系主元音为 æ，其他为 a。参见表4-27。

表4-27　　　中古宕江摄舒声韵今读主元音类型例字

声母	宕开一	宕开三	宕开三	宕开三	宕开三	江开二	江开二	宕合一	宕合三
例字	帮帮	张知	姜晓	将清	庄庄	窗初	邦帮	光见	狂群
武汉	paŋ⁵⁵	tsaŋ⁵⁵	tɕiaŋ⁵⁵	tɕiaŋ⁵⁵	tsuaŋ⁵⁵	tsʰuaŋ⁵⁵	paŋ⁵⁵	kuaŋ⁵⁵	kʰuaŋ²¹³
昆明	pā⁴⁴	tsā⁴⁴	tɕiā⁴⁴	tɕiā⁴⁴	tsuā⁴⁴	tsʰuā⁴⁴	pā⁴⁴	kuā⁴⁴	kʰuā³¹
永顺	pā⁴⁴	tsā⁴⁴	tɕiā⁴⁴	tɕiā⁴⁴	tsuā⁴⁴	tsʰuā⁴⁴	pā⁴⁴	kuā⁴⁴	kʰuā²²
丽江	pæ⁴²	tsæ⁴²	tɕiæ³¹	tɕiæ³¹	tsuæ⁴²	tsʰuæ⁴²	pæ⁴²	kuæ⁴²	kʰuæ³¹
元江	paŋ⁵⁵	tsaŋ⁵⁵	tɕiaŋ⁵⁵	tɕiaŋ⁵⁵	tsoŋ⁵⁵	tsʰoŋ⁵⁵	paŋ⁵⁵	koŋ⁵⁵	kʰoŋ³¹
江川	pʌŋ⁵⁵	tsʌŋ⁵⁵	tɕiʌŋ⁵⁵	tɕiʌŋ⁵⁵	tsoŋ⁵⁵	tsʰoŋ⁵⁵	pʌŋ⁵⁵	koŋ⁵⁵	kʰoŋ³¹

---

① 麦耘（2009：78）指出："江摄直至朱翱反切仍不与宕摄相混，大约韵腹跟唐、阳还是有不同。不过，这是原来韵腹为 *o 的韵母都演变为别的韵母了，只剩下江韵系的 *ɔ，从音位上说，就合并到 *ɑ 里去了。就是说，江韵系的韵腹从中古前期到后期即使读音上没变，音位关系也改变了，及从前期的 *o 音位的变体转为后期 *ɑ 音位的变体。"

续表

声母	宕开一	宕开三	宕开三	宕开三	江开二		宕合一	宕合三
例字	帮帮	张知	姜晓	将清	庄庄	窗初	邦帮	光见	狂群
桂阳	paŋ³⁵	tɕiæŋ³⁵	tɕiæŋ³³⁵	tɕiæŋ³⁵	tsuaŋ³⁵	tsʰuaŋ³⁵	paŋ³⁵	kuaŋ³⁵	kʰuaŋ³¹
宁远	pã³³	tsã³³	tɕiẽ³³	tɕiẽ³³	tsuã³³	tsʰuã³³	pã³³	kuã³³	kʰuã³¹
江华	pã²⁴	tsã²⁴	tɕioŋ²⁴	tɕioŋ²⁴	tsuã²⁴	tsʰuã²⁴	pã²⁴	kuã²⁴	kʰuã³¹

桂阳、宁远、江华等今读细音韵的主元音具有高化的趋势，原因主要与-i韵头的影响有关。-i韵头是一个前高元音，前低元音a受其影响而高化是很正常的；江华主元音读后高元音o还与韵尾的影响有关，因为韵尾-ŋ是一个成阻部位靠后的辅音。湖南永顺、永绥、泸溪、桑植及云南洱源等方言点主元音为后低元音ɑ（包括江川、通海今读开口呼的ʌ），早期可能都与后鼻音韵尾-ŋ的影响有关，但这里有一个现象值得注意，就是宕江摄主元音为ɑ的方言点已失去后鼻韵尾，全都演变为鼻化元韵ã，而这些方言点的咸山摄主元音也都已演变为鼻化元音ã，如果宕江摄主元音不读后低元音则势必与咸山摄混同（如江华宕江摄和咸山摄今读洪音的韵就是混同的，它们的主元音同为ã，如桑三 sã⁵⁵/ 光官 kuã⁵⁵）。

（二）宕江摄今读的韵尾类型

中古宕江摄韵尾西南官话今读类型中，以读后鼻韵尾-ŋ为主流。此外，读鼻化元音的有云南昆明、富民、安宁、双柏、河西、新平、宁洱、缅宁、个旧、屏边、文山、永胜、祥云、盐丰、姚安、盐兴、昌宁、顺宁、云县、景谷、双江、蒙化、洱源，湖南江华、永顺、永绥、泸溪、桑植、零陵、道县，四川马边、长宁、酉阳等[①]；读前鼻韵尾-n的方言点有四川江陵、荣县，云南绥江等；读零韵尾的方言点有云南丽江、凤仪、宾川，湖南辰溪等。湖南江华宕江摄的今读韵尾则因韵母洪细有异，今读洪音为鼻化韵，今读细音为-ŋ韵尾。参见表4-28。

---

① 湖南永顺、永绥、泸溪、桑植及云南洱源等方言点主元音读ɑ̃，其余方言点读ã。

表 4-28　　西南官话中古宕江摄舒声韵今读韵尾类型例字

韵摄		宕开一	宕开三	宕开三	宕开三	江开二	江开二	宕合一	宕合三
类型	例字	帮帮	张知	姜晓	将清见	庄庄	窗初	光见	狂群
-ŋ	武汉	paŋ55	tsaŋ55	tɕiaŋ55	tɕiaŋ55·	tsuaŋ55	tsʰuaŋ55	kuaŋ55	kʰuaŋ213
ã	昆明	pã44	tʂã44	tɕiã44	tɕiã44	tʂuã44	tʂʰuã44	kuã44	kʰuã31
ã	永顺	pã44	tsã44	tɕiã44	tɕiã44	tsuã44	tsʰuã44	kuã44	kʰuã22
ã/-ŋ	江华	pã24	tsã24	tɕioŋ24	tɕioŋ24	tsuã24	tsʰuã24	kuã24	kʰuã24
-ŋ	绥江	pan55	tsan55	tɕian55	tɕian55	tsuan55	tsʰan55	kuan55	kʰuan31
-ø	丽江	pæ42	tsæ42	tɕiæ31	tɕiæ31	tʂuæ42	tʂʰuæ42	kuæ42	kʰuæ31
-ø	凤仪	pa44	tsa44	tɕia44	tɕia44	tsua44	tsʰua44	kua44	kʰua31
-ø	宾川	pa33	tsa42	tɕia44	tɕia33	tsua33	tsʰua33	kua33	kʰua42
-ø	辰溪	paɯ44	tsaɯ44	tɕiɯ44	tɕiaɯ44	tsaɯ44	tsʰaɯ44	kuaɯ44	kʰuaɯ13

（三）宕江摄今读的介音类型

1. 中古宕江摄今读开口韵的介音类型

开口韵的介音类型主要针对的是宕摄开口三等字和江摄二等庄组、见系字。宕摄开口三等知系字一般读洪音：知章组字读开口呼，庄组字读合口呼（带 u 介音），其他声组读细音齐齿呼（带 i 介音）；江摄知庄组字一般读合口呼（带 u 介音），见系字一般读细音齐齿呼（带 i 介音）。当然，也有少数例外，如来凤宕开三庄组字读细音撮口呼，江摄庄组读洪音开口呼；湖北汉川、湖南汉寿的宕开三及江摄庄组字读细音撮口呼，湖南蓝山、凤凰、安乡、辰溪，云南元江、江川等则读洪音开口呼。此外，桂阳的知章组字仍读细音齐齿呼（带 i 介音）。见表 4-29。

表 4-29　　中古宕江摄舒声韵今读开口韵的介音类型例字

声母	宕开一	宕开三	宕开三	宕开三	江开二	江开二	宕合一	宕合三
例字	帮帮	张知	姜晓	将清见	庄庄	窗初	光见	狂群
武汉	paŋ55	tsaŋ55	tɕiaŋ55	tɕiaŋ55	tsuaŋ55	tsʰuaŋ55	kuaŋ55	kʰuaŋ213
大庸	paŋ44	tsaŋ44	tɕiaŋ44	tɕiaŋ44	tsuaŋ44	tsʰuaŋ44	kuaŋ44	kʰuaŋ13
昆明	pã44	tʂã44	tɕiã44	tɕiã44	tʂuã44	tʂʰuã44	kuã44	kʰuã31
永顺	pã44	tsã44	tɕiã44	tɕiã44	tsuã44	tsʰuã44	kuã44	kʰuã22
来凤	paŋ55	tsaŋ55	tɕiaŋ55	tɕiaŋ55	tɕyaŋ55	tʂʰaŋ55	kuaŋ55	kuaŋ11
汉川	paŋ55	tsaŋ55	tɕiaŋ55	tɕiaŋ55	tɕyaŋ55	tɕʰyaŋ55	kuaŋ55	kuaŋ13·

续表

声母	宕开一	宕开三	宕开三	宕开三	江开二	宕合一	宕合三
例字	帮帮	张知	姜晓	将清见	庄庄	窗初	光见	狂群
蓝山	paŋ³³	tsaŋ³³	tɕiaŋ³³	tɕiaŋ³³	tsaŋ³³	tsʰaŋ³³	kuaŋ³³	kʰuaŋ³¹
凤凰	paŋ⁴⁴	tsaŋ⁴⁴	tɕiaŋ⁴⁴	tɕiaŋ⁴⁴	tsaŋ⁴⁴	tsʰaŋ⁴⁴	kuaŋ⁴⁴	kʰuaŋ¹¹
辰溪	paɯ⁴⁴	tsaɯ⁴⁴	tɕiɯ⁴⁴	tɕiaɯ⁴⁴	tsaɯ⁴⁴	tsʰaɯ⁴⁴	kuaɯ⁴⁴	kʰuaɯ¹³
安乡	paŋ⁵⁵	tsaŋ⁵⁵	tɕiaŋ⁵⁵	tɕiaŋ⁵⁵	tsyaŋ⁵⁵	tsʰyaŋ⁵⁵	kuaŋ⁵⁵	kʰuaŋ³¹³
元江	paŋ⁵⁵	tsaŋ⁵⁵	tɕiaŋ⁵⁵	tɕiaŋ⁵⁵	tsoŋ⁵⁵	tsʰoŋ⁵⁵	koŋ⁵⁵	kʰoŋ³¹
江川	pʌŋ⁵⁵	tʂʌŋ⁵⁵	tɕiʌŋ⁵⁵	tɕiʌŋ⁵⁵	tsoŋ⁵⁵	tsʰoŋ⁵⁵	koŋ⁵⁵	kʰoŋ³¹
桂阳	paŋ³⁵	tɕiæŋ³⁵	tɕiæŋ³⁵	tɕiæŋ³³⁵	tsuaŋ³⁵	tsʰuaŋ³⁵	kuaŋ³⁵	kʰuaŋ³¹

桂阳宕开三知章组字读细音应当属于较早的层次。汉川宕开三庄组及江摄知庄组字读细音撮口呼则属于晚起的层次（包括湖北汉川、来凤、天门，湖南嘉禾、龙山、汉寿等），它的形成当为 u 介音产生之后的事情，后随着声母演变为 tɕ 组后，u 介音便演变为 y 介音了。下面重点讨论宕开三庄组及江摄知庄组产生 u 介音的情况（可参看下文竹溪型的论述）。

2. 中古宕江摄今读合口韵的介音类型与演变

中古宕开三庄组（"装疮床霜"等字）及江摄知庄组（"窗双椿撞"等字）在官话方言里一般都带 u 介音。《切韵》音系中的江韵并未分开合口，但"江韵字早在宋代就已经分化为开口与合口二类（见《四声等子》及《切韵指南》），'惷椿'等字念为 [uaŋ]，是既成定局的事。在江韵字念为 [uaŋ] 的时候，阳韵'庄'组字还没有变入 [uaŋ]"（李新魁，1984：472）。麦耘（2009：144）也指出"江韵系庄、知组字'幢雙'等变为合口，自中古已然①。江、宕摄合流后，阳韵系的庄组字'床霜'等受这些字的'类化'，也朝合口方向变化"。可见，江韵知庄组读合口的时间要早于宕开三阳韵庄组字。元代朱宗文 1308 年校订的《蒙古字韵》中的江韵"撞椿窗雙"等知、庄组字的韵母八思巴记为 uaŋ（与宕摄合口的"光狂"等字的韵母同），但阳韵庄组"装床霜"等字记为 haŋ，它既不同于江韵知庄组韵母，也不同于阳韵开口细音 ėaŋ 韵。这也显示出江摄

---

① 麦耘（2009：78）"《四声等子》把其中知、庄组'椿浊雙朔'等字排到合口去，大约已经同于现代普通话音带 [-w-] 介音的情况"（按：《四声等子》至迟为宋末之前的韵书）。

知庄组字合口介音的产生要早于阳韵开口庄组字。中古江韵与通摄有较为密切的关系，江韵的韵母主元音是圆唇元音，当圆唇元音与知庄组的 tʂ 组相拼时发生 tʂɔŋ > tʂuaŋ 的演变并不奇怪。阳韵庄组字后来受江韵知庄组字的影响，也逐渐产生了合口介音，二者最终演变混同读合口呼韵母。《中原音韵》《洪武正韵》《韵略易通》《西儒耳目资》等韵书中，阳韵庄组字都已与江韵知、庄组混同读合口呼韵母，而与阳韵知章组读开口呼韵母形成对立格局。可见，至迟元明时期，官话方言的阳韵庄组字都已基本与江韵知、庄组字混同读合口呼韵母了。但它们在西南官话今读类型中仍会因方言点的不同而呈现出层次性。参见例字表 4–30。

表 4–30　　中古宕江摄舒声韵今读合口韵的介音类型例字

韵摄		宕开一	宕开三			江开二	宕合一	宕合三
例字		帮帮	张知/章章	将清	庄庄	窗初	光见	狂群
武汉型	武汉	paŋ⁵⁵	tsaŋ⁵⁵	tɕiaŋ⁵⁵	tsuaŋ⁵⁵	tsʰuaŋ⁵⁵	kuaŋ⁵⁵	kʰuaŋ²¹³
江川型	江川	pʌŋ⁵⁵	tʂʌŋ⁵⁵	tɕiʌŋ⁵⁵	tʂoŋ⁵⁵	tʂʰoŋ⁵⁵	koŋ⁵⁵	kʰoŋ³¹
	元江	paŋ⁵⁵	tʂaŋ⁵⁵	tɕiaŋ⁵⁵	tʂoŋ⁵⁵	tʂʰoŋ⁵⁵	koŋ⁵⁵	kʰoŋ³¹
凤凰型	凤凰	paŋ⁴⁴	tsaŋ⁴⁴	tɕiaŋ⁴⁴	tsaŋ⁴⁴	tsʰaŋ⁴⁴	kuaŋ⁴⁴	kʰuaŋ¹¹
	蓝山	paŋ³³	tsaŋ³³	tɕiaŋ³³	tsaŋ³³	tsʰaŋ³³	kuaŋ³³	kʰuaŋ³¹
	富宁	paŋ⁴⁴	tsaŋ⁴⁴	tɕiaŋ⁴⁴	tsaŋ⁴⁴	tsʰaŋ⁴⁴	kuaŋ⁴⁴	kʰuaŋ⁴²
	辰溪	paɯ⁴⁴	tsaɯ⁴⁴	tɕiaɯ⁴⁴	tsaɯ⁴⁴	tsʰaɯ⁴⁴	kuaɯ⁴⁴	kʰuaɯ¹³
竹溪型	安乡	paŋ⁵⁵	tʂaŋ⁵⁵	tɕiaŋ⁵⁵	tʂyaŋ⁵⁵	tʂʰɥaŋ⁵⁵	kuaŋ⁵⁵	kʰuaŋ³¹³
	竹溪	paŋ²⁴	tʂaŋ²⁴	tɕiaŋ²⁴	tʂyaŋ²⁴	tʂʰɥaŋ²⁴	kuaŋ²⁴	kʰuaŋ⁴²
	竹山	paŋ²⁴	tʂaŋ²⁴	tɕiaŋ²⁴	tʂyaŋ²⁴	tʂʰɥaŋ²⁴	kuaŋ²⁴	kʰuaŋ⁵³
成都型	成都	paŋ⁵⁵	tsaŋ⁵⁵	tɕiaŋ⁵⁵	tsuaŋ⁵⁵	tsʰuaŋ⁵⁵	kuaŋ⁵⁵	kʰuaŋ²¹
	马边	pã⁵⁵	tsã⁵⁵	tɕiã⁵⁵	tsuã⁵⁵	tsʰuã⁵⁵	kuã⁵⁵	kʰuã³¹
	长宁	pã⁵⁵	tsã⁵⁵	tɕiã⁵⁵	tsuã⁵⁵	tsʰuã⁵⁵	kuã⁵⁵	kʰuã³¹
	来凤	paŋ⁵⁵	tsaŋ⁵⁵	tɕiaŋ⁵⁵	tɕyaŋ⁵⁵	tsʰaŋ⁵⁵	kuaŋ⁵⁵	kʰuaŋ¹¹

据表 4–30 来看，阳韵庄组字与江韵知、庄组字的分混有以下五种类型：

第一，武汉型。阳韵庄组字与江韵知、庄组字混同读合口呼韵母。这属于元明时期的官话层次，它是现今包括西南官话在内的官话方言主流层次类型。

第二，江川型。阳韵庄组字与江韵知、庄组字混同读开口呼韵母，与宕摄合口韵合流。如云南江川、元江等。江川型其实是武汉型的进一步演变，因为 u 是一个后高元音，韵尾 ŋ 也是一个成阻部位靠后的辅音，故前低元音 a 受它们的影响而向后高方向演变，同时拉低介音 u 而同化为 o，即 uaŋ > oŋ。但这类演变常常会因普通话以及周边语言的影响等出现回流，如云南广南杨柳树的老派读 oŋ，现在则已基本都读 uaŋ 了。

第三，竹溪型。阳韵庄组字与江韵知、庄组字混同读开口呼韵母（汉川等读撮口呼，因其声组分化类型相同，故放在一起讨论），但它们单独为一类，不同于宕江摄的其他韵等。方言点有湖北竹溪、竹山，湖南安乡等。这类型也属于晚起的类型，因为它们尽管读开口呼，但它们不与宕江摄其他韵等合流，这是很重要的证据。我们一般都认为 ʮ/ɥ 的出现是较为晚近的事情，它们的早期类型应该是汉川型。见例字表 4–31。

表 4–31　阳韵庄组与江韵知、庄组今读介音为 ʮ/ɥ 的例字

韵摄		宕开一	宕开三		江开二	宕合一	宕合三
例字		帮帮	张知/章章	将清	庄庄	窗初	光见	狂群
大庸类	大庸	paŋ⁴⁴	tʂaŋ⁴⁴	tɕiaŋ⁴⁴	tʂuaŋ⁴⁴	tʂʰuaŋ⁴⁴	kuaŋ⁴⁴	kʰuaŋ¹³
竹溪类	竹溪	paŋ²⁴	tʂaŋ²⁴	tɕiaŋ²⁴	tʂʮaŋ²⁴	tʂʰʮaŋ²⁴	kuaŋ²⁴	kʰuaŋ⁴²
	竹山	paŋ²⁴	tʂaŋ²⁴	tɕiaŋ²⁴	tʂʮaŋ²⁴	tʂʰʮaŋ²⁴	kuaŋ²⁴	kʰuaŋ⁵³
安乡类	安乡	paŋ⁵⁵	tsaŋ⁵⁵	tɕiaŋ⁵⁵	tsɥaŋ⁵⁵	tsʰɥaŋ⁵⁵	kuaŋ⁵⁵	kʰuaŋ³¹³
汉川类	汉川	paŋ⁵⁵	tsaŋ⁵⁵	tɕiaŋ⁵⁵	tɕyaŋ⁵⁵	tɕʰyaŋ⁵⁵	kuaŋ⁵⁵	kʰuaŋ¹³·

我们在上文已指出汉川 y 介音源自早期的 u，属于晚起的层次，其实二者之间还应该有一个过渡的 ʮ/ɥ，即发生 u > ʮ/ɥ > y 的演变，ʮ/ɥ 属于 u 的高位出顶演变。从声母的影响上看，舌尖后的 tʂ 组声母与高位出顶的 ʮ 介音相拼很正常，于是出现了竹溪类。但纵观整个西南官话今读演变情况，tʂ 组音就有舌尖前化的演变趋势，即发生了 tʂ > ts 的演变，这样一来，顺应声母的演变，介音自然也就会发生 ʮ > ɥ 的演变，于是出现安乡类。安乡 tsɥaŋ 类的声母 ts 和介音 ɥ 都是舌尖前音，它们为了发音的协调（或受普通话的影响，普通话没有 tsɥ–类音，此类音一般变读为 tɕy–类），最终演变为 tɕy–类音，最终得到汉川类。所以，竹溪型的演变路径为：tʂuaŋ（大庸类）> tʂʮaŋ（竹溪类）> tsɥaŋ（安乡类）> tɕyaŋ（汉川类）。

第四，凤凰型。阳韵庄组字与江韵知、庄组字混同读开口呼韵母，与宕摄合口韵对立但与开口一等合流。方言点有湖南凤凰、蓝山、辰溪，云

南富宁。这种类型最早，属于宋代及其之前的类型，该类型目前在西南官话中的方言点较为有限，但它的存在很是珍贵和重要。

第五，成都型。阳韵庄组字读合口呼，江韵知庄组字读开口。这种类型的方言点主要集中在四川，如成都、华阳、资阳、资中、安岳、大足、永川、潼南、蓬溪、南充、岳池、武胜、江北、巴县、南川、涪陵、长寿、邻水、大足、酆都、秀山、忠县、梁山、开县、城口、宣汉、苍溪、绵阳、广汉、金堂、名山、懋功、靖化、南部、西充、盐亭、射洪、什邡、新繁、郫县、理潘、灌县、崇庆、温江、彭山、大邑、峨边（仓桑 aŋ/uaŋ）、眉山、青神、犍为、雷波、屏山、高县、兴文、叙永、古蔺、南溪、合江、江津、綦江、简阳、井研、隆昌、荣昌、仪陇、三台、德阳、万县、黔江、云阳、巫溪、珙县、马边、长宁等。此外，云南绥江永善、大关、盐津、广南（杨柳树），以及湖北利川、来凤等均属此类型。

麦耘（2009）指出，江韵知庄组读为合口在前，而阳韵庄组读合口是后来受江韵知庄组的影响而成，但成都型则好似与此观点相悖，即江韵知庄组字读开口，而阳韵庄组字却读合口呼了，且分布范围较广，基本遍及四川。实则不然，我们认为阳韵庄组字读合口应该是后来受普通话或周边方言的影响而成，也就是说，成都型的早期形式原本属于凤凰型，即阳韵庄组字和江韵知庄组字都保留着原本的开口呼读音。明人李实《蜀语》一般认为是反映明末四川方言时音的，《蜀语》里面有两则记录："奘，在朗切，音庄上声（唐、阳混注）/椿音庄（以江注阳）"，甄尚灵、张一舟（1996：60）拟音为 uaŋ，我们认为这有待商榷。因为"朗"属于宕摄开口一等唐韵来母字，它一般是不会带合口 u 介音的，况且目前也很少有汉语方言"朗"字今读合口呼的证据，故"奘朗庄椿"的韵母当时相同，音值自当拟为 aŋ，即阳韵庄组字和江韵知庄组字在《蜀语》中都保留着原本的开口呼。阳韵庄组字读合口应该是后来受普通话或周边方言的影响而成，至于江韵的"窗"字未随同演变为合口呼，大概是因为"窗"字是一个较为常用的字罢了①。

中古阳韵庄组字和江韵知庄组字在西南官话今读中的类型层次见图 4-3。

二　宕江摄与其他韵摄的混合类型

1. 宕江摄与咸山摄混同，是宕江摄与其他韵摄相混的主流类型。如

---

① 成都型的江韵的"撞双"等字也已基本上读合口呼了，与阳韵庄组合流读 uaŋ。

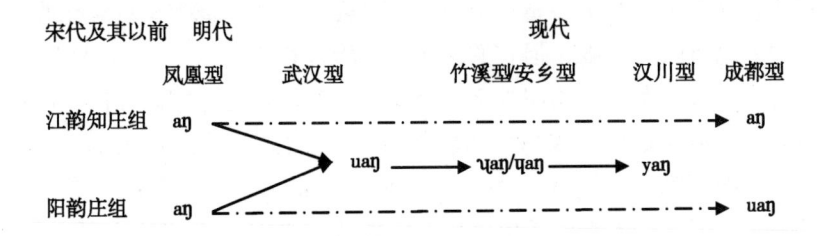

```
宋代及其以前    明代                    现代
                凤凰型    武汉型    竹溪型/安乡型    汉川型    成都型
江韵知庄组  aŋ ────────────────────────────────────→ aŋ
                      ╲  ╱
                       ╳→ uaŋ ──→ ʯaŋ/ɿaŋ ──→ yaŋ
                      ╱  ╲
阳韵庄组    aŋ ────────────────────────────────────→ uaŋ
```

图 4-3　中古阳韵庄组字和江韵知庄组字在西南官话今读中的类型层次

表 4-32 所示。

表 4-32　宕江摄与咸山摄舒声韵今读混同例字

韵摄	宕开一唐/江/山开二山	宕合三阳/山合三元	宕开三阳/山开四先	宕开三阳/山开三山	宕开一唐/咸开一谈	宕合一唐/山合一桓
例字	帮帮邦帮—班帮	方帮—翻敷	娘泥—年泥	商书—山生	桑心—三心	光见—官见
绥江	paŋ⁵⁵	faŋ⁵⁵	nien³¹	san⁵⁵	san⁵⁵	kuan⁵⁵
蓝山	paŋ³³	faŋ³³	niaŋ³¹	ṣaŋ³¹	saŋ³¹	kuaŋ³¹
昆明	pã⁴⁴	fã⁴⁴	niã³¹—niẽ³¹	ṣã⁴⁴	sã⁴⁴	kuã⁴⁴
文山	pã⁵⁵	fã⁵⁵	niã⁴²—niẽ⁴²	ṣã⁵⁵	sã⁵⁵	kuã⁵⁵
蒙自	paŋ⁵⁵	faŋ⁵⁵	niaŋ⁴²—nĩ⁴²	ṣaŋ⁵⁵	saŋ⁵⁵	kuaŋ⁵⁵
保山	paŋ³¹	faŋ³¹	niaŋ⁴⁴—nien⁴⁴	ṣaŋ³¹	saŋ³¹	kuaŋ³¹—kuɐŋ³¹
兰坪	paŋ⁴⁴	faŋ⁴⁴	niaŋ³¹—nĩ³¹	ṣaŋ⁴⁴	saŋ⁴⁴	kuaŋ⁵⁵—kuẽ³¹
蒙化	pã⁵⁵	fã⁵⁵	ȵiã³¹—niẽ³¹	ṣã⁵⁵	sã⁵⁵	kuã⁵⁵—kue⁵⁵
云龙	paŋ³³—pã³³	faŋ³³	niaŋ⁵³—nĩ⁵³	saŋ³³—sã³³	saŋ³³	kuaŋ³³—kuã³³
嵩明	paŋ⁴⁴—pan⁴⁴	faŋ⁴⁴	niaŋ⁴²—niɛn⁴²	ṣaŋ⁴⁴—ṣan⁴⁴	saŋ⁴⁴	kuaŋ⁴⁴—kuan⁴⁴
寻甸	paŋ⁴⁴—pan⁴⁴	faŋ⁴⁴	niaŋ⁵³—nĩ⁵³	ṣaŋ⁴⁴—ṣan⁴⁴	saŋ⁴⁴	kuaŋ⁴⁴—kuan⁴⁴
剑川	paŋ⁴⁴—pã⁴⁴	faŋ⁴⁴—fã⁴⁴	niaŋ⁴²—nĩ⁴²	saŋ⁴⁴—sã⁴⁴	saŋ⁴⁴	kuaŋ⁴⁴—kuã⁴⁴
邓川	paŋ⁴⁴—pæɛ⁴⁴	faŋ⁴⁴—fæɛ⁴⁴	ȵiaŋ⁵³—ȵiɛi⁵³	saŋ⁴⁴—sæɛ⁴⁴	saŋ⁴⁴	kuaŋ⁴⁴—kuæɛ⁴⁴
宜章	paŋ³³—pã³³	faŋ³³—fã³³	niaŋ¹³	saŋ³³—sã³³	saŋ³³—sã³³	kuaŋ³³—kuã³³
易门	paŋ³³—pã³³	faŋ³³—fã³³	niaŋ⁴²—niẽ⁴²	ṣaŋ³³—ṣã³³	saŋ³³—sã³³	kuaŋ³³

根据表 4-32 所示，宕江摄与咸山摄混同的具体类型有以下几种：

第一，蓝山型。宕江摄与咸山摄完全混同。方言点有湖南蓝山、临武、新田、东安、桂阳等。另外，云南绥江也属此类型，仅洪细音主元音有异（洪音为 a，细音为 e）。

第二，昆明型。宕江摄与咸山摄洪音混同。方言分布点主要集中在云南，音值类型及方言分布为：ã/uã 的方言点有昆明、富民、安宁、双柏、河西、新平、长宁、安宁、双柏、河西、新平、宁洱、缅宁、个旧、屏边、文山、路南、永平、永胜、祥云、盐丰、姚安、盐兴、昌宁、顺宁、云县、景谷、双江、四川酉阳、马边、湖南江华、道县、零陵等；aŋ/uaŋ 的方言点有云南蒙自、弥渡、晋宁、广通、墨江、澜沧、建水、开远、马关、大理、漾濞、大姚、禄劝、镇康、玉溪、四川合江、湖南永明等。

第三，保山型。宕江摄与咸山摄今读开口呼混同。如云南保山、兰坪、蒙化等

第四，云龙型。宕江摄与咸山摄非组、知系今读混同。如云龙、嵩明、寻甸等。

第五，剑川型。宕江摄与咸山摄知系今读混同。如云南的剑川、邓川等。

第六，宜章型。宕江摄与咸山摄开口三、四等今读细音混同。如湖南宜章等。

第七，易门型。宕江摄与咸山摄今读合口韵混同。如云南易门等。

2. 宕江摄与咸山摄、假摄的洪音混同。如云南凤仪、宾川。见例字表 4-33。

表 4-33　中古宕江摄与咸山摄、假摄舒声韵今读洪音混同例字

声母	帮	以	泥	心/心/生	见
例字	帮/邦/班/巴	羊/鸭—爷/延	娘—年	桑/三/沙	光官瓜
凤仪	pa⁴⁴	ia³¹——ie³¹	nia³¹—nie³¹	sa⁴⁴	kua⁴⁴
宾川	pa³³	ia⁴²——ie⁴²	nia⁴²—nie⁴²	sa⁴⁴	kua⁴⁴

第四节　通摄舒声韵的今读与演变

通摄只有合口韵，包括合口一等东冬韵和合口三等东钟韵。西南官话通摄的今读音值类型主次分明，绝大多数方言今读洪音为 oŋ、细音为 ioŋ/yoŋ 韵[1]，何大安（2004：54）就指出"通摄读 oŋ，是两湖地区的湘

---

[1] 四川方言区通摄今读洪音基本都为 oŋ，今读细音除巴东等少数方言点读齐齿呼 iuŋ 韵外，其他方言点基本都读撮口呼 yoŋ 韵。

语和西南官话的共同特征"。下面我们从主元音、介音和韵尾三个方面分别论述。

一 通摄舒声韵的主元音类型与演变

西南官话通摄的主元音主要为 o，此类型是主流类型，遍布西南官话全区范围，如昆明、成都、嘉禾、景谷、永绥等。此外，湖北宜都、巴东、当阳、长阳、兴山、宣恩、利川和四川丹棱等为 u，湖北襄阳、保康、南漳、郧西、郧县和云南河西等为 ʌ，湖南辰溪为 ɯ。参见表 4-34 例字情况。

表 4-34　　　　　　　　中古通摄舒声韵今读主元音类型例字

韵摄	通合一东冬		通合三东锺					
例字	蒙并/蓬明	公见	松邪	中知/钟章	崇崇	共见	绒日	胸晓
昆明	moŋ³¹	koŋ⁴⁴	soŋ⁴⁴	tṣoŋ⁴⁴	tṣʰoŋ³¹	koŋ²¹²	zoŋ³¹	ɕioŋ⁴⁴
成都	moŋ²¹	koŋ⁴⁴	soŋ⁴⁴	tsoŋ⁴⁴	tsʰoŋ²¹	koŋ¹³	zoŋ²¹	ɕyoŋ⁴⁴
嘉禾	mom³¹	kom⁴²	som⁴²	tsom⁴²	tsʰom³¹	kom³⁵	iom⁴²	ɕim⁴²
凤仪	mou³¹	ku⁴⁴	su⁴⁴	tsu⁴⁴	tsʰu³¹	ku⁵⁵	zu³¹	ɕyu⁴⁴
景谷	mõ³¹	kõ⁴⁴	sõ⁴⁴	tʂõ⁴⁴	tʂʰõ³¹	kõ³⁵	ʐõ³¹	ɕiõ⁴⁴
宜都	muŋ¹³	kuŋ⁵⁵	suŋ⁵⁵	tsuŋ⁵⁵	tsʰuŋ¹³	kuŋ³⁵	ʑuŋ¹¹	ɕiuŋ⁵⁵
宾川	moũ⁴²	koũ³³	soũ³³	tsoũ³³	tsʰoũ³³	koũ¹³	zoũ⁴²	ɕoũ³³
襄阳	mʌŋ⁵³	kuʌŋ²⁴	sʌŋ²⁴	tsuʌŋ²⁴	tsʰʌŋ⁵³	kuʌŋ³¹³	ʐʌŋ⁵³	ɕyʌŋ²⁴
河西	mʌŋ³¹	kʌŋ⁵⁵	sʌŋ⁵⁵	tʂʌŋ⁵⁵	tʂʰʌŋ³¹	kʌŋ²⁴	iʌŋ³¹	ɕiʌŋ⁵⁵
辰溪	mɯ¹³	kɯ⁴⁴	sɯ⁴⁴	tsɯ⁴⁴	tsʰɯ¹³	kɯ²⁴	zɯ¹³	ɕiɯ⁴⁴

《切韵》时期，通摄东韵和冬锺韵因主元音的不同而二分，东韵主元音为 u，冬锺韵主元音为 o，但东、冬、锺韵至迟在晚唐至宋代就已有方言点混而不分了（董建交，2007：80）。《切韵指掌图》冬和东一、锺和东三排于同等，《韵会》《蒙古字韵》也是三者混同。《洪武正韵》凡例就特别指出"以冬、锺入东韵"。《中原音韵》把中古的东、冬、锺韵合并为东锺韵，《洪武正韵》合并为东韵，《韵略易通》合并为东洪韵。中古曾梗摄的唇音、喉牙音部分字如"崩、烹、薨、弘、兄"等字，《中原音韵》两收于东锺韵和庚青韵，《洪武正韵》仅"兄"字两收与东韵和庚

韵，兰茂《韵略易通》（1442）则一个字都不收（保留通摄的独立）①。其实，西南官话今读中，"崩、轰、弘、兄"等字在绝大多数方言点中是与通摄相混的，本悟《韵略易通》（1586）中庚晴韵的"烹、萌、兄"等字与东洪重韵（张玉来，1999：52），我们一般认为这是云南时音的反映。《洪武正韵》和兰茂《韵略易通》等韵书中通摄保持独立，很大程度上是作者"求正"守旧的结果。

西南官话中古通摄的主元音主要有 u、o、ʌ、ɯ 四类。《中原音韵》（杨耐思，1981）东钟韵和《韵略易通》（张玉来，1999）东洪韵音值均拟为 uŋ/iuŋ 韵。何大安（2004：53）指出"整个湖南地区，不分湘语、赣方言或官话，除了极少数的几个方言之外，通摄的阳声韵字大致呈现出 *uŋ > oŋ > əŋ > ən 或 *uŋ > oŋ > ʌŋ > ʌn 的演变。前者多在湖南西部，后者多在湖南东部，这两种类型其实只是同一趋势的不同语音表现"。西南官话中古通摄的演变主要表现为 uŋ > oŋ > ʌŋ 的演变，主元音低化主要与韵尾 ŋ 的影响有关。因为主元音 u 是一个后高元音，韵尾 ŋ 则是一个成阻部位靠后的辅音，这样一来，在发 uŋ 韵的过程中，u 受韵尾 ŋ 的影响很容易产生低化演变的趋势：uŋ > ũʊŋ > oŋ > ʌŋ。凤仪读 u 韵是鼻韵尾 ŋ 弱化脱落的结果，凤仪型可能经历过宾川型的 oũ 韵阶段。宾川 oũ 韵中的鼻化元音 ũ 当是原韵尾 ŋ 弱化引起韵尾音值变化而为鼻化元音的结果，即发生了 oŋ > oũ 的演变。如果宾川型的 oũ 韵继续演变则会出现多种可能（因为鼻化元音 ũ 继续弱化为鼻化韵会导致韵母演变出现不确定性），如或失去鼻化韵尾而演变为辰溪型的 ɯ、凤仪型的 u/ou（丽江型也属于此类型），或 oũ 韵为了扩大其区别特征而与阴声韵相区别而演变为 om，或鼻化韵前移而演变为景谷型的鼻化韵 õ（包括湖南永绥等），õ 再进一步失去鼻化韵尾就变为纯单元音 o 了，如丽江型的精组和庄组就读单元音 o 韵。

中古通摄在西南官话今读中的主元音演变趋势和类型见图 4-4。

值得注意的是，中古通摄在西南官话有些方言点今读主元音会因声组的不同而有异，如云南凤仪、丽江，陕南的宁陕，湖南芦溪等。参见

---

① 张玉来（1999：29）"（东洪）这一韵大致是中古《切韵》通摄的合流，包括东、冬、钟三个韵，不像《中原音韵》等把梗摄里的不分合口字收在此部，今拟为 uŋ 和 iuŋ，跟现代普通话一致"。

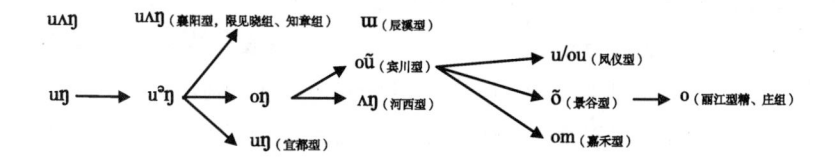

```
                    uʌŋ(襄阳型,限见晓组、知章组)
   uŋ ──→ uᵒŋ ──→ uŋ(襄阳型)  ──→ oũ(宾川型) ──→ u/ou(凤仪型)
                    oŋ        ──→ ʌŋ(河西型)  ──→ õ(景谷型) ──→ o(丽江型精、庄组)
                    uŋ(宜都型)                      om(嘉禾型)
```

图 4 – 4   中古通摄在西南官话中的主元音演变层次

表 4 – 35。

表 4 – 35   中古通摄舒声韵今读主元音因声母有异的例字

例字	通合一东冬			通合三东锺				
	蒙並/蓬明	公见	松邪	中知/钟章	崇崇	共见	绒日	胸晓
凤仪	mou³¹	ku⁴⁴	su⁴⁴	tsu⁴⁴	tsʰu³¹	ku⁵⁵	zu³¹	ɕyu⁴⁴
宁陕	məŋ²¹	kuŋ³⁴	suŋ³⁴	tʂuŋ³⁴	tsʰuŋ²¹	kuŋ²¹³	ʐ̩uŋ²¹	ɕyŋ³⁴
丽江	məu³¹	ku⁴⁴	so⁴²	tʂu⁴²	tsʰo³¹	ku⁵⁵	zu³¹	ɕiu⁴²
泸溪	muŋ¹³	kuŋ⁴⁴	suŋ⁴⁴	tɕiuŋ⁴⁴	duŋ¹³	kuŋ²⁴	zuŋ¹³	ɕiuŋ⁴⁴

　　云南凤仪、丽江和陕南宁陕、石泉的共同点是通摄帮组的韵母与通摄其他声组的韵母有异，而与曾梗摄开口一二等的帮系字混同（凤仪：朋＝棚＝蓬 pou³¹；丽江：朋＝棚＝蓬 pou⁴²；宁陕：朋＝棚＝蓬 pəŋ²¹），这一类字在《中原音韵》中就两收于东钟韵与庚青韵。但奇怪的是中古曾梗摄开口一二等帮系和通摄帮系字在上述三个方言点今读中，既不与中古通摄其他韵母混同，也不与中古曾梗摄开口一二等其他韵母相混，如宁陕、石泉单独成韵（宁陕：朋＝棚＝蓬 pəŋ²¹/东冬 tuŋ³⁴/层 tsʰən²¹ 耕 kən³⁴），凤仪、丽江则与流摄混同（凤仪：朋＝棚＝蓬 pou³¹ 头 tou³¹/东冬 tu⁴⁴/层 tsʰɯ³¹ 耕 kɯ⁴⁴；丽江：朋＝棚＝蓬 pəu⁴² 头 təu⁴²/东冬 to⁴⁴ 公 ku⁴⁴/层 tsʰe⁴² 耕 ke⁴⁴）。中古曾梗摄开口一二等帮系和通摄帮系韵母在凤仪、丽江、宁陕不与曾梗摄、通摄其他韵母混同，说明它们在演变的过程中具有自己的特点，我们认为这很可能与声母的影响有关。从曾梗摄开口一二等帮系和通摄帮系韵母在西南官话中的今读总体类型来看，它们主要与通摄其他声组的韵母合流，通摄是合口呼韵母，而我们都知道帮系字与合口呼韵母相拼很容易丢失合口介音而变为开口呼，当通摄帮组失去合口介音［u］后，韵母自然演变为 oŋ 或 əŋ（puŋ > puəŋ > puoŋ > poŋ 或 puŋ > puəŋ > pəŋ > pən）。通摄在凤仪、丽江、宁陕的今读类型说明，通摄帮

系字失去合口介音的时间要早于其他声组，故在其他声组韵母演变的时候帮组或保持自己的原开口韵母（如宁陕等），或呈现出自己独立的演变道路（如凤仪、丽江等）。曾梗摄开口一二等帮系和通摄帮系韵母在凤仪、丽江中与流摄混同，则与声韵母的相互影响有关系。其实，流摄一等唇音字在西南官话很多方言点中都与通摄唇音字混同，如紧邻丽江的兰坪话：某母＝猛 moŋ⁵³／梦 moŋ²⁴，其他如昭通、武汉等均如此，随着通摄唇音鼻韵尾弱化脱落，韵母随流摄唇音字如"某亩"等回归阴声韵而混同于流摄是很正常的现象。

丽江除了通摄唇音混同流摄外，端系字、庄组字还与果摄字合流读 o 韵（东＝多 to⁴²／罗 lo³¹／农 no³¹／左＝宗 tso⁴²／崇 tsʰo），这也是与声母的影响有关系的。通摄属于合口韵，从丽江知章组、见系今读 u 韵（推动遇摄三等知系字读 ʮ，其他声组大多读ɣ）来看，丽江话中古通摄字是读合口韵的。张光宇（2006：349）指出"合口韵（*uei）的开口化运动始于唇音，然后遵循 n＞l＞t、tʰ＞ts、tsʰ、s 的方向推展……舌根声母往往是合口呼的最后壁垒"，丽江话通摄合口韵开口化正反映了这种演变，通摄端、庄组在西南官话今读中主要读 t 组、ts 组、n/l 组，都属于发音部位靠前的舌尖前音，而 u 则是一个后高元音，二者相拼很容易使 u 介音丢失或使单元音 u 发生异化。从通摄端系、庄组与果摄字合流读 o 韵而知章组、见系今读 o 韵来看，丽江话通摄端系、庄组字在鼻韵尾脱落混入阴声韵以前就已失去了 u 介音而变读为开口韵了。泸溪话通摄知章组、晓组和影组主元音为 ʊ（其他声组为 u）的情况显然与 i 介音的影响有关，在此无须多论。

丽江、凤仪、宁陕中古通摄今读主元音演变如图 4－5 所示。

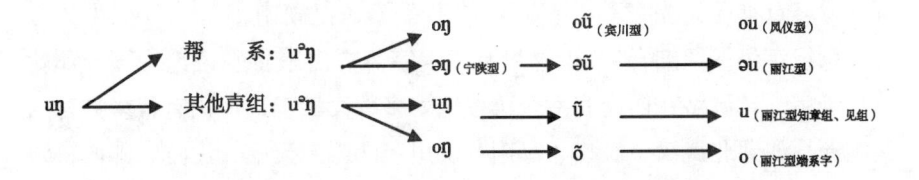

uŋ → 帮系：uᵒŋ → oŋ → oũ（宾川型） → ou（凤仪型）
    → 其他声组：uᵒŋ → əŋ（宁陕型） → əũ → əu（丽江型）
                        → ũ → u（丽江型知章组、见组）
                        → oŋ → õ → o（丽江型端系字）

图 4－5 中古通摄在丽江、凤仪、宁陕中的今读主元音演变类型

二 通摄舒声韵的韵尾类型

西南官话中古通摄舒声韵尾主要是鼻尾韵 -ŋ。此外，嘉禾收 m 尾，

景谷、双江、永绥、宾川为鼻化元音（景谷、双江、永绥为 õ，宾川为 oũ），凤仪、丽江、辰溪为零尾韵（其演变可参看上文"通摄舒声韵主元音类型与演变"或本章第五节"阳声韵尾在西南官话中的类型分布及演变特点"）。见例字表4－36。

表4－36　西南官话中古通摄舒声韵的韵尾类型例字

例字	通合一东冬		通合三东锺					
	蒙並/蓬明	公见	松邪	中知/钟章	崇崇	共见	绒日	胸匣
成都	moŋ²¹	koŋ⁴⁴	soŋ⁴⁴	tsoŋ⁴⁴	tsʰoŋ²¹	koŋ¹³	zoŋ²¹	ɕyoŋ⁴⁴
宜都	muŋ¹³	kuŋ⁵⁵	suŋ⁵⁵	tsuŋ⁵⁵	tsʰuŋ¹³	kuŋ³⁵	ʐuŋ¹¹	ɕiuŋ⁵⁵
襄阳	mʌŋ⁵³	kuʌŋ²⁴	sʌŋ²⁴	tsuʌŋ²⁴	tsʰʌŋ⁵³	kuʌŋ³¹³	ʐʌŋ⁵³	ɕyʌŋ²⁴
景谷	mõ³¹	kõ⁴⁴	sõ⁴⁴	tʂõ⁴⁴	tʂʰõ³¹	kõ³⁵	ʐõ³¹	ɕiõ⁴⁴
双江	mõ³¹	kõ⁴⁴	sõ⁴⁴	tʂõ⁴⁴	tʂʰõ³¹	kõ³⁵	ʐõ³¹	ɕiõ⁴⁴
永绥	mõ²²	kõ⁴⁴	sõ⁴⁴	tʂõ⁴⁴	tʂʰõ²²	kõ³⁵	zõ²²	ɕiõ⁴⁴
宾川	moũ⁴²	koũ³³	soũ³³	tsoũ³³	tsʰoũ³³	koũ¹³	zoũ⁴²	ɕoũ³³
嘉禾	mom³¹	kom⁴²	som⁴²	tsom⁴²	tsʰom³¹	kom³⁵	iom⁴²	ɕim⁴²
凤仪	mou³¹	ku⁴⁴	su⁴⁴	tsu⁴⁴	tsʰu³¹	ku⁵⁵	zu³¹	ɕyu⁴⁴
丽江	məu³¹	ku⁴⁴	so⁴²	tʂu⁴²	tsʰo³¹	ku⁵⁵	zu³¹	ɕiu⁴²
辰溪	mɯ¹³	kɯ⁴⁴	sɯ⁴⁴	tsɯ⁴⁴	tsʰɯ¹³	kɯ²⁴	zɯ¹³	ɕiɯ⁴⁴

三　通摄舒声韵的介音类型

通摄三等今读按理来说应该是有细音介音的（i－，抑或 y－），但与其他官话方言一样，西南官话通摄三等字除晓组、影组外，其他声组绝大部分方言点都已失去三等介音而转读洪音了（仅湖南泸溪话等极少数方言知章组字仍保留细音）。但这里有一组字需提出来特别讨论一下，那就是日母字。日母字在西南官话今读中绝大多数读洪音，但仍有很多方言点读细音，如湖北武汉、汉口、汉阳、汉川、沔阳、天门、江陵、郧西，湖南蓝山、嘉禾、桂阳、新田、临武、宜章、东安、永明、江华、辰溪，以及云南的富宁等。可参见表4－37。

中古日母与澄母在《蒙古字韵》的"绒"小韵和"虫"小韵中仍是保留 i 介音的，但《蒙古字韵》的"虫"小韵至《中原音韵》音系中已失去 i 介音而变读为洪音。杨耐思（1981：78）把知、庄、章组三等除日母外的字都排在《中原音韵》东钟韵洪音 uŋ 韵母下，但日母字如"绒戎茸"等字仍排在细音 iuŋ 韵里。唐作藩（1991）认为，杨耐思的看法与时音不符，他认为日母也应与知、章组一样转读洪音。杨耐思先生的看法应该还是有一定道理的，即日母字读细音的情况在当时的某些方言里存在不是没有可能，抛开南方方言不说，我们仅从西南官话今读情况来看就存在通摄日母读细音的类型。但从云南、四川和贵州等方言区来看，通摄日母字在西南官话里失去 [i] 介音转读洪音的情况发生得还是比较早的，据张玉来（1999）的研究，《韵略易通》中通摄日母字就是读洪音 uŋ 韵的，说明西南官话至迟明代中期通摄日母字就已开始转读洪音了。

表 4-37　　西南官话中古通摄舒声韵的介音类型例字

韵摄	通合一东冬		通合三东锺					
例字	蒙並/蓬明	公见	松邪	中知/钟章	崇崇	共见	绒日	胸匣
成都	moŋ²¹	koŋ⁴⁴	soŋ⁴⁴	tsoŋ⁴⁴	tsʰoŋ²¹	koŋ¹³	zoŋ²¹	ɕyoŋ⁴⁴
武汉	moŋ²¹³	koŋ⁵⁵	soŋ⁵⁵	tsoŋ⁵⁵	tsʰoŋ²¹³	koŋ³⁵	ioŋ²¹³	ɕioŋ⁵⁵
郧西	mʌŋ⁵³	kuʌŋ²⁴	sʌŋ²⁴	tsuʌŋ²⁴	tsʰʌŋ⁵³	kuʌŋ³¹	yʌŋ⁵³	ɕyʌŋ²⁴
嘉禾	mom³¹	kom⁴²	som⁴²	tsom⁴²	tsʰom³¹	kom³⁵	iom⁴²	ɕim⁴²
蓝山	mʌŋ³¹	kʌŋ³³	sʌŋ³³	tsʌŋ³³	tsʰʌŋ³¹	koŋ³⁵	iŋ³¹	ɕiŋ³³

第五节　阳声韵尾在西南官话中的类型分布及演变特点

中古阳声韵尾在今官话方言中普遍合并为 -n 和 -ŋ，但韵摄分布却呈现出南方系官话（成都、南京等）和北方系官话（北京、济南等）类别迥异的格局。见表 4-38。

表 4-38　　中古阳声韵尾在南北系官话中的分混类型

韵摄	咸	山	深	臻	曾	梗	宕	江	通
北方型官话	n				ŋ				
南方型官话	n						ŋ		

南方型官话中曾、梗摄与咸、山、深、臻摄韵尾合并为一类（绝大多数读 -n）。据现有的材料来看，此特点在西南官话中基本无例外。据本悟《韵略易通》（1586）"重韵"反映，当时云南话中深臻摄与曾梗摄

已经混而不分。侯精一（2002：34—36）就指出指西南官话深臻摄舒声和增梗摄舒声开口字韵母相混，读 n 韵尾或鼻化元音，（江淮官话）则全区 ən、əŋ 不分。现以成都、武汉话为例，它们主元音与韵尾的搭配呈如下态势，见表 4 - 39。

表 4 - 39　　中古阳声韵尾在西南官话今读中的基本分混类型

韵尾		-n			韵尾		-ŋ		
A 类	咸山摄	an	iɛn	uan	yɛn	C 类	宕江摄	aŋ	iaŋ	uaŋ
B 类	深臻曾梗	ən	in	uən	yn	D 类	通摄	oŋ	ioŋ（yoŋ）[①]

据表 4 - 39 纵向看，咸山摄与深臻梗摄的 n 韵尾的央前主元音搭配，宕江摄与通摄的 ŋ 韵尾与后元音搭配（宕江摄的主元音实际音值往往是稍偏后的）。据表 4 - 39 横向看，咸山摄与宕江摄的主元音同为低元音，深臻曾梗摄与通摄的主元音同为高元音，只是主元音偏前的韵摄配 n 尾，主元音偏后的韵摄配 ŋ 尾。这是西南官话中古阳声韵今读的基本类型。

现以此基本类型为参照，从韵尾的角度来探讨阳声韵在西南官话中的类型分布与演变特点。为了叙述的简便，下面涉及基本类型中的韵摄格局将以字母代表的类别代替，如果涉及例字，则山摄代表 A 类，臻摄代表 B 类，宕摄代表 C 类，通摄代表 D 类。

一　中古阳声韵尾在西南官话中的今读类型与特点

（一）中古阳声韵尾在西南官话中的今读类型

根据中古阳声韵尾在西南官话今读来看，大体可以分为基本类型、演变类型两大类。演变类型源自基本类型。演变类型又可分演变主流类型和演变补充类型。

1. 基本类型：A 类、B 类收 - n 尾，C 类、D 类收 - ŋ 尾

基本类型的方言分布极广，遍布西南官话全区，主要方言分布点为西南官话湖北全部、陕南全部、四川中东部、贵州大部、云南大部、湘北（桃源、慈利、临澧、安乡、汉寿、常德、石门）及湘西（古丈、凤凰、靖县、晃县）部分方言点等。成都话、武汉话可作为基本类型的代表。参见例字表 4 - 40。

[①] 成都话中古通摄细音今读 yoŋ 韵，武汉话为 ioŋ 韵。

表 4–40　　中古阳声韵尾在西南官话今读中的基本类型例字

例字	单	连	酸	全	根	民	孙	群
武汉	tan⁵⁵	niɛn²¹³	san⁵⁵	tɕʰyɛn²¹³	kən⁵⁵	min²¹³	sən⁵⁵	tɕʰyn²¹³
成都	tan⁴⁴	niɛn²¹	suan⁴⁴	tɕʰyɛn²¹	kən⁴⁴	min²¹	sən⁴⁴	tɕʰyn²¹

例字	刚	娘	光	王	东	公	松	胸
武汉	kaŋ⁵⁵	niaŋ²¹³	kuaŋ⁵⁵	uaŋ²¹³	toŋ⁵⁵	koŋ⁵⁵	soŋ⁵⁵	ɕioŋ⁵⁵
成都	kaŋ⁴⁴	n̠iaŋ²¹	kuaŋ⁴⁴	uaŋ²¹	toŋ⁴⁴	koŋ⁴⁴	soŋ⁴⁴	ɕioŋ⁴⁴

2. 演变类型

演变类型分主流类型和补充类型两种。演变主流类型的方言点较多且集中，演变补充类型的方言分布极少且零散，下面我们分开对之论述。

（1）演变主流类型：广南型＞澄江型＞昆明型＞景谷型＞凤仪型

演变主流类型是遵循现 A 类、B 类、C 类、D 类的循序依次演变为鼻化韵直至脱落为阴声韵。具体条件是主元音为前央元音的 A 类、B 类－n 韵尾先弱化脱落，最后才是后元音的 C 类、D 类－ŋ 韵尾弱化脱落。同类型的韵尾中，韵尾弱化脱落次序是依主元音由低到高渐次弱化脱落的。参见表 4–41。

表 4–41　　中古阳声韵尾在西南官话今读中的演变主流类型

韵类	A 类				B 类				C 类		D 类
例字	单	连	酸	全	根	民	孙	群	刚	娘	东	胸
广南型	~				n				ŋ			
澄江型	~								ŋ			
昆明型	~										ŋ	
景谷型	~											
凤仪型	∅											

广南型 A 类读鼻化韵尾；澄江型 A 类、B 类读鼻化韵尾；昆明型 A 类、B 类、C 类读鼻化韵尾；景谷型 A 类、B 类、C 类、D 类全部读鼻化韵尾；凤仪型是零韵尾。

演变主流类型的方言代表点例字音见表 4–42。

表4-42　中古阳声韵尾在西南官话今读中的演变主流类型例字

例字	单	连	酸	全	根	民	孙	群
广南	ta⁴⁴	liẽ³¹	suã⁴⁴	tɕʰiẽ³¹	kən⁴⁴	min³¹	sən⁴⁴	tɕʰin³¹
昆明	tã⁴⁴	liẽ³¹	suã⁴⁴	tɕʰiẽ³¹	kə̃⁴⁴	mĩ³¹	sə̃⁴⁴	tɕʰĩ³¹
澄江	tã⁴⁴	liẽ³¹	suã⁴⁴	tɕʰiẽ³¹	kə̃⁴⁴	mĩ³¹	sə̃⁴⁴	tɕʰĩ⁴²
景谷	ta⁴⁴	liẽ³¹	suã⁴⁴	tɕʰiẽ³¹	kə̃⁴⁴	miẽ³¹	sue⁴⁴	tɕʰiẽ³¹
凤仪	ta⁴⁴	lie³¹	sua⁴⁴	tɕye³¹	kɯ⁴⁴	miɯ³¹	suei⁴⁴	tɕʰyɯ³¹

例字	刚	娘	光	王	东	公	松	胸
广南	kaŋ⁴⁴	niaŋ³¹	kuaŋ⁴⁴	uaŋ³¹	toŋ⁴⁴	koŋ⁴⁴	soŋ⁴⁴	ɕioŋ⁴⁴
澄江	kaŋ⁴⁴	niaŋ³¹	kuaŋ⁴⁴	uaŋ³¹	toŋ⁴⁴	koŋ⁴⁴	soŋ⁴⁴	ɕioŋ⁴⁴
昆明	kã⁴⁴	niã³¹	kuã⁴⁴	uã³¹	toŋ⁴⁴	koŋ⁴⁴	soŋ⁴⁴	ɕioŋ⁴⁴
景谷	kã⁴⁴	niã³¹	kuã⁴⁴	uã³¹	tõ⁴⁴	kõ⁴⁴	sõ⁴⁴	ɕiõ⁴⁴
凤仪	ka⁴⁴	nia³¹	kua⁴⁴	ua³¹	tu⁴⁴	ku⁴⁴	su⁴⁴	ɕyu⁴⁴

演变主流类型的方言分布见表4-43。

表4-43　中古阳声韵尾在西南官话今读中的演变主流类型方言分布

广南型	云南：华坪、通海、思茅、巧家、邱北、镇沅；四川：峨边、眉山、青神、犍为、兴文、叙永、蓬溪、秀山、南江、昭化、绵阳、名山、南部、盐亭、松潘、井研、三台、罗江、德阳；广西：桂林、柳州；湖南：澧县、龙山、沅陵、芷江、吉首
澄江型	云南：澄江、罗次、牟定、楚雄、易门、宜良、华宁、江川、峨山、元江、弥勒、泸西、师宗、景东、镇雄、兰坪；湖南：大庸、保靖、辰溪①
昆明型	云南：永胜、蒙化、永平、洱源、鹤庆、祥云、盐丰、姚安、盐兴、昌宁、顺宁、富民、安宁、双柏、路南、河西、新平、宁洱、缅宁、个旧、屏边、文山、顺宁、云县；湖南：道县、江华、永顺、芦溪、麻阳
景谷型	云南：景谷、双江、永绥
凤仪型	云南：凤仪、丽江

值得注意的是，主流类型的演变并不意味着下一个层级的演变非得等待上一层级的演变结束以后才演变，它们各层级的演变是不平行的，但大体格局如此。如呈贡话A类已经为阴声韵，但B类读鼻化韵，C类和D类仍为ŋ韵尾。都匀话、黄平话、凯里话的A类也已经为阴声韵，但B类读n韵尾，C类和D类仍为ŋ韵尾。云南镇南话B类甚至比A类更早

---

① 辰溪宕通摄读ɯ，但考虑到oŋ > ɯ的演变，故把它划归澄江类。

鼻化等。但这一些演变的方言点有限，并不影响演变的主流类型格局。

（2）演变补充类型：合江＞蓝山＞宁远＞昆明；江陵＞零陵＞昆明

阳声韵咸山摄（A类）与宕江摄（C类）的主元音具有低元音这一共同特征，这预示着如果它们韵尾合并，这并不意外，至于它们在前后鼻音韵尾中选择哪一个则具有一定的地域随意性。A类、C类如果合并后的韵尾选择n则为江陵型，形成A类、B类、C类合流为n韵尾而与D类的ŋ韵尾二分格局。反之，则为合江型，形成A类、C类、D类合流为ŋ韵尾而与B类二分的格局。但不管江陵型还是合江型，咸山摄（A类）和宕江摄（C类）韵尾合流则意味着它们的整个韵母完全合流，那么它们的后续演变也会同时进行。合江型的B类形成孤类，但它与原A类韵具有相同点，即主元音同为央前元音，原韵尾同为n，因此它会随A类一起类化演变为ŋ尾，即蓝山型。表4-44显示了它们的演变。

表4-44　　中古阳声韵尾在西南官话今读中的演变补充类型

韵类		A类			C类			D类		B类			
例字		连	全	单	酸	娘	刚	胸	东	民	群	根	孙
↓ 昆明型	合江型				ŋ						n		
	蓝山型					ŋ							
	宁远型			~				ŋ					
	昆明型			~			ŋ			~			
↑	零陵型							n			ŋ		
	江陵型				n						ŋ		
韵类		连	全	单	酸	娘	刚	民	群	根	孙	胸	东
例字		A类			C类			B类				D类	

演变补充类型的方言代表点例字音列见表4-45。

表4-45　　中古阳声韵尾在西南官话今读中的演变补充类型例字

例字	单	连	酸	全	根	民	孙	群
合江	taŋ55	liaŋ31	suaŋ55	tɕʰyeŋ31	kən55	min31	sən55	tɕyin31
蓝山	taŋ33	liaŋ31	saŋ33	tɕʰiaŋ31	kʌŋ33	miŋ31	sʌŋ33	tɕʰiŋ31
宁远	tã33	liẽ31	suã33	tɕʰyẽ31	kəŋ33	miŋ31	suəŋ33	tɕʰyiŋ31
江陵	tan55	nin313	suan55	tɕʰyin313	kən55	min313	sən55	tɕʰyin313
零陵	tã13	liẽ33	suã13	tɕʰyẽ33	kən13	min33	sən13	tɕʰyin33

续表

例字	刚	娘	光	王	东	公	松	胸
合江	kaŋ⁵⁵	ȵiaŋ³¹	kuaŋ⁵⁵	uaŋ³¹	toŋ⁵⁵	koŋ⁵⁵	soŋ⁵⁵	ɕioŋ⁵⁵
蓝山	kaŋ³³	ȵiaŋ³¹	kuaŋ³³	uaŋ³¹	tʌŋ³³	kʌŋ³³	sʌŋ³³	ɕiŋ³³
宁远	kã³³	niẽ³¹	kuã³³	uã³³	toŋ³³	koŋ³³	soŋ³³	ɕioŋ³³
江陵	kan⁵⁵	nian³¹³	kuan⁵⁵	uan³¹³	toŋ⁵⁵	koŋ⁵⁵	soŋ⁵⁵	ɕioŋ⁵⁵
零陵	kã¹³	niẽ³³	kuã¹³	uã³³	toŋ¹³	koŋ¹³	soŋ¹³	ɕioŋ¹³

蓝山型方言点主要集中在湘南一带，如蓝山、桂阳、新田、临武、东安等。零陵型方言点有湖南零陵、桑植和四川马边、长宁、酉阳等。合江型、宁远型、江陵型方言点分布极为有限，除类型代表点外，暂未发现分布于其他区域。

（二）中古阳声韵尾在西南官话今读类型中的特点

西南官话中古阳声韵尾的今读总体来看，具有类型主次分明、演变趋势明显、类型地域特点突出的特点。具体分述如下：

第一，类型主次分明。基本类型是最主要的类型，遍布西南官话全区；演变主流类型是演变中的强势类型，主要分布于云南及与云南接壤的川南一带，以及湘西部分地区。演变补充类型方言点分布极为有限，但同样存在规律的演变态势。

第二，演变趋势明显。不管基本类型、演变主流类型还是演变补充类型都可能向鼻音韵尾弱化乃至最终脱落发展，这符合汉语韵母简化的演变趋势。

第三，类型地域特点突出。云南和湖北呈现出东西迥异的今读类型格局。云南绝大部分方言点都出现鼻音韵尾弱化的现象（绝大多数体现为鼻化韵，部分方言点甚至读零韵尾）[①]，与云南相连的川西、川南和广西一带也同时产生了这种韵尾弱化的现象。但湖北及与之相连的湘北地区则基本保留 A 类、B 类为 -n 韵尾与 C 类、D 类为 -ŋ 韵尾二分的基本类型，陕南、四川中东部以及贵州也大都属于这种基本类型。湘西、湘南一带处于过渡地带，这些方言点的阳声韵尾今读类型显得有些混乱，但还是

[①] 云南仅西畴、富宁、大理、寻甸、维西、保山、陆良、马龙、曲靖、沾益、平彝、罗平、龙陵、陇川、腾冲、永善、绥江、盐津等读基本类型，除此之外全部或多或少产生鼻化韵乃至韵尾脱落的现象。

具有一定规律的，大体上是湘西一带的鼻音韵尾会呈现出弱化趋势，而湘南一带阳声韵尾今读则多合流为-ŋ尾（蓝山型）。

二　阳声韵尾在西南官话中的今读类型演变分析

中古阳声韵尾在西南官话今读中，通摄（D类）韵尾是最稳定的，除辰溪（ɯ）、嘉禾（m）、景谷、宾川（鼻化韵）、凤仪、丽江（Ø）外，一律收ŋ尾。其次是宕江摄（C类），第三是深臻曾梗摄（B类），最不稳定的是咸山摄（A类）。咸山摄一般认为是鼻音韵尾弱化脱落的伊始。

中古阳声韵尾在西南官话今读中鼻音韵尾弱化消失的一般顺序为：

A类　　　　　　B类　　　　　　　C类　　　　　　D类

咸山摄（an）＞深臻曾梗摄（ən）＞宕江摄（aŋ）＞通摄（oŋ）

如果从韵尾上看，-n一般早于-ŋ弱化；如果从主元音上看，低元音后的鼻音韵尾比高元音后的鼻音韵尾更容易弱化乃至脱落。

针对鼻音韵尾弱化消失的原因，有很多学者都做过探讨。张琨（1983：4）认为早期汉语随移民到一个新的地方，当地土著人因受自己的土著语音的影响而没有充分领会学习汉语鼻音韵尾所致。薛才德（1992）在分析云南汉语方言鼻音韵尾演变时也持与张坤先生相同的观点。但此观点会遇上不可克服的矛盾，今汉语官话方言中基本上都存在鼻音弱化的现象[①]，如果说这种演变都是受当地土著语音的影响所致，显然把问题看得太过简单[②]。我们认为，汉语鼻音韵尾的弱化自有其音理内在的演变规律，鼻音韵尾的弱化归并从语音系统来看符合简化的规律（跟入声的归并具有相同的理据），如果说存在土著语音的影响，那么这种影响更多的只是起到加速推动的作用罢了。

实际上，中古阳声韵在今汉语方言中的鼻音韵尾，在发音上并不完整，王力（1985：582）就指出"严格地说，汉语元音后面的辅音只算半个"。其实，汉语鼻音韵尾更多的是在元音后面增加的一个鼻音成阻动作，但没有持阻和除组阶段，以至发音过程是前强后弱。游汝杰（1980：

[①] 可参看段亚广（2012）、吴波（2007）、张夜来（2014）、张世方（2010）等相关著作的论述。

[②] 如云南剑川方言有A类及B类细音读鼻化韵、其他读-ŋ尾，而当地土著白语有鼻化韵但无鼻音韵尾，张琨说这可能是汉语随汉族整体从一个城市迁入另一个城市所致。但云南的汉族基本上都是聚居的。

329）甚至认为，可把普通话的 ɑn、ɑŋ 等鼻音韵尾标为 ɑⁿ、ɑⁿ，因为它只表示一种鼻化色彩。据此来看，鼻音韵尾本身就是一个已经弱化了的韵尾，它如果在不影响当地人沟通表达的条件下，继续弱化乃至脱落均属正常的音理演变。现在的问题是鼻音韵尾 –n、–ŋ 哪一个先弱化，它们的弱化与主元音的关系如何等。

鼻音 –n 尾优先于 –ŋ 为弱化，这既与韵尾的发音特点有关，也与韵尾所搭配的主元音有关。首先，在鼻音韵尾 –n、–ŋ 的发音中，发 –n 尾时只需要在元音后上扬舌头接触上齿龈即可，而发 –ŋ 则需舌面后上扬接触硬腭，如果从发音的随意性上看，–n 尾胜于 –ŋ 尾，但这种"随意"很容易导致"随便"，故相对 –ŋ 尾来说，–n 尾的弱化在刚开始时并不会引起人们的太大注意。冉启斌（2005）从实验语音学的角度也证明了 –n 尾早于 –ŋ 尾弱化，他指出"鼻尾的（发音）时长越短则越容易弱化、脱落，而 –n 尾时长往往短于 –ŋ 尾，这等于说前鼻音韵尾更易于弱化、脱落"①。其次，如果鼻韵尾相同，则弱化的顺序依主元音由低到高次第展开。因为一般来说，主元音的开口度越小，鼻音韵尾的时长越长，而低元音的开口度最大，故它们后面的鼻韵尾更容易弱化脱落。

西南官话鼻音韵尾弱化的历史应该是比较晚的，张琨（1983：4）就指出"根据汉语发展的历史，最早的鼻化作用发生在吴语区，最晚的鼻化作用发生在西南官话区"。这是有道理的。因为一般认为西南官话是非常年轻的官话，它是明清时随江淮官话区移民西南而得，故鼻音韵尾的弱化自然也应该是晚近形成的。据明代晚期本悟《韵略易通》的"重韵"来看，时音宕江摄已与咸山摄混而不分，曾梗摄已与深臻摄相混，但是否已是鼻化韵则难以判断。根据今云南昆明话来看，如果假想它们当时混同后已读鼻化韵是不奇怪的。如今，云南及周边方言点大面积普遍性的汉语鼻音韵尾弱化脱落，还与少数民族语音的影响推动有关（具体可参看本书"咸山摄的今读类型与演变"一节的论述）。西南地区少数民族众多，尤以云南为最，因受民族语音的影响，促进了鼻音韵尾弱化演变的速度加快，以至今云南大部分汉语方言点都发生了鼻音韵尾弱化乃至脱落的现象。但如同我们上面说过的一样，土著语对汉语鼻韵尾弱化的影响仅仅是起到推动的作用，汉语鼻韵尾的弱化本质上属于自源性的音理演变。

---

① 冉启斌：《汉语鼻音韵尾的实验研究》，《南开语言学刊》2005 年第 1 期，第 42 页。

第六节 西南官话合口介音消失的类型分布与演变层次

一 中古合口韵在西南官话中的今读基本类型

合口韵是指中古时期以单元音 u 或以 -u- 为介音的韵母，西南官话中除了蟹止摄和山臻摄阳声韵的合口一二等端系字在部分方言点有读开口的情况外，总体上与其他大多数官话方言今读情况大体一致。现分述如下：

第一，除单元音韵母 u 外（部分方言点的 u 韵存在裂化现象，可参看本书"遇摄的今读类型与演变"一节的论述），中古合口唇音字在西南官话中一律读为开口韵。

第二，果摄和曾、梗、通摄合口舒声一二等基本都读开口韵；其他合口一二等除蟹止摄、山臻摄阳声韵的端系字外，基本都读合口韵。

第三，合口三四等韵除蟹止摄及三等知系字外[①]，一般都读撮口韵或齐齿呼。

第四，山臻摄合口一等舒声韵和蟹止摄合口韵的端系字在大部分方言点读合口韵，但在部分方言点失去合口介音读开口韵。

西南官话合口韵今读类型四个条件中的前三个为官话方言的基本共同特征，但山臻摄合口一等舒声韵和蟹止摄合口韵的端系字中，合口介音的消失则显得较为特别，下面我们重点讨论合口介音消失的声韵条件、方言分布与层次类型。

二 合口介音在西南官话中消失的声韵条件、方言分布与层次

中古合口唇音字在西南官话中已全部失去合口介音变读开口，这是官话方言合口介音消失的共性，前人对此已多有论述。这里我们重点讨论山臻摄合口一等舒声韵和蟹止摄合口韵的端系字合口介音的消失问题。

根据《方言调查字表》的声韵排列地位及例字，端系字失去合口介

[①] 其实，严格说还有一些合口三等入声字也应排除，如"缚六"等，但除通三外这类字不多，故略去。另，合口知系三四等字在极少数方言点中部分字还读撮口呼，如常德（水 ɕyei³¹）、武汉（tɕʰyn⁵⁵）等。

音的韵部具体包括蟹摄合口一等灰韵和三等祭韵、止摄合口三等支脂韵、山摄合口一等舒声桓韵、臻摄合口一等舒声魂韵。但这部分合口介音的消失会因韵摄、声组和方言点的不同而呈现出不同的层次类型。

（一）蟹止咸山摄合口洪音端系字的今读类型及方言分布

蟹止咸山摄合口舒声洪音端系字的今读类型见例字表4-46。

表4-46 中古蟹止咸山摄合口舒声洪音端系字的今读类型例字

韵摄		蟹合一灰			山合一桓			臻合一没		
例字		堆端	最精	雷来	短端	酸心	乱来	顿端	孙心	论来
昆明型	昆明	tue⁴⁴	tsue²¹²	lue³¹	tuã⁵³	suã⁴⁴	luã²¹²	tuə̃⁴⁴	suə̃⁴⁴	luə̃²¹²
成都型	成都	tuei⁴⁴	tsuei¹³	nuei²¹	tuan⁵³	suan⁴⁴	nuan¹³	tən⁴⁴	sən⁴⁴	nən¹³
大庸型	大庸	tɛi⁵⁵	tsuɛi²⁴	lɛi²¹	tuan⁴¹	suan⁵⁵	luan²⁴	tən⁵⁵	sən⁵⁵	lən²⁴
	丹寨	tei³³	tsuei¹³	lei⁵³	tye⁵⁵	ɕye³³	lye¹³	ten³³	sən³³	lən¹³
桂林型	桂林	təi³³	tsəi³⁵	lei²¹	tuan⁵⁴	suan³³	luan³⁵	tən³³	sən³³	lən³⁵
	黔阳	tei⁴⁴	tsei²⁴	nei¹³	tuã⁴²	suã⁴⁴	luã²⁴	tən⁴⁴	sən⁴⁴	lən²⁴
	永顺	tei⁴⁴	tsei¹³	nei²²	tuã⁵³	suã⁴⁴	luã¹³	tə̃⁴⁴	sə̃⁴⁴	lə̃¹³
临澧型	临澧	tei³⁵	tsei²⁴	nei³³	tan²²	suan³⁵	nan³³	tən³⁵	sən³⁵	lən³³
澧县型	澧县	tuei⁵⁵	tsuei³³	nuei¹³	tã³¹	sã⁵⁵	nã¹³	tən⁵⁵	sən⁵⁵	lən³³
巴东型	巴东	tei⁵⁵	tsei³⁵	nei¹¹	tan⁵³	san⁵⁵	nan⁵⁵	tən⁵⁵	sən⁵⁵	lən⁵⁵
荆门型	荆门	tei⁵⁵	tsuei³⁵	nuei³⁵	tan⁴²	ʂuan⁵⁵	nan³⁵	tən⁵⁵	ʂən⁵⁵	lən³⁵
	武昌	tei⁵⁵	tsuei³⁵	nuei:³¹³	tan⁴²	suan⁵⁵	nan³⁵	tən⁵⁵	sən⁵⁵	lən³⁵
	常德	tei⁵⁵	tɕyei³⁵	lei²¹	tan³¹	ɕyan⁵⁵	lan³⁵	tən⁵⁵	sən⁵⁵	lən³⁵
武汉型	武汉	tei⁵⁵	tsei³⁵	nei²¹³	tan⁴²	san⁵⁵	nan³⁵	tən³⁵	sən⁵⁵	nən²⁴
	黎平	tei³³	tsei⁵³	lei²¹	ton³¹	son³³	lon⁵³	tən³³	sən³³	lən⁵³

注：蟹止摄合口三等韵在西南官话今读中一般与蟹摄一等混同，故表中例字均举蟹摄合口一等字相代。

1. 昆明型：蟹山臻摄合口一等端系字全部保留合口介音。云南除滇东以外的大部分方言点都属于昆明型①。此外，湖南宁远、临武、宜章、东安、零陵、保靖、凤凰、沅陵、泸溪和四川简阳、仁寿、荣县等也属于这一类型。

---

① 滇东的盐津、永善、大关、马龙、镇雄、曲靖、沾益、陆良，以及滇东南的邱北、富宁等臻摄合口一等端系字读开口呼。其中马龙、曲靖、陆良、沾益蟹止山臻摄的合口都已失去合口介音变读为开口韵。

2. 成都型：臻摄合口一等端系合口介音消失，蟹山摄合口一等端系合口介音保留。成都型主要集中在川、黔（黔东南主要属于大庸型）一带①，云南盐津、永善、大关、镇雄，湖南桂阳、新田、永明、古丈、江华、吉首，黔东南黄平和湖北长阳等都属于这一类型。

3. 大庸型：臻摄合口一等端系和蟹摄合口一等端组、泥组合口介音消失，山摄合口一等端系和蟹摄合口一等精组合口介音保留，如湖南大庸、黔东南镇远、凯里、丹寨（山摄合口一等介音为 y，声母演变为 tɕ 组）等。

4. 桂林型：蟹臻摄合口一等端系合口介音消失，山摄合口一等端系合口介音保留。桂林型主要分布于桂北，湖南黔阳、龙山、道县、永顺、永绥、芷江、靖县、晃县、麻阳、石门、澧县及云南永胜等也属于这一类型。

5. 临澧型：蟹臻摄合口一等端系和山摄合口一等端泥组合口介音消失，山组合口一等精组合口介音保留，如临澧等。

6. 澧县型：山臻摄合口一等端系合口介音消失，蟹摄合口一等合口介音保留，如澧县等。

7. 巴东型：山臻合口一等端系和蟹摄合口一等端泥组合口介音消失，蟹摄合口一等精组合口介音保留，如巴东、桑植等。

8. 荆门型：臻摄合口一等端系和蟹山摄一等合口端组、泥组合口介音消失，蟹山摄一等合口精组合口介音保留。荆门型主要集中在湖北中部，如武昌、荆门、当阳、宜昌、宜都、钟祥等。常德话也可划归此类，只是蟹山摄合口一等精组介音保留的是撮口 y 介音。

9. 武汉型：蟹山臻摄合口一等端系合口介音全部消失。武汉型主要集中在湖北地区②。同时包括湖南桃源、慈利、安乡、汉寿、嘉禾、蓝山、通道，云南马龙、曲靖、陆良、沾益和贵州黎平③等。

（二）蟹止咸山摄合口洪音端系字合口介音消失的规律及原因阐释

综合对比表中各类型介音消失的情况，我们会看出一些比较有规律的现象：

---

① 四川简阳、仁寿、荣县蟹止山臻全部保留合口呼，属于昆明型。
② 湖北武昌、荆门、当阳、宜都、宜昌、钟祥蟹山摄合口一等精组保留合口呼。长阳蟹山摄为合口呼。
③ 黎平山合一等介音消失，如穿川 tsʰon³³、官 kon³³、玩 on³³ 等。

（1）从合口介音消失的韵摄顺序上看：臻摄合口一等最先消失，其次是蟹止摄合口一三等，山摄合口一等的合口介音消失得最晚①。因为凡存在合口介音消失的类型，臻摄合口一等是消失得最彻底的，山摄合口一等合口介音消失的类型一般意味着蟹止摄合口一三等的合口介音也已消失，此规律一般不能反推。

（2）从介音消失的声组顺序上看，端组（t）、泥组（n）合口介音最先消失，精组（ts）合口介音消失得最晚。因为如果同一韵摄精组合口介音消失的话，则端组、泥组的合口介音也已消失，但此规律同样不能反推。如大庸型、巴东型蟹止摄合口一三精组，临澧型山摄合口一等精组，荆门型蟹止摄合口一三等、山摄合口一等精组就仍保留合口介音，但相应端组、泥组合口介音已消失。

（3）从地理分布上看：介音消失的趋势从西往东大体上呈递减的趋势。西部的云南大部保留合口介音，东部的湖北的合口介音则基本都消失，中部的川黔主要是臻摄合口一等合口介音消失，桂北则是蟹止摄合口一三等和臻摄合口一等介音消失，湖南则显得较为混乱。合口介音在西南官话区消失的地区差异，其实都体现了合口介音自西往东呈递减趋势的特征。

关于汉语方言合口介音的消失问题，张光宇（2006）曾从声母和韵母两个角度做过较为仔细的分析。他指出声母就传统的"五音"来说，汉语方言合口介音的消失遵循唇舌齿牙喉的顺序次第展开，即合口韵的开口化运动起于唇音声母，然后遵循 n > l > t、t^h > ts、ts^h、s 的方向推展，舌根音往往是合口呼的最后堡垒。西南官话唇音合口韵的合口介音一律消失，知系、见系字则一般保留合口呼②。端系中的端组与泥组合口介音的存留一般总是同时演变，暂看不出先后规律，所以西南官话端系字合口介音的存留一般是端泥组为一组，精组为一组，端泥组一般先于精组丢

---

① 侯精一（2002：34）指出："（西南官话）介音古蟹止山臻合口端系声母的字，本区共8个代表点有不同程度的读开口呼的现象，介音失落的多少依次是臻、蟹止、山。"这个结论是非常准确的。

② 例外的仅有云南元江话，其臻摄合口介音全部消失，但消失的时间比较晚，因为与臻梗开三等同韵读 ən 韵（可参看"深臻梗摄舒声韵的今读类型与演变"之"臻摄合口韵的开合对立情况"）。臻摄这种知见系合口介音消失的方言类型非常少，故大体上不影响知见系在西南官话中基本保留合口介音的整体格局。

失合口介音，即遵循 t、tʰ、n、l（t 组）＞ ts、tsʰ、s（ts 组）的方向推展演变。

既然一般认为合口介音的消失遵循唇舌齿牙喉顺序，依声母发音部位由前到后依次进行，那么应该是遵循精组 [ts] 到端泥组 [t] 的顺序演变才对，因为 ts 组的发音部位严格意义上讲是比 t 组要靠前的，但从方言实际读音来看，t 组却总是早于 ts 组失去合口介音，这似乎与一般的道理相悖。张光宇（2006：351）从音理上解释了合口介音因声母而消失的三条规律：①声母发音时舌体后部隆起，合口介音倾向于保留（适用于卷舌音 tʂ 组和舌根音 k 组）；②声母发舌尖前音 ts、t 时，舌体后部隆起的状态越高越是倾向于保留合口介音（适用于舌尖前音 ts、t 组）；③声母发音时舌体静止平放的要比活动的更易于失去合口介音（适用于唇音 p、f 组）。张光宇（2006：351）认为"决定合口介音去留的关键在声母发音时舌体后部隆起的程度，隆起程度越高合口介意越能获得保存"，而同为舌尖前音的 t、ts 组，发 t 组音时舌位下垂走平，而 ts 组的舌体则微扬走平，从舌体隆起的角度看，ts 组显然比 t 组更接近舌根发音，所以 ts 组相对于 t 组来说，其更具有保留合口介音的倾向性。

其实，ts 组比 t 组更倾向于保留合口介音还可以从张光宇上述的第③条得到解释，即发 t 组音时整个舌位下垂走平，而发 ts 组的舌体则微扬走平，从舌体活动及肌肉的紧张程度看，t 组显然要弱于 ts 组，也就是说，发 t 组声母时肌肉和舌位都较 ts 组平静，故如同唇音组一样，相对来说 t 组比 ts 组后的合口介音更容易消失。除此之外，介音 u 受舌尖声母及韵腹、韵尾的影响，其发音部位往往趋于靠前，但其范围一般局限于舌位图的央 [ʉ] 至后 [u] 这一范围，以至 u 的发音部位与 t 的实际成阻部位相对 ts 组来说更为靠近些，故 tu－组更容易因发音部位近似而被声母同化，而 tsu－组则从发音部位区别的角度倾向于合口介音的保留。

如果从韵母来看，"凡主要元音偏前，合口介音越容易消失。这条规律说明 uən、uei 比 uan、uaŋ 还早丢失合口成分。至于这两组内部可从韵尾发音部位来解释：韵尾部位偏前的比较倾向于合口成分消失，因此 uei 比 uen 早而 uan 比 uaŋ 早"（张光宇，2006：355）。西南官话合口介音消失的情况与此规律是基本吻合的，于此就不做过多赘述了。

（三）西南官话合口介音消失的历史层次问题

据杨耐思（1981）、李新魁（1983）的拟音，唇音声母的合口介音在

《中原音韵》里的江阳韵和寒山韵中已失去合口介音读为开口韵，但其他合口韵仍基本保留合口介音。明兰茂《韵略易通》（1442）中除呼模、东洪韵外，全部读为开口韵（张玉来，1999：39）。明末《蜀语》唇音合口介音消失的格局与《韵略易通》基本一致（遂宁市文化局，1996：30）。可见，西南官话唇音声母的合口介音的失去至迟在明代中后期便已与今天的西南官话一致了，即除遇摄、通摄合口洪音字外，其他唇音的合口介音已经消失。但值得注意的是，中古音果摄、蟹止摄、臻摄在反映明末江淮官话的《西儒耳目资》（1626）音系中尚存在合口成分，如"杯poēi/奔puēn/波pō"等，这说明江淮官话比西南官话的发展要慢，因为它与南方方言靠得更近，而西南官话的发展演变相对来说则要快得多，从入声的存失上也能证明这种情况。

　　因为音韵资料的缺失和不足，关于端系字在蟹止咸山摄合口洪音中合口介音消失的时间已经很难找到根据，但从可见的韵书记录来看，还是能发现一些端倪。云南韵书系列（《韵略易通》《泰律篇》《等音》《声位》等）中并没有反映蟹止咸山摄合口洪音端系字合口介音消失的记录，这与云南的方音实际相符。值得注意的是，反映明末四川话的《蜀语》中则存在臻摄合口一等端系字读为开口的例证，如"撑音村/撑音寸"，撑，梗开二平庚彻，"撑"字在笔者的方言中就存在"tʂʰən$^{44}_{支撑}$、tsʰən$^{21}_{顶撑}$"两个不同的音，甄尚灵把"村寸"拟为 uən 韵是不对的（遂宁市文化局，1996：60），它们应该是开口 ən 韵。由此可见，臻摄合口一等端系字早在明末时期合口介音便已消失，这一情况在四川话中至今延续已近400年的历史了。据《汉音集字》（1899），汉口话在19世纪末，蟹止山臻摄合口今读洪音字便已失去合口介音，这与湖北西南官话的合口介音消失总体形势基本一致，都属武汉型。

第五章

西南官话入声韵的今读类型与历史层次

第一节 咸山摄入声韵的今读类型与演变

西南官话咸山摄入声韵的语音洪细对立明显，类型层次较为单一。咸山入的韵等分合类型，就主元音来说，基本类型有如下两种：

第一，开口一等（见系除外）、二等，合口二等、三等非组读一类（如 a 等）；开口一等见系、合口一等、三等知系读一类（如 o 等）[①]；开口三等（除知系）、四等，合口三（除非组、知系）、四等读一类（如 e 等）[②]。成都、昆明、武汉等是此类型的代表，属咸山入在西南官话今读中的主流分合类型。

第二，开口一等（见系除外）、二等、三等知系，合口二等、三等非组读一类（如 a 等）；开口一等见系、合口一等、三等知系读一类（如 o 等）；开口三等（除知系）、四等读一类（如 e 等）；合口三（除非组、知系）、四等读一类（如 yi 等）。剑川、灌县、温江、绥江、大邑、峨眉等属此类型。

咸山摄这两种分合基本类型，区别主要在三等知系字的今读主元音类型上：它在第一种中与开口三等（除知系）、四等，合口三（除非组、知系）、四等读为一类；它在第二种中与开口一等（除见系）、二等，合口二等、三等非组读一类。

[①] 咸山入开口二等见系读细音 [ia] 类，其他读洪音 [a] 类；山合二读合口 [ua] 类。
[②] 咸山入三四等的具体分化条件：开口三等（除知系）、四等读细音 [ie] 类，开口三等知系读洪音 [e] 类；合口三（除非组 a、知系 o）、四等读细音（撮口 ye）类。

一 咸山入一二等、合口三等唇音、山合三知组的今读类型与演变层次

（一）咸山入一二等、合口三等唇音、山合三知组的今读类型

咸山入一二等，合口三等唇音，山合三知组的今读类型见表 5-1。

表 5-1 咸山入一二等、合口三等唇音、山合三知组的今读类型

韵摄	咸开一			咸开二		咸合三	山开一
韵	合		盍	洽	洽/狎	乏	曷
例字	答端	鸽见	磕溪	插初	夹见/甲见	法非	达定	割见
陆良	taʔ³¹³	koʔ³¹³	kʰoʔ³¹³	tsʰaʔ³¹³	tɕiaʔ³¹³	faʔ³¹³	taʔ³¹³	koʔ³¹³
武汉	ta²¹³	ko²¹³	kʰo²¹³	tsʰa²¹³	tɕia²¹³	fa²¹³	ta²¹³	ko²¹³
郧县	ta⁴²	kɤ⁴²	kʰɤ⁴²	tʂʰa⁵⁵	tɕia⁴²	fa⁴²	ta⁴²	kɤ⁴²
兰坪	ta³¹	kʊ³¹	kʰʊ³¹	tsʰa³¹	tɕia³¹	fa³¹	ta³¹	kʊ³¹
剑川	tɑ¹³	ko¹³	kʰo¹³	tsʰɑ¹³	tɕiɑ¹³	fɑ¹³	tɑ¹³	ko¹³
洱源	ta³¹	ko³¹	kʰo³¹	tsʰa³¹	tɕia³¹	fa³¹	ta³¹	ko³¹
建水	tɔ⁵³	ko⁵³	kʰo⁵³	tsʰɔ⁵³	tɕiɔ⁵³	fɔ⁵³	tɔ⁵³	ko⁵³
泸溪	tɔ¹³	kɔ¹³	kʰɔ¹³	tsʰɔ¹³	tɕia¹³	fɔ¹³	tɔ¹³	kɔ¹³
灌县	te³³	ko³³	kʰo³³	tsʰe³³	tɕie³³	fe³³	te³³	ko³³
绥江	tæ³³	ko³³	kʰo³³	tsʰæ³³	tɕiæ³³	fæ³³	tæ³³	ko³³
南溪	tæ³³	kø³³	kʰø³³	tsʰæ³³	tɕia³³	fæ³³	tæ³³	kø³³/ke³³

韵摄	山开二			山合一	山合二		山合三	
韵	黠	鎋		末	黠	鎋	薛	月
例字	八帮	刹崇	瞎晓	末明	滑匣	刷生	说书	发非
陆良	paʔ³¹³	tʂaʔ³¹³	ɕiaʔ³¹³	moʔ³¹³	xuaʔ³¹³	ʂuaʔ³¹³	ʂoʔ³¹³	faʔ³¹³
武汉	pa²¹³	tsa²¹³	ɕia²¹³	mo²¹³	xua²¹³	sua²¹³	so²¹³	fa²¹³
郧县	pa⁴²	tʂa⁴²	ɕia⁴²	muo⁴²	xua⁴²	ʂua⁴²	ʂuo⁵⁵	fa⁴²
兰坪	pa³¹	tʂa³¹	ɕia³¹	mʊ³¹	xua³¹	ʂua³¹	ʂʊ³¹	fa³¹
剑川	pɑ¹³	tsɑ¹³	ɕiɑ¹³	mo¹³	huɑ¹³	suɑ¹³	so¹³	fɑ¹³
洱源	pa³¹	tsa³¹	ɕia³¹	mo³¹	hua³¹	sua³¹	so³¹	fa³¹
建水	pɔ⁵³	tsɔ⁵³	ɕiɔ⁵³	mo⁵³	xuɔ⁵³	ɕyɔ⁵³	so⁵³	fɔ⁵³
泸溪	pɔ¹³	tsɔ¹³	ɕia¹³	mɔ¹³	hua¹³	sua¹³	sɔ¹³	fɔ¹³
灌县	pe³³	tse³³	ɕia³³	mo³³	xua³³	sua³³	so³³	fe³³
绥江	pæ³³	tsæ³³	ɕiæ³³	mo³³	xuæ³³	suæ³³	so³³	fæ³³
南溪	pæ³³	tsæ³³	ɕia³³	mø³³	xua³³	sua³³	sø³³	fæ³³

注：武汉话"夹/甲"有白读音 ka²¹³、"说"有白读音 suɤ²¹³，南溪"末"又音 me³³。

根据表5-1例字情况来看，西南官话中古咸山入一二等、合口三等唇音、山合三知组的今读分合类型有三种，分列如下。

第一，开口一等见系、合口一等、山合三知系主元音合流读一类。音值如下：

①无论开合口都读 o 韵[1]。这是主流类型，遍布整个西南官话区域。

②无论开合口都读 ø 韵[2]。目前仅见四川南溪等。

③开口读 ɤ 韵，合口读 o 韵。目前仅见鄂北的光化、均县等。

④开口读 ɤ 韵，合口读 uo 韵。目前仅见鄂西北的郧县等。

第①③④类主要与阴声韵果摄合流，第②类为独立入声韵。

第二，开口一等（除见系）、二等、合口三等唇音主元音合流读一类。合流后的主元音及其具体音值分配主要表现为以下七种：

①合流读 ɑ 类。音值分配：开口一二等（除见系）、合口三等唇音读 ɑ 韵，开口二等见系读 iɑ 韵，合口二等读 uɑ 韵。剑川、石屏、洱源等属于此类型。

②合流读 a 类。音值分配：开口一二等（除见系）、合口三等唇音读 a 韵，开口二等见系读 ia 韵，合口二等读 ua 韵。此类型是主流类型，遍布整个西南官话区域，如表5-1中的武汉、郧县等。

③合流读 aʔ 类。音值分配：开口一二等（除见系）、合口三等唇音读 aʔ 韵，开口二等见系读 iaʔ 韵，合口二等读 uaʔ 韵。此类型不多，如云南的陆良、曲靖等。

④合流读 ɔ 类。音值分配：开口一二等（除见系）、合口三等唇音读 ɔ 韵，开口二等见系读 iɔ 韵，合口二等读 uɔ 韵。云南建水、湖北随县等属此类型。

⑤合流读 æ 类。音值分配：开口一二等（除见系）、合口三等唇音读 æ 韵，开口二等见系读 iæ 韵，合口二等读 uæ 韵。云南绥江属此类型等。

⑥合流读 æ/a 类。音值分配：开口一二等（除见系）、合口三等唇音读 æ 韵，开口二等见系读 ia 韵，合口二等读 ua 韵。此类型主要集中在川

---

[1] 湖北襄阳的同音字表中仅列有一字读 uo 韵，即：活 xuo^{53}（大体与果摄合口戈韵见系字同韵，但有歌韵"我 uo^{55}"字混入其中），其他一律读 o 韵。

[2] 南溪有异读音 e 韵，如：山合一入：末 mo^{33}/me^{33} 割 ko^{33}/ke^{33}；咸开一入：喝盍 xo^{33}/xe^{33}。宕合一入：莫 mo^{33}/me^{33} 各 ko^{33}/ke^{33} 霍 xo^{33}/xe^{33} 恶 ŋo^{33}/ŋe^{33}；江开二入：壳 kʰo^{33}/kʰe^{33}。

西、川南部分方言点，如南溪、纳溪、江安、泸县、温江、青神、犍为、马边、双流、新津、峨边、古宋、叙永等属此类型。

⑦合流读 e/a 类。音值分配：开口一二等（除见系）、合口三等唇音读 e 韵，开口二等见系读 ia 韵，合口二等读 ua 韵。此类型目前见于灌县等较少方言点。

第三，一等、开口二等（除见系）、合口三等非组、知系读 ɔ 韵，开口二等见系读 ia 韵，合口二等读 ua 韵。此类型目前仅见湖南泸溪。

（二）咸山入一二等、合口三等唇音、山合三知组与阴声韵的分混类型

开口一等见系、合口一等、山合三知系主元音合流后主要与果摄相混，开口一等（除见系）、二等、合口三等唇音主元音合流后主要与假摄二等字相混。但也并非全都如此。参见表 5-2。

表 5-2　咸山入一二等、合口三等唇音、山合三知组的今读类型与阴声韵分合例字

韵摄	咸开二洽	咸开二狎	山合二黠	假开二麻	假合二麻	山开一曷	山合一末	果开一歌	果合一戈
例字	插初	夹见	滑匣	查崇	牙疑	花晓	割见	末明	罗来	和匣
陆良	tsʰaʔ³¹³	tɕiaʔ³¹³	xuaʔ³¹³	tʂa⁵³	ia⁵³	xua⁴⁴	koʔ³¹³	moʔ³¹³	lo⁵³	xo⁵³
武汉	tsʰa²¹³	ɕia²¹³	xua²¹³	tʂa²¹³	ia²¹³	xua⁵⁵	ko²¹³	mo²¹³	no²¹³	xo²¹³
郧县	tʂʰa⁵⁵	tɕia⁴²	xua⁴²	tʂʰa⁴²	ia⁴²	xua⁵⁵	kɤ⁴²	muo⁴²	luo⁴²	xɤ⁴²
兰坪	tʂʰa³¹	tɕia³¹	xua³¹	tʂʰa³¹	ia³¹	xua⁴⁴	kʊ³¹	mʊ³¹	lʊ³¹	xʊ³¹
剑川	tʂʰɑ¹³	tɕiɑ¹³	huɑ¹³	tʂʰɑ⁴²	iɑ⁴²	xuɑ⁴⁴	ko¹³	mo¹³	lo⁴²	ho⁴²
洱源	tʂʰɑ³¹	tɕiɑ³¹	huɑ³¹	tʂʰã⁵³	iã⁵³	xuã⁵³	ko³¹	mo³¹	lo⁵³	ho⁵³
建水	tʂʰɔ⁵³	tɕiɔ⁵³	xuɔ⁵³	tʂʰɔ⁵³	iɔ⁵³	xuɔ⁴⁴	ko⁵³	mo⁵³	lo⁵³	xo⁵³
泸溪	tʂʰɔ¹³	tɕia¹³	hua¹³	tʂʰɔ¹³	iɑ¹³	hua⁴⁴	kɔ¹³	mɔ¹³	nɔ¹³	hɔ¹³
灌县	tʂʰe³³	tɕia³³	xua³³	tʂʰa³³	ia³³	xua⁵⁵	ko³³	mo³³	lo³¹	xo³¹
绥江	tʂʰæ³³	tɕiæ³³	xuæ³³	tʂʰa³³	ia³¹	xua⁵⁵	ko³³	mo³³	no³¹	xo³¹
南溪	tʂʰæ³³	tɕia³³	xua³³	tʂʰa³³	ia³¹	xua⁵⁵	kø³³	mø³³	no³¹	xo³¹

注：南溪话"割"又音 ke³³、"末"又音 me³³。

根据例字表 5-2 可以看出，咸山入一二等、合口三等唇音、山合三知组的今读类型与阴声韵的分混主要有以下三种类型。

第一，混同平行演变型。具体又可分两种小类：

①开口一等见系、合口一等、山合三知系主元音合流后与果摄相混，

音值主要读 o（如武汉、建水等），极少数或读 ʊ（如兰坪等），或读 ɤ/uo（如郧县等）；开口一等（除见系）、二等、合口三等唇音主元音合流后与假摄二等字相混，主元音值主要读 a（如武等），极少数或读 ɑ（如剑川等），或读 ɔ（如建水等）。这种类型是西南官话的典型类型，音值主元音上主要体现为 o、a 二分的武汉型。

②一等、开口二等（除见系）、合口三等非组、知系读与果摄、假开二等非见系相混，音值读 ɔ 韵；开口二等见系、山合二与假摄二等见系相混，主元音值读 a①，如湖南泸溪等。

第二，入声独立型。即咸山入不与阴声韵混同，如陆良等属此类型。

第三，部分混同演变型。具体又可分如下三小类：

①开口一等见系、合口一等、山合三知系主元音合流后与果摄相混，音值主要读 o；开口一等（除见系）、二等、合口三等唇音独立，主元音读 æ/a 韵。云南绥江、洱源等属此类型。

②开口一等见系、合口一等、山合三知系主元音合流后与果摄相混，音值主要读 o；开口一二等（除见系）、合口三等唇音读独立，音值读 e 韵；开口二等见系、山合二与假摄二等见系相混，主元音值读 a。四川灌县等属此类型。

③开口一等见系、合口一等、山合三知系独立，音值主要读 ø；开口一二等（除见系）、合口三等唇音读独立，音值读 æ 韵；开口二等见系、山合二与假摄二等见系相混，主元音值读 a。四川南溪等属此类型。

（三）咸山入一二等、合口三等唇音、山合三知组的演变层次

陆良方言可以说是咸山入较为早期的形式，即尚带 -ʔ 尾。从表 5-2 中可看出，陆良方言开口一等（除见系）、二等、合口三等唇音与假摄二等字，不仅主元音相同，如果除去入声 -ʔ 韵尾的话，则其具体音值的分配也是一致的。我们不难想象，陆良方言开口一等非见系、二等、合口三等唇音，当失去塞音 -ʔ 韵尾后，自然是与假摄二等合流。陆良话开口一等见系、合口一等、山合三知系合流后，如果失去塞音 -ʔ 韵尾，同理也很自然地与果摄相混。这也是西南官话咸山入一二等、合口三等唇音、山

---

① 泸溪话开口二等见系、山合二与假摄二等见系相混，主元音值读 a。具体音值分配为：开口二等见系与假开二等见系相混，音值读 ia 韵，山合口二等与假摄合口二等相混，音值读 ua 韵。

合三知组的主流演变类型。而且这种合流演变出现得较早，至少元代便已如此。相关韵书对之的归韵情况参见表5-3。

表5-3　咸山入一二等、合口三等唇音、山合三知组的韵书归韵情况

摄	韵		例字	中原音韵	洪武正韵	韵略易通	耳目资
咸开一	合盍	其他	答塔拉	家麻a	合韵	缄咸ap	a
		见系	合鸽瞌	歌戈o	合韵	缄咸ap	o
咸开二	洽狎	其他	眨插闸	家麻a	合韵	缄咸ap	a
		见系	夹甲掐	家麻ia	合韵	缄咸iap	ia
咸合三	乏	非组	法乏	家麻a	合韵	山寒at	a
山开一	曷	其他	达辣擦	家麻a	辖韵	山寒at	a
		见系	割渴喝	歌戈o	曷韵	山寒at	o
山合一	末	全部	末脱活	歌戈uo	曷韵	端桓uot	o, uo
山开二	黠鎋	其他	八杀察	家麻a	辖韵	山寒at	a
		见系	瞎辖轧	家麻ia	辖韵	山寒iat	ia
山合二	黠鎋	全部	滑刷刮	家麻ua	辖韵	山寒uat	oa, ua
山合三	月	非组	发罚	家麻a	辖韵	山寒at	a
	薛	知系	拙说	车遮iuɛ	屑韵	先全yɛt	ue, iue

据表5-3所示，可以看出，除了山合三的知系字外，西南官话咸山入一二等、咸合三等唇音字的分合类型与《中原音韵》《西儒耳目资》是基本一致的，特别是见系字与非见系字的互补类型，二者之间体现得非常整齐。江淮官话也属同型。① 兰茂《韵略易通》仍维持咸山摄入声的分韵，这是守旧的结果，从稍后的本悟《韵略易通》中的"重韵"来看，当时的咸山摄入声显然已经合流，这就意味着它们的韵尾应该已经相同（混同为喉塞音ʔ尾）。

一般来说，中古咸山入各韵等之间在后来的演变中之所以合流，是因为它们二者在相应韵等上的主元音相同，早期它们主要靠韵尾区别彼此。稍微值得注意的是，咸山入合口三等"乏、月"韵唇音字（非组）、薛韵知系（章组）字今读洪音的类型。中古时期的"乏（iɐp）、月（iuɐt）"韵字本是读细音的，但在今西南官话里基本上都是读洪音。麦耘（2009：

---

① 吴波（2007：142）："今江淮官话的咸山摄喉塞尾入声韵无论从韵尾还是从主元音，都与《中原音韵》一脉相承，特别是见系与非见系的元音互补关系，如出一辙。"

79）认为"乏、月"两韵细音介音至少在五代至北宋时期就已脱落。薛韵知系（章组）读洪音应该与声母的演变有关，即章组声母有 tɕ 组演变为 tʂ 组（知照合流）后，三等细音介音也就会自然失去，以求声韵和谐（因发音部位的差异，tʂ 组与主元音 e 也不是很和谐，又因有介音 u 的潜在引导，故发生了 ue > uo > o 的演变），而知照组的合流至少是在宋代①，故薛韵知系（章组）读洪音的情况不会晚于宋代时期。西南官话如今仍有些方言的文白异读反映着薛韵知系（章组）洪细两读的情况，如"说"字在汉川读"so̱^{24}/ɕye̱^{24}"、汉口读"so̱^{313}/ɕye^{313}"、竹山读"so̱^{24}/ʂua̱^{24}"等。

咸山入一二等在中古时期的主元音是 ɑ/a，后来从开口一等见系、合口一等分化出 o（ɤ）/uo 韵，这种分化至少在宋元时期已产生。但今西南官话中，ɑ/a 组还有读 æ（绥江、南溪等）、e（灌县等）韵的情况，o（ɤ）/uo 组也还有读 u（兰坪等）、ø（南溪等）的类型。æ、e 韵应该是由 ɑ/a 演化而得，但这种演化应该是在入声韵尾尚未完全消失之前的事情，因为它们单独读 æ、e 韵时基本上是入声独韵，即没有和假设二等字相混。吴波（2007：142）认为 a 演变为 æ 的原因是，中古 p、t 尾合流后，a 在前舌尖位的韵尾 t 的影响下而前化为 æ，可惜由于材料的局限，我们无从证实 p、t 尾的具体合流情况。但 ɑ/a > æ > e 演变是符合音理演变规律的，即元音具有高化的规律。动因则可能是，入声韵在即将失去韵尾舒化为阴声韵之前将主元音高化，以此显示自己的独特而与阴声韵假摄二等的单元音相区别。但这种高化演变主要局限于单元音，如二等见系（读 ia 等）、山合二（读 ua 等）等主元音跟着单元音一起演变的情况就很少（绥江、建水等属例外），原因是介音的作用保持了主元音的相对稳定性。

泸溪和建水话中主元音读 ɔ 的情况显得较为特别。湖南泸溪话除了开口二等见系（ia）、山合二（ua）读主元音 a 外，其他一律读 ɔ 韵；云南建水除了一等见系、山合一、山合三知系（章组）读 o 韵外，其他主元音一律读 ɔ 韵。例字如表 5－4 所示。

---

① 《卢宗迈切韵法》显示当时的知照组已经合流。详情请参看本书第二章第二节的论述。

表5-4　建水、泸溪话咸山入一二等、合口三等唇音、
　　　　山合三知组的今读类型

韵摄	咸开一				咸开二		咸合三	山开一	
韵	合			盍	洽	洽/狎	乏	曷	
例字	答端	鸽见	腊来	磕溪	插初	夹见	法非	达定	割见
建水张	tɔ⁵³	kɔ⁵³	lɔ⁵³	kʰɔ⁵³	tsʰɔ⁵³	tɕiɔ⁵³	fɔ⁵³	tɔ⁵³	kɔ⁵³
建水杨	ta⁴²	ko⁴²	la⁴²	kʰo⁴²	tsʰa⁴²	tɕia⁴²	fa⁴²	ta⁴²	ko⁴²
泸溪	tɔ¹³	kɔ¹³	lɔ¹³	kʰɔ¹³	tsʰɔ¹³	tɕiɔ¹³	fɔ¹³	tɔ¹³	kɔ¹³

韵摄	山开二		山合一		山合二			山合三	
韵	黠	鎋	末		黠	鎋		薛	月
例字	八帮	刷崇	瞎晓	末明	滑匣	刷生	刮见	说书	发非
建水张	pɔ⁵³	tsɔ⁵³	ɕiɔ⁵³	mo⁵³	xuɔ⁵³	ɕyɔ⁵³	kuɔ⁵³	sɔ⁵³	fɔ⁵³
建水杨	pa⁴²	tsa⁴²	ɕia⁴²	mo⁴²	xua⁴²	sua⁴²	kua⁴²	sɔ⁴²	fa⁴²
泸溪	pɔ¹³	tsɔ¹³	ɕia¹³	mɔ¹³	hua¹³	ʂua¹³	kua¹³	sɔ¹³	fɔ¹³

注："建水张"取自张宁《建水方言志》（云南民族出版社1986年版），"建水杨"取自杨时逢《云南方言调查报告》（台湾商务印书馆1969年版）。

我们认为，建水话和泸溪话中的元音ɔ应该源于元音ɑ的高化，即经历了ɑ→ɔ演变。

建水话于不同时间有两个不同的版本可供我们对比参考。一是董同龢1940年记录的建水城内话方音系统（杨时逢，1969：579）（简称"建水杨"），二是20世纪80年代张宁《建水方言志》（1986）再次对建水话的方音记录（简称"建水张"）。两相对比，可以看出，20世纪30年代的建水话还是a、o二分的典型主流类型（武汉型）。缘何后来单a就演变成ɔ了呢？建水话的音系说明能够给我们一些启示，20世纪30年代的建水话"a，ia，ua中，a比平均的ᴀ更后，近似ɑ"（杨时逢，1969：581），从原记音为a演变为如今的读音ɔ，同时根据a的音系说明，我们倾向于认为20世纪30年代所记a的实际音值可能更接近ɑ。这样的话，ɑ→ɔ的高化演变自然就符合语音演变的一般规律了①。相同的道理，泸溪话"ɔ

---

① 建水话由20世纪30年代的a/ɑ演变为80年代的ɔ，是链变推移的结果。30年代读ɔ韵的是效摄一二等字，如"包pɔ⁴⁴毫xɔ⁴⁴"等；读æ韵的是蟹摄开口一二等字。但到80年代，原效摄一二等读ɔ韵演变为今ɑ韵，原蟹摄开口一二等读æ韵演变为今a韵。这样一来，原假摄一二等和咸山入读a/ɑ韵就只能往高处演变为今读的ɔ而与之区别。泸溪话没有不同时期的语音对比，故不敢妄言，但原因也可能相同。

近标准元音ɔ，但在p、t两组的少数字有时偶尔读成ɑ，恐受邻近方言的影响"（杨时逢，1984：1219）。其实，p、t组的少数字有时读成ɑ的情况，并不是受外方言的影响，恰好是今读ɔ的早期语音ɑ残留。泸溪话ɑ高化为ɔ后，原读o的一等见系、山合一、山合三知系（章组）因语音近似便与之合流读ɔ韵了，但开口二等见系、合口二等仍因介音的缘故保留了主元音本音a的稳定残留。建水话尽管开口一等非见系、二等、合口三等唇音主元音由ɑ演变为ɔ，但开口一等见系、合口一等、山合三知系仍读o韵，延续着宋元以来二者的历史区别。鉴于二者是同阴声韵混同后的平行演变，建水、泸溪等主元音ɑ→ɔ的演变应该是较为晚近的演变层次。

综上所述，现把"咸山入一二等、合口三等唇音、山合三知组"的演变过程示如图5-1。

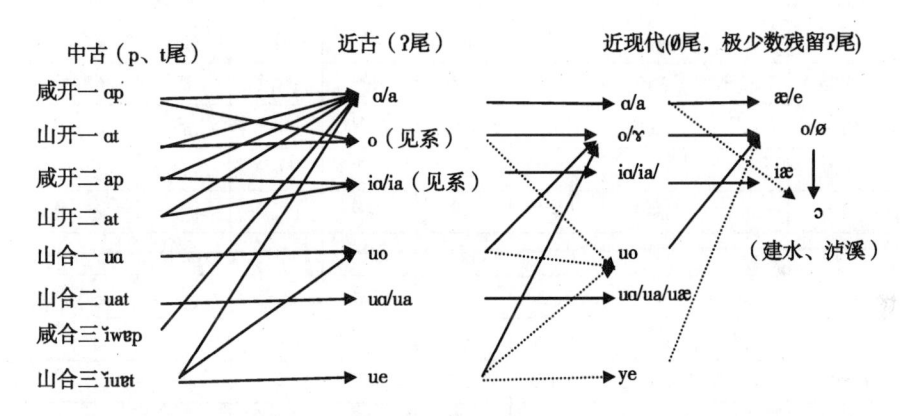

图5-1 咸山入一二等、合口三等唇音、山合三知组的演变层次

二 咸山入三四等韵的今读类型与演变①

（一）咸山入三四等韵的今读类型

咸山入三四等在西南官话中，从三四等的主元音是否相同的角度看，基本上可以分出两大类：三四等主元音合流型；三四等主元音互补型。参见表5-5。

---

① "咸山入合口三等知系和唇音（非组）"已在"咸山入一二等、合口三等唇音、山合三知组的今读类型与演变"中有过论述，故此略。

表 5-5　　　　　　　　咸山入三四等韵的今读类型例字

韵摄	咸开三	咸开四	山开三	山开四	山合三	山合四
韵	叶	业	帖	薛	月	屑	薛	屑
例字	涉禅	业疑	帖透	舌船	歇晓	铁透	月疑	缺溪
武汉	sɤ²¹³	ie²¹³	tʰie²¹³	sɤ²¹³	ɕie²¹³	tʰie²¹³	ye²¹³	tɕʰye²¹³
成都	se²¹	ȵie²¹	tʰie²¹	se²¹	ɕie²¹	tʰie²¹	ye²¹	tɕʰye²¹
陆良	sæʔ³¹³	nieʔ³¹³	tʰieʔ³¹³	sæʔ³¹³	ɕieʔ³¹³	tʰieʔ³¹³	ieʔ³¹³	tɕʰieʔ³¹³
晋宁	ʂe⁴²	ȵie⁴²	tʰie⁴²	ʂe⁴²	ɕie⁴²	tʰie⁴²	ie⁴²	tɕʰie⁴²
盐丰	ʂe³¹	ȵie³¹	tʰe³¹	ʂe³¹	ɕie³¹	tʰe³¹	ye³¹	tɕʰye³¹
竹溪	ʂe⁴²	ȵie⁴²	tʰie²⁴	ʂe⁴²	ɕie⁴²	tʰie²⁴	ɥe²⁴	tʂʰɥe²⁴
洪江	sɛ²¹³	liɛ²¹³	tʰiɛ²¹³	sɛ³⁵	ɕiɛ²¹³	tʰiɛ²¹³	yɛ³⁵	tɕʰyɛ²¹³
贵阳	sɛ²¹	liɛ²¹	tʰiɛ²¹	sɛ³⁵	ɕiɛ²¹	tʰiɛ²¹	iɛ²¹	tɕʰiɛ²¹
建水	sei⁵³	ni⁵³	tʰi⁵³	sei⁵³	ɕi⁵³	tʰi⁵³	i⁵³	tɕʰi⁵³
石屏	se⁴²	ni⁴²	tʰi⁴²	se⁴²	si⁴²	tʰi⁴²	yi⁴²	tɕʰyi⁴²
马关	sɯ⁴²	niɿ⁴²	tʰiɿ⁴²	sɯ⁴²	ɕiɿ⁴²	tʰiɿ⁴²	iɿ⁴²	tɕʰiɿ⁴²
剑川	sa¹³	nie¹³	tʰie¹³	sa¹³	ɕie¹³	tʰie¹³	ya¹³	tɕʰye¹³
绥江	sæ³³	nie³³	tʰie³³	sæ³³	ɕie³³	tʰie³³	yo³³	tɕʰyo³³
峨眉	sa⁵⁵	nie⁵⁵	tʰie⁵⁵	sa⁵⁵	ɕie⁵⁵	tʰie⁵⁵	io⁵⁵	tɕʰio⁵⁵
桂阳	ɕiæ³¹	i³¹	tʰi³¹	ɕiæ³¹	ɕi³¹	tʰi³¹	yæ³¹	tɕʰyæ³¹
盐兴	ʂæ³¹	ne³¹	tʰe³¹	ʂæ³¹	ɕiɿ³¹	tʰe³¹	yɿ³¹	tɕʰyɿ³¹
峨山	ʂɤ³¹	nei³¹	tʰei³¹	ʂɤ³¹	ɕiɤ³¹	tʰei³¹	iɤ³¹	tɕʰiɤ³¹
杨柳树	sei³¹	ȵie³¹	tʰei³¹	sei³¹	ɕie³¹	tʰei³¹	ye³¹	tɕʰye³¹
吉首	sei¹¹	ȵi¹¹	tʰi¹¹	sei¹¹	ɕiei¹¹	tʰi¹¹	yei¹¹	tɕʰyei¹¹

注：晋宁"涉舌"有白读音 ʂo⁴²，杨柳树"月"有白读音 uei³¹。

第一，咸山入三四等主元音合流型。这是西南官话咸山入三四等合流后，主元音今读的主流类型，根据它们合流后的主元音今读音值，大体上有四类：e 类、ɛ 类、i 类、ɿ 类。每类的具体音值分配又以开合为条件，或混同或互补。

①e 类。e 类根据中古韵等及今读介音的不同，音值分配上有两种情况：开口读 ie（ei 杨柳树）和合口读 ye（ɥe 竹溪）的互补型，如武汉、成都、盐丰、竹溪等；三四等开合口合流读 ie 的混同型，如晋宁、昆明等。陆良从发展上看也属这一类型。

②ɛ 类。ɛ 类根据中古韵等及今读介音的不同，音值分配上有两种情

况：开口读 iɛ 和合口读 yɛ 的互补型，如洪江、柳州、桂林等；三四等开合口合流读 iɛ 的混同型，如贵阳、景谷等。

③i 类。根据中古韵等及今读介音的不同，音值分配上有两种：开口读 i 和合口读 yi 的互补型，如石屏、禄劝、镇雄等；三四等开合口合流读 i 的混同型，如建水、罗次、嵩明、个旧、屏边、蒙自、邱北、广南、师宗、寻甸、江川等。

④I 类。I 类不论开合都读 iɪ 韵，目前仅见于云南马关等。

第二，咸山入三、四等主元音互补型。互补型根据互补的条件可以分两类：韵母开合条件互补型、声母今读条件互补型。

①韵母开合条件互补型。即中古开口韵主元音读一类，中古合口韵主元音读一类。韵母开合条件互补型主元音体现为以下三类：e/i 类、e/o 类、i/æ 类（"/"前为开口，后为合口，下同）。

Ⅰ e/i 类。具体音值分配：开口读 ie 韵；合口读 yi 韵。如剑川等。

Ⅱ e/o 类。具体音值分配：开口读 ie 韵；合口读 yo/io 韵。如绥江（yo）；峨眉、温江、南溪、纳溪、灌县、崇庆、彭山、新津、双流等。

Ⅲ i/æ 类。具体音值分配：开口读 i 韵；合口读 yæ 韵。如湖南桂阳等。

②声母今读条件互补型。即以今读声母为条件形成互补，主要条件具体为：今读 tɕ 组声母和零声母的韵母合流读细音类；其他今读声母的韵母单另合流读洪音类。具体音值分配有：iɪ/e 类，如云南盐兴等；iɤ/ei 类，如云南峨山等。

（二）咸山入三四等的今读类型与阴声韵的分合情况及演变

西南官话中，咸山入三四等的主元音绝大多数与阴声韵假摄三等、果摄三等的主元音相同①，这种情况至少在宋元时期便已如此。同样，我们参看一下咸山入三四等在近代韵书中的归韵情况。见表 5-6。

---

① 果摄三等包括开合口的平声戈韵，开口有"茄_{茄子}"一字，合口主要有"瘸_{瘸腿}靴"二字，《中原音韵》均归合口"车遮 iue"韵（车遮 iue 韵，除"茄靴"二字来自阴声韵果三外，其余全部来自原入声韵）。《中原音韵》"车遮"韵就是来自假开三、果三韵（杨耐思，1981：164）。

表 5-6　　　　　　　　咸山入三四等近代韵书归韵情况

摄	韵		例字	中原音韵	洪武正韵	韵略易通	耳目资
咸开三	叶	其他	猎接叶	车遮 ie	叶	廉纤 iɛp	ie
		章组	折摄涉				e
	业	全部	业胁腌				ie
咸开四	帖	全部	跌帖协	车遮 ie	叶	廉纤 iɛp	ie
山开三	薛	其他	灭列杰	车遮 ie	屑	先全 iɛt	ie
		知章日组	哲舌热				e
	月	全部	揭歇蝎				ie
山开四	屑	全部	篾铁节结	车遮 ie	屑	先全 iɛt	ie
山合三	薛	其他	劣雪阅	车遮 iue	屑	先全 yɛt	ue, iue
		章组	拙说				
	月	见系①	月越曰				
山合四	屑	全部	决缺血	车遮 iue	屑	先全 yɛt	iue

据表 5-6 所示，除三等知系字外，西南官话的咸山入三四等的今读主流类型与《中原音韵》是基本一致的；除山合三薛韵章组外，西南官话的咸山入三四等的今读主流类型与《西儒耳目资》则完全同型。咸山入三等知系韵母的变化，我们认为是受声母的影响所致。因为咸山入三等知系主要包括知章组字，知章组后来合流读 tʃ 组，则三等 i 介音的失去是很自然的。据文献考证，知章组的合流至少在宋代的某些方言中已合流，可《中原音韵》中仍拟音为 tʃ 组，韵母三四等仍保留 i 介音，但至明末的《西儒耳目资》中，咸山入三等知章组字记为 e/ue（各家较为一致的拟其主元音为 ɛ），已失去 [i] 介音，这就与西南官话的今读完全一致了。tʃ 组声母后常会无形中伴随一个 [ɿ] 介音，受其影响，故元音 ɛ 产生了高化演变（或 e，或 ə，或 ɤ，或 o，或 ɯ 等）。我们一般认为，西南官话与江淮官话有着渊源关系，现从咸山入三等知章组在西南官话和《西儒耳目资》中的相同读音类型来看，二者在历史上确实具有同源关系。

咸山入三四等的主元音绝大多数与阴声韵假摄三等、果摄三等的主元音相同，但也有例外，即咸山入三四等保持独韵。参见表 5-7。

---

① 山合三月韵包括非组和见系，《中原音韵》非组读家麻韵，西南官话同咸合三一起与假摄混同。

第五章　西南官话入声韵的今读类型与历史层次

表 5-7　　　　山摄三四等今读与假三等、果三等今读对比

韵摄	山开三	山合三	山合四	假开三			果开三	果合三
韵	薛	薛	屑	麻			戈	
例字	灭明	舌船	月疑	缺溪	姐精	爹知	蛇船	茄群	靴晓
武汉	mie²¹³	sɤ²¹³	ye²¹³	tɕʰye²¹³	tɕie⁴²	tie⁵⁵	sɤ²¹³	tɕʰie⁴²	ɕye⁵⁵
成都	mie²¹	se²¹	ye²¹	tɕʰye²¹	tɕie⁵³	tie⁴⁴	se²¹	tɕʰie⁵³	ɕye⁴⁴
陆良	miePʔ³¹³	sæʔ³¹³	ieʔ³¹³	tɕʰieʔ³¹³	tɕie⁴²	tie⁴⁴	sæ⁵³	tɕʰie⁵³	ɕie⁴⁴
晋宁	mie⁴²	ʂe⁴²	ie⁴²	tɕʰie⁴²	tɕie⁵³	tie⁴⁴	ʂe⁴²	tɕʰie⁵³	ɕie⁴⁴
盐丰	me³¹	ʂe³¹	ye³¹	tɕʰye³¹	tse⁵³	te⁴⁴	ɕie³¹	tɕʰye³¹	ɕye³¹
竹溪	mie²⁴	ʂe⁴²	ɥe²⁴	tʂʰɥe²⁴	tɕie³⁵		ʂe⁴²		ʂɥe²⁴
洪江	miɛ²¹³	sɛ³⁵	yɛ³⁵	tɕʰyɛ²¹³	tɕiɛ³³	tiɛ⁵⁵	sɛ²¹³	tɕʰiɛ³³	ɕyɛ³³
贵阳	miɛ²¹	sɛ²¹	iɛ²¹	tɕʰiɛ²¹	tɕiɛ⁴²	tiɛ⁵⁵	sɛ²¹	tɕʰiɛ²¹	ɕiɛ⁵⁵
马关	miɪ⁴²	sɯ⁴²	iɪ⁴²	tɕʰiɪ⁴²	tɕiɪ³³	tiɪ⁵⁵	sɯ⁴²	tɕʰiɪ³³	ɕiɪ⁵⁵
建水	mi⁵³	sei⁵³	i⁵³	tɕʰi⁵³	tɕi³³	ti⁴⁴	sei⁵³	tɕʰi⁵³	ɕi⁴⁴
石屏	mi⁴²	se⁴²	yi⁴²	tɕʰyi⁴²	tsi²²	ti⁵⁵	se⁴²	tsʰi⁴²	ɕyi⁵⁵
桂阳	mi³¹	ɕiæ³¹	yæ³¹①	tɕʰyæ³¹	ɕiæ⁴²	ti³⁵	ɕæ³¹		ɕyæ³⁵
盐兴	me³¹	ʂæ³¹	yɪ³¹	tɕʰyɪ³¹	tɕiɪ⁴²	te³³	ʂæ³¹	tɕʰyɪ⁵³	ɕyɪ⁵⁵
峨山	mei³¹	sɤ³¹	iɤ³¹	tɕʰiɤ³¹	tɕiɤ⁵³	tei⁴⁴	sɤ³¹	tɕʰiɤ³¹	ɕiɤ⁴⁴
杨柳树	mei³¹	sei³¹	ye³¹	tɕʰye³¹	tsei⁵³	ti⁴⁴	sei³¹	tɕʰye³¹	ɕye⁴⁴
吉首	mi¹¹	sei¹¹	yei¹¹	tɕʰyei¹¹	tɕiei⁴²	ti⁵⁵	sei¹¹	dʑyei¹¹	ɕyei⁵⁵
绥江	mie³³	sæ³³	yo³³	tɕʰyo³³	tɕi⁴²	ti³³	sei¹¹	tɕʰi³³	ɕy⁵⁵
峨眉	mie⁵⁵	sa⁵⁵	io⁵⁵	tɕʰio⁵⁵	tɕie⁴²	ti³³	sa³¹	tɕʰi³¹	ɕy³³
剑川	mie¹³	sa¹³	ya¹³	tɕʰye¹³	tɕi³¹	ti⁵⁵	sa¹³	tɕʰi⁴²	ɕyi⁵⁵

注：武汉"茄"白读音 tɕʰye⁴²，晋宁"舌蛇"有白读音 ʂo⁴²，洪江"姐"有白读音 tɕia³⁵，"蛇"又音 sa²¹³，杨柳树"月"有白读音 uei³¹，峨眉"姐"有白读音 tɕi⁴²。

第一，咸山入三四等与阴声韵混同类型与演变。

咸山入三四等与阴声韵混同主要是假摄三等、果摄三等，混同后主元音以读 e 为主，具体为开口带 [i] 介音，读 ie 韵；合口带 [y] 介音，读 ye 韵②。其他的音值基本上都是在此音值上的平行演变。贵阳方言的 e

---

① 桂阳"æ 近似标准的 æ，但有时读得似乎开一点，像 ɛ、æ 之间的音"（杨时逢，1974：912）。

② 西南官话总体上具有失去撮口呼的趋势，故有些方言的撮口呼已并入齐齿呼，如陆良、贵阳等。

与 ε 是同一个音位①。马关 I 应该是 e 高化，因为受介音 i 的影响，由 ie→iɪ 的演变是很自然的。麦耘（2009：142）提到"（《中原音韵》）车遮韵由中古麻三变来，即 *ja→*iɛ（按：剑川'月 ya¹³'即属古音残留），是介音影响韵腹的开口度变小"，并指出这种演变在中古至近代的过渡期内已经出现。西南官话咸山入三四等也归入车遮韵，这就意味着当时它们的主元音应该是相同的。后来，受 i 介音的影响，元音 ε 就向高化方向演化，即发生了 ε→e→i 的演变。

峨山、杨柳树、吉首等方言咸山入三四等今读 ei/iei 韵（除 tɕ 组声母和零声母）似乎显得较为奇怪。我们认为，这是早期入声韵尾消变补偿的结果，即发生了 ieʔ > ieiʔ > iei > ei > e 演变。但这种演变以声母为条件，即 tɕ 组声母和零声母受声母的影响倾向于保留 i 介音，其他组声母则失去［i］介音。吉首方言咸山入读 iei 韵而与假摄三等合流，其发展方向应该是 ie 韵（因为吉首方言音系中已经有一个阴声韵 ei 韵，咸山入知章组读 ei 与 tʂ 组的形成演变有关）。其实，吉首方言（除 tɕ 组声母和零声母）已经过这一阶段而向前发展演变了，即 iei > ie > i（咸山入和假开三等字同时演变；20 世纪 30 年代它们还都读 ie 韵），tɕ 组声母和零声母的韵母则因声母的牵制，故延缓了这一发展演变的速度。值得注意的是，吉首咸山入三四等读 iei 韵是与假开三混同的，这说明 -i 韵尾是不稳定的。李启群（2002：17）就特别指出：吉首"［iei yei］韵尾［i］的发音不太明显"，20 世纪 30 年代则直接记为 ie/ye 韵。我们认为，吉首读 iei/yei 韵的类型，应该是咸山入三四等今读 ei 韵的早期演变层次。

杨柳树、峨山则是在 iei 韵的基础上往两个方向演变，即今读 tɕ 组声母和零声母的字与主流演变一致，读 ie 韵（与假开三混同）；但非 tɕ 组声母和零声母的则弱化韵头读 ei 韵，与蟹合一、三，止开三唇音等字混同，如云南峨山：灭 mei³¹ = 梅 mei = 眉 mei，当中并没有假开三的混入（假开三逢今 tɕ 组声母和零声母读 iɤ 韵，知章组读 ɤ 韵）。咸山入三四等主元音有读 i 韵的，这就引起我们思考：ei 是不是由 i 前裂化而得呢，即 i > ij > ei？答案是否定的。理由一，如果是前裂化，则其肯定会与之合流的阴声韵（或

---

① 贵阳"韵母 ε、iɛ、uɛ 中的 ε 实际音值为ɐ"（陈章太、李行健，1996：1538），另，《贵州省志·汉语方言志》（贵州省地方志编委会，1998：7）记主元音为 e，但说明"e 是 ε，ie、ue 里的 e 也是 ε。贵阳话 ε、e 不对立，ε 轻读时可能是 或 e。这里记作 e"。

入声韵）同时演变，但这种情况并没有发生。如"杨柳树：铁 t^{h}ei^{31} ≠ 题$_{蟹开四}$t^{h}i^{31} = 踢$_{梗开四}$t^{h}i^{31}"。理由二，如果排除理由一，则 i 在其前列化为 ei 韵之前，应该是一个独立的 i 韵，但杨柳树、峨山音系阴声韵中都有正常的 i 韵。此外，咸山入三四等今读 ei 韵（除 tɕ 组声母和零声母），它是与蟹合一、三等唇音，止开三等唇音等字混同（并没有假开三等字），这基本排除了它独韵 i 裂化演变的可能。所以，我们认为，峨山、杨柳树咸山入三四等读 ei 韵（除 tɕ 组声母和零声母），当属早期入声韵尾的消变补偿。

同样的，与吉首 iei/yei 韵 i 尾的发音不太明显一样，咸山入三等在峨山话中读 ei 韵的 i 尾同样不太稳定，很容易丢失，丁声树在其调查的峨山音系中就强调"ei 韵中的 e 比标准元音 e 略开，i 尾很松，但读阳平字时无论开合好像失落 i 尾，近似 e"（杨时逢，1969：444），而峨山 ei 韵读阳平的字主要就是咸山入三等字。其实，咸山入三等今读 ei 韵的 i 尾有消失的趋势，这是符合入声韵尾消变补偿（残留）而最终消失的规律的，因为入声韵尾残留为元音，但一般这个元音最初都是读得比较紧（紧喉音）。随着舒化的进一步演变，ei 韵的紧元音 i 尾失去就很正常。如果咸山入三四等今读 ei 韵的 i 尾失去，自然就会与阴声韵一道演变为 e 韵，如盐兴（尚保留独立入声调：灭 mei^{31}/梅$_{蟹合一}$mei^{53}/肺 fei$^{313}_{蟹合三}$/悲 pe^{55}）等。盐兴话有一个有趣的现象，即该方言音系没有 i 韵，普通话今读 i 韵的字在盐兴话中一律后显裂化为 ie 韵，如"米 mie^{53}/密 mie^{313}"；盐兴咸山入三四等今读 tɕ 组和零声母字的韵母为 iɪ 韵，如"姐 tɕir^{53}/接 tɕir^{31}"等。盐兴话原 i 韵裂化为今读 ie 韵，而与咸山入今读 tɕ 组和零声母字的韵母 iɪ 韵相对立的情况，进一步证明了咸山入三四等今读 ei 韵的类型并不是由 i 韵的裂变所致。

第二，咸山入三四等保留独立入声字韵母类型与演变。

咸山入三四等也有不与阴声韵相混的方言点，如剑川、绥江、陆良等。剑川咸山入三四等与深入开三、臻入开三、曾入开三梗入开三四等读 ie/ye 韵，如"灭 mie^{13} = 密$_{臻}$mie^{13}/立$_{深}$力$_{曾}$lie^{13}/惜$_{梗}$ɕie^{13}"等；假开三与止开三两者的泥组、见系音混同读 i 韵，如"野 = 椅 i^{31}"等。绥江的咸山入三四等的独韵类型与剑川的演变是基本一致的，即表现为咸山入三四等今读 ie/yo 韵而与阴声韵 i 韵的对立状态。咸山入三四等不与阴声韵相混的方言点有一个特点，即都是保留入声调（韵）的方言点，陆良还保留入声 -ʔ 尾。剑川、绥江咸山入三四等读 ie 韵而与阴声韵相对立的类型，原因当与推链有关，即咸山入三四等与深入开三、臻入开三、曾入开三梗入开三四等弱化区别的塞音韵尾首先合并为 ieʔ/ieˀ 韵，在随后的演化中，它们同时舒化塞音 -ʔ 韵尾而读阴声 ie 韵①，从而推动了假开三由原来的 ie 韵高化为 i 韵以示区别，故导致假开三精组、见系字与止开三泥组、见系字混同读 i 韵。

峨眉的今读类型较为特别，它的早期类型有向入声韵和阴声韵不混的剑川、绥江型发展演变的趋势，但其推链的演变执行得并不彻底。20 世纪 40 年代，咸山入三四等韵在峨眉话中读 ie/io 韵，但当时其假开三等字则有 ie、i 韵两读的情况，读 ie 韵则与咸山入三四等开口混同，可 i 韵中并没有咸山入三四等的字。这就说明假开三在早期的峨眉话中应该是读 ie 韵的，后来咸山入三四等韵舒化为 ie 韵与之混同，故假摄三等受咸山入三四等的推移而高化为 i 韵，但这种推移高化的演变执行得并不彻底，故导致假开三两读为 ie、i 韵②。山合三、四等读 io 韵（月 io⁵⁵/缺 tɕio⁵⁵），也与果合三戈韵读 y 两分（靴 ɕy³³）。但据 20 世纪 50 年代末的峨眉音系（陈绍龄、郝锡炯，1959），这时的 i 韵中既没有假开三等字，也没有咸山入三四等字，假开三与咸山入开口三四等主元音都是 e（知系读 e 韵，精组、见系读 ie 韵），但合口仍二分，山合入三四读 yo/ye 韵，果合三戈韵读 y 韵。假开三等 i/ie > ie、山合入三四等 io > yo 的演变，无疑与后来的普通话语音的强势影响有关。参见表 5–8。

表 5–8　　峨眉话山摄三四等今读与假三等、果三等今读对比

韵摄	山开三	山合三	山合四	假开三			果开三	果合三
韵	薛	薛	屑	麻			戈	
声母	灭明	舌船	月疑	缺溪	姐精	爹知	蛇船	茄群	靴晓
例字	灭	舌	月	缺	姐	爹	蛇	茄	靴
峨眉杨	mie⁵⁵	sa⁵⁵	io⁵⁵	tɕʰio⁵⁵	tɕie⁴²	ti³³	sa³¹	tɕʰi³¹	ɕy³³
峨眉陈	mie⁵⁵	se¹³	yo⁵⁵	tɕʰyo⁵⁵	tɕie⁴²	tie⁴⁴	se²¹	tɕʰi²¹	ɕyi⁴⁴

注："峨眉杨"据杨时逢《四川方言调查报告》（"中研院"历史语言研究所 1984 年版）"峨眉陈"据陈绍龄、郝锡炯《峨眉音系》（《四川大学学报》1959 年第 1 期）。"峨眉杨"中的"姐"有白读音 tɕi⁴²。

---

① 深臻曾入细音读 ie 韵，e 尾或为早期 -ʔ 尾的变通补偿，参看"深臻曾三梗三四开口入韵的演变"。

② 据杨时逢（1984），峨眉假三等字知系读 a 韵；但精组、见系绝大多数字韵母有 i、ie 两读。据陈绍龄、郝锡炯《峨眉音系》（1959）来看，读 ie 韵当属文读音。

咸山入三四等在西南官话中的主流演变层次,见图 5-2。

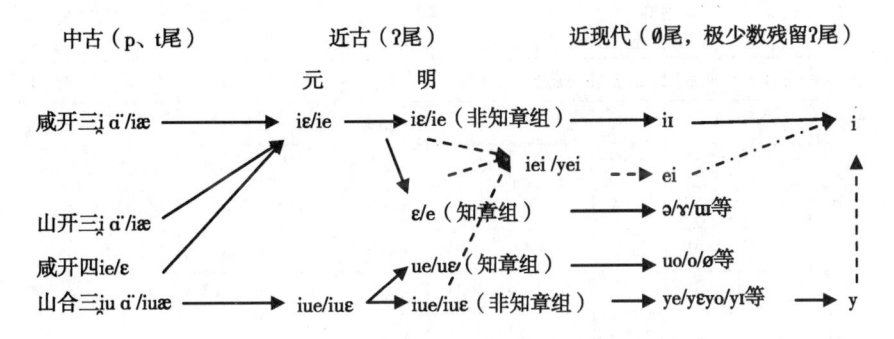

```
中古(p、t尾)          近古(ʔ尾)                    近现代(ø尾,极少数残留ʔ尾)
                    元      明
咸开三iɐ̆/iæ ──────→ iɛ/ie ──→ iɛ/ie(非知章组)──→ iɪ ─────→ i
                         ↘  iei/yei      ──→ ei
山开三iɐ̆/iæ ──────→        ɛ/e(知章组)    ──→ ə/ɤ/ɯ等
咸开四ieɐ̆ ───────→        ue/uɐ(知章组)   ──→ uo/o/ø等
山合三iuɐ̆/iuæ ────→ iue/iuɐ ──→ iue/iuɐ(非知章组)──→ ye/yɛyo/yɤ等 ──→ y
```

图 5-2 咸山入三四等在西南官话中的主流演变层次

附:西南官话咸山入今读类型例字(表 5-9)。

表 5-9 西南官话咸山入今读类型例字

韵摄	咸开一合盍				咸开二洽狎		咸开三叶业			咸开四帖
例字	答端	鸽见	腊来	磕溪	插初	夹见	接精	涉禅	业疑	帖透
陆良	taʔ313	koʔ313	laʔ313	kʰoʔ313	tʂʰaʔ313	tɕaʔ313	tɕieʔ313	ʂæʔ313	nieʔ313	tʰieʔ313
郧县	ta42	kɤ42	la42	kʰɤ42	tʂʰa55	tɕia42	tɕie55	sʅɛ42	ie55	tʰie55
均县	ta53	kɤ53	la53	kʰɤ53	tʂʰa53	tɕia53	tɕie53	sɤ53	ie53	tʰie53
武汉	ta213	ko213	na213	kʰo213	tʂʰa213	tɕia213	tɕie213	sɤ213	ie213	tʰie213
昆明	ta31	ko31	la31	kʰo31	tʂʰa31	tɕia31	tɕie31	ʂə31	nie31	tʰie31
马关	ta42	ko42	la42	kʰo42	tʂʰa42	tɕia42	tɕiɪ42	sɯ42	niɪ42	tʰiɪ42
盐兴	ta31	ko31	la31	kʰo31	tʂʰa31	tɕia31	tɕiɪ31	ʂæ31	ne31	tʰe31
盐丰	ta31	ko31	la31	kʰo31	tʂʰa31	tɕia31	tse31	ʂe31	ȵie31	tʰe31
峨山	ta31	ko31	la31	kʰo31	tʂʰa31	tɕia31	tɕiɤ31	sɤ31	nei31	tʰei31
杨柳树	ta31	ko31	la31	kʰo31	tʂʰa31	tɕia31	tsei31	ʂei31	ȵie31	tʰei31
晋宁	ta42	ko42	la42	kʰo42	tʂʰa42	tɕia42	tɕie42	ʂe42	nie42	tʰie42
建水	tɔ53	ko53	lɔ53	kʰɔ53	tʂʰɔ53	tɕiɔ53	tɕi53	sei53	ni53	tʰi53
蒙自	ta53	ko53	la53	kʰo53	tʂʰa53	tɕa53	tɕi53	sɔ53	ni53	tʰi53
石屏	tɑ42	kou42	lɑ42	kʰou42	tʂʰɔ42	tɕiɔ42	tsi42	se42	ni42	tʰi42
成都	ta21	ko21	na21	kʰo21	tʂʰa21	tɕia21	tɕie21	se21	ȵie21	tʰie21
秀山	ta3	ko31	na31	kʰo31	tʂʰa31	tɕia31	tɕi31	se31	ȵie21	tʰie31

续表

韵摄	咸开一合盍				咸开二洽狎		咸开三叶业			咸开四帖
例字	答端	鸽见	腊来	磕溪	插初	夹见	接精	涉禅	业疑	帖透
剑川	tɑ¹³	ko¹³	lɑ¹³	kʰo¹³	tʂʰa¹³	tɕia¹³	tɕie¹³	sa¹³	nie¹³	tʰie¹³
镇沅	ta³¹	ko³¹	la³¹	kʰo³¹	tʂʰa³¹	tɕia³¹	tɕie³¹	ʂʌ³¹	nie³¹	tʰie³¹
洪江	ta²¹³	ko²¹³	la²¹³	kʰo²¹³	tʂʰa²¹³	tɕia²¹	tɕiɛ²¹³	sɛ²¹³	liɛ²¹³	tʰiɛ²¹³
吉首	ta¹¹	ko¹¹	la³¹	kʰo¹¹	tʂʰa¹¹	tɕia¹¹	tɕiei¹¹	sei¹¹		tʰi¹¹
宜章	ta¹³	ho¹³	la³¹	ho¹³	tʂʰa¹³	tɕia¹³	tɕie¹³	ɕie¹³	ie¹³	tʰie¹³
桂阳	ta³¹	ko³¹	la³¹	kʰo³¹	tʂʰa³¹	tɕia³¹	tɕi³¹	ɕiæ³¹	i³¹	tʰi³¹
泸溪	tɔ¹³	kɔ¹³	lɔ¹³	kʰɔ¹³	tʂʰɔ¹³	tɕia¹³	tsie¹³	sie¹³	ŋie¹³	tʰie¹³
随县	tɔ⁴²	ko⁴²	nɔ⁴²	kʰo⁴²	tʂʰɔ⁴²	kɔ⁴²	tɕie⁴²	ʂa⁴²	ie⁴²	tʰie⁴²
灌县	te³³	ko³³	ne³³	kʰo³³	tʂʰe³³	tɕia³³	tɕie³³	se³³	ȵie³³	tʰie³³
南溪	tæ³³	kø³³	næ³³	kʰø³³	tʂʰæ³³	tɕia³³	tɕie³³	se³³	ȵie³³	tʰie³³
温江	tæ³³	ko³³	næ³³	kʰo³³	tʂʰæ³³	tɕia³³	tɕie³³	sæ³³	ȵie³³	tʰie³³
绥江	tæ³³	ko³³	næ³³	kʰo³³	tʂʰæ³³	tɕiæ³³	tɕie³³	sæ³³	nie³³	tʰie³³
大邑	ta³³	ko³³	na³³	kʰo³³	tʂʰa³³	tɕia³³	tsie³³	ʂa³³	ȵie³³	tʰie³³
广元	ta⁴²	ko⁴²	na⁴²	kʰo⁴²	tʂʰa⁴²	tɕia⁴²	tɕie⁴²	se⁴²	nie⁴²	tʰie⁴²
夹江	ta⁵⁵	ko⁵⁵	na⁵⁵	kʰo⁵⁵	tʂʰa⁵⁵	tɕia⁵⁵	tɕie⁵⁵	sai⁵⁵	nie⁵⁵	tʰie⁵⁵
峨眉	ta⁵⁵	ko⁵⁵	na⁵⁵	kʰo⁵⁵	tʂʰa⁵⁵	tɕia⁵⁵	tɕie⁵⁵	sa⁵⁵	nie⁵⁵	tʰie⁵⁵
眉山	ta²⁴	ko²⁴	na²⁴	kʰo²⁴	tʂʰa²⁴	tɕia²⁴	tɕie²⁴	sae²⁴	nie²⁴	tʰie²⁴
竹溪	ta²⁴	ko²⁴	la²⁴	kʰo⁴²	tʂʰa⁴²	tɕia⁴²	tɕie⁴²	ʂe⁴²	ȵie⁴²	tʰie⁴²
竹山①	ta²⁴	ko²⁴	la²⁴	kʰo²⁴	tʂʰa²⁴	tɕia²⁴	tɕie²⁴	ʂe²⁴	ȵie²⁴	tʰie²⁴

韵摄	咸合三乏	山开一曷		山开二黠鎋			山开三薛月			
例字	法非	达定	割见	八帮	铡崇	瞎晓	灭明	薛心	舌船	歇晓
陆良	faʔ³¹³	taʔ³¹³	koʔ³¹³	paʔ³¹³	tʂaʔ³¹³	ɕia³¹³	mieʔ³¹³	ɕieʔ³¹³	ʂæʔ³¹³	ɕieʔ³¹³
郧县	fa⁴²	ta⁴²	kɤ⁴²	pa⁴²	tʂa⁴²	ɕia⁴²	mie⁴²	ɕye³³	sїeʂ⁴²	ɕie⁴²
均县	fa⁵³	ta⁵³	kɤ⁵³	pa⁵³	tʂa⁵³	ɕia⁵³	mie⁵³	ɕye⁵³	sɤ⁵³	ɕie⁵³
武汉	fa²¹³	ta²¹³	ko²¹³	pa²¹³	tʂa²¹³	ɕia²¹³	mie²¹³	ɕie²¹³	sɤ²¹³	ɕie²¹³
昆明	fa³¹	ta³¹	ko³¹	pa³¹	tʂa³¹	ɕia³¹	mie³¹	ɕie³¹	ʂə³¹	ɕie³¹
马关	fa⁴²	ta⁴²	ko⁴²	pa⁴²	tʂa⁴²	ɕia⁴²	miɪ⁴²	ɕiɪ⁴²	suɯ⁴²	ɕiɪ⁴²
盐兴	fa³¹	ta³¹	ko³¹	pa³¹	tʂa³¹	ɕia³¹	me³¹	ɕyɪ³¹	ʂæ³¹	ɕiɪ³¹

---

① 竹山入声归阴平 24 调值。

第五章　西南官话入声韵的今读类型与历史层次　　231

续表

韵摄	咸合三乏	山开一曷		山开二黠鎋			山开三薛月			
例字	法非	达定	割见	八帮	刷崇	瞎晓	灭明	薛心	舌船	歇晓
盐丰	fa³¹	ta³¹	ko³¹	pa³¹	tsa³¹	ɕia³¹	me³¹	ɕye³¹	ʂe³¹	ɕie³¹
峨山	fa³¹	ta³¹	ko³¹	pa³¹	tsa³¹	ɕia³¹	mei³¹	ɕiɤ³¹	ʂɤ³¹	ɕiɤ³¹
杨柳树	fa³¹	ta³¹	ko³¹	pa³¹	tsa³¹	ɕia³¹	mei³¹	sʅ³¹	ʂei³¹	ɕie³¹
晋宁	fa⁴²	ta⁴²	ko⁴²	pa⁴²	tsa⁴²	ɕia⁴²	mie⁴²	ɕie⁴²	ʂe⁴²	ɕie⁴²
建水	fɔ⁵³	tɔ⁵³	ko⁵³	pɔ⁵³	tsɔ⁵³	ɕiɔ⁵³	mi⁵³	ɕi⁵³	sei⁵³	ɕi⁵³
蒙自	fa⁵³	ta⁵³	ko⁵³	pa⁵³	tsa⁵³	ɕia⁵³	mi⁵³	ɕi⁵³	sɔ⁵³	ɕi⁵³
石屏	fɑ⁴²	tɑ⁴²	kou⁴²	pɑ⁴²	tsɑ⁴²	ɕiɑ⁴²	mi⁴²	ɕyi⁴²	ʂe⁴²	si⁴²
成都	fa²¹	ta²¹	ko²¹	pa²¹	tsa²¹	ɕia²¹	mie²¹	ɕye²¹	ʂe²¹	ɕie²¹
秀山	fa²¹	ta²¹	ko²¹	pa²¹	tsa³¹	ɕia³¹	mi³¹	ɕye³¹	ʂe³¹	ɕi³¹
剑川	fɑ¹³	tɑ¹³	ko¹³	pɑ¹³	tsa¹³	ɕia¹³	mie¹³	ɕyi¹³	sa¹³	ɕie¹³
镇沅	fa³¹	ta³¹	ko³¹	pa³¹	tsa³¹	ɕia³¹	mie³¹	ɕie³¹	ʂʌ³¹	ɕie³¹
洪江	fa²¹³	ta²¹³	ko²¹³	pa²¹³	tsa²¹³	ɕia²¹	miɛ²¹³	ɕyɛ²¹³	ʂɛ³⁵	ɕiɛ²¹³
吉首	fa¹¹	ta¹¹	ko¹¹	pa¹¹	tsa¹¹	xa¹¹	mi¹¹	ɕyei¹¹	sei¹¹	ɕiei¹¹
宜章	fa¹³	ta¹³	ko¹³	pa¹³	tsa¹³	ɕia¹³	mie¹³	ɕye¹³	ɕie¹³	ɕie¹³
桂阳	fa³¹	ta³¹	ko³¹	pa³¹	tsa³¹	ɕia³¹	mi³¹	ɕyæ³¹	ɕiæ³¹	ɕi³¹
泸溪	fɔ¹³	tɔ¹³	kɔ¹³	pɔ¹³	tsɔ¹³	ɕia¹³	mie¹³	ɕye¹³	ɕie¹³	ɕie¹³
随县	fɔ⁴²	tɔ⁴²	ko⁴²	pɔ⁴²	tsɔ⁴²	ɕiɔ⁴²	mie⁴²	ɕie⁴²	ʂa⁴²	ɕie⁴²
灌县	fe³³	te³³	ko³³	pe³³	tse³³	ɕia³³	mie³³	ɕio³³	se³³	ɕie³³
南溪	fæ³³	tæ³³	kø³³	pæ³³	tsæ³³	ɕia³³	mie³³	ɕio³³	se³³	ɕie³³
温江	fæ³³	tæ³³	ko³³	pæ³³	tsæ³³	ɕia³³	mie³³	ɕio³³	sæ³³	ɕie³³
绥江	fæ³³	tæ³³	ko³³	pæ³³	tsæ³³	ɕiæ³³	mie³³	ɕyo³³	sæ³³	ɕie³³
大邑	fa³³	ta³³	ko³³	pa³³	tsa³³	ɕia³³	mie³³	ɕye³³	ʂa³³	ɕie³³
广元	fa⁴²	ta⁴²	ko⁴²	pa⁴²	tsa⁴²	ɕia⁴²	mie⁴²	ɕye⁴²	se⁴²	ɕie⁴²
夹江	fa⁵⁵	ta⁵⁵	ko⁵⁵	pa⁵⁵	tsa⁵⁵	ɕia⁵⁵	mie⁵⁵	ɕye⁵⁵	sai⁵⁵	ɕie⁵⁵
峨眉	fa⁵⁵	ta⁵⁵	ko⁵⁵	pa⁵⁵	tsa⁵⁵	ɕia⁵⁵	mie⁵⁵	ɕye⁵⁵	sa⁵⁵	ɕie⁵⁵
眉山	fa²⁴	ta²⁴	ko²⁴	pa²⁴	tsa²⁴	ɕia²⁴	mie²⁴	ɕye²⁴	sae²⁴	ɕie⁵⁵
竹溪	fa⁴²	ta⁴²	ko⁴²	pa⁴²	tʂa⁴²	ɕia⁴²	mie⁴²	ɕie⁴²	ʂe⁴²	ɕie⁴²
竹山	fa²⁴	ta²⁴	ko²⁴	pa²⁴	tʂa²⁴	ɕia²⁴	mie²⁴	ɕie²⁴	ʂe²⁴	ɕie²⁴

续表

韵摄	山开四屑	山合一末	山合二黠鎋			山合三薛月				山合四屑
例字	铁_透	末_明	滑_匣	刷_生	刮_见	雪_心	说_书	发_非	月_疑	缺_溪
陆良	tʰieʔ³¹³	moʔ³¹³	xuaʔ³¹³	ʂuaʔ³¹³	kuaʔ³¹³	ɕieʔ³¹³	ʂoʔ³¹³	faʔ³¹³	ieʔ³¹³	tɕʰieʔ³¹³
郧县	tʰie⁵⁵	muo⁴²	xua⁴²	ʂua⁴²	kua⁴²	ɕye⁴²	ʂuo⁵⁵	fa⁴²	ye⁵⁵	tɕʰye⁴²
均县	tʰie⁵³	mo⁵³	xua⁵³	ʂua⁵³	kua⁵³	ɕye⁵³	ʂo⁵³	fa⁵³	ye⁵³	tɕʰye⁵³
武汉	tʰie²¹³	mo²¹³	xua²¹³	sua²¹³	kua²¹³	ɕie²¹³	so²¹³	fa²¹³	ye²¹³	tɕʰye²¹³
昆明	tʰie³¹	mo³¹	xua³¹	ʂua³¹	kua³¹	ɕie³¹	ʂo³¹	fa³¹	ie³¹	tɕʰie³¹
马关	tʰiɪ⁴²	mo⁴²	xua⁴²	sua⁴²	kua⁴²	ɕiɪ⁴²	so⁴²	fa⁴²	iɪ⁴²	tɕʰiɪ⁴²
盐兴	tʰe³¹	mo³¹	xua³¹	ʂua³¹	kua³¹	ɕyɪ³¹	ʂo³¹	fa³¹	yɪ³¹	tɕʰyɪ³¹
盐丰	tʰe³¹	mo³¹	xua³¹	ʂua³¹	kua³¹	ɕye³¹	ʂo³¹	fa³¹	ye³¹	tɕʰye³¹
峨山	tʰei³¹	mo³¹	xua³¹	ʂua³¹	kua³¹	ɕiɤ³¹	ʂo³¹	fa³¹	iɤ³¹	tɕʰiɤ³¹
杨柳树	tʰei³¹	mo³¹	xua³¹	ʂua³¹	kua³¹	ɕye³¹	ʂo³¹	fa³¹	ye³¹	tɕʰye³¹
晋宁	tʰie⁴²	mo⁴²	xua⁴²	ʂua⁴²	kua⁴²	ɕie⁴²	ʂo⁴²	fa⁴²	ie⁴²	tɕʰie⁴²
建水	tʰi⁵³	mo⁵³	xɔ⁵³	ɕyɔ⁵³	kuɔ⁵³	ɕi⁵³	ʂo⁵³	fɔ⁵³	i⁵³	tɕʰi⁵³
蒙自	tʰi⁵³	mo⁵³	xua⁵³	sua⁵³	kua⁵³	ɕi⁵³	ʂo⁵³	fa⁵³	i⁵³	tɕʰi⁵³
石屏	tʰi⁴²		xuɑ⁴²	sua⁴²	kuɑ⁴²	ɕyi⁴²	ʂou⁴²	fɑ⁴²	yi⁴²	tɕʰyi⁴²
成都	tʰie²¹	mo²¹	xua²¹	sua²¹	kua²¹	ɕye²¹	so²¹	fa²¹	ye²¹	tɕʰye²¹
秀山	tʰi³¹	mo³¹	xua³¹	sua³¹	kua³¹	ɕye³¹	so³¹	fa³¹	ye³¹	tɕʰye³¹
剑川	tʰie¹³	mo¹³	hua¹³	sua¹³	kua¹³	ɕyi¹³	so¹³	fa¹³	ya¹³	tɕʰyi¹³
镇沅	tʰie³¹	mo³¹	xua³¹	ʂua³¹	kua³¹	ɕie³¹	ʂo³¹	fa³¹	ie³¹	tɕʰie³¹
洪江	tʰiɛ²¹³	mo²¹³	fa²¹³	sua²¹³	kua²¹³	ɕyɛ²¹³	so²¹³	fa²¹³	yɛ³⁵	tɕʰyɛ²¹³
吉首	tʰi¹¹	mo¹¹	xua¹¹	sua¹¹	kua¹¹	ɕyei¹¹	so¹¹	fa¹¹	yei¹¹	tɕʰyei¹¹
宜章	tʰie¹³	mo¹³	ua¹³	sua¹³	kua¹³	ɕye¹³	so¹³	fa¹³	ye¹³	cʰye¹³
桂阳	tʰi³¹	mo³¹	hua³¹	sua³¹	kua³¹	ɕyæ³¹	so³¹	fa³¹	yæ³¹	tɕʰyæ³¹
泸溪	tʰie¹³	mɔ¹³	hua¹³	sua¹³	kua¹³	ɕye¹³	sɔ¹³	fɔ¹³	ye¹³	tɕʰye¹³
随县	tʰie⁴²	mo⁴²	xuɔ⁴²	ʂuɔ⁴²	kuɔ⁴²	ɕie⁴²	ʂua⁴²	fɔ⁴²	ye⁴²	tɕʰye⁴²
灌县	tʰie³³	mo³³	xua³³	sua³³	kua³³	ɕio³³	so³³	fe³³	io³³	tɕʰio³³
南溪	tʰie³³	mø³³	xua³³	sua³³	kua³³	ɕio³³	sø³³	fæ³³	io³³	tɕʰio³³
温江	tʰie³³	mo³³	xua³³	sua³³	kua³³	ɕio³³	so³³	fæ³³	io³³	tɕʰio³³
绥江	tʰie³³	mo³³	xuæ³³	suæ³³	kuæ³³	ɕyo³³	so³³	fæ³³	yo³³	tɕʰyo³³
大邑	tʰie³³	mo³³	xua³³	sua³³	kua³³	ɕye³³	so³³	fa³³	ye³³	tɕʰye³³
广元	tʰie⁴²	mo⁴²	xua⁴²	sua⁴²	kua⁴²	ɕye⁴²	so⁴²	fa⁴²	ye⁴²	tɕʰye⁴²

续表

韵摄	山开四屑	山合一末	山合二黠鎋			山合三薛月			山合四屑
例字	铁透	末明	滑匣	刷生	刮见	雪心	说书	发非	月疑	缺溪
夹江	tʰie⁵⁵	mo⁵⁵	xua⁵⁵	ʂua⁵⁵	kua⁵⁵	ɕye⁵⁵	ʂo⁵⁵	fa⁵⁵	ye⁵⁵	tɕʰye⁵⁵
峨眉	tʰie⁵⁵	mo⁵⁵	xua⁵⁵	ʂua⁵⁵	kua⁵⁵	ɕio⁵⁵	ʂo⁵⁵	fa⁵⁵	io⁵⁵	tɕʰio⁵⁵
眉山	tʰie²⁴	mo²⁴	xua²⁴	ʂua²⁴	kua²⁴	ɕye²⁴	ʂo²⁴	fa²⁴	ye²⁴	tɕʰye²⁴
竹溪	tʰie²⁴	mo²⁴	xua⁴²	ʂua²⁴	kua²⁴	ʂɥe²⁴	ʂɥe²⁴	fa²⁴	ɥe²⁴	tʂʰɥe²⁴
竹山	tʰie²⁴	mo²⁴	xua²⁴	ʂɥa²⁴	kua²⁴	ɕɥe²⁴	ʂo²⁴	fa²⁴	ɥe²⁴	tʂʰɥe²⁴

注：武汉"夹甲"有白读音 ka²¹³、"说"有白读音 suɤ²¹³，晋宁"涉舌"有白读音 ʂo⁴²，洪江"夹甲"有白读音 ka²¹³、"瞎"有白读音 xa²¹³、"滑"有白读音 ua³⁵，随县"夹甲"又音 tɕio⁴²，广元"涉舌"有白读音 sa⁴²，南溪"割"又音 ke³³、"末"又音 me³³，杨柳树"月"有白读音 uei³¹，竹山"说"又音 ʂɥe²⁴。

第二节 深臻曾₃梗₃₄开口入声韵的今读类型与演变

一 深臻曾₃梗₃₄开口入声韵的今读类型

西南官话中，深臻曾₃梗₃₄开口入声韵合流，每一类的内部音值虽会因声母而呈现出差异，但差异对位很整齐。根据声母的差异，韵母音值的分合主要表现为两种类型：三分型（知章组一类、庄组一类，其他一类）和二分型（庄组一类，其他一类；知庄章一类，其他一类）。下面分别举例论述其今读类型情况。

（一）三分型：知章组一类、庄组一类，其他一类

三分型是深臻曾₃梗₃₄开口入声韵在西南官话中合流的主流类型。参见表 5-10。

表 5-10　深臻曾₃梗₃₄开口入声韵今读"三分型"例字

韵摄	深开三缉				臻开三质				曾开三职	
例字	集从	涩生	十禅	急见	侄澄	瑟生	失书	吉见	逼帮	息心
陆良	tɕiʔ³¹³	sæʔ³¹³	ʂʅʔ³¹³	tɕiʔ³¹³	tʂʅʔ³¹³	sæʔ³¹³	ʂʅʔ³¹³	tɕiʔ³¹³	piʔ³¹³	ɕiʔ³¹³
曲靖	tɕiʔ³¹	səʔ³¹	ʂʅʔ³¹	tɕiʔ³¹	tʂʅʔ³¹	səʔ³¹	ʂʅʔ³¹	tɕiʔ³¹	piʔ³¹	ɕiʔ³¹
武汉	tɕi²¹³	sɤ²¹³	ʂʅ²¹³	tɕi²¹³	tʂʅ²¹³	sɤ²¹³	ʂʅ²¹³	tɕi²¹³	pi²¹³	ɕi²¹³

续表

韵摄	深开三缉				臻开三质				曾开三职	
例字	集从	涩生	十禅	急见	侄澄	瑟生	失书	吉见	逼帮	息心
昆明	tɕi³¹	sə³¹	ʂʅ³¹	tɕi³¹	tsə³¹	sə³¹	ʂʅ³¹	tɕi³¹	pi³¹	ɕi³¹
成都	tɕi²¹	se²¹	sʅ²¹	tɕi²¹	tsʅ²¹	se²¹	sʅ²¹	tɕi²¹	pi²¹	ɕi²¹
叙永	tɕie³³	sæ³³	sïə³³	tɕie³³	tsïə³³	sæ³³	sïə³³	tɕie³³	pie³³	ɕie³³
简阳	tɕie²⁴	se²⁴	ʂʅ²⁴	tɕie²⁴	tsʅ²⁴	se²⁴	ʂʅ²⁴	tɕie²⁴	pie²⁴	ɕie²⁴
郧县	tɕi⁴²	ʂe⁵⁵	ʂʅ²⁴	tɕi⁴²	tsʅ⁴²	ʂe⁵⁵	ʂʅ⁴²	tɕi⁴²	pi⁴²	ɕi⁵⁵
遵义	tɕie²¹	sæ²¹	sɛ²¹	tɕie²¹	tsɛ²¹	sæ²¹	sɛ²¹	tɕie²¹	piɛ²¹	ɕie²¹
金堂	tɕie³¹	se³¹	sʅ³¹	tɕie³¹	tsʅ³¹	se³¹	sʅ³¹	tɕie³¹	pi³¹	ɕi³¹
剑川	tɕie¹³	sa¹³	sʅ¹³	tɕie¹³	tsʅ¹³	sa¹³	sʅ¹³	tɕie¹³	pie¹³	ɕie¹³

韵摄	曾开三职				梗开三陌昔			梗开四锡		
例字	直知	色生	职章	极群	逆疑	积心	石禅	壁帮	敌定	击见
陆良	tsʅ³¹³	ʂæ³¹³	tsʅ³¹³	tsiʔ³¹³	nieʔ³¹³	ɕiʔ³¹³	ʂʅ³¹³	piʔ³¹³	tiʔ³¹³	tɕiʔ³¹³
曲靖	tsʅ³¹	səʔ³¹	tsʅ³¹	tsiʔ³¹	ni³¹	tsiʔ³¹	sʅ³¹	piʔ³¹	ti³¹	tɕiʔ³¹
武汉	tsʅ²¹³	s²¹	tsʅ²¹³	tɕi²¹³	ni²¹³	tɕi²¹³	sʅ²¹³	pi²¹³	ti²¹³	tɕi²¹³
昆明	tsʅ³¹	sə³¹	tsʅ³¹	tɕi³¹	ni³¹	tɕi³¹	sʅ³¹	pi³¹	ti³¹	tɕi³¹
成都	tsʅ²¹	se²¹	tsʅ²¹	tɕi²¹	ȵie²¹	tɕi²¹	sʅ²¹	pi²¹	ti²¹	tɕi²¹
叙永	tsïə³³	sæ³³	tsïə³³	tɕie³³	nie³³	tɕie³³	sïə³³	pie³³	tie³³	tɕie³³
简阳	tsʅ²⁴	se²⁴	tsʅ²⁴	tɕie²⁴	ȵie²⁴	tɕie²⁴	sʅ²⁴	pie²⁴	tie²⁴	tɕie²⁴
郧县	tsʅ⁴²	ʂe⁵⁵	tsʅ⁴²	tɕi⁴²	ȵi⁴²	tɕi⁴²	ʂʅ⁴²	pi³¹³	ti⁴²	tɕi⁴²
遵义	tsɛ²¹	sæ²¹	tsɛ²¹	tsiɛ²¹	liɛ²¹	tɕiɛ²¹	sɛ²¹	piɛ²¹	tiɛ²¹	tɕiɛ²¹
金堂	tsʅ³¹	se³¹	tsʅ³¹	tɕie³¹	ȵie³¹	tɕie³¹	sʅ³¹	pi³¹	tie³¹	tɕie³¹
剑川	tsʅ¹³	sa¹³	tsʅ¹³	tɕie¹³	nie¹³	tɕie¹³		pie¹³	tie¹³	tɕie¹³

注：成都"集急吉积击"有白读音 tɕie²¹、"息"有白读音 ɕie²¹、"笔"有白读音 pie²¹。

据表 5-10 的音值来看，三分型又可划分为三种小类型：昆明型、遵义型、金堂型。

①昆明型：知章组读 ʅ/ʅ，庄组读 ə/e/æ/ɤ 等[①]，其他读 i。此类型是西南官话深臻曾三梗三四开口入声韵合流的典型类型，遍布西南官话区，

[①] 常德（知章组读 ʅ，庄组读 e，其他读 i）属昆明型，但伸开三缉韵生母"涩"有文白读"se³⁵/tsʅ³⁵"。

如表 5-10 中的陆良、曲靖、武汉、昆明、成都等是此类型的代表①。

②遵义型：知章组读 ε，庄组读 æ 等，其他读 iε。如遵义等。

③金堂型：知章组读 ʅ/ɿ，庄组读 e 等，其他读 ie。如四川金堂、靖化、茂县、什邡、新繁、郫县、理潘、灌县、崇庆、温江、彭山、大邑、罗江、新田、绵竹、懋功、犍为、马边、云南兰坪、丽江、盐兴、湖南蓝山等。、

（二）二分型

二分型以声母为条件，又可分出两种小类型：庄组一类，其他一类；知庄章一类，其他一类。见例字表 5-11。

表 5-11　深臻曾三梗三四开口入声韵今读"二分型"例字

韵摄	深开三缉				臻开三质				曾开三职	
例字	集从	涩生	十禅	急见	侄澄	瑟生	失书	吉见	逼帮	息心
宜章	tɕie¹³	sæ¹³	ɕie¹³	cie¹³	tɕie¹³	sæ¹³	ɕie¹³	tɕie¹³	pie¹³	ɕie¹³
桂阳	tɕi³¹	sæ³¹	ɕi³¹	tɕi³¹	tɕi³¹	sæ³¹	ɕi³¹	tɕi³¹	pi³¹	ɕi³¹
师宗	tsʅ³¹	sɤ³¹	ʂʅ³¹	tsʅ³¹	tsʅ³¹	sɤ³¹	ʂʅ³¹	tsʅ³¹	pʅ³¹	sʅ³¹
江川	tsʅ³¹	se³¹	ʂʅ³¹	tsʅ³¹	tsʅ³¹	se³¹	ʂʅ³¹	tsʅ³¹	pie³¹	sʅ³¹
永州	zi³³	se¹³	zi³³	tɕi¹³	zi³³	se¹³	ɕi¹³	tɕi¹³	pie¹³	ɕi¹³
宁远	tɕi³¹	s³¹	ɕi³¹	tɕi³¹	tsʅ³¹	s³¹	sʅ³¹	tɕi³¹/tɕie³¹	pie³¹	ɕi³¹
临武	tsʰi³¹	se³¹	si³¹	tɕi³¹	tsie³¹	se³¹	si³¹	tɕie³¹	pʰie³¹	sie³¹
雷波	tɕie³³	se³³	se³³	tɕie³³	tse³³	se³³	se³³	tɕie³³	pie³³	ɕie³³
古蔺	tɕie³³	sɿ³³	sɿ³³	tɕie³³	tsʅ³³	sɿ³³	sʅ³³	tɕie³³	pi²⁴	ɕie³³
南京	tsiʔ⁵	sɛʔ⁵	ʂʅʔ⁵	tsiʔ⁵	tsʅʔ⁵	sɛʔ⁵	ʂʅʔ⁵	tɕiʔ⁵	piʔ⁵	siʔ⁵

韵摄	曾开三职				梗开三陌昔				梗开四锡	
例字	直知	色生	职章	极群	逆疑	积心	石禅	壁帮	敌定	击见
宜章	tɕie¹³	sæ¹³	tɕie¹³	tɕie¹³	ɲie¹³	tɕie¹³	ɕie¹³	pie¹³	tie¹³	tɕie¹³

---

① 云南马龙（知章组读 ʅ，庄组读 e，其他读 i）也属于昆明型，但它逢来母（即今 l 声母）读 ei 韵母，如立（深开三入缉来）＝栗（臻开三入质来）＝力（曾开三入职来）＝歷（梗开四入锡来）＝律（臻合三入术来），均读 lei⁴²。相同的还有沾益（入声 lei³¹/²¹³）、平彝（阳平 lei³¹）、陆良（入声 lieʔ³¹³/³¹²），但曲靖与陆良不同，曲靖属于正常的昆明型，即来母字仍读 liʔ³¹/³¹²，这应该与曲靖更靠近昆明，从而受昆明的语音影响有关。此外，湖南大庸仅"立粒笠"（深开三入缉来）读 lie¹¹，其他读 i¹¹（知章组读 ʅ，庄组读 ε，其他除深摄读 i，深摄读 iε）。

续表

韵摄	曾开三职				梗开三陌昔				梗开四锡	
例字	直$_知$	色$_生$	职$_章$	极$_群$	逆$_疑$	积$_心$	石$_禅$	壁$_帮$	敌$_定$	击$_见$
桂阳	tɕi^{31}	sæ^{31}	tɕi^{31}	tɕi^{31}	n̠i^{31}	tɕi^{31}	ɕi^{31}	pi^{31}	ti^{31}	tɕi^{31}
师宗	tʂɿ^{31}	sɤ^{31}	tʂɿ^{31}	tʂɿ^{31}	ni^{31}	tsɿ^{31}	ʂɿ^{31}	pɿ^{31}	ti^{31}	tsɿ^{31}
江川	tʂɿ^{31}	se^{31}	tʂɿ^{31}	tsɿ^{31}	ni^{31}	tsɿ^{31}	ʂɿ^{31}	pi^{31}	ti^{31}	tsɿ^{31}
永州	zi^{33}	se^{13}	tɕi^{13}	zi^{33}	ni^{33}	tɕi^{13}	zi^{33}	pi^{13}	di^{13}	tɕi^{13}
宁远	tsɿ^{31}	sɤ^{31}	tsɿ^{31}	tɕi^{31}	nie^{31}	tɕi^{31}	ɕi^{31}	pi^{31}	ti^{31}	tɕi^{31}
临武	tsie^{31}	se^{31}	tsie^{31}	tɕie^{31}	nie^{31}	tsie^{31}	sie^{31}	pie^{31}	tie^{31}	tɕie^{31}
雷波	tse^{33}	se^{33}	tse^{33}	tɕie^{33}	n̠ie^{33}	tɕie^{33}	se^{33}	pie^{33}	tie^{33}	tɕie^{33}
古蔺	tsï^{33}	sï^{33}	sï^{33}	tɕie^{33}	n̠i^{24}	tɕie^{33}	sï^{33}	pie^{33}	tie^{33}	tɕie^{33}
南京	tʂɿʔ^5	sɛʔ^5	tʂɿʔ^5	tɕiʔ^5	liʔ^5	tsiʔ^5	ʂɿʔ^5	piʔ^5	tiʔ^5	tɕiʔ^5

①庄组一类（音值为 e/æ/ɤ 等），其他一类（音值为 ie/i/ɿ 等）。方言点有云南师宗、江川和湖南宜章、桂阳、慈利、永州等①。

②知庄章一类（音值读 e 等），其他一类（音值读 ie 等）。方言点有雷波、高县、古蔺等。

二分型的情况在西南官话中的方言点分布有限，目前仅见表 5-11 中所列的 9 处。

二 深臻曾三梗三四开口入声韵的演变层次

据邵荣芬《切韵研究》（2008：156），深入拟音 iep，臻开三拟音摄 iet，我们从中可看出，深臻摄开三入声的主元音是极为相似的，二者的区别主要在于塞音韵尾的不同。曾开三职韵读 iek，梗开三陌昔韵分别读 iak 和 iæk，梗开四锡韵读 ɛk。深臻曾三梗三四开口入声韵的音值是很近似的，如果入声韵尾混同或消失，就意味着二者趋于同音，现在很多官话方言都反映了这一发展演变的结果，西南官话也不例外。

《中原音韵》里，深开三缉韵，臻开三质、迄韵的基本都归入齐微韵，两摄均只有庄组字，"涩"（深开三缉韵生母）、"瑟"（臻开三质韵）

---

① 宁远的早期应该属于"庄组一类（ɤ），其他一类（i）"，类型上应该与永州一致。但宁远今读只有深摄保留这中二分的格局（参见表 5-11 中例字），其他为三分型。宁远和永州读 ie 韵是零星的，不具规律。

归支思韵。《蒙古字韵》深开三缉韵，臻开三质、迄韵的基本都读 i 韵，仅"涩瑟"读 hi（ɿ）韵。此后，《韵略易通》庚晴韵收有曾开三职韵、梗开三陌昔韵、梗开四锡韵的字，除职韵庄组（"测侧色啬"）读 ək 外，其他一律读 ik。真文韵收臻开三质、迄韵读 it，"瑟虱"读 ən（与阳声韵"奔盆莘"及入声字"勃没物纳核"相混）；侵寻韵收深开三缉韵读 ip，"涩"读 əm（与阳声韵"森岑簪"等相混）。可以设想，《韵略易通》里如果不记入声韵尾，深臻曾₃梗₃₄开口入声韵也是混同的，即庄组一类读 ə 韵，其余读 i 韵。我们一般认为《韵略易通》是"存雅求正"的韵书，但从深臻摄开口三等韵庄组字转读阳声韵的情况看，"存雅"的原则贯彻得并不彻底①，故其入声韵尾的保留或为"存雅"，主元音的情况应该反映了早期云南官话的实际读音。为求行文简便，现把深臻曾₃梗₃₄开口入声韵在韵书中的演变情况如表 5-12 所示。

表 5-12　　深臻曾₃梗₃₄开口入声韵在韵书中的演变

中古音韵	条件	例字	蒙古字韵	中原音韵	韵略易通	西儒耳目资	汉音集字
深开三缉韵	庄组	涩	hi（ɿ）	支思ɿ	侵寻 əm	é/ié	ê（ɤ）
	其他	集急揖	i	齐微 i	侵寻 ip		i
		执十湿					z（ɿ）
臻开三质韵	庄组	瑟虱	hi（ɿ）	支思ɿ	真文 ən	é/ié	ê（ɤ）
	其他	笔七吉	i	齐微 i	真文 it		i
		侄实失					z（ɿ）
臻开三迄韵		讫乞	i	齐微 i	真文 it	ié	i
曾开三职韵	庄组	测色啬	ij	皆来 ai	庚晴 ək	é/ié	ê（ɤ）
	其他	逼息极	i	齐微 i	庚晴 ik		i
		直职食					z（ɿ）
梗开三陌韵		戟逆屐	i	齐微 i	庚晴 ik	ié	i
梗开三昔韵		璧积益		齐微 i	庚晴 ik	é/ié	i
		只尺石					z（ɿ）
梗开四锡韵		璧笛击	i	齐微 i	庚晴 ik	ié	i

据表 5-12，我们从类型上很容易看出，元明时期的韵书在深臻曾₃

---

① 《韵略易通》曾梗摄庄组字保留 -k、-t 韵尾，这与深臻摄转为阳声韵不同，显示了它们的混同并不是同一个时间层次，深臻摄演变更快，曾梗摄的混同则相应较慢些。

梗₃₄开口入声韵的归并上是较为一致的，即基本上是庄组声母为一类，其他声母为另一类。西南官话中，云南师宗、江川、湖南宜章、桂阳、慈利、永州等属于这一类，就类型这一标准看，此类显然是西南官话今读中的较早类型。庄组声母为一类，其他声母为另一类的这种情况，也进一步证明了知系字中，庄组声韵演变上确实具有一定的特殊性，接触演变上更容易趋同精组。

据李新魁（1983a：91），支思韵Ⅰ在《中原音韵》里有ɿ和ʅ两个变体，ts（精组字）拼ɿ，tʃ（知系）拼ʅ，而知系入声拼ʅ的仅有庄组的"涩瑟塞"三字，从深臻曾₃梗₃开口入声韵知章组今统读一类的情况来看，说明后来知章组入声读ʅ韵与当时支思韵入声读ʅ韵的情况，显然不属于同一个层次。中古三等韵属细音，带有i韵头，"《中原音韵》'涩'、'塞'归支思韵，便是齐微韵i进一步发展为ɨ的结果"（董建交，2007：106），《蒙古字韵》的hi（ɨ）的形成也应同理，这就意味着知章组今读ʅ韵的情况是较庄组而晚期的层次。黄典诚（1993：156）就指出，"在中古，'庄'组声母下，由细变洪，更为突出，其洪音往往是舌位更低的元音。如：i→ʅ→ə（涩）"。庄组字在深臻曾三开口入声韵中，至少在《中原音韵》《蒙古字韵》等音系为代表的元代就已与支思韵合流为Ⅰ（ʅ），知章组当时仍与其他声母组同归齐微读i韵，这种情况至明代的《韵略易通》仍然延续着。由于文献材料有限，我们很难确切知道知章组字在深臻曾三开口入声韵中是何时变为ʅ韵的，但它的出现肯定与tʂ组声母的形成关系密切（因为如果不是tʂ组声母的形成，i从音理上便可与tʃ相拼，它就没有必要复杂化为ʅ韵）。从现有的音韵材料看，知章组读tʂ组的系统形成至少应是在明末以后，极有可能是清代较为晚近才形成的声组①。葛中选于明万历年间（1618）著《泰律篇》中，以臻摄为例，臻入开三质、迄韵排在"专气徵音内运第七"图，质韵里"质失"等读ɨ韵为开口，而"七吉必离"等读i韵为齐齿，表明知章组读ʅ韵已与其他读i韵有了相区别。再后来，清康熙十二年（1673）前后的《等

---

① 《韵略易通》《西儒耳目资》等由于知系字可与二三等相拼，我们倾向于认为其声母音值为tʃ组。

音》《声位》等韵书已充分证明当时的 tʂ 组声母已系统成形。① 《声位》韵图中，上面知系字基本都归在合声（按：合声即入声）商（开口韵）韵母位置，其余的归在合声徵（齐齿韵）韵母位置②。图中尽管知系字归开口商韵，但庄组字仍显得较为特别，如"职石"等归十一韵，"测色"等归十二韵，这可视为是庄组字重新向前演变而与知章组字相别的前兆，而"瑟"归在十三韵之合声角（闭口混呼韵）韵位则更显示了庄组字演变的独特性和复杂性③。由此可见，深臻曾₃梗₃₄开口入声韵知章组今读 ʅ 韵的系统出现应该是清代后较为晚起的层次，但庄组由于与精组的关系较为密切④，故语言接触演变中，相对知章组来说，庄组演变一般显得较为超前和独特。

知庄章组韵母与其他组韵母二分型，应该是深臻曾₃梗₃₄开口入声韵在西南官话中的最早类型，这与前文提到的"南京型"的声母演变一致。如雷波，我们就很难认为它们是在庄组韵母读 e 与其他组韵母读 ie 的基础上演变而来，因为这就意味着早期知章组的 tʂ 组与深臻曾₃梗₃开口入声韵带 i 介音的 ie 韵母相拼，而这种相拼规则绝大多数学者持否定观点，它更不可能是庄组、知章组、其他组三分的演变结果。故我们认为，知庄章组韵母与其他组韵母两分型是西南官话深臻曾₃梗₃开口入声韵分化演变的最早类型。韵母因声母而三分的类型，即庄组一类、知章组一类、其他组一类的类型，是西南官话的深臻曾₃梗₃₄开口入声韵今读的主要类型，它是最为晚起的层次类型。

---

① 陈长祚（2007：244）："日母字'染、忍'等仍在'徵'（齐齿韵）韵中，'闰、茹'等仍在'羽'（撮口韵）音中，看来 [ʒ] 变 [ʐ] 还要等一段时间。[ʐ] 声母的定型，事实证明要晚于其他三母。"

② 《声位》合声徵（齐齿）韵母还包括深开三缉韵章组"执十湿"等字，可视为当时滞后层次。

③ 陈长祚（2007：263）：林（所著《声位》）把"角音"称作"卷舌混音呼"，这就是现代汉语中"er"韵产生的正式历史记录。十三韵，按作者意图拟音只能收 ɑ、iɑ、uɑ 这样的音，但却收了"阁""色"等字，令人费解。"瑟"字林本裕把它放在"角音"，正是感觉到它的复杂。最后只想指出一点，今天云南老一代方言把"阁"读成 [kɔ]，把"瑟"读成 [sɔ] 者还大有人在（按：如蒙自）。这种现象自马、林始。

④ 据董建交（2007：40），南京型还是知二庄、知三章二分的类型，后知三章失去 [i] 介音后，知二章为求与知三章的区别从而发生链式变化混入精组，即 tʂ > ts。宋代朱熹叶音已表现此特点。

深臻曾三梗三四开口入声韵在西南官话今读各类型中，因方言点的不同，会呈现出带 e 韵尾的 ie 韵现象。ie 韵应该是滞古的层次，因为这些带 e 尾的绝大多数方言点，或今仍为入声区（叙永、古蔺、雷波等），或靠近入声存留区（简阳、贵阳、临武等）。性质上，e 韵尾可能是古入声塞音韵尾ʔ的变通表示形式，塞音韵尾脱落而以另一个高元音来作为补偿的现象是很常见的。古蔺"ïe 韵仅限于入声韵字，e 读音较短"（杨时逢，1984：1241），叙永的情况与古蔺一致（ïə 韵），但叙永的 ie 韵为独立入声韵。高县的 ie 也是独立入声韵，但 e 读得较促（杨时逢，1984：1171）。成都的文白异读是很能说明问题的。《西蜀方言》（出版于 1900 年）中如"逼"等字均读 ie 韵，而当时尚存入声，但已无韵尾ʔ。《西蜀方言》与成都音今读对比可以看出，深臻曾三梗三四开口入声韵在成都音今文读 i 韵，应该是韵尾脱落与方言影响共同作用的结果。

第三节　德职开庄组陌二麦韵的今读类型与演变

一　德职开庄组陌二麦韵的今读类型

德职开庄组陌二麦韵在西南官话中同混为一类，但调值上会因方言点的不同而呈现出差异。见例字表 5–13（梗合二陌韵见母有"虢"一字，梗开二麦韵影母有"扼"字，但二者均因不常用，此处略）。

表 5–13　　　　西南官话德职开庄组陌二麦韵的今读例字

韵摄	曾开一德					曾开三职	曾合一德		梗合二麦
例字	北帮	得端	刻溪	黑晓	色生	国见	或匣	获匣
剑川	pa¹³	ta¹³	kʰa¹³	xa¹³	sa¹³	kua¹³	xua¹³	xua¹³
峨眉	pa⁵⁵	ta⁵⁵	kʰa⁵⁵	xa⁵⁵	sa⁵⁵	kua⁵⁵	xo⁵⁵	xo⁵⁵
陆良	pæʔ³¹³	tæʔ³¹³	kʰæʔ³¹³	xæʔ³¹³	sæʔ³¹³	kuæʔ³¹³	xuæʔ³¹³	xuæʔ³¹³
遵义	pæ²¹	tæ²¹	kʰæ²¹	xæ²¹	sæ²¹	kue²¹	xue²¹	xue²¹
贵阳	pɛ²¹	tɛ²¹	kʰɛ²¹	xɛ²¹	sɛ²¹	kuɛ²¹	xuɛ²¹	xuɛ²¹
成都	pe²¹	te²¹	kʰe²¹	xe²¹	se²¹	kue²¹	xue²¹	xue²¹
泸溪	pe¹³	tie¹³		xe¹³	sie¹³	kue¹³	xue¹³	xue¹³
慈利	pe³⁵	te³⁵	kʰe³⁵	xe³⁵	ʃie³⁵			

续表

韵摄	曾开一德				曾开三职	曾合一德		梗合二麦
例字	北帮	得端	刻溪	黑晓	色生	国见	或匣	获匣
蒙自	pɔ⁵³	tɔ⁵³/nɔ⁴⁴	kʰɔ⁵³	xɔ⁵³	sɔ⁵³	ko⁵³	xo⁵³/xæ⁵³	xo⁵³
镇沅	pʌ³¹	tʌ³¹	kʰʌ³¹	xʌ³¹	sʌ³¹	ko31	xuei³¹	xo³¹
昆明	pə³¹	tə³¹	kʰə³¹	xə³¹	sə³¹	ko³¹	xo³¹	xo³¹
武汉	pɤ²¹³	tɤ²¹³	kʰɤ²¹³	xɤ²¹³	sɤ²¹³	ku²¹³	xu²¹³	xu²¹³
马关	pɯ⁴²	tɯ⁴²	kʰɯ⁴²	xɯ⁴²	sɯ⁴²	ko⁴²	xo⁴²	xo⁴²
汉源	pai⁵⁵	tai⁵⁵	kʰe⁵⁵	xai⁵⁵	sai⁵⁵	kuai⁵⁵	xo⁵⁵	xo⁵⁵
眉山	pae²⁴	tae²⁴	kʰae²⁴	xae²⁴	sae²⁴	xuae²⁴	xuae²⁴	xo²⁴
毕节	pai²¹	tai²¹	kʰai²¹	xai²¹	sai²¹	kuai²¹	xuai²¹	xuai²¹
吉首	pei¹¹	ti¹¹	kʰei¹¹	xei¹¹	sei¹¹	kuei¹¹	xuai¹¹	xuai¹¹
达县	pie³¹	tie³¹	kʰe³¹	xe³¹		kue³¹	xue³¹	xo³¹
南江	pie³¹	tie³¹	kʰe³¹	xe³¹	sie³¹			
宣汉	pie³¹	tie³¹	kʰe³¹	xe³¹	se³¹	kue³¹	xue³¹	xo³¹
长寿	pie³¹³	tie³¹³	kʰe³¹³	xe³¹³	ɕie³¹³	kue³¹³	xue³¹³	xo³¹³
丹寨	pia⁴²	tia⁴²	kʰia⁴²	xia⁴²	ɕia⁴²	kya⁴²		xua⁴²
涪陵	pia³¹	tia³¹	kʰia³¹	xia³¹	ɕia³¹	kua³¹	xua³¹	xo³¹
阆中	pia³¹	tia³¹	kʰa³¹	xa³¹	sa³¹	xua³¹	kua³¹	xo³¹
酆都	pia¹³	tia¹³	kʰa¹³	xa¹³	ɕia¹³	kua¹³	xua¹³	xo¹³

韵摄	梗开二陌			梗开二麦				
声母	並	澄	见	明	知	庄	见	匣
例字	白	泽	格	麦	摘	责	隔	核审核
剑川	pa¹³	tsʰa¹³	ka¹³	ma¹³	tsa¹³	tsa¹³	ka¹³	xa¹³
峨眉	pa⁵⁵	tsʰa⁵⁵	ka⁵⁵	ma⁵⁵	tsa⁵⁵	tsa⁵⁵	ka⁵⁵	xa⁵⁵
陆良	pæʔ³¹³	tsʰæʔ³¹³	kæʔ³¹³	mæʔ³¹³	tsæʔ³¹³	tsæʔ³¹³	kæʔ³¹³	xæʔ³¹³
遵义	pæ²¹	tsʰæ²¹	kæ²¹	mæ²¹	tsæ²¹	tsæ²¹	kæ²¹	xæ²¹
贵阳	pɛ²¹	tsʰɛ²¹	kɛ²¹	mɛ²¹	tsɛ²¹	tsɛ²¹	kɛ²¹	xɛ²¹
成都	pe²¹	tsʰe²¹	ke²¹	me²¹	tse²¹	tse²¹	ke²¹	xe²¹
泸溪	pe¹³	tsʰie¹³	ke¹³	me¹³	tsie¹³	tsie¹³	ke¹³	xe¹³
慈利		tʃʰe³⁵	ke³⁵			tʃe³⁵	ke³⁵	
蒙自	pɔ⁵³	tsʰɔ⁵³	kɔ⁵³	mɔ⁵³	tsɔ⁵³	tsɔ⁵³	kɔ⁵³	xɔ⁵³
镇沅	pʌ³¹	tsʰʌ³¹	kʌ³¹	mʌ³¹	tsʌ³¹	tsʌ³¹	kʌ³¹	xʌ³¹

续表

韵摄	梗开二陌			梗开二麦				
声母	並	澄	见	明	知	庄	见	匣
例字	白	泽	格	麦	摘	责	隔	核_审核
昆明	pə³¹	tsʰə³¹	kə³¹	mə³¹	tsə³¹	tsə³¹	kə³¹	xə³¹
武汉	pɤ²¹³	tsɤ²¹³	kɤ²¹³	mɤ²¹³	tsɤ²¹³	tsɤ²¹³	kɤ²¹³	xɤ²¹³
马关	pɯ⁴²	tsʰɯ⁴²	kɯ⁴²	mɯ⁴²	tsɯ⁴²	tsɯ⁴²	kɯ⁴²	xɯ⁴²
汉源	pai⁵⁵	tsʰai⁵⁵	kʰe⁵⁵	mai⁵⁵	tsai⁵⁵	tsai⁵⁵	ke⁵⁵	xai⁵⁵
眉山	pae²⁴	tsʰae²⁴	kae²⁴	mae²⁴	tsae²⁴	tsae²⁴	kae²⁴	xae²⁴
毕节	pai²¹	tsʰai²¹	kai²¹	mai²¹	tsai²¹	tsai²¹	kai²¹	xai²¹
吉首	pei¹¹	tsʰei¹¹	kei¹¹	mei¹¹	tsei¹¹	tsei¹¹	kei¹¹	xei¹¹
达县	pie³¹	tsʰe³¹	ke³¹	mie³¹	tse³¹	tse³¹	ke³¹	xe³¹
南江	pie³¹/pa³¹	tsʰie³¹	ke³¹	mie³¹	tsia³¹	tsie³¹	ke³¹/ka³¹	xe³¹
宣汉	pie¹³	tsʰe¹³	ke¹³	mie¹³	tse¹³	tse¹³	ke¹³	xe¹³
长寿	pie³¹³	tɕʰie³¹³	ke³¹³	mie³¹³	tɕie³¹³	tɕie³¹³	ke³¹³	xe³¹³
丹寨	pia⁴²	tɕʰia⁴²	kia⁴²	mia⁴²	tɕia⁴²	tɕia⁴²	kia⁴²	xia⁴²
涪陵	pia³¹	tɕʰia³¹	kia³¹	mia³¹	tɕia³¹	tɕia³¹	kia³¹	xia³¹
阆中	pia³¹	tsʰa³¹	ka³¹	mia³¹	tsa³¹	tsa³¹	ka³¹	xa³¹
酆都	pia¹³	tɕʰia¹³	ka¹³	mia¹³	tɕia¹³	tɕia¹³	ka¹³	xa¹³

注：成都"或"又音 xo²¹，武汉"或获"又音 xo²¹³、"泽"又音 tsʰɤ²¹³，南江"刻"又音 ka³¹、"黑核" xa³¹、"色"又音 sia³¹、"泽"又音 tsʰia³¹、"格隔"又音 ka³¹、"麦"又音 ma³¹、"责"又音 tsia³¹。

根据表 5-13 所反映的音值情况，德职_开庄组 陌₂麦韵混同后在西南官话中的音值有 æ、ə、ɤ、ɯ、ɔ、ʌ、a、ai、ɛ、e、ie、ei、ia、ae，共 14 种，分述如下：

第一组单元音，包括 a、æ、ɛ、e、ə、ɤ、ɔ、ʌ、ɯ，共 9 种。根据元音的前后，可以把这 9 种单元音归为三类：

①前元音 a、æ、ɛ、e 为一类（共 4 个）。其中，读 a 的有云南的剑川，四川峨眉①、通江，湖北随州等，读 æ 的有云南陆良、曲靖、绥江、盐兴，四川遵义，贵州黄平，湖南桂阳等，读 ɛ 的有贵州贵阳、黎平、凯里，四川西昌，湖南郴州、洪江等，读 e 的有四川成都、重庆，贵州镇

---

① 陈绍龄、郝锡炯《峨眉音系》（1959）记音为独入的 æ 韵（与 a 别）。

远、云南大理、湖北丹江口、荆门、湖南常德、永州、嘉禾等。

②央元音 ə 为一类（1 个）。如云南昆明、广西桂林、湖北钟祥等。

③后元音 ɔ、ʌ、ɤ、ɯ 为一类（共 4 个）。其中，读 ɤ 的有湖北武汉、襄樊，云南昭通，湖南宁远，广西柳州等，读 ɔ 的有云南蒙自、玉溪、弥勒、昆阳，读 ʌ 的仅有云南镇沅，读 ɯ 的有云南马关、湖北当阳等。

第二组复元音，包括 ei、ai、ie、ia、ae，共 5 种。其中，读 ei 的有湖南吉首、云南杨柳树等，读 ai 的有四川汉源、丹棱、夹江，贵州毕节等，读 ie 的有四川南江（宣汉）、长寿①等，读 ia 有贵州丹寨，重庆丰都、涪陵等。读 ae 的目前仅见四川眉山一处。

二　德职开庄组陌₂麦韵的今读类型与阴声韵的分混

西南官话中，德职开庄组陌₂麦韵的今读类型与阴声韵的分混主要有 7 类：

第一类，德职开庄组陌₂麦韵与假开三麻韵混同。此类型以声母为条件，可分出两种小类：（1）德职开庄组陌₂麦韵与假开三麻韵章组混同；（2）德职开庄组陌₂麦韵与假开三麻韵混同。参见表 5－14。

表 5－14　德职开三庄组陌₂麦韵与假开三麻韵的混同例字

韵摄	曾开一德	梗开二陌	梗开二麦	假开三麻	
例字	北帮	格见	麦明	姐精	蛇船
剑川	pa¹³	ka¹³	ma¹³	tɕi³¹	sa⁴²
桂阳	pæ³¹	kæ³¹	mæ³¹	tɕiæ⁴²	sæ³¹
武汉	pɤ²¹³	kɤ²¹³	mɤ²¹³	tɕie⁴²	sɤ²¹³
蒙自	pɔ⁵³	kɔ⁵³	mɔ⁵³	tɕi³³	sɔ⁵³
镇沅	pʌ³¹	kʌ³¹	mʌ³¹	tsie⁵³	ʂʌ³¹
贵阳	pɛ²¹	kɛ²¹	mɛ²¹	tɕie⁴²	sɛ²¹
成都	pe²¹	ke²¹	me²¹	tɕie⁵³	se²¹
马关	pɯ⁴²	kɯ⁴²	mɯ⁴²	tɕii33	sɯ⁴²
昆明	pə³¹	kə³¹	mə³¹	tɕiæ⁵³	ʂə³¹

---

① 长寿逢今 k 组读 e 韵，如"格革 ke³¹³ 客刻 kʰe³¹³ 厄额 ŋe³¹³ 黑赫核 xe³¹³"等（杨时逢，1984：282）。

续表

韵摄	曾开一德	梗开二陌	梗开二麦	假开三麻	
例字	北帮	格见	麦明	姐精	蛇船
宣汉	pie³¹	ke¹³	mie³¹	tɕie⁴²	se³¹
长寿	pie³¹³	ke³¹³	mie³¹³	tɕie⁴²	ɕie³¹³

注：宣汉阴声韵章组配 e，其他配 ie；长寿阴声韵则全配 ie。

①德职开庄组陌₂麦韵与假开三麻韵章组混同是西南官话德、职开庄组、陌二麦韵与阴声韵的典型混同类型，分布普遍，音值上包括 9 种单元音类型。除了下面所列不属于此类型的方言点之外，西南官话绝大多数都属于这种类型。

②德职开庄组陌₂麦韵与假开三麻韵混同的类型很少，它们可再分宣汉小类和长寿小类。宣汉小类包括南江，共 2 个方言点，其德职开庄组陌₂麦韵 e/ie 的具体分化条件是：逢今 ts、k 组声母（精组、知系、见系）读 e 韵；逢今 p、t 组声母（帮组、端组、泥来母）读 ie 韵。它们与假开三麻韵的对应关系是：入声韵 e 韵与假开三麻韵章组混同；入声韵 ie 韵则与假开三麻韵的非章组混同。长寿小类的德职开庄组陌₂麦韵 e/ie 的具体分化条件是：逢今 k 组声母（见系）读 e 韵，其他读 ie 韵。它们与假开三麻韵的对应关系是：入声 ie 韵与假开三麻韵混同。该类型除四川长寿外，还有湖南慈利、临武、宜章，湖北均县等。实际上，宣汉小类中 e/ie 韵的分化混同条件都是互补的，本质上与长寿属同一类型。

第二类，德职开庄组陌₂麦韵与假开二麻韵混同。该类型以声母为划分条件，可分出三种小类：（1）德职开庄组陌₂麦韵与假开二麻韵非见系混同；（2）德职开庄组陌₂麦韵与假开二麻韵见系混同；（3）德职开庄组陌₂麦韵与假开二麻韵混同。参见表 5-15。

表 5-15　德职开三庄组陌₂麦韵与假开二麻韵的混同例字

韵摄	曾开一德	梗开二陌	梗开二麦	假开二麻	
例字	北帮	格见	麦明	麻明	牙疑
峨眉	pa⁵⁵	ka⁵⁵	ma⁵⁵	ma³¹	ia³¹
涪陵	pia³¹	kia³¹	pia³¹	ma⁴²	ia³¹
阆中	pia³¹	ka³¹	mia³¹	ma³¹	ia³¹
酆都	pia¹³	ka¹³	mia¹³	ma¹³	ia¹³

①德职_开庄组陌_麦韵与假开二麻韵（除见系）混同，四川峨眉、苍溪、通江、郫县、崇庆、大邑、屏山等属于此小类。

②德职_开庄组陌_麦韵与假开二麻韵见系混同，如涪陵、鄠都等。

③德职_开庄组陌_麦韵与假开二麻韵混同，如阆中。德职_开庄组陌_麦韵在阆中话 a/ia 韵的分化条件是：逢今 ts、k 组声母读 a 韵；逢今 p、t 组读 ia 韵。它们与假开三麻韵的对应关系是：a 韵与假开二麻韵（除见系）混同；ia 韵则与假开三麻韵的见系混同。鄠都的德、职开庄组，陌二麦韵尽管逢今 k 组声母读 a 韵，其他声母读 ia 韵，但它们与阴声韵的混同仅限于假开二麻韵的见系。

第三类，德职_开三庄组陌_麦韵与蟹摄混同。混同以蟹摄开合口为条件又可分为两小类：

①德职开_三庄组陌_麦韵与蟹摄合口混同。具体混同条件是：德职_开庄组陌_麦韵与蟹合一灰泰韵（除见系）、蟹合三祭废韵（除见系）混同。该类型目前仅见湖南嘉禾。见例字表 5 – 16。

表 5 – 16　　德职_开三庄组陌_麦韵与蟹摄合口混同例字

韵摄	曾开一德	梗开二陌	梗开二麦	蟹合一灰泰			蟹合三祭废		
例字	北_帮	格_见	麦_明	梅_明	最_精	灰_晓	岁_心	废_非	卫_云
嘉禾	pe³¹	ke³¹	me³¹	me³¹	tse³⁵	xue⁴²	se³⁵	fe³⁵	ue⁴²

②德职_开三庄组陌_麦韵与蟹摄开口混同。具体混同条件是：德职_开庄组陌_麦韵与蟹开一咍泰韵、蟹合二皆佳韵混同。如眉山、夹江、丹棱、彭山等。参见表 5 – 17。

表 5 – 17　　德职_开三庄组陌_麦韵与蟹摄开口混同例字

韵摄	曾开一德	梗开二麦	蟹开一咍泰		蟹开二皆		蟹开二佳		
声母	帮	明	定	匣	明	见	崇	並	匣
例字	北	麦	台_灯台	孩	埋	皆	柴	牌	鞋
眉山	pae²⁴	mae²⁴	tʰae³¹	xae³¹	mae³¹	kae⁵⁵	tsʰae³¹	pʰae³¹	xae³¹
夹江	pai⁵⁵	mai⁵⁵	tʰai⁵⁵	xai³¹	mai³¹	kai⁴⁴	tsʰai³¹	pʰai³¹	xai³¹
彭山	pe²⁴	me²⁴	tʰe³¹	xe³¹	me³¹	ke⁵⁵	tsʰe³¹	pʰe³¹	xe³¹

第四类，德职_开三庄组陌_麦韵与假摄、蟹摄混同。该类型视混同的阴

声韵声母条件的情况,也可分为两小类,参见表5-18。

表5-18　德职_开三庄组_陌_麦韵与假摄、蟹摄混同例字

韵摄	曾开一德	梗开二麦	假开三麻		蟹开一咍泰	蟹开二皆	蟹开二佳
例字	北_帮	则_精	麦_明	姐_精	蛇_船	孩_匣	埋_明	皆_见	鞋_匣
毕节	pai²¹	tsai²¹	mai²¹	tɕi⁴²	sai²¹	xai²¹	mai²¹	kai²¹	xai²¹
凤凰	pe¹¹	tse¹¹	me¹¹	tɕie⁵³	se¹¹	he¹¹	me¹¹	ke¹¹	he¹¹
麻阳	pe¹³	tɕie¹³	me¹³	tɕie⁴⁴	se¹³	he¹³	me¹³	ke¹³	he¹³

①德职_开庄组_陌_麦韵全读e韵,与假开三麻韵章组、蟹开一咍泰韵、蟹合二皆佳韵混同。如贵州毕节、四川汉源、湖南凤凰等。

②德职_开庄组_陌_麦韵e/ie互补类,它们与阴声韵的具体分化条件是:逢今p、t、ts、k组声母(帮组、端泥组、见系)读e韵;逢今tɕ组声母(精组、知系)读ie韵。它们与阴声韵的对应关系是:入声韵e韵与假开三麻韵章组、蟹开一咍泰韵、蟹合二皆佳韵混同;入声韵ie韵则与假开三麻韵精组混同。如湖南麻阳等。

第五类,德职_开庄组_陌_麦韵与假摄、蟹摄、止摄混同。具体混同条件是:德职_开庄组_陌_麦韵全读ei韵,与假开三麻韵章组、蟹合一灰韵帮组、蟹合三废韵非组、止摄帮非组混同。此类型仅见吉首的一处,字例见表5-19。

表5-19　德职_开庄组_陌二麦韵与假摄、蟹摄、止摄混同例字

韵摄	曾开一德	梗开二陌	梗开二麦	假开三麻		蟹合一灰泰	蟹合三祭废	止开支脂	止合三微
例字	北_帮	格_见	麦_明	姐_精	蛇_船	最_精	废_非	碑_帮	肥_奉
吉首	pei¹¹	kei¹¹	mei¹¹	tɕiei⁴²	sei¹¹	tsuei³⁵	fei¹¹	pei⁵⁵	fei¹¹

第六类,德职_开庄组_陌_麦韵与歌(戈)韵、假摄混同。同样可分两小类(见表5-20):

①德职_开庄组_陌_麦韵全读ɤ韵,与歌(戈)韵见组、假开三麻韵章组混同。如襄樊等。

②德职_开庄组_陌_麦韵全读e韵,与歌(戈)韵帮组、假开三麻韵章组混同。如荆门等。

表 5-20　德职开庄组陌₋麦韵与歌（戈）韵、假摄混同例字

韵摄	曾开一德	梗开二麦	果开一歌		果合一戈		假开三麻	
例字	北帮	麦明	多端	歌见	河匣	波帮	和匣	姐精	蛇船
襄樊	pɤ⁵²	mɤ⁵²	tuo³⁴	kɤ³⁴	xɤ⁵²	po³⁴	xɤ³¹	tɕie⁵⁵	sɤ⁵²
荆门	pe³⁴	me³⁴	to⁵⁵	ko⁵⁵	xo³⁴	pe⁵⁵	xo³⁴	tɕie⁵⁴	se³⁴

第七类，德职开庄组陌₋麦韵与假摄、咸山摄混同。它们的混同因阴声母的异同分为两小类：

①德职开庄组陌₋麦韵全读 ia 韵，与假开二麻韵见系，咸山摄开口舒声一等、二等非见系、合口舒声三等帮系混同。如都匀、丹寨等，参见表 5-21。

表 5-21　德职开庄组陌₋麦韵与假摄、咸山摄混同例字（一）

韵摄	曾开一德	假开二麻	山开一寒	山开二山	山开三仙	山合一桓	山合三元
例字	北帮	家见	坛定	盼滂	战章	漫明	烦并
丹寨	pia⁴²	tɕia³³	tʰia⁵³	pʰia¹³/ɕia³³	tɕia¹³	mia¹³	fia⁵³
都匀	pia⁴²	tɕia³³	tʰia⁵³	pʰia¹²/ɕia³³	tɕyø¹²	mø¹²	fia⁵³

注：咸山摄阳声韵在西南官话中相混，表内举山摄字为例。

据表 5-21 显示，都匀和丹寨在各自的类型上似乎有差异。丹寨似乎更整齐些，它的分混条件好像应该还要加上"咸山摄开口舒声三等知系、山摄合口舒声一等帮组"，实则不然。参见表 5-22。

表 5-22　都匀、丹寨"咸山摄舒声开口三等知系、山摄合口舒声一等帮组"例字

韵摄	咸开三盐		
声母	知	章/书/禅	日
丹寨	沾粘 tɕia³³	占 tɕia¹³/陕 ɕia⁵⁵ 闪 ɕye⁵⁵	染冉 ye⁵⁵
都匀	沾粘 tɕyø³³	占 ɕyø¹²/陕闪 ɕyø⁴⁵	染冉 yø⁴⁵

韵摄	山开三仙		
声母	知/澄	章/书/禅	日
丹寨	展 tɕye⁵⁵/缠 tɕʰye⁵³	毡 tɕye³³ 战 tɕia¹³/扇 ɕye¹³/禅蝉 tɕʰye⁵³ 善 ɕye¹³	然燃 ye⁵⁵
都匀	展 tɕyø⁴⁵/缠 tɕʰyø⁵³	毡 tɕyø33 战 tɕyø¹²/扇 ɕyø12/禅蝉 tɕʰyø⁵³ 善 ɕyø12	然燃 yø⁵³

续表

韵摄	山合一桓
声母	帮/滂/并/明
丹寨	般搬 pie³³ 半 pie¹³/潘 pʰie³³ 判 pʰie¹³/盘 pʰie⁵³ 伴 pie¹³ 叛 pʰie¹³/瞒 mie⁵³ 馒 mia⁵³ 满 mie⁵⁵ 漫幔 mia¹³
都匀	般搬 pø³³ 半 pø¹2/潘 pʰø³³ 判 pʰø¹²/盘 pʰø⁵³ 伴 pø¹² 叛 pʰø¹²/瞒 mø⁵³ 馒 mø⁵³ 满 mø⁴⁵ 漫幔 mø¹²

丹寨型显然是由都匀型演变而得，二者本质上属于相同类型。音值 y（ø）演变为 i 的情况在语音演变上很普遍，丹寨 ye（ie）韵混入 ia 韵应该是词汇扩散的结果。因为在西南官话中（或者说大多数官话方言），咸山摄舒声开口一二等（非见系）、三等知系与咸山摄舒声合口一等（山摄）、三等属于同韵。表 5-22 中丹寨"沾粘占陕战馒漫幔"等字，由 ye（ie）韵混入 ia 韵应该是非常晚近的演变层次。

②德职_{开庄组}陌₌麦韵全读 ia 韵，与假开三麻韵章组、咸山摄开口舒声一等、二等非见系、三等知系、合口舒声一等（山摄）、三等帮系混同。如黄平、凯里等，参见表 5-23。

表 5-23　　　德职_{开庄组}陌₌麦韵与假摄、
咸山摄混同例字（二）

韵摄	曾开一德	假开二麻	山开一寒	山开二山	山开三仙	山合一桓	山合三元
例字	北帮	家见	坛定	盼滂	战章	漫明	烦并
黄平	pæ²¹	sæ²¹	tʰæ²¹	pʰæ²¹/sæ⁵⁵	tsæ¹³	mæ¹³	fæ²¹
凯里	pɛ²¹	sɛ²¹/ɕiɛ²¹	tʰɛ²¹	pʰɛ²¹/sɛ³³	tsɛ¹³	mɛ¹³	fɛ¹³

注：黄平、凯里德职_{开三庄组}、陌₌麦韵分别全读 æ 韵和 ɛ 韵，如"麦"黄平读 mæ²¹、凯里读 mɛ²¹ 等。

凯里"假开三麻韵章组日母字"大多有文白异读，文读音为 ɛ，白读音为 ie，如"遮 tɕie³³/者 tsɛ⁵⁵/tɕie⁵⁵ 蔗 tɕie¹³ 车 tsʰɛ³³/tɕʰie³³ 扯 tsʰɛ⁵⁵/tɕʰie⁵⁵ 蛇 sɛ²¹/ɕie²¹ 射麝社舍 sɛ¹³/ɕie¹³ 奢 sɛ³³ 赊 sɛ³³/ɕie³³ 赦 ɕie²¹ 惹 zɛ⁵⁵/ie⁵⁵"等。从凯里的文白异读来看，凯里和黄平"假开三麻韵章组日母字"应该是后来其晚近三等[i]介音消失后才并入进来的，德职_{开庄组}陌₌麦韵早期很可能只与咸山摄相混，丹寨和都匀的情况也可以证明这一点，它们的音系中"假开三麻韵章组日母字"没有一个字混入进来。丹寨、都匀、黄平、凯里地理上都处于黔东南，由清水河连成一体，它们在音系上具有一致性，但黄平、凯里更靠近西南官话核心区，故已失去入声，丹寨和都匀则保留入声。汉语官话方言，很少有假开二麻韵见系与德职_开庄组_陌_=_麦韵混同的情况，丹寨、都匀的假开二麻韵见系字与德职_开庄组_陌_=_麦韵相混可能也是非常晚近的，但在缺乏文白异读的情况下，这种假设还需要进一步的证据证明。

除此之外，德职_开庄组_陌_=_麦韵在一些方言点有独立的入声韵，但这种入声韵是没有韵尾的阴声韵，它们主要集中在湖南桃源、通道、龙山、东安、江华，德、职_开庄组_、陌_=_麦韵在这几处的韵母一律混同读 e 韵。广西柳州话的德、职开庄组，陌二麦韵读 ɤ 韵，也基本上为独立的入声韵（仅与止摄开口日母字混同，如"儿而尔耳二贰"等）。

三　德职_开庄组_陌_=_麦韵在西南官话中的演变层次

德职_开庄组_与陌_=_麦韵在《切韵》里二分的情况，至少在元明时期便已出现了重新的分化和整合：《中原音韵》（1324）音系类属于二者的重新分化；《洪武正韵》（1375）音系类属于二者的整合。德韵字在《中原音韵》中基本都收归齐微韵，职_开庄组_与陌_=_麦韵收归皆来韵，这说明北方官话德韵与职_开庄组_陌_=_麦韵在 14 世纪基本上是属于二分型[①]，这一读法在今北京官话的文白读中尚有保留。属《中原音韵》同类的还有《古今韵会举要》（1292）、《蒙古字韵》（1308）等，后二者甚至比《中原音韵》的分化更整齐严谨，即德韵全读高元音，陌麦韵全读低元音。《洪武正韵》音系类则与《中原音韵》音系类相反，德职_开庄组_陌_=_麦韵在《洪武正韵》中是合二为一的，即都合并为"陌"韵[②]。兰茂《韵略易通》（1442）也把德、职_开庄组_、陌_=_麦韵合而归入"庚晴"韵，相同的还有本悟《韵略汇通》《西儒耳目资》等。可以说，《中原音韵》音系类和《洪武正韵》音系类分别代表了德职_开庄组_陌_=_麦韵在不同官话方言中的两种演变类型。我们从韵书音系性质所代表的地域上看，不妨把德职_开庄组_与陌_=_麦韵二分型看成"北方官话型"，反之则为"南方官话型"。

[①] 《中原音韵》齐微韵与皆来韵的区别在于主元音高低的不同：齐微是 ə，皆来是 a（李新魁，1983a）。

[②] 据高龙奎（2007：34）"《洪武正韵》仍存入声，数目已减至 10 个，《广韵》中主要元音相同或相近的入声韵，在《洪武正韵》中都已经合并了。陌来自中古的陌韵、锡韵、职韵、昔韵、德韵、麦韵。"

西南官话中，德职_开庄组_陌_=_麦韵合流后尽管在音值上具有多种表现形式，但从它们合并为同一类的事实上看，西南官话显然属于"南方官话型"。从这个角度看，把西南官话与江淮官话共同划归为南方官话确实有一定道理。《西儒耳目资》（1625）代表着明末的官话音系，而我们一般认为该书的基础方言就是南京话，而德职_开庄组_陌_=_麦韵在《西儒耳目资》中便是合二为一，标韵母为e甚，与山摄开口入声薛韵字合流（现今的南京话在类型上仍与之相同，合流音值为εʔ）。从类型上看，今西南官话与南京音为代表的江淮官话完全一致。西南官话中，甚至更早的《韵略易通》便已如此。此后，明末李实（1596—1673）《蜀语》也反映了德职_开庄组_陌_=_麦韵在西南官话中的合流情况，如"嚇音黑（德陌韵互注）、圻音册，俗作拆（陌、麦互注）"等。云南人葛中选于明万历戊午年（1618）著的《泰律篇》中德职_开庄组_陌_=_麦韵也是合流的，该书把它们全部置于"专气华音内运第十一"图中，标e为其主元音（陈长祚，2007：188）。再后来，清康熙十二年（1673）前后，云南人马自援《等韵》、林本裕《声位》均反映了德、职开庄组、陌二麦韵的合流情况，林本裕《声位》把它们归录在第二十二图（"合声商韵母位"）的第十一革（eʔ）韵。

　　德职_开庄组_陌_=_麦韵合流后，根据有无韵尾，西南官话可分出带韵尾[-i]和不带韵尾两类。但带[-i]韵尾的方言点极少，如读ei韵的仅有湖南吉首、云南杨柳树等，读ai韵的仅有四川汉源、丹棱、夹江，贵州毕节等，其余的绝大部分都不带韵尾。侍建国（1996：202）认为"德、陌麦两类入声字的韵尾在官话应有两条演变途径，一条是变[-i]韵尾，一条是零韵尾"，并用两个公式表示：公式（1）c＞j/v；公式（2）c＞∅/v（c表入声韵尾）。公式（1）发生在北京官话，公式（2）发生在江淮官话。侍先生认为早期的中原官话是带[-i]韵尾的，它们的[-i]韵尾由公式（1）的j直接演化而得。北京官话曾梗摄入声字往往有文白两读，如"塞 sə⁼/_csai 得_ctə/_ctei 择_ctsə/_ctsai"等。侍建国（1996：201）指出"官话里的文白两读，反映了官话语音演变上的不同层次"，并认为北京官话的文读音应该是受江淮官话的影响而得。通过上面的统计情况可以看出，西南官话德职_开庄组_陌_=_麦韵合流后绝大多数是不带韵尾的（带[-i]韵尾的方言点极少），这也就预示着同属"南方官话"的西南官话和江淮官话在历史上应该确有同源关系。此外，西南官话德职_(开庄组)陌_二麦韵合流后还有带 i 介音的现象，一般认为这是自身的语音演变所致①。

第四节 中古宕江摄入声韵在西南官话中的演变

一 宕江摄入声韵在西南官话中的今读类型

宕摄和江摄在西南官话中合并为一类是其最大的演变特点，从合并的主元音来看，无论开合主要是 o 类，虽有极少数方言点会存在个别例外字读为其他音的，但都没有游逸出合并为 o 类的主趋势。参见表 5-24（宕摄合口三等入声药韵仅有"缚、钁、籰"三字，均为西南官话中的非常用字，在此略而不论。此外，为方便比较，附南京话例字）。

表 5-24　西南官话宕江摄入声韵分化归并例字（附：南京话）

例字	宕开一铎				宕开三药			
	托_透	作_精	各_见	鹤_匣	恶_影	略_来	雀_精	着_着	勺_禅
昆明	tʰo³¹	tso³¹	ko³¹	xo³¹	o³¹	nio³¹	tɕʰio³¹	tso³¹	so³¹
成都	tʰo²¹	tso²¹	ko²¹	xo²¹	ŋo²¹	nyo²¹	tɕʰyo²¹	tso²¹	so²¹
武汉	tʰo²¹³	tso²¹³	ko²¹³	xo²¹³	o²¹³	nio²¹³	tɕʰio²¹³	tso²¹³	so²¹³
柳州	tʰo³¹	tso³¹	ko³¹		o³¹	lio³¹	tɕʰio³¹	tso³¹	
常德	tʰo³⁵	tso³⁵	ko³⁵	xo³⁵	o³⁵	lio³⁵	tɕʰio³⁵	tso³⁵	sau³⁵
宁远	tʰo³¹	tso³¹	ko³¹	xo³¹	yo³¹	lio³¹	tɕʰio³¹	tso³¹	ɕio³¹
襄樊	tʰuo⁵²*	tsuo⁵²	kɤ⁵²	xɤ⁵²	ɤ⁵²	lio⁵²	tɕʰio⁵²	tsuo⁵²	suo⁵²
郧县	tʰuo⁴²	tsuo⁴²	kɤ⁴²	xɤ⁴²	ɤ⁴²	lye⁴²	tɕʰye⁴²	tsuo⁴²	ʂuo⁴²
南京	tʰoʔ⁵	tsoʔ⁵	koʔ⁵	xoʔ⁵	oʔ⁵	loʔ⁵	tsʰioʔ⁵	tʂoʔ⁵	ʂoʔ⁵

	宕开三药			宕合一铎		江开二觉		
例字	若_日	脚_见	约_影	郭_见	霍_晓	捉_庄	岳_疑	学_匣	握_影
昆明	zo³¹	tɕio³¹	io³¹	ko³¹	xo³¹	tso³¹	io³¹	ɕio³¹	o³¹
成都	zo²¹	tɕyo²¹	yo²¹	ko²¹	xo²¹	tso²¹	yo²¹	ɕyo²¹	o²¹

---

① 详情可参郭丽《西南官话鄂北片入声带 i 介音现象探析》（《汉语学报》2008 年第 1 期）。

续表

例字	宕开三药			宕合一铎		江开二觉			
	若日	脚见	约影	郭见	霍晓	捉庄	岳疑	学匣	握影
武汉	io²¹³	tɕio²¹³	io²¹³	ko²¹³	xo²¹³	tso²¹³	io²¹³	ɕio²¹³	o²¹³
柳州	ŋio³¹	kio³¹	io³¹	ko³¹		so³¹	io³¹	xio³¹	u³¹
常德	o³⁵	tɕio³⁵	io³⁵	ko³⁵	xo³⁵	tso³⁵	io³⁵	ɕio¹³	o³⁵
宁远	lio³¹	tɕio³¹	io³¹	ko³¹	xo³¹	tsu³¹	io³¹	ɕio³¹	ŋo³¹
襄樊	zuo⁵²	tɕio⁵²	io⁵²	kuo⁵²	xɤ⁵²	tsuo⁵²	ye⁵²	ɕio⁵²	ɤ⁵²
郧县	zuo⁴²	tɕye⁴²	ye⁴²	kuo⁵³	xɤ⁴²	tsuo⁵⁵	ye⁴²	ɕye⁴²	uo⁴²
南京	zʅoʔ⁵	tɕioʔ⁵	ioʔ⁵	kueʔ⁵	xoʔ⁵	tʂoʔ⁵	ioʔ⁵	ɕioʔ⁵	uʔ⁵

注：表中相关方言点例字的白读音：昆明"捉"有白读音 tsu³¹、"握"有白读音 u³¹，成都"郭"有白读音 kue²¹，武汉"握"有白读音 ŋo²¹³，襄樊"握"有白读音 u³¹。

据表5-24所示，宕江摄入声韵在西南官话中合并的具体情况是：宕开合一，宕开三知系、江开二帮组、知系、影母读 o 韵；宕开三来母、精组、见系、江开二见晓组读 io 韵。

值得注意的是，成都话的 yo 韵应该源自 io 韵，原因是圆唇元音 o 影响 i 而演变为 y，从而产生由 io 到 yo 的转变，故它们属同源。持此读法的还有四川江北、剑阁、懋功、大邑、长宁以及云南绥江、剑川。此外，湖北郧县读 ye 的演变也属同理。武汉、襄樊"握"字读 u 是 o 的高化，此读法广布云南滇中、滇南以及广西等区域①。其实，江摄入声字读 u 韵的字还有"朴"，此外"琢浊捉镯朔"等字在西南官话中也有读 u 韵的，如云南江川、寻甸、广南等。江摄入声读 u 韵。此情况也不排除是受文字的影响所致，如"握-屋、捉-足、朔-塑、琢-逐"等，这些字在西南官话中后字一般比前字常用，如"捉"就常说成"拉"或"抓"等，现在的昆明话"握 o³¹/u³¹"两读。同时，"握"字在西南官话中还有读 ɤ/ɣ 的情况，如湖北襄樊话、云南建水话等②，这应该是 u/o 韵的前化所致，

---

① "握"读 u 韵的方言点有：云南弥渡、楚雄、双柏、易门、昆阳、晋宁、澄江、宜良、路南、玉溪、缅宁、屏边、弥勒、师宗、文山、大理、凤仪、蒙化、云县、鹤庆、宾川、盐丰、盐兴、寻甸、昌宁、顺宁、镇沅、双江、镇康、龙陵；广西桂林、柳州；湖南的泸溪、永州；四川兴文等。

② "握"读 ɤ 韵的方言点有富民、安宁、禄丰、元谋、广通、华宁、通海、河西、峨山、建水等。

襄樊话"握ɣ̠⁵²/u̠³¹"就是文白两读，ɣ 与 ɣ̠ 在这里应该是同一个音位的不同变体。郧县、襄樊等宕入一等见系今读 ɣ 韵字的演变也属同理演变。

二 宕江摄入声韵在西南官话中的演变层次

宕江摄入声字在《切韵》时代是分而不混的，宕摄入主音值为 ɑk，江摄入音值 ɔk（邵荣芬，1982）。据王力《汉语语音史》（1987），宕江摄这种二分的情况一直延续至晚唐五代，即药铎韵为 ak 音值，觉韵为 ɔk 音值。宕江摄合并的时间应该在宋代，因为《四声等子》已将江摄附于宕摄。董同龢考证了宋末元初的《古今韵会举要》声韵后认为，当时的宕江摄已经合并，他指出《韵会》"江摄并入宕摄见影系字入阳韵；其他的字入唐韵，而知庄系字为合口"[①]。王力（2004）在考证宋代朱熹所注诗文的反切后，也认为觉药韵合为 ak 一类的时间是在宋代。

根据韵书记载，宕江摄入声演变进入阴声韵的时代大抵也不会晚于宋代，只是当时的官话韵书所记录的宕江摄大多与效摄混同。宋代邵雍（1011—1077）《声音唱和图》正声图四中第一、二位列如"辟：刀早效岳；翕：毛刀报鹤"，说明当时宕江摄的入声字已有部分字混入了阴声韵效摄，周祖谟（2004：601）就说"声四第一第二两位兼括效摄萧宵肴豪四韵字，……其入声配以药铎觉三韵"。南宋郑樵《七音略》（1162）即是宕江摄入配效摄，郭丽（2009：68）认为"《七音略》属《广韵》一系的韵书，宕江入配效摄应该是自唐代以来的官话方言逐渐变化所产生的现象"。宕江摄部分字演化进入果摄至少也应该始于宋代，"在《四声等子》《切韵指南》（元刘鉴1336）和《切韵指掌图》（约成书于 13 世纪）里，[k] 尾和 [t] 尾的入声韵除仍配鼻音韵尾的韵以外，还配元音收尾的韵"（王力，2003：123），此三本书中，宕江摄入声韵配元音收尾的韵主要是效摄的豪肴萧韵和果摄的歌戈韵。到元代的《中原音韵》则把合并了的铎、药、觉韵的部分字两收于萧豪韵和歌戈韵，进一步明确了宕江摄具有混入效摄和果摄两读的情况。

宕江摄入声部分字在《中原音韵》中两收于效摄（萧豪韵）和果摄

[①] 董同龢：《汉语音韵学》，文史哲出版社 1989 年版，第 206 页。

(歌戈韵),杨耐思(1981)认为其归歌戈韵应该是"外来"成分①,因为同时代的《蒙古字韵》《韵会》《蒙古韵略》等北方话韵书宕江摄都基本归萧部。陆志韦(1988)也认为宕江摄两收于果效摄最有可能反映的是方言来源的不同,薛凤生(1990)也持相同观点。针对这一情况,刘勋宁(1998)对比了北方官话区和中原官话区的方音,指出"(宕江摄入声字)歌戈韵的读法覆盖了整个中原官话地区,北京话里歌戈与萧豪的读法是并存的,而在中原地区是排斥的。也就是说,除非有意模仿北京话的萧豪读法,中原地区是不念萧豪韵的。而从东北一直到河北省的口语音都是读萧豪韵的"(刘勋宁,1998:463—464),从而得出了中原官话地区(宕江摄)是不读萧豪韵的,读萧豪韵只是北方官话的结论。雅洪托夫(1986)、沈钟伟(2006)、刘淑学(2000)也都持大致相同的观点,即中古宕江摄入声在今中原地区的官话中读歌戈韵,而在北京、东北一带的官话区则读萧豪韵。《中原音韵》对宕江摄入声部分字两收于效、果摄的情况,说明该韵书是以北方官话为主,同时兼顾中原官话的结果。明初《洪武正韵》(成书于洪武八年三月)中有"药韵来自中古的药韵、觉韵、铎韵……唯药韵则其乎似乎效韵之音"(高龙奎,2007:34)。据邵荣芬(1981:66):"《中原雅音》本韵(按:萧韵)还有来自《韵学集成》阳韵的入声字,也就是《广韵》药、觉、铎韵",又"《雅音》本韵(按:歌韵)也有来自《集成》寒、阳、覃三韵的入声字,也就是《广韵》曷、末、铎、觉、合、盍等韵的入声字"②,但通过邵先生书中宕江摄入声字与萧韵和歌韵字的互注字数来看,古宕江摄入声字在《中原雅音》中显然主要是并入萧韵。邵荣芬(1981:92)指出"(河北)井陉一带的方言很可能就是《雅音》音系的基础",并认为《中原雅音》与《中原音韵》有共通之处,或为共同的基础方言③。上述所论及韵书均系北方官话(与

---

① 杨耐思(1981:43):"至于这一韵部(指歌戈韵)的入声字,除了来自一二等韵的字不难分别归入 o、uo 两类外,还有一类字来自三等韵(唇音字除外),又全都互见于萧豪韵部。《蒙古字韵》只归在萧部。这类字《中原音韵》互见于歌戈韵部,也许是'外来'。现代北方话这类字有的读成 iau,有的读成 o、io。《中原音韵》时代可能也是这种情况。我们拟成(io),并注明是'外来'"。

② 邵荣芬:《中原雅音研究》,山东人民出版社1981年版,第69页。

③ 邵荣芬(1981:93):"陆志韦先生生前每每和作者提到《中原音韵》的基础方言可能在河北中南部地区,并指出那里的模式就是《中原音韵》入声的模式。如果《雅音》的基础方言确实是在井陉一带,那么陆先生的想法就不是不着边际之谈了。"

南方官话相对）韵书，根据历时的韵书记录和今方言的语音事实，我们倾向于认为，北方官话宕江摄入声字主要是混入效摄的结论[①]。北方官话的宕江入合并后的主音值的演变应该是：ɑk→auʔ→au。

刘勋宁（1995）把官话分为南方官话、中原官话和北方官话三个区[②]，他认为"中原官话地区（宕江摄）是不读萧豪韵的，读萧豪韵只是北方官话"（刘勋宁，1998：646），但并没提及南方官话古宕江摄入声的今读演变类型。从今方言事实来看，西南官话古宕江摄的今读类型主要与歌戈韵混同，江淮官话如南京等地也是以读歌戈韵的 o 类为主（吴波，2007），二者的古宕江摄入声字的演变情况与刘先生所说的中原官话属于同类型，这也是符合了移民及其语言的变迁演变。江淮官话一般认为是伴随着中原地区的多次南下移民演变而成，而西南官话与江淮官话有同源关系（刘晓梅、李如龙，2002；曹树基，1997；王庆，2007 等）[③]，二者宕江摄相同的演变类型又进一步证明了此结论的可靠。明末天启六年（1626）金尼阁（Nicolas Trigault）所著《西儒耳目资》的基础方言认为是当时的南京话（曾晓渝，1991；杨福绵，1995 等），该书铎、药、觉韵读"o（io）甚"，其主元音与果摄字相同，现今的南京话仍然如此。因此，据南方官话有限的韵书记载来看，至少明末以来，宕江入在南方官话中是混入果摄的歌戈韵的。

西南官话主要是在明清时期随江淮地区的移民演变而得，故从现今西南官话宕江入较为一致地读为果摄歌戈韵的情况来看，它们相混的时间绝不会晚于江淮官话。西南官话由于形成历史短，与之相关的韵书较少，明末李实《蜀语》是较为难得的一部。据甄尚灵、张一舟（1996）对《蜀语》音类的研究可以看出，尽管铎、觉、药韵的字仍多为各自互注，如"髆音博｜迮音作｜笮音作｜蠚音堊（以铎注铎）/欶音朔（以觉注觉）/嚼音爵｜屩音脚｜籰音约（以药注药）"等，但它们均与歌戈同归"o

---

[①] 董建交（2007：98）："（北方官话）宕江摄入声读 au 韵的区域是一个板块，北京读 au 韵只是这个板块中的一点。今中原官话和南方官话均无此读音。"

[②] 刘勋宁（1998：449）："我们把西南官话和江淮官话合为一大类，称之为南方官话；中原官话和兰银官话合为一类，称之为中原官话；其他四个官话（按：胶辽官话、东北官话、北京官话、冀鲁官话）合为一大类，称之为北方官话。"

[③] 刘晓梅、李如龙（2002：16）："西南官话是江淮官话的延伸，是移民所致，史载明代将领沐英平定大西南后，江淮湖广一带汉人大量移居云、贵、川，于是形成了西南官话。"

(io)"韵而不归萧豪的"au（iau）"韵，证明了明末时期的四川话宕江入是与果摄相混的。其后，清康熙癸丑十二年（1673）马自援（盘什）著有《等音》一书，稍后林本裕（益长）对《等韵》作修订并名之为《声位》，这两本韵书均明确记录了当时云南话宕江入读如果摄的情况[①]。现以林本裕《声位》为例，《声位》第九韵是锅（uo）歌（o）韵，中古宕江入所属字即收归此韵，第五韵的高（au）交（iau）韵并没有出现宕江入的属字[②]。再往后至近代，《西蜀方言》（Adam Grainger，1900）和《汉音集字》（J. A. Ingle，1899）等韵书所记录的宕江入均是与果摄相混。因此，据上述与西南官话相关的韵书记载，至少明清以来西南官话的宕江摄无疑是并入果摄的，这与《西儒耳目资》所代表的南京音系在时间上是吻合的，仅从这一点看，似乎也暗示着西南官话和江淮官话确实有着某种关系上的同源。西南官话宕江入合并后的主音值的演变应该是：ɑk→ɔʔ→ɔ（o）。

第五节　臻通摄合口入声韵的今读类型与演变

一　臻通摄合口入声韵的今读类型

西南官话中，臻、通摄合口入声韵从今读类型上看它们是合流的，绝大多数的分合情况是：三等见系字、端系为一组读细音[③]，其他读洪音。它们之间的主元音在某一个具体的方言点中呈现出较强的一致性。具体参见例字表5－25（为方便比较，附洛阳话和北京话）。

[①] 陈长祚（2007：258）："马本把它（按：指'乐'字）放在'徵'音，按当时的读音推论读[iau]，云南汉语方音往往把复元音[au]读成单元音[ɔ]，那么，就变成[iɔ]。[ɔ]口型稍小即为[o]，云南方音二者是同一音位。"

[②] 陈长祚（2007：260）："'角、脚、觉'在本悟《韵略易通》中承'江阳韵'，'见初第一'下位同音字。'学'在'晓匣'下，与'角''觉'也应该是同韵字，到马、林书中却产生了分化，这里肯定不会再是[iau]，如果是[iau]就应该归'五'韵而不是'九'韵，所以马坝'脚'，林把'觉'收归'徵'音，是云南方音读[tɕio]的又一史料。"

[③] 端系特指精组和泥来母，因臻、通合入三等韵中无端组字。西南官话中，臻合入二等精组、泥组、见组读细音为主。反之，通合入三等精组、泥组读洪音为常。但二者主流一致，故把它们放在一起讨论。

表 5–25　　　　　　　西南官话臻摄合口入声韵今读例字

韵摄	臻合一没			臻合三术			臻合三物	
例字	突定	卒精	骨见	戌心	出昌	橘见	物微	屈溪
慈利	tʰəɤ³⁵	tʃiəʏ³⁵	ku³⁵	ʃi³⁵		tʃy³⁵	u³⁵	
陆良	tʰuʔ³¹³	tsuʔ³¹³	kuʔ³¹³	ɕiuʔ³¹³	tʂʰuʔ³¹³	tɕiʔ³¹³	ʏʔ³¹³	tɕʰiuʔ³¹³
江津	tʰʉ³³	tɕiu³³	kʉ³³	ɕʉ³³	tsʰʉ³³	tɕiu³³	ʉ³³	tɕʰʉ³³
遵义	tʰuɛ²¹	tɕyɛ²¹	kuɛ²¹	ɕyɛ²¹	tsʰuɛ²¹	tɕyɛ²¹	uɛ²¹	tɕʰyɛ²¹
丹寨	tʰu⁴²	tsu⁴²	ku⁴²	ɕi⁴²	tsʰu⁴²	tɕiu⁴²	u⁴²	tɕʰiu⁴²
石屏	tʰiu	tsiu⁴²	ku⁴²	siu⁴²	tsʰiu⁴²	tɕyi⁴²	vu⁴²	tɕʰyi⁴²
邛崃	tʰoʔ³		koʔ³	ɕyoʔ³	tsʰoʔ³	tɕyoʔ³	oʔ³	tɕʰyoʔ³
剑川	tʰo¹³	tso¹³	ko¹³	ɕyo¹³	tsʰo¹³	tɕyo¹³	vo¹³	tɕʰyo¹³
彭州	tʰo³³	tso³³	ko³³	ɕyo³³	tsʰo³³	tɕʰyo¹³	o³³	tɕʰyo³³
丽江	tʰʏ²⁴	tsʮ²⁴	kʏ²⁴	sy²⁴	tsʰʮ²⁴	tɕy²⁴	ʏ²⁴	tɕʰy²⁴
兰坪	tʰʊ³¹	tsʊ³¹	kʊ³¹		tʂʰʮ³¹	tɕiʊ³¹	vʊ³¹	tɕʰiʊ³¹
常德	tʰou³⁵	tsou³⁵	ku³⁵	ɕy³⁵	tɕʰy³⁵	tɕy³⁵		tɕʰy³⁵
洪江	tʰou²¹³	tʰou²¹³	ku²¹³	ɕyɛ²¹³	tɕʰy²¹³	tɕy²¹³	u²¹³	tɕʰy²¹³
会同	tʰəu²⁴	tsəu²⁴	ku²⁴	ɕi²⁴	tsʰy²⁴	tɕy²⁴	u²⁴	tɕʰyɛ²⁴
武汉	tʰou²¹³	tsou²¹³	ku²¹³	ɕi²¹³	tsʰy²¹³	tɕy²¹³	u²¹³	tɕʰy²¹³
京山	tʰou¹³	tsou¹³	ku¹³	ɕy¹³	tsʰu¹³	tɕy¹³	u¹³	tɕʰy¹³
成都	tʰu²¹	tɕyo²¹	ku²¹	ɕyɛ²¹	tsʰu²¹	tɕy²¹	u²¹	tɕʰy²¹
南京	tʰuʔ⁵	tsuʔ⁵	kuʔ⁵	ɕiʔ⁵	tʂʰuʔ⁵	tɕiʔ⁵	uʔ⁵	tɕʰiʔ⁵
洛阳	tʰu³³	tsu⁵³	ku³³	sy³³	tsʰy³³	tɕy³³	vu³³	tɕʰy³³
北京	tʰu⁵⁵	tsu³⁵	ku²¹⁴	ɕy⁵⁵	tʂʰu⁵⁵	tɕy⁵⁵	u⁵¹	tɕʰy⁵⁵

注：丹寨"卒橘"有白读音 tɕiəu⁴²、"屈"有白读音 tɕʰiəu⁴²，会同"橘"有白读音 tɕyɛ²⁴，京山"突"有白读音 tʰu¹³，"卒"有白读音 tsu¹³，成都"卒"有白读音 tsu¹³、"物"有白读音 o²¹、"屈"有白读音 tɕʰyo²¹。

表 5–26　　　　　　　通摄合口入声韵今读例字

韵摄	通合一屋/沃				通合三屋/烛				
例字	木明	读定	速心	哭溪	六来	续邪	竹知	菊见	育以
澧县	mo³⁵			kʰu³⁵	nəu³⁵	səu³⁵	tʂəu³⁵	tɕy³⁵	
慈利	moŋ³⁵			kʰu³⁵	nəɤ³⁵		tu³⁵	tɕy³⁵	iəɤ³⁵
陆良	muʔ³¹³	tuʔ³¹³	suʔ³¹³	kʰuʔ³¹³	luʔ³¹³	suʔ³¹³	tʂuʔ³¹³	tɕiʔ³¹³	iuʔ³¹³
江津	mʉ³³	tʉ³³	ɕiu³³	kʰʉ³³	lʉ³³	ɕiʉ³³	tsʉ³³	tɕiʉ³³	iʉ³³

续表

韵摄	通合一屋/沃				通合三屋/烛				
例字	木明	读定	速心	哭溪	六来	续邪	竹知	菊见	育以
遵义	mɛ²¹	tuɛ²¹	ɕyɛ²¹	kʰuɛ²¹	luɛ²¹	ɕyɛ²¹	tsuɛ²¹	tɕyɛ²¹	yɛ²¹
丹寨	mu⁴²	təu⁴²	ɕiu⁴²	kʰu⁴²	ləu⁴²	ɕiəu⁴²	ɕiu⁴²	tɕiu⁴²	iu⁴²
石屏	m̩⁴²	tiu⁴²	siu⁴²	kʰu⁴²	liu⁴²	siu⁴²	tsiu⁴²	tɕyi⁴²	ziu⁴²
邛峡	mɤʔ³	toʔ³	ɕyoʔ³	kʰoʔ³	loʔ³	ɕyoʔ³	tsoʔ³	tɕyoʔ³	yoʔ³¹
剑川	mo¹³	to¹³	so¹³	kʰo¹³	lo¹³	so¹³	tso¹³	tɕyo¹³	yo¹³
彭州	mo³³	to³³	tɕyo³³	kʰo³³	lo³³	ɕyo³³	tso³³	tɕʰyo³³	yo³³
丽江	mu²⁴	tɤ²⁴	sʮ²⁴	kʰu²⁴	lu²⁴	sʮ²⁴	tsʮ²⁴	tɕy²⁴	y²⁴
兰坪	mʊ³¹	tʊ³¹	sʊ³¹	kʰʊ³¹	lʊ³¹	sʊ³¹	tsʊ³¹	tɕiʊ³¹	iʊ³¹
常德	mu³⁵	tou¹³	sou³⁵	kʰu³⁵	lou³⁵	sou³⁵	tsou³⁵	tɕy³⁵	iou³⁵
洪江	mo²¹³	tou²¹³	sou²¹³	kʰu²¹³	lou²¹³	sou²¹³	tsou²¹³	tɕy²¹³	iou²¹³
会同	mo²⁴	tʰəu⁴⁵	səu²⁴	kʰu²⁴	liəu²⁴	səu²⁴	tʂəu²⁴	tɕy⁴⁵	iəu⁴⁵
武汉	moŋ²¹³	tou²¹³	sou²¹³	kʰu²¹³	nou²¹³	sou²¹³	tsou²¹³	tɕy²¹³	iou²¹³
京山	moŋ¹³	tou¹³	sou¹³	kʰu¹³	nou¹³	sou¹³	tsou¹³	tɕy¹³	y¹³
成都	mu²¹	tu²¹	ɕyo²¹	kʰu²¹	nu²¹	ɕy²¹	tsu²¹	tɕy²¹	y²¹
南京	muʔ⁵	tuʔ⁵	suʔ⁵	kʰuʔ⁵	luʔ⁵	suʔ⁵	tʂuʔ⁵	tɕiʔ⁵	ʐuʔ⁵
洛阳	mu³³	tu³¹	su³³	kʰu³³	lu³³	sy³³	tʂu³³	tɕy³³	y³³
北京	mu⁵¹	du³⁵	su⁵¹	kʰu⁵⁵	liu⁵¹	su⁵¹	tʂu³⁵	tɕy³⁵	y⁵¹

注：丹寨"速"又读 ɕiəu⁴²、"竹"又读 tsiəu⁴²、"菊"又读 tɕiəu⁴²、"育"又读 iəu⁴²，邛峡"木"又读 moŋ⁵³、"育"yo²¹，京山"速"有白读音 su¹³、"六"有白读音 nu¹³、"续"有白读音 su¹³、"竹"tsu¹³，成都"速"有白读音 ɕyo²¹、"育"有白读音 yo²¹。

臻、通摄合口入声例字表5-26显示，它们在西南官话中就某一方言点或方言片来说，其演变是属于合流同向演变。根据音值的差异，我们大致可以分为以下6组（为便于把握和理解，分组和论述均以主元音为标准来讨论；三等见系今读细音的情况可以从今读洪音的情况推知，故本节不作重点论述）：

u（ʔ）组：如曲靖（uʔ）、昆明、成都（u）等。昆明、成都型读 u 类是西南官话的主流类型，遍布西南官话绝大多数方言点。

ou（əu）组：如武汉、丹寨等。该类型以武汉型读 ou 韵为常，主要分布在鄂西（郧县、竹山、竹溪）、鄂北（房县、郧西、保靖、襄阳、枣阳、随县；包括鄂中的汉阳、汉川、沔阳、天门、京山、宣恩等)、湘西(黔阳、通道、、石门、大庸、晃县、麻阳、洪江等)、湘北(常德、慈利、澧县、临澧、安乡、汉寿等)、黔东(玉屏、岑巩、三穗等)等地。

u 组：如江津等。

o 组：如剑川、合江等。该类型主要集中分布于四川彭山、安县、广汉、金堂、射洪、松潘、茂县、灌县、温江、新津、大邑、蒲江、邛崃、青神、乐山、犍为、马边、雷波、屏山、宜宾、庆符、高县、长宁、叙永、古宋、綦江、简阳、懋功、南部、西充、盐亭、什邡、新繁、郫县、理潘、崇庆等。

ʊ 组：如兰坪、合江等。此外，江安、纳溪、泸县、南溪等也属此类型。

uɛ 组：如遵义等。此类型的方言点较少，主要存于遵义附近区域。

二 臻通摄合口入声韵的演变层次

臻通摄合口入声韵的合流情况，元明时期就已出现。《中原音韵》音系里，深臻摄合口入声韵基本都归入鱼模韵，音值读 u/iu，仅有臻摄三等述韵庄组归皆来组，此当属例外音韵。参见表 5 – 27。

表 5 – 27　　　　　臻、通摄合口入声韵的演变情况对比

韵摄	通合一		通合三		臻合一	臻合三	
韵	屋	沃	屋	烛	没	术	物
中原音韵	鱼模（u）		鱼模（u/iu 精庄见组）	鱼模（iu）	鱼模（u）	鱼模（iu/u 非组）	
韵略易通	东洪（uk）		东洪（uk/iuk 见组）		真文（uət）	真文（yət/ uət 非组）	

注：《中原音韵》通合三入声韵中的"六肉"归尤侯（iəu）韵，"宿竹逐轴粥熟烛褥"八字两收于鱼模韵和尤侯韵，杨耐思（1981：176）认为重收于尤侯韵的当属"外来"字，因为《蒙古字韵》尤韵不配入声，曲韵也很少在这一韵受入声字。《中原音韵》臻合三术韵庄组（率蟀）归"皆来（uai）"韵当属例外。

据表 5 – 27 显示，臻通摄合口入声韵在《中原音韵》就已合流了，很难想象较之更晚出现的兰茂《韵略易通》却仍保留着二分的格局，因此《韵略易通》保留入声韵对立应是守旧的结果（张玉来，1999）。稍后的本悟版《韵略易通》中的重韵情况则很好地反映了臻通摄合口入声韵的合流。参见表 5 – 28。

表 5–28　　本悟《韵略易通》东洪韵与真文韵的重韵例字

1. 东洪（uk）	3. 真文（uət）	7. 庚晴（uək）	3. 真文（yət）
卜目福督秃六足促竹蓄束辱哭屋₃谷斛扑₃,₇宿₂,₃	不哱卒猝术出窟忽兀₁骨没₁,₇弗₁,₂	或₁国₁,₃	焌戌₁,₇

注：表中的"2"指《韵略易通》中的江阳韵。

　　本悟《韵略易通》凡注"重×韵"的例子，一般认为是代表着云南方音的实际读音，由此可见，至少在明代，臻通摄合口入声在云南就已合流，也可反证兰茂《韵略易通》将其二分的情况实属守旧。

　　臻、通摄合口三等入声韵在西南官话中，臻摄非组（唇音）、知系主要读洪音，精组、来母、见系主要读细音。通摄除见系多读细音外，其他主要读洪音。其实，臻、通摄合口三等入声韵 i 介音的脱落在《中原音韵》里已有出现，它们二者的唇音（非组）均已读为洪音鱼模（u）韵。《韵略易通》里 i 介音的脱落进一步扩大，通摄合口三等入声韵除见系字外，一律读洪音东洪（uk）韵，但臻摄仍与《中原音韵》保持一致，即非组（唇音）读洪音真文（uət）韵，其他读细音真文（yət）韵。经过对比统计，四川、湖北、湖南方言中，除见系读细音外，精组字也多读细音，这应当与精组的舌尖音声母影响有关，而此后精组拼细音 tɕ 组的分化相拼则进一步巩固了这种精组细音的存留。贵州精组字读细音的情况较少，云南则不存在（"戌恤"等读细音当受现代普通话的影响而成，如杨柳树就读"戌"为 su³¹）。由此可见，云南、贵州等地的官话演变显然要快于其他西南官话方言区，说明云南、贵州等地官话的存在历史显然要比其他西南官话方言区悠久些。通过今读例字表可看出，臻通合口入三等在南京话中，除见系及臻摄精组、来母外，一律读洪音；洛阳话是除见系、精组、臻摄来母外，一律读洪音。由此可见，臻通合口入三等在中原官话和江淮官话中有不同的演变或属不同的层次，江淮官话的 i 介音可能脱落得更快。对比来看，以昆明话为代表的西南官话主流类型显然与以南京话为代表的江淮官话属于同类型。北京话中"绿"的文白异读 ly⁵¹/lu⁵¹ 则暗示着它属于混杂性方言的特点[①]。值得注意的是，臻通摄合口入声一等字

---

① 高晓红（2002）认为北京话知庄组入声读入精组是受明代的官话（南京话）影响而得。详情可参高晓红《北京话入声字的历史层次》（北京语言大学出版社 2009 年版）、张世方《北京官话语音研究》（北京语言大学出版社 2010 年版）等相关著作的论述。

中，精组字（臻摄没韵"卒_兵卒_猝_猝死_"，通摄屋韵"族速"）在不少方言点也读细音，二者读细音的情况较为一致，即"卒_兵卒_猝_猝死_"读细音，则"族速"也读细音，反之亦然。在这部分方言点中，精组因舌尖前音的作用而保持了细音特征的相对稳定，导致一等精组在臻通摄合口入声韵的合流过程中混入了三等精组。但二者在音值上所影响的这种细音合流可能较晚，《中原音韵》二者虽同属鱼模韵，但精组一三等仍保留着音值上的洪细区别（杨耐思，1981），《韵略易通》中二者合流为洪音（张玉来，1999），这暗示着臻通摄合口入声韵合流后，精组合流为细音的情况仍具有往洪音方向推进演变的大趋势。

①武汉等裂变为 ou 的类型

武汉话读 u/ou/oŋ 的类型，主要分布在鄂西（郧县、竹山、竹溪等）、鄂北（房县、郧西、保靖、襄阳、枣阳、随县等）、鄂中（汉阳、汉川、沔阳、天门、京山、宣恩等）、湘西（黔阳、通道、石门、大庸、晃县、麻阳、洪江等）、湘北（常德、慈利、澧县、临澧、安乡、汉寿等）、黔东（玉屏、岑巩、三穗等①）等。

臻通摄合口入在武汉话中的具体分化条件是：一等端系、通合三端系、知系读 ou 韵，明母读 oŋ 韵，帮系（除明母外）、一等见系读 u 韵，臻入合三及通入三见系读细音 i/y/iou 韵。遇摄在武汉话中的分化情况是：一三等帮系（除明母）、一等见系读 u 韵，明母读 oŋ 韵，一等端系、三等庄组读 ou 韵，三等（除非组）读细音 i/y 韵。参见表 5-29。

表 5-29　　武汉话、京山、丹寨话遇摄韵母今读分化

韵摄	遇合一模					臻合三鱼		
例字	蒲_并_	墓_明_	图_定_	粗_清_	吴_疑_	胡_匣_	吕_来_	徐_心_	除_澄_
武汉	pʰu²¹³	moŋ³⁵	tʰou²¹³	tsʰou⁵⁵	u²¹³	xu²¹³	ny⁴²	ɕy²¹³	tɕʰy²¹³
京山	pʰu¹³		tʰu¹³	tsʰu¹³	u¹³	xu¹³	ny³¹	ɕy¹³	tsʰu¹³
丹寨	pʰu⁵³	mu¹³	tʰou⁵³	tsʰou³³	u⁵³	fu⁵³	lei⁵⁵	ɕy⁵³	tsʰu⁵³

---

① 贵州省地方志编委会《贵州汉语方言志》（1998：74）："镇远部分 u 韵字，玉屏、岑巩、三穗读为 əu 韵。古遇摄一等和通摄一、三等入声端系字，遇摄三等庄组，玉屏、岑巩读 əu，三穗端组字读 əu，精组、庄组字读 əu 的较少。"另，酸汤话庄组字鱼韵字也读 əu 韵，可见舌尖前音是 əu 的开始。

续表

韵摄	遇合三鱼			遇合三虞				
例字	锄崇	诸章	居见	扶奉	须心	厨澄	雏崇	朱章	句见
武汉	tsʰou²¹³	tɕy⁵⁵	tɕy⁵⁵	fu²¹³	ɕy⁵⁵/ɕi⁵⁵	tɕʰy²¹³	tsʰou²¹³	tɕy⁵⁵	tɕy³⁵
京山	tsʰu¹³	tsu⁵⁵	tɕy⁵⁵	fu¹³	ɕy⁵⁵	tsʰu¹³		tsu³ˋ	tɕy⁴⁴
丹寨	tsʰu⁵³	tsu³³	tɕy⁵³	fu⁵³	ɕy⁵⁵	tsʰu⁵³		tsu³³	tɕy¹³

注：武汉"女"有白读音 y⁴²，京山"粗"有白读音 tsʰu¹³、"女"有白读音 y³¹，丹寨"图"又音 tʰu⁵³、"粗"又音 tsʰu³³。

遇摄和臻通摄在武汉话中的分合情况表面上并不一致：遇摄三等除非组、庄组外一律读细音，臻合三全读细音，通摄则只有见系读细音。但从读洪音的情况来看，它们的分合类型则基本上是一致的，如明母都演化合读 oŋ 韵等，说明彼此之间应该是先以 u 韵为条件合并的，然后再同时向阳声韵同向演变。因此，臻通合入三等的早期也应该是读细音的，然后再变为合口 u 韵，最后变为开口，即遵循 iu > u > ou（oŋ）的演变规律。

武汉、丹寨等臻通合入读 ou 韵应该是由早期 u 韵裂化而来（郭丽，2009），京山方言的文白异读较能体现这一特点，相同现象也存在于江淮官话中①。朱晓农（2004）把裂化分为"前显裂化"和"后显裂化"两类，武汉话显然是臻通摄与遇摄合流后而出现前显裂化的结果。武汉、京山、常德等 u 裂化为 ou 后与流摄混同（如武汉：突＝秃＝图＝头 tʰou²¹³），西南官话区方言点于明代便已有韵书记载。明代京山人郝敬（1558—1639）著有《五声谱》②，宁忌浮认为该书记录的是当时郝敬自己的家乡话（今京山话），他把该书所反映的音系情况与今京山话作对比后指出："屋沃烛没物术以及昔锡合口字在今京山方言的分布与《五声谱》相同"（宁忌浮，2005：11）。参见今京山话例字表 5 - 30。

---

① 江淮官话通摄入读 əu 韵的主要分布在黄孝片（吴波，2007：155）。
② 明京山人郝敬（1558—1639）《五声谱》卷首署名时间为"天启三年"，该书跋文写于崇祯三年。由此可推测该书当写于明末天启至崇祯年间（或之前），具体为 1624—1631 年（天启三年至崇祯三年间）。

表 5-30　　京山话"没术物屋沃烛合口字韵母"分化例字

	没	术	物	屋	沃	屋	烛
ou	<u>突卒</u>			<u>秃簇读鹿</u>	<u>笃</u>	<u>陆肃缩熟竹</u>肉	<u>绿辱烛</u>足 促嘱属续触
iou						<u>畜育</u>	欲
u	突卒不勃骨忽	出	物	秃簇卜仆扑瀑哭屋	笃酷	陆肃缩熟竹	绿辱烛足服
y		律戌橘	屈			畜育郁菊	局曲玉

注：字下有双横线为文读音，单横线为白读音。京山话梗合三入昔韵的"役疫"读 y¹³。

宁忌浮先生强调，京山话 ou 与 u、iou 与 y 两出者，ou、iou 为文读，u、y 为白读，文读与《五声谱》一致。由此可见，京山话 u 裂化读 ou 应当是较早的事情。同时，通过表 5-30 中例字可以看出，京山、武汉、常德、丹寨等读合口 u 韵的声母主要是唇音（p、pʰ、f）和舌根音（k、kʰ、x、ø），读开口 ou（əu）主要分布在端系和知系[①]。张光宇（2006：351）就指出舌根音很容易保留 u 介音，唇音声母发音时舌体平放，u 介音或消失或存留；端系、知系今主要读 t 组、ts 组等舌尖音，较为容易失去 u 介音而转读开口。张先生此说尽管是针对非入声的齐微韵来说的，但似乎也能解释武汉、京山、常德等臻通摄合口入声 u 韵的保留与裂化（ou）现象，即 u 韵的裂化与否主要以声母为条件。明母由 u 裂化为 oŋ 韵也是较为常见的音变，u 和 ŋ 在音理上近似，二者同属后高舌位，彼此的第一、第二共振峰接近，故 u 韵很容易裂化为 uŋ（oŋ）韵。而 u 裂化为 uŋ（oŋ）韵的情况仅存于明母，大概与 m 声母的鼻音发音特征有关，因为鼻音声母 m 与后高元音 u 相拼，鼻音成分很容易影响 u 韵而带后鼻音 ŋ 韵尾（uŋ 和 oŋ 在西南官话中一般属于相同的音位）。至于流摄明母字如"母拇 <u>mou</u>⁴²/<u>moŋ</u>⁴² 谋 <u>mou</u>²¹³/<u>moŋ</u>²¹³"等具有文白两读的现象[②]，白读 oŋ 韵很可能是早期词汇扩散的结果。

②遵义韵尾舒化为 uɛ 的类型

贵州遵义、仁怀等臻通摄合口入合流读 uɛ 韵的情况，与武汉、丹

[①] 杨时逢（1984：200）指出："（京山话）模韵端系与鱼虞两韵庄组字文言读 ou，白话读 u，如'奴'<u>nou</u>¹³/<u>nu</u>¹³，'锄'<u>tsʰou</u>¹³/<u>tsʰu</u>¹³。"即入声没屋烛韵的端知两系字同。

[②] 武汉流摄明母 ou/oŋ 两读的字较少，仅有"母拇 <u>mou</u>⁴²/<u>moŋ</u>⁴²、谋 <u>mou</u>²¹³/<u>moŋ</u>²¹³"；多数读 ou 韵，如某亩 mou⁴²、贸茂 mou³⁵等。

寨等读 ou（əu）韵的情况不同，后者缘于 u 韵的裂化所致，而前者应由塞音韵尾的舒化演变而得。遵义话中，uɛ 韵是独立的入声韵，它并不与其他阴声韵相混，如"出_{臻合三术}促_{通合三烛} tsʰuɛ²¹ ≠ 锄_{遇合三鱼} 厨_{遇合三虞} tsʰu²¹、佛_{臻合三物}服_{通合三屋} fɛ²¹ ≠ 扶_{遇合三虞} fu²¹"等。如果 uɛ 属于"后显裂化"，则臻通合口入的早期形式应该是失去塞音韵尾后与遇摄合流，然后共同裂化演变（u > uɛ），但 uɛ 韵的独立入声韵和遇摄读 u 韵的事实排除了这种可能性。遵义属于西蜀片之岷赤小片，语音特点主要就是入声的存留。贵州遵义、凤冈、湄潭、绥阳、瓮安、余庆、镇安等虽然入声归阳平，但它们"一些入声字如'骨、哭、出'等读韵 [uɛ]，'姐'和'挤'同音等均与其他贵州方言不同而与峨赤小片接近"（李蓝，2009：78），且与黔北在地理上连成一片，故整个黔北方言早期应该是一个整体。岷赤小片是西南官话入声存留区的集中地带，绝大多数学者认为这些入声区的入声韵已经舒化消失，仅存入声调而已。但事实并非全都如此，独立入声韵（入声韵失去塞音韵尾但并未与其他古阴声韵相混）发音至音节尾部时喉头一般显得较紧，即听上去喉头有卡状，如泸州方言就有 e、ie、ue、uə、ye、yə 六韵是来自中古入声韵类的独立元音（李国正，1997：52），但这些韵母尽管没有喉塞尾 [ʔ]，但发音至音节末尾时喉头肌肉是微显紧张的（翟时雨，2003：2），此情况在西南官话入声存留区很普遍。甚至有些方言点把这种入声的紧促现象直接处理为收塞音韵尾 ʔ，如云南曲靖、陆良，四川江津（钟维克，2002）等。由此可见，西南官话的独立入声韵与一般的阴声韵在发音及听感上是有区别的，即显得紧促。今遵义市在历史上一直隶属四川管辖①，至清雍正五年（1727），遵义府方由四川省划归贵州省，故无论从地理上还是语音上看，遵义与川南的江津、泸州等入声存留区的方言应该属于相互联系的一个整体。江津方言的入声韵母字，单独成调类，但其读得较短促，略带喉塞音韵尾，钟维克（2002）把之处理为带塞音韵尾 ʔ 的独立入声韵类；李国正（1997：54）在分析泸州话 uə、yə 独立入声韵时，指出这是入声韵母自身调节以拉开与其他舒声音节的差

---

① 遵义市共辖 2 区（红花岗区、汇川区）2 市（赤水市、仁怀市）10 县（遵义县、桐梓县、绥阳县、正安县、凤冈县、湄潭县、余庆县、习水县、道真仡佬族苗族自治县和务川仡佬族苗族自治县）。

距，从而有利于入声韵音值的保持。遵义话臻通摄合口入合流读 uɛ 的独立入声韵应与泸州读 uə、yə 的独立入声韵的演变同理。从地理位置上看，遵义正好处于黔北入声区（即岷赤小片）与黔中南非入声区（川黔片）的结合地带，二者的竞争使得遵义臻通摄合口入声韵趋于一种中性的演变，调值与阳平混同，韵母音值上保留独立的入声韵，即由保留入声韵、入声调的 uʔ 类江津型，演变为保留独立入声韵但失去入声调的 uɛ 类遵义型。入声韵变为阴声韵前提是原有的短促音节必须得到补偿：或是入声调由短促趋平缓而与阴声调同；或是改变韵尾，由原来唯闭音的塞音韵尾变成一种可除阻的通音尾（吴波，2007：162）。遵义、仁怀等通摄合口入合流读 uɛ 韵的类型显然属于后一种演变情况。遵义臻通摄合口入声韵唇音读 ɛ 韵，则是唇音声母同化 u 介音所致，这是汉语语音发展史中的常见现象，此不赘论。

遵义地区臻通摄合口入声 uɛ 韵的演变在西南官话其他方言点较少出现，这可能与遵义方言很少受明清时期"湖广填四川"的影响有关。欧阳直《蜀乱》："自此，东、西、南三川，全归清，蜀乱暂定矣！自乙酉（顺治二年）以迄戊、己（戊戌、己亥，即顺治十五年与十六年），计九府一百二十州县，惟遵义、黎州、武隆（故治在今涪陵县东南）等处，免于屠戮。上南一带（嘉定），稍有孑遗。余则连城带邑，屠尽杀绝，并无人种。且田地荒废，食尽粮空。未经'大剿'地方，或有险远山寨，间有逃出三、五残黎。初则采芹挖蕨，继则食野草，剥树皮。草木俱尽，而人遇且相食矣！"明末战乱，四川惨遭屠戮，唯遵义府幸存，故遵义方言在西南官话有可能属于较早时期的方言，但至于其是否源自中原官话，则有待进一步考证。

③剑川等低化为 o 的类型

云南剑川、绥江，贵州桐梓等臻通合口入合流读 o 韵的类型，主要集中在四川，除云南剑川、绥江外，贵州的桐梓也属于这种类型。此类型主要集中在四川彭山、安县、广汉、金堂、射洪、松潘、茂县、灌县、温江、新津、大邑、蒲江、邛崃、青神、乐山、犍为、马边、雷波、屏山、宜宾、庆符、高县、长宁、叙永、古宋、綦江、简阳、懋功、南部、西充、盐亭、什邡、新繁、郫县、理潘、崇庆等。《西儒耳目资》里，中古臻摄合口入没、物韵和通摄一等屋韵金氏字母标"o 次"，通摄三等屋、烛韵金氏字母标"io 次"，臻摄术韵标为"iu 中"。各家拟音参见表 5–31。

表 5-31　　　　　《西儒耳目资》"没屋物术烛"韵拟音

中古韵	金氏字母	各家拟音			例字
		罗常培	陆志韦	曾晓谕	
入声没屋一等物	o 次	o	o	o	族谷木
入声职术韵	iu 中	y	iu	iu	律屈
入声屋三等烛韵	io 次	ɔi	io	io	菊曲欲畜

　　据表 5-31 中"金氏字母"及学者们的拟音可知，中古"没、屋、物、烛"韵在《西儒耳目资》里的主元音是读 o 韵的，这与剑川等读 o 的类型是基本相同的。从地域上看，臻通合口入合流读 o 韵的方言点主要集中在四川岷江中下游区域，此区域属川西、川中偏南一带，是受"湖广填四川"影响较少的区域，是四川方言存古较早的地区①，即属清前较早的蜀语（可参阅"中古入声调在西南官话中的演变"一节的论述），滇西的剑川、鹤庆等方言跟川中入声为平调值（33/23）区域同源，长江是其纽带（参阅同前）。这样看来，西南官话臻通摄合口入读 o 韵的情况至少在明代便已如此。《西儒耳目资》臻通合口入合流主元音读 o 的类型，与《中原音韵》《韵略易通》《韵略汇通》等主元音读 u 的类型不同，显示了南北官话的差异②。剑川等臻通合口入合流读 o 韵的情况，进一步证明西南官话与江淮官话的密切渊源③。

　　西南官话臻通摄合口入读 o 韵类型，应该源自 u 的低化而得，即 u（?） > o。因为臻通摄合口入与阴声韵的合流并非是一致的。参见例字表 5-32。

---

　　① "川西、川南、川中保持古音较多，是语音的'稳定区'。背景上，这一带物产丰富，人口密集，为川腹地；地理背景看，这一带背靠西藏、云南等少数民族地区，外来方音影响小"（翟时雨，2006：98）。

　　② 中古入声的演变可能有两个方向，其一是入声舒化，其二是入声韵合并，并向低化弱化的方向发展。现仍保留入声的方言，如吴语、江淮官话、晋语、西南官话（入声区）等走的是第二条演变道路。

　　③ 剑川等方言不仅臻通合口入读 o 韵与《西儒耳目资》同，鱼虞韵知章日、见系、其他（特别是庄组）三分的格局也与《西儒耳目资》于类型上相同（可参"西南官话臻通合口入与阴声韵的分合规律表"）。

表 5-32　　　　　　西南官话臻通合口入与阴声韵的分合规律

韵摄	臻摄	通摄	果开一歌		果合一戈		遇合一模		遇合三鱼
例字	骨见	哭溪	多端	河匣	婆並	和匣	菩並	胡匣	徐邪
成都	ku²¹	kʰu²¹	to⁴⁴	xo²¹	pʰo²¹	xo²¹	pu²¹	fu²¹	ɕy²¹
剑川	po¹³	kʰo¹³	to⁴⁴	xo⁴²	pʰo⁴²	xo⁴²	pʰo⁴²	xo⁴²	ɕyi⁴²
邛崃	koʔ³	kʰoʔ³	to⁵⁵	xɤ²¹	pʰɤ²¹	xo²¹	pu²¹	fu²¹	ɕy²¹
彭州	ko³³	kʰo³³	to⁵⁵	xo²¹	pʰo²¹	xo²¹	pu²¹	fu²¹	ɕy²¹
兰坪	kʊ³¹	kʰʊ³¹	tʊ⁴⁴	xʊ³¹	pʰʊ³¹	xʊ³¹	pʰʊ³¹	fʊ³¹	ɕyi³¹
眉山	ku²⁴	kʰu²⁴	tu⁵⁵	xu³¹	pʰu³¹	xu³¹	pʰu³¹	fɣ³¹	ɕy³¹
合江	kʊ³³	kʰʊ³³	to⁵⁵	xo³¹	pʰo³¹	xo³¹	pʰu³¹	fu³¹	ɕy³¹
江津	kʉ³³	kʰʉ³³	to⁵⁵	xo³¹	pʰo³¹	xo³¹	pʰu³¹	fu³¹	ɕy³¹

韵摄	遇合三鱼				遇合三虞				
例字	猪知	如日	锄崇	鱼疑	符奉	须心	住知	儒日	愚疑
成都	tsu⁴⁴	zu²¹	tsʰu²¹	y²¹	fu²¹	ɕy⁴⁴	tsu¹³	zu²¹	y²¹
剑川	tsɣ⁴⁴①	sɣ⁴²	tsʰo⁴²	yi⁴²	fo⁴²	ɕyi⁴⁴	tsɣ⁵⁵	sɣ⁴²	yi⁴²
邛崃	tsu⁵⁵	zu²¹	tsʰu²¹	y²¹	fu²¹	ɕy⁵⁵	tsu¹³	zu²¹	y²¹
彭州	tsu⁵⁵	zu²¹	tsʰu²¹	y²¹	fu²¹	ɕy⁵⁵	tsu¹³	zu²¹	y²¹
兰坪	tʂʯ⁴⁴	ʐʯ²¹	tsʰu³¹	yi³¹	fu³¹	ɕyi³¹	tʂʯ²⁴	ʐʯ³¹	yi³¹
眉山	tsu⁵⁵	zu³¹	tsʰu³¹	y³¹	fɣ³¹	ɕy⁵⁵	tsu¹³	zu³¹	y³¹
合江	tsu⁵⁵	zu³¹	tsʰu³¹	y³¹	fu³¹	ɕy⁵⁵	tsu²⁴	zu³¹	y³¹
江津	tsu⁵⁵	zu³¹	tsʰu³¹	y³¹	fu³¹	ɕy⁵⁵	tsu¹³	zu³¹	y³¹

据表 5-32 中所示音读类型，臻通摄合口入与阴声韵的分混情况在西南官话中主要分为以两种类型：相混型和独立型。

A. 相混型：臻通摄合口入与阴声韵相混。具体相混情况分如下 5 种：

A1. 臻通合口入与遇摄混读 u 韵，如成都型。西南官话绝大多数属此类型。

---

① 剑川"ɣ是 v 延长成音节，摩擦较强"（杨时逢，1969：1118）。但ɣ仅存于遇合三鱼虞韵的知章组字，庄组读 o 韵，其他读细音 yi 韵。湖南慈利、临澧、澧县、黔阳、通道、常德、石门、大庸、晃县、麻阳亦为三分，澧县"鱼虞两韵端见系字读 y，庄组读 əu，其他帮系与知章组读 u"（杨时逢，1974：181）。安乡"模韵端系与鱼虞两韵的庄组字读 əu，与流摄混。鱼虞两韵的知见两系字全混，如：主＝举 tsʯ"。"助"字为残留（永绥、凤凰、泸溪、芷江、沅陵和湖北鄂西、房县等有"杜路做助素数"等字进入流摄）。

A2. 臻通合口入与遇摄、果摄混读 o 韵（鱼虞韵知章日组读 v 韵），如剑川型，还有四川彭山等。

A3. 臻通合口入与果摄相混 o 韵，如彭州型。集中分布于四川绵竹、广汉、金堂、射洪、松潘、茂县、灌县、温江、新津、大邑、蒲江、青神、乐山、犍为、马边、雷波、屏山、宜宾、庆符、高县、长宁①、叙永、古宋、綦江、简阳、懋功、南部、西充、盐亭、什邡、新繁、郫县、理潘、云南绥江等。

A4. 臻通合口入与果摄、遇摄混读 ʊ 韵（鱼虞韵知章组和日母组读 ʯ 韵），如云南兰坪等。

A5. 臻通合口入与遇摄、果摄混读 u 韵，如四川眉山（逢读 f、ø 声母的，韵母读 v 韵）等。

B. 独立型：臻通合口入声韵保留独立的入声字韵母。独韵型包括如下 3 种：

B1. 臻通合口入合流单独读 uʔ/oʔ 韵，如云南陆良、四川邛崃等。

B2. 臻通合口入合流单独读 ʊ 韵，如合江型。此类型还包括四川江安、纳溪、泸县、南溪等。

B3. 臻通合口入合流单独读 ʯ 韵，如四川江津等。

臻通合口入合流为 o 韵的剑川型，显然不是臻通合口入与遇摄合流后再演变进入果摄的，因为相混型中的 A3 类就显示了臻通摄、果摄合流读 o 韵而与遇摄读 u 韵二分的格局，这就说明剑川型方言中，臻通摄合口入与遇摄并不是合流后同时演变进入果摄，同时也排除了裂化演变的可能性。我们认为是：臻通摄合口入主元音合流为 u（ʔ）后再低化演变为 o（ʔ），o（ʔ）舒化失去塞音韵尾而与果摄相混读 o 韵，剑川型的遇摄应该是其中古音读 o 韵的存留。臻通合口入、果摄、遇摄在中古的拟读音情况，见表 5-33。

---

① 长宁"o 在舒声韵的 o 略开，在 o、ɔ 之间，在入声韵中的 o 读得较开，有时近乎 ʊ 的倾向；y 介音不稳固，有时读成不圆唇的 ɿ"（杨时逢，1984：1187）。

表 5-33　　《切韵》臻通合口入、果摄、遇摄韵母拟音

韵摄	臻摄合口入	通摄合口入				遇摄			果摄	
韵	没	物	屋一	沃	屋三	烛	模	鱼	虞	歌	戈
王　力（1987）	uət	i̯ut	uk	uok	iuk	i̯ok	u	ĭo	ĭu	ɑ	ɣɑ
邵荣芬（2008）	tən	tei̯uən	uk	ok	iuk	iok	o	ɔ	iʊ	ɑ	iɑ
李　荣（1956）	tən	i̯uən	uk	uok	iuk	iok	o	iâ	io	â	iâ
潘悟云（2000）	uot	iut	uk	uok	iuk	iok	uo	ɔ	iʊ	ɑ	iɑ

根据拟音可以看出，以《切韵》音系为代表的中古时期，臻通摄的主元音都是以后高元音 u 或 o 为主，臻通合口入因为塞音韵尾的弱化乃至失落而合流是很正常的。从理论上讲，臻通合口入合流后，其主元音既可以是 o 韵①，也可以是 u 韵，但王力（1987）等大多数学者都认为臻摄没、物韵和通摄屋一、沃、屋三烛韵在元代已合流读 u（iu/y）韵。

臻通合口入主元音合流为 u 后再演化读 o 韵其实并不难理解。拉波夫（1994：116）对元音演变制定了三条"通则"：①长元音高化；②短元音低化；③后元音前化。臻通合口入在中古时期分别带喉塞-t、-k 韵尾，二者合流的动因就都属后高元音，但它们合流前至少意味着塞音韵尾或已丢失或已弱化为相同的喉塞ʔ韵尾②。今江淮官话入声韵即主要以保留喉塞ʔ韵尾为其主要特点，从西南官话存留的入声特点及其与江淮官话的紧密关系来看，我们倾向于认为臻通摄合口入合流后，它们在这两个方言区很长一段时间都保留着ʔ韵尾③。塞音ʔ的发音特点主要就是"短促"，臻通合口入合流后的主元音 u 在塞音ʔ韵尾的影响下自然就是一个短促元音，这就使后高元音 u（ʔ）具有了"短元音低化"的可能。吴波（2007：163）就指出"韵腹为高元音的入声韵因为语流的短促，容易弱

---

① 潘悟云（2000：82）通过国内外早期的音译对比材料得出"（魂韵）它的主元音更像 o"的结论。

② "从音理上说，元明近代汉语中入声普遍变为喉塞韵尾……约十四世纪，今江淮官话的喉塞尾类型可能就已经完全形成了。"（吴波，2007：141）

③ 中古入声的发展可能有两个方向：舒化是一种，入声韵合并是另一种。入声韵合并后，大多会往弱化的方向演变，吴语、江淮官话、晋语、蜀语等大部分保留中古入声的方言走的就是这条演变道路。

化低化",这种情况在江淮官话和福州方言中多有体现①。

西南官话臻通摄合口入读 u（ʔ）韵的"高元音低化"是有层次的,与阴声韵的合流也显得较为复杂。合江型臻通合口入合流为单独的 u 韵是低化的第一个阶段,邛崃型单独合流读 oʔ 的类型属于第二阶段,oʔ 舒化后与阴声韵果摄合流读 o 韵的彭州型是第三阶段,剑川话遇摄读 o 韵应该是中古音的保留。四川江津型合流单独读 ʉ 韵应该是 u 的前化（"后高元音前化"）而得。云南兰坪型臻通合口入、果摄、遇摄合流读 ʉ 韵应该是剑川型合流读 o 韵的高化（根据"长元音高化"的原则,说明剑川入声 o 韵确已彻底舒化,兰坪话的入声已并入阳平也更能证明这一情况）。四川眉山型臻通合口入、果摄、遇摄合流读 u 韵的演变类型较为特别,具体是臻通摄合口入与遇摄合流读 u 韵,然后果摄元音高化后再与前二者合流同读 u 韵。因为眉山话中存在 ɤ 韵母,但该韵字仅收有遇摄、臻通摄合口入的三等非组、一等晓组、一等影组字,而果摄字的晓组、影组字则读 u 韵并未与之相混。参见例字表 5 – 34。

表 5 – 34　　眉山话今读 ɤ 韵和果摄晓、影组读 u 韵分化例字

韵	ɤ					韵	u			
调	阴平	阳平	上声	去声	入声	调	阴平	阳平	上声	去声
f	呼夫	乎胡扶符狐浮	府腐虎	户附妇负父	忽拂佛服福	x		和河何匣	火晓	货晓/祸贺匣
∅	乌	无吾吴	武五午	戊务	物屋	∅	窝影	鹅疑		卧饿疑

注：眉山话中读 ɤ 韵的仅有"浮尤韵奉母 戊侯韵的明母"两字例外,即不属臻通摄合口入和遇摄,而是属于流摄。"戊"属非常用字,"浮"在笔者的方言中仍读 fəu³¹,"戊浮"读 ɤ 韵应该是受外来文读音的影响而得。

一般认为,中古入声的演变可能有两个方向：其一是入声韵尾合并为 -ʔ 后直接舒化,如成都型；其二是入声韵尾合并为 -ʔ 后,在进一步弱化韵尾的同时主元音有向低化方向演变的趋势。现仍保留入声调（韵）的方言,如晋语、吴语、江淮官话、西南官话（入声区）等走的主要是第二条演变道路。

综上所述,下面把西南官话臻通摄合口入合流的主元音演变层次示如

---

① 江淮官话和福州方言都有这种特点,如江淮官话的泰州、淮阴等,福州方言的［ik、uk、yk］变到 -ʔ 韵尾,主元音一定会低化为［a、e、o］类（吴波,2007：162）。西南官话的邛崃等属于演变类型。

图 5 – 30。

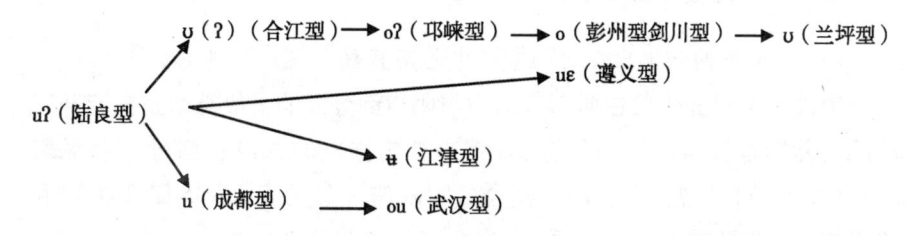

图 5 – 3　中古臻通摄合口入在西南官话中合流的主元音演变层次

第六节　西南官话入声韵的今读特点及入声消失的层次问题

汉语方言"入声"的概念一般包括入声韵和入声调两个特征，这里主要探讨的是入声韵（西南官话的入声调可参见本书第六章第二节"中古入声调在西南官话中的演变"的论述）。中古入声韵主要体现为［-p、-t、-k］塞音韵尾，西南官话中的入声韵同大多数官话方言一样，除极少数方言点保留喉塞音ʔ韵尾外（如陆良、曲靖、合江等），一般都已失去塞音韵尾，并根据语音近似的原则混入相应阴声韵摄中去。但也会因方言点的差异，在某些方言点存在部分入声韵失去塞音韵尾后保留单独的入声字韵母，即入声韵独立成类。

一　西南官话中古入声韵尾的今读类型

西南官话入声韵尾类型有喉塞尾（ʔ）和零韵尾两种类型：

第一，喉塞尾（ʔ）类型。入声韵在西南官话中体现为喉塞ʔ尾的方言点非常有限，入声调存留区目前仅见陆良、曲靖、江津等极少数方言点[①]。

第二，零韵尾类型。入声韵在西南官话中除了如上面所说的极少数入声调存留区尚存喉塞韵尾外，其他绝大多数基本上都根据语音相似的原则混入相应阴声韵中，但也存在一些少数入声韵摄失去塞音韵尾后独立成类的（详见后述）。

[①]　据杨时逢（1984），四川长宁入声调值为33，"但入声调值较短一点，有时略有喉塞倾向"（第1187页）；南溪"入声是中平调33，有时读成较短促"（第1258页）；合江"入声是中平调33，有时读得略短促"（第1281页）；江津"入声是中平调33，读得较短促，好像略带喉塞ʔ"（第1297页），钟维克（2002）就把入声韵全部记为喉塞ʔ尾。

二　入声韵摄舒化后与阴声韵摄的分混情况

（一）入声韵舒化后在西南官话中与阴声韵分混的一般类型

中古入声韵舒化后在西南官话中与阴声韵分混的一般类型是：宕开三药韵（除知系）、江开二铎韵见晓组一律为独立的入声字韵母（参见表5-35第4类），曾合一德韵、梗合二陌麦韵（参见表5-35第3类）和臻曾梗合三术职昔韵（除知系）、通合三屋烛韵见系（参见表5-35第7类）在大部分方言点也都保持独立的入声字韵母，其他舒化后的入声韵摄在非入声调存留区一般都已混入相应的阴声韵摄。下面以成都话为例来直观展现这一入阴韵摄分混的基本类型。参见表5-35。

表5-35　西南官话中古入声韵舒化后与阴声韵摄分混的一般类型（以成都话为例）

类别		分混条件			
1A	山（咸）	开一二等/合二等/合三等唇音	曷合盍（非牙喉音）黠辖/洽狎/月乏	八答瞎甲/刷滑/法发	a	假摄
1B	山（咸）	开三四等	叶业帖薛月屑	接	ie	
1C	山（咸）	开三四等	叶薛	涉	e	
	曾梗	曾开三等	职（庄组）	色		
1D	曾梗	开一二等	德陌麦	北白责黑客		
2A	山（咸）	合三四等	薛月（非唇音和知系）屑	绝月缺	ye	果摄
2B	山（咸）	合一三等	末薛（知系字）	脱阔说	o	
	宕江	开一二三等/合一等	铎江（除喉呀音）药（知系）	各桌着/霍		
3	曾梗	合一二等	德陌麦	国或获	ue	
4	宕江	开二三等	江（喉牙音）药（除知系）	学雀	yo	
5A	深臻	开三等	质缉（非知系）	立一	i	止摄
	曾梗	开三四等	昔锡/职陌（除知系）	力逆益惜笛		
5B	深臻	开三等	质缉（知系）	十失	ɿ	
	曾梗	开三等	职昔（知章组）	直植		
6A	臻	合一三等	没/术物（非组和知系）	突/出佛	u	遇摄
	通	合一等	屋沃	木毒哭		
6B	通	合三等	屋烛（除喉牙音）	六足		

第五章　西南官话入声韵的今读类型与历史层次　　273

续表

类别	分混条件				
7	臻	合三等	术物（除非组和知系）	戌恤屈	y/yo
	曾梗	合三等	职昔	域疫役	
	通	合三等	屋烛（喉牙音）	局育	

注：为了理解的直观性，表中用数字表示类型，字母表示小类。虚线表示此韵多为入声字独立韵母，但它们在部分地区演变混入相应虚线以上一类的阴声韵摄。为了表述的简洁，下面论及的一般采用类型表中的"类别"的称呼。

（二）第3类、第4类、第7类在西南官话中与阴声韵摄的分混与分布

第一，基本类型中的第4类在西南官话中基本上为入声字独立韵母，例外极为有限，目前仅见昆明、个旧、慈利三个方言点存在与阴声韵摄相混的情况。

表 5-36　　宕江摄开口二三等入声韵与阴声韵混同例字

方言点	第3类音值	流开三	果摄一	例字
昆明	io	io		雀 = 求 $tɕ^hio^{31}$/药 = 油 io^{31}/虐 = 牛 nio^{31}
慈利	io		io（精组）	左 $tʂio^{53}$ 坐 $tʂio^{53}$/觉 $tʂio^{35}$/略 nio^{35}/约 io^{35}
个旧	io/o（见晓组）		o	药岳 io^{53}/略 lio^{53}　脚觉 tso^{53}/学 so^{53}

昆明话中第4类与流开三尤韵混同过程，应该是流开三尤韵混入第4类。因为昆明话中没有三合元音复韵母，一般的三合元音韵母在昆明话中都演变为二合元音韵母了（杨时逢，1969：18）。参照周边的语音体系来看，尤韵字在昆明话的早期形式应该是个三合元音复韵母（如富民"牛 $niəu^{31}$ ≠ 虐 nio^{31}"），后来韵腹（ə）和韵尾（u）同化合流为一个元音便根据语音近似原则混入第4类（i是介音，具有区别韵类的重要作用，故较稳定）。慈利话也属于阴声韵果摄一等精组字声母擦化增生 i 介音后混入第4类的，与之相反，第3类中的见晓组读 o 韵则是其声母舌尖化以后演变混入果摄的。

第3类在昆明、慈利、个旧话中的演变可参见图 5-4。

第二，第3类、第7类在西南官话绝大部分方言中也都属于独立的入声字韵母，音值上主要表现为 ue（uɤ），但也存在部分地区混入阴声韵摄的情况。第3类混入的阴声韵主要以果摄读 o 韵为主，第7类主要混入遇合三鱼韵。此外，二者也有混入其他阴声韵摄的，但规律性都不强，不具

果摄一等歌戈　　　声母擦化　　　第4类　　　韵腹、韵尾同化　　　流开三尤韵

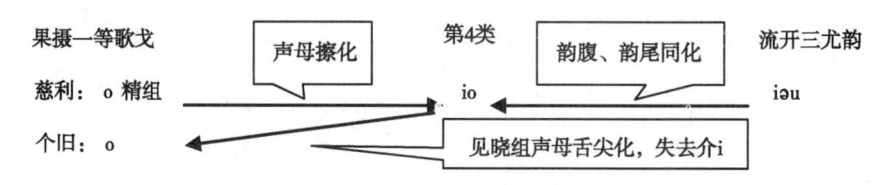

慈利：o 精组　　　　　　　　　　　io　　　　　　　　　　　　　　　iəu

个旧：o　　　　　　　　　　　　见晓组声母舌尖化，失去介i

图 5-4　第 3 类在昆明、慈利、个旧话中与阴声韵的混同演变

备普遍特征。

下面把第 3 类、第 7 类与阴声韵相混的主要方言分布列如表 5-37。

表 5-37　　　　　　第 3 类、第 7 类与阴声韵相混的方言分布

第3类与阴声韵摄混同类型	果（o）	云南：昆阳、晋宁、玉溪、缅宁、泸西、会泽、邱北、马关、西畴、富宁、景东、保山、武定、禄劝、寻甸、永胜、镇沅、昭通；四川：射洪、什邡、新繁、郫县、喷山、夹江、峨眉、峨边、青神、犍为、马边、雷波、屏山、宜宾、长宁、仁寿；湖北：沔阳、江陵、宜都、宜昌、长阳、郧县、均县、光化。湖南：道县等。
	蟹合一、三，止合三（uei/ue）	云南：牟定、澄江、通海、元江、宁洱、思茅、个旧、镇雄等
	蟹合二（uai）	云南：宜良、盐兴；四川：眉山；湖南：凤凰、麻阳、乾城等
	假合二（ua）	四川：涪陵、丰都、灌县、大邑、叙永等
第7类与阴声韵摄混同类型	遇合三（y）	湖南湖北基本全部；四川：资阳、资中、安岳、永川、潼南、岳池、武胜、通江、宣汉、宜汉、大竹、城口、达县、南江、阆中、苍溪、广元、昭化、金堂、名山、丹棱、夹江、峨眉、珙县、仁寿、井研、荣县、隆昌、荣昌、仪陇、蓬安、遂宁、万县。云南：盐津等。
	流开三（iəu）	云南：江川、通海、易门、河西、元江、墨江、思茅、澜沧、缅宁、邱北、个旧、屏边、蒙自、马龙、弥勒、罗平、景东、镇沅等。

（三）中古入声韵舒化后保留独立入声字韵母的一般情况

西南官话保留独立入声字韵的韵摄，除了表 5-37 中所说的第 3、4、7 类较为普遍外，在少数方言点还存在入声其他韵摄保留独立入声字韵母的情况。入声字独立韵母主要集中在今读 io（yo）（第 4 类）、ue（第 3 类）、iu（第 7 类）、ie（第 1B 小类）、e（第 1C、1D 小类）、ye（第 2A 小类）、ɿ（第 5A、5B 小类）等韵母（括号内为基本类型表 5-35 中的中古韵类别），南溪、合江等入声调基本全部为独立的入声字韵母（那些与阴声韵合流的韵母从严格意义上讲仍是独立的入声字韵母）。入声字具有独立韵母的方言点主要集中在入声调存留区，极少数也存在于非入声调方言点（但入声字独立韵母的类较少）。参见表 5-38。

表 5-38　　中古入声韵舒化后保留独立入声字韵母类型例字

例字	插——查调查	缺——瘸——全	歇——邪	涉——蛇	十——时
南溪	tsʰæ³³ ≠ tsʰa³¹	tɕʰyo³³ ≠ tɕʰy³¹ ≠ tɕʰyen³¹	ɕie³³ ≠ ɕi³¹	se³³ ≠ sei³¹	sɿ³¹ ≠ sɿ³³
合江	tsʰæ³³ ≠ tsʰa³¹	tɕʰye³³ ≠ tɕʰy³¹ ≠ tɕʰyen³¹	ɕie³³ ≠ ɕi³¹	se³³ ≠ sei³¹	sɿ³¹ ≠ sɿ³³
绥江	tsʰæ³³ ≠ tsʰa³¹	tɕʰyo³³ ≠ tɕʰi³¹ ≠ tɕʰyen³¹	ɕie³³ ≠ ɕi³¹	sæ³³ ≠ sei³¹	sɿə¹³ ≠ sɿ⁴²
灌县	tsʰe³¹ ≠ tsʰa³¹	tɕʰio³³ ≠ tɕʰy³¹ ≠ tɕʰyẽ³¹	ɕie³³ ≠ ɕi³¹	se³³ ≠ sei³¹	sɿə³³ ≠ sɿ³¹
洱源	tsʰa³¹ ≠ tsʰã⁵³	tɕʰye³¹ ≠ tɕʰiẽ⁵³ ≠ tɕʰyẽ⁵³	ɕie³³ ≠ ɕiẽ⁵³	se³¹ ≠ se⁵³	sɿ³³ ≠ sɿ³¹
剑川	tsʰɑ¹³ = tsʰɑ⁴²	tɕʰyi¹³ = tɕʰyi42 = tɕʰy ĩ⁴²	ɕie³¹ ≠ ɕi³¹	sa¹³ = sa⁴²	sɿə¹³ ≠ sɿ⁴²
眉山	tsʰa²⁴ ≠ tsʰa³¹	tɕʰye²⁴ ≠ tɕʰy³¹ ≠ tɕʰyɛ̃³¹	ɕie²⁴ ≠ ɕi³¹	sae²⁴ ≠ sǝi³¹	sɿ²⁴ ≠ sɿ³¹
峨边	tsʰæ²⁴ ≠ tsʰa³¹	tɕʰio²⁴ ≠ tɕʰye³¹ ≠ tɕʰyẽ³¹	ɕie²⁴ ≠ ɕi³¹	sæ²⁴ ≠ sei³¹	sɿ²⁴ ≠ sɿ³¹
马边	tsʰæ³³ ≠ tsʰa³¹	tɕʰio³³ ≠ tɕʰy³¹ ≠ tɕʰyẽ³¹	ɕie³³ ≠ ɕi³¹	sæ³³ ≠ sei³¹	sɿ³¹ ≠ sɿ³³
雷波	tsʰa³³ ≠ tsʰa³¹	tɕʰye³³ ≠ tɕʰy³¹ ≠ tɕʰyen³¹	ɕie³³ ≠ ɕi³¹	se³³ ≠ sei³¹	se³¹ ≠ sɿ³³
简阳	tsʰa²⁴ ≠ tsʰa³¹	tɕʰye²⁴ ≠ tɕʰy³¹ ≠ tɕʰyen³¹	ɕie²⁴ ≠ ɕi³¹	se²⁴ ≠ ʂei³¹	sɿ²⁴ ≠ sɿ³¹

例字	力——梨	鹿——炉——罗	育	霍——和和气	或——华	雀
南溪	ni³³ ≠ ni³¹	nʊ³³ ≠ nu³¹ ≠ no³¹	iu³³	xø³³ ≠ xo³¹	xø³³ ≠ xua³¹	tɕʰiø³³
合江	ni³³ ≠ ni³¹	nʊ³³ ≠ nu³¹ ≠ no³¹	iu³³	xo³³ ≠ xo³¹	xo³³ ≠ xua³¹	tɕʰio³³
绥江	nie³³ ≠ ni³¹	no³³ ≠ nu³¹ ≠ no³¹	yo³³	xo³³ ≠ xo³¹	xuæ³³ ≠ xua³¹	tɕʰyo³³
灌县	nie³³ ≠ ni³¹	no³³ ≠ nu³¹ ≠ no³¹	io³³	xo³³ ≠ xo³¹	xua³¹ = xua³¹	tɕʰio³³
洱源	li³¹ ≠ li⁵³	lu³¹ = lu⁵³ ≠ lo⁵³	iu³¹	xo³¹ ≠ xo⁵³	xue³¹ ≠ xuã⁵³	tɕʰio³¹
剑川	li¹³ = li⁴²	lu¹³ = lu⁴² = lu⁴²	yo¹³	ho¹³ ≠ xo⁴²	hua¹³ ≠ xuɑ⁴²	tɕyo¹³
眉山	ni²⁴ ≠ ni³¹	nu²⁴ ≠ nu³¹ ≠ nu³¹	io²⁴	xo²⁴ ≠ xu³¹	xuae²⁴ ≠ xua³¹	tɕʰio²⁴
峨边	ni²⁴ ≠ ni³¹	nu²⁴ ≠ nu³¹ ≠ no³¹	iu²⁴	xo²⁴ ≠ xo³¹	xo²⁴ ≠ xua³¹	tɕʰio²⁴
马边	nie³³ ≠ ni³¹	no³³ ≠ nu³¹ ≠ no³¹	io³³	xo³³ ≠ xo³¹	xo³³ ≠ xua³¹	tɕʰio³³
雷波	nie³³ ≠ ni³¹	no³³ ≠ nu³¹ ≠ no³¹	yo	xo³³ ≠ xo³¹	xo³³ ≠ xua³¹	tɕʰyo³³
简阳	nie²⁴ ≠ ni³¹	no²⁴ ≠ nu³¹ ≠ no³¹	io²⁴	xo²⁴ ≠ xo³¹	xo²⁴ ≠ xua³¹	tɕʰio²⁴

注：眉山"或 xuae²⁴ = 坏 xuae¹³"。简阳入声归去声，其他为入声调存留方言点。

把表 5-38 中的入声字独立韵类简化如表 5-39 所示（第 4 类普遍独立，表中不注）。

表 5-39　　中古入声韵舒化后保留独立入声字韵母类型

类型	1A	1B	1C	1D	2A	2B	3	4	5A	5B	6A	6B	7
成都	a	ie	e	e	ye	o	ue	yo	i	ɿ	u	u	iu
南溪	+	+	+	+	+	+	+	+	−	+	+	+	+

续表

类型	1A	1B	1C	1D	2A	2B	3	4	5A	5B	6A	6B	7
合江	+	+	+	+	+	-	-	+	-	+	+	+	+
绥江	+	+	+	+	+	-	+	+	+	+	-	-	+
灌县	+	+	+	+	+	-	+	+	+	+	-	-	+
洱源	+	+	-	-	+	-	+	+	+	+	-	-	+
剑川	-	-	-	-	+	-	+	+	+	+	-	-	+
眉山	-	-	-	-	+	+	-	+	-	-	-	-	+
峨边	+	+	-	-	+	-	-	-	-	-	-	-	+
马边	+	+	+	+	+	-	-	-	-	-	-	-	+
雷波	-	+	+	+	+	-	-	+	+	+	-	-	+
简阳	-	+	+	+	+	-	-	-	-	-	-	-	+

注：表中举成都话为例，"+"表示保留独立入声字韵母，"-"表示未保留独立入声字韵母。

据表 5-39 所示，南溪话和合江话入声字基本上仍保留独立的入声韵母，因为南溪"i 在舒声韵中，近标准元音 i；在入声韵中读得很开，近似 ɪ。入声是中平调（33），有时读成较短促"（杨时逢，1984：1258）；同时，合江"i 在入声韵中更松，近似 ɪ；o 在入声韵中是较开的 o，近似 ɔ。入声是中平调（33），有时读得较短促"（杨时逢，1984：1281）。根据这些入声调独立韵的存在及入声调读得短促的情况看，西南官话入声舒化读如或归入阴声韵摄的时间是相当晚的，从上面第 3 类、第 4 类、第 7 类等中古入声韵在西南官话中今读入声字独立韵母的情况也能证明这一结论。

中古入声韵第 7 类等在西南官话中的舒化时间，应该是在遇摄鱼虞韵发生了 iu（io）> y 的演变之后，因为它如果在此之前舒化则势必与鱼虞韵合流而共同演变，但实际情况并不如此，如成都话等鱼虞韵为 y 而第 7 类为 io 韵。一般认为，中古鱼虞韵元代《中原音韵》中仍为 iu 韵（杨耐思，1981：111；李新魁 1983b：97），唐作藩（1991：167）提到"十五世纪《韵略易通》（1442）将《中原音韵》的鱼模韵析为居鱼与呼模二部，表明居鱼的韵母已不是《中原音韵》那样读 iu，而已演变为 y 了"。张玉来（1999：39）也持此观点。但董建交（2007：68）认为《中原音韵》鱼模韵在《韵略易通》中分化出居鱼韵还不能作为 y 韵产生的确证，因为《韵略易通》居鱼韵还包括知系字。金尼阁在《西儒耳目资》

(1626) 中说:"如衣 i 字为元母之三,其号自定,其音曰衣 i,加以元母之午 u,则生夫鱼 iu,又加以元母之二额 e,则生夫 iue。又加以同鸣之十二号溺 n,则生夫沉 iuen。于远之首再加同鸣之三格 k,则生夫倦 kiuen。"李新魁(1983b:97)据此认为《西儒耳目资》中的 iu 仍未演变为 y 韵。其实,鱼韵由 iu 演变为 y 的最好证据是它能够与 i 韵母相押(董建交,2007:68)。明末《韵略汇通》(1642)把《韵略易通》西微韵读 i 韵的字归入居鱼韵,说明 y 已产生。清初樊腾凤《五方元音》①把中古鱼虞韵从虎韵移到了地韵,陆志韦(2003:302)指出"(这)比《西儒耳目资》更近乎现代国音,那才是 y"。依此标准看,y 韵及 y 介音的形成当在明末清初。

据此看来,表 5-39 中古入声韵第 7 类在西南官话中的舒化至早也应属于在明末清初以后的事情。明万历戊午年(1618)云南河西人葛中选《泰律篇》中已有 y 及 y 介音韵母(李新魁,1983b:359;陈长祚,2007:214),同样就有未舒化的 ioʔ、iuʔ、ueʔ 韵②。由此可见,中古入声韵在西南官话中失去喉塞韵尾 ʔ 而舒化为阴声韵的时间,应该是明末清初以后非常晚近才发生的事情。

三 西南官话入声韵舒化归并的历史层次

西南官话入声不管归入阳平、阴平、去声还是保留单独的入声调类,它们都不分阴阳合为一类,这种入声不分阴阳合为一类的情况本身就说明它们是较为晚起的层次类型,同时这也应该是西南官话(包括江淮官话)等南方型官话不同于北方型官话的主要特征。

西南官话一般认为是与江淮官话具有同源关系的(刘晓梅、李如龙,2002:16),抛开移民的渊源不谈,仅从今西南官话入声韵的今读情况来看也能证明这一观点。江淮官话区别于西南官话的特征是江淮官话有入声并存在塞音韵尾,同时具有三套至六套的入声韵母(侯精一,2002:36),西南官话中的陆良话、曲靖话和四川江津话(钟维克,2002)就与

---

① 李新魁(1983)认为《五方元音》应成书于清顺治年间(1644—1661)或康熙年间(1662—1723)。

② 陈长祚(2007:214—218)认为《泰律篇》中的入声字是带有喉塞韵尾的,原因是"哲赫涉"三字同置于"华音内韵第十一"图中,证明它们的辅音韵尾已不存在,必须统一在一个辅音韵尾的状态下,即喉塞音 [ʔ],这持续了很长一段时期。

之条件一致。西南官话入声韵失去塞音韵尾后今仍存留入声调的方言大多数入声调已经读为舒缓调值，但在部分入声调存留区具备大量入声字独立韵母的方言中，其入声调值仍读得较为短促，如四川合江、南溪、灌县、长宁等都反映了其入声调值短促的特点，长宁等有时还略有喉塞倾向（杨时逢，1984）。这说明西南官话的入声调存留区的入声字独立韵母喉塞韵尾的失落是较为晚近的事情。此外，从上述第3类、第4类、第7类等中古入声韵在西南官话中今读入声字独立韵母的演变情况也能说明西南官话入声的消失是较晚的层次类型。

据现有的韵书看，清代及其之前关于西南官话的韵书中，入声均不分阴阳而单独成调，这与《中原音韵》为代表的北方型官话入声已趋消失的类型是属于完全不相同的两种入声演变类型。明早期兰茂《韵略易通》（1442）中存在-p、-t、-k尾，明末云南通海河西人葛中选的《泰律篇》（1618）入声尚存塞音韵尾？（陈长祚，2007：218）[①]，此后的韵书显示喉塞韵尾渐趋消失。据明末清初人李实（1596—1673）《蜀语》中已没有？尾，清康熙十二年（1673）马自援《声类》中喉塞也已经消失（陈长祚，2007：250）。可见，明清时期西南官话一直存在入声调，但入声韵尾已从喉塞？逐渐演变为零韵尾了。从南溪、合江等方言看，喉塞尾消失的早期是以入声调读为短促调作为补充的，最后才舒化而致与阴声韵摄和阳平等调类混同合流。据《汉音集字》（1899）和《西蜀方言》（1900），武汉话和成都话等在19世纪末仍然存在入声调类。所有这些，都证明西南官话入声调归入阳平等舒声调类中当是较为晚近的事情。

---

① 江淮同时期的《西儒耳目资》已失去喉塞韵尾，只保留独立的入声调类（曾晓渝，2004：39）。

第六章

西南官话声调的今读类型与历史层次

第一节　西南官话的调类特点及演变

一　西南官话的调类与分布

调类指声调的数量种类，西南官话的调类有三调类、四调类、五调类、六调类，共四种调类，每一种调类的内部会因方言点的不同而呈现出一定的属内差异。

（一）三调类

西南官话区三调类的方言分布点较为有限，从现有的资料看，仅见云南施甸话，此外，昌宁、云县的一些农村方言也存在读三调类的情况[①]。施甸话的声调分化归派规律是：平分阴阳，清上、次浊上变归阴平，全浊上变归去声，入声派归阳平。调类分化可参见表6-1。

---

　① 据《云南省志·汉语方言志》（云南省方志编委会，1989：113）记载："施甸方言以及昌宁、云县的某些农村地区的方言，只有三个声调，即阴平、阳平、去声，没有上声……（但）昌宁与云县的某些乡村方言，其调类的变化规律与施甸稍有不同，即古上声清声母字、次浊声母字归入阳平。"又，据张世方（2000：48），"另据钱曾怡先生告知，西南官话区云南的丽江、昌宁、施甸、云县四点也是三调方言，钱先生将其归入滆池型"，但昌宁、云县、丽江三个方言点无论是在《云南方言报告》（杨时逢，1969）还是在《云南省志·汉语方言志》（云南省地方志编委会，1989）中都是四调类，即阴平、阳平、上声、去声（按：丽江七河在杨时逢的方言报告中有阴平、阳平、去声、入声，其中清上、次浊上归阴平、全浊上归去声）。

表6-1　　　　　　　　西南官话三调类条件分混

调类	平		上			去		入	
清浊	清	浊	清	次浊	全浊	清	浊	清	浊
施甸	44	31	阴平			213		阳平	

(二) 四调类

四调类是西南官话的主要调类数量类型，它们共同的调类分化条件是：平分阴阳、全浊上声变去。根据入声的有无，四调类可以分为无入声四调类和有入声四调类两种类型。无入声四调类是入声舒化派归平声或去声；有入声四调类是清上、次浊上派归平声。

1. 无入声四调类：阴平、阳平、上声、去声。无入声即意味着入声已舒化归并到其他调类中，无入声四调类中入声的归派在西南官话中主要有三种类型。中古声调今读无入声四调类的分混条件如表6-2所示。

表6-2　　　　　　西南官话无入声四调类条件分混

调类	平		上			去		入	
清浊	清	浊	清	次浊	全浊	清	浊	清	浊
成都	55	21	42			213		阳平	
昆明	44	31	53			212		阳平	
汉源	55	31	53			13		阴平	
自贡	45	31	53			14		去声	
常德	55	13	31			35		去声	
赣州	22	42	55			213		去声	

第一，入声派归阳平。平分阴阳、全浊上声变去，去声不分阴阳，入声派归阳平。杨时逢（1959：120）指出"（入声派归阳平）这是西南官话声调的一个最显著和最主要的特点"。入声归阳平是西南官话声调中较为典型的调类类型，方言分布非常广，遍及整个西南官话区域，如昆明、成都、武汉、桂林等。

第二，入声派归去声。平分阴阳、全浊上声变去，去声不分阴阳，入声派归去声。四调类中入声派归去声的方言分布主要集中在四川岷、沱两江流域的下游中间一带，如自贡、简阳、仁寿、内江、井研、荣县、隆昌、筠连、富顺、冕宁、威远、荣昌、巫山等。此外，云南的威信、盐津、湖南的常德、桑植，江西的赣州等也属于此类型。

第三，入声派归阴平。平分阴阳、全浊上声变去，去声不分阴阳，入声派归阴平。四调类中入声派归阴平的方言点集中在川西一带，如汉源、名山、宝兴、芦山、雅安、天权、泸定、石棉等即属于此类型。

2. 有入声四调类：平分阴阳，浊上变去，入声独立，清上、次浊上归入平声。云南镇康明朗街话和丽江七河话就属于这种有入声的四调类方言，区别仅在清上、次浊上的派归：镇康明朗街话清上、次浊上派归阳平，丽江七河话清上、次浊上派归阴平。调类分化情况参见表6-3。

表6-3　　　　　西南官话有入声四调类条件分混

调类	平		上			去		入	
清浊	清	浊	清	次浊	全浊	清	浊	清	浊
镇康明朗街	44		42			35		313	
丽江七河	42	31	阴平			55		24	

（三）五调类

根据入声的有无，五调类同样可以分为有入声五调类和无入声五调类两种类型。有入声五调类相对于无入声四调类来说，主要就是多出一个独立的入声调；无入声五调类相对于无入声四调类来说，主要是源于去声分为阴去和阳去两个调。

1. 有入声五调类：阴平、阳平、上声、去声、入声。因内部差异有两类：

第一，平分阴阳，全浊上变去，去声不分阴阳，入声独立。此类型是西南官话保留入声调方言中最主要的调类类型。方言点主要分布于四川中部偏西、偏南一带，此外，云南、湖南、湖北、广西部分方言点也属于这种类型。方言点具体有：湖南津市、永明、洪湖、石门、大庸、沅陵、靖县、东安；湖北汉川、沔阳、天门、松滋等；云南陆良、沾益、凤仪、云龙、洱源、剑川、邓川、宾川、盐兴、寻甸、绥江、水富等[①]；四川华阳、泸州、西昌、南部、西充、盐亭、荥经、射洪、松潘、茂县、彭县、邛崃、什邡、叙永、古宋、双流、新津、温江、新

---

① 云南曲靖话在1940年是有入声的（杨时逢，1969：729），但据云南省地方志编委会（1989：115）记录的曲靖话音系来看，曲靖话至迟于20世纪80年代入声就已消失。

繁、新都、郫县、崇宁、理番、灌县、犍为、乐山、五通桥、汶川、崇庆、彭川、大邑、浦江、丹棱、洪雅、夹江、峨边、眉山、沐川、青神、马边、雷波、宜宾、屏山、高县、庆符、长宁、兴文、珙县、南溪、泸县、江安、纳溪、合江、綦江、江津、峨眉、古蔺等；贵州的赤水、沿河、务川、丹寨、黎平、都匀、锦屏等；广西的象州白石话、南宁下郭街话等。见表6-4。

表6-4　　　　　西南官话有入声五调类条件分混（一）

调类	平		上			去		入	
清浊	清	浊	清	次浊	全浊	清	浊	清	浊
陆良	44	53	42			24		313	
天门	55	313	22			33		13	
江津	55	31	42			13		33	
峨眉	33	31	42			12		55	
宾川	33	42	53			13		31	
丹寨	33	53	55			13		42	

第二，平分阴阳，全浊上变阳去，清去归阳平，清入独立，浊入归阳平，如澧县等。中古声调今读分混条件见表6-5。

表6-5　　　　　西南官话有入声五调类条件分混（二）

调类	平		上			去		入	
清浊	清	浊	清	次浊	全浊	清	浊	清	浊
澧县	55	13	31		阳去	阳平	33	35	阳平

2. 无入声五调类：阴平、阳平、上声、阴去、阳去。

西南官话无入声五调类主要分布在湖南北部一带，具体分化归并条件是：平分阴阳，全浊上声变阳去，去声分阴阳，入声舒化后派归平上去而消失。根据入声归派的异同，主要有四种情况：第一种是入声派入阴平，如通道等；第二种是入声派入阳去，如慈利等；第三种是入声派入阴去，如汉寿等；第四种是清入声派入阴去，浊入声派入阳去，如临澧等。中古声调今读分混条件见表6-6。

表 6-6　　　　　西南官话无入声五调类条件分混

调类	平		上			去		入	
清浊	清	浊	清	次浊	全浊	清	浊	清	浊
通道	13	11	24		阳去	35	44	阴平	
会同	11	31	24		阳去	45	33	上声	
慈利	35	13	53		阳去	12	33	阳去	
汉寿	55	313	42		阳去	35	33	阳去	
临澧	35	13	22		阳去	24	33	阴去	阳去

（四）六调类：阴平、阳平、上声、阴去、阳去、入声

西南官话六调类方言都保留有独立的入声调，相对于有入声五调类来说，主要就是去声分阴阳。六调类的具体分化条件是：平分阴阳，去分阴阳，全浊上归阳去，清上、次浊上独立为上声，入声独立。方言点有湖南的桃源、黔阳，湖北的石首、公安、鹤峰等。中古声调今读分混条件见表6-7。

表 6-7　　　　　西南官话六调类条件分混

调类	平		上			去		入	
清浊	清	浊	清	次浊	全浊	清	浊	清	浊
石首	55	13	31		阳去	24	33	35	阳去
公安	55	313	42		阳去	24	33	35	
鹤峰	55	313	42		阳去	13	33	35	
桃源	24	22	31		阳去	13	33	55	
黔阳	44	13	42		阳去	55	24	22	

注：公安、鹤峰、桃源存在部分浊入变阳去的现象。

二　清上、次浊上派归平声的演变缘由分析

据上面的叙述，"三调类"施甸话和"有入声四调类"丽江七河话的清上、次浊上派归阴平，"有入声四调类"镇康明朗街话清上、次浊上派归阳平。

据张世方（2000）对汉语三调类方言的研究，清上、次浊上在三调方言银川型中派归阳平，渑池型中派入阴平。那么，云南清上、次浊上派归平声的类型是否与之存在同源关系呢？答案显然是否定的。首先，我们

一般认为西南官话主要源自江淮官话；其次，清上、次浊上派归平声的方言点在云南少而分散；最后，云南清上、次浊上派归平声的方言类型，从语言的内因（调型的近似）和外因（少数民族民族语言的影响）上都具有合理的解释。

声调合并一般来说需要两个不可或缺的条件：首先，要有调型相同、调值相近的内因；其次，要有促使调型、调值相近而趋向合并的外因。云南施甸话、丽江七河话和镇康明朗街话"清上、次浊上派归平声"的类型显然都具备这两个必备的条件。参见表6-8（施甸属于保山市管辖，为了便于比较，把丽江、保山、镇康的声调一并列出①）。

表6-8　西南官话三调类的条件分混及周边方言调值类型参照

调类	平		上			去		入	
清浊	清	浊	清	次浊	全浊	清	浊	清	浊
镇康明朗街	44		42			35		313	
镇康	55	31	42			45		阳平	
丽江七河	42	31	阴平			55		24	
丽江	55	31	42			213		阳平	
保山施甸	44	31	阴平			213		阳平	
保山	31	44	53			35		阳平	

镇康、丽江和保山的上声调型都是降调，镇康阳平、丽江和保山的阴平也是降调，这暗示着明朗街、七河、施甸的清上、次浊上在混入平声前它们有着相同的调型，调值可能也很相近，如镇康的阳平（31）和上声（42）之间调值就非常接近。但我们说过，调型相同和调值接近仅仅是调类相混的条件之一，它们究竟相混与否还得看有无促其相混的外因。明朗街、七河、施甸的清上、次浊上混入平声的外因，主要就是受当地少数民族语言的影响所致。

云南属少数民族聚居区域，汉语随移民进入后多少会受其影响。董同龢在记录丽江七河话时指出"城乡汉语大致相同，本人（按）说七河乡话，离七河二十里处有民家村落"（杨时逢，1969：1618），民家即白族。董同龢在记录保山话时也指出"本地城乡语言大同小异，无甚差别，非

---

①　丽江、镇康的声调取自《云南省志·汉语方言志》（云南省地方志编委会，1998）。

汉人有摆夷及倮倮"（杨时逢，1969：1371），丁声树在记录镇康明朗街话时也指出"城乡语言无大差异，非汉族有摆夷、傈僳、倮倮、纯卡瓦"（杨时逢，1969：1513），这里提到摆夷、倮倮即今彝族。丽江白语属于白语剑川方言（徐琳、赵衍，1984：116），有三个降调：42、31、21，但42调和21调都是紧喉声调，故它能与西南官话降调相对译的就只有一个31调，故"近期借入的汉语上声字，剑川、大理方言都读31调"[①]（徐琳、赵衍，1984：120）。保山和镇康彝语属于彝语西部方言（陈士林、边仕明，1985：195），以巍山彝语为例，西部彝语只有一个低降的21调。由此可以看出，这些只有一个降调的少数民族方言，如果用之去对译汉语的多个降调（西南官话在云南的降调主要有阳平和上声两个；少部分方言的阴平也是降调，如丽江七河和保山等）势必造成混而不分的局面，这就是明朗街、七河、施甸的清上、次浊上混入平声的外因条件。

值得注意的是，具备了声调合并的条件只是让近似类型的声调具有合并的可能性，但具体合并与否还有很多其他因素，如大语言环境的影响就是其中之一。云南清上、次浊上归入平声的方言点基本上都处于农村乡镇一带，县城及大多数少数民族聚居区的声调并没有发生类似的合并演变。因为随着汉民族的迁入和汉语的普及，西南官话作为当地强势语言在影响牵制着这种演变，但这种牵制和影响会因地区而呈现出强弱的差别。西南官话在绝大部分地区都处于强势地位，它牵制影响并稳定着自己的整个音系格局，但这种牵制和影响在云南的农村或较偏远的地方会渐渐趋于弱化，尽管这种弱化是相对的。如明朗街、七河、施甸等清上、次浊上混入平声就是西南官话在农村弱化其影响牵制能力的结局。

第二节 中古入声调在西南官话中的演变

中古入声一般具有入声调类和入声韵尾两个特征，经过历时的演变，中古入声字在今西南官话中已失去塞音韵尾［-p］、［-t］、［-k］或喉塞尾［ʔ］，基本都读舒声韵。其中，绝大部分方言点的入声作为一个调类已不复存在，它们大多已根据相应的条件归入阳平读舒声（少数方言

[①] 西南官话上声字绝大多数读降调，少部分读平调（滇南一带的方言上声调读33调）。

点入声读阴平或去声）；但少数方言点还保留有入声调类。下面分别考察中古入声调在西南官话中的今读类型及演变情况。

一 有入声调方言点的今读调值与分布

西南官话有入声调的方言点共 111 个，现把方言点及调值列如表 6 – 9。

表 6 – 9　　　　　　西南官话的入声调值及方言分布

（1）四川：57 个[①]

调类	阴平	阳平	上声	去声	入声	调类	阴平	阳平	上声	去声	入声
泸州	55	21	42	13	33	宜宾	55	31	42	13	33
乐山	55	21	52	13	44	西昌	44	52	34	11	31
金河口	44	31	42	212	55	温江	55	21	52	13	44
都江堰	55	21	52	13	33	新都	55	31	51	13	33
崇州	55	21	52	13	33	蒲江	55	31	53	13	33
双流	55	31	52	13	33	郫县	55	21	52	13	33
彭县	55	21	52	13	33	新津	55	21	42	13	33
邛崃	55	21	53	324	33	大邑	55	21	52	13	33
泸县	55	21	42	13	33	合江	55	31	52	13	33
纳溪	55	21	42	13	33	什邡	55	21	52	13	33
南溪	55	21	53	13	45	古蔺	55	21	42	214	34
叙永	55	31	53	24	33	长宁	55	31	42	14	33
江安	55	21	53	213	34	兴文	55	21	53	13	33
珙县	55	31	53	14	34	高县	55	42	53	13	34
夹江	44	3	42	213	55	洪雅	44	31	42	213	55
丹棱	55	21	53	13	33	青神	55	21	53	213	23
眉山	55	31	53	13	24	屏山	55	21	52	13	33
彭山	55	21	42	12	24	犍为	55	21	53	13	33
沐川	55	21	53	13	33	荥经	55	31	52	14	33
峨眉	44	21	42	13	55	峨边	44	31	53	212	34

---

① 崇州，原崇庆；理县，原理番；都江堰，原灌县；新繁，新都一镇，位于成都市区的卫星城圈层上；华阳（镇），位于成都市南郊；古宋，今属兴文之一镇；崇宁已撤销，分归郫县和彭县管辖。

续表

	阴平	阳平	上声	去声	入声		阴平	阳平	上声	去声	入声
马边	55	21	53	13	33	雷波	55	31	15	34	33
綦江	55	21	42	214	33	江津	55	21	42	214	22
盐亭	55	31	53	214	13	射洪	55	31	53	14	33
西充	55	21	42	24	33	古宋	55	31	53	13	33
华阳	55	21	53	13	33	松潘	55	21	42	24	31
南部	55	31	42	24	33	茂县	55	31	53	13	33
新繁	55	31	42	24	33	崇宁	55	31	42	24	33
理县	55	31	53	35	44	汶川	55	31	42	13	44
五通桥	55	21	52	13	33						

（2）云南：15 个

	阴平	阳平	上声	去声	入声		阴平	阳平	上声	去声	入声
镇康	44	上声	42	35	313	邓川	33	53	31	35	21
陆良	44	53	42	24	313	云龙	33	53	31	55	13
宾川	33	42	53	13	31	剑川	44	42	31	55	13
盐兴	55	53	42	313	31	凤仪	44	31	42	55	24
洱源	44	53	42	24	31	丽江	44	31	阳平	55	24
曲靖	33	53	42	35	31	水富	44	31	53	213	33
寻甸	44	53	42	35	31	绥江	55	31	42	24	33
沾益	44	42	53	35	31						

（3）贵州[①]：16 个

	阴平	阳平	上声	去声	入声		阴平	阳平	上声	去声	入声
黎平	33	13	31	35	24	仁怀	55	31	42	13	33
沿河	55	21	42	24	22	赤水	55	31	42	13	33
务川	55	21	42	24	33	三都	33	53	44	13	42

---

① 黎平、丹寨据《黔东南方言志》（黔东南州地方志办公室，2007），都匀据《贵州省志·汉语方言志》（贵州省地方志编委会，1998），桐梓据《贵州方言内部分片问题》（刘光亚，1985），锦屏据《锦屏县志》（锦屏县志编委会，1995），其他均据《贵州方言内部区划》（蒋希文，油印本）。

	阴平	阳平	上声	去声	入声		阴平	阳平	上声	去声	入声
德江	55	21	42	24	22	丹寨	33	53	55	13	42
印江	55	21	42	24	22	都匀	33	53	45	12	42
思南	55	21	42	24	22	独山	33	53	34	13	31
桐梓	55	21	42	12	33	平塘	33	53	34	13	31
习水	55	31	42	13	33	锦屏	324	31	42	35	24

(4) 湖南：13个；湖北：7个（斜体部分）

	阴平	阳平	上声	去声	入声		阴平	阳平	上声	去声	入声
大庸	55	21	41	24	11	江永	33	31	55	35	22
石门	55	13	42	33	35	沅陵	55	33	53	24	11
靖县	24	313	33	35	13	津市	55	34	21	33	24
松滋	34	13	31	44	45	洪湖	45	13	31	33	35

方言点	阴平	阳平	上声	阴去	阳去	清入	次浊入	浊入
石首	55	213	31	24	33	35		阳去
公安	55	213	42	24	33	35		35/部分归阳去
鹤峰	55	213	42	13	33	35		35/部分归阳去
安乡	55	213	31	23	33	35		
澧县	55	13	31	阳平	33	35		阳去/少数入声
桃源	24	22	31	13	33	55		55/少数读35
东安	24	21	55	35		53		阳平
汉川	55	13	42	44		24（不稳，或13/12）		24/部分归阳平
沔阳	55	13	31	33		24（14）		24/部分归阳平
天门	55	313	22	33		13		阳平/少部13
皂角	55	13	42	33		35		
华容	55	313	21	24	33	35		
黔阳	44	13	42	55	24	22		

(5) 广西：2个；江西：1个（信丰）

方言点	阴平	阳平	上声	去声	入声
象州白石话	44	31	53	24	13
南宁下郭街①	35	31	53	13	阴5/阳2
信丰	33	42	31	314	54

二 无入声调的方言分布类型与演变

西南官话绝大多数方言都是没有入声调的，古入声调在这些方言点中主要归入阳平调。此外，也有少数方言点的古入声调归入去声或阴平。

（1）清入、次浊入派入阴平或阳平，全浊入派入阳平，此类型主要集中在鄂北的郧县、郧西、老河口等与中原官话相连的方言区。下面以郧县和郧西为例，见表6-10。

表6-10　　　　　　　郧西、郧县的声调类型分混

调类	平		上		去		入		
方言点	阴平	阳平	清上、次浊上	全浊上	阴去	阳去	清	次浊	全浊
郧县	55	42	53	去声	313		阴平/阳平		阳平
郧西	24	53	55	去声	31		阴平/阳平		阳平

据王玉霞（2009：12），郧县"古入声字中清声母字近乎平分阴平、阳平，全浊声母字全归阳平"，郧县和郧西清入声字部分归阴平的现象，应该是受中原官话的影响所致，因为这两处方言同属于中原官话的陕西省和河南省。郭丽（2009）在对郧县方言入声的今读归派字数进行统计后列出表6-11。

---

① 据周本良（2006：2），南宁"下郭街话属西南官话系统，古入声字基本归阳平，极少数入声字保留入声"，且保留入声调的字一般均与入声韵［-p-t-k］相配。据同音字汇，保留入声的共有43个字，有本字的有22个字，即凹 mɐp⁵/霉 mɐt⁵忽 fɐt⁵握 ŋɐt⁵/ŋə³¹扼 ŋɐt⁵/麓辘 lɔk⁵粥 tsɔk⁵/啄凿 tsɔk²/ tsɔ³¹/粒 nəp⁵笠泣 ləp⁵汁 tsəp⁵/佛 fət²突凸 tət²/的 tet⁵/屐 kʰek⁵/卒率蟀 tɕyt⁵，其他无本字的有21个字。根据例字中的文白异读可以看出，不管它们今白读是阴入（如"握"等）还是阳入（如"凿"等），其文读音均转入归读阳平。

表 6–11   郧县话入声归派四声字数统计（郭丽，2009）

调类	调值	全清	次清	全浊	次浊	总计
阴平	55	11	18	5	13	47
阳平	42	55	29	43	27	154
上声	53	1	4	2	6	13
去声	313	4	7	3	5	19

如表 6–11 所示，郧县话入声绝大多数归读阳平，少数归读阴平的主要集中在清入和次浊入中。从中可见，以郧县为代表的这类入声归派类型，其清入、次浊入归阳平仍然是主流，它们部分归读阴平的现象，应当与相邻的中原官话接触影响有关（例外归入上声和去声的情况由于字数较少，暂不讨论）。

（2）入声归去声，此类型主要集中在湘北及四川的岷、沱两江下游之间。现在，按所归入去声的今读类型，我们可以分两种情况来介绍。

①去声分阴阳，入声或归阴去，或归阳去，或二者兼而有之，这类型主要集中在湘北以常德县为中心的附近县市区。见表 6–12。

表 6–12   湘北一带入声归去声调类分化

调类	平		上		去		入		
方言点	阴平	阳平	清上、次浊上	全浊上	阴去	阳去	清	次浊	全浊
临澧	35	13	22	阳去	24	33	阴去		阳去
常德县	55	24	21	阳去	35	33	阴去		
汉寿	55	313	42	阳去	35	33	阴去		
慈利	35	13	53	阳去	13	33	阳去		
常德市	55	13	31	去声	35		去声		

如表 6–12 所示，我们可以看出，古入声在今湘北的归派甚为复杂，如常德县、汉寿的古入声归今阴去，慈利的古入声归今阳去，临澧的古入声则两归于今阴去和阳去等。我们认为这可能是早期湘语的残存现象，其今读归派的条件应该是调值的近似①。湘北官话区在早期无疑属于湘语

---

① 曹志耘（1998：88—89）：入声调发生这种"延伸"时，仅从音理上说，如果"延伸"的结果正好与舒声调里某个调类的调值相同或相近，那么这个入声调就很容易归入那个舒声调；否则，这个入声调将会保存独立的调类。

区，辛世彪（2002：52）："东南方言中，阳入归阳去是一个明显的特点。因为大多数东南方言里，阳入与阳去调值相同，一旦入声失去塞尾，则很自然转入阳去。"澧县的全浊入声今归阳去的情况正好印证了这一结论。要厘清这一片区的入声归派情况，我们不妨参看与之相关方言点的入声存留归派，如表6-13所示。

表6-13　湘北一带入声归去声或入声存留点的调值、调型对比

方言点	阴平	阳平	清上、次浊上	全浊上	阴去	阳去	清、次浊入	全浊入
临澧	35	13	22	阳去	24	33	阴去	阳去①
澧县	55	13	31	阳去	阳平	33	35	阳去②
津市	55	34	21	阳去	阳平	33	24	
常德县	55	24	21	阳去	35	33	阴去	
汉寿	55	313	42	阳去	35	33	阴去③	
慈利	35	13	53	阳去	13	33	阳去④	
桃源	24	22	31	阳去	13	33	55/全浊入大部归阳去	
华容	55	313	21	阳去	24	33	35	
安乡	55	213	31	阳去	23	33	35	
皂角	55	13	42	阳去	33		35	

据表6-13中临澧和澧县的情况，临澧、澧县及其附近县市的话在早期应该是分阴入和阳入的，临澧型应该是当地古阴入、阳入演变归为舒声的最早类型。澧县型入声的舒化可能较晚，故今阳平中并未发现有阴入字，据安乡、津市、石门的入声不分阴阳归为一类的特点来看，澧县阳入归入阳去应该是在阴入舒化之前就已完成了的事情，这符合"全浊声母的字声调先起变化，而且与其他阳调类合并"（辛世彪，2002：52）的规律。我们认为，湘北地区的古入声从分阴阳到合为一类，应该是早期湘语

---

① 临澧"入声全浊大多归阳去，但一部分字与清入、次浊入同归阴去"（杨时逢，1974：153）。

② 澧县"全浊入声大多读阳去，少部分字仍读入声"（杨时逢，1974：172）。

③ 汉寿"阴去有少数白话音也读成阳平，文言音仍读阴去；全浊入声一部分白话读成阳平，文言音仍归阴去"（杨时逢，1974：208）。

④ 慈利"全浊入大部分归阳去，小部分归阴平（局＝拘 ₍tɕy 族＝秋 ₍tɕiə ）"（杨时逢，1974：145）。

受西南官话影响的结果，李小凡、项梦冰（2009：159）就认为："可以设想湘方言的古入声字是分两类的，而今归一类的方言跟古入声字今归一类的西南官话影响有关。也就是说，湘方言在西南官话的冲击下，古入声字由原来的两类变成了今归一类，而只在少数地区还保留原先的分合格局。"从该地区入声的今读情况来看，它们的演化进程各有差异，很不平衡。如津市和石门阴入和阳入合二为一，但津市阴去归入阳平，石门阴去与阳去合并，二者各行其道，独立发展，互不干涉。至于常德县和汉寿古入声归阴去，而慈利古入声归阳去的情况，我们认为：前者应该是阴入和阳入先合，然后再归入阳去；后者则应该是阳入舒化后先派入阳去，阴入是后来受阳入的类化作用而采取扩散的方式归入阳去。鲍厚星（1988：121）认为，湘北常德地区分阴阳去的方言中，阳去读33调是受相邻的湖北官话的影响，因为相邻湖北的监利、石首、公安、鹤峰等分阴阳去的官话方言，其阳去占绝对优势的调值是平调33。而常德地区以南、以东一大片地区，分阴阳去的方言，阳去调值的读音占绝对优势的是低降调21。我们认为，常德县和汉寿有可能就是由于官话影响了原阳去的21调变为33调后，导致了阳入和变化后的阳去的调值调型出现差异，故阳去只好并归阴入，最后与阴入一起归进阴去。当然，它们的演变也有可能不是这样的，但在缺少资料佐证的情况下，根据现有的调类调值，我们只能暂时作出这样的解释。值得注意的一个现象是，湘北这部分分阴阳去的方言，阴去有并入阳平的趋势，如澧县和津市。据鲍厚星（1988：121），安乡、石门、桃源、慈利的阴去现已经是归入阳平了的，对比一下调型及演变接触的实际情况，可以预见这些方言未来将会演变为四调类，入声现归阴去及尚保留入声的方言点，不出意外的话，其入声调最终将会变归为阳平调。

②去声不分阴阳去，入声归去声，这类型主要集中在四川的岷、沱两江下游之间，其他地方有湖南常德、桑植，云南威信、盐津及与这两地相邻的四川筠连、冕宁等。见表6-14。

表6-14　　　　　西南官话入声归去声的调值及方言分布

调类	平		上			去		入		
方言点	阴平	阳平	清上、次浊上		全浊上	阴去	阳去	清	次浊	全浊
常德市	55	13	31		去声	35		去声		

第六章 西南官话声调的今读类型与历史层次

续表

调类 方言点	平		上		去		入		
	阴平	阳平	清上、次浊上	全浊上	阴去	阳去	清	次浊	全浊
桑植	44	13	53	去声	24		去声		
威信	55	31	51	去声	214		去声①		
盐津	55	31	42	去声	24		去声		
自贡	45	31	53	去声	14		去声		
简阳	55	31	42	去声	24		去声		
仁寿	55	31	42	去声	24		去声		
内江	55	31	42	去声	24		去声		
井研	55	31	42	去声	24		去声		
荣县	55	31	53	去声	24		去声		
隆昌	55	31	42	去声	13		去声		
筠连	55	31	42	去声	13		去声		
富顺	55	31	42	去声	13		去声		
冕宁	55	41	35	去声	22		去声		
威远	55	31	42	去声	24		去声		
荣昌	55	31	42	去声	24		去声		
巫山	55	31	42	去声	35		去声		

四川的岷、沱两江下游之间入声派入去声是因为原入声调值与去声调值近似,即原入声调值应该是个中升调。四川、云南、贵州、广西等具有独立入声调的方言点,其入声调值现今仍为升调型的方言分布情况见表6-15。

表6-15　云、贵、川入声为升调型的调值及方言分布

	四川									
	阴平	阳平	上声	去声	入声		阴平	阳平	上声	去声	入声
江安	55	21	53	213	34	盐亭	55	31	53	214	13
南溪	55	31	53	13	45	古蔺	55	21	42	214	34
珙县	55	31	53	14	34	长宁	55	31	42	14	34

---

① 威信"声调方面方言各支系基本一致。只是入声的派归略有不同,水田系的有一部分派入阳平,如'德特则'等字均读阳平。其余无差别都派到了去声"(邓天玲,1995:53)。

续表

四川										
	阴平	阳平	上声	去声	入声		阴平	阳平	上声	去声	入声
眉山	55	31	53	13	24	高县	55	42	53	13	34
彭山	55	21	42	12	24	青神	55	21	53	213	23
峨边	44	31	53	212	34						

广西					
白石	44	31	53	24	13

贵州										
	阴平	阳平	上声	去声	入声		阴平	阳平	上声	去声	入声
黎平	33	13	31	35	24	锦屏	324	31	42	35	24

云南										
	阴平	阳平	上声	去声	入声		阴平	阳平	上声	去声	入声
云龙	33	53	31	55	13	凤仪	44	31	42	55	24
剑川	44	42	31	55	13	丽江	44	31	阳平	55	24

总体上看，四川、贵州等方言入声独立区的绝大多数入声调值都是平调值（包括云南与川西南接壤的水富和绥江两个方言点），我们认为，这些处于四川中部和西部的入声平调区域应该是明代延续下来的"老四川话"核心区，受清代"湖广填四川"的移民语音影响较小。入声为升调的区域主要集中在川中南的岷、沱两江下游之间的区域，黔东南的锦屏和黎平等地区，滇西北的剑川、凤仪、云龙、丽江等地区，三处地理上相隔较远，但各自升调值入声区均相对集中。黔东南临近湘西，黎平、锦屏等与湘西的靖州、通道相邻，语言上当属同一区域（靖州、通道两地的入声归阴平，但它们的阴平调值为升调：靖州24、通道13），它们之间由清水江和沅江连为一体；川中南入声升调区看似与滇西北入声升调区各居一方，但仔细观察就会发现它们均由长江一水相牵，滇西北的剑川、凤仪、云龙、丽江等入声升调区处于长江水系的金沙江上游。地图显示，表6-15中四川这些入声独立区入声调值为中升调的方言点与古入声今派入去声的方言点是基本连成一片的，具体范围是四川泸州至宜宾的长江南部以及北部的岷、沱两江下游之间的区域，入声为升调值的区域应该受清代

"湖广填四川"的语音影响相对较大①。首先，相对川中西部来讲，川中南的入声升调区大都连接或靠近长江水系，在古代交通不便的情况下，走水路一般来说是最为方便的选择。其次，四川西北部的岷江、沱江沿岸，自古就是农业发达地区，土地肥沃，人民有较先进的生产技术，清政府又实行休养生息政策，对四川格外宽厚，故此区域肯定会成为顺江而来的湖广移民捷足先登，然后才可能会往多山而较为落后的西部推进。曹树基（1997：87—91）就说："在清代前期的大移民潮中，湖广人捷足先登，首先占据离长江最近的地点进行垦殖，后来其他省移民逐渐向长江腹地进发，由此而形成湖广人居沿江，外省人北上的局面。湖广移民沿长江由东向西分布，愈往西、往南、往北分布愈稀。"其实，四川人口在清代随战乱和自然灾害导致的损减中，它自东向西具有递减性，即长期的战争使得川东地区成为四川破坏最为严重的地区之一，川中残破的程度也相当严重，相对来说，多山而落后的川西受到兵灾战乱的影响要小得多②。这也就使得移民入川的分布，自东向西呈现出递减的现象，川东是移民的聚居区，而从川中去川西的移民数量则相对较少，地域上呈现递减的规律（蓝勇，1995），据统计，"湖广移民氏族的比例从川中、川东的70%—80%降至30%—33%"（曹树基，1995：91）。反映在语音上，沿岷江一线至长江把四川分为东西两边，东边为非入声区，西边则为入声区（这是从大致的范围来讲，雅安片入声归阴平另论）；再以宜宾（岷江汇入长江的入江点）至重庆的长江段为界分南北，北边为非入声区，南边为入声区③。这样，四川入声区和

---

① 蓝勇（1996：77）认为四川地区明清移民中以清代移民为主干，他指出："清代的四川人口主要是基于明末清初的"湖广填四川"的这次大的移民高潮。对此笔者从南溪、云阳、简阳、合川、重庆府、巫山、广安州、新宁、井研、安岳、绵竹、彭山等地方志氏族统计来看，移民与土著比例十分混乱……笔者从系统分析计量表明四川土著应占人口33%左右，清代移民的比例高达67%以上。"（第77页）

② 据曹树基（1997：74）研究，"（川西）成都平原两侧的龙安和嘉定一带的情况要好一些。尤其是嘉定，因杨展部屯田而得以保全，粮食也最富足。同样，西部的雅安一带也因战事较少，人口少有保留。"（第74页）另，"从引资料来看，川东地区的土著残存已不足5%；川中地区北部土著大约15%左右，南部不足10%；成都平原及川西平原地区土著不足10%；合计四川土著比例不足10%"（第77页）。

③ 蓝勇（1999：32）："川南方言与东面的成渝区的方言，东可以江津县和綦江县为界。今江津县的上江和下江方言，实川南土音与成渝区川东北次方言区的分界线。另川南宜宾柏树溪方言古入声自成一调，但其北的白花方言则与自贡、内江为近，古入声归入去声，故宜宾与自贡之间也是灌赤区与成渝区方言的一个重要分界线。"

非入声区边界就呈"⌐"状,而四川入声归去声的区域恰好处于那个角上,它们处于岷、沱两江下游之间,夹在入声区与入声归阳平区之间,此区域无论在移民上还是语音上都具有过渡地带的性质。移民上,它不可能向川东那样移民基本同化土著,也不可能像川西那样因明末清初相对少受战乱的影响而致移民相对较少,岷、沱两江流域之间则处于川东、川西的交界区,大体属于川中地区,这里的新移民与老四川人(也可称为"土著")之间在人数上的相持,就势必在语言上产生竞争。结果表现在语音上是:四声调值与"老四川话"靠拢趋同,但保留了入声读升调的情况彰显客居身份,最后由于升调入声与去声调型相同,故有部分地区入声直接混同而归去声。

因此,据移民和共时的声调对比来看,我们认为今入声归去声和入声调值为升调的情况,应该是老四川话受清代的湖广移民影响而成,它们的层次当晚于入声调值为平调的老四川话地区。蓝勇(1999:32)就指出:"自贡、内江方言古入声归入去声,以古蜀地区'平声似去'的特点来看,这两个地区的方言也相对较古老,只是古老的程度比川南地区更低些。"对此,我们不妨再参照一下湖北、湖南等地的西南官话区入声今仍读为升调的方言点。参见表6-16。

表6-16　湘、鄂地区西南官话入声为升调型的调值及方言分布

方言点	阴平	阳平	上声	去声	入声	方言点	阴平	阳平	上声	去声	入声
石门	55	13	42	33	35	江永	33	31	55	35	22
靖县	24	313	33	35	13	津市	55	34	21	33	24
松滋	34	13	31	44	45	洪湖	45	13	31	33	35

方言点	阴平	阳平	上声	阴去	阳去	清入、次浊入	浊入
石首	55	213	31	24	33	35	阳去
公安	55	213	42	24	33	35	35/部分归阳去
鹤峰	55	213	42	13	33	35	35/部分归阳去
澧县	55	13	31	阳平	33	35	阳去/少数读入声
安乡	55	213	31	23	33	35	
华容	55	313	21	24	33	35	
石门	55	13	42	33		35	
汉川	55	13	42	44		24	24/部分归阳平
沔阳	55	13	31	33		24	24/部分归阳平
天门	55	313	22	33		13	阳平/少数读入声

湖南的西南官话今入声调值为平调的只有黔阳、大庸、江永、沅陵等少数几个点，湖北的西南官话入声区的调值则基本都是升调。此外，据《湖北方言调查报告》（杨时逢，1948），湖北黄陂、黄冈、麻城等地保留的入声调值为24，应山、安路、孝感、应城、云梦、大冶、广济、鄂城、黄安等地保留的入声为13调值；《湖南方言调查报告》（杨时逢，1974）也显示，湖南靖县、城步、衡山等地的入声调值是13，长沙、南县、宁乡、湘乡、湘潭、新化、新宁等地的入声为24调值。川中岷、沱两江流域之间入声多为升调，与清代湖广移民当不无关系。据曹树基（1997：90）的统计，简阳县清代迁入的184个氏族中，迁自湖广者61族，占33%；井研在60个清代迁入的氏族中，迁自湖广的23族，占38%。此外，据民国《南溪县志》记载，南溪县在清代迁入的58族中，有51族迁自湖广。曹树基（1997：98）就说"四川中部，从南到北，到处都能遇见湖广移民的踪迹"。李蓝（1995：37）也强调"如果明清时期这些地区（按：指湖南、湖北）的入声还是这样（按：主要指读升调）的话，那么可以这样设想：这些移民到达沱江流域定居后，一般情况是要努力学习新的方言以便尽快融入当地社会，同时也把维持原来的方言作为联络家乡人的手段之一，这种又要放弃又要保留的语言状态使得他们学的四川话难免要留下自己方言的特征，把四川话原来的入声说成一个升调可能就是这种特征之一……到后来进一步变化，由于这种入声的调型和调高与老四川话的去声相近，有些方言的入声就先后混入了去声"。故川中入声归去声或入声调今为升调的方言，应该是清代湖广移民话与"老四川话"相互竞争和妥协的结果。

但是，清代湖广移民升调型入声与势力强大的西部"老四川话"平调型入声相比，"老四川话"显然带有"先入为主"的先天优势，且无论从使用区域还是从使用人口上看，"老四川话"都要占有明显优势，它们对四川升调入声区从西面和南面形成半包围之势[1]，故原为升调入声区的边缘方言地带有向平调入声靠拢趋同的倾向。据《四川方言调查报告》（1948），20世纪三四十年代的兴文、叙永、江津、马边、屏山、雷波、宜宾等川中南部的入声，其严式记音本是34调值（屏山是23），但当时

---

[1] 其实，明末清初，由于满鞑和西夏流贼张献忠的大屠杀，成都平原及成渝一线的人口基本灭绝。但川南山区人口损失相对较小，他们保留了大量明代四川话。

的宽式及后来的《四川方言音系》(1960)均记为中平的33调值。但也有少数方言点入声有由早期的平调演变为升调的情况，如南溪和江安的入声在《四川方言调查报告》(1948)中即为平调值33，但在《四川方言音系》(1960)中却已转变为升调（南溪调值45、江安调值34）[①]。但从总体上看，平调型入声在四川话入声区的优势明显，相对于升调型入声来讲，它属于当地入声区的强势型入声方言。

(3) 入声归阴平。方言点主要集中分布在靠近川西的雅安市所辖区域内，具体包括雅安、芦山、名山、天全、宝兴、汉源、石棉。此外，还包括今甘孜藏族自治州的泸定（1939年至1957年期间归雅安管辖）以及湖南的通道等。见表6-17。

表6-17　　　　　　　西南官话入声读阴平的方言分布

调类	平		上			去		入		
方言点	阴平	阳平	清上、次浊上	全浊上		阴去	阳去	清	次浊	全浊
通道	13	11	24	阳去		35	44	阴平[②]		
名山	55	31	42	去声		13		阴平		
宝兴	44	21	42	去声		14		阴平		
芦山	55	21	53	去声		14		阴平		
雅安	55	21	42	去声		14		阴平		
天全	55	21	42	去声		13		阴平		
泸定	55	31	53	去声		24		阴平		
汉源	55	21	42	去声		14		阴平		
石棉	55	21	53	去声		24		阴平		

表6-17中的阴平调值是一个高平调，意味着这些入声在归入阴平之前它们的调型至少也应该是个平调。对此，可参照周边入声独立区的入声调型为平调的情况，见表6-18。

[①] 入声平调变升调的区域主要是处于川中南靠东的地区，远离老四川话核心区，如南溪和江安等。

[②] 通道"入声大都归阴平，全浊入一部分归阳平（拔 $_⊂$pʰa 读 $_⊂$tou 达垳 ta），一部分归阴去（食十 ʂi⁾ 舌 ʂe⁾）"（杨时逢，1974：466）；但通道县志是"入声归阳平，少部归去声"（通道县志编委会，1999：882）。

表 6-18　　　　　　西南官话入声读平调型的方言分布

四川

方言点	阴平	阳平	上声	去声	入声	方言点	阴平	阳平	上声	去声	入声
夹江	44	3	42	213	55	綦江	55	21	42	214	33
金河口	44	31	42	212	55	西充	55	21	42	24	33
洪雅	44	31	42	213	55	华阳	55	21	53	13	33
峨眉	44	21	42	13	55	南部	55	31	42	24	33
温江	55	21	52	13	44	新繁	55	31	42	24	33
乐山	55	21	52	13	44	宜宾	55	31	42	13	33
理县	55	31	53	35	44	新都	55	31	51	13	33
汶川	55	31	42	13	44	蒲江	55	31	53	13	33
江津	55	21	42	214	22	郫县	55	21	52	13	33
泸州	55	21	42	13	33	新津	55	21	42	13	33
都江堰	55	21	52	13	33	大邑	55	21	52	13	33
崇州	55	21	52	13	33	合江	55	31	52	13	33
双流	55	31	52	13	33	什邡	55	21	52	13	33
彭县	55	21	52	13	33	兴文	55	31	53	13	33
邛崃	55	21	53	324	33	屏山	55	21	52	13	33
泸县	55	21	42	13	33	犍为	55	31	53	13	33
纳溪	55	21	42	13	33	荥经	55	31	52	14	33
叙永	55	31	53	24	33	射洪	55	31	53	14	33
丹棱	55	21	53	13	33	古宋	55	31	53	13	33
沐川	55	21	53	13	33	茂县	55	31	53	13	33
马边	55	21	53	13	33	崇宁	55	31	42	13	33
五通桥	55	21	52	13	33	雷波	55	31	42	15	33

云南

方言点	阴平	阳平	上声	去声	入声	方言点	阴平	阳平	上声	去声	入声
水富	44	31	53	213	33	绥江	55	31	42	24	33

贵州

方言点	阴平	阳平	上声	去声	入声	方言点	阴平	阳平	上声	去声	入声
沿河	55	21	42	24	22	仁怀	55	31	42	13	33
德江	55	21	42	24	22	赤水	55	31	42	13	33
印江	55	21	42	24	22	习水	55	31	42	13	33
思南	55	21	42	24	22	桐梓	55	31	42	12	33
务川	55	21	42	24	33						

据表 6-18 所示,四川入声独立为平调的方言点主要集中在岷江中下游附近区域(包括云南绥江和盐津)和沿赤水河流域附近区域,包括贵州赤水、习水、桐梓、仁怀,以及乌江中游的沿河、务川、德江、印江和思南。四川入声读平调的区域应该属于明代的老四川话区域(参见"入声归去声"部分的论述)。地图显示,四川入声归阴平的方言点,基本上均被这些入声调型为平调的方言点所包围,特别是与之接壤的洪雅、夹江、峨眉、金河口的入声调值均为高平调55,与阴平半高平44极为接近,而纵观整个四川方言的阴平调值基本上为55。我们认为这些入声读高平调的情况当是后来受阴平的同化所致,较早时期它们应该是个中平调。如乐山在20世纪40年代入声调值为33(杨时逢,1984),现在调值则为44①。曹志耘(2002:441)指出:"入声调的演变过程首先是'延伸',即把原来的短促调值拉长。延伸之后,如果原声调系统中有相同或相近的调值,就并入跟它最接近的那个调,如果没有就保持独立的调。"说明调值相同或相近是失去入声韵尾的入声调能够与舒声调合并的原因。综合参照周边方言的入声状况,我们认为,今四川话入声之所以有归入阴平的现象,原因大概有二:其一,与调型相同有关,即都为平调。李蓝(1995:39)就说"在平调入声区,老四川话的四声调值框架非常稳定,总是一个[55、21、42、313],入声刚从短促变成一个拉长的平调,尚未发展变化成其他调值,在这种情况下,入声除了与同为平调的阴平相混外,不可能与其他声调同调"。其二,与语言接触有关。四川入声归阴平方言点基本处于大渡河中游右岸区域,而大渡河中游是彝族比较集中的地带,属彝语北部次方言区,彝语北部次方言的全部元音都分松紧两套,一般只在˧33、˦44两调构成对立,但在彝语˥55调的音节,一般只出现紧元音(陈士林等,1985)②。汉语入声在早期入声韵尾脱落后,极可能也有一个紧元音或紧调作为其补偿的过程,即在语调上表现出短促的特点。

---

① 由于读中平调的势力范围较大,入声原读半高平调的方言点在远离入声归阴平的区域外也有往中平调靠近的趋势,如彭县、理县、兴文、珙县的入声20世纪中期为44调值,现在则读33调值。

② 陈士林等《彝语简志》(1985:174):"川西尚存的平调型入声也与该地区的彝语等少数民族之间的影响有关,因为北部次方言的全部元音都分松紧两套,但只在˧、˦两调构成对立。南部次方言只有一部分元音分松紧两套(如会理、布拖都只有ɿ:ɿ和u:ʯ两套,只在˥调构成对立)。"如"sɿ˥ 死≠f̩sɿ˥ 血 / ɣɯ˥ 切(菜)≠f̩ɣɯ˥ 拔(竹笋);n̩e˥ 迟 / tsɯ˥ 露"等。

如江津方言的"入声是中平调33，读得较短促，好像略带喉塞？"（杨时逢，1984：1297），钟维克（2002：184）也说"江津方言的入声韵母字，单独成调，读得较短促时，略带喉塞音韵尾，本书一律记为喉塞尾[-ʔ]"；长宁入声也是33调值①，"但入声调值较短一点，有时略有喉塞倾向"（杨时逢，1984：1187）；此外，南溪、纳溪、泸县、合江等莫不如此②。峨眉的入声调值是高平调55调值，它甚至有单独的入声韵 yo、æ、iæ、uæ，但这类入声韵的入声调均与其他入声调一样都读得较短促③。从音理上看，这一地区的入声调读得短促（或说紧元音）与当地彝语的紧元音调值读55或44趋同是完全有可能的。从地域上看，阴平和入声差别很小的几个方言点的地域均与川西紧邻，如峨眉的入声调值是55，阴平调值是44，它们的地域与入声归入阴平的川西区域紧邻；温江、乐山、理县、汶川等方言点的入声调值是44，阴平调值为55，地域上也紧邻川西，且与入声归阴平的方言点基本连成一线（乐山往西紧邻峨眉），属于入声读中平调或高平调的大区域，而这一区域均为邻大渡河的右岸区域，是四川彝族等少数民族较为集中的聚居区。故综合来看，邻川西的入声归阴平应该与彝语等少数民族语言的影响有极大的关系，甚至可以说彝语等少数民族语音是影响川西入声归阴平的决定性因素——因为从语言接触上看，汉语的早期入声只能演变为平调型。

按理说，峨眉、温江、乐山、理县、汶川等这些入声读中高平调或高平调的方言点，如果没有其他因素的影响，入声的归宿应该都有向阴平靠拢且最终趋同阴平方符合常理，但峨眉音的入声情况则显得较为特别。据《四川方言调查报告》（杨时逢，1984：1041），峨眉"去声调不论清浊在ï、ɚ、i、u、y、o、ie、ye 等韵及麻三的 a 韵等读高平调与入声调相同，全归入"。我们认为，早期在这几个韵中，入声归同去声，"从现今去声调值情况看，当时入声的调型可能是个较短促的'升'调"（陈绍龄、郝锡炯，1959：53），同调的这几个韵的去声字和入声字被后来演变为高平

---

① 据杨时逢（1984：1187），长宁"入声由'中'升至'半高'的微中升调（34），有时读成平调，宽式一律作中平调（˧33），但入声调值较短一点，有时略有喉塞倾向"。

② 据杨时逢（1984：1258），南溪"入声是中平调（˧33），有时读成较短促（˧33̠）"（第1258页）；合江"入声是中平调（˧33），有时读得略短促"（同书，第1281页）。

③ 陈绍龄、郝锡炯（1959：53）："现今峨眉入声念（55˥），调值较阴平（44˧）微微短促一些，组建这个高平调是由一个较为短促的调子变来。"

调的入声所类化而读高平的入声 55 调值。但现在峨眉的入声却又有向去声演变的趋势①，这应该与当地人们对待自己方言的态度有关。峨眉处于岷江左岸区域，往左是雅安、泸定、汉源等入声归阴平的川西高原地带，经济文化相对落后，往右则是岷江右岸的井研、荣县、自贡、内江等入声归去声的川中南地区，经济文化相对发达。峨眉所处的地理位置，决定了它有向岷江右岸经济文化相对发达的地区靠拢求同的心理趋势。陈绍龄、郝锡炯在调查峨眉音系的时候就提到："在访问的过程中，他们总是尽力把那些读高调的去声字（此当指入声字）改说成低声调，竭力在避免要他们自己才懂得的语言。……在谈话中他们有意避讳了那些要他们自己才懂得的'啥儿古子''干那儿''做那儿'之类的词语，我们无从知道，但是像把'舌头'说成'se¹³˧ tʰəu²¹˨'，而不说'sæ⁵⁵˥（入声）tʰəu²¹˨'，'理发'说成是'ni⁴²˨ fa¹³˧'，而不说'ni⁴²˨ fa⁵⁵˥'却是逃不过我们的耳朵。按理说，后者才是地道的峨眉话。更有趣的是按照峨眉语音系统本该读入声的某些字，像在上节'记音问答'中举到的，峨眉人往往忘了它的本源，甚至不承认有入声的读法，而只读作去声。据峨眉二中两位发音合作人说，他们觉得把'头发'说成'tʰəu²¹˨ fa⁵⁵˥（入声）'就'土'得很，说成'tʰəu²¹˨ fa¹³˧（去声）'就感到'文雅'些。要是有人把'夹江'（tɕia¹³˧）（去声）tɕiaŋ⁴⁴˧）说成'tɕia⁵⁵˥（入声）tɕiaŋ⁴⁴˧'那是要遭到群众的笑话的。再如，在开始几次回话的时候，合作人总是不乐于主动地把自己最地道的土话说出来，一直要我们说明白了，解除了'顾虑'，记音工作才顺利地向前推进。由此可见，峨眉人以为自己的话'土'，不好听，不是什么客套话，而是由衷之言了"②。峨眉人对待自己"土"方言的态度，由此可见一斑，它应该是峨眉入声有转读去声趋势的最大也是最直接的因素。

（4）入声归阳平。西南官话中，除了上面所论述的入声独立区和入声归非阳平的类型方言点之外，其他方言点基本都属于此类型。入声归阳平是西南官话入声归派的典型类型，其分布极广泛，几乎遍布西南官话各

---

① 陈绍龄、郝锡炯（1959：9）："韵母 a 类，e 类，都有入声（æ 类）的又读字（去声）。例如：腊 næ⁵⁵˥（入声），又读 na¹³˧（去声）；社 sæ⁵⁵˥，又读 se¹³˧。又如"甲夹 tɕiæ⁵⁵˥/tɕia¹³˧""鸭 iæ⁵⁵˥/ia¹³˧"等。

② 陈绍龄、郝锡炯：《峨眉音系》，《四川大学学报》1959 年第 1 期，第 3 页。

区域，如昆明、武汉、成都、重庆、桂林、郴州等是其代表方言点。学界一般认为，西南官话是内部一致性最高的官话方言，入声归阳平便是其语音上最主要的特征（李荣，1985：3）。姑且不论此观点全面与否，但从现今西南官话非入声区的阳平调值、调型情况来看，西南官话入声派入阳平的方式似乎并不完全相同。

据我们的统计对比，西南官话区阳平今调型主要有四种情况：降调型、升调型、曲折型、平调型。降调型是西南官话阳平的典型调型，主要分布于云南、贵州、四川、陕南、广西及鄂西北、鄂北、湘南等区域（很少有例外）；升调型主要分布于鄂中、湘西、湘北等区域；平调型主要集中在鄂西南（兴山、巴东、秭归、凤凰、利川、宣恩、恩施，包括湘西北的保靖、吉首，广西富川等）；曲折调型的方言点主要集中在鄂中南部一带（武汉、天门、当阳、江陵、武昌、汉口、汉阳，包括湖南靖县、汉寿，四川万县、陕南镇巴等）。西南官话的阳平调型如表6-19所示。

表6-19　　　　　　　　西南官话阳平调型例举

调型	方言点	阴平	阳平	上声	去声	分布情况
降调型	成都	44	21	53	13	阳平21：川、黔、贵、陕南、鄂西北、湘南
	昆明	44	31	53	212	阳平31：云南
	襄阳	34	52	55	212	阳平53/42：鄂西、鄂北，其余呈点状散布
升调型	荆门	55	34	54	45	阳平13//12/34：鄂中、湘西、湘北
	宜昌	55	12	42	35	
	宜都	55	13	42	35	
曲折型	武汉	55	213	42	35	阳平213：鄂中南，其余散布各处
	江陵	55	313	42	44	
	晃县	44	313	42	35	
平调型	宣恩	55	11	53	24	阳平11：鄂西南，其余散布各处
	兴山	55	11	53	35	
	吉首	55	11	42	35	

据表6-19中阳平的调值、调型的情况，西南官话入声归阳平的结果虽然相同，但过程似乎有异。我们一般认为，入声韵尾消失后，调值调型的相似性是入声归派他调的主要原因，但从西南官话阳平调值和调型的差

异性来看，早期的阳平和入声调值、调型的相似性并不是唯一的，这就让我们产生疑问：第一，它们的早期是否有一个共同的入声调型或阳平调型，如果有，那么今天的阳平调型和入声调型的差异作何解释；第二，如果否定了第一点，那么今天阳平调型的差异缘于何故，最后又是什么缘故促使西南官话的入声都归入阳平？因为资料文献的匮乏，加之仅有的文献记音调值的模糊，使得我们很难知晓或拟定早期西南官话的阳平和入声的调值调型①，但我们可以从音理及移民上来对之试作推理。

现今，西南官话阳平为曲折调的方言点，主要存在于鄂中南地区，武汉话、当阳话等至今仍保留213/313的曲折调型，从今天降调型和升调型的对立来看，曲折调型极有可能是西南官话较早时期阳平和入声的调型。因为从调型发展上看，由一个升调或者降调演变为曲折调的情况似乎较为困难，反之则简单得多。其实，阳平为曲折调型在江淮官话区也零星存在，如湖北黄陂、黄冈、江苏建湖、盐城、南京（Hemeling，1907）②。一般认为，曲折调相对来说是一个较为不稳定的调型，阳平曲折调在西南区演变为降调应该是其自身调值演变的结果，因为西南区云贵川的地理环境相对封闭，而由一个曲折调演变为相应的降调，这符合发音省力的原则。但在鄂中、湘西、湘北演变为升调则很可能是受湘语等相关方言的影响，因为湘方言中"阳平调主要为低升调13或12"（陈辉，2006：181），胡萍（2007：159）也说湘西南汉语"阳平绝大多数方言点中为低升调13，或低降调213"。据刘纶鑫（1999）的研究，赣方言的阳平同样是以低平调或升调为主。③ 可值得注意的是，我们推断西南官话阳平早期的阳平调型为低降升的曲折调。这样假定，理由主要二：第一，西南官话阳平调型具有升调和降调的对立，且各自区域相对集中，而西南官话区和相关

---

① 《韵略易通》《西蜀方言》《汉音集字》等都只有声调模糊的描述，而无具体的调型调值的记录。我们一般认为西南官话源自江淮官话，但江淮官话同样缺乏对早期调值调型的记录，《西儒耳目资》认为记录的是明代的南京音系，但学者们对其调值调型的拟定也不尽相同。

② Hemeling, K. *The Nanking Kuan Hua*, Shangha：The Statistical Department of the Inspectorate General of Customs，1907. 转引自吴波《江淮官话语音研究》（2007）附录1"江淮官话各点调值统计表"。

③ 刘纶鑫（1999：293）："平声的调值是多种多样的，但大致有一定的地区性。例如赣方言南昌片、余干片、灵川片、客家方言本地话的阴平多为平调；赣方言宜春片、客家方言宁石片的阴平多为降调；赣方言吉安片、客家方言客籍话的阴平多为升调。而阴平为平调、降调的地方，其阳平多为升调；阴平为升调的地方，阳平多为平调，又以低平调为多见。"

方言确实也有曲折调的典型方言事实存在（如武汉话等）；第二，此假设从音理和语言接触上也能更合理地解释西南官话阳平调型升调和降调的对立现象。但至于事实是否如此，尚需更多的材料佐证。

西南官话早期阳平调是低降升的曲折，如果这一假设成立的话，则意味着早期西南官话的入声调型也应该是相应的低降升调的曲折型。据英格尔（J. A. Ingle）的《汉音集字》（1899）[①]记载，一百年前的武汉话是有入声的。该书引言中提到，文中所记汉口话每个音节都有上平（阴平）、下平（阳平）、上声、去声、入声共五个声调，同时说明当时的入声和下平有些相混，这说明当时的汉口话的入声作为一个调类已经开始与阳平混同，可惜的是该书缺乏对其入声和阳平调值的记录或描述。据《湖北发言调查报告》（杨时逢，1948）显示，武汉地区在20世纪上半叶入声就已归阳平，我们从当时武昌、汉口、汉阳等地的阳平为低降升调型来看，早期的武汉话入声调型也应该是个低降升的曲折调[②]。此情况还可以从武汉东、北、南三方尚存的江淮官话的入声调型中得以证实，如孝感、罗田、英山、浠水、黄安等的入声调型就是曲折型[③]。从移民及方言来源关系上看，我们仍倾向于认为入声为低降升的曲折型很有可能是西南官话的早期入声调型，今汉川、沔阳、天门等地的升调型入声应该是后来在此基础上演化而得，西南区尚存的曲折调入声很能说明这一推断。云南是现今西南官话仍存有入声曲折调型方言点的主要区域，四川也有零星存在。西南官话入声保留独立的曲折调型方言如表6-20所示。

云南官话区至今仍有保留曲折调型的独立入声调，很能说明西南官话早期的入声为曲折调型这一推论。首先，云南的汉语方言形成比较早，在西南三省中，云南开发比贵州早，经济文化历来比较独立，同时云南偏于一隅的地理环境，使得云南官话受外方言（如湘语、中原官话等）的影

[①] 《汉音集字》（HANKOW SYLLABARY）是美国人英格尔（J. A. Ingle）于1899年（清光绪二十五年）在汉口编录、由"公兴"（Kung Hing）刊印的汉口方言同音字汇，记录了100年前的汉口方音。

[②] 据杨时逢（1948），武昌、汉口、汉阳的阳平调是313。另据《汉语方音字汇》（2003），武汉话的调值为：阴平55、阳平213、上声42、去声35，其阳平也是低降升的调型。

[③] 据杨时逢（1948），孝感、黄安的入声是213（宽式13），礼山、罗田、英山的入声是313。

响较小①。其次，云南汉语是随移民于明代迁入而形成，据葛剑雄等（1993：614），云南在元初被重新统治之前，这里没有汉语的地位，云南和贵州的汉语均是自明代初年以来随汉族的移民而形成②，这保证了汉语断代层面的纯洁性和原始性。最后，云南的汉族主要迁自江南的苏、皖二省，今天苏、皖二省以江淮官话为主，而鄂东的江淮官话入声大多均为曲折调，故云南存留的入声曲折调型很可能就是早期语源地的入声调型。见表6-20。

表6-20　　　　　西南官话入声为曲折调型的方言分布

省区	方言点	阴平	阳平	上声	去声	入声 严式	入声 宽式
云南	陆良	44	53	42	24	312	313
	曲靖	33	53	42	35	312	31
	沾益	44	42	53	35	312	31
	剑川	44	42	31	55	213	13
	镇康	44	上声	42	35	313	
四川	青神	55	31	42	13	324	24
	丹棱	55	31	42	313	535	

既然这样，那么又何以会出现今湖广西南官话大部分入声为升调型，而西南三省区等则读为降调型③？我们认为，这与地域环境和语言接触有关。湖广地区早期为湘语区，这是肯定无疑的，而湘方言"若有入声，则入声调值一般为中升调24"（陈辉，2006：182），湖广的西南官话的入声为升调型，很可能与早期湘方言的影响有关，如武汉周围的孝感、黄安一带的入声宽式记为13调值，严式仍为213。这里有一个非常有意思的

---

① 据李蓝（2009：74—76）："云南的汉语方言形成比较早，演变历史长……在西南三省中，云南开发比贵州早，受四川方言的影响较小，经济文化历来比较自立。"

② 葛剑雄（1993：614）："自唐中叶南诏独立以后，在长达600年的时间内，云南处于中原王朝的版图之外。到元代初年重新统治云南之前，这里已经没有汉语的地位。明代初年，中央政府通过调拨军队戍守屯垦实施了对云南和贵州二地的移民，驻守云贵的军士以苏、皖二省籍为主……清代云、贵地区接受的移民主要来自四川、湖南和江西。"

③ 我们这里所说的入声升、降调型主要是从今阳平的调值来推的，湖广区的阳平多为升调型，西南三省区等的阳平则多为降调型。

现象，鄂东江淮官话都是有入声的，但可能因入声受湘语的影响而变成升调型，而其阳平则多为降调型（与西南三省的官话阳平调型相似），故其入声从调型上很难混入阳平。但安陆、应城、孝感、云梦、礼山、黄陂有一部分全浊入声归阳平，我们认为这是早期的层次类型，当时应该是调型相同而混（很可能二者均为曲折调型），后来入声受湘语等的影响而变升调型，阳平受后来由沿北方一线传入的西南官话强势影响而变成降调型①，故其入声方才得以保留（但因去分阴阳、入声保留，故算归江淮官话）。西南三省区等的入声调型则与湖广区的升调型不同，它们属于降调型。我们在前面探讨阳平由曲折调变为降调时就说过，曲折调相对来说是一个较为不稳定的调型，从音理上看，曲折调处于一个地理环境较为封闭的西南三省区等，在没有其他强势方言的干扰下，一个曲折调变读为降调，符合发音的省力原则。此外，西南三省区过去多为少数民族聚居区，但此区域的少数民族语言声调很少有曲折调（杨光远、赵岩社，2002），而西南区一些主要的少数民族语言，在声调上都有松紧元音的差异，故早期的曲折型入声变为今天的降调型，可能还与少数民族语音声调的影响有着或多或少的联系。如云南使用彝语的"占全国彝族总人口的65%，全省绝大多数县、市均有分布"（杨光远、赵岩社，2002：33），而彝语都基本有松紧元音的区别②，如云南大多数彝语支"声调有 3 个：55 调、33 调、21 调。紧元音只出现 21 调和 33 调"（杨光远、赵岩社，2002：35）；白语"声调有 8 个：即 33 调、42 调、31 调、55 调、35 调、44 调、32 调、21 调。元音松紧与声调有一定的制约关系，紧元音只出现在 44 调、42 调和 21 调"（杨光远、赵岩社，2002：50）。我们可以看出，彝语和白语等少数民族语言的紧元音调值基本都为平调或降调，很少有升调的情况出现，这就与从外迁入的早期汉语的曲折型入声有了共鸣点，即它们都有

---

① 这里有一个较为有趣的现象，湘鄂地区西南官话阳平调值多为升调，但沿陕南接壤的鄂西北至鄂东，地域上与河南省和安徽省接壤。这一狭长地带，它们的阳平调均为降调，这与西南三省的阳平调型相同，而与周边方言的阳平调型相异，这很奇怪，或许与西南官话的强势影响有关。具体范围：西南官话鄂西小片、鄂北小片和鄂东的江淮官话区。

② 据杨光远、赵岩社（2002），云南藏缅语支中的浪速语、勒期语，彝语支中的彝语、哈尼语、傈僳语，未定语支的白语、怒语等都有元音松紧的对立情况，这与汉语入声性质近似（特别是韵尾脱落，入声或有紧元音性质或相对读得要较为短促）。另据云南省地方志编委会（1998），壮语、傣语、景颇语等也都具有松紧元音与调值对应的情况。

读得短促的特点（甚至有学者说这一少数民族语言的紧元音调就是这种语言的入声）①，在相互影响的过程中肯定是相对较为简单的类型占优势，而作为曲折调型，演变为平调型显然不如演变为降调型更容易和方便。更值得注意的是，"彝族分布在云南、四川、贵州三省和广西壮族自治区"（陈士林等，1985：3），它是我国西南地区勤劳勇敢、历史悠久的少数民族，人口共有五百四十多万人，而西南三省和广西的西南官话入声恰好主要就是降调型，这很难用巧合解释。因此可以说，西南区环境的封闭性和语言接触等因素，促成了今天西南官话入声绝大多数为降调型，从而容易与演变了的阳平降调型相混同。现西南官话入声存留区，入声调为降调的方言点基本都处于云南、贵州和四川三省区（江西信丰例外）就更能说明这一情况了。西南官话尚存的入声为降调型的方言点如表 6-21 所示。

表 6-21　　西南官话入声为降调型的方言分布

	阴平	阳平	上声	去声	入声		阴平	阳平	上声	去声	入声
四川											
西昌	44	52	34	11	31	松潘	55	21	42	24	31
云南（附湖南东安）											
宾川	33	42	53	13	31	寻甸	44	53	42	35	31
盐兴	55	53	42	313	31	沾益	44	42	53	35	31
洱源	44	53	42	24	31	邓川	33	53	31	35	21
曲靖	33	53	42	35	31	东安	24	21	55	35	53
贵州（附江西信丰）											
三都	33	53	44	13	42	独山	33	53	34	13	31
丹寨	33	53	55	13	42	平塘	33	53	34	13	31
都匀	33	53	45	12	42	信丰	33	42	31	314	54

我们知道，川西入声区的入声调型主要是平调型，上文已经说过，此情况当与该地区的彝语北方方言的影响有关，因为北部次方言的全部元音都分松紧两套，但只在˧33、˦44 两调构成对立。南部次方言只有一部分元音分松紧两套（如会理、布拖都只有 ŋ：ɿ 与 u：ʯ 两套，只在˥55 调构

---

① 云南省地方志编委会（1998：34）："（彝语）声调都能与紧元音结合，但与紧元音结合的 33 调一般是 21 调或 55 调的变调。紧元音调都比松元音调响亮且高一些。紧元音的 21 调，其调值是 32 短紧调。"

成对立）（陈士林等，1985：174）。可以推想，将来西南官话入声区的入声调型都很有可能要向阳平调靠拢并混同，但这还不是调型的相似归并，它们应该属于受西南官话的强势影响而类化所致。关于这一点，曲靖地区方言入声调的归并趋势具有一定的代表性。曲靖、陆良、沾益三个方言点在云南形成一个曲折调型的入声方言岛，尽管曲靖地区也是一个彝族聚居区，但时至现在，我们很难说彝语的影响是其未来入声归派阳平的决定性因素了，因为周边如昆明、宣威等地的入声均已归入阳平。从调型上看，今曲靖地区的去声均为 213 调值①，入声的曲折调型与去声极为相似，二者都是低降升的曲折调型，如陆良的去声是 213 调值，入声是 312 调值（云南省地方志编委会，1989），但据发展来看，陆良的入声最终将归入阳平 31 调值。曲靖市在《云南方言调查报告》（1969）中是有入声的（严式 312、宽式 31），但到《云南省志·汉语方言志》（1989）中却认为入声已经归入阳平（31 调值）②。据笔者于 2010 年的调查，曲靖市的入声显然仍属于一个独立的调类，它与阳平的调值具有明显的差别：阴平 44、阳平是 53、上声 42、去声 213、入声是 312。听感上，曲靖的入声和去声区别较小，二者的区别主要是：起音的高低有别和入声起音读得较为短促，但在一个大的语言环境下，入声显然不太可能混入去声，终归会与阳平合并。从该地区的入声严式和宽式的记音区别上已经能看出这种类化演变的端倪。

除此之外，在这里还有必要谈谈平调值阳平的存在和演变问题。我们认为，阳平的低平调可能与语流音变的影响有关，据杨时逢（1974），湖北武昌当时"阳平由'半低'降至'低'再升至'中'（213），宽式用低降升调号（313）。两阳平字连在一起或一个阳平字跟别的字连在一起，就很容易变成低平调（11）"③，凤凰"阳平是低平调 11，但有时调尾也略升 12"④，利川"阳平是低平调 11，有时也因语气关系，读成微降调

---

① 据云南省地方志编委会（1989），云南绝大多数去声调都为曲折调，只有红河州、文山州的大部分方言点为低降调。但一般去声调为 21 调值，而阳平为 31 调值，本地人对这两个调值的音区别明显。

② 据吴积才（1987：24）："古入声在曲靖方言中已经消失，归入曲靖方言的阳平调。"

③ 杨时逢（1974），第 52 页。

④ 杨时逢（1974），第 456 页。

21"①;湖南保靖和吉首的阳平调宽式记 11 调值,严式记 21 调值(杨时逢,1974),李启群(2002:17)就说吉首的"阳平实际调值为 21"(但李启群的吉首音系仍用 11 调值)。从现在这些方言点的入声都归入阳平的情况看,阳平在这些方言点读低平调应该是较为晚近的音变结果。

西南官话的入声和阳平之间混同演变的过程,可示如图 6-1。

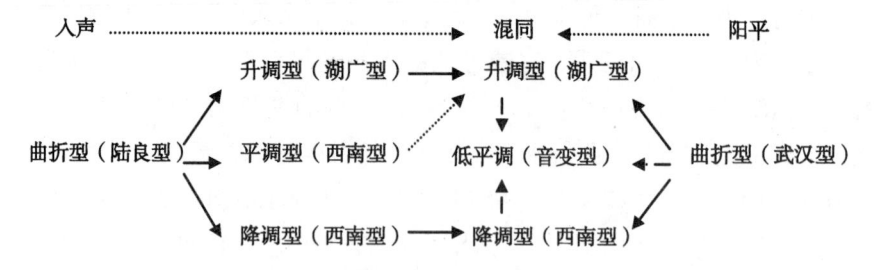

入声 ·············→ 混同 ←············· 阳平

　　　　　　升调型(湖广型)→ 升调型(湖广型)
　　　　　　　　　　↑　　　　　　↓
曲折型(陆良型)　平调型(西南型)　低平调(音变型)　曲折型(武汉型)
　　　　　　　　　　↓　　　　　　↑
　　　　　　降调型(西南型)→ 降调型(西南型)

图 6-1　西南官话的入声和阳平之间混同演变的过程

---

① 杨时逢(1974),第 477 页。

第七章

西南官话的语音特点及内部分区

前面各章对西南官话声韵调做了微观上的分析，本章将在微观分析的基础上，试对西南官话的语音特征及区域差异做整体上的讨论梳理，并进行新的分区尝试，以便从宏观上把握西南官话的语音特点。特别需要说明的是，对于前文已经深入讨论过的内容，本章将不再详细罗列材料，只做简要说明。

第一节　西南官话内部语音的一致性

一　官话方言语音内部的一致特征

西南官话属于官话方言之一种，故官话方言语音内部所具有的一致特征，西南官话也都基本具备。根据侯精一《现代汉语方言概论》（2002：11），官话方言区别于非官话方言的一致语音特征主要有以下四项：

第一，古全浊声母今读清音，塞音和塞擦音平声送气，仄声不送气。

第二，鼻辅音韵尾只有 -n、-ŋ 两个（-m 并入 n）。

第三，全浊上声归去声、去声不分阴阳，声调类别少。

第四，大多数地区没有入声，有入声的地区或有塞音韵尾或失去塞音韵尾。

上述四条特征在西南官话中仅第一条有例外。四川遂宁拦江话有全浊声母，读送气音；湘西的保靖、吉首、永顺、永绥、古丈、泸溪、沅陵、麻阳和湘南的东安、零陵等保留全浊声母，但都读不送气浊音（可参见本书"全浊声母的今读类型与演变"的论述）。

二 西南官话内部语音的一致特征

西南官话因为涉及的范围广、语言接触多，故很难找到内部完全一致的语音特征。总体上看，西南官话语音特征中具有较高一致性的有以下五条：

第一，入声不按清浊分化而合为一类，不带喉塞韵尾，去声不分阴阳。

官话方言中，"入声不按清浊分化而合为一类"是西南官话独特的语音特征，内部具有相当强的一致性，可以说基本没有例外；"不带喉塞韵尾，去声不分阴阳"主要是为了与江淮官话相区别，江淮官话洪巢片和黄孝片入声都不分阴阳合为一类，但洪巢片入声带塞音韵尾，而黄孝片去声分阴阳（刘祥柏，2007：356）。据李蓝（2009），湖北公安、鹤峰、石首和湖南黔阳、澧县、桃源、通道也划归西南官话区，但这7个方言点的去声都分阴阳调，而且它们的入声也都不是严格意义上的合为一类。参见表7-1。

表7-1　　　湘北、鄂南、鄂西北地区去声分阴阳的方言调类分混（附：竹溪话）

调类	平		上			去	入	
清浊	清	浊	清、次浊	全浊	浊	清	清、次浊	全浊
石首	55	213	31	33	24	35	阳去	
公安	55	313	42	33	24	35	35/部分阳去	
鹤峰	55	313	42	33	13	35	35/部分阳去	
黔阳	44	13	42	24	55		22	
澧县	55	13	31	33	阳平	35	阳去/少数35	
临澧	45	13	22	33	24		阳去	
慈利	35	13	53	33	12	阴平	阳去	
桃源	34	22	31	33	13	54	阳去/少数35	
汉寿	55	213	42	33	35	阴去	阴去/部分白读阳平	
通道	13	21	24	44	35	阳平	阳平/阳去	
竹山	24	53	44	313	323	阴平	阴平/阳去	
竹溪	24	42	35	313		阴平/阳平	阳平	

据表7-1所示，去声分阴阳的方言点，入声除黔阳外都没有合为一

类。黔阳入声虽合为一类，但"书虚 ɕy⁴⁴"同音①，这是江淮官话的语音特点。因此，这类方言的最终归属还有待后续观察，但从发展的趋势看，可把它们划归为西南官话的过渡型方言。如竹溪去声为一类的早期类型显然是竹山二分的类型，但今竹山阴去和阳去的调值和调型都已非常接近，如果继续演变二者势必合为一类（竹溪型）。因此说，它们都具有向西南官话靠拢演变的趋势。

第二，蟹摄开口二等喉牙音读 k 组。

蟹摄开口二等喉牙音读 k 组在西南官话内部也是一致性很高的语音特点，它同时也是西南官话区别于其他官话的主要语音特征之一②。江淮官话虽也存在蟹摄开口二等读 k 组的情况，但主要限于白读，它们的文读音基本都读 tɕ 组了。蟹摄开口二等喉牙音少数字在西南官话有些方言点中也有读 tɕ 组的情况，但韵母基本上为 iai 韵，这与其他官话方言读 ie 韵的类型不同。西南官话读 tɕiai 组的类型可能是上古二等 r 介音后来演变为 i，然后影响声母而为 tɕ 组的（请参"蟹止摄的今读类型与演变层次"的论述）。见例字表 7 – 2。

表 7 – 2　　　　西南官话蟹摄开口二等喉牙音读 k 组的例字

例字	街	解	械	鞋		街	解	械	鞋
武汉	kai⁵⁵	kai⁴²	kai³⁵	xai²¹³	北京	tɕie⁵⁵	tɕie²¹⁴	ɕie⁵¹	ɕie³⁵
成都	kai⁴⁴	kai⁵³	tɕiɛi¹³/kai¹³	xai²¹	济南	tɕie²¹³	tɕie⁵⁵	ɕie²¹	ɕie⁴²
昆明	kæ⁴⁴	kæ⁵³	kæ²¹²	xæ³¹	西安	tɕie²¹³	tɕie⁵³	tɕie⁵⁵	xæ²⁴

第三，咸山深臻摄与曾梗摄舒声韵的韵尾合流。

西南官话中，咸山深臻摄与曾梗摄舒声韵的韵尾合流，这一点在西南官话内部也基本没有例外。绝大多数方言点合流读 n，少数方言点合流为 ŋ（具体可参见本书第四章第五节"阳声韵尾在西南官话中的类型分布及演变特点"的论述）。但这一条同样体现在江淮官话中，这可视为江淮官

---

① 西南官话去声分阴阳的方言点中，"书虚"同音还有竹溪、竹山、桃源、汉寿、通道、黔阳等。

② 袁家骅《汉语方言概要》（2001：30）："古见母匣母的蟹摄开口二等字'皆阶街解介界届戒谐鞋械懈'等，字数不多，但它们反映的语音现象却很重要。这些字的声母在北方话大部分地区类似或相同于北京的读法——tɕie、ɕie。读为 kai（或为 tɕiai）、xai（或为 ɕiai），是西南方言的一个特征。江淮方言则大多读书音和北京音相同，口语音与西南官话相同。"

话与西南官话的共同语音特征，总体上与北方系官话二分的类型呈现出对立的格局。见表7-3。

表7-3 西南官话咸深曾梗摄舒声韵的韵尾合流今读例字

例字	因音——鹰英	痕——恒	魂——横	云——营
北京	in^{55}——iŋ^{55}	xən^{35}——xəŋ^{35}	xuən^{35}——xəŋ^{35}	yn^{35}——iŋ^{35}
济南	iẽ^{213}——iŋ^{213}	xẽ^{42}——xəŋ^{42}	xuẽ^{42}——xəŋ^{42}	yẽ^{42}——iŋ^{42}
西安	iẽ^{21}——iŋ^{21}	xẽ^{24}——xəŋ^{24}	xuẽ^{24}——xuoŋ^{24}	yẽ^{24}——iŋ^{24}
武汉	in^{55}	xən^{213}	xuən^{213}	yn^{213}——in^{213}
成都	in^{44}	xən^{21}	xuən^{21}	yn^{21}——in^{21}
扬州	iŋ^{21}	xən^{34}	xuən^{34}——xoŋ^{34}	yŋ^{34}——iŋ^{34}
南京	iŋ^{31}	xəŋ^{13}	xuəŋ^{13}	iŋ^{13}

第四，果摄洪音不分开合口混同为同一个韵母。

果摄在中古时期是分开合口的，果摄洪音字在今北京话中除开口见系和合口帮组外，基本都混同为合口韵，且合口帮组（o）和开口见系（ə）分韵。西南官话中果摄洪音全部混同为同一个韵母，这个韵母一般是开口的单元音韵母（绝大多数为 o；少数有例外，如四川崇庆读 u，云南石屏读 ou 等），但在靠近中原官话的鄂北和陕南一带会有方言点合流读 uo 的情况，这属于过渡区的语音特点。但方言点不多，主要有鄂北的郧县、襄樊、襄阳等，陕南的紫阳、宁陕、石泉、镇平等（可参见本书"果摄的今读类型与演变"的论述）。

果摄洪音不分开合口混同为同一个韵母的情况，同样体现在江淮官话中，"江淮官话的果摄字读音较为规则，基本上是 o 类音"（吴波，2007：82），因此，这一条也可视为西南官话和江淮官话的共同语音特征。

第五，疑母与影母开口细音字保留二分的格局（疑母 n/ŋ/l，影母读零声母）。

西南官话中古疑影母开口细音字过去一直认为已合流为零声母，但据笔者统计分析，其实它们总体上仍属于对立的格局，具体为疑母读 n/ŋ/l，影母读零声母。疑母开口细音读 n/ŋ/l 母各地存在量上的差异，但很少有完全的例外。见表7-4。

表7-4 中古疑影母开口细音字在西南官话今读中呈对立格局的例字

韵摄	止开三		流开三	咸开三		宕开三	
例字	义_疑_	衣_影_	牛_疑_	验_疑_	厌_影_	仰_疑_	央_影_
武汉	i³⁵	i⁵⁵	niou²¹³	niɛn³⁵	iɛn³⁵	iaŋ⁴²	iaŋ⁵⁵
成都	ȵi²⁴	i⁵⁵	niəu³¹	ȵien²⁴	iɛn²⁴	ȵiaŋ⁴²	iaŋ⁵⁵
郴州	ni²¹³	i³³	liɣɯ²¹	nien²¹³	ien²¹³	liaŋ⁵³	iaŋ³³
昆明	i²²	i⁴⁴	niəu³¹	iẽ²²	iẽ²²	nia⁵³	ia⁴⁴
紫阳	ȵi²¹³	i³⁴	niəu²¹	nian²¹³	ian²¹³	niaŋ⁵³	iaŋ³⁴
柳州	i²⁴	i⁴⁴	niʌu³¹	liẽ²⁴	iẽ²⁴	ŋiaŋ⁵³	iaŋ⁴⁴
南京	i⁴⁴	i³¹	liəɯ¹³	iɛn⁴⁴	iɛn⁴⁴	liã²²	iã³¹
扬州	i⁵⁵	i²¹	liɣɯ³⁴	iẽ⁵⁵	iẽ⁵⁵	liaŋ⁴²	iaŋ²¹
北京	i⁵¹	i⁵⁵	niou³⁵	iɛn⁵¹	iɛn⁵¹	iaŋ²¹⁴	iaŋ⁵⁵
济南	i²¹	i²¹³	niou⁴²	iæ̃²¹	iæ̃²¹	iaŋ⁵⁵	iaŋ²¹³
西安	i⁵⁵	i²¹	niou²⁴	iæ̃⁵⁵	iæ̃⁵⁵	iaŋ⁵³	iaŋ²¹

疑影母开口细音二分的格局同样体现在江淮官话中，但相对江淮官话，西南官话保存二分的类型要完整些。因地域条件的限制，西南官话区的人流交往并没有江淮一带频繁，故西南官话演变慢些是可以理解的。通过对比可以看出，疑母开口细音在官话中失去声母的次序是，阴声韵早于阳声韵，说明阳声韵对声母具有一定的稳定作用；阳声韵中又是前鼻 n 尾韵要早于后鼻音 ŋ 尾韵失去声母，这说明相对前鼻音韵尾来说，后鼻音韵尾更能稳定声母。即疑母开口细音声母的失去遵循这样的韵尾次序而进行：-∅ > -n > -ŋ。

第六，药韵开口三等，除知系字外，保持独立的入声字韵母。

药韵开口三等在西南官话中，除知系字外基本都保留独立入声字韵母，它们大多读 io/yo 韵，这条特征在西南官话中具有很强的一致性，例外情况极为有限①。其他官话次方言或仍保留塞音韵尾的入声，或舒化后与阴声韵合并，因此，这也是西南官话区别于其他官话的重要语音特征之一。参见表 7-5。

---

① 目前仅昆明、个旧、慈利三个方言点存在药韵与阴声韵相混的情况。

表 7-5　药韵三等与果摄三等、效摄三等在官话方言中的今读分混例字

韵部	戈	药			哥	药		笑	
例字	靴	略	雀	着	左	脚	药	轿	要
北京	ɕye⁵⁵	lye⁵¹	tɕʰye⁵¹	tʂuo³⁵	tsuo²¹⁴	tɕiau²¹³	iau⁵¹	tɕiau⁵¹	iau⁵¹
济南	ɕye²¹³	luɤ²¹	tɕʰye²¹³	tʂuɤ⁴²	tsuɤ⁵⁵	tɕye²¹³	ye²¹	tɕiɔ²¹	iɔ²¹
西安	ɕye²¹	luo⁵³	tɕʰyo²¹	tʂɤ²¹	tsuo⁵³	tɕyo²¹	yo²¹	tɕiau⁵⁵	iau⁵⁵
太原	ɕye¹¹	lieʔ²	tʃʰyəʔ²	tsuəʔ²	tsuɤ⁵	tɕyəʔ²	yəʔ²	tɕiau⁴⁵	iau⁴⁵
武汉	ɕye⁵⁵	nio²¹³	tɕʰio²¹³	tso²¹³	tso⁴²	tɕio²¹³	io²¹³	tɕiau³⁵	iau³⁵
成都	ɕye⁴⁴	nyo	tɕʰyo²¹	tso²¹	tso⁵³	tɕyo²¹	yo²¹	tɕiau¹³	iau¹³
昆明	ɕye⁴⁴	nio³¹	tɕʰio³¹	tso³¹	tso⁵³	tɕio³¹	io³¹	tɕiau²¹²	iau²¹²
桂林	ɕye³³	lio²¹	tɕʰio²¹	tso²¹	tso⁵⁴	tɕio²¹	io²¹	tɕiau³⁵	iau³⁵
合肥	ɕy²¹²	lyaʔ⁴	tɕʰyaʔ⁴	tsuɐʔ⁴	tsu²⁴	tɕyaʔ⁴	yaʔ⁴	tɕiɔ⁵³	iɔ⁵³
扬州	suəi²¹	liaʔ⁴	tɕʰiaʔ⁴	tsaʔ⁴	tso⁴²	tɕiaʔ⁴	iaʔ⁴	tɕiɔ⁵⁵	iɔ⁵⁵

第七，入声调消失的方言点中，入声调绝大多数读阳平。

李荣（1985）指出，西南官话的特性是古入声今全读阳平，此后，这观点长期以来一度成为人们区分西南官话和其他官话的标准。其实，用这条标准来判断是否为西南官话是不全面的，因为西南官话 552 个方言点中，尚有 107 个的方言点存在入声，8 个方言点入声全读阴平，16 个方言点入声全读去声，总共有近五分之一的方言点入声不读阳平（参见本书"中古入声调在西南官话中的演变"和"西南官话的语音性质及内部分区讨论"的论述）。但在西南官话没有入声的方言点中，入声读阳平的有 421 个，占 94.6%，因此，西南官话在没有入声调的方言点中，入声绝大多数读阳平则是一个事实。

上述七条语音特征中，第一条是最重要的，它是西南官话区别于其他官话次方言的标准；第七条入声读阳平是西南官话入声并入舒声调的主体类型，大体上可以用之区别其他无入声的官话次方言类型。第二条和第六条也基本上可算为西南官话的语音特征。第三条、第四条、第五条为西南官话和江淮官话共同的语言特征，并从总体上以之区别其他五个官话次方言①。

---

① 李荣（1985）根据入声的归并划分出七大官话次方言：西南官话、江淮官话、兰银官话、北京官话、冀鲁官话、胶辽官话、中原官话。

第二节　西南官话语音的共时差异

西南官话具有分布范围广，使用人口多，语言接触复杂等特点，这些特点决定了它的语音差异在所难免。西南官话的语音差异主要体现为语音的区域差异上，下面我们将从六个方面来考察西南官话语音共时上的差异。

第一，中古入声的存留与归并。

中古入声在西南官话中的今读类型，在川中偏西、偏南一带显得最为丰富，有入声存留的岷赤型，有入声读阳平的武昆型，有入声读阴平的雅棉型，有入声读去声的仁富型。其他地区入声或保留入声调，或入声消失归读阳平。

西南官话入声调存留型方言点中，分布于四川岷江流域的有 57 个点（参见"中古入声调在西南官话中的演变"的分析），占 53%；其他方言点主要分布于滇西（东）（15 个点，占 14%）、贵州赤水河流域（8 个点）和黔东南（6 个点）（贵州共 14 个点，占 13%）、湘北（13 个点）和鄂南（7 个点）（湘鄂共 20 个点，占 19%）。下表显示的是西南官话入声的今读类型及分布简况（入声今读类型也是我们对西南官话内部进行分区的主要标准，具体请参阅本章第三节"西南官话的语音性质及内部分区讨论"的论述），参见表 7-6。

表 7-6　　　　　　　西南官话入声调的今读类型

入声今读型	类型	数量	混读或调型	方言主要分布区域	方言代表点
入声消失型	武昆型	421	入声读阳平	西南官话绝大部分	昆明、武汉
	雅棉型	8	入声读阴平	川西雅安市辖区	雅安、汉源
	仁富型	16	入声读去声	岷、沱两江下游之间	富顺、仁寿
入声独立性	岷赤型	68	平调型	岷江中下游及赤水河流域附近	合江、江津
	丹陆型	14	降调型	黔东南和滇东（西）	丹寨、陆良
	天石型	24	升调性	鄂湘接触区域及滇西丽江地区	天门、石门

总体上看，入声如果消失，则绝大多数读阳平。保留入声调的方言点主要集中在川西岷江流域和黔北的赤水河流域一带，其余的除滇西的丽江等地外，基本上都分布在两省交界的地方（如黔东南与湘西、鄂南与湘北一带）。从入声调型上看，西南三省（滇、蜀、黔）大多为平调型或降

调型，湖广则多为升调型。

第二，尖团音的分混。

尖团音在西南官话绝大多数方言点中是混而不分的（基本都读 tɕ 组），但也存在一些分尖团方言点。据目前的材料来看，分尖团的方言点主要集中在滇西一带，如保山、牟定、昌宁、顺宁、云县、景东、镇沅、景谷、双江、镇康、龙陵、潞西、陇川、腾冲、兰坪、丽江等。此外，川中（如大邑、蒲江、荣县、仁寿、内江等）和川东（如通江、达县、巴中、南江、茂县等）的部分县市也是分尖团的，且方言点也相对集中，但数量不多；其余方言点呈点状散见于湖南、广西等地，但数量非常有限，如湖南永明、泸溪、湖北宜昌以及广西柳州等。参见表7-7。

表7-7　　　　　　　　西南官话尖团音的分混类型例字

类型	分布		西—奚	酒—九	集—急	将将来—姜
不分型	普遍分布	武汉	ɕi⁵⁵	tɕiou⁵⁵	tɕi²¹³	tɕiaŋ⁵⁵
		成都	ɕi⁴⁴	tɕiəu⁴⁴	tɕi²¹/tɕie²¹	tɕiaŋ⁵⁵
		墨江	si⁵⁵	tɕieɯ⁵³	tsi³¹	tɕiaŋ⁵⁵
		师宗	sʅ⁴⁴	tɕiəu⁵³	tsʅ³¹	tɕiaŋ⁴⁴
		江川	sʅ⁵⁵	tɕiu⁴²	tsʅ³¹	tɕiʌŋ⁵⁵
两分型	滇西	保山	si³¹—ɕi³¹	tsiəu⁵³—tɕiəu⁵³	tsi⁴⁴—tɕi⁴⁴	tsiaŋ³¹—tɕiaŋ³¹
	点状分布	宜昌	ɕi³³—ɕi³³	tɕiou⁵³—ciou⁵³	tɕie¹³—cie¹³	tɕiaŋ³³—ciaŋ³³
		柳州	si⁴⁴—xi⁴⁴	tsiʌu⁴⁴—kiʌu⁴⁴	tsi³¹—ki³¹	tsiaŋ⁴⁴—kiaŋ⁴⁴
		富宁	ʨi⁴⁴—kʰi⁴⁴	tɕiou⁵⁵—kiou⁵⁵	tɕi⁴²—ki⁴²	tɕiaŋ⁴⁴—kiaŋ⁴⁴

第三，中古泥来母的分混。

西南官话中古泥来母今读分为不混型（n、l二分）、半混型（泥母细与洪音、来母二分）和全混型三种类型。总体来看，云南、广西以及与之毗邻的湘南、黔东南（集中在榕江地区和都匀地区，包括榕锦、从江、黎平、锦屏、天柱、都匀、丹寨、独山、平塘、三都等）一带基本都属于不混型；四川中部、南部、西部和陕南为半混型，四川东部、贵州大部①、湖北、湘北、湘西则基本属于全混型。

---

① 据贵州省地方志编委会（1988：5）："贵州川黔方言不分 n、l，古泥来两母字合流。多数地方读 n，少数地方读 l。不同于分 n、l 的黔东南方言榕锦小片和黔南方言都平小片。"

整体来看，西南官话中古泥来母的今读分混类型从西往东呈现出如图7-1所示的态势。

西部不混型 ⟶ 中部半混型 ⟶ 东部全混型
（如云南、广西等）　（如四川中西部和陕南等）　（如湖北等）

图7-1　西南官话中古泥来母的今读分混类型分布态势

西南官话中古泥来母的今读分混类型例字，参见表7-8。

表7-8　西南官话中古泥来母的今读分混类型例字

类型	方言点	怒	路	男	蓝	女	吕	年	连
不混型	昆明	nu^{212}	lu^{212}	nÃ^{31}	lÃ^{31}	ni^{53}	luei^{53}	niæ̃^{31}	liæ̃^{31}
	蒙化	nu^{24}	lu^{24}	nã^{31}	lã^{31}	ȵyi^{42}	lyi^{42}	ȵie^{31}	lie^{31}
	柳州	nu^{24}	lu^{24}	nã^{31}	lã^{31}	ny^{53}	ly^{53}	niẽ^{31}	liẽ^{31}
	宁远	nu^{324}	lu^{324}	nã^{33}	lã^{33}	ny^{53}	y^{53}	niẽ^{33}	liẽ^{33}
半混型	成都	nu^{13}		nan^{21}		ȵy^{53}	ny^{53}	ȵiɛn^{21}	niɛn^{21}
	宁陕	ləu^{213}		lan^{21}		ȵʮ^{53}	ly^{53}	nian^{21}	lian^{21}
全混型	贵阳	lu^{13}		lan^{21}		li^{42}	luei^{42}	lian^{21}	
	武汉	nou^{35}		nan^{213}		ny^{42}／		niɛn^{213}	
	常德	lou^{35}		lan^{13}		y^{31}		lian^{13}	
	大庸	lu^{24}		lan^{21}		lyɤ^{41}		lian^{21}	

第四，ŋ声母的存留与消失。

声母ŋ在西南官话中的分布是相当普遍的，但云南和湖北的大部分方言点都没有ŋ声母。ŋ声母在云南分布于滇东南的文山、马关、西畴、广南、富宁，滇西北的华坪、永仁、兰坪、丽江，滇东北的巧家、大关、永善、绥江、盐津、镇雄等；ŋ声母在湖北分布于鄂东的武汉、汉口、汉阳、汉川、随县，鄂西南的恩施、宣恩、来凤、利川，鄂西的竹溪、竹山、郧西等。据此来看，西南官话没有ŋ声母的方言点主要集中在云南和湖北，其他方言区域基本上都有ŋ声母。

值得注意的是，声母ŋ在西南官话中包括疑母和影母开口洪音字，但疑母属于古音存留，影母则由ɤ直接演变而得（ɤ＞ŋ）（可参见本书"疑影母字的今读分合类型与演变"的论述）。类型及例字见表7-9。

表 7-9　　　声母 ŋ 在西南官话中的存留与消失类型例字

类型	方言点	我疑	艾疑	爱影	岸疑	安影	昂疑	恶影
ŋ 存留型	武汉	ŋo⁴²	ŋai³⁵	ŋai³⁵	ŋan³⁵	ŋan⁵⁵	ŋaŋ⁵⁵	ŋo²¹³
	成都	ŋo⁵³	ŋai¹³	ŋai¹³	ŋan¹³	ŋan⁴⁴	ŋaŋ⁴⁴	ŋo²¹
	常德	o³¹	ŋai³⁵	ŋai³⁵	ŋan³⁵	ŋan⁵⁵	ŋaŋ¹³	o³⁵
	郴州	ŋo⁵³	ŋai²¹³	ŋai²¹³	ŋan²¹³	ŋan³³	ŋaŋ²¹	ŋo²¹
	大庸	o⁴¹	ŋai²⁴	ŋai²⁴	ŋan²⁴	ŋan⁵⁵	ŋaŋ²¹	o¹¹
	紫阳	ŋo⁵³	ŋai²¹³	ŋai²¹³	ŋan²¹³	ŋan³⁴	ŋaŋ²¹	ŋo²¹
	柳州	ŋo⁵³	ŋai¹³	ŋai²⁴	ŋan¹³	ŋan⁴⁴	ŋaŋ³¹	ŋo³¹
	贵阳	ŋo⁴²	ŋai¹³	ŋai¹³	ŋan¹³	ŋan²¹	ŋaŋ²¹	ŋo²¹
ŋ 消失型	宜昌	o⁴²	ai¹³	ai¹³	an²⁴	an⁵⁵	aŋ¹³	o¹³
	襄阳	uo⁵⁵	ai³¹³	ai³¹³	an³¹³	an²⁴	aŋ⁵³	o⁵³
	大理	o⁵³	ai³¹³	ai³¹³	aŋ³¹³	aŋ⁴⁴	aŋ⁴²	o⁴²
	昆明	o⁵³	ɛ²²	ɛ²²	ã²²	ã⁴⁴	ã³¹	o³¹

第五，合口介音的消失的地区差异。

普通话 uən、uei、uan 三个韵母在西南官话中，会因区域的差异而出现不同程度的介音脱落现象。总体上看，云南和湘南保留合口介音（昆明型），湖北合口介音消失（武汉型），桂北和湘西 uən、uei 韵失去合口介音（桂林型），除此之外的其他地区则主要表现为 uən 韵的合口介音消失（成都型）。但每个片区当中会存在例外情况，同时介音消失也会因声母而有异（请参见本书"西南官话合口介音消失的类型分布与演变层次"的论述）。类型及例字见表 7-10。

表 7-10　　　合口介音在西南官话中的今读类型例字

韵摄		蟹合一灰			山合一桓			臻合一没		
例字		堆端	最精	雷来	短端	酸心	乱来	顿端	孙心	论来
昆明型	昆明	tue⁴⁴	tsue²¹²	lue³¹	tuã⁵³	suã⁴⁴	luã²¹²	tuə⁴⁴	suə⁴⁴	luə²¹²
成都型	成都	tuei⁴⁴	tsuei¹³	nuei²¹	tuan⁵³	suan⁴⁴	nuan¹³	tən⁴⁴	sən⁴⁴	nən¹³
桂林型	桂林	təi³³	tsəi³⁵	lei²¹	tuan⁵⁴	suan³³	luan³⁵	tən³³	sən³³	lən³⁵
	黔阳	tei⁴⁴	tsei²⁴	nei¹³	tuã⁴²	suã⁴⁴	luã²⁴	tən⁴⁴	sən⁴⁴	lən²⁴
	永顺	tei⁴⁴	tsei¹³	nei²²	tuã⁵³	suã⁴⁴	luã¹³	tə̃⁴⁴	sə̃⁴⁴	lə̃¹³
武汉型	武汉	tei⁵⁵	tsei³⁵	nei²¹³	tan⁴²	san⁵⁵	nan³⁵	tən⁵⁵	sən⁵⁵	nən²⁴
	黎平	tei³³	tsei⁵³	lei¹³	ton³¹	son³³	lon⁵³	tən³³	sən³³	lən⁵³

第七章　西南官话的语音特点及内部分区

第六，v声母的存留。

声母v在西南官话中主要分布在云南。此外，湖北恩施、宣恩、随县等少数方言点也有v声母，但性质与云南的不同。云南的v声母除遇摄u韵外，基本都来自中古的疑母，而湖北v声母则限于遇摄u韵的微、疑、影母。见表7–11。

表7–11　声母v在西南官话中的存留与消失类型例字

类型	代表	武无	五疑	乌影	微微	危疑	围云	晚疑	碗影	望疑	旺云
维西型	维西	vu⁵³	u⁵³	u⁵⁵	vei³¹	uei³¹		van⁵³	uan⁵³	vaŋ²⁴	uaŋ²⁴
	晋宁	vu⁵³	u⁵³	u⁴⁴	vei⁴²	uei⁴²		van⁵³	uan⁵³	vaŋ¹¹	uaŋ¹¹
	呈贡	ɣ⁵³	u⁵³	u⁴⁴	vɛ³¹	uei³¹		vã⁵³	ã⁵³	vã¹¹	ã¹¹
昆明型	昆明	u⁵³		u⁴⁴	ve³¹	ue³¹		vã⁵³	ã⁵³	vã²¹²	ã⁵³
	富民	ɣ⁵³		ɣ⁴⁴	ve³¹	ue³¹		vã⁵³	ã⁵³	vã¹¹	ã¹¹
	易门	vu⁵³	vu³³		vei⁴²	uei⁴²		vaŋ⁵³	uaŋ⁵³	vaŋ²¹	uaŋ²¹
恩施型	恩施	vu⁵³	vu⁵⁵		uei¹¹			uan⁵³		uaŋ³⁵	
成都型	成都	u⁴²		u⁴⁴	uei²¹			uan⁴²		uaŋ¹³	

维西型、昆明型的区别主要在遇摄u韵的分混上：维西型微母（v）与疑影组（∅）二分，昆明型则在遇摄u韵上相混。各自的方言分布，如表7–12所示。

表7–12　声母v之"维西型"与"昆明型"的方言分布

类型	代表	武微	五疑	其余韵	方言分布
维西型	维西	vu⁵³	u⁵³	v（微）与零声母（疑影）两分	维西、晋宁、澄江、路南、华宁、江川、玉溪、大理、凤仪、蒙化、漾濞、云龙、洱源、剑川、鹤庆、邓川、宾川、祥云、盐丰、石屏、昌宁、顺宁、云县、双江、镇康、兰坪；湖南：零陵
	呈贡	ɣ⁵³	u⁵³		呈贡、保山、丽江
昆明型	昆明	u⁵³			昆明、昆阳、宜良、通海、河西、峨山、新平、缅宁、盐兴
	富民	ɣ⁵³			富民、罗次、禄丰、元谋、宁洱、墨江、思茅、澜沧、建水、开远、邱北、永平、武定
	易门	vu⁵³			易门、元江、个旧、蒙自、弥勒、禄劝、寻甸、石屏
恩施型	恩施	vu⁵³		零声母	恩施、宣恩、随县

恩施型的遇摄微、疑、影母合流读v声母属于后起的，因为其他韵摄

已经完全混同为零声母,而从昆明型来看混同一般始于遇摄,所以恩施型的 vu 当来源于单元音 u 的摩擦化,即恩施型的 vu 是 u > vu 演变而得。

维西型、昆明型疑母读 v 母属于古音存留。中古微母在元朝的《中原音韵》(杨耐思,1981)、明代的《韵略易通》(张玉来,1999)和《西儒耳目资》(曾晓渝,2004)等韵书中均有独立的 v 声母①。因此,今成都型等微母读零声母应该是较为晚起的层次。云南的韵书中,明代本悟《韵略易通》、清代的《等音》《声位》中微母依然保留独立的 v 声母,因为云南自明代以来就一直很少遭受大的战乱影响,明洪武年间屯兵移民的汉族群体一直较为稳定,加之地域偏安,故微母至今存在保留读 v 声母的现象实属正常。明末清初四川遂宁人李实"《蜀语》音注中微母仅六见,其中就有两次同影母字混:巫诬音乌"(甄尚灵、张一舟,1996:52),说明微母在四川方言中于明末时期已出现与影母混同读零声母的端倪了②。

第三节　西南官话的语音性质及内部分区讨论

一　西南官话语音性质的重新审视

(一) 传统区分观点——"入声归入阳平"的局限性

李荣(1985)根据中古入声调类的归并或存留把官话方言划分为七大类,见表 7-13。

表 7-13　　　入声在官话方言中的分混类型(李荣,1985)

古入声	西南官话	中原官话	北方官话	兰银官话	北京官话	胶辽官话	江淮官话
古清音	阳平	阴平		去声	阴阳上去	上声	入声
次次浊		阴平		去声			
古全浊		阳平					

---

① 据曾晓渝(2004)的统计,《西儒耳目资》v 母有 19 个字,其中疑母仅"外"、影母仅"汪"各一字。"这说明从明末或更早,中古微母的独立地位已开始动摇,直至发展为现代普通话的格局。"(第 19 页)

② 甄尚灵、张一舟(1996)根据《蜀语》中"巫诬音乌"一例,同时参照清樊腾凤《五方元音》等微母读零声母的情况,把《蜀语》的微母拟音为零声母。对此,我们认为尚值商榷,因为《蜀语》中尚有 4 例为微母自注(6 例中所占比例极高),且从云南的韵书看,当时的西南官话是存在 v 声母的。

第七章 西南官话的语音特点及内部分区

李荣（1985：3）指出："西南官话的特性是入声全读阳平，与其他六区分开。"这一高屋建瓴的看法成为划分西南官话的标准，并被《中国语言地图集》采用，此后也一直被后来的大多数学者尊崇。其实，这一观点存在着无法克服的局限。

诚然，"入声归阳平"占据了西南官话近五分之四的方言点，但同样存在 140 余个方言点入声不归阳平。其中，有 111 个方言点有入声调，有 31 个点入声归去声、有 9 个方言点入声归阴平，总共 140 个方言点入声不归阳平，占西南官话方言点的五分之一，这可不是一个可以简单忽略的例外。因此，就有不少学者对用"入声读阳平"来作为区分西南官话的标准提出了质疑。李小凡、项梦冰（2009：145）就指出"将西南官话归为古入声今归阳平的方言并不十分准确，（因为）保留入声的西南官话并不是个别例外，尽管其势力并不能跟古入声字今归阳平的方言相比"。此说甚为有理，但可惜并未提出新的区分主张。

其实，很多研究西南官话的学者也都注意到了这一现象，但都提不出一个较为合理的看法，后来的划分标准基本上都是在"入声归阳平"的基础上增补一些额外的条件而已。黄雪贞（1986：266）注意到西南官话部分方言点存在入声不归阳平的现象后提出："现在我们可以将西南官话的定义略加补充：古入声今读阳平的是西南官话，古入声今读入声或阴平、去声的方言，阴平、阳平、上声、去声调值与西南官话的常见调值相似的，即调值与成都、昆明、贵阳等六处的调值相近的，也算是西南官话。"李蓝（2009）认为判断一个方言是不是西南官话除看入声是否归阳平外，还要看四声框架，即"一般情况下，凡古入声字今整体读阳平、四声框架与贵阳、昆明、武汉、桂林等地的西南官话接近，故全浊声母为'清化，平声送气仄声不送气'的演变类型、没有入声韵尾的方言，就基本可认定为西南官话"[①]。

黄雪珍和李蓝的观点大体上可以总结为："入声归阳平 + 四声调型"框架。对此，姑且不论调型在方言区内部分区中所起的作用有多大值得商榷，仅就一个方言划分的标准而言，这样随意添加附加条件，本身就是有欠科学性的。"标准"之所以会出现如此"随意添补"的原因，追根溯源乃因"入声归阳平"这一区分标准的局限性所致。既然这样，那么就意

[①] 李蓝：《西南官话分区（稿）》，《方言》2009 年第 1 期，第 73 页。

味着西南官话的语音性质有待重新界定，应该尝试找到一种新的较为科学合理的区分标准，以便把西南官话较为合理地从其他官话次方言中清楚地划分出来。

（二）新的区分标准——入声合为一类，不带塞音韵尾，去声不分阴阳

在西南官话的区分标准中，针对"入声归阳平"的局限，我们认为可尝试采用一种新的标准来作为西南官话和其他官话区分的准则。相对其他官话来说，西南官话的特性是：入声合为一类，不带塞音韵尾，去声不分阴阳。

根据中古入声不分清浊合为一类，便很容易地把西南官话从中原官话、北方官话、兰银官话、北京官话、胶辽官话、江淮官话泰如片区别开来，因为这五个官话次方言和江淮官话泰如片古入声均根据声母清浊或一分为二，或一分为三。江淮官话洪巢片、黄孝片入声合虽为一类，但洪巢片入声带塞音韵尾，黄孝片入声虽不带塞音韵尾，但去声却分阴阳。可以这么说，西南官话的语音性质界定问题，主要就是它与江淮官话的区别标准问题。现在这一问题已经解决，如表7-14所示。

表7-14 西南官话与江淮官话的语音特征差异对比

类型（片） 语音条件	西南官话	江淮官话		
		泰如片	洪巢片	黄孝片
入声不带塞音韵尾	+	-	-	+
入声不分阴阳	+	-	+	+
去声不分阴阳	+	-	+	-

因此，根据"入声合为一类，不带塞音韵尾，去声不分阴阳"这一特性就能很容易地把西南官话同其他六种官话次方言清楚地区别开来。西南官话这一新的区分标准，具有特征突出，操作简单，容易把握的特点。况且这是一个动态的合理的标准体系，因为就语言的发展演变规律来看，西南官话入声调存留区的入声调最终是肯定会归并到相应的舒声调中去而消失的，如果真发生了这样的演变，只需要把它并入相应的大类中去就可以了，根本用不着改变标准规则。

二 西南官话的内部分片

（一）传统的内部分片及特点

1986年黄雪贞《西南官话的分区（稿）》根据调值等把西南官话分

为 11 片，1987 年出版的《中国语言地图集》基本上都采用了黄雪贞先生的分片观点。2009 年因应《新编中国语言地图集》的出版，李蓝写了《西南官话的分区（稿）》作为西南官话分区图的文字说明。李蓝《西南官话的分区（稿）》主要根据调型，同时结合其他语音条件把西南官话划分为 6 大片 22 个小片。从中可以看出，相对于 1987 年《中国语言地图集》中的西南官话内部分片来说，后来的《新编中国语言地图集》是有些调整的。熊正辉、张振兴《汉语方言分区》（2008：103）对两个版本的语言地图中关于西南官话的分片差异作了详细说明：

> 1987 版地图集西南官话基本上见于［B6］图，包括四川、云南、贵州三省，以及毗邻的湖南、湖北、广西、甘肃等省区的一些县市，本图集析为 ABC 三幅。①本图的分片跟 1987 版地图集明显不同。1987 版地图集把西南官话分为成渝片、滇西片、黔北片、昆贵片、灌赤片、鄂北片、岑江片、黔南片、湘南片、桂柳片、常鹤片等 12 个方言片，本图集合并后命名为川黔片、西蜀片、川西片、云南片、湖广片、桂柳片等 6 个方言片。②本图集方言片虽然少了，但方言小片却多了。1987 版地图集只把滇西片（姚理、保潞两个小片）、灌赤片（岷江、仁富、雅棉、利川 4 个小片）共 6 个小片，本图集划分为 21 个小片。从地理分布看，本图集西南官话的范围比原图更大，例如本图集西蜀片、川西片地区的很多地点是本图集实地调查以后新增加的。

相对于黄雪贞（1986）和《中国语言地图集》（1987）的分区来说，李蓝（2009）的分区扩大了原西南官话的范围，其中增加了川西一带方言点的语言调查并把它们囊括进去，可以说这是一个贡献，但对于把陕南的汉中、白河等原属中原官话的方言点也都划归西南官话范围则是有待商榷的（据中古入声的归派和精知庄章组的今读类型来看，陕南的汉中、白河等属于典型的中原官话）①。通过对比可以看出，李蓝的分区总体上

---

① 汉中话（陈章太、李行健，1996）精知庄章组属于昌徐型，清入、次浊入归上声，全浊入归阳平；平利（洛河）话（周政，2009）、白河话（陈章太、李行健，1996）中古精知庄章组的今读虽属南京型，但清入、次入归阴平，全浊入归阳平。

并没有突破原有分区的局限，基本上是在原有分区的基础上进行局部的调整而已，本质上是并没有太多创新性的。同时，黄雪贞和李蓝的分区有一个共同的特点，那就是他们分出的第一层次（片）都显得较为琐碎和不易把握，而这种结果的出现是因为没有一条贯穿始终的标准。

下面是在参照归纳黄雪珍（1986）、李蓝（1994，2009）、刘光亚（1986）、鲍厚星（1986）、陈晖（2007）等学者关于西南官话分区文章的基础上，尝试构建一种新的西南官话分区模式。

（二）新标准下的内部分片及特点

西南官话的内部层次划分上，首先应根据入声的有无划分出入声消失和入声独立两种类型，其次根据入声派归舒声调的类型和入声存留区入声调的调值类划分出方言片，最后根据其他语音条件划分出方言小片①。分述如下：

第一，入声消失型。

（1）武昆片：入声归阳平。

①成渝小片：四呼基本俱全。主要分布于成渝平原，包括毗邻的贵州黔西北地区、云南滇东地区的少数县市、陕南西南官话方言点。总共149个县市。

四川省（53）：安县、安岳县、巴中市、北川县、苍溪县、成都市、达县、达州市、大英县、大竹县、德阳市、广安市、广汉市、广元市、华蓥市、简阳市、剑阁县、江油市、金堂县、开江县、阆中市、乐至县、邻水县、罗江县、绵阳市、绵竹市、南部县、南充市、南江县、蓬安县、蓬溪县、平昌县、平武县、青川县、渠县、三台县、射洪县、遂宁市、通江县、万源市、旺苍县、温江县、武胜县、西充县、宣汉县、盐亭县、仪陇县、营山县、岳池县、中江县、资阳市、资中县、梓潼县。

重庆市（26）：璧山县、城口县、大足县、垫江县、丰都县、奉节县、合川市、忠县、开县、梁平县、南川市、彭水苗族土家族自治县、荣昌县、石柱土家族自治县、铜梁县、潼南县、重庆市、万州区、黔江区、巫山县、巫溪县、武隆县、秀山土家族苗族自治县、永川市、酉阳土家族

---

① 李蓝《西南官话分区（稿）》（2009）中把西南官话划分为22个小片，这可以说已经是此前西南官话非常精细的小片划分了。在此，我们基本赞同李蓝先生关于西南官话的小片划分结论，但在一些方言点的涵盖和取舍上有所调整，同时在区、片的划分上提出一些新的标准和名称。

苗族自治县、云阳县。

贵州省（28）：毕节市、大方县、道真仡佬族苗族自治县、赫章县、黄平县、江口县、金沙县、开阳县、六盘水市、纳雍县、黔西县、石阡县、水城县、松桃苗族自治县、铜仁市、万山特区、息烽县、修文县、织金县、紫云苗族布依族自治县、凤岗县、湄潭县、绥阳县、瓮安县、余庆县、正安县、遵义县、遵义市。

云南省（4）：大关县、彝良县、永善县、镇雄县。

湖北省：（26）：巴东县、保康县、长阳土家族自治县、当阳市、恩施市、建始县、江陵县、荆门市、荆州市、来凤县、利川市、潜江市、沙洋县、五峰土家族自治县、咸丰县、兴山县、宣恩县、宜昌市、宜城市、宜都市、远安县、枝江市、钟祥市、秭归县、京山县、武汉市。

陕南（7）：紫阳县、石泉县、镇坪钟宝、宁陕县、镇巴县、留坝县、南郑县。

湖南省（3）：凤凰县、龙山县、桑植县。

江西省（1）：信丰。

甘肃省（1）：碧口镇[①]。

[②]昆贵小片：无撮口呼；云南分 n、l，贵州不分，总共 100 个县市。

贵州省（19）：安龙县、安顺市、册亨县、长顺县、关岭布依族苗族自治县、贵阳市、六枝特区、盘县、平坝县、普安县、普定县、清镇市、晴隆县、望模县、兴仁县、兴义市、贞丰县、镇宁布依族苗族自治县、威宁彝族回族苗族自治县。

云南省（76）：安宁市、呈贡县、澄江县、楚雄市、大理市、大姚县、峨山彝族自治县、富民县、富源县、华宁县、华坪县、会泽县、江城哈尼族彝族自治县、江川县、晋宁县、景洪市、昆明市、沪西县、鲁甸县、禄丰县、禄劝彝族苗族自治县、罗平县、马龙县、勐海县、勐腊县、弥渡县、弥勒县、墨江哈尼族自治县、牟定县、南华县、南涧彝族自治县、宁蒗彝族自治县、普洱哈尼族彝族自治县、巧家县、师宗县、石林彝族自治县、双柏县、思茅市、嵩明县、通海县、巍山彝族回族自治县、武定县、祥云县、新平彝族傣族自治县、宣威市、漾濞彝族自治县、姚安

[①] 甘肃碧口镇属文县管辖，可参张成才《甘肃碧口话的特点及归宿》（《语文研究》2005年第4期）。

县、宜良县、易门县、永平县、永仁县、永胜县、玉溪市、元江哈尼族彝族傣族自治县、元谋县、昭通市；富宁县、个旧市、广南县、河口瑶族自治县、红河县、建水县、金平苗族瑶族傣族自治县、开远市、绿春县、麻栗坡县、马关县、蒙自县、屏边苗族自治县、丘北县、石屏县、文山县、西畴县、砚山县、元阳县。

广西壮族自治区（5）：乐业县、隆林各族自治县、云县、西林县、天峨县。

③滇西、川西小片：汉语带较浓民族口音：川西康藏一带受藏语、羌语影响，川西凉山一带主要受彝语影响，滇西则主要受彝语、白语、纳西语等多种少数民族语音的影响，鼻音韵尾多读鼻化韵。滇西一般分 n、l，川西一般不分 n、l。总共 73 个县市。

四川省（41）：康藏一带（26）：阿坝县、巴塘县、白玉县、丹巴县、道孚县、稻城县、得荣县、德格县、甘孜县、红原县、金川县、九龙县、康定县、理塘县、理县、炉霍县、马尔康县、木里藏族自治县、壤塘县、若尔盖县、色达县、石渠县、乡城县、小金县、新龙县、雅江县；凉山一带（15）：布拖县、德昌县、会东县、会理县、金阳县、美姑县、米易县、宁南县、攀枝花市、普格县、喜德县、盐边县、盐源县、越西县、昭觉县。

云南省（32）：保山市、沧源佤族自治县、昌宁县、德钦县、凤庆县、福贡县、耿马傣族佤族自治县、贡山独龙族怒族自治县、鹤庆县、景东彝族自治县、景谷傣族彝族自治县、兰坪白族普米族自治县、澜沧拉祜族自治县、丽江纳西族自治县、梁河县、临沧市、龙陵县、陇川县、泸水县、潞西市、孟连傣族拉祜族佤族自治县、瑞丽市、施甸县、双江拉祜族佤族布朗族傣族自治县、腾冲县、维西傈僳族自治县、西盟佤族自治县、香格里拉县、盈江县、永德县、云县、镇沅彝族哈尼族拉祜族自治县。

④黔东南小片：合口洪音韵的声母 x、f 多出现反向混读，有 v 声母。湖南洪江、怀化一带的知章组合口韵多读 tɕ 组。总共 26 个县市。

贵州省（21）：福泉市、贵定县、惠水县、凯里市、雷山县、荔波县、龙里县、罗甸县、麻江县、岑巩县、从江县、剑河县、锦屏县、榕江县、施秉县、三穗县、台江县、天柱县、镇远县、黎平县、玉屏侗族自治县。

湖南省（5）：怀化市、新晃侗族自治县、芷江侗族自治县、中方县、洪江市。

⑤桂柳小片：四呼俱全，除桂林等少数方言点外大多分 n、l。桂北一带除桂林外大多分尖团，湘南、黔南一带因与桂北相连，故它们语音上多有相似，但湘南多数县市仍在使用土话，因此出现官土并用的双方言现象。总共58个县市。

广西壮族自治区（46）：巴马瑶族自治县、百色市、宾阳县、大化瑶族自治县、德保县、东兰县、都安瑶族自治县、凤山县、富川瑶族自治县、恭城瑶族自治县、桂林市、合山市、河池市、贺州市、环江毛南族自治县、靖西县、来宾县、荔浦县、临桂县、灵川县、柳城县、柳江县、柳州市、龙胜各族自治县、鹿寨县、罗城仫佬族自治县、马山县、那坡县、南丹县、平果县、平乐县、融安县、融水苗族自治县、三江侗族自治县、上林县、田东县、田林县、田阳县、武宣县、象州县、忻城县、阳朔县、宜州市、永福县、昭平县、钟山县。

湖南省（12）：郴州市、道县、桂阳县、嘉禾县、江华瑶族自治县、蓝山县、临武县、宁远县、双牌县、新田县、宜章县、永州市。

⑥湘西小片：全浊声母平声保留浊音，除麻阳外仄声则清化，但都读不送气。总共7个县市。

湖南省（7）：保靖县、凤凰县、古丈县、花垣县、吉首市、麻阳苗族自治县、永顺县。

⑦鄂北小片：中古入声今阳平，但因毗邻河南，故四声调型近似河南话[①]。总共10个县市。

湖北省（10）：丹江口市、房县、谷城县、老河口市、南漳县、十堰市、随州市、襄樊市、郧县、枣阳市。

（2）雅棉片：中古入声今读阴平。总共8个县市。

四川省（8）：宝兴县、汉源县、芦山县、泸定县、名山县、石棉县、天全县、雅安市。

（3）仁富片：中古入声今读去声。总共16个县市。

四川省（13）：富顺县、井研县、隆昌县、内江市、仁寿县、荣县、威远县、简阳市、筠连县、自贡市、冕宁县、荣县、巫山。

---

① 襄阳阴平34、阳平53、上声55、去声313，武汉阴平55、阳平213、上声42、去声35，南阳阴平24、阳平42、上声55、去声31，开封阴平24、阳平53、上声44、去声412。

云南省（2）：威信县、盐津县。

湖南省（1）：常德市。

第二，入声独立型。

（1）岷江片：入声基本都为平调型，主要分布于岷江中下游及赤水河一带。总共69个县市。

四川省（55）：长宁县、崇州市、大邑县、都江堰市、峨边彝族自治县、峨眉山市、高县、珙县、古蔺县、黑水县、合江县、洪雅县、犍为县、江安县、乐山市、泸县、泸州市、马边彝族自治县、茂县、眉山市、沐川县、南溪县、彭山县、彭州市、郫县、屏山县、蒲江县、青神县、邛崃市、什邡市、双流县、松播县、坟川县、新津县、兴文县、叙永县、宜宾市、宜宾县、荥经县、金河口、纳溪县、夹江县、丹棱县、西昌市、温江县、新都县、盐亭县、西充县、华阳县、南部县、理县、雷波县、射洪县、五通桥、崇宁县。

重庆市（2）：江津市、綦江县。

贵州省（9）：赤水市、德江县、仁怀市、思南县、桐梓县、务川仡佬族苗族自治县、习水县、沿河土家族自治县、印江土家族苗族自治县。

云南省（2）：水富县、绥江县。

江西省（1）：赣州。

（2）丹陆片：入声为降调型，主要分布于以丹寨为中心的黔东南和以陆良为中心的滇南（西）一带。总共14个县市。

贵州省（5）：丹寨县、都匀市、独山县、平塘县、三都水族自治县。

云南省（9）：陆良县、寻甸回族彝族自治县、曲靖市、沾益县、邓川、盐兴、宾川县、洱源县、镇康县。

（3）天石片：入声为升调型。湖广一带的入声存留区入声多为升调型，集中分布在以湖北天门、湖南石门为中心的鄂中偏南和湘北（西）地区，滇西偏北的丽江一带入声调型也属于这种类型。总共24个县市。

湖北省（8）：天门市、汉川市、仙桃市（沔阳）、洪湖市、松滋市、石首市①、公安县、鹤峰县。

---

① 湖北石首、公安、鹤峰和湖南桃源、黔阳、华容、安乡等去声分阴阳，与西南官话标准不符，但考虑到它们四声调型与临近的西南官话近似，同时全浊声母平送仄不送，故把它放于此，可视为过渡区。

湖南省（11）：东安县、石门县、张家界（大庸）市、靖县、江永县、沅陵县、津市、华容县、黔阳县、桃源、安乡。

云南省（4）：丽江纳西族自治县、凤仪、云龙县、剑川县。

贵州省（1）：锦屏。

根据以上论述，为突出其直观性，用表7-15总结西南官话内部分区类型的结果。

表7-15　　　　　　　新标准下的西南官话内部分区类型

类型	片	特征	小片	方言点数		方言代表点
入声消失型	武昆片	入声读阳平	成渝小片	149	421	成都、武汉
			昆贵小片	100		昆明、贵阳
			滇西、川西小片	73		保山、阿坝
			黔东南小片	24		凯里、洪江
			桂柳小片	58		柳州、郴州
			湘西小片	7		吉首、凤凰
			鄂北小片	10		襄樊、房县
	雅棉片	入声读阴平		8	8	雅安、汉源
	仁富片	入声读去声		16	16	富顺、仁寿
入声独立型	岷江片	入声为平调型		68	69	合江、江津
	丹陆片	入声为降调型		14	14	丹寨、陆良
	天石片	入声为升调型		24	24	天门、石门
2种类型	6个片		7个小片	552个方言点		

第八章

西南官话与江淮官话的关系

吕叔湘（1985）从词汇比较的角度把官话方言划分为北方（黄河流域及东北）和南方（长江流域及西南）两系①，西南官话和江淮官话为南方系官话。此后，围绕西南官话是否属于南方系官话以及它与江淮官话是否存在渊源关系等问题，总是会引来争议。刘晓梅、李如龙（2002）认为江淮官话与西南官话一脉相承，黎新第（1995）则对此持谨慎观点。刘勋宁（1995）从入声的分配以及地理区域特点把西南官话和江淮官话一并划归南方官话，但他认为西南官话与江淮官话之间的关系大概不是同源关系。众说纷纭，莫衷一是。我们下面将从历史移民和语音对应规律的角度对这一问题进行讨论。

第一节 西南官话区的移民概况及特点

西南官话是明清以来较晚形成的单纯型方言（李如龙，2005：53），因此分析西南官话的形成历史一般从明代开始。因为云南在明代之前没有汉语的地位（葛剑雄，1993：614），四川的汉族群体主要由明清两代湖广移民构成。桂北桂柳一带的汉族为明代洪武年间屯兵而至。因此，从明代移民开始来探讨西南官话形成历史应该是合理的。

一 西南官话区的移民概况

明初洪武年间的大移民基本奠定了今西南的汉族主体地位，随之带来

---

① 吕叔湘（1985：58）指出："现代的官话区方言，大体可以分成北方（黄河流域及东北）和南方（长江流域及西南）两系……北系方言用'每'而南系方言用'们'。"

的就是早期的官话语言。洪武移民主要由朝廷组织，西南地区的移民来源地主要是湖广地区和以南京为中心的江淮一带。四川一带的多迁自湖广，移民方式以有组织的民间移民为主；云南、贵州、桂北等地区的则多迁自江淮，移民方式主要是屯兵。

(一) 四川的移民概况

四川盆地土地肥沃，地理偏安，地域上西接云南，南邻贵州，北靠陕甘，东通两湖，自然条件优越，地理位置重要。但福兮祸依，四川因战乱和天灾等原因，历史上人口数量变换频繁，历代均有数量不等的移民入川。但对现代四川方言影响最大的，还是要数明清两代的移民活动，而明清两代四川的移民绝大多数来自湖广一带，特别是清初的"湖广填四川"影响最为深远[①]。

宋末元初的宋元战争中，四川是受害最深的地区。端平（1234—1236）以后，蒙古军攻入四川，抗元战争前后持续近50年，以致四川人口损失惨重。据葛剑雄等（1993）的研究，直到元统一十余年后的至元二十七年（1290），四川的人口仍不足10万户，总人口60万左右，与嘉定十六年（1223）的人口数量相比，仅存10%左右。此后，在元朝统治四川的80年中，四川的人口恢复和增长非常缓慢，至元代末年，四川人口最多也就在70万左右，增长极为有限。

元末明玉珍率湖广乡勇入蜀称王，揭开元末明初四川大移民的序幕，特别是明洪武年间从湖广地区（尤以鄂东黄麻为甚）大量移民进入四川，基本改变了当时四川地区的人口格局。宣统《广安县志》据旧著《大竹志》"洪武四年（1371），廖永忠平蜀，大肆杀戮，复徙楚之麻黄人来实兹土"，又说"（户籍）凡楚人居其大半，而以明之黄麻籍为最，武昌通城次之"。民国《荣县志》："明太祖洪武二年（1369），蜀人楚籍者，动称是年由麻城孝感乡人入川，人人言然。"民国《南溪县志》："今蜀南来自湖广之家族，溯其始，多言麻城县孝感乡。"民国《云阳县志》列诸大姓都是"明洪武年间自麻城迁入"。葛剑雄等（1993：367）指出洪武二十六年（1393）"四川接受移民总数达到93万人左右，其中70%来自鄂东地区，有50万人"。明末崇祯年间，李自成、张献忠率湖广农民起义军先后攻入四川，后又联明抗清，李自成余部在四川的抗清斗争直至康熙三年（1664）方才结束。此

---

① 纪国泰（2007：3）："自先秦以来，历代都有移民入川，但对现代四川方言影响巨大的移民活动，还是要数明清两代的移民活动，尤其清初的'湖广填四川'。"

后十年战火稍熄，可康熙十三年（1674）的"三藩之乱"又让四川硝烟再起，清军与吴三桂军激战七年方结束战争。据葛剑雄等（1993：398）的研究统计，明末清初的战乱造成的四川人口损失近280万，占总人口的78%，尤以川东和省会成都一带的损失最为惨重。正是在这种背景下，清代顺治、康熙年间又开始向四川大量移民，而此次的四川移民来源地同明代一样，主要仍迁自湖广一带，即"湖北、湖南的移民，到四川落业的最多（尤以湖北为甚）"（孙晓芬，1997：29）。民国《巴先志》载："自晚明献乱，而土著为之一空，外来者什九皆湖广人"。民国《涪州志》载："自楚迁来者十之六七"。《南川县志》（1991）："多数族谱记载：南川人多是湖北移来，有的是麻城孝感鹅掌大丘人"。民国《巴中县志》载巴州（今巴中）"土著仅十之一二，其来自楚粤闽赣者，则十之八，名为客籍"。《仪陇县志》（1994）载仪陇"邑中湖南北人最多，江西、广东次之，率皆康熙、雍正年间入籍。明时入籍，谓之老民，盖寥寥无几"。民国《广安州新志·人口志》载广安州（今广安）"惟湘鄂特多，而黄麻永零尤盛"。《开县志》（1990）指出"开县境内的大多数人口，为两湖填四川的后裔"等。

鉴于直观理解清代湖广移民四川的兴盛情况，现把孙晓芬（1997：34）对乾隆十八年至二十年（1753—1755）的移民入川户数统计情况列如表8-1。

表8-1　清乾隆年间外籍移入四川的户数统计情况（孙晓芬，1997）

	广东（单位：户）	湖北（单位：户）	广西（单位：户）	江西（单位：户）
乾隆十八年（1753）	408	991	8	394
乾隆十九年（1754）	281	1612	73	140
乾隆二十年（1755）	590	1860	—	—

据表8-1中移民入川的户数来看，湖广移民四川的数量是占绝对优势的，故孙晓芬（1997：3）就指出："元末明初的战乱，湖广就有不少人移民到四川，到了清代前期的大移民，一百万余人中，有一半人是来自两楚——湖北、湖南"。[1]

---

[1] 孙晓芬（1997：3）："以四川官话——四川第一大方言的形成为例，受湖北话的影响最大，可以说是以湖北话为基础，经过长期的演变形成了现今的四川话（方言专家称之为四川官话）。"

值得注意的是，陕西因与四川毗邻，在宋代及其之前一直是四川移民的主要来源地，但明代及其之后四川的移民便以湖广为主了。这一方面是走水路的近便所致，另一方面是湖广在移民四川的同时也顺汉水而上迁入陕南，从而阻断了陕西移民四川（主要是川北地带）的源流路径。故明清两代的四川移民，总体上是以湖广为主要来源地的，以至历史上"湖广填四川"一说得以广泛流传。

（二）陕南的移民概况

陕南：陕南的移民与四川清代移民大体同步，因为四川与陕南接壤，四川的战乱自然波及陕南。葛剑雄等《中国移民史》（1993：402）这样写道："明末，农民军与明军反复交战于陕南，或从汉中入川，或经四川入陕；明军也多次围剿追击。陕南受害之烈，比之四川有过之而无不及。'三藩之乱'中，吴三桂占据汉中5年之久，也造成当地人大量死亡和逃亡。"因此，清代在移民充实四川的同时，以湖广为主的移民也在迁入四川毗邻的陕南。可以说，陕南移民是湖广填四川的自然延伸，湖广移民陕南也就自然封堵了当时的陕北移民川北的源路。周振鹤、游汝杰（1986：43）就指出："清代康乾之际有大量湖北、四川、安徽的流民进入陕南地区，据《大清一统志》的有关府志进行综合统计，从康熙三十二年（1693）至嘉庆二十四年（1819）的百多年间，陕南人口从15万激增到350万，净增22倍，陕南也就自然成了川楚方言的天下了"。

（三）云南、贵州的移民概况

滇、黔两地在明代时期的移民总体上是同时进行的，它们的移民来源（江南）及影响大体相同（古永继，2006）。其原因是云南的战略地理位置很重要，以至于牵制贵州形成一体，清代顾祖禹《读史方舆纪要》（卷一百二十）就提到："云南、湖广之间，惟恃贵阳一线；有云南，不得不重贵阳"，即要稳定西南，务必先控制云南，要控制云南则必先稳定贵州，因为贵州是江淮、湖广等通于云南的要道。唐宋时的南诏、大理均一度让朝廷难堪，元代也是经过长时间的迂回包抄战争方把其置于统治之下，故朱元璋建明伊始，便极为重视云南的稳定。洪武十四年（1381）九月，朱元璋命傅友德、蓝玉、沐英率军进驻滇黔，"永乐时明廷将贵州单独置省，使其成为全国十三布政司之一，主要目的也是为了保持自湖南经贵州入云南通道的畅通无阻，全力巩固云南政局和疆域的稳定"（古永继，2006：57）。明洪武年间移民滇黔，移民多来自以南京为中心的江淮地区，移民方式以有组织的军队屯兵驻扎为主，这与四川、陕南的官方组织的民间移民方式大不相同。明军屯兵云南的目的是"以夏化夷"，稳定云南，为使军士安心定居。《明太祖实录》（卷一百四十三）记载，朱元璋命令"在京军士戍守云南，其家属均遣诣戍所"，洪武年间的都城建在南京，故京军即京城南京的部队。《滇粹·云南世守黔宁王沐英传后嗣略》："（沐英）还镇（1398年），携江南、江西人民二百五十余万入滇，给予籽种、资金，区别地亩，分布于临安、曲靖……各郡县。……英镇滇七年，再移南京人民三十余万。"① 可见，云南屯兵方式的移民主要源自以南京为中心的江淮一带。如永昌府（今保山市）一带，明初迁江南人入居此地，清光绪《永昌府志》（卷八）记载，当时保山一带的"习尚与江宁相仿佛，是以号小南京……语言服食仪礼气习，大都仿佛江南"。因滇黔一带明代以来并未遭受大的战乱灾祸，故今当地汉族多为明代的屯兵后裔，清代乾隆以后或有散佚移民也多迁入偏远的山区，但数量有限且居住分散，故对明代迁入的原有"土著"汉族群体结构构不成实质影响。

　　桂北：滇黔桂地域毗邻，自古均为少数民族聚居之地，"大批北方汉人进入云贵和桂北还是明代的事"（周振鹤、游汝杰，1986：30）。桂北的移民方式依然是屯兵，屯兵地点主要是桂林和柳州，但屯兵卫所和移民人口均相对较少。明洪武年间，在广西仅设6卫1所，军士3.5万人，家属算在内也不过10万人。但这些卫所比较集中，如桂林就占了6卫之中的3卫，军士及家属共计5万人，而当时广西县均人口仅1.4万人（葛剑雄，1993：388）。因此，桂林等桂北地区这些集中屯兵的地点，屯兵人数占优，形成强大的地域民族及文化集团，加之京师正源移民文化的优越感，以至对本地的民俗文化、语言等产生了巨大的影响。

　　湖北、湘南：湖北因与河南毗邻，故北方一有战乱，荆襄一带便会涌入大量的北方移民，如唐末安史后，襄阳、鄂州、荆州等地便成为北方移民的高度集中区。元末战争导致湖北人口减少，以至明初也有移民迁入。明洪武年间，湖北籍移民中江西人约占70%（葛剑雄，1993：352）。湘南在元末相对平静，但因少数民族频频反抗，以至明初调兵镇守，于是形成军事移民。葛剑雄（1993：355）指出明洪武年间湘南"这些军人原籍多在

---

　　① 李兆同（1999：55）认为此说似有夸大嫌疑，因明万历六年（1578），云南人口也才一百五十万左右，但承认云南大批移民来自南方，则为事实。

浙、皖、苏、路诸地区，半数以上在当时的南京（南直隶）范围之内"。可见，以南京为中心的江淮一带仍是明初湘南一带屯兵的主要移民来源区域。

二 西南官话区的移民特点

根据上述移民概况，可以把西南官话区的移民特点简述如下。

西南官话区的移民基本都属于官方有组织的移民，但四川、湖北主要是就近移民，如湖北迁入四川，江西迁入湖北等；滇、黔、桂北、湘南的移民则大多属于跳跃式的移民，因为这些地方的移民主要是屯兵。西南三省的移民主要来自南方的湖北、江淮一带，湖北则以江西为主，湘南也主要迁自江淮区域。四川、湖北主要是充实人口、提高赋税，而滇、黔、桂北和湘南则是为了维护稳定、镇守疆域。四川、湖北因战乱天灾，曾经历多次移民，有新老移民之别（四川较典型），而滇、黔、桂北和湘南则多为明洪武移民后裔，移民群体较稳定。

综合来看，西南官话区在明清两代的移民主要以南方移民为主，除湖广（部分来自江西）之外，移民来源主要是以南京为中心的江淮一带，这是毋庸置疑的。西南官话和江淮官话在语音上的相似性，也颇能证实二者之间的渊源关系。

第二节 西南官话和江淮官话的语音对应情况及原因阐释

根据刘祥柏《江淮官话分区（稿）》（2007），江淮官话的语音特点有如下6条：（1）有独立的入声调类，这是其最突出的特征；（2）[ən]、[əŋ]不分，[in]、[iŋ]不分的情况普遍存在，古深臻曾梗摄的今韵尾多数合为[-n]，少数或为[ŋ]，或都读鼻化韵；（3）江淮官话绝大多数方言[n]、[l]不分；（4）一般不分尖团，大多数方言的精组、见晓组今逢细音都读[tɕ-]组；（5）大部分方言端系合口字今读洪音时失去介音。臻摄合口几乎没例外，蟹止摄合口字也大多如此，山摄合口除洪巢片西北部分方言点存在介音外，其余大多也都无介音；（6）古开口见系二等字大多存在文白异读，文读为[tɕ-]组，白读为[k-]组。

从西南官话的语音特征来看，江淮官话语音特征中的第（2）条与西南官话完全一致（参见本书"深臻曾梗的今读类型与演变"）。第（3）条也与西南官话基本相同。西南官话除了云南外，其他大部分方言都属全混型或半混型，其中四川以半混型为主，湖北以全混型为主，相混类型在地理上自西（云南）向东（湖北）呈递增趋势，这是符合实际的。因为云南偏安一隅，保留古泥来母二分的类型是很正常的。其实，据吴波（2007：41），江淮官话 n、l 不分的有 60 个点（主要是与中原官话和吴赣语相接的区域），n、l 可分的有 48 个点（主要是江淮核心文化区域，如南京等）。据此，西南官话和江淮官话中古泥来母的混同应该是较晚近时期的演变层次，因为反映明代江淮官话的《西儒耳目资》和反映明代西南官话的《韵略易通》《蜀语》等韵书资料中的古泥来母都属 n、l 二分型（参见本书"西南官话泥来母的今读分化类型与演变层次"的论述）。中古泥（n）、来（l）母在今西南官话和江淮官话今读中的相混情况，是南方系官话区别于北方系官话的特征之一[①]。第（4）条与西南官话也是基本吻合的，西南官话除了少数方言点外，绝大多数也是不分尖团的，大多合流读 tɕ 组（参见本书"见晓组、非组今读类型与演变"之"尖团音的分混类型与演变"的论述）。第（5）条也与西南官话有基本相同，西南官话中除云南大部及湘西等少部分方言点外，臻摄合口洪音基本上都是失去合口介音的，靠近江淮官话区的湖北则蟹止、咸山摄、臻摄等合口洪音中的合口介音基本上完全消失。从地域接触上看，西南官话合口介音的消失自西（云南）向东（湖北）呈递增趋势，也是符合情理的，因为湖北更靠近江淮官话区（参见本书"西南官话合口介音消失的分布类型与演变层次"）。第（6）条其实与第（4）条谈的是同一个问题的两个方面，既然尖团不分多数合流读 tɕ 组，那么白读 k 组将趋于消亡，其消亡仅在时间上存在先后快慢的区别。西南官话中也存在见系二等字白读为 k 的情况，柳州话甚至仍读 k 组（参见本书"见晓组、非组今读类型与演变"之"见晓组开口二等的腭化及特点"的论述）。

江淮官话保留入声和塞音韵尾被看成它与西南官话最大的不同，也是多数学者在看待二者关系上持谨慎态度的原因。侯精一（2002：36）指出："从整体说，本区（指江淮官话）是官话方言中唯一一个既有入声又有塞音韵尾、还有几套入声韵母的方言，这跟西南官话中部分地区有入声而没有塞音韵尾的方言是明显不同的。"这也是黎新第（1995）之暂不把

[①] 袁家骅（2001：30）指出：古泥（娘）来母在"北方方言区完全不混；西北方言很多地方不混，有些地方不分相混；西南方言区和江淮方言区很多地方相混，有些地方不分相混，而完全能分的很少"。

西南官话划归南方系官话的原因之一①。其实，把入声调及塞音韵尾的有无看成西南官话和江淮官话是否同源的证据，这是很不恰当的。因为语音演变有快慢的差异，彼此之间是否有联系不能看共时的表面语音现象，而应该看它们在历时演变中是否存有共同的语音规律和特点，就如父子之间的血缘关系不能因外貌的不同而加以否定。如果仅从入声调和塞音韵尾的有无上看，西南官话和江淮官话确实有一定分别，但这种分别仅有量上的差异，而无本质的不同。江淮官话和西南官话入声不管声母的清浊，也不论独立与否一般合为一类，这是二者最大的共同点，同时也是问题的关键。根据《中原音韵》，北方系官话的入声早在元代就已根据声母的清浊分化到不同的其他声调中，而西南官话和江淮官话的入声则不论清浊合为一类，这可以说是南北系官话最大的区别特征。

其实，西南官话中仍有部分方言点存在入声调（参见本书"中古入声调在西南官话中的演变"的论述），而这些存在入声调的方言点大多集中在滇西和川西南等较为偏远而封闭的区域，这是非常容易理解的，因为偏远而封闭的区域其语言演变一般来说也较慢。至于塞音韵尾的有无这是语音演变的结果，云南寻甸话、陆良话和曲靖话的入声演变很能说明这一问题。见表8-2。

表8-2　　云南寻甸话、陆良话和曲靖话的入声演变发展

材料依据	寻甸	曲靖	陆良
《云南方言调查报告》（1930年记音）	有入声调	有入声调和塞音韵尾？	
《云南省志·汉语方言志》（1989年出版）	入声归阳平		有入声调

曲靖话的入声演变得较快，是因为它一直是当地的经济文化中心，陆良则是曲靖的一个县，人群交往没有曲靖频繁，故陆良仍保留入声调（但已失去喉塞ʔ尾）。塞音韵尾在四川的入声区也不是说就没有踪迹可寻，如四川东南部的长宁、江津入声调都带有一定的喉塞倾向②，钟维克

---

① 黎新第（1995：117）指出："从来源上表明，西南地区的官话方言中，既有很多长江中下游的官话方言成分，又有不少黄河流域的官话方言成分。例如古知庄章组声母今读在部分西南官话方言中的表现以及声母n、l不分，韵母大都-en、-in与-eng、-ing不分等情形看，固然与前者一致，但从入声大都消失和古山摄一二等唇音和牙喉音合口字没有区别等情形看，又显然和后者相似。"

② 据杨时逢（1984），四川长宁入声调值为33，"但入声调值较短一点，有时略有喉塞倾向"（第1187页）；江津"入声是中平调33，读音较短促，好像略带喉塞ʔ"（第1297页）。

（2002）把江津的入声韵全部记为喉塞ʔ尾。南溪、合江的入声调虽已失去喉塞尾，但其入声调具有短促的特点①。可见，西南官话入声喉塞韵尾是很晚近时期才失落的，它们经历过 -ʔ > -∅ 的演变过程。入声调在西南官话中混入阳平等调类中应该是非常晚近的事情，20世纪以前地方韵书的记录中几乎都是有入声的，如明代的兰茂《声律发蒙》和《韵略易通》（1442）、本悟《韵略易通》（1586）、葛中选《泰律篇》（1618）、李实《蜀语》（明末清初），清代马自援《等音》及其姊妹篇林本裕《声位》（1673）、近代英格尔《汉音集字》（1899）、钟秀芝《西蜀方言》（1900）等韵书资料中都是存在入声的。明清韵书中除《韵略易通》保存塞音韵尾 -p、-t、-k 三分的格局②，其他韵书的入声韵均合流为塞音ʔ尾。近代反映武汉话的《汉音集字》和反映成都话《西蜀方言》等则有入声调而无塞音韵尾，现在这两地入声已派归阳平。

综合上面的论述，西南官话入声的消失是入声先合为一类以后再归并到阳平等舒声调中去的，时间应该在近现代。它们的演变可示如图 8-1。

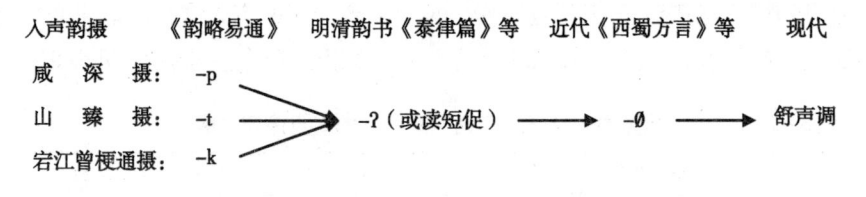

入声韵摄	《韵略易通》	明清韵书《泰律篇》等	近代《西蜀方言》等	现代
咸深摄	-p			
山臻摄	-t	→ -ʔ（或读短促） → -∅ →		舒声调
宕江曾梗通摄	-k			

图 8-1　塞音韵尾在西南官话中的舒化演变

据此，入声塞音韵尾和入声调的消失在西南官话中都是相当晚近才发生的事情，因此从入声塞音韵尾和入声调的有无来否定西南官话和江淮官话的同源关系是不恰当的。西南官话和江淮官话中入声不分阴阳合为一类是它们共同的的语音基础，只是它在西南官话中的演变要快于江淮官话而已，原因其实也很简单，因为江淮官话更接近具有入声的南方方言，而西南官话则不然。

除此之外，中古精知庄章组在西南官话中，凡是今读 ts、tʂ 组二分的，一般都属于"南京型"（熊正辉，1990），这也是江淮官话和西南官

---

① 据杨时逢（1984），南溪"入声是中平调33，有时读成较短促"（第1258页）；合江"入声是中平调33，有时读得较短促"（第1281页）。

② 张玉来（1999）认为《韵略易通》入声韵收 -p、-t、-k 尾一般认为是仿古"求正"的结果。

第八章　西南官话与江淮官话的关系　　341

话的共同特征（参见本书"中古精知庄章组在西南官话中的今读类型与演变层次"的论述）。中古蟹摄开口二等见晓组字（如"鞋街"等）在西南官话中基本读 k 组，它们在"江淮方言则大多读书音和北京音相同，口语音与西南官话相同"（袁家骅，2001：30）。可见，中古蟹摄开口二等字读 k 组是南方系官话区别于北方系官话的又一重要特征①。果摄一等洪音字不论开合口基本都读单元音（一般读 o 韵），这也是西南官话和江淮官话的共同特征（参见本书"果摄的今读类型与演变层次"的论述）。

综上所述，现把西南官话和江淮官话语音对应的主要情况列如表 8-3（"+"表分、是、存，"-"表混、否、失。备注中仅为说明，不影响总体格局）。

表 8-3　　　　西南官话和江淮官话的语音对应规律

语音条件 \ 区别特点	北京官话	江淮官话	西南官话	备注
入声分混	+	-	-	入声为一类区别于北方系官话
ən（in）、əŋ（iŋ）的分混	+	-	-	不分区别于北方系官话
uo、o 的分混	+	-	-	读 o 区别于北方系官话
臻摄等端系合口介音的存失	+	-	-	云南大部分保留介音
蟹摄开口二等读是否 k 组	-	+	+	区别于北方系官话
是否"南京型"	-	+	+	区别于北方系官话（济南型、昌徐型）
n、l 的分混	+	-	-	区别于北方系官话

第三节　结论

通过移民和语音对应情况来看，西南官话和江淮官话的关系是非常密切的，二者应该属于同源关系，语音对应条件中二者对内具有的一致性和对外（北方系官话）具有的排他性是非常能证明这一结论的。只是因地域特点和语言接触等因素的不同，西南官话和江淮官话的演变并不同步罢了。

第一，西南官话是江淮官话的延伸，二者具有同源关系。

---

① 袁家骅（2001：30）："古见母匣母的蟹摄开口二等字'皆阶街解介界届戒谐鞋械懈'等，字数不多，但它们反映的语音现象却很重要。这些字的声母在北方话大部分地区类似或相同于北京的读法——tɕie、ɕie。读为 kai（或为 tɕiai）、xai（或为 ɕiai），是西南方言的一个特征。江淮方言则大多读书音和北京音相同，口语音与西南官话相同。"

西南地区在明代的移民来源,主要是以南京为中心的江淮和与之毗邻的湖广、江西等地,江淮官话作为当时的权威官方语言深深地影响着西南官话的后续形成和演变。刘晓梅、李如龙(2002:16)就指出"西南官话是江淮官话的延伸,是移民所致,史载明代将领沐英平定大西南后,江淮湖广一带汉人大量移居云、贵、川,于是形成了西南官话",这是非常精辟的,可以说,西南官话是江淮官话"移民"西南地区以后继续演变的结果。江淮官话在西南地区后续演变而成的西南官话并没有脱离江淮官话总体的语音特征和演变规律,二者在历时韵书和今读语音条件上对内的相似性和对外的排他性,深深地反映了它们之间的同源关系。

1934年上海申报馆发行的《中华民国新地图》之《语言区域图》的图例《语言分类》中,把今西南官话和江淮官话同时划归为华南官话;1939年《中国分省新图》(第四版)之《语言区域图》的图例《新地图》,把今西南官话和江淮官话分别划归为上江官话和下江官话,从中也可见它们"一衣带水"的渊源关系。

第二,西南官话在语音演变归并方面总体上要快于江淮官话。

西南官话是江淮官话的延伸,是明清时期江淮官话移民西南的结果,但因地域和语言接触等因素的不同,二者在后来各自区域中的演变并不同步。总体上看,西南官话的语音演变及归并要快于江淮官话。

西南地区位置偏安,地理上相对封闭,而以云贵川为中心的西南官话区域,自古及今基本上都属于少数民族聚居地,汉语作为明清两代的伴随移民而进入的语言,必然会受到少数民族语音的影响。一般来说,当人们在接触学习第二语言时,如果母语中没有与之对应的音位或母语根本不存在第二语言音位系统中的细微差别,那么只要不影响交流,第二语言中具有近似特点的音位便很容易合为一类,从而使原有的音系趋于简单。如汉语 ən(in)、əŋ(iŋ)在西南官话中的归并、鼻音韵尾的失落以及入声韵的舒化合流等都体现了这种特点。

彝族、白族、苗族等是西南地区现存较大的少数民族[①],彝语"韵母

[①] 据陈士林、边仕明(1985:2):"彝族分布在云南、四川、贵州三省和广西壮族自治区。"据徐琳、赵衍荪(1984:2):"白族主要聚居在云南省(集中在大理白族自治州),占云南少数民族人口的第二位。四川西昌地区和广西与云南接壤地带也有数量不等的白族居住。"据王辅世(1985:1):"苗族居住在贵州、湖南、云南、广西、四川、广东、湖北等省(区),共有人口五百零三万余人(1982),贵州省的苗族最多,有两百五十八万八千余人。"

多由单元音构成，没有塞辅音韵尾"（陈士林、边仕明，1985：9），白语"没有带鼻音韵尾的韵母"（徐琳、赵衍荪，1984：6），苗语一般只有一个鼻音韵尾（有些地区转为鼻化韵）（王辅世，1985：5）。西南官话区ən（in）、əŋ（iŋ）合为一类，应该与这些少数民族语音没有鼻音韵尾或不分前后鼻音的影响有一定关系。据本悟《韵略易通》（1586）的"重韵"、《泰律篇》(1618) 以及《蜀语》（明末清初）等反映西南官话时音的韵书来看，西南官话至迟在明代中后期便已形成[1]，ən（in）、əŋ（iŋ）等在上面这几部韵书中都已经合而不分[2]，但它们在反映同时期江淮官话语音的《西儒耳目资》（1626）音系中却是分而不混的。由此可见，ən（in）、əŋ（iŋ）韵在西南官中的合流要早于江淮官话。实际上，少数民族语言没有或少有鼻音韵尾的情况对西南官话的影响是比较较大的，特别是云南，作为全国少数民族聚居最多的省份，中古阳声韵尾在其内部绝大多数县市方言点都出现了程度不等的鼻化现象，有的方言点的鼻韵尾甚至弱化脱落。根据薛才德（1992：60）的研究统计，中古阳声韵尾在云南的今读类型中各自所占比例如表8-4所示。

表8-4 云南汉语方言阳声韵尾的今读类型比例

	鼻韵尾	鼻化韵	鼻尾、鼻化、口元音不定	口元音
咸山摄	26%	48%	21%	5%
宕江摄	72%	25%		3%
深臻曾梗	32%	48%	18%	2%
通摄	95%	3%		2%

据表8-4可知，鼻音韵尾在云南汉语方言中的鼻化演变较为普遍，有的方言点甚至失去鼻韵尾而混入阴声韵中，以至于方言音系趋于简单。如凤仪只有24个韵母（含零声母），是西南官话中韵母最少的方言点，

---

[1] ən/in、əŋ/iŋ 在本悟《韵略易通》的"重韵"、《泰律篇》及《蜀语》中混同，当为西南官话形成的标志，因为据《西儒耳目资》，江淮官话当时还是二分的。

[2] 据甄尚灵、张一舟（1996）拟音，《蜀语》中 ən（in）、əŋ（iŋ）是分而不混，但我们认为这值得商榷，因为《蜀语》中存在"凝，鱼庆切，音禁（庚、侵韵互注）/檁音领（清、侵互注）/酪音闵（青、真互注）/生，去声，音渗（庚、侵互注）/撑，亨上声，读如狠（庚、痕互注）"等互注情况，因此当时的中 ən（in）、əŋ（iŋ）应该是混而不分的，同时代兰茂《韵略易通》"重韵"和《泰律篇》也都是混同的。

其次是丽江（含零声母有 25 个韵母），凤仪和丽江等地韵母减少的主要原因就在于中古阳声韵的鼻音韵尾完全丢失，绝大多都混进了阴声韵（参见本书"阳声韵尾在西南官话中的类型分布与演变特点"的论述）。

中古入声塞音韵尾在西南官话今读中的舒化脱落以及入声调与舒声调的混同，可能也都与少数民族语音的接触影响有一定的关系，因为根据调查研究，彝语、白语、苗语等大多数少数民族语音系统中都是没有塞音韵尾的。根据西南官话入声合为一类和如今尚有五分之一的方言点存在入声调的特点可以看出，中古入声塞音韵尾在西南官话中的舒化和入声调与舒声调的归并混同，当属相当晚近的事情，如在反映明清两代西南官话的韵书（如《韵略易通》《泰律篇》《蜀语》《等音》《声位》等）音系中便一直是存在入声的。西南官话今读中，超过五分之四的方言点已失去入声（可参"中古入声调在西南官话中的演变"的论述），但江淮官话尚大量保留入声调和塞音韵尾，故从入声消存的角度看，西南官话的演变显然要快于江淮官话。值得注意的是，这里说西南官话的语音演变比江淮官话快，是从总体上来看的，如果就某个单方面的语音演变情况来看，西南官话的演变也有慢于江淮官话的情况。如蟹开二等见系字在江淮官话文读音中就已读为鄂化了的 tɕie 组（白读仍为 kai 组），但西南官话仍基本保留着读 kai 组，即尚未产生鄂化的类型。

第三，西南官话的音系较简单，规律性强，便于把握，是极具生命力和扩张力的官话方言之一。

音位的演变归并往往会使音系趋于简单，如相对于北方系官话来说，南方系官话（西南官话和江淮官话）失去了 ən（in）、əŋ（iŋ）韵的对立，果摄洪音韵母合为一类（一般读 o 韵，如"锅歌"二字、成都 ko^{44}、南京 ko^{31}）等。西南官话相对于江淮官话来说，音系更趋简单，如包括西南官话在内的"北方官话大区咸山两摄已混同，但是，江淮官话仍分二类或三类，仅麻城英山等 5 个县不分类"（鲍明炜，1993：72）。此外，入声韵的存留被看成江淮官话的重要特征之一，而西南官话有近五分之四的方言点入声韵已经舒化归进相应的舒声调中，还有五分之一的方言点存在入声调但已都基本失去塞音韵尾。因此，从音位系统看，西南官话应是官话方言中音位系统较为简单的方言之一。

值得注意的是，音系中音位数量的减少并不意味着该方言就一定具有强盛的生命力和扩张力，关键还得看这种音系中音位的演变归并是否具有规律性,规律性条件越趋单一就越是便于学习者把握。如果音位的演变归并杂乱无章、不具规律性或规律条件过多的话,会让第二语言习得难以把握。例如,北京官话的清入字归并进舒声调就没有规律可循,以至学习者往往难以把握,而包括北京官话在内的北方系官话的入声,因声母的清浊往往一分为二甚至一分为三,这也会给学习者带来负担。西南官话则不一样,入声不分清浊合为一类,在无入声调的方言点中,94.6%的入声都归入阳平,条件单一、极具规律性,让学习者非常容易把握。此外,果摄一等韵母合为一类、中古阳声韵在西南官话中失去鼻音韵尾归入阴声韵等也都具有这种特点。如阳声韵在西南官话中失去鼻音韵尾归读阴声韵,基本是以主元音和介音相同或相近为原则的,现举凤仪和丽江为例。参见表 8-5。

表 8-5　中古阳声韵在凤仪话、丽江话中读如阴声韵的例字

例字	山	商	沙	家	江	现	谢	瓜	关	光
凤仪	sa^{44}			tɕia^{44}		ɕie^{55}		kua^{44}		
丽江	sæ^{42}	sa^{42}		tɕia^{42}	tɕiæ^{42}	ɕiæ^{55}	sie^{55}	kua^{42}		kuæ^{42}
例字	真	征	林	灵	梨	云	吹	春	炉	龙
凤仪	tsɯ^{44}		liɯ^{31}		li^{31}	yɯ^{31}	tsʰuei^{44}		lu^{31}	
丽江	tʂe^{42}		li^{42}			ye^{42}	tsʰue^{42}		lu^{31}	

总之,西南官话是一个较为"年轻"的官话,它与江淮官话同源,只因受地域的限制和少数民族语音的影响等,在语音演变进度方面总体上要快于江淮官话。西南官话的音系简单,语音演变的规律性强,容易把握,是极具生命力和扩张力的官话方言之一。西南官话自明代形成以来,便一直属于强势方言,不断影响并同化着周边的方言,从而使之成为当今汉语方言中分布范围最广、使用人数最多的方言区,它的这种影响和同化至今仍呈现出继续向外扩张的趋势。

参考文献

安宁县志编纂委员会办公室：《安宁方言志》，云南教育出版社1993年版。

鲍厚星、颜森：《湖南方言的分区》，《方言》1986年第4期。

鲍厚星：《常德十县市方言声调的特点》，《湖南师范大学社会科学学报》1988年第5期。

鲍明炜：《江淮方言的特点》，《南京大学学报》（哲社版）1993年第4期。

北京大学中文系语言学教研室：《汉语方音字汇》，语文出版社2003年版。

曹志耘：《吴徽语入声演变的方式》，《中国语文》2002年第5期。

曹志耘：《汉语声调演变的两种类型》，《语言研究》1998年第1期。

蔡斌：《四川攀枝花市区本地方言音系》，《攀枝花学院学报》2009年第5期。

陈长祚：《云南汉语方音学史》，云南大学出版社2007年版。

陈晖：《湘方言语音研究》，湖南师范大学出版社2006年版。

陈晖、鲍厚星：《湖南省的汉语方言（稿）》，《方言》2007年第3期。

陈家春：《四川自贡方言语音调查》，《语言应用研究》2008年第3期。

陈丽萍：《临沧地区汉语方言志》，云南人民出版社2001年版。

陈绍龄、郝锡炯：《峨眉音系》，《四川大学学报》1959年第1期。

陈士林、边仕明：《彝语简志》，民族出版社1985年版。

陈章太、李行健：《普通话基础方言基本词汇集·语音卷》，语文出版社1996年版。

陈正寰：《音韵学》，湖南人民出版社1986年版。

崔荣昌、李锡梅：《四川境内的老湖广话》，《方言》1986年第3期。

崔荣昌：《四川邛崃油榨方言记》，巴蜀书社2010年版。

邓天玲：《威信方言志》，《昭通师专学报》（社会科学版）1995年第1期。

耿振生：《明清等韵学通论》，语文出版社1992年版。

丁邦新：《论官话方言研究中的几个问题》，载《丁邦新语言学论文集》，商务印书馆1998年版。

董建交：《明代官话语音演变研究》，博士学位论文，复旦大学，2007年。

董同龢：《汉语音韵学》，文史哲出版社1989年版。

段亚广：《中原官话音韵研究》，中国社会科学出版社2012年版。

方孝岳：《汉语语音史概要》，商务印书馆1979年版。

高本汉：《中国音韵学研究》，商务印书馆1940年版。

高龙奎：《〈洪武正韵〉及相关韵书研究》，博士学位论文，苏州大学，2007年。

高晓红：《北京话庄组字分化现象试析》，《中国语文》2002年第3期。

郭丽：《西南官话鄂北片入声带i介音现象探析》，《汉语学报》2008年第1期。

郭丽：《湖北西南官话音韵研究》，博士学位论文，复旦大学，2009年。

郭丽：《湖北黄孝方言鱼虞韵的历史层次》，《语言科学》2009年第2期。

葛剑雄、曹树基、吴松弟：《简明中国移民史》，福建人民出版社1993年版。

葛剑雄、曹树基、吴松弟：《中国移民史》，福建人民出版社1997年版。

古永继：《从明代滇、黔移民特点比较看贵州屯堡文化形成的原因》，《贵州民族研究》2006年第2期。

顾黔：《通泰方言音韵研究》，南京大学出版社2001年版。

广西地方志编纂委员会：《广西通志·汉语方言志》，广西人民出版社 1998 年版。

贵州省地方志编纂委员会：《贵州省志·汉语方言志》，方志出版社 1998 年版。

侯精一：《现代汉语方言概论》，上海教育出版社 2002 年版。

何大安：《规律与方向：变迁中的音韵结构》，北京大学出版社 2004 年版。

洪湖市地方志编委会：《洪湖县志》，武汉大学出版社 1992 年版。

何九盈：《中国古代语言学史》，广大教育出版社 1995 年版。

和即仁、姜竹仪：《纳西语简志》，民族出版社 1985 年版。

胡安顺：《汉语辅音韵尾对韵腹的稳定作用》，《方言》2002 年第 1 期。

湖南省公安厅：《湖南汉语方音字汇》，岳麓书社 1993 年版。

胡萍：《湘西南汉语方言语音研究》，湖南师范大学出版社 2007 年版。

胡斯可：《湖南郴州地区的汉语方言接触研究》，博士学位论文，湖南师范大学，2009 年。

黄典诚：《汉语语音史》，安徽教育出版社 1993 年版。

黄群建：《湖北方言文献疏证》，湖北教育出版社 1999 年版。

黄雪贞：《西南官话的分区（稿）》，《方言》1986 年第 4 期。

黄宗谷：《洱海地区入声考》，《下关师专学报》（社会科学版）1983 年第 1 期。

纪国泰：《〈蜀方言〉疏证补》，巴蜀书社 2007 年版。

金尼阁：《西儒耳目资》，上海古籍出版社 2002 年版。

金虹：《赣州话音系概要》，《烟台师范学院学报》1985 年第 1 期。

金有景：《论日母兼论五音、七音及娘母等》，载《罗常培纪念文集》，商务印书馆 1984 年版。

锦屏县志编委会：《锦屏县志》，贵州人民出版社 1995 年版。

开县志编纂委员会：《开县志》，四川大学出版社 1990 年版。

蓝勇：《清代四川土著和移民分布的地理特征》，《中国历史地理论丛》1995 年第 2 期。

蓝勇：《明清时期云贵汉族移民的时间和地理特征》，《西南师范大学学报》（哲学社会科学版）1996年第2期。

蓝勇：《老四川区域的文化特征及其形成原因》，《成都大学学报》（社会科学版）1999年第2期。

黎新第：《明清时期的南方系官话方言及其语音特点》，《重庆师院学报》（哲学社会科学版）1995年第4期。

黎新第：《明清官话语音及其基础方音的定性与检测》，《语言科学》2003年第1期。

李调元：《蜀语校注》，巴蜀书社1990年版。

李方桂：《上古音研究》，商务印书馆1980年版。

李国正：《四川泸州方言研究》，台北红叶文化事业有限公司1997年版。

李蓝：《贵州丹寨方言音系》，《方言》1994年第1期。

李蓝：《西南官话内部声调与声母的异同》，博士学位论文，中央社会科学院语言研究所，1995年。

李蓝：《六十年来西南官话的调查与研究》，《方言》1997年第4期。

李蓝：《西南官话的分区（稿）》，《方言》2009年第1期。

李启群：《吉首方言研究》，民族出版社2002年版。

李荣：《切韵音系》，科学出版社1956年版。

李荣：《官话方言的分区》，《方言》1985年第1期。

李如龙、辛世彪：《晋南、关中的"全浊送气"与唐宋西北方音》，《中国语文》1999年第3期。

李如龙：《汉语方言特征词研究》，厦门大学出版社2002年版。

李如龙：《关于方言与地域文化的研究》，《泉州师范学院学报》2005年第1期。

李维琦：《祁阳方言研究》，湖南教育出版社1998年版。

李霞：《西南官话语音研究》，硕士学位论文，上海师范大学，2004年。

李小凡、项梦冰：《汉语方言学基础教程》，北京大学出版社2009年版。

李新魁：《〈中原音韵〉音系研究》，中州书画出版社1983a年版。

李新魁：《汉语等韵学》，中华书局1983b年版。

李新魁：《近代汉语介音的发展》，载《音韵学研究》（第一辑），中华书局 1984 年版。

李新魁：《汉语音韵学》，北京出版社 1986 年版。

李新魁：《〈起数诀〉研究》，载《音韵学研究》（第三辑），中华书局 1994 年版。

李永明：《常德方言志》，岳麓书社 1989 年版。

李兆同：《云南方言的形成》，《思想战线》1999 年第 1 期。

刘光亚：《贵州省汉语方言的分区》，《方言》1986 年第 3 期。

刘海章：《荆楚方言研究》，华中师范大学出版社 1992 年版。

刘晓梅、李如龙：《官话方言特征词研究》，载李如龙《汉语方言特征词研》，厦门大学出版社 2002 年版。

刘祥柏：《江淮官话分区（稿）》，《方言》2007 年第 4 期。

刘纶鑫：《客赣方言比较研究》，中国社会科学出版社 1999 年版。

刘雪霞：《河南方言语音的演变与层次》，博士学位论文，复旦大学，2006 年。

刘勋宁：《再论汉语北方话的分区》，《中国语文》1995 年第 6 期。

刘勋宁：《中原官话与北方官话的区别及〈中原音韵〉的语言基础》，《中国语文》1998 年第 6 期。

刘泽民：《客赣方言历史层次研究》，博士学位论文，上海师范大学，2004 年。

林焘：《日母音值考》，载《林焘语言学论文集》，商务印书馆 2001 年版。

卢开磏：《昆明方言志》，《玉溪师专学报》1990 年第 Z1 期。

陆志韦：《陆志韦语言学著作集·卷一》，中华书局 1985 年版。

陆志韦：《陆志韦近代汉语音韵论集》，商务印书馆 1988 年版。

陆志韦：《陆志韦集》，中国社会科学出版社 2003 年版。

鲁国尧：《鲁国尧自选集》，河南教育出版社 1994 年版。

鲁国尧：《研究明末清初官话基础方言的廿二年历程："从字缝里看"到"从字面上看"》，载耿振生《近代官话语音研究》，语文出版社 2007 年版。

罗常培：《汉语音韵学导论》，中华书局 1949 年版。

吕叔湘：《近代汉语指代词》，学林出版社 1985 年版。

麦耘：《论近代汉语 – m 韵尾消变的时限》，《古代汉语研究》1991

年第 4 期。

麦耘：《音韵学概论》，江苏教育出版社 2009 年版。

明生荣：《毕节方言研究》，中国社会科学出版社 2007 年版。

牟成刚：《广南方言研究》，云南大学出版社 2014 年版。

南川县志编纂委员会：《南川县志》，四川人民出版社 1991 年版。

南京地方志编纂委员会：《南京方言志》，南京出版社 1993 年版。

潘悟云：《吴语的语音特征》，《温州师专学报》（社会科学版）1986 年第 2 期。

潘悟云：《汉语历史音韵学》，上海教育出版社 2000 年版。

彭建国：《湘语音韵历史层次研究》，博士学位论文，上海师范大学，2006 年。

彭金祥：《略论近代四川方言的语音系统》，《四川文理学院学报》2008 年第 6 期。

黔东南州地方志办公室：《黔东南方言志》，巴蜀书社 2007 年版。

冉启斌：《汉语鼻音韵尾的实验研究》，《南开语言学刊》2005 年第 1 期。

绍荣芬：《汉语语音史讲话》，天津人民出版社 1979 年版。

邵荣芬：《〈中原雅音〉研究》，山东人民出版社 1981 年版。

邵荣芬：《切韵研究》，中华书局 2008 年版。

沈建民：《也谈本悟〈韵略易通〉之"重×韵"》，中国语文 1995 年第 1 期。

四川方言调查工作指导组：《四川方言音系》，《四川大学学报》1960 年第 3 期。

遂宁市文化局：《李实学术研讨会文集》，语文出版社 1996 年版。

孙晓芬：《前代前期的移民填四川》，四川大学出版社 1997 年版。

孙宜志：《安徽江淮官话语音研究》，黄山书社 2006 年版。

孙宜志：《江西赣方言语音研究》，语文出版社 2007 年版。

孙越川：《四川西南官话语音研究》，博士学位论文，浙江大学，2011 年。

唐作藩：《〈中原音韵〉的开合口》，载《〈中原音韵〉新论》，北京大学出版社 1991 年版。

通道县志编纂委员会：《通道县志》，民族出版社 1991 年版。

瓦罗：《华语官话语法》，姚小平、冯又清译，外语教学与研究出版社 2003 年版。

万波：《赣语声母的历史层次研究》，商务印书馆 2009 年版。

万波、甄沃奇：《从〈广东省土话字汇〉看两百年前粤语古知庄章精组声母的分合类型》，《南方语言学》（创刊号），暨南大学出版社 2009 年版。

万波：《赣语古知庄章精组的今读类型与历史层次》，《香港中文大学中国文化研究所学报》2010 年第 1 期。

王辅世：《苗语简志》，民族出版社 1980 年版。

王福堂：《汉语方言语音的演变和层次》，语文出版社 2005 年版。

王力：《汉语讲话》，载《王力文集·第三卷》，山东教育出版社 1985 年版。

王力：《汉语音韵学》，中华书局 2003 年版。

王力：《汉语语音史》，山东教育出版社 1987 年版。

王力：《汉语史稿》，中华书局 2004 年版。

王庆：《明代人口重建地区方言的知照系声母与南系官话》，《重庆师范大学学报》（哲学社会科学版）2007 年第 5 期。

王玉霞：《郧县方言语音研究》，硕士学位论文，上海师范大学，2009 年。

文薇、尹可华：《保山方言志》，云南教育出版社 1993 年版。

吴波：《江淮官话语音研究》，博士学位论文，复旦大学，2007 年。

吴积才：《曲靖方言的调类和调值》，《曲靖师专学报》1987 年第 1 期。

肖娅曼：《关于成都话舌尖后音声母的调查》，《四川大学学报》（哲学社会科学版）1999 年第 6 期。

项梦冰：《客家话日母字的今读——兼论切韵日母的音值及北方方言日母的音变历程》，《广西师范学院学报》（哲学社会科学版）2006 年第 1 期。

辛世彪：《东南方言声调比较研究三题》，《海南大学学报》2002 年第 1 期。

熊正辉：《官话区方言分 tʂ ts 的类型》，《方言》1990 年第 1 期。

熊正辉、张振兴：《汉语方言的分区》，《方言》2008 年第 2 期。

薛才德：《从云南汉语方言阳声韵的演变看少数民族语言对汉语的影响》，《思想战线》1992年第4期。

徐凤云：《贵州都匀老派方言音系》，《贵州大学学报》1988年第4期。

徐琳、赵衍荪：《白语简志》，民族出版社1984年版。

徐通锵：《历史语言学》，商务印书馆1991年版。

徐通锵：《陕西方言古浊塞音、浊塞擦音今音的三种类型和语言史的研究》，载《徐通锵自选集》，大象出版社1993年版。

徐通锵：《音系的结构格局和内部拟测法——汉语的介音对声母系统的演变的影响（上）》，《语文研究》1994年第3期。

姚丽娟：《绥阳方言同音字汇》，《遵义师范学院学报》1990年第1期。

杨福绵：《罗明坚、利马窦〈葡汉词典所〉所记录的明代官话》，《中国语言学报》1995年第5期。

杨光远、赵岩社：《云南少数民族语言文字概论》，云南民族出版社2002年版。

杨剑桥：《汉语现代音韵学》，复旦大学出版社1996年版。

杨耐思：《中原音韵音系》，中国社会科学出版社1981年版。

杨绍林：《彭州方言研究》，巴蜀书社2005年版。

杨时逢：《云南方言调查报告》，台湾商务印书馆1969年版。

杨时逢：《湖南方言调查报告》，"中研院"历史语言研究所1974年版。

杨时逢：《四川方言调查报告》，"中研院"历史语言研究所1984年版。

杨彧：《荔浦话同音字汇》，《桂林师范高等专科学校学报》2008年第3期。

杨彧：《黄冕话同音字汇》，《桂林师范高等专科学校学报》2009年第2期。

杨信川：《从云南方言看知庄章组在元明音系中的地位》，《广西大学学报》（哲学社会科学版）1990年第1期。

游汝杰、钱乃荣、高钲夏：《论普通话的音位系统》，《中国语文》1980年第5期。

叶宝奎：《明清官话音系》，厦门大学出版社 2001 年版。

仪陇县志编纂委员会：《仪陇县志》，四川科学技术出版社 1994 年版。

应雨田：《湖南安乡方言》，中国社会科学出版社 1994 年版。

余江：《四川官话雅棉小片入声归阴平研究》，硕士学位论文，汕头大学，2004 年。

袁家骅：《汉语方言概要》，语文出版社 2001 年版。

云南省地方志编委会：《云南省志·汉语方言志》，云南人民出版社 1989 年版。

云南省地方志编委会：《云南省志·少数民族语言文字志》，云南人民出版社 1998 年版。

云南省剑川县志编委会：《剑川县志》，云南民族出版社 1999 年版。

云南省语言学会、西畴县志编委会：《西畴方言志》，语文出版社 1993 年版。

赵锦华、谭云华：《兰茂〈韵略易通〉声调研究》，《玉溪师范学院学报》2009 年第 9 期。

赵学龄：《汉语方言影疑母字声母的分合类型》，《语言研究》2007 年第 4 期。

赵元任：《湖北方言调查报告》，商务印书馆 1948 年版。

赵元任：《钟祥方言记》，"中研院"历史语言研究所 1939 年版。

赵元任：《赵元任全集》，商务印书馆 2002 年版。

赵荫棠：《中原音韵研究》，商务印书馆 1936 年版。

翟时雨．《汉语方言学》，西南师范大学出版社 2003 年版。

詹伯慧等：《汉语方言及方言调查》，湖北教育出版社 2001 年版。

张德新：《紫阳城关方言音系研究》，《安康学院学报》2008 年第 1 期。

张德新：《宁陕城关方言音系研究》，《安康学院学报》2008 年第 12 期。

张德新：《石泉城关方言同音字汇研究》，《安康学院学报》2009 年第 1 期。

张萧：《玉溪方言志》，玉溪地方志办公室（内部资料），1985 年。

张萧、李寿德：《峨山方言音系》，《玉溪师专学报》1988 年第 6 期。

张茀等：《玉溪地区汉语方言志》，《玉溪师专学报》1990 年第 Z1 期。

张茀：《澄江方言志》，云南民族出版社 1996 年版。

张光宇：《汉语方言见系二等文白异读的几种类型》，《语文研究》1983 年第 3 期。

张光宇：《汉语方言合口介音消失的阶段性》，《中国语文》2006 年第 4 期。

张进军：《中古入声字在湖南方言中的演变研究》，博士学位论文，湖南师范大学，2008 年。

张琨：《汉语方言中鼻音韵尾的消失》，《史语所集刊第五十四本》1983 年第 1 册。

张宁：《建水方言志》，云南民族出版社 1986 年版。

张世方：《北京官话语音研究》，北京语言大学出版社 2010 年版。

张世方：《汉语方言三调现象初探》，《语言研究》2000 年第 4 期。

张双庆、庄初升：《一百多年来新界客家方言音系的演变》，《香港中文大学中国文化研究所学报》2003 年第 12 期。

张卫东：《试论近代南方官话的形成及其地位》，《深圳大学学报》1998 年第 3 期。

张卫东：《论近代汉语官话史下限》，载耿振生《近代官话语音研究》，语文出版社 2007 年版。

张夜来：《兰银官话语音研究》，北京大学出版社 2014 年版。

张玉来：《近代汉语官话入声消亡的条件问题》，《古汉语研究》1996 年第 3 期。

张玉来：《〈韵略易通〉研究》，天津古籍出版社 1999 年版。

张艺兵、白云：《象州白石话同音字汇》，《桂林专学报》2009 年第 1 期。

郑庆君：《常德方言研究》，湖南教育出版社 1999 年版。

甄尚灵：《四川方言的鼻尾韵》，《方言》1983 年第 4 期。

甄尚灵：《〈西蜀方言〉与成都语音》，《方言》1988 年第 3 期。

甄尚灵、张一舟：《〈西蜀〉词语的记录方式与〈西蜀〉音注所反映的音类》，载遂宁市文化局编《李实学术研讨会文集》，语文出版社 1996 年版。

曾晓渝：《试论〈西儒耳目资〉的语音基础及明代官话标准音》，《西南师范大学学报》（哲学社会科学版）1991年第1期。

曾晓渝：《语音历史探索——曾晓渝自选集》，南开大学出版社2004年版。

曾献飞：《湘南官话语音研究》，博士学位论文，湖南师范大学，2004年。

周本良：《南宁市下郭街官话同音字汇》，《桂林师专学报》2006年第2期。

周长楫：《清音和浊音清化刍议》，《音韵学研究》（第三辑），中华书局1994年版。

周长楫：《浊音清化溯源及相关问题》、《中国语文》1991年第4期。

周法高：《切韵鱼虞韵之今读及其流变》，载《中国语言学论文集》，联经出版事业公司1975年版。

周赛红：《湘方言音韵比较研究》，博士学位论文，湖南师范大学，2005年。

周政：《陕西平利话的归属》，《陕西教育学院学报》2002年第3期。

周政、周厚民：《镇坪钟宝方言同音字汇》，《安康学院学报》2007年第2期。

周政：《平利方言调查研究》，中华书局2009年版。

周振鹤、游汝杰：《湖南省方言区划及其历史背景》，《方言》1985年第4期。

周振鹤、游汝杰：《方言与中国文化》，上海人民出版社1986年版。

周祖谟：《问学集》，中华书局1966年版。

周祖谟：《周祖谟学术论著自选集》，北京师范大学出版社1993年版。

周祖谟：《周祖谟语言学史论集》，学苑出版社2004年版。

中国社会科学院语言研究所：《方言调查字表》，商务印书馆1981年版。

中国社会科学院和澳大利亚人文社会科学院：《中国语言地图集》，香港朗文出版社1987年版。

钟维克：《巴县方言同音字汇》，《渝州大学学报》（社会科学版）1999年第4期。

钟维克：《江津方言同音字汇》，《方言》2002 年第 2 期。

钟维克：《重庆方言音系研究》，《重庆社会科学》2005 年第 6 期。

朱建颂：《武汉方言研究》，武汉出版社 1992 年版。

朱建颂：《〈汉音集字〉疏证》，载黄群建《湖北方言文献疏证》，湖北教育出版社 1999 年版。

朱晓农：《近音——附论普通话日母》，《方言》2001 年第 1 期。

朱晓农：《音韵研究》，商务印书馆 2006 年版。

庄初升：《粤北土话音韵研究》，中国社会科学出版社 2004 年版。

庄初升：《湘南桂北三种土话平话中古全浊声母今读送气与否的性质》，《方言》2010 年第 4 期。

左福光等：《四川攀枝花本地方言音系（下）》，《攀枝花学院学报》2010 年第 1 期。

后　记

博士毕业已经四年了，本书即源于我2012年的博士学位论文。

2009年9月，我有幸考入中山大学攻读博士学位，师从庄初升老师，专治方言音韵学。同年12月，老师建议我做西南官话和江淮官话的音韵对比研究，但当时考虑所涉范围太大，而自己的学识能力浅薄，担心难以"驾驭"，前思后想，终究未敢涉足。鉴于当时尚未出现对西南官话语音进行系统研究的著作，而我又是西南官话人，在深思熟虑并征得老师同意后，次年1月，遂把西南官话音韵研究定为自己的博士学位论文。至今，在课题的研究过程中，一方面是老师的建议言犹在耳，另一方面也是西南官话与江淮官话本就"剪不断，理还乱"，故在西南官话音韵研究中，会旁及江淮官话的些许对比。

回顾在中山大学中文系读博期间的点滴，虽有艰辛，但更多的是感动，乃至萌动为一种感恩。2009年9月11日，近而立之年的我，带着大包小包的行李（其实就是书和被子），只身到花城，手提肩扛外加后拖，挥汗如雨，一路问路，走走歇歇，方慢慢挪到报到处（熊德龙学生活动中心），学校接待的同学见到我如此"辛苦"，滴忙（"赶忙"之意）搭手，让我感受到了校园"家庭"的温暖。我在广州举目无亲，完全陌生，当天晚上，按老家的风俗，我得去看老师[①]。老师知道后担心我找不到路，简单告诉路径后，亲自下楼到站台接我到家里，对我嘘寒问暖，让我倍感温暖。此后，在中大三年的学习和生活中，我得到了老师无微不至的

[①] 寨子中"看"即"拜见"之意。我的家乡在云南省广南县一个名叫杨柳树的客家寨子，周边均为苗族等少数民族，自幼熏习传统礼节，学生对老师须称"老师"（甚至不能带姓），自称"学生"。

照顾①。我之前于音韵学多为自学,背记很多东西但不会用,后经老师慢慢点拨,也基本能够触类旁通;为了加强我的田野调查能力,老师外出调查时总会带上我,随师耳提面命久了,现在自己也总算勉强能够做出个调查的样子。博士学位论文题目确定后,因西南官话"面广点多",资料的收集便成为难题,是老师从香港中文大学替我带来了"四大方言报告"等资料。记得那是2009年的下半年,老师当时在香港中文大学上课,周一、周五经常奔走于香港和广州两地之间,老师为了我能够有多些资料,每个周五都会从香港中文大学借些资料、书籍背过来让我复印,周一老师又背回去还,当时我最幸福的事情就是每个周五在中文堂门前等着老师背来的资料。因老师从香港回到中大都是略近天黑,等候中,只见路口老师的身影慢慢出现,最后清晰,然后给我资料,叮嘱,结束后又看着老师背着背包慢慢消失在回家的路上。老师的头发有点白了,也许是因为傍晚光线不好,我的视线常常因此模糊。我生性喜欢书,但因求学拮据,不便拥有,老师知道后便变着法地给予资助。印象中,老师是从不严厉批评学生的,他对学生的细心关照让学生备感幸福、心生敬意;而其近乎苛刻的治学态度,又让学生不敢在学术上有半点的怠慢,害怕辜负。师之大恩不敢言谢,我只能"谢"自己了,谢谢(庆幸)自己遇上了一位可亲而又可敬的导师!

自幼生长于山里寨中,儿时家庭的教诲让我心存善意,成长中得到的帮助使我深知感恩。记得寨子的对面有一座山,形似白虎俯视,阴阳者传言寨人将因之读书无望,以至我一直心态平和——每挪一步便觉天意眷顾了,现也竟能获博士学位,夫复何求!对此,寨人多谓我有神相助②,此论确否如是姑且勿论,但要说到有"贵人相帮",想来倒大体确乎实情。

---

① 我是老师国内招的第二个博士生,2008级有我的师兄段亚广,2009级老师招了我和一位日本同门大岛广美女士。也许老师此时的"孩子"尚少,且我的年龄最小,故自己感觉得到老师的照顾更多些。2009年12月24日,因要随老师和大岛广美到福建霍口调查畲话,我需在当晚从广州单独乘夜班客车前往福州等着会合,老师担心我电话丢失联系不上,当天中午专门抄了一张自己的电话号码让我贴身装着。

② 读书一事于我似乎格外的顺利,从未留级或重考过,均为一次考上。结果是,1997年春季学期正读高二的我患上近视;1998年高考结束后大病一场,骨瘦如柴,当时打了自己直至现在仅打过的两瓶吊针(输液);2012年博士毕业前夕,头发已掉了好几根,并且大有占领"高地"的倾向。对此,我总是"耿耿于怀",每次回到老家寨子,我总会有意无意地盯着白虎山看——但它还是那样,静静的!

除庄老师外，我读硕士时的导师涂良军老师一直关心我的工作和生活，我考博主要得益于涂老师的影响和督促；读书始于启蒙，习惯影响一生，我小学时的陆生权老师善于学习、认真负责、为人师表的态度，让我印象深刻，并潜移默化地影响着我①；文山学院原中文系系主任孙润老师一直支持和鼓励我读研深造，他为了让我安心求学，从工作和生活上都给予了我诸多力所能及的支持和帮助。对于这些我都一直铭记于心，常怀感激。

常言道"一家人不说两家话"，因为提起来未免客气，说起来会显生疏，但心有歉意，而平常又"羞"于启齿，就借此文说两句吧。自2006年读硕士伊始，至2012年博士毕业，细细算来，我离家求学六载有余。六年间，我来回奔波，居无定所，虽说经历了生活的一些艰辛，也感受了世态人情的些许冷暖，但一直"逍遥"家外，不管家事，算来倒也"清闲"，只是却苦了家人。记得离家读硕之时，小儿思安刚好半岁，至自己博士毕业，他竟要读小学了，细思慢想，当时我忽然有一种说不出来的"失职"感觉；期间，我妻冯光敏女士在繁忙工作之际，伴随着小儿"成长"的啼哭，一直默默操持着全部家务，受尽艰辛而从无怨言，可以说我之所以可读硕博，很大程度得益于她的支持和鼓励；读书期间，奶奶（张碧英）耄耋早超，仍帮衬着带孩子，数添白发；父（牟忠林）母（宋美素）② 花甲已过，仍不时给予接济，叨念如常……想到这些，我心常生愧疚。其实，我有这点小文凭，而且至今尚能够时不时地"偷闲"潜心于些许学问探究，主要得益于家人在背后的默默付出！

学术著作的出版，经费往往是个问题。本书得以面世，主要得益于云南省哲学社会科学学术著作出版基金的资助。前面说过，本书源自我2012年的博士学位论文。论文在2012年6月1日的答辩过程中，得到了答辩组专家李如龙、张双庆、施其生、伍巍、严修鸿等前辈先生的诸多宝

---

① 读高一时，陆生权老师留给我这么一段话："人活着不能欺骗自己，不管做什么事情都要以问心无愧为标准，尽管做人的原则不一致，但这起马（'马'当为'码'）的东西不可丢失。每个人的祸福是非、怨恨得失绝大部分都是自己造出来的，天灾人祸必然是少数，临之也是天意，命中注定，在劫难逃。人可以改变一切，物不能改变人，这是最简单的哲学道理。"（落款：1996年8月16日下午）

② 寨子的称呼：妈为"母"、父为"爹 [ti⁴⁴]"；奶奶为"婆 [pʰo³¹]"、爷爷为"公"；外公为"家 [ka⁴⁴] 公"、外婆为"家 [ka⁴⁴] 婆"。我称妈为"母"，小时据老人说来自江西，即"江西临江府，喊妈要喊母"。

贵意见和建议，在我完善论文和后续研究中，有着非常重要的参考价值。但现今出版的这本书，我并未对原作做太大的修改，绝大部分仍保持着博士学位论文原稿的意思，因为我认为不管其好坏美丑，它至少是我当时最真实的想法，我愿意并乐于承担相关责任。因出生于山中寨子，从小受土地哺育，我自认勤勉尚可，但无奈天分不足，故书中肯定会存在诸多不尽如人意的地方，甚至可能会有争议。寨中俗话说"好马生不全"，另自"旁观者清，当局者迷"，如果存在不完美的地方，还请大家多批评指正！

牟成刚

2016 年 7 月 16 日于文山